2025 최신판

2025 공인노무사 1차 시험대비

이패스 객관식 경제학

개정 3판

박지훈 편저

| 최신 출제경향 대비 기출문제 완벽 분석
| 단원별 문제풀이를 통한 학습효과 극대화

epasskorea

머리말

어느 시험에서나 기출문제는 가장 중요한 수험정보입니다. 특히 경제학원론은 법과목과 같이 판례가 추가되는 것도 아니고, 새로운 이론이 추가되는 경우도 흔치 않습니다. 따라서 객관식 경제학원론 시험에 대비하기 위해서는 최근 기출문제를 정확히 분석하고 그에 맞추어 출제범위와 난이도를 가늠해 보는 것이 무엇보다 중요합니다. 기출문제를 통해 최근의 출제 경향을 정확히 파악할 수 있으므로 시험 준비에 과도하거나 불필요한 수고를 막을 수 있습니다.

노무사 경제학원론 기출문제집은 노무사 1차 경제학원론 시험을 준비하는 수험생들을 위하여 다음과 같은 특징과 의도를 가지고 구성하였습니다.

첫째, 노무사 경제학기출문제를 중심으로 하고 다른 공무원 등 다른 경제학 시험의 객관식 기출문제를 일부 추가하여 다루었습니다.

○ 노무사 경제학 시험은 최근 5년(2020년~2024년) 기출문제를 중심으로 다루었습니다.
○ 국가직 7급, 국회직 8급, 및 기타 자격증(공인회계사, 감정평가사, 보험계리사) 경제학 시험 중에서 노무사 경제학원론 시험의 출제범위와 난이도가 유사한 문제를 일부 다루었습니다.

둘째, 모든 문제는 필자의 『한권으로 끝내는 경제학(epasskorea)』의 순서에 따라 편집·배열하였습니다. 따라서 각 시험의 기출문제 출제 경향과 빈도 및 난이도 등을 기본서에 따라 체계적으로 파악하고 보완할 수 있을 것입니다.

셋째, 문제 해설은 가능한 자세히 하였고, 중요한 주제는 따로 보충하여 설명하였습니다. 따라서 모든 주제를 이 책 안에서 정리할 수 있도록 하였습니다.

넷째, 노무사 경제학원론 기출문제를 모두 다루고 있으므로, 노무사 시험을 응시하고자 하는 수강생은 출제될 가능성이 있는 모든 주제를 빠짐없이 연습할 수 있을 것입니다.

2024년 12월
저자 **박지훈**

출제경향분석

1. 과목의 특징

공인노무사 1차 시험에서 선택과목을 고를 때 경제학을 전공한 수험생을 제외하고 대부분 경영학을 선택하는 경향이 있다. 이는 경제학은 경영학에 비해 어렵다는 생각 때문인데, 대학교 등에서 경제학 원론 수준의 공부를 한 경험이 있는 수험생은 경제학을 선택하는 것이 유리하다.

경제학원론은 기본개념 및 원리를 이해한다면 다른 과목에 비해 시간대비 학습효과가 좋은 과목이다. 특히 공인노무사 시험에서의 경제학원론 문제는 난이도가 크게 높지 않아 기본개념 정도의 이해만 이루어진다면 상대적으로 적은 시간투자를 통해 합격 수준의 득점이 가능한 과목이다.

2. 난이도 및 출제경향

(1) 출제경향

공인노무사 경제학시험에서는 대개 미시경제학 50~60%, 거시경제학 30~40% 및 국제경제학 10%의 비중으로 출제되고 있다. 다른 시험(7급공무원, 공인회계사, 감정평가사, 보험계리사 등)에 비해 미시경제학의 출제비중이 높고 국제경제학의 출제비중은 낮은 것이 특징이다. 또한, 수리·계산문제가 미시경제학을 중심으로 대략 30% 정도 출제되고 있고, 이는 다른 자격증 시험이나 공무원 시험에 비해서는 그 비중이 낮은 편이다. 시험제도가 개편된 2024년에는 국제경제학(국제무역론, 국제수지론)의 출제문항수가 대폭 증가하였다.

■ 최근 5년 연도별 출제

구분	2020			2021			2022			2023			2024		
	전체	계산	고급	전체	계산	고급	전체	계산	고급	전체	계산	고급	전체	계산	고급
미시경제학	13	5	–	15	6	1	13	4	1	12	6	7	19	11	6
거시경제학	11	2	1	8	3	1	11	4	1	12	6	4	17	5	3
국제경제학	1	–	–	2	–	–	1	1	–	1	1	–	4	2	–
합계	25	7	1	25	9	2	25	9	2	25	13	11	40	18	9

※ 고급 : "경제학원론" 이상의 주제와 난이도 문제

(2) 난이도

공인노무사 경제학 시험은 비교적 쉽게 출제되었으나 23년부터 난이도가 다소 높아지고 있다. 즉, "경제학원론" 수준의 출제범위와 난이도 수준을 넘는 내용(고급)을 다루는 문제가 20% 정도 출제되고 있으나 기본적인 내용을 중심으로 적절히 준비한다면 70% 정도의 득점은 무난하다. 수리·계산문제의 출제 비중도 다소 높아지고 있으나 고난이도의 문제를 제외할 경우 크게 걱정할 수준은 아니다. 끝으로 24년의 경우 국제경제학의 출제 비중이 높아졌다.

[요약]
- 공인노무사 시험은 대개 미시경제학 50~60%, 거시경제학 30~40% 및 국제경제학 10%의 비중으로 출제되고 있다.
- 전반적인 출제 수준은 "경제학원론"만 정확히 이해하면 70% 정도 해결할 수 있는 문제들이다.
- "경제학원론"에서 다루지 않거나 심화된 형태의 문제들이 출제되고는 있으나 이 문제들은 공부대상에서 제외해도 좋다. (위 분석표에서 고급으로 표시).
- 국제경제학은 문항 수가 다소 많아졌다.

3. 2024년 시험 분석

(1) 영역별 문항 수

- 미시경제이론 : 19문항(계산문제 11문)
- 거시경제이론 : 17문항(계산문제 5문)
- 국제경제이론 : 4문항(국제무역이론 1문항(계산문제 1문), 국제수지이론 3문항(계산문제 1문))

23년에 이어 올해에도 미시경제학과 거시경제학에서 난이도가 다소 높은 문제가 출제되었다. 특히 거시경제학에서 경제성장이론에서 3문항이나 출제되었다. 국제경제학은 23년까지는 1문항 출제되었으나 국제무역이론에서 1문항, 국제수지이론에서 3문항 출제되었다.

(2) 주목해야 할 문제(A형)

1차 시험의 특성 상 60~70점 득점을 목표로 한다면, 올해 기출문제 중 "고급"으로 분류된 다음 문제는 공부대상에서 제외해도 좋다.

- 미시경제학 : 115문 노동공급, 95문 불확실성하의 기대치,
  88문 완전경쟁단기균형, 87문 게임이론

- 거시경제학 : 101문 예외적 통화수요함수, 112문 IS-LM모형 계산문제,
  109문 거시경제학파,
  100문, 104문, 105문 경제성장이론

- 국제경제학 : 평이한 수준의 문제

4. 최근 5년 기출문제 분석표

미 시 경 제 학		최근 5년 (계산)				
		20	21	22	23	24
제1편	경제학의 기초	–	–	–	–	–
제1장	경제문제와 경제체제	–	–	–	–	–
제2장	경제학 방법론	–	–	–	–	–
제2편	수요·공급 이론과 응용	1(1)	3(2)	2(0)	1(1)	5(2)
제3장	수요·공급의 이론	–	–	1(0)	–	1(0)
제4장	수요·공급의 탄력도	1(1)	2(1)	–	–	1(0)
제5장	수요·공급 이론 응용	–	1(1)	1(0)	1(1)	3(2)
제3편	소비자선택이론	3(0)	3(1)	–	4(3)	5(2)
제6장	한계효용이론	–	–	–	–	–
제7장	무차별곡선이론	2(0)	2(1)	–	–	3(1)
제8장	현시선호이론	–	–	–	–	–
제9장	소비자선택이론 응용	1(0)	1(0)	–	4(3)	2(1)
제4편	생산자선택이론	2(0)	–	1(1)	3(0)	2(2)
제10장	기업과 생산함수	1(0)	–	1(1)	2(0)	–
제11장	생산과 비용함수	1(0)	–	–	1(0)	2(2)
제5편	생산물시장이론	3(2)	3(1)	3(1)	4(2)	4(2)
제12장	완전경쟁시장	1(1)	2(1)	1(1)	1(0)	1(1)
제13장	독점시장	2(1)	1(0)	1(0)	2(1)	1(1)
제14장	독점적경쟁시장	–	–	1(0)	–	–
제15장	과점시장과 게임이론	–	–	–	1(1)	2(0)
제6편	생산요소시장이론	3(1)	4(1)	5(1)	1(0)	1(0)
제16장	소득분배의 이론	1(0)	1(0)	1(0)	–	–
제17장	생산요소시장의 이론	2(1)	3(1)	4(1)	1(0)	1(0)
제7편	후생경제론과 시장실패	1(0)	2(1)	2(0)	–	2(1)
제18장	후생경제이론	–	–	–	–	–
제19장	시장실패	1(0)	2(1)	2(0)	–	2(1)
제20장	정보경제이론	–	–	–	–	–
미 시 경 제 학		13(4)	15(6)	13(3)	13(6)	19(9)
미 시 경 제 학		13(4)	15(6)	13(3)	13(6)	19(9)
거 시 경 제 학		11(2)	9(3)	11(2)	12(6)	17(5)
국 제 경 제 학		1(0)	1(0)	1(0)	1(0)	14(2)
총 계		25(6)	25(9)	25(5)	25(12)	40(14)

거 시 경 제 학		최근 5년 (계산)				
		20	21	22	23	24
제1편	거시경제학의 기초 개념	3(1)	2(0)	4(2)	–	2(1)
제1장	주요 거시경제변수	2(0)	–	3(1)	–	1(0)
제2장	실질국민소득결정 단순모형	1(1)	2(0)	–	–	–
제3장	단순모형과 재정정책	–	–	1(1)	–	1(1)
제2편	개별함수이론	1(0)	–	–	1(0)	1(0)
제4장	소비수요함수	1(0)	–	–	1(0)	1(0)
제5장	투자수요함수	–	–	–	–	–
제3편	통화금융이론	2(0)	–	1(0)	1(1)	2(0)
제6장	통화공급과 통화정책	1(0)	–	1(0)	–	1(0)
제7장	통화수요와 이자율 결정	1(0)	–	–	1(1)	1(0)
제4편	총수요·총공급이론	5(1)	6(2)	6(0)	8(5)	9(2)
제8장	$IS-LM$모형	–	1(0)	–	2(1)	2(1)
제9장	총수요-총공급모형	2(0)	2(1)	1(0)	–	–
제10장	거시경제이론의 두 흐름	–	1(0)	–	2(0)	3(0)
제11장	인플레이션과 실업	3(1)	2(1)	5(2)	4(3)	4(1)
제5편	동태거시경제이론	–	1(1)	–	1(0)	3(2)
제12장	경기변동이론	–	–	–	–	–
제13장	경제성장이론	–	1(1)	–	1(0)	3(2)
제14장	경제발전이론	–	–	–	–	–
거 시 경 제 학		11(2)	9(3)	11(2)	11(6)	17(5)

국 제 경 제 학		최근 5년 (계산)				
제15장	국제무역이론	1(0)	–	1(0)	–	1(1)
제16장	국제수지이론	–	1(0)	–	1(0)	3(1)
국 제 경 제 학		1(0)	1(0)	1(0)	1(0)	4(2)
	미 시 경 제 학	13(4)	15(6)	13(3)	13(6)	19(11)
	거 시 경 제 학	11(2)	9(3)	11(2)	11(6)	17(5)
	국 제 경 제 학	1(0)	1(0)	1(0)	1(0)	4(2)
총 계		25(6)	25(9)	25(5)	25(12)	40(18)

좀 더 자세한 내용 및 수험정보 등은 당사 홈페이지(www.ekorbei.com) 참조

학습전략

공인노무사 1차 경제학원론은 다른 경제학시험보다 쉽게 출제되고 있다. 따라서, 학교에서 "경제학원론" 강의를 수강하였거나 기타 경로로 통하여 경제학 기초개념을 공부한 경험이 있는 수험생이라면 선택과목 중에서 경제학원론을 선택하는 것이 좋을 것이다.

공인노무사 1차 경제학원론 시험은 다음과 같은 특징을 가지고 있다.

우선, 거시경제학 부분에서 경기변동론, 경제성장론 및 경제발전론은 거의 출제되지 않고 있으며, 국제경제학(국제무역론, 국제수지론) 부분에서는 1~2개 문항이 아주 기초적인 내용을 묻는 문제가 출제되고 있다.

또한, 다른 시험(7급공채, 공인회계사, 감정평가사, 보험계리사 등)의 경제학 시험에 비하여 출제문제의 난이도가 높지 않다. 따라서, 7급공채와 공인회계사 시험을 위한 연습문제집을 이용하여 시험준비하는 것은 적절하지 않다.

끝으로 공인노무사 1차시험 통과의 기준이 되는 과락점수와 평균점수에 맞추어 공부할 경우, 출제문항이 많지 않거나 난이도가 높은 부분은 과감하게 생략하고 공부할 수 있다.

공인노무사 경제학원론 시험은 위와 같은 특징을 가지므로 다음과 같이 준비한다면 경제학원론은 큰 어려움 없이 고득점 전략과목이 될 수 있을 것이다.

첫째, 대학에서 사용하는 "경제학원론"과 시험준비용 경제학연습교재를 이용하여 경제학 기본내용을 정확히 정리한다.

둘째, 경제학원론의 기본내용을 정리한 후 수험용 연습문제교재를 이용하여 문제풀이 능력을 기른다.

경제학 기본이론에 대한 정확한 이해없이 문제풀이 과정부터 시작하는 것은 공부시간을 오히려 지체시킬 수 있으므로 유의해야 한다.

> 좀 더 자세한 내용 및 수험정보 등은 당사 홈페이지(www.ekorbei.com) 참조

차례

미시경제학 | Microeconomics

PART 01 경제학의 기초
Chapter 01 경제문제와 경제체제 …………………………………………………… 16
Chapter 02 경제학의 본질 ………………………………………………………… 20

PART 02 수요·공급이론과 응용
Chapter 03 수요·공급이론 ………………………………………………………… 24
Chapter 04 수요·공급의 탄력도 …………………………………………………… 32
Chapter 05 수요·공급이론의 응용 ………………………………………………… 48

PART 03 소비자선택이론
Chapter 06 한계효용이론 ………………………………………………………… 78
Chapter 07 무차별곡선이론 ……………………………………………………… 84
Chapter 08 현시선호이론 ………………………………………………………… 106
Chapter 09 소비자선택이론의 응용 ……………………………………………… 108

PART 04 생산자선택이론
Chapter 10 생산함수 ……………………………………………………………… 122
Chapter 11 비용함수 ……………………………………………………………… 138

PART 05 생산물시장이론
Chapter 12 완전경쟁시장 ………………………………………………………… 152
Chapter 13 독점시장 ……………………………………………………………… 162
Chapter 14 독점적경쟁시장 ……………………………………………………… 182
Chapter 15 과점시장과 게임이론 ………………………………………………… 186

PART 06 소득분배와 생산요소시장
Chapter 16 소득분배이론 ………………………………………………………… 196
Chapter 17 생산요소시장 ………………………………………………………… 204

PART 07 후생경제이론과 시장실패

Chapter 18	후생경제이론	222
Chapter 19	시장실패	230
Chapter 20	정보경제이론	250

거시경제학 및 국제경제학 | Macroeconomics

PART 01 거시경제이론의 기초개념

Chapter 01	주요 거시경제변수	264
Chapter 02	실질국민소득의 결정 : 단순모형	284
Chapter 03	단순모형과 재정정책	300

PART 02 개별함수이론

| Chapter 04 | 소비수요함수 | 320 |
| Chapter 05 | 투자수요함수 | 328 |

PART 03 통화금융이론

| Chapter 06 | 통화공급과 통화정책 | 338 |
| Chapter 07 | 통화수요와 이자율 결정 | 352 |

PART 04 총수요-총공급이론

Chapter 08	$IS-LM$ 모형	368
Chapter 09	총수요-총공급모형	382
Chapter 10	거시경제이론의 두 흐름	400
Chapter 11	인플레이션과 실업	412

PART 05 동태거시경제이론

Chapter 12	경기변동이론	446
Chapter 13	경제성장이론	450
Chapter 14	경제발전이론	463

PART 06 국제경제이론

| Chapter 15 | 국제무역이론 | 468 |
| Chapter 16 | 국제수지이론 | 492 |

미/시/경/제/학

제1편   경제학의 기초
제2편   수요·공급이론과 응용
제3편   소비자선택이론
제4편   생산자선택이론
제5편   생산물시장이론
제6편   소득분배와 생산요소시장
제7편   후생경제이론과 시장실패

Economics

이패스 객관식 경제학 미시경제학

01

제1편 경제학의 기초

제1장 경제문제와 경제체제
제2장 경제학의 본질

제1장 경제문제와 경제체제

I. 경제적 효율성과 경제원칙

01 당신이 경영하는 회사에서 신제품을 개발 중이다. 신제품을 개발하는 데 지금까지 1천만 원을 투자했다. 최근 영업부에서 보고하기를 신제품을 출시했을 경우 예상판매액은 개발초기에 예측했던 1200만원이 아닌 500만원이라고 한다. 당신이 신제품 개발을 완료하기 위해 지금부터 지불할 수 있는 최대의 금액은 얼마인가? [보험 08]

① 0원　　② 200만원　　③ 500만원　　④ 700만원

해설
- 기존 투자액 1,000만원은 잘못된 판단에 따라 투입된 매몰비용이며, 포기해야 함
- 새로운 예상판매액은 500만원이므로 투자 용의 최대금액은 500만원

정답 ③

02 甲은 영화를 관람하는 데 20,000원의 가치를 느낀다. 영화관람권을 5,000원에 구입하였지만 영화관에 들어가기 전에 분실하였다. 영화관람권을 5,000원에 다시 구입하고자 한다. 이 시점에서의 매몰비용과 영화관람권 재구입에 따른 기회비용은 각각 얼마인가? (단, 분실된 영화관람권의 재발급이나 환불은 불가능하다.) [감평 10]

	매몰비용	기회비용		매몰비용	기회비용
①	5,000원	5,000원	②	5,000원	10,000원
③	10,000원	5,000원	④	10,000원	10,000원
⑤	20,000원	5,000원			

해설
- 매몰비용 : 이미 지불된 비용. 구입했던 영화관람권 5,000원
- 기회비용 : 화폐적 비용(새로 구입할 영화관람권 5,000원) + 포기한 대안의 최고가치
  (단, 이 문제에는 포기한 대안의 가치는 제시되어 있지 않음)

정답 ①

03 소비자가 두 번째 자동차의 구입여부에 대한 의사결정을 할 때, 경제이론에 따르면 구입자는 어떤 고려를 하게 되는가?

① 두 대의 자동차로 인한 총편익과 총비용을 고려한다.
② 두 번째 자동차로부터 추가되는 편익을 두 대의 자동차로 인한 총비용과 비교한다.

③ 두 대의 자동차로 인해 발생하는 비용을 두 대의 자동차가 가져다주는 예상소득과 비교한다.
④ 두 대의 자동차로 인해 발생하는 비용이 그 가정의 소득에서 차지하는 비율에 따라 결정한다.
⑤ 두 번째 자동차로부터 추가되는 편익을 추가되는 비용과 비교한다.

해설 ▶ ⑤ 경제행위의 합리적 선택은 한계적으로 결정. 즉, 경제행위의 한계비용과 한계편익을 비교하여 결정

정답 ▶ ⑤

04 어떤 대학생이 경제학, 회계학, 재무관리 등 3과목의 중간고사를 치러야 한다. 총점을 극대화하는 것이 목표이고 10시간을 공부할 수 있다면 어떻게 시간을 배분하여야 하는가? 다음 표는 투입시간에 따른 예상점수를 보여준다.

[보험 06]

투입시간	경제학	회계학	재무관리
1	45	45	37
2	64	62	57
3	82	78	76
4	91	93	94

① 경제학 3시간, 회계학 3시간, 재무관리 4시간
② 경제학 4시간, 회계학 2시간, 재무관리 4시간
③ 경제학 4시간, 회계학 3시간, 재무관리 3시간
④ 경제학 3시간, 회계학 4시간, 재무관리 3시간

해설 ▶ • 경제행위의 실행 여부 : 행위에 따른 한계비용과 한계편익에 따라 결정
• 문제의 경우, 1시간 추가 투입(한계비용) 시 추가점수(한계편익)가 큰 순서로 시간 사용

투입시간	경제학		회계학		재무관리	
	총점수	한계점수	총점수	한계점수	총점수	한계점수
1	45	45	45	45	37	37
2	64	19	62	17	57	20
3	82	18	78	16	76	19
4	91	9	93	15	94	18

투입시간	한계점수	
1	경제학(1)	45
2	회계학(1)	45
3	재무관리(1)	37
4	재무관리(2)	20
5	경제학(2)	19

투입시간	한계점수	
6	재무관리(3)	19
7	**경제학(3)**	18
8	**재무관리(4)**	18
9	회계학(2)	17
10	**회계학(3)**	16

정답 ▶ ①

Ⅱ 경제문제와 희소성

05 다음 서술 중 옳지 않은 것은?

① 경제문제가 발생하는 것은 희소성의 법칙 때문이다.
② 미팅에서 파트너 선택 등 모든 선택에는 기회비용이 발생한다.
③ 시간도 자원이므로 경제원칙에 따라 사용해야 한다.
④ 개인에게 자유재인 재화와 용역은 사회적으로도 자유재가 된다.
⑤ 경제학에서 모든 경제주체는 자신의 이익극대화만을 추구하는 것으로 가정한다.

해설 ① 경제문제 발생 원인은 희소성
② 모든 선택에는 기회비용 발생
③ 시간도 경제적 자원
④ 개인에게 자유재이지만 사회적으로는 경제재일 수 있음 예 무료공원, 불꽃놀이 등
⑤ 모든 경제주체는 사익(私益)극대화만을 추구하는 존재 예 소비자 효용극대화, 생산자 이윤극대화

정답 ④

06 다음 중 기회비용에 대한 설명으로 옳은 것은?

① 어떤 행위를 할 때 그로 인해 포기된 행위 중 최선의 가치로 측정된다.
② 기회비용은 항상 음(−)이다.
③ 대학에 다니는 것의 기회비용은 수업료와 교재비를 합한 금액이다.
④ 기회비용은 화폐단위로 측정할 수 없다.

해설 • 기회비용
▶ 경제학적 비용이며 화폐단위로 측정 가능
▶ 문제에서, 대학에 다니는 기회비용은 등록금과 교재비뿐 아니라, 대학에 다니지 않고 취업하여 벌었을 소득까지 포함

정답 ①

07 甲은 보유하고 있는 중고 의자를 일상생활에서 사용하기 위해 이미 18만 원을 수리비로 지불하였다. 甲에게 현재 이 의자의 주관적 가치는 13만 원이다. 만약 이 의자를 20만 원을 주고 추가로 손질하면 시장에 36만 원에 팔 수 있고, 현재 상태로 팔면 10만 원에 팔 수 있다고 한다. 甲의 합리적인 의사결정은?
[9급 19]

① 추가로 손질해서 36만 원에 판다.
② 그대로 이 의자를 보유한다.
③ 10만 원을 받고 이 의자를 현재 상태로 판다.
④ 甲이 어떠한 의사결정을 하는 결과는 같다.

해설 • 합리적 선택(의사결정 : 기회비용을 고려하여 순편익이 극대화되도록 결정하며, 매몰비용은 고려하지 않음
• 문제에서,
  ▶ 이미 지불한 수리비 18만원은 이 결정에 고려하지 않음
  ▶ 현재대로 팔 경우, 보유 가치(13만원) < 판매가격(10만원). 따라서 계속 보유해야 하며 이때 가치는 13만원
  ▶ 추가 수리비(20만원) < 판매가격(36만원). 이때 순편익은 16만원
  ▶ 계속 사용할 때 편익보다 손질하여 판매할 때의 편익이 더 크므로 손질하여 판매

정답 ▶ ①

08 다음 중 행태경제학(behavioral economics) 분야의 주장을 모두 고르면?
[회계 15]

> 가. 처음에 설정된 가격이나 첫인상에 의해 의사결정이 영향을 받는다.
> 나. 기준점(reference point)과의 비교를 통해 의사결정을 내린다.
> 다. 이득의 한계효용이 체증한다.
> 라. 동일한 금액의 이득과 손실 중 손실을 더 크게 인식한다.

① 가, 나   ② 나, 라   ③ 가, 나, 다
④ 가, 나, 라   ⑤ 가, 나, 다, 라

해설 • 행태경제학
  ▶ 주류 경제학에서는 경제주체들의 '완전한 합리성'을 상정하여 분석하지만, 행태경제학에서는 '제한적 합리성'을 상정하여 분석
  ▶ 경제주체의 모든 선택 행위를 심리학, 사회학, 생리학적 관점에서 분석
  ▶ 행태경제학에서, 경제적 이득의 총효용은 체감적으로 증가(한계효용 체감)하고, 경제적 손실에 따른 부(−)의 총효용은 체증적 감소(한계비효용 체증)
  ▶ 이는 경제주체들이 자신의 이득보다는 손실에 더욱 민감하게 반응한다는 것을 의미

정답 ▶ ④

제1장 경제문제와 경제체제

제2장 경제학의 본질

I 경제학의 구분

01 다음 중 규범경제학과 가장 거리가 먼 것은?

① 사회적 순후생손실의 감소를 막기 위해 기업의 독점화를 막아야 한다.
② 정부는 정부통신 산업의 발전을 위해 정보통신 관련 인적 자본을 구축해야 한다.
③ 정부의 확대재정정책은 이자율을 상승시켜 민간부문 투자를 감소시킨다.
④ 정부는 고용 증대를 위해 총수요 확대정책을 실시해야 한다.

해설 ①, ②, ④ 주관적 판단에 따른 개인적 견해
③ 경제이론에 따른 사실관계에 대한 설명   **정답** ③

보충 • 실증경제학 : 과학적 사실관계에 대한 분석. 경제이론
• 규범경제학 : 실증경제학을 기초로 바람직한 상태에 대한 주관적 주장(가치판단)이 포함된 분석. 경제정책

02 다음 중 규범경제학의 범주에 포함되는 내용은?

① 통화량이 늘면 물가가 상승한다.
② 생산요소의 고용을 늘리면 한계수확이 점차 줄어든다.
③ 정부의 재정확대정책은 이자율을 상승시켜 민간투자를 감소시킨다.
④ 유치산업을 보호하기 위해서 수입관세를 인상해야 한다.
⑤ 완전경쟁산업이 독점화되면 사회적 순후생손실이 발생한다.

해설 ①, ②, ③, ⑤ 서술 내용이 모두 경제이론에 근거한 사실관계에 대한 설명. 따라서 실증경제학
④ 서술 내용에 주관적 견해(주장)가 포함되어 있으므로 규범경제학   **정답** ④

Ⅱ 경제이론의 오류 가능성

03 다음 중 구성의 오류의 예로서 가장 적당한 것은?

① 개별 소비자에게는 저축이 미덕(美德)이나 경제 전체로는 저축이 미덕이 아닐 수도 있다.
② 절대적으로 필요한 물의 가격보다 다이아몬드의 가격이 훨씬 높다.
③ 어떤 재화 가격이 상승할 때 그 재화의 수요량이 오히려 증가하였다.
④ 생산자에게 부과된 세금이 실제로는 소비자가 부담하는 결과가 되었다.
⑤ 어떤 개별 경제주체의 행위가 본의 아니게 다른 개별 경제주체에게 불리한 영향을 미쳤다.

해설 ② 물과 다이아몬드의 역설 : 상품가격은 한계효용에 따라 결정
③ 사치품 등에서 나타나는 비이성적 소비
④ 조세의 전가와 귀착
⑤ 외부효과

정답 ①

보충
- 인과의 오류 : 경제현상의 인과관계(causation)를 잘못 파악하는 오류

  예 "까마귀 날자 배 떨어진다", 사치품은 비쌀수록 잘 팔린다.

- 구성의 오류 : 개별 현상에서 나타나는 법칙성을 전체 현상의 분석에 적용하는 오류

  예 "숲과 나무는 동일하다", 절약의 역설, 가수요

04 다음 대화에서 '갑(甲)'이 범하고 있는 오류의 내용은 무엇인가?

> 갑 : 2018년 동계올림픽을 드디어 우리나라에서 개최하게 되었어!
> 을 : 그러게. 참 대단한 일이지?
> 갑 : 동계올림픽을 개최한 대부분의 나라들은 1인당 국민소득이 3만 달러 이상이래. 우리나라도 동계올림픽을 치르게 됐으니 곧 3만 달러가 될 거야.
> 을 : ??

① 공공재와 외부효과 ② 상관관계와 인과관계
③ 고정비용과 가변비용 ④ 역선택과 도덕적 해이
⑤ 규모의 경제와 범위의 경제

해설 갑은 상관관계와 인과관계를 잘못 해석하고 있음. 따라서 인과의 오류

정답 ②

02

제2편 수요·공급이론과 응용

제3장 수요·공급이론
제4장 수요·공급의 탄력도
제5장 수요·공급이론의 응용

제3장 수요·공급이론

Economics
미/시/경/제/학

I 수요(demand)

1. 수요량과 수요

01 사적 재화인 X재 시장의 수요자는 A와 B만으로 구성되어 있다. 재화 X에 대한 A의 수요함수는 $q_A = 10 - 2P$, B의 수요함수는 $q_B = 15 - 3P$일 때, X재의 시장수요함수는? (단, q_A는 A의 수요량, q_B는 B의 수요량, Q는 시장수요량, P는 가격이다.) [노무 19]

① $Q = 10 - 2P$ ② $Q = 10 - 3P$ ③ $Q = 15 - 2P$
④ $Q = 15 - 3P$ ⑤ $Q = 25 - 5P$

해설 ▶ ● 시장수요함수와 시장수요곡선

▶ 시장수요량은 개별수요량의 합. 시장수요곡선은 개별수요곡선의 수평합
▶ 시장수요함수(Q) : $Q = q_A + q_B = (10 - 2P) + (15 - 3P)$ ∴) $Q = 25 - 5P$
▶ 시장수요곡선(D) : $P = 5 - 0.2Q$ (수요함수를 가격으로 정리)

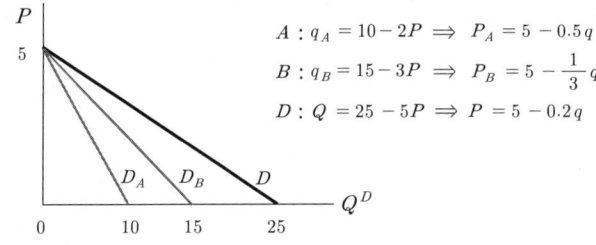

정답 ▶ ⑤

보충 ▶ ● 시장수요곡선 도출 : 개별소비자 수요곡선이 동일할 경우, 개별수요곡선(P^D) 의 수평합.
따라서, 개별수요곡선의 기울기를 소비자 숫자(n)로 나누어 도출

$$P^D = a - bQ^D \Rightarrow P_M^D = a - \frac{b}{n}Q^D$$

● 시장수요함수(Q_M^D) 도출 : 개별소비자 수요함수가 동일할 경우, 시장수요량은 개별수요량의 합
개별수요함수에 소비자 숫자(n)를 곱하여 도출

$$Q^D = a - bP \Rightarrow Q_M^D = n \cdot Q^D = n(a - bP)$$

2. 수요변화

02 전력 과소비의 원인 중 하나로 낮은 전기료가 지적되고 있다. 다음 중 전력에 대한 수요곡선을 이동(Shift)시키는 요인이 아닌 것은? [지방 13]

① 소득의 변화 ② 전기료의 변화
③ 도시가스의 가격 변화 ④ 전기 기기에 대한 수요 변화

해설
① 소득(부) 증가 ⇒ 수요 증가(수요곡선 우측이동) : 정상재
　소득(부) 증가 ⇒ 수요 감소(수요곡선 좌측이동) : 열등재
② 가격 변화는 수요곡선 상에서 수요량 변화. 전기료 상승 ⇒ 수요량 감소(수요곡선 상 좌상방 이동)
③ 도시가스 가격 상승 ⇒ 전력수요 증가(수요곡선 우측이동) : 대체재
④ 전기기기 가격 상승 ⇒ 전기기기 수요량 감소 ⇒ 전력수요 감소(수요곡선 좌측이동) : 보완재

정답 ②

보충 수요변화

▶ 소득과 부(재산) 증가	⇒	정상재 : 수요 증가. 수요곡선 우측이동
		열등재 : 수요 감소. 수요곡선 좌측이동
▶ 관련 상품가격 상승 (그 상품 수요량 감소)	⇒	대체재 : 수요 증가. 수요곡선 우측이동
		보완재 : 수요 감소. 수요곡선 좌측이동
▶ 가격 및 소득 증가 예상	⇒	수요 증가. 수요곡선 우측이동
▶ 선호 증가(유행)	⇒	수요 증가. 수요곡선 우측이동
▶ 소비자 숫자 증가	⇒	시장수요 증가. 시장수요곡선 우측이동

03 정상재인 커피의 수요곡선을 좌측으로 이동(shift)시키는 요인으로 옳은 것은? [노무 19]

① 커피의 가격이 하락한다.
② 소비자의 소득이 증가한다.
③ 소비자의 커피에 대한 선호도가 높아진다.
④ 대체재인 홍차의 가격이 상승한다.
⑤ 보완재인 설탕의 가격이 상승한다.

해설
① 커피가격이 하락하면 커피 수요곡선 상에서 하방이동
② 소비자 소득이 증가하면 커피수요 증가(수요곡선 우측이동)
③ 커피 선호도가 높아지면 커피수요 증가(수요곡선 우측이동)
④ 대체재(홍차) 가격이 상승하면 커피수요 증가(수요곡선 우측이동)
⑤ 보완재(설탕) 가격이 상승하면 커피수요 감소(수요곡선 좌측이동)

정답 ⑤

제3장 수요·공급이론

Ⅱ 공급(supply)

1. 공급량과 공급

04 어떤 시장에서 동일한 공급곡선 $P = 10 + 4Q$를 갖는 2인의 공급자가 있다고 하자. 이 시장의 공급함수는?

① $P = 10 + 2Q$
② $P = 10 + 8Q$
③ $P = 20 + 2Q$
④ $P = 20 + 8Q$

[해설]
- 개별공급곡선이 동일할 때 시장공급곡선의 도출
  - 시장공급곡선은 개별공급곡선의 기울기를 공급자 숫자(n)로 나누어 도출
  - 문제에서, 시장공급곡선 $P_M^S = 10 + \frac{4}{2}Q = 10 + 2Q$

[정답] ①

[보충]
- 시장공급곡선의 도출 : 개별공급자의 공급곡선이 동일할 경우
  - 시장공급곡선(P_M^S)은 개별공급곡선(P^S)의 수평합
  - 따라서, 시장공급곡선은 개별공급곡선의 기울기를 공급자 숫자(n)로 나누어 도출
  $$P^S = c + dQ \Rightarrow P_M^S = c + \frac{d}{n}Q$$
  - 예를 들어, 개별공급곡선이 $P = 20 + 8Q^D$이고 공급자가 네 명일 경우에

  시장수요곡선은 $P = 20 + \frac{8}{4}Q^S = 20 + 2Q^S$

- 시장공급함수(Q_M^S)의 도출 : 개별공급자의 공급함수가 동일할 경우
  - 시장공급량은 개별공급량의 합
  - 따라서, 개별공급함수(Q^S)에 공급자 숫자(n)를 곱하여 도출
  $$Q^S = c + dP \Rightarrow Q_M^S = n \cdot Q^S = n(c + dP)$$
  - 예를 들어, 개별공급함수가 $Q^S = 10 + 2P$이고 공급자가 두 명일 경우

  시장공급함수 $Q_M^S = 2 \cdot Q^S = 2(10 + 2P) = 20 + 4P$

2. 공급변화

05 다음 중 다기능 TV의 시장공급을 증대시키는 요인으로 볼 수 없는 것은?

① 생산업체의 증가　　　　　② 반도체 가격 하락
③ 부품업체의 증가　　　　　④ 조립기술 향상
⑤ TV가격의 상승 예상

해설▶ ① 공급자(생산업체) 증가 ⇒ 시장공급 증가(시장공급곡선 우측이동)
② 반도체(원자재) 가격 하락 ⇒ 생산비 감소(공급곡선 하방이동) ⇒ 공급증가(공급곡선 우측이동)
③ 부품업체 증가 ⇒ 부품공급 증가(부품 시장공급곡선 우측이동)
　　　　　　　　⇒ 부품가격 하락
　　　　　　　　⇒ TV생산비 감소(공급곡선 하방이동)
　　　　　　　　⇒ TV공급 증가(공급곡선 우측이동)
④ 기술진보 ⇒ 생산비 감소(공급곡선 하방이동) ⇒ 공급증가(공급곡선 우측이동)
⑤ 가격상승 예상 ⇒ 공급 감소(공급곡선 좌측이동)　　　　　　　　　　　　　**정답**▶ ⑤

보충▶ 공급변화

▶ 요소가격 하락 ▶ 기술진보(요소절약) ▶ 조세감면(세율 인하) ▶ 보조금 지급(증가)	⇒ [비용 감소] (공급곡선 하방이동) ⇒	공급 증가. 공급곡선 우측이동
▶ 관련 상품가격 상승 ⇒	대체재 : 공급 감소. 공급곡선 좌측이동 보완재 : 공급 증가. 공급곡선 우측이동	
▶ 가격 상승 예상 ⇒	공급 감소. 공급곡선 좌측이동	
▶ 공급자 숫자 증가 ⇒	시장공급 증가. 시장공급곡선 우측이동	

제3장 수요·공급이론

III 시장균형과 변화

1. 시장균형

06 어느 한 재화의 수요곡선과 공급곡선의 식이 다음과 같다고 가정할 때, 다음 설명 중에서 틀린 것은?

[서울 09], [노무 19]

> ○ 수요곡선의 식: $D = 100 - 10P$
> ○ 공급곡선의 식: $S = -100 + 40P$
> (D, S, P는 각각 수요량, 공급량, 가격을 나타낸다.)

① 가격이 6원일 때, 이 재화시장에서는 초과공급이 존재하게 된다.
② 수요곡선은 우하향의 모습을 지니게 된다.
③ 가격이 3원일 때, 이 재화시장에서는 초과수요가 존재하게 된다.
④ 균형가격 하에서는 모두 40단위의 재화가 공급되고 수요된다.
⑤ 가격이 2.5일 때는 공급량이 존재하지 않게 된다.

해설 ● 시장균형

▶ 수요함수: $Q = 100 - 10P$ (수요곡선: $P = 10 - 0.1Q$. 수요함수를 가격으로 정리)
▶ 공급함수: $Q = -100 + 40P$ (공급곡선: $P = 2.5 + 0.025Q$. 공급함수를 가격으로 정리)
▶ 시장균형조건: 시장수요량 = 시장공급량
  $\Rightarrow 100 - 10P = -100 + 40P$
  $\Rightarrow 50P = 200$ ∴) $P = 4, Q = 60$
  (도출된 시장가격(P)을 시장수요함수 또는 시장공급함수에 대입하여 거래량(Q) 도출)

① $P = 6$일 때, 수요량 = 40, 공급량 = 140. 공급량 > 수요량. 따라서 초과공급량(공급량 − 수요량) 100 존재
② 수요곡선의 기울기(수요곡선식의 미분값)는 −1. 따라서 우하향
③ $P = 3$일 때, 수요량 = 70, 공급량 = 20. 공급량 < 수요량. 따라서 초과수요량(수요량 − 공급량) 50
④ 시장균형일 때 균형가격 = 4, 균형거래량 = 60
⑤ $P = 2.5$일 때 공급량 = 0

정답 ④

07 X재 소비자는 10,000명이며 개별수요함수는 $Q^D = 12 - 2P_X$, 공급자는 1,000명이며 개별공급함수는 $Q^S = 20P_X$이다. X재의 균형가격과 균형수량은 각각 얼마인가?

① $P = 3.00$, $Q = 60,000$
② $P = 3.50$, $Q = 70,000$
③ $P = 6.67$, $Q = 133,400$
④ $P = 0.55$, $Q = 109,000$

해설 ▸ • 시장균형 : 시장수요량과 시장공급량이 같을 때 균형
  ▸ 시장수요함수 : 개별수요함수가 동일할 경우, 개별수요함수에 소비자 숫자(n)를 곱하여 도출
    문제에서, $Q_M^D = 10,000 \cdot Q^D = 10,000 \cdot (12 - 2P_X) = 120,000 - 20,000P_X$
  ▸ 시장공급함수 : 개별공급함수가 동일할 경우, 개별공급함수에 공급자 숫자(n)를 곱하여 도출
    문제에서, $Q_M^S = 1,000 \cdot Q^S = 1,000 \cdot 20P_X = 20,000P_X$
  ▸ 시장균형조건 :   시장수요량(Q_M^D) = 시장공급량(Q_M^S)
    $\Rightarrow$ $120,000 - 20,000P_X = 20,000P_X$ $\therefore$) $P = 3$, $Q = 60,000$
    (도출된 시장가격(P)을 시장수요함수 또는 시장공급함수에 대입하여 거래량(Q) 도출)

정답 ▸ ①

2. 시장균형의 변화

(1) 수요변화

08 ( )에 들어갈 내용으로 옳은 것은? (단, 두 재화의 수요곡선은 우하향하고 공급 곡선은 우상향한다.)

[노무 22]

> X재의 가격이 상승할 때, X재와 대체 관계에 있는 Y재의 (ㄱ)곡선은 (ㄴ)으로 이동하고, 그 결과 Y재의 균형가격은 (ㄷ)한다.

① ㄱ: 수요, ㄴ: 우측, ㄷ: 상승
② ㄱ: 수요, ㄴ: 좌측, ㄷ: 상승
③ ㄱ: 수요, ㄴ: 좌측, ㄷ: 하락
④ ㄱ: 공급, ㄴ: 우측, ㄷ: 상승
⑤ ㄱ: 공급, ㄴ: 좌측, ㄷ: 하락

해설 ▸ • 대체재 가격변화 효과
  ▸ X재 가격이 상승하면 대체재인 Y재 수요 증가
  ▸ Y재 수요가 증가(수요곡선 우측이동)하여 Y재 가격 상승

정답 ▸ ①

(2) 공급변화

09 자동차 제조업체들이 생산비용을 획기적으로 절감할 수 있는 로봇 기술을 개발하였다. 이 기술개발이 자동차 시장에 미치는 직접적인 파급효과로 옳은 것은? [국가 14]

① 수요곡선이 우측으로 이동하고, 자동차 가격이 상승한다.
② 수요곡선이 우측으로 이동하고, 자동차 가격이 하락한다.
③ 공급곡선이 우측으로 이동하고, 자동차 가격이 상승한다.
④ 공급곡선이 우측으로 이동하고, 자동차 가격이 하락한다.

해설 ▶
• 자동차 제조업체의 로봇 기술 개발 ⇒ 자동차 생산비 감소.
　　　　　　　　　　　　　　　　⇒ 자동차 공급곡선 하방(우측) 이동(공급 증가)
　　　　　　　　　　　　　　　　⇒ 자동차 시장가격 하락, 시장거래량 증가   **정답** ▶ ④

10 발전회사들이 석탄이나 천연가스를 사용하여 전력을 생산한다. 석탄보다 발전비용 측면에서 저렴한 셰일가스(shale gsa : 퇴적암층에 있는 천연가스)를 채굴할 수 있는 기술이 개발되어 공급된다면 전력의 시장가격과 생산량의 변화는? [감평 13]

① 가격 : 하락, 생산량 : 증가　　② 가격 : 하락, 생산량 : 감소
③ 가격 : 상승, 생산량 : 증가　　④ 가격 : 상승, 생산량 : 감소
⑤ 가격 : 불변, 생산량 : 증가

해설 ▶
• 셰일가스 채굴 기술이 개발되면 생산비가 감소하여 셰일가스 공급 증가. 따라서 셰일가스 가격 하락
　▶ 셰일가스 가격이 내리면 발전회사는 석탄 대신 셰일가스를 사용
　▶ 이 경우 전력 생산비가 감소하여 전력 공급 증가(공급곡선 우측이동). 따라서 전력 가격 하락, 생산량 증가
　　　　　　　　　　　　　　　　　　　　　　　　　　　　　　　　　　　　정답 ▶ ①

(3) 수요와 공급의 변화

11 재화 X의 시장균형에 관한 설명으로 옳지 않은 것은? (단, 수요곡선은 우하향하고 공급곡선은 우상향한다.) [노무 24]

① 수요의 감소와 공급의 증가가 발생하면 거래량이 증가한다.
② 수요와 공급이 동일한 폭으로 감소하면 가격은 변하지 않는다.
③ 생산요소의 가격하락은 재화 X의 거래량을 증가시킨다.
④ 수요의 증가와 공급의 감소가 발생하면 가격이 상승한다.
⑤ 수요와 공급이 동시에 증가하면 거래량이 증가한다.

해설 ① 수요가 감소(수요곡선 좌측이동)하고 공급이 증가(공급곡선 우측이동)하면 가격 하락, 거래량 변화 불분명
② 수요와 공급이 동일한 폭으로 감소(좌측이동)하면 가격 불변, 거래량 감소
③ 생산요소 가격이 하락하면 생산비가 감소하여 재화공급 증가(공급곡선 우측이동). 가격하락, 거래량 증가
④ 수요가 증가(수요곡선 우측이동)하고 공급이 감소(공급곡선 좌측이동)하면 가격 상승, 거래량 변화 불분명
⑤ 수요와 공급이 동시에 증가(수요, 공급곡선 우측이동)하면 거래량 증가, 가격변화는 불분명

정답 ▶ ①

12 커피와 크루아상은 서로 보완재이고, 커피와 밀크티는 서로 대체재이다. 커피 원두값이 급등하여 커피 가격이 인상될 경우, 각 시장의 변화로 옳은 것을 <보기>에서 모두 고르면? (단, 커피, 크루아상, 밀크티의 수요 및 공급곡선은 모두 정상적인 형태이다.)   [국회 18]

<보 기>

ㄱ. 커피의 공급곡선은 왼쪽으로 이동한다.
ㄴ. 크루아상 시장의 생산자잉여는 감소한다.
ㄷ. 크루아상의 거래량은 증가한다.
ㄹ. 밀크티 시장의 총잉여는 감소한다.
ㅁ. 밀크티의 판매수입은 증가한다.

① ㄱ, ㄴ, ㄷ　　② ㄱ, ㄴ, ㅁ　　③ ㄴ, ㄷ, ㄹ
④ ㄴ, ㄷ, ㅁ　　⑤ ㄷ, ㄹ, ㅁ

해설 ● 문제에서, 커피와 크루아상은 보완재이고, 커피와 밀크티는 대체재
▶ 커피 원두값 상승 ⇒ 커피 생산비 증가 ⇒ 커피 공급 감소(공급곡선 왼쪽 이동) ⇒ 커피값 상승
▶ 커피값 상승 ⇒ 커피 수요량 감소 ⇒ (보완재) 크루아상 수요 감소(수요곡선 왼쪽 이동)
　　　　　　　⇒ 크루아상 가격 하락, 거래량 감소
　　　　　　　⇒ 크루아상 시장의 소비자잉여, 생산자잉여 및 생산자잉여 모두 감소
▶ 커피값 상승 ⇒ (대체재) 밀크티 수요 증가(수요곡선 오른쪽 이동)
　　　　　　　⇒ 밀크티 가격 상승, 거래량 증가. 밀크티 판매수입(가격×거래량) 증가
　　　　　　　⇒ 밀크티 시장의 소비자잉여, 생산자잉여 및 생산자잉여(총잉여) 모두 증가

정답 ▶ ②

제4장 수요·공급의 탄력도

I 수요의 탄력도

1. 수요의 가격탄력도

(1) 수요의 가격탄력도

01 담배 가격은 4,500원이고, 담배 수요의 가격탄력성은 단위탄력적이다. 정부가 담배 소비량을 10% 줄이고자 할 때, 담배 가격의 인상분은 얼마인가? [노무 15]

① 45원 ② 150원 ③ 225원
④ 450원 ⑤ 900원

해설 • 문제에서,
  ▶ 담배 수요가 단위탄력적일 때 담배 소비가 10% 감소하기 위해서는 가격이 10% 상승해야 함
  ▶ 담배가격이 4,500원일 때 가격이 10% 상승할 때 담배가격 인상분은 450원

정답 ④

보충 ▶ 수요의 가격탄력도 $= \left| \dfrac{\text{수요량 변화율}}{\text{가격 변화율}} \right|$ (의미 : 가격 1% 변화시, 수요량 변화율)

02 시간당 임금이 5,000에서 6,000으로 인상될 때, 노동수요량이 10,000에서 9,000으로 감소하였다면 노동수요의 임금탄력성은? (단, 노동수요의 임금탄력성은 절대값이다.) [노무 18]

① 0.67 ② 1 ③ 0.5
④ 1 ⑤ 2

해설 • 노동수요의 임금탄력성 : 임금이 1% 변화할 때 노동수요량 변화율

노동수요의 임금탄력성 $= \left| \dfrac{\text{노동수요량 변화율}(-10\%)}{\text{임금 상승률}(20\%)} \right| = 0.5$

정답 ③

03 甲은 영화 DVD 대여료가 4,000원일 때 한 달에 5개를 빌려 보다가, DVD 대여료가 3,000원으로 하락하자 한 달에 9개를 빌려 보았다. 甲의 DVD 대여에 대한 수요의 탄력성과 수요곡선의 모양에 대한 설명으로 가장 적절한 것은?

[국가 17추]

① 수요는 탄력적이고, 이때의 수요곡선은 상대적으로 완만하다.
② 수요는 탄력적이고, 이때의 수요곡선은 상대적으로 가파르다.
③ 수요는 비탄력적이고, 이때의 수요곡선은 상대적으로 완만하다.
④ 수요는 비탄력적이고, 이때의 수요곡선은 상대적으로 가파르다.

해설 ▶ • 수요의 가격탄력도 = $\left|\dfrac{\text{수요량 변화율}}{\text{가격 변화율}}\right| = \left|\dfrac{80\%}{-25\%}\right| = 3.2$ (>1)

▶ 수요의 가격탄력도가 1보다 크므로 탄력적

▶ 수요의 가격탄력도와 수요곡선 기울기와는 부(-)의 관계. 수요의 가격탄력도가 크면 가격이 변화할 때 수요량이 많이 변화하므로 수요곡선은 상대적으로 작은(완만한) 기울기를 가짐

정답 ▶ ①

---

04 수요의 가격탄력성에 관한 설명으로 옳지 않은 것은? (단, Q는 수량, P는 가격이다.)

[노무 21]

① 상품가격이 변화할 때 상품수요가 얼마나 변하는가를 측정하는 척도이다.
② 수요곡선이 수직선이면 언제나 일정하다.
③ 수요곡선이 $Q = 5/P$인 경우, 수요의 가격탄력성(절댓값)은 수요곡선 상 모든 점에서 항상 1이다.
④ 정상재인 경우 수요의 가격탄력성이 1보다 클 때 가격이 하락하면 기업의 총수입은 증가한다.
⑤ 사치재에 비하여 생활필수품은 수요의 가격탄력성이 작다.

해설 ▶ ① 수요의 가격탄력성(ε) = |수요량 변화율/가격 변화율|. 상품가격이 1% 변화할 때의 수요량 변화율
② 수요곡선이 우하향할 때: $0 < \varepsilon < \infty$
   수요곡선이 수직선일 때: $\varepsilon = 0$ (기울기 무한대)
   수요곡선이 수평선일 때: $\varepsilon = \infty$ (기울기 0)
③ 수요곡선이 직각쌍곡선 $\left(P = \dfrac{\text{상수}}{Q}\right)$일 때: $P \times Q$ = 지출액(일정 상수). $\varepsilon = 1$ (항상)
   수요함수가 $Q = 5/P$일 경우, $P \times Q = 5$ (지출액 불변)
④ 수요의 가격탄력성이 1보다 클 때 가격이 하락하면 기업의 총수입 증가
⑤ 사치재 수요는 탄력적, 생활필수품 수요는 비탄력적

정답 ▶ ②

05 수요곡선의 식이 $Q_D = \dfrac{21}{P}$ 일 때, 이 재화의 수요의 가격탄력성은? [서울 15]

① 0 ② 0.42 ③ 1 ④ 1.5

해설 ▸ • 문제의 수요곡선은 직각쌍곡선. 모든 점에서 수요의 가격탄력성은 1

정답 ▸ ③

06 수요의 탄력성에 관한 설명으로 옳은 것은? [노무 18]

① 재화가 기펜재라면 수요의 소득탄력성은 양(+)의 값을 갖는다.
② 두 재화가 서로 대체재의 관계에 있다면 수요의 교차탄력성은 음(-)의 값을 갖는다.
③ 우하향하는 직선의 수요곡선 상에 위치한 두 점에서 수요의 가격탄력성은 동일하다.
④ 수요의 가격탄력성이 "1"이면 가격변화에 따른 판매총액은 증가한다.
⑤ 수요곡선이 수직선일 때 모든 점에서 수요의 가격탄력성은 '0'이다.

해설 ▸ ① 기펜재는 열등재, 열등재 수요의 소득탄력성은 부(-)
② 대체재 수요의 교차탄력성은 정(+)
③ 우하향하는 직선의 수요곡선 상에서 수요의 가격탄력성은 상이한 값
④ 수요의 가격탄력성이 "1"이면 가격이 변화해도 판매총액(소비지출액) 불변
⑤ 수요곡선이 수직선이면 가격이 변화해도 수요량이 변하지 않으므로 수요의 가격탄력성 0

정답 ▸ ⑤

07 담배수요의 가격탄력성이 0.4이며 담배의 가격은 2,000원이다. 정부가 담배소비량을 20% 감소시키고자 할 때, 담배가격의 적정인상분은? [국가 11]

① 1,000원 ② 2,000원
③ 3,000원 ④ 4,000원

해설 ▸ • 문제에서,
▸ 수요의 가격탄력도가 0.4일 때 수요량이 20% 감소하기 위해서는 가격이 50% 상승해야 함

$$\text{수요의 가격탄력도} = \left| \frac{\text{수요량 변화율}(-20\%)}{\text{가격 변화율}(50\%)} \right| = 0.4$$

▸ 담배가격이 2,000원일 때 가격이 50% 상승하면 담배가격은 3,000원이 되므로 적정인상분은 1,000원

정답 ▸ ①

08 갑(甲)은 주유소에 갈 때마다 휘발유 가격에 상관없이 매번 일정 금액만큼 주유한다. 갑(甲)의 휘발유에 대한 수요의 가격탄력성과 수요곡선의 형태에 대한 설명으로 가장 옳은 것은? (단, 수요곡선의 가로축은 수량, 세로축은 가격이다.)

[서울 18(2회)]

	수요의 가격탄력성	수요곡선		수요의 가격탄력성	수요곡선
①	단위탄력적	직각쌍곡선	②	완전비탄력적	수직선
③	단위탄력적	수직선	④	완전비탄력적	직각쌍곡선

해설 ▸ • 지출액 일정. 지출액이 일정하면 수요곡선이 직각쌍곡선이며 수요의 가격탄력성은 1
▸ 직각쌍곡선 수요곡선: $P = \dfrac{\overline{E}}{Q^D} \Rightarrow \overline{E} = P \cdot Q^D$ (단, $\overline{E}$: 지출액(E) 일정)
▸ 직각쌍곡선 수요곡선: 수요의 가격탄력도 = 1

정답 ▸ ①

09 아래 수요곡선상의 한 점 A에서 수요의 가격탄력성은?

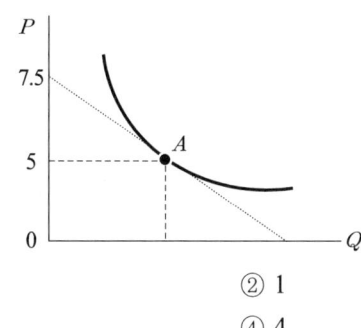

① 0 ② 1
③ 2 ④ 4

해설 ▸ A 점에서 수요의 가격탄력도 $= \dfrac{5}{7.5 - 5} = 2$

정답 ▸ ③

보충 ▸ 그림을 이용한 수요의 가격탄력도 측정: 수요곡선이 우하향하는 직선일 때

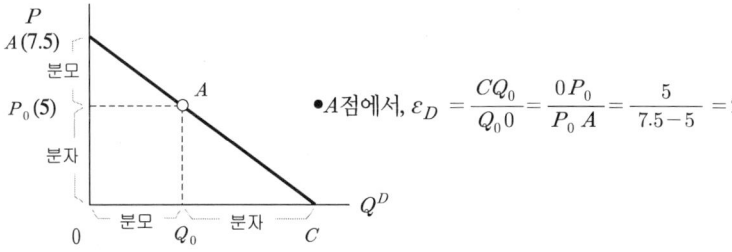

• A점에서, $\varepsilon_D = \dfrac{CQ_0}{Q_0 0} = \dfrac{0P_0}{P_0 A} = \dfrac{5}{7.5 - 5} = 2$

제4장 수요·공급의 탄력도

(2) 수요의 가격탄력도와 소비지출액

10 A시의 시내버스시스템이 적자상태에 있어 수입을 증대시킬 방안을 찾고 있다. A시의 대중교통과 직원은 버스요금 인상을 주장하는 데 반해, 시민단체는 버스요금 인하를 주장한다. 양측의 주장에 대한 설명으로 옳은 것은?

[지방 16]

① 직원은 버스에 대한 수요가 가격탄력적이라고 생각하지만, 시민단체는 수요가 가격비탄력적이라 생각한다.
② 직원은 버스에 대한 수요가 가격비탄력적이라고 생각하지만, 시민단체는 수요가 가격탄력적이라 생각한다.
③ 직원과 시민단체 모두 버스에 대한 수요가 가격비탄력적이라 생각하지만, 시민단체의 경우가 더 비탄력적이라고 생각한다.
④ 직원과 시민단체 모두 버스에 대한 수요가 가격탄력적이라 생각하지만, 직원의 경우가 더 탄력적이라고 생각한다.

해설 ② 수요가 가격비탄력적이면 가격이 오를 때 수입 증가. 따라서 직원은 비탄력이라고 생각
수요가 가격탄력적이면 가격이 내릴 때 수입 증가. 따라서 시민단체는 탄력이라고 생각

정답 ②

보충 • 소비지출액의 변화율
  ▶ 소비지출액=가격×수요량
  ▶ 소비지출액 변화율=가격 변화율+수요량 변화율

• 우하향하는 수요곡선과 지출액 변화 : 수요곡선이 직선이거나 곡선이거나 마찬가지
  ▶ 가격이 내릴 때 : 가격탄력적인 구간에서 소비지출액 증가, 가격비탄력적인 구간에서 소비지출액 감소
  ▶ 가격이 오를 때 : 가격비탄력적인 구간에서 소비지출액 증가, 가격탄력적인 구간에서 소비지출액 감소
  ▶ 수요의 가격탄력성이 1인 점에서 소비지출액 최고

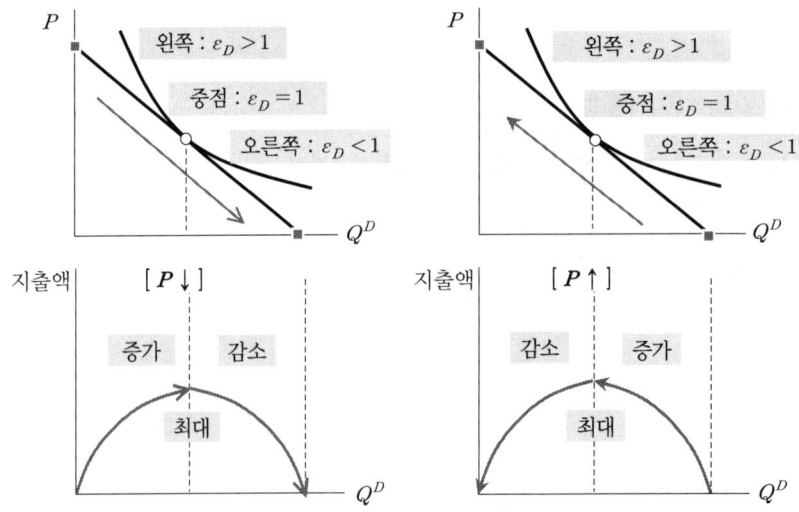

11 수요곡선이 우하향하는 직선이며, 이 곡선의 가로축과 세로축의 절편이 각각 a, b 라고 할 때, 수요의 가격탄력성(E_P)에 관한 설명으로 옳지 않은 것은? (단, 가격과 수요량이 0보다 큰 경우만 고려한다.)

[노무 24]

① 어떤 가격에서의 수요량이 $\dfrac{a}{2}$ 보다 작다면 $E_P > 1$ 이다.
② 가격이 0에서 b 에 가까워질수록 E_P 가 더 커진다.
③ 현재의 가격에서 $E_P > 1$ 인 경우 기업이 가격을 올리면 총수입이 증가한다.
④ b 가 일정할 경우, 동일한 수요량에서는 a 가 클수록 E_P 가 더 크다.
⑤ a 가 일정할 경우, 동일한 가격에서는 b 가 클수록 E_P 가 더 작다.

해설 ● 가격탄력성과 지출액(총수입) : 탄력적일 때 가격이 내리면(오르면) 지출액 증가(감소),
　　　　　　　　　　　　　　　　비탄력적일 때 가격이 오르면(내리면) 지출액 증가(감소)

● 우하향 직선인 수요곡선 : 그림에서, 수요의 가격탄력성 $E_P = \dfrac{분자}{분모}$

중점에서 가격탄력성=1, 우측에서 가격탄력성<1, 좌측에서 가격탄력성>1

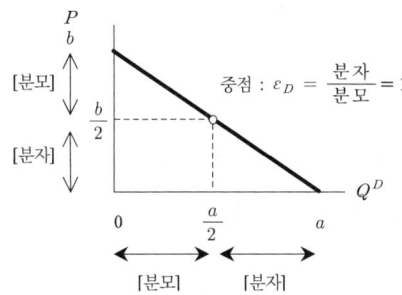

① 수요량이 $\dfrac{a}{2}$ 보다 작을 때 $\varepsilon = \dfrac{분자}{분모} > 1$

② 가격이 0에서 b 에 가까워질수록 $\varepsilon = \dfrac{분자}{분모}$ 에서 분자 증가, 분모 감소. 따라서, E_P 증가

③ $E_P > 1$ 인 경우 가격이 오르면 총수입(지출액) 감소

④ b 가 일정하고 동일한 수요량일 경우, a 가 클수록 $\varepsilon = \dfrac{분자}{분모}$ 에서 분자값이 커지므로 E_P 증가

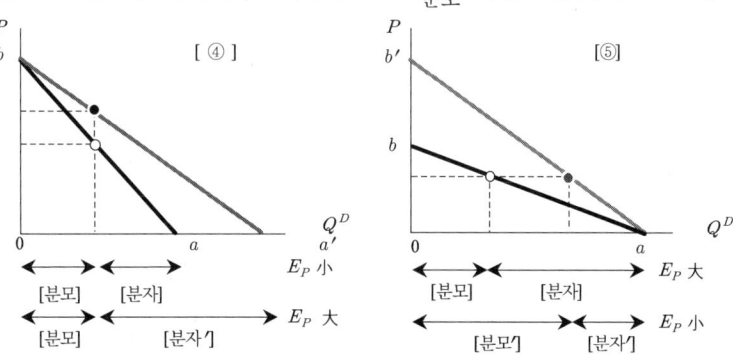

⑤ a 가 일정하고 동일한 가격일 경우, b 가 클수록 $\varepsilon = \dfrac{분자}{분모}$ 에서 분모값이 커지므로 E_P 감소

정답 ▶ ③

12 상품 A의 수요함수가 $Q = 4P^{-2}Y^{0.4}$ 일 때, 이에 관한 설명으로 옳은 것은? (단, Q는 수요량, P는 가격, Y는 소득이다.) [노무 21]

① 가격이 상승하면, 총수입은 증가한다.
② 소득이 2% 감소하면, 수요량은 0.4% 감소한다.
③ 소득탄력성의 부호는 음(-)이다
④ 가격이 상승함에 따라 수요의 가격탄력성도 증가한다.
⑤ 수요의 가격탄력성(절댓값)은 2이다.

해설 • 수요의 가격탄력성 $= \left| \dfrac{dQ}{dP} \right| \dfrac{P}{Q} = 8P^{-3}Y^{0.4} \cdot \dfrac{P}{4P^{-2}Y^{0.4}} = \dfrac{8P^{-2}Y^{0.4}}{4P^{-2}Y^{0.4}} = 2$

• 수요의 소득탄력성 $= \left| \dfrac{dQ}{dY} \right| \dfrac{Y}{Q} = 1.6P^{-2}Y^{-0.6} \cdot \dfrac{Y}{4P^{-2}Y^{0.4}} = \dfrac{1.6P^{-2}Y^{0.4}}{4P^{-2}Y^{0.4}} = 0.4$

① 수요가 탄력적이므로 가격이 상승하면 총수입 감소
② 수요의 소득탄력도가 0.4(소득 1% 증가시 수요 0.4% 증가)이므로 소득이 2% 감소하면 수요 0.8% 감소
③ 소득탄력성의 부호는 정(+)
④, ⑤ 문제의 수요함수에서는 수요의 가격탄력성 2 (일정)

정답 ▶ ⑤

13 어느 재화의 가격이 1천 원에서 1% 상승하면 판매 수입은 0.2% 증가하지만, 5천 원에서 가격이 1% 상승하면 판매 수입은 0.1% 감소한다. 이 재화에 대한 설명으로 옳은 것은? (단, 수요곡선은 수요의 법칙이 적용된다.) [국가 18]

① 가격이 1천 원에서 1% 상승 시, 가격에 대한 수요의 탄력성은 탄력적이다.
② 가격이 5천 원에서 1% 상승 시, 가격에 대한 수요의 탄력성은 비탄력적이다.
③ 가격이 1천 원에서 1% 상승 시, 수요량은 0.2% 감소한다.
④ 가격이 5천 원에서 1% 상승 시, 수요량은 1.1% 감소한다.

해설 • 수요의 가격탄력성과 소비지출액

▶ 수요의 가격탄력성 $= \left| \dfrac{\text{수요량변화율}}{\text{가격 변화율}} \right|$

▶ 소비지출액 = 수요량 × 가격 ⇒ 소비지출액 변화율 = 수요량 변화율 + 가격변화율

• 문제에서,

▶ 가격이 1천원에서 1% 오를 때

소비지출액 변화율(0.2% 증가) = 수요량 변화율 + 가격변화율(1% 상승)

수요량 변화율 = 소비지출액 변화율(+0.2%) − 가격변화율(+1%) = −0.8% (감소)

∴) 수요의 가격탄력성 $= \left| \dfrac{\text{수요량변화율}(-0.8\%)}{\text{가격 변화율}(1\%)} \right| = 0.8 \ (<1)$

▶ 가격이 5천원에서 1% 오를 때

소비지출액 변화율(0.1% 감소) = 수요량 변화율 + 가격변화율(1% 상승)

수요량 변화율 = 소비지출액 변화율(−0.1%) − 가격변화율(+1%) = −1.1% (감소)

∴) 수요의 가격탄력성 = $\left| \dfrac{수요량변화율(-1.1\%)}{가격\ 변화율(1\%)} \right|$ = 1.1 (>1)   정답 ▶ ④

(3) 수요의 가격탄력도 결정요인

14 수요의 가격탄력성에 대한 설명으로 적절하지 않은 것은?   [국가 10]

① 탄력성이 1보다 크면 가격이 하락함에 따라 공급자의 총수입은 증가한다.
② 수요의 가격탄력성은 어떤 재화의 가격이 변할 때 그 재화의 수요량이 얼마나 변하는지 나타내는 척도이다.
③ 수요에 대한 가격탄력성은 대체재가 많을수록 큰 값을 갖는다.
④ 탄력성이 1보다 작으면 가격이 상승함에 따라 소비자의 총지출은 감소한다.

해설 ▶ ① 수요의 가격탄력성이 1보다 클 때 가격이 하락하면 소비지출액(공급자 총수입) 증가
② 수요의 가격탄력도 = $\left| \dfrac{수요량\ 변화율}{가격\ 변화율} \right|$. 가격탄력성은 가격 변화시 수요량의 변화 정도를 측정하는 지표
③ 대체재가 많은 상품은 수요의 가격탄력도가 큼.
④ 수요의 가격탄력성이 1보다 작을 때 가격이 상승하면 소비지출액(공급자 총수입) 증가   정답 ▶ ④

보충 ● 수요의 가격탄력도 결정요인

▶ 대체재가 많고 대체하기 쉬울수록 가격탄력도 큼.   완만한 수요곡선
  (재화의 포괄범위가 좁을수록 탄력적 예 음식물의 가격탄력도도 작고, 채소의 가격탄력도는 큼)
▶ 가격이 소득에서 차지하는 비중이 클수록(高價品) 가격탄력도 큼.   완만한 수요곡선
▶ 생활필수품과 기호품은 수요의 가격탄력도 작음.   가파른(급한) 수요곡선
  생활필수품이 아닌 사치적 상품(luxuries)의 가격탄력도 큼.   완만한 수요곡선
▶ 가격이 변화하고 시간이 경과할수록(장기화될수록) 수요의 가격탄력도 큼. 완만한 수요곡선

2. 수요의 소득탄력도

15 소득이 10% 증가하자 재화의 수요가 20% 감소하였다. 이 재화는 어떤 재화인가?

① 보완재　　　　　　　② 열등재
③ 사치재　　　　　　　④ 대체재

해설 ● 수요의 소득탄력도 = $\dfrac{\text{수요 변화율}(-20\%)}{\text{소득 변화율}(10\%)} = -2 \;(<0)$

▶ 수요의 소득탄력도가 부(−)이므로 열등재
▶ 소득이 1% 증가할 때 수요 2% 감소.

정답 ▶ ②

보충 ● 수요의 소득탄력도와 재화의 성격
▶ 수요의 소득탄력도 > 0 : 정상재. 소득이 증가할 때 수요 증가(수요곡선 우측이동)
　　　　　　　　　(단, 필수재 : 0 < 소득탄력도 < 1, 사치품 : 1 < 소득탄력도)
▶ 수요의 소득탄력도 < 0 : 열등재. 소득이 증가할 때 수요 감소(수요곡선 좌측이동)

3. 수요의 교차탄력도

16 돼지고기 수요의 닭고기 가격에 대한 교차탄력성이 2일 때, 돼지고기 수요량이 10% 감소하였다. 이 경우 닭고기 가격은 얼마나 감소하였는가? [9급 15]

① 1%　　　　　　　② 2%
③ 5%　　　　　　　④ 10%

해설 ● 돼지고기 수요의 닭고기 가격에 대한 교차탄력도 = $\dfrac{\text{돼지고기 수요 변화율}(-10\%)}{\text{닭고기 가격변화율}} = 2$

닭고기 가격 변화율 = 돼지고기 수요 변화율(−10%) / 교차탄력도(2) = −5%

정답 ▶ ③

보충 ● 수요의 교차탄력도와 재화의 성격

X재 수요의 교차탄력도 = $\dfrac{(X\text{재})\text{수요 변화율}}{\text{관련 재화}(Y\text{재})\text{가격 변화율}}$　(관련재 가격이 1% 변화할 때 수요 변화율)

▶ 수요의 교차탄력도 > 0 : 서로 대체재. 관련 재화의 가격이 상승할 때 수요 증가(수요곡선 우측이동)
▶ 수요의 교차탄력도 < 0 : 서로 보완재. 관련 재화의 가격이 상승할 때 수요 감소(수요곡선 좌측이동)

17 두 재화 간의 가격의 교차탄력성이 0보다 작다면, 두 재화 간의 관계는? [국가 11]

① 보완재의 관계 ② 대체재의 관계
③ 정상재와 열등재의 관계 ④ 사치재와 필수재의 관계

해설 ▶ 문제에서, 두 재화 간 수요의 교차탄력도가 부(−)이므로 서로 보완재

정답 ▶ ①

18 X재의 수요함수가 $Q_X = 200 - 0.5P_X + 0.4P_Y + 0.3M$ 이다. P_X는 100, P_Y는 50, M은 100일 때, Y재 가격에 대한 X재 수요의 교차탄력성은? (단, Q_X는 X재 수요량, P_X는 X재 가격, P_Y는 Y재 가격, M은 소득이다.) [국가 19]

① 0.1 ② 0.2 ③ 0.3 ④ 0.4

해설 ▶ • 문제에서,
  ▶ 시장수요량: $Q_X = 200 - 0.5P_X + 0.4P_Y + 0.3M$
  $= 200 - 0.5 \cdot 100 + 0.4 \cdot 50 + 0.3 \cdot 100 = 200$
  ▶ X재 수요의 교차탄력성 $= \dfrac{dQ_X}{dP_Y} \cdot \dfrac{P_Y}{Q_X} = 0.4 \cdot \dfrac{50}{200} = 0.1$

정답 ▶ ①

19 주요 공공교통수단인 시내버스와 지하철의 요금은 지방정부의 통제를 받는다. 지하철 회사가 지하철 수요의 탄력성을 조사해 본 결과, 지하철 수요의 가격탄력성은 1.2, 지하철 수요의 소득탄력성은 0.2, 지하철 수요의 시내버스 요금에 대한 교차탄력성은 0.4인 것으로 나타났다. 앞으로 지하철 이용자의 소득이 10% 상승할 것으로 예상하여, 지하철 회사는 지방정부에 지하철 요금을 5% 인상해 줄 것을 건의하였다. 그런데, 이 건의에는 시내버스의 요금 인상도 포함되어 있었다. 즉 지하철 수요가 요금 인상 전과 동일한 수준으로 유지되도록 시내버스 요금의 인상을 함께 건의한 것이다. 이때 지하철 요금 인상과 함께 건의한 시내버스 요금의 인상 폭은 얼마인가? [국회 13]

① 3% ② 5% ③ 8%
④ 10% ⑤ 15%

해설 ▶

지하철 수요의 가격탄력성	1.2	지하철 요금 5% 상승	수요 6% 감소
지하철 수요의 소득탄력성	0.2	소득 10% 증가	수요 2% 증가
버스에 대한 지하철 수요의 교차탄력성	0.4	버스요금 10 상승	수요 4% 증가
			수요 변화율 0

정답 ▶ ④

20 수요의 탄력성들에 대한 다음의 지문 중 옳게 기술한 것은? [서울 14]

① 수요곡선 기울기가 −2인 직선일 경우 수요곡선 어느 점에서나 가격탄력성이 동일하다.
② 수요의 가격탄력성이 탄력적이라면 가격인하는 총수입을 증가시키는 좋은 전략이 아니다.
③ X재의 가격이 5% 인상되자 Y재 수요가 10% 상승했다면 수요의 교차탄력성은 2이고 두 재화는 대체재이다.
④ 가격이 올랐을 때 시간이 경과될수록 적응이 되기 때문에 수요의 가격탄력성이 작아진다.
⑤ 수요의 소득탄력성이 비탄력적인 재화는 열등재이다.

해설 ① 수요곡선이 우하향하는 직선일 때 수요곡선 중점(中點)에서 수요의 가격탄력도=1. 중점(中點) 좌측에서 수요의 가격탄력도>1, 중점(中點) 우측에서 수요의 가격탄력도<1
② 수요가 탄력적일 때 가격이 내리면 총수입(소비지출액) 증가
③ $(Y$재$)$수요의 교차탄력도 $= \dfrac{Y재\ 수요\ 변화율(10\%)}{X재\ 가격\ 변화율(5\%)} = 2\ (>0)$

교차탄력도가 정(+)이므로 두 재화는 대체재
④ 가격 변화 후 시간이 경과할수록 수요의 가격탄력도 증가
⑤ 수요의 소득탄력성이 비탄력적(수요의 소득탄력성 <1)인 재화는 필수재. 열등재의 소득탄력성은 부(−)

정답 ③

II 공급의 가격탄력도

1. 공급의 가격탄력도

(1) 공급의 가격탄력도

21 우유가격이 리터 당 800원에서 1,000원으로 오를 때 낙농업자들의 우유공급량이 월평균 10,000리터에서 14,000리터로 증가한다고 하면 공급의 가격탄력도는 얼마인가? (단, 소수점 이하 두 자리는 반올림하며, 호탄력성 방식을 이용하여 계산함)

① 0.6   ② 1.0
③ 1.5   ④ 1.6

[해설] • 문제에서,
- 가격은 25% 상승, 공급량은 40% 증가

  (단, 가격 상승률=(가격 변동분(200)/원래 가격(800))×100=25%,
  공급량 변동률=(공급량 변동분(4,000)/원래 공급량(10,000))×100=40%))

- 따라서, 공급의 가격탄력도 = $\dfrac{\text{공급량 변화율}(40\%)}{\text{가격 변화율}(25\%)}$ = 1.6 (가격이 1% 변화할 때 공급량 변화율)

정답 ④

22 다음 그림은 가로축에 공급량(Q), 세로축에 가격(P)을 나타내는 공급곡선들을 표시한 것이다. 이에 대한 설명으로 옳은 것은?

[지방 15]

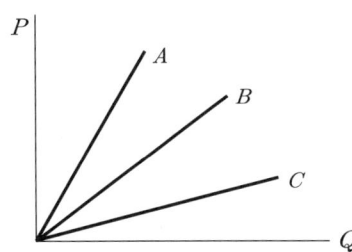

① 공급곡선 A의 가격에 대한 탄력성이 C의 가격에 대한 탄력성보다 높다.
② 공급곡선 C의 가격에 대한 탄력성이 A의 가격에 대한 탄력성보다 높다.
③ 공급곡선 B의 가격에 대한 탄력성이 C의 가격에 대한 탄력성보다 높다.
④ 공급곡선 A의 가격에 대한 탄력성은 B의 가격에 대한 탄력성과 같다.

[해설] • 원점에서 우상향하는 직선의 공급곡선 상 모든 점에서 공급의 가격탄력도는 1

정답 ④

23 X재 공급함수가 $Q = P - 6$일 때, 공급의 가격탄력성은? (단, Q는 공급량, P는 가격이다.)

[노무 19, 20]

① $(P-6)/P$ ② $(P+6)/P$ ③ $(-P+6)/P$
④ $P/(P+6)$ ⑤ $P/(P-6)$

해설 ▶ • 공급의 가격탄력성: $\varepsilon_S = \dfrac{dQ^S}{dP} \cdot \dfrac{P}{Q^S} = 1 \cdot \dfrac{P}{Q^S} = \dfrac{P}{P-6}$

정답 ▶ ⑤

24 X재에 대한 수요함수는 $Q^D = -\dfrac{1}{2}P + 120$, 공급함수는 $Q^S = \dfrac{3}{2}P + 40$ 이다. 균형에서 수요의 가격탄력성과 공급의 가격탄력성은 각각 얼마인가?

[서울 12]

① $\dfrac{1}{5}$, $\dfrac{3}{5}$ ② $\dfrac{3}{5}$, $\dfrac{1}{5}$ ③ 1, 3
④ 3, 1   ⑤ 2, 3

해설 ▶ • 시장균형 가격과 거래량: $Q^D = Q^S \Rightarrow -\dfrac{1}{2}P + 120 = \dfrac{3}{2}P + 40 \Rightarrow 2P = 80 \therefore) P = 40, Q = 100$

• 수요 가격탄력도: $\varepsilon_D = \left| \dfrac{dQ^D}{dP} \right| \cdot \dfrac{P}{Q^D} = \left| -\dfrac{1}{2} \right| \cdot \dfrac{40}{100} = \dfrac{40}{200} = \dfrac{1}{5}$

(단, $\dfrac{dQ^D}{dP}$: 수요함수 가격으로 미분)

• 공급 가격탄력도: $\varepsilon_S = \dfrac{dQ^S}{dP} \cdot \dfrac{P}{Q^S} = \dfrac{3}{2} \cdot \dfrac{40}{100} = \dfrac{120}{200} = \dfrac{3}{5}$

(단, $\dfrac{dQ^S}{dP}$: 공급함수를 가격으로 미분)

정답 ▶ ①

25 다음은 소매시장의 오리고기 수요곡선과 공급곡선이다. $P_b = 7$, $P_c = 3$, $P_d = 5$, $Y = 2$라고 할 때, 시장균형점에서 오리고기에 대한 수요의 가격탄력성은?

[국가 14]

○ 수요곡선 : $Q_d = 105 - 30P - 20P_c + 5P_b - 5Y$
○ 공급곡선 : $Q_s = 5 + 10P - 3P_d$

(단, P는 소매시장 오리고기 가격, P_b는 쇠고기 가격, P_c는 닭고기 가격, P_d는 도매시장 오리고기 가격, Y는 소득이다.)

① 1/6   ② 1/3   ③ 3   ④ 6

해설 ▶ • 먼저, $P_b = 7$, $P_c = 3$, $P_d = 5$, $Y = 2$를 수요곡선식과 공급곡선식에 대입

▶ 수요함수 : $Q_d = 105 - 30P - 20P_c + 5P_b - 5Y = 105 - 30P - 20 \cdot 3 + 5 \cdot 7 - 5 \cdot 2 = 70 - 30P$

▶ 공급함수 : $Q_s = 5 + 10P - 3P_d = 5 + 10P - 3 \cdot 5 = -10 + 10P$

▶ 시장균형조건 : 수요량(Q_d) = 공급량(Q_s) ⇒ $70 - 30P = -10 + 10P$ ∴) $P = 2$, $Q = 10$

▶ 가격탄력도 : $\varepsilon_d = \left| \dfrac{dQ_d}{dP} \right| \cdot \dfrac{P}{Q^D} = |-30| \cdot \dfrac{2}{10} = \dfrac{60}{10} = 6$

(단, $\dfrac{dQ^D}{dP}$: 수요함수를 가격으로 미분)

정답 ▶ ④

26 수요곡선과 공급곡선이 다음과 같을 때 시장균형에서 공급의 가격탄력성은? [노무 17]

| ○ 수요곡선 : $P = 7 - 0.5Q$ | ○ 공급곡선 : $P = 2 + 2Q$ |

① 0.75   ② 1   ③ 1.25
④ 1.5   ⑤ 2

해설 ▶ • 시장균형 : $Q^D = Q^S$ (수요량 = 공급량), 또는 $P^D = P^S$ (수요가격 = 공급가격)

$P^D = P^S \Rightarrow 7 - 0.5Q = 2 + 2Q \Rightarrow 2.5Q = 5$

∴ $Q = 2$, $P = 6$ ($Q = 2$를 수요곡선, 또는 공급곡선에 대입하여 가격(P) 도출)

• 공급 가격탄력도 : $\varepsilon_D = \dfrac{dQ^S}{dP} \cdot \dfrac{P}{Q} = \dfrac{1}{S'} \cdot \dfrac{P}{Q} = \dfrac{1}{2} \cdot \dfrac{6}{2} = 0.5 \cdot 3 = 1.5$

(단, $\dfrac{dQ^S}{dP}$: 공급함수를 가격으로 미분, $\dfrac{1}{S'}$: 공급곡선 기울기(공급곡선식 공급량으로 미분)의 역수)

• 수요 가격탄력도 : $\varepsilon_D = \left| \dfrac{dQ^D}{dP} \right| \cdot \dfrac{P}{Q} = \left| \dfrac{1}{D'} \right| \cdot \dfrac{P}{Q} = \left| \dfrac{1}{-0.5} \right| \cdot \dfrac{6}{2} = 2 \cdot 3 = 6$

(단, $\dfrac{dQ^D}{dP}$: 수요함수를 가격으로 미분, $\dfrac{1}{D'}$: 수요곡선 기울기(수요곡선식 수요량으로 미분)의 역수)

정답 ▶ ④

(2) 공급의 가격탄력도 결정요인

27 다음 중 공급의 가격탄력도가 큰 경우는?

① 생산물 가격이 변화하여 공급량이 변화할 때 요소가격이 대폭 변화하는 경우
② 요소의 수요와 공급이 요소가격변화에 대하여 비탄력적일 때
③ 농산물
④ 저장하기 쉬운 생산물
⑤ 가격변화 직후

해설 ④ 저장하기 쉬운 생산물은 공급의 가격탄력성 큼(완만한 공급곡선)   **정답** ④

보충 • 공급의 가격탄력도 결정요인
  ▶ 생산물 가격이 변화하여 공급량이 변화할 때 요소가격이 대폭 변화할수록 생산물 공급의 가격탄력도 작음(가파른(급한) 공급곡선)
  ▶ 저장하기 어렵고 비용이 많이 필요한 재화(농수축산물)일 경우 공급의 가격탄력도 작음(가파른(급한) 공급곡선)
  ▶ 가격이 변화하고 시간이 경과할수록(장기화될수록) 공급의 가격탄력도 큼(완만한 공급곡선)

Ⅲ 가격탄력도와 자원배분

28 2014년 기상 여건이 좋아 배추와 무 등의 농산물 생산이 풍년을 이루었다. 그러나, 농민들은 오히려 수입이 줄어 어려움을 겪는 현상이 발생하였다. 이러한 소위 '풍년의 비극'이 발생하게 된 원인으로 옳은 것은?

[지방 15]

① 가격의 하락과 탄력적 공급이 지나친 판매량 감소를 초래하였다.
② 가격의 하락과 비탄력적 공급이 지나친 판매량 감소를 초래하였다.
③ 공급의 증가와 탄력적 수요가 가격의 지나친 하락을 초래하였다.
④ 공급의 증가와 비탄력적 수요가 가격의 지나친 하락을 초래하였다.

해설 ● 농산물 '풍년의 비극'

▶ 농산물은 생활필수품이므로 농산물 수요는 가격에 비탄력적이며 가파른 수요곡선
▶ 농산물이 풍년이면 농산물 공급이 증가(공급곡선 우측이동)하여 가격하락
▶ 가격이 내릴 때 수요가 비탄력적이므로 수요량 소폭 증가, 가격 대폭 하락.
따라서 소비지출액(농민 수입) 대폭 감소

정답 ▶ ④

제4장 수요·공급의 탄력도 47

제5장 수요·공급이론의 응용

Economics
미/시/경/제/학

Ⅰ 경제적 잉여(economic surplus)

1. 소비자잉여

01 어떤 소비자가 이동통신회사의 요금 제도를 비교하여 어느 통신회사를 선택할지 고민하고 있다고 하자. A사는 통화시간에 관계없이 월 12만원을 받는다. B사는 월정액 없이 1분에 1,000원을 받는다. 소비자의 이동전화 통화수요는 $Q_D = 150 - \dfrac{P}{20}$ 라고 하자. 여기서 Q_D는 분으로 표시한 통화시간을 나타내고, P는 분당 전화요금을 나타낸다. 이 소비자가 A, B 사로부터 얻게 되는 소비자잉여는 각각 (Ⅰ), (Ⅱ)라고 한다. (Ⅰ), (Ⅱ)를 옳게 고르면?   [국회 13]

	Ⅰ	Ⅱ		Ⅰ	Ⅱ
①	100,000	225,000	②	105,000	100,000
③	105,000	120,000	④	225,000	120,000
⑤	225,000	100,000			

해설 ▶ • 수요곡선: 수요함수를 가격으로 정리. $Q_D = 150 - \dfrac{P}{20}$ ⇒ $P = 3,000 - 20Q$

▶ A사 소비자잉여 = 가격 0일 때까지 소비할 때 소비자잉여(225,000) − 월정액(120,000) = 105,000
▶ B사 소비자잉여 = 가격 1,000일 때 소비자잉여 = 100,000

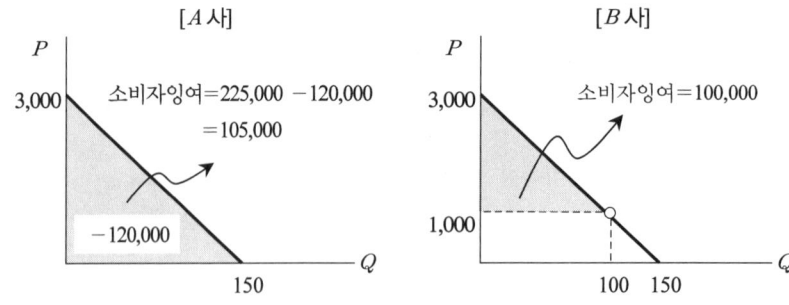

정답 ▶ ②

02 소비자잉여에 대한 다음의 서술 중 옳은 것은? [서울 13]

① 공급이 감소하여 가격이 상승한 경우 소비자잉여는 감소한다.
② 수요가 증가하여 가격이 상승한 경우 소비자잉여는 감소한다.
③ 수요의 탄력성이 클수록 소비자잉여도 크다.
④ 공급의 탄력성이 클수록 소비자잉여도 크다.
⑤ 소비자잉여를 늘리는 정책은 자원배분의 효율성도 제고한다.

해설
① 공급이 감소(공급곡선 좌측이동)할 경우 가격이 상승하고 거래량 감소. 따라서 소비자잉여 감소
② 수요가 증가(수요곡선 우측이동)할 경우 소비자잉여 증가
③ 수요의 탄력성이 클수록(수요곡선 기울기 완만) 소비자잉여 작음.
④ 공급의 탄력성이 클수록(공급곡선 기울기 완만) 생산자잉여 작음.
  공급의 가격탄력도와 소비자잉여는 서로 무관한 관계
⑤ 소비자잉여가 증가하되 생산자잉여가 많이 감소하면 경제적잉여(자원배분의 효율성)가 감소할 수도 있음

정답 ① ①

03 완전경쟁시장에서 수요곡선은 $Q_d = 8 - 0.5P$ 이고 공급곡선은 $Q_s = P - 4$ 라고 할 때, 균형가격(P)과 소비자잉여(CS)의 크기는? (단, Q_d는 수요량, Q_s는 공급량이다.) [노무 18]

① $P = 4$, $CS = 8$ ② $P = 4$, $CS = 16$ ③ $P = 8$, $CS = 8$
④ $P = 8$, $CS = 16$ ⑤ $P = 10$, $CS = 8$

해설 • 문제에서,
▶ 수요곡선 : $P = 16 - 2Q$ (수요함수를 가격으로 정리)
▶ 공급곡선 : $P = 4 + Q$ (공급함수를 가격으로 정리)
▶ 균형조건 : 수요량 = 공급량 ⇒ $8 - 0.5P = P - 4$ ⇒ $1.5P = 12$ ∴) $P = 8$, $Q = 4$

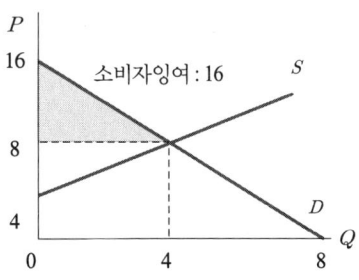

정답 ④

04 소비자잉여에 대한 설명으로 옳은 것은? [지방 09]

① 가격이 같을 경우 수요가 탄력적일수록 커진다.
② 가격이 같을 경우 공급이 탄력적일수록 커진다.
③ 수요가 완전탄력적일 경우 소비자잉여는 0이다.
④ 공급이 완전탄력적일 경우 소비자잉여는 0이다.

[해설] ① 가격이 같을 경우 수요가 탄력적일수록 소비자잉여 감소
② 가격이 같을 경우 공급이 탄력적일수록 생산자잉여 감소. 공급의 가격탄력도와 소비자잉여의 크기는 무관
③ 수요가 완전탄력적일 경우 소비자잉여는 0
④ 공급이 완전탄력적일 경우 생산자잉여는 0. 공급의 가격탄력도와 소비자잉여의 크기는 무관

[정답] ③

05 철수의 연간 영화관람에 대한 수요함수는 $Q = 30 - (P/400)$이고, 비회원의 1회 관람가격은 8,000원이지만, 연회비를 내는 회원의 1회 관람가격은 4,000원으로 할인된다. 철수가 회원이 되려고 할 때 지불할 용의가 있는 최대 연회비는? (단, Q는 연간 영화관람 횟수, P는 1회 관람가격이다.) [국가 08]

① 70,000원 ② 60,000원 ③ 50,000원 ④ 40,000원

[해설] 철수가 지불할 용의가 있는 최대 연회비 : 회원에 가입할 때 소비자잉여 증가분

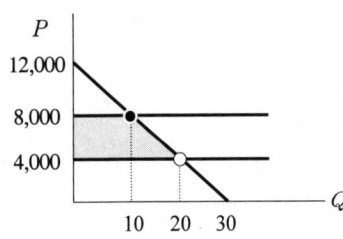

• 수요곡선 : 수요함수를 가격으로 정리
$Q = 30 - (P/400) \Rightarrow P = 12,000 - 400Q$

[정답] ②

2. 생산자잉여

06 다음 그림은 완전경쟁시장에서 어떤 재화의 수요와 공급곡선을 나타내고 있다. 소득 증가로 인하여 수요곡선이 우측으로 이동하였다면 생산자잉여는 얼마나 증가하겠는가?

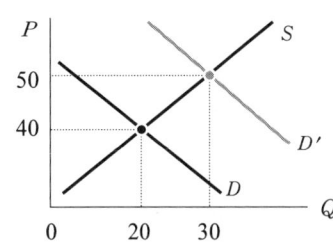

① 1,500   ② 800   ③ 700
④ 450   ⑤ 250

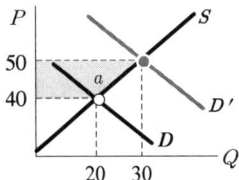

▶ 생산자잉여의 변화 : 그림에서 a 면적만큼 증가
▶ 생산자잉여 증가분 $= (10 \times 20) + (10 \times 10)/2 = 250$

정답 ▶ ⑤

07 판매되는 유제품에서 멜라민이라는 유해물질이 검출되었다는 보도가 있었다. 공급곡선 변화가 없다고 할 경우 유제품의 판매가격과 생산자잉여에 어떤 영향을 미칠 것인가? [서울 09]

① 가격은 내리고 생산자잉여는 감소한다.   ② 가격은 내리고 생산자잉여는 증가한다.
③ 가격은 오르고 생산자잉여는 감소한다.   ④ 가격은 오르고 생산자잉여는 증가한다.
⑤ 어떻게 될 지 알 수 없다.

해설 ▶ • 시장균형의 변화
 ▶ 유해물질 검출시 소비자 선호가 감소하여 소비수요 감소
 ▶ 수요가 감소(수요곡선 좌측이동)하면 시장가격 하락, 시장거래량 감소
 ▶ 이에 따라 소비자잉여, 생산자잉여 및 경제적잉여 모두 감소

정답 ▶ ①

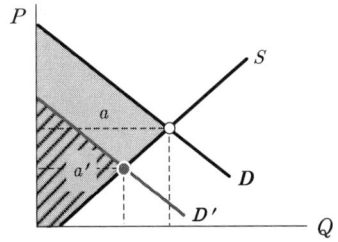

• 수요가 감소(수요곡선 좌측이동)할 때,
 ▶ 가격 하락, 거래량 감소
 ▶ 소비자잉여, 생산자잉여 및 경제적잉여(a) 모두 감소

3. 경제적 잉여

08 다음 서술 중 옳지 않은 것은?

① 필수품의 소비자잉여는 크다.
② 대체재가 많은 재화의 소비자잉여는 작다.
③ 저장하기 쉬운 재화의 생산자잉여는 작다.
④ 농산물의 경제적잉여는 크지 않다.

해설 ① 필수품은 가격 변화에 비탄력적(가파른 수요곡선). 따라서 소비자잉여 큼.
② 대체재가 많은 재화는 가격 변화에 탄력적(완만한 수요곡선). 따라서 소비자잉여 작음.
③ 저장하기 쉬운 재화는 공급이 가격 변화에 탄력적(완만한 공급곡선). 따라서 생산자잉여 작음.
④ 농산물은 수요와 공급 모두 가격 변화에 비탄력적. 따라서 경제적 잉여 큼.   **정답 ④**

09 어떤 재화의 시장 수요곡선은 $P = 300 - 2Q$이고, 시장 공급곡선은 $P = 150 + Q$일 때의 시장균형에 대한 설명으로 옳은 것은? (단, Q는 수량, P는 가격을 나타낸다.)   [지방 14]

① 사회적 잉여는 3,750이다.
② 균형 가격은 50이다.
③ 균형 거래량은 30이다.
④ 생산자 잉여는 2,500이다.

해설 • 시장균형조건: $P^D = P^S \Rightarrow 300 - 2Q = 150 + Q \Rightarrow 3Q = 150 \quad \therefore Q = 50, P = 200$

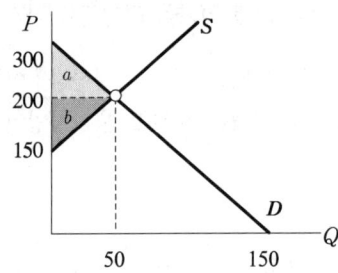

• 경제적잉여
 ▶ 소비자잉여: a 면적 $= (100 \times 50)/2 = 2,500$
 ▶ 생산자잉여: b 면적 $= (50 \times 50)/2 = 1,250$
 ▶ 사회적 잉여(경제적잉여): $a + b$ 면적 $= 3,750$

정답 ①

II 조세귀착(tax incidence)

1. 조세귀착(I) : 간접세가 공급자에게 부과될 때

10 조세부과에 대한 설명으로 옳지 않은 것은? (단, 수요곡선은 우하향, 공급곡선은 우상향) [9급 13]

① 공급자에게 조세 납부의 책임이 있는 경우 소비자에게는 조세부담이 전혀 없다.
② 조세부과로 인해 시장가격은 상승한다.
③ 조세부과로 인해 사회적 후생이 감소한다.
④ 가격탄력성에 따라 조세부담의 정도가 달라진다.

해설 ①, ② 공급자에게 조세가 부과될 경우 시장가격이 상승하므로 소비자도 일부 부담. 시장거래량은 감소
③ 조세가 부과되면 가격이 상승하고 시장거래량이 감소하므로 사회적 후생 감소(자중손실)
④ 수요자와 공급자 중 상대적으로 탄력적인 쪽이 적게 조세부담하고 비탄력적인 쪽이 많이 부담

정답 ①

보충 • 조세귀착 : 공급자에게 물품세(종량세) 부과

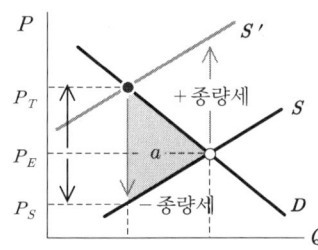

• 종량세(T_0) 부과 : 공급곡선 상방이동(S')
  ▶ 소비자 부담 : 시장가격 상승분($P_T - P_E$)
  ▶ 공급자 부담 : 공급가격 하락분($P_E - P_S$)
     (세후 공급가격 : P_S)
  ▶ 조세귀착 : 탄력적인 쪽이 적게 부담
  ▶ 자중손실 : a

11 다음 글의 의미를 설명한 것으로 옳은 것은? [9급 11]

> 조세 부과로 인해 발생하는 조세의 비효율성인 자중손실(deadweight loss)의 크기는 수요 및 공급의 가격 탄력성에 의존한다.

① 수요자 및 공급자가 가격의 변화에 민감하게 반응할수록 시장왜곡이 더 커진다.
② 수요자 및 공급자가 가격의 변화에 적절히 반응하지 않을수록 시장 왜곡이 더 커진다.
③ 수요곡선 및 공급곡선의 이동이 클수록 시장 균형이 더 크게 영향을 받는다.
④ 수요곡선 및 공급곡선의 이동이 적절히 발생하지 않을수록 시장 균형이 더 크게 영향을 받는다.

해설 ① 수요와 공급이 가격의 변화에 탄력적일수록 자중손실(시장왜곡)이 더 큼.

정답 ①

보충 ▶ 간접세(종량세) 부과효과 : 공급자에게 부과하는 경우와 수요자에게 부과하는 경우 동일

- 일반적인 경우
    - ▶ 상대적으로 탄력적인 쪽 : 조세부담 작음. 잉여감소 작음
    - ▶ 상대적으로 비탄력적인 쪽 : 조세부담 큼. 잉여감소 큼
    - ▶ 수요와 공급 모두, 또는 한쪽이 탄력일 때, 자중손실 크고, 조세징수액 작음
    - ▶ 수요와 공급 모두, 또는 한쪽이 비탄력적일 때, 자중손실 작고, 조세징수액 많음
    - ▶ 한쪽이 탄력적일 때 : 자중손실 크고, 조세징수액 작음
    - ▶ 모두 비탄력적일 때 : 자중손실 작고, 조세징수액 많음

- 한 쪽이 완전탄력적 : 수평의 수요 또는 공급곡선
    - ▶ 완전탄력적인 쪽은 조세부담하지 않으며 잉여도 변화하지 않음
    - ▶ 상대쪽만 조세부담, 잉여감소

- 한 쪽이 완전비탄력적 : 수직의 수요 또는 공급곡선
    - ▶ 완전비탄력적인 쪽만 조세부담하며 잉여도 감소함
    - ▶ 상대쪽은 조세부담하지 않고 잉여도 감소하지 않음

12 제품 단위당 일정한 세금을 부과했을 경우 경제적 순손실이 가장 큰 경우는? [지방(하) 08]

① 수요가 탄력적이고 공급이 비탄력적인 재화
② 수요가 비탄력적이고 공급이 탄력적인 재화
③ 수요와 공급이 모두 탄력적인 재화
④ 수요와 공급이 모두 비탄력적인 재화

해설 ▶ • 수요와 공급이 모두 탄력적일 때 종량세 부과하면, 시장거래량이 대폭 감소하므로 경제적 순손실(자중손실)은 크고, 조세징수액은 작아짐

정답 ▶ ③

보충 ▶ 수요·공급의 가격탄력도와 자중손실

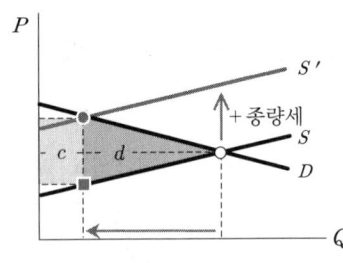

[수요와 공급이 모두 탄력적일 때]
▶ 시장거래량 대폭 감소
▶ 자중손실(d) 크고, 조세징수액(c) 작음

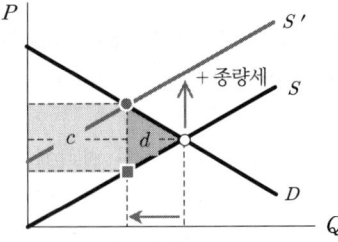

[수요와 공급이 모두 비탄력적일 때]
▶ 시장거래량 소폭 감소
▶ 자중손실(d) 적고, 조세징수액(c) 많음

13 정부가 제품 1개당 10만큼의 종량세를 부과할 때 나타나는 현상에 관한 설명으로 옳지 않은 것은? (단, 수요곡선은 우하향하고 공급곡선은 우상향한다.) [노무 19]

① 공급자에게 종량세를 부과하면 균형가격은 상승한다.
② 수요자에게 종량세를 부과하면 균형가격은 하락한다.
③ 종량세를 공급자에게 부과하든 수요자에게 부과하든 정부의 조세수입은 같다.
④ 종량세를 공급자에게 부과하든 수요자에게 부과하든 경제적 순손실(deadweight loss)은 같다.
⑤ 수요의 가격탄력성이 공급의 가격탄력성보다 클 경우 공급자보다 수요자의 조세부담이 크다.

해설 ① 공급자에게 종량세를 부과하면 공급곡선이 상방이동(좌측이동, 공급감소)하여 시장균형가격 상승
② 수요자에게 종량세를 부과하면 수요곡선이 하방이동(좌측이동, 수요감소)하여 시장균형가격 하락
③, ④ 종량세를 공급자에게 부과하든 수요자에게 부과하든 모든 효과 동일
⑤ 종량세 부과시, 가격탄력성이 큰 쪽이 상대적으로 조금 부담

정답 ⑤

14 수요의 가격탄력성이 0이면서 공급곡선은 우상향하고 있는 재화에 대해 조세가 부과될 경우, 조세부담의 귀착에 관한 설명으로 옳은 것은? [노무 17]

① 조세부담은 모두 소비자에게 귀착된다.
② 조세부담은 모두 판매자에게 귀착된다.
③ 조세부담은 양측에 귀착되지만 소비자에게 더 귀착된다.
④ 조세부담은 양측에 귀착되지만 판매자에게 더 귀착된다.
⑤ 조세부담은 소비자와 판매자에게 똑같이 귀착된다.

해설 • 조세부담의 귀착
▶ 조세가 부과되면 탄력적인 쪽이 적게 부담, 비탄력적인 쪽이 많이 부담
▶ 한 쪽이 완전탄력적($\varepsilon = \infty$)이면 그쪽은 부담하지 않음. 상대방이 모두 부담
▶ 한 쪽이 완전비탄력적($\varepsilon = 0$)이면 그쪽이 모두 부담. 상대방은 부담하지 않음
• 문제에서, 수요의 가격탄력성이 0 (완전비탄력적)이므로 소비자에게 귀착(소비자가 모두 부담)

정답 ①

15 수요의 가격탄력성에 관한 설명으로 옳은 것은? (단, 수요곡선은 우하향한다.) [노무 16]

① 수요 가격탄력성이 1보다 작은 경우, 가격이 하락하면 총수입은 증가한다.
② 수요 가격탄력성이 작아질수록, 물품세 부과로 인한 경제적 손실(deadweight loss)은 커진다.
③ 소비자 전체 지출에서 차지하는 비중이 큰 상품일수록, 수요의 가격탄력성은 작아진다.
④ 직선인 수요곡선 상에서 수요량이 많아질수록, 수요의 가격탄력성은 작아진다.
⑤ 좋은 대체재가 많을수록, 수요의 가격탄력성은 작아진다.

해설 ① 수요의 가격탄력성이 1보다 작은 경우, 가격이 하락하면 총수입 감소
② 수요의 가격탄력성이 작을수록(가파른 수요곡선) 경제적 순손실(자중손실. deadweight loss) 작음
③ 가격이 소비지출에서 차지하는 비중이 클수록 수요의 가격탄력성 큼
④ 직선인 수요곡선 상에서 수요량이 많아질수록(수요곡선 상에서 우하향), 수요의 가격탄력성 작음
⑤ 대체재가 많을수록, 수요의 가격탄력성 큼

정답 ④

16 X재 수요곡선은 가격탄력성이 0인 직선이고 공급곡선은 원점을 통과하는 우상향 직선이다. 공급자에게 물품세가 부과될 경우 다음 설명 중 옳은 것은? [서울 15]

① 시장거래량은 감소한다.
② 생산자 잉여는 변화 없다.
③ 소비자가 지불하는 가격은 변화 없다.
④ 공급자가 물품세를 납부하고 실제 받는 가격은 하락한다.

해설 • 조세귀착 : 물품세 부과시,
  ▶ 비탄력적인 쪽이 더 많이 조세부담, 더 많이 잉여 감소. 완전비탄력적인 쪽이 모두 조세부담
  ▶ 탄력적인 쪽이 조금 조세부담. 완전탄력적인 쪽은 조세부담하지 않고 상대방이 모두 부담
• 문제의 경우, 수요의 가격탄력도 0이므로 수직의 수요곡선
  ▶ 공급자에게 물품세 부과시 물품세액만큼 공급곡선 상방 이동
  ▶ 물품세액만큼 시장가격 상승, 시장거래량 불변
  ▶ 따라서 소비자가 모두 조세부담. 소비자잉여만 감소.
  ▶ 이때 소비자잉여분 = 조세징수액. 따라서 자중손실은 발생하지 않음
  ▶ 공급자는 조세부담하지 않고, 생산자잉여도 감소하지 않음

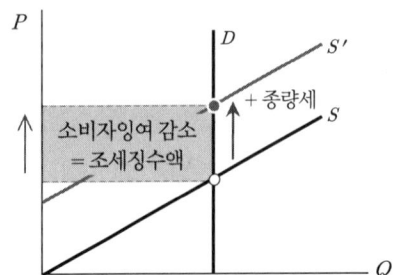

정답 ②

17 토지 공급의 가격탄력성이 완전히 비탄력적일 때, 토지 공급에 세금을 부과할 경우 미치는 영향에 대한 설명으로 옳은 것은? (단, 토지 수요의 가격탄력성은 단위탄력적이다.)   [지방 11]

① 토지 수요자가 실질적으로 세금을 모두 부담한다.
② 토지 공급자가 실질적으로 세금을 모두 부담한다.
③ 토지 수요자와 공급자가 모두 세금을 부담한다.
④ 토지 수요자와 공급자가 모두 세금을 부담하지 않는다.

해설 ▶ • 공급이 완전비탄력적일 때 : 완전비탄력적인 쪽(토지 공급자)이 모두 부담

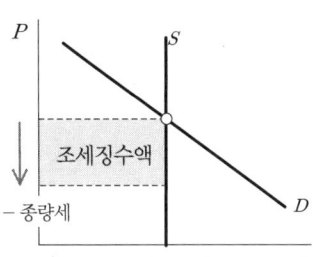

[공급 완전비탄력적 : 수직의 공급곡선]
▶ 시장가격 불변, 거래량 불변
▶ 종량세만큼 세 후 공급가격 하락. 종량세를 공급자가 모두 부담
▶ 소비자잉여 : 불변
▶ 생산자잉여 : 조세징수액만큼 감소
▶ 경제적 잉여 : 불변.
 (생산자잉여 감소분 = 종량세 총액)

정답 ▶ ②

18 한 주부가 청바지를 1벌에 8,000원에 구매하려고 한다. 그런데 현재 청바지 가격은 1벌에 5,000원이다. 만약 청바지에 대한 물품세가 1벌 당 5,000원이 부과되어 청바지의 가격이 10,000원으로 상승하였을 경우 옳지 않은 것은?   [지방(상) 08]

① 세금이 부과되기 전 소비자잉여는 3,000원이다.
② 세금이 부과되고 나면 소비자잉여는 발생하지 않는다.
③ 세금이 부과되고 나면 사회적 순손실은 3,000원만큼 발생한다.
④ 세금이 부과되고 나면 사회적 순손실은 5,000원만큼 발생한다.

해설 ▶ • 물품세 부과 전 : 지불용의 최고가격(8,000원) > 청바지 가격(5,000원). 따라서, 구매
 이때, 소비자잉여 = 지불용의 최고가격(8,000원) − 청바지 가격(5,000원) = 3,000원
• 물품세 부과 후 : 지불용의 최고가격(8,000원) > 청바지 가격(10,000원). 구매하지 않으므로 소비자잉여 = 0
• 따라서, 물품세 부과에 따른 사회적 순손실(자중손실) = 3,000원

정답 ▶ ④

19 갑과 을 두 흡연자만 있다. 갑은 담배 한 갑을 피울 때 최대한으로 3,000원을 지불할 용의가 있고, 을은 담배 한 갑을 피울 때 최대한으로 5,000원을 지불할 용의가 있다. 지금 한 갑당 2,000원의 가격에서 갑과 을은 하루에 한 갑씩 담배를 피운다. 이제 담배 한 갑당 2,000원의 건강세가 부과되었다. 이 건강세로부터 발생하는 하루 조세수입(원)은? (단, 두 사람은 한 갑 단위로 담배를 소비하는 합리적 경제주체이고, 하루에 최대한으로 소비할 수 있는 담배의 양은 각각 한 갑이다.) [지방 08]

① 0원
② 2,000원
③ 4,000원
④ 8,000원

해설 • 건강세 부과 전 : 甲의 지불용의 최고가격(3,000원)>담배가격(2,000원). 담배소비
  乙의 지불용의 최고가격(5,000원)>담배가격(2,000원). 담배소비
• 건강세 부과 후 : 甲의 지불용의 최고가격(3,000원)<담배가격(4,000원). 담배소비하지 않음
  乙의 지불용의 최고가격(5,000원)>담배가격(4,000원). 담배소비
• 조세부과 후, 乙만 한 갑 소비하므로 조세수입은 2,000원

정답 ②

20 휴대폰의 수요곡선은 $Q = -2P + 100$이고, 공급곡선은 $Q = 3P - 20$이다. 정부가 휴대폰 1대당 10의 종량세 형태의 물품세를 공급자에게 부과하였다면, 휴대폰 공급자가 부담하는 총조세 부담액은? (단, P는 가격, Q는 수량, $P > 0$, $Q > 0$이다.) [노무 16]

① 120
② 160
③ 180
④ 200
⑤ 220

해설 • 조세부과 전
  ▶ 수요곡선 : $P = 50 - 0.5Q$ (수요함수 가격으로 정리)
  ▶ 공급곡선 : $P = \frac{20}{3} + \frac{1}{3}Q$ (공급함수 가격으로 정리)
  ▶ 균형조건 : 수요량 = 공급량 ⇒ $-2P + 100 = 3P - 20$ ⇒ $5P = 120$ ∴) $P = 24$, $Q = 52$

• 조세부과 후 : 공급곡선 종량세(10)만큼 공급곡선 상방이동
  ▶ 공급곡선 : $P = \frac{50}{3} + \frac{1}{3}Q$
  ▶ 공급함수 : $Q = -50 + 3P$(공급곡선을 수량으로 정리)
  ▶ 균형조건 : 수요량 = 공급량 ⇒ $-2P + 100 = 3P - 50$ ⇒ $5P = 150$ ∴) $P = 30$, $Q = 40$
  ▶ 공급자 부담액 $= (24 - (30 - 10)) \times 40 = 160$

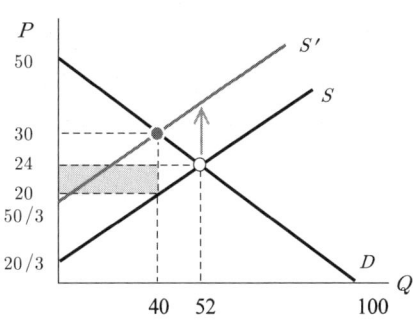

정답 ②

21 수요가 가격에 대해 완전탄력적이고 공급함수는 $Q = \frac{1}{2}P - 6$ (P는 가격, Q는 수량)일 때 시장균형에서 거래량이 5라고 하자. 생산자에게 단위당 2의 물품세를 부과할 경우에 관한 설명으로 옳지 않은 것은? [노무 24]

① 거래량은 4가 된다.
② 조세수입은 8이다.
③ 생산자잉여는 9만큼 감소한다.
④ 자중손실은 생산자잉여의 감소분과 일치한다.
⑤ 소비자에게 조세부담 귀착은 발생하지 않는다.

해설 ▶ • 조세부과 전
　　▶ 공급곡선: $P = 12 + 2Q$. 거래량이 5일 때 시장가격 22
　　▶ 수요곡선: $P = 22$ (수평선, 완전탄력적)
• 생산자에 조세부과 후
　　▶ 공급곡선: $P = 14 + 2Q$ (물품세액만큼 상방이동, 절편 증가)
　　▶ 균형조건: 수요가격 = 공급가격 ⇒ $22 = 14 + 2Q$ ∴ $Q = 4$, $P = 22$
• 문제에서,
　　① 거래량은 4
　　② 조세수입 = 단위당 물품세(2) × 조세부과 후 시장거래량(4) = 8
　　④ 자중손실 = (단위당 물품세(2) × 시장거래량 감소분(1) / 2 = 1
　　③ 생산자잉여 감소분 = 조세수입 + 자중손실 = 9
　　⑤ 수요곡선이 완전탄력적(수평선)이므로 물품세가 부과되어도 시장가격 불변. 따라서 소비자귀착(부담) 없음

정답 ④

22 수요와 공급의 법칙이 성립하는 자동차 시장에서 세금부과 전의 균형거래량은 250대이다. 자동차 1대당 5만원의 세금이 부과될 때, 소비자는 3만원, 생산자는 2만원의 세금을 부담한다. 정부가 1,000만원의 조세수입을 확보할 경우, 세금부과에 의한 자중손실(deadweight loss)은?

[9급 15]

① 50만원 ② 75만원
③ 125만원 ④ 250만원

해설 ▶ • 물품세 부과에 따른 조세수입과 자중손실 : 수요곡선과 공급곡선이 우하향하는 직선일 때
  ▶ 물품세 부과시, 조세수입 = 물품세 부과후 시장거래량 × 단위당 물품세액
  ▶ 물품세 부과시, 자중손실 = {(물품세 부과전 거래량 − 물품세 부과후 거래량) × 단위당 물품세액} / 2
 • 문제에서,
  ▶ 물품세 부과후 시장거래량 = 조세수입(1,000만원) / 단위당 물품세액(5만원) = 200 (개)
  ▶ 자중손실 = {(물품세 부과전 시장거래량(250) − 물품세 부과후 거래량(200)) × 물품세액(5만원)} / 2
   = 125만원

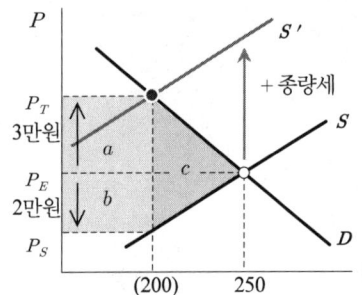

• 종량세(T_0) 부과 : 공급곡선 상방이동(S')
 ▶ 소비자부담 : 시장가격 상승분($P_T - P_E$)
 ▶ 공급자부담 : 세후 공급가격 하락분($P_E - P_S$)
   (세후 공급가격 : P_S)
 ▶ 조세수입 : $a + b$
 ▶ 자중손실 : c

정답 ▶ ③

23 정부는 물가급등에 따른 소비자 부담을 줄여주기 위해 X재에 부과하는 물품세를 단위당 100원만큼 인하하였다. 이에 관한 설명으로 옳은 것은? (단, X재의 수요 곡선은 우하향하고 공급곡선은 우상향한다.)

[노무 22]

① 소비자의 부담은 100원만큼 줄어든다.
② 조세 인하 혜택의 일정 부분은 생산자에게 귀착된다.
③ 조세 인하로 인해 X재 가격은 하락하지만, 소비량은 영향을 받지 않는다.
④ 조세 인하로 인해 후생손실이 늘어난다.
⑤ X재에 부과되는 물품세는 중립세여서 경제주체들에게 아무런 영향을 주지 않는다.

해설 ▶ (물품세(종량세) 인하 효과는 단위당 보조금 지급과 동일한 효과. 아래 30문 해설 그림 참조)
①,③ 물품세가 인하되면 공급이 증가하여 가격 하락, 소비량 증가. 이때 가격 하락분(소비자 부담 감소분)은 100원보다 작음
② 조세가 인하되면 소비자와 생산자 모두 혜택
④ 조세가 인하되면 시장거래량이 증가하므로 사중손실(사회적 후생 손실) 감소
⑤ 물품세 부과는 시장 가격과 거래량이 변화하므로 중립세가 아님

정답 ▶ ②

24 사과에 대한 시장수요곡선은 우하향하는 직선이고, 시장공급곡선은 우상향하는 직선이다. 사과시장에서 세금부과 전의 균형수량은 200개이고, 사과 1개당 5원의 물품세를 부과할 경우 소비자는 2원을, 생산자는 3원의 세금을 각각 부담하게 된다. 정부가 세금을 부과하여 750원의 조세수입을 확보할 경우, 세금부과에 의한 자중손실(deadweight loss)은? [9급 12]

① 50
② 75
③ 125
④ 250

해설 ▶ • 자중손실 : 물품세를 부과하면 거래량 감소. 이때 자중손실 = (거래량 감소분×물품세액)/2

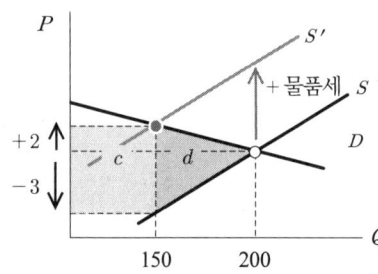

▶ 물품세가 5일 경우, 조세수입이 750이 되려면 거래량은 150개가 되어야 함. 따라서 거래량 감소분은 50
 (조세수입(c)=물품세(5)×시장거래량(150)=750)

▶ 자중손실(d)= $\frac{1}{2}$ × 종량세액 × 거래량 감소분
 = $\frac{1}{2}$ × 5 × 50 = 125

정답 ▶ ③

2. 조세귀착(II) : 간접세가 소비자에게 부과될 때

25 완전경쟁시장에서 A재의 시장공급은 $Q_S = 100 + 2P$이고 시장수요는 $Q_D = 400 - P$이다. 소비자에게 한 단위당 30의 종량세를 부과할 경우 새로운 균형에서 공급자가 받는 가격(I)과 소비자가 지불하는 가격(II)은? (단, Q_S, Q_D, P는 각각 A재의 공급량, 수요량, 가격이다.) [9급 16]

	(I)	(II)			(I)	(II)
①	80	110		②	90	120
③	100	130		④	110	140

해설 ● 조세부과 전
  - ▶ 수요곡선 : $P_D = 400 - Q$ (수요함수를 가격으로 정리)
  - ▶ 공급곡선 : $P_S = -50 + 0.5Q$ (공급함수를 가격으로 정리)
  - ▶ 균형조건 : $P_D = P_S$ ⇒ $400 - Q = -50 + 0.5Q$ ⇒ $1.5Q = 450$ ∴) $Q = 300$, $P = 100$

● 조세부과 후(I) : 소비자에게 부과. 소비자의 전가에 따라 수요곡선 종량세액 만큼 하방 이동. 절편 감소
  - ▶ 수요곡선 : $P_D' = 370 - Q$
  - ▶ 공급곡선 : $P_S = -50 + 0.5Q$
  - ▶ 균형조건 : $P_D' = P_S$ ⇒ $370 - Q = -50 + 0.5Q$ ⇒ $1.5Q = 420$ ∴) $Q = 280$, $P = 90$
  - ▶ 조세부과 후, 공급자가 받는 가격(세후 시장가격) = 90
  - ▶ 조세부과 후, 수요자 지불 가격 = 세후 시장가격(90) + 종량세(30) = 120 (소비자 지불가격)

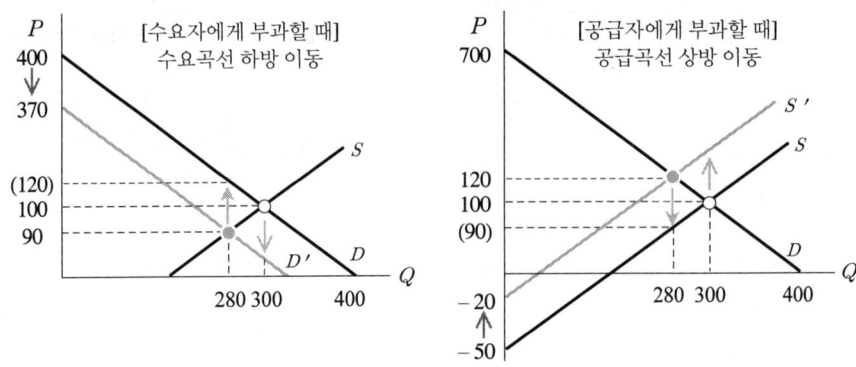

● 조세부과 후(II) : 공급자에게 부과. 공급자의 전가에 따라 공급곡선 종량세액 만큼 상방 이동. 절편 증가
  - ▶ 수요곡선 : $P_D = 400 - Q$ (수요함수를 가격으로 정리)
  - ▶ 공급곡선 : $P_S = -50 + 0.5Q$ (공급함수를 가격으로 정리)
  - ▶ 공급곡선 : $P_S' = -20 + 0.5Q$
  - ▶ 균형조건 : $P_D = P_S'$ ⇒ $400 - Q = -20 + 0.5Q$ ⇒ $1.5Q = 420$ ∴) $Q = 280$, $P = 120$
  - ▶ 조세부과 후 수요자의 지불 가격 = 세후 시장가격(120)
  - ▶ 조세부과 후 공급자의 세후 가격 = 세후 시장가격(120) - 종량세(30) = 90 (공급자 단위당 실제 수입)

정답 ▶ ②

26 시장에서 거래되는 재화에 물품세를 부과하였을 경우 조세전가가 발생하게 된다. 조세전가로 인한 소비자 부담과 생산자 부담에 대한 설명 중 가장 옳지 않은 것은? [서울 18(1회)]

① 우상향하는 공급곡선의 경우 수요의 가격탄력도가 클수록 생산자부담이 커지게 된다.
② 우하향하는 수요곡선의 경우 공급의 가격탄력도가 작을수록 소비자부담은 작아지게 된다.
③ 소비자 또는 생산자 중 누구에게 부과하느냐에 따라 소비자 부담과 생산자부담의 크기는 달라진다.
④ 수요가 가격변화에 대해 완전탄력적이면 조세는 생산자가 전적으로 부담하게 된다.

해설 ▶ ③ 물품세는 소비자에게 부과하거나 생산자에게 부과하거나 모든 면에서 동일한 효과

정답 ▶ ③

27 X재 시장의 공급곡선은 우상향하는 직선이고 수요곡선은 우하향하는 직선이다. 현재 X재의 균형가격과 균형수량은 각각 100원 및 1,000개이다. 정부가 개당 10원의 세금을 부과하여 소비자가 지불하는 가격이 106원으로 상승하고 균형수량이 900개로 감소하였다면, 세금부과로 인한 경제적 순손실(deadweight loss)은? [9급 18]

① 200
② 300
③ 500
④ 1,000

해설 ▶ • 자중손실 : 세금부과에 따른 경제적 잉여 감소분 =(개당 세금(10)×시장거래량 감소분(100) / 2
=500 (회색 면적)

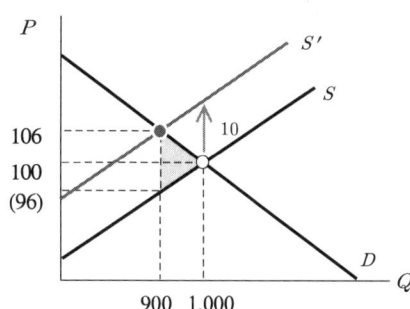

정답 ▶ ③

28 타이어에 대한 수요(Q_D)와 공급(Q_S)함수가 각각 $Q_D = 700 - P$와 $Q_S = 200 + 4P$로 주어져 있다. 정부가 소비자에게 타이어 1개당 10원의 세금을 부과한다면, 공급자가 받는 가격(P_S)과 소비자가 지불하는 가격(P_D)은? (단, P는 가격을 나타낸다.) [국가 11]

	P_S	P_D		P_S	P_D
①	98원	108원	②	100원	110원
③	108원	98원	④	110원	100원

해설 ▶ • 조세부과 전
  ▶ 수요곡선: $P_D = 700 - Q$ (수요함수를 가격으로 정리)
  ▶ 공급곡선: $P_S = -50 + 0.25Q$ (공급함수를 가격으로 정리)
  ▶ 균형조건: $P_D = P_S$ ⇒ $700 - Q = -50 + 0.25Q$ ⇒ $1.25Q = 750$ ∴) $Q = 600$, $P = 100$

• 소비자에게 부과(Ⅰ): 소비자의 전가에 따라 수요곡선 종량세액 만큼 하방 이동. 절편 감소
  ▶ 수요곡선: $P_D' = 690 - Q$
  ▶ 공급곡선: $P_S = -50 + 0.25Q$
  ▶ 균형조건: $P_D' = P_S$ ⇒ $690 - Q = -50 + 0.25Q$ ⇒ $1.25Q = 740$ ∴) $Q = 592$, $P = 98$
  ▶ 조세부과 후 공급자가 받은 가격 = 세 후 시장가격(98)
  ▶ 조세부과 후 수요자의 지불 가격 = 세 후 시장가격(98) + 종량세(10) = 108

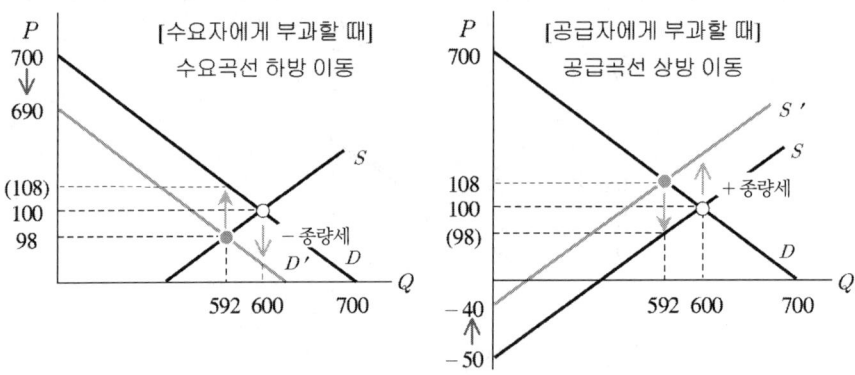

• 공급자에게 부과(Ⅱ): 공급자의 전가에 따라 공급곡선 종량세액 만큼 상방 이동. 절편 증가
  ▶ 수요곡선: $P_D = 700 - Q$
  ▶ 공급곡선: $P_S' = -40 + 0.25Q$
  ▶ 균형조건: $P_D = P_S'$ ⇒ $700 - Q = -40 + 0.25Q$ ⇒ $1.25Q = 740$ ∴) $Q = 592$, $P = 108$
  ▶ 조세부과 후 수요자의 지불 가격 = 세 후 시장가격(108)
  ▶ 조세부과 후 공급자의 세후 가격 = 세 후 시장가격(108) - 종량세(10) = 98

정답 ▶ ①

29 어느 재화를 생산하는 기업이 직면하는 수요곡선은 $Q_d = 200 - P$ 이고, 공급곡선 Q_s 는 $P = 100$ 에서 수평선으로 주어져 있다. 정부가 이 재화의 소비자에게 단위당 20원의 물품세를 부과할 때, 초과부담을 조세수입으로 나눈 비효율성계수(coefficient of inefficiency)는? (단, P 는 가격이다.)

[국가 18]

① $\frac{1}{8}$ ② $\frac{1}{4}$

③ $\frac{1}{2}$ ④ 1

해설 ● 조세부과 전
- ▶ 수요곡선 : 수요함수를 가격으로 정리. $Q_D = 200 - P$ ⇒ $P = 200 - Q$
- ▶ 공급곡선 : $P = 100$
- ▶ 균형조건 : 수요가격 = 공급가격 ⇒ $200 - Q = 100$ ∴) $Q = 100$, $P = 100$

● 소비자에 조세부과 후
- ▶ 수요곡선 : 종량세(20) 만큼 하방이동(절편 감소). $P' = 180 - Q$
- ▶ 균형조건 : 수요가격 = 공급가격 ⇒ $180 - Q = 100$ ∴) $Q = 80$, $P = 100$

● 소비자에 종량세 부과시
- ▶ 조세징수액 = 단위당 물품세(20) × 조세부과후 시장거래량(80) = 1,600 (사각형 회색 면적)
- ▶ 자중손실액 = (단위당 물품세(20) × 시장거래량 감소분(20)) / 2 = 200 (삼각형 회색 면적)
- ▶ 비효율성계수 = 초과부담(자중손실액) / 조세수입 = 200 / 1,600 = 1 / 8

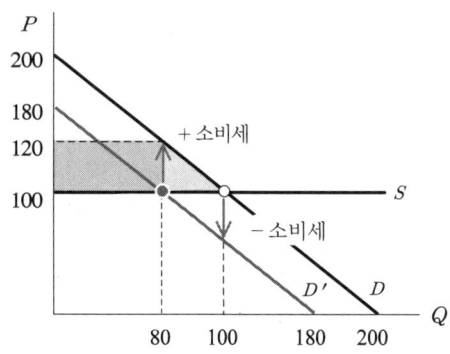

정답 ▶ ①

III 보조금

1. 보조금(I) : 보조금을 공급자에게 지급할 때

30 다음 그래프는 생산자 보조금 지급과 사회후생의 변화에 관한 것이다. 아래의 설명 중 옳지 않은 것은? (S_1 : 원래의 공급곡선, S_2 : 보조금 지급 이후의 공급곡선, D : 수요곡선, E_1 : 원래의 균형점, E_2 : 보조금 지급 이후의 균형점, P : 가격, Q : 수량)

[국회 10]

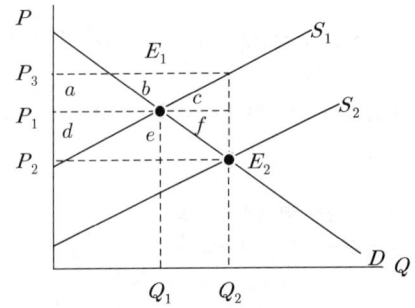

① 보조금 지급 후 생산자가 최종적으로 수취하는 가격은 P_3 이다.
② 보조금 지급으로 인한 생산자잉여 증가분은 $a+b$ 이다.
③ 낭비된 보조금의 크기는 $c+f$ 이다.
④ 보조금의 크기는 $a+b+c+d+e+f$ 이다.
⑤ 보조금 지급으로 인한 소비자잉여의 증가분은 $d+e+f$ 이다.

[해설] ⑤ 보조금 지급에 따른 소비자잉여 증가분 : $d+e$

정답 ⑤

[보충] 공급자에게 보조금 지급

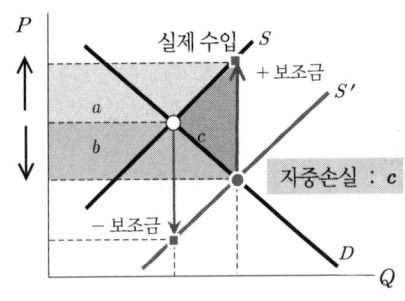

[공급에게 보조금 지급 : 공급곡선 하방 이동]

- 공급증가에 따라 가격하락, 거래량 증가
  공급자 실제 공급가격=보조금 지급 후 시장가격+보조금
- 경제적잉여 : 감소
  ▶ 소비자잉여 증가분 : b
  ▶ 생산자잉여 증가분 : a
  ▶ 보조금액 : $a+b+c$
  ▶ 경제적잉여 감소분(자중손실)
    = (소비자 및 생산자잉여 증가분) − 보조금액 = c

31 A국에서 어느 재화의 수요곡선은 $Q_d = 280 - 3P$이고, 공급곡선은 $Q_s = 10 + 7P$이다. A국 정부는 이 재화의 가격상한을 20원으로 설정하였고, 이 재화의 생산자에게 보조금을 지급하여 공급량을 수요량에 맞추고자 한다. 이 조치에 따른 단위당 보조금은? (단, P는 이 재화의 단위당 가격이다.)

[국가 18]

① 10원 ② 12원
③ 14원 ④ 16원

해설 ▶ • 시장균형조건 : $Q_d = Q_s$ ⇒ $280 - 3P = 10 + 7P$ (단, Q_d: 수요량, Q_s: 공급량)
⇒ $10P = 270$ ∴) $P = 27$, $Q = 199$

• 최고가격 설정시 초과수요 발생. 이러한 초과수요를 해소하기 위해서 보조금 지급

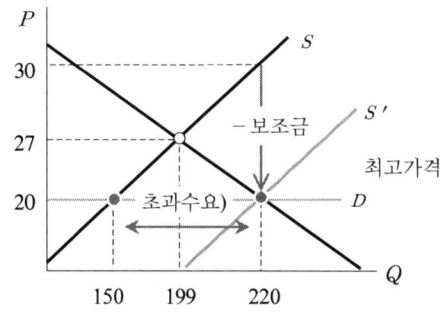

[최고가격제 보완을 위한 보조금]
• 최고가격 20 설정시, 초과수요 70 발생
• 공급곡선이 최고가격 20일 때의 수요량(220) 수준까지 하방이동하면 초과수요 해소

보조금 = 수요량 220일 때 공급가격(30)
  − 최고가격(20) = 10

정답 ▶ ①

2. 보조금(II) : 보조금을 수요자에게 지급할 때

32 우유의 수요곡선은 $Q_d = 100 - P$, 공급곡선은 $Q_s = P$ 이다. 정부가 우유 소비를 늘리기 위해 소비자에게 개당 2의 보조금을 지급할 때, 다음 설명으로 옳은 것은? (단, P는 가격, Q_d는 수요량, Q_s는 공급량이다.)

[노무 18]

① 정부의 보조금 지급액은 101이다.
② 보조금 지급 후 판매량은 52이다.
③ 보조금의 수혜규모는 소비자가 생산자보다 크다.
④ 보조금으로 인한 경제적 순손실(deadweight loss)은 1이다.
⑤ 보조금 지급 후 소비자가 실질적으로 부담하는 우유 가격은 50이다.

[해설] • 원래,
  ▶ 수요곡선: $P = 100 - Q$ (수요함수를 가격으로 정리)
  ▶ 공급곡선: $P = Q$ (공급함수를 가격으로 정리)
  ▶ 균형조건: 수요가격 = 공급가격 ⇒ $100 - Q = Q$ ⇒ $2Q = 100$ ∴) $Q = 50$, $P = 50$

• 소비자에 보조금 지급: 단위당 보조금액 만큼 수요곡선 상방이동(절편 증가),
  ▶ 수요곡선: $P = 102 - Q$
  ▶ 균형조건: 수요가격 = 공급가격 ⇒ $102 - Q = Q$ ⇒ $2Q = 102$ ∴) $Q = 51$, $P = 51$

[소비자에 정액보조금 지급]

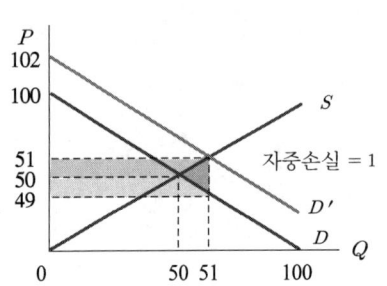

  ▶ 정액보조금만큼 수요곡선 상방이동
  ▶ 보조금 지급후 거래량: 51
  ▶ 소비자잉여 증가분( ) = 50.5
  ▶ 생산자잉여 증가분( ) = 50.5
  ▶ 보조금 지급액 = 거래량(51)×2 = 102
  ▶ 자중손실 = 보조금 지급액(102) − 잉여증가분(101)
       = 1

정답 ▶ ④

IV 가격통제

1. 최고가격제 : 가격상한제(price ceiling)

33 완전경쟁시장에서 정부가 시행하는 가격상한제에 대한 설명으로 옳은 것은? [국가 17]

① 최저임금제는 가격상한제에 해당하는 정책이다.
② 가격상한제를 실시할 경우 초과공급이 발생한다.
③ 가격상한은 판매자가 부과할 수 있는 최소가격을 의미한다.
④ 가격상한이 시장균형가격보다 높게 설정되면 정책의 실효성이 없다.

해설 ① 최저임금제는 가격하한제. 가격상환제는 최고가격제
② 가격상한제(최고가격제) 실시할 경우 초과수요 발생
③ 가격상한은 판매자가 받을 수(부과할 수) 있는 최고가격을 의미
④ 가격상한이 시장균형가격보다 높게 설정되면 실효성없는 가격통제

정답 ④

34 최고가격제에 관한 설명으로 옳은 것을 모두 고른 것은? [노무 17]

ㄱ. 암시장을 출현시킬 가능성이 있다.
ㄴ. 초과수요를 야기한다.
ㄷ. 사회적 후생을 증대시킨다.
ㄹ. 최고가격은 시장의 균형가격보다 높은 수준에서 설정되어야 한다.

① ㄱ, ㄴ   ② ㄱ, ㄷ   ③ ㄱ, ㄹ
④ ㄴ, ㄷ   ⑤ ㄷ, ㄹ

해설 ㄹ. 최고가격제 하에서 최고가격은 시장균형가격보다 낮은 수준으로 설정
ㄴ. 따라서 공급량보다 수요량이 많아지므로 초과수요 발생
ㄷ. 최고가격제 시행에 따라 초과수요가 발생하므로 자중손실이 발생하여 사회적 후생 감소
ㄱ. 초과수요를 적절하게 배급되지 않으면 암시장 출현

정답 ①

35 원룸 임대시장의 공급곡선과 수요곡선은 각각 $Q_s = 20 + 4P$, $Q_d = 420 - 6P$이다. 정부는 원룸의 임대료(P)가 너무 높다고 판단하여 상한을 30으로 규정하였다. 원룸 부족현상을 피하기 위해 수요량(Q_d)에 따라 공급량(Q_s)이 일치되도록 할 경우, 정부가 원룸 당 지원해야 할 보조금은?

[노무 23]

① 10
② 15
③ 20
④ 25
⑤ 30

해설 • 시장균형조건 : $Q_s = Q_d \Rightarrow 20 + 4Q = 420 - 6P$ ∴) $Q_E = 40$, $P_E = 40$

▶ 상한가격 30일 때, 시장수요량 240, 시장공급량 140. 초과수요 100 발생
▶ 시장수요량 240일 때, 단위당 보조금=공급가격(55)−수요가격(30)=25

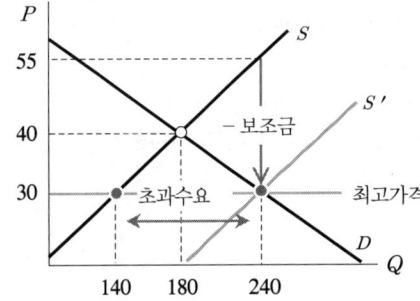

정답 ④

2. 최저가격제 : 최저임금, 농산물가격지지

36 정부가 생산자를 보호하고 생산자들의 수입을 증대시키기 위해 최저가격제를 도입하고자 한다. 이러한 정책의 효과에 관한 설명과 가장 거리가 먼 것은? [서울 03]

① 수요의 가격탄력성이 낮을수록 효과가 크다.
② 공급곡선의 탄력성과는 크게 관계가 없다.
③ 대체재가 많을수록 효과가 크다.
④ 소비자잉여가 감소한다.
⑤ 시장에서의 거래량은 감소한다.

해설 ● 최저가격제

▶ 공급자를 보호하기 위하여 시장균형가격보다 높은 수준으로 가격통제
▶ 가격이 상승하므로 수요량이 감소하고 공급량이 증가하여 초과공급 발생

① 수요가 비탄력적일 때 최저가격제 도입에 따라 가격이 상승하면 소비지출액(생산자 수입) 증가
② 최저가격제가 시행되면 수요곡선상에서 가격과 거래량이 결정되므로 공급곡선의 탄력성과 생산자 수입은 무관
③ 대체재가 많으면 수요의 가격탄력성이 큼(완만한 수요곡선). 수요의 가격탄력성이 클 때 가격이 오르면 소비지출액(생산자 수입) 감소. 따라서 생산자는 오히려 불리한 효과를 가지게 됨.
④, ⑤ 최저가격제를 시행하면 가격이 오르고 수요량이 감소하므로 소비자잉여 감소

정답 ③

보충 ● 최저가격제

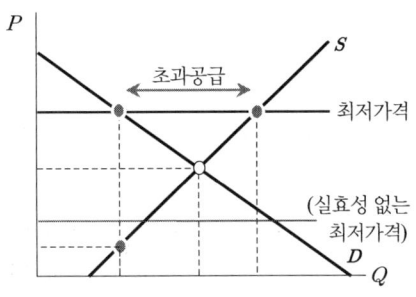

[최저가격제]
▶ 초과공급 발생. 농산물가격지지-과잉생산, 최저임금제-실업
▶ 최저가격제가 장기화 될 경우 초과공급 확대
▶ 최저가격이 시장가격보다 낮을 경우 실효성 없음

● 최저가격제와 잉여변화

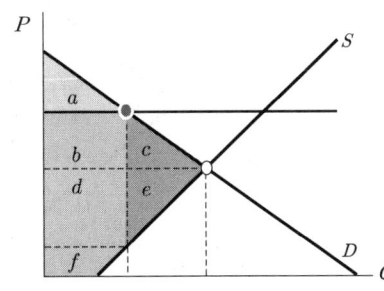

[최저가격제와 잉여변화]
▶ 소비자잉여 : $a+b+c \Rightarrow a$ $b+c$ 만큼 감소
▶ 생산자잉여 : $d+e+f \Rightarrow b+d+f$ $b-e$ 만큼 증가
▶ 경제적잉여 : $(a+b+c)+(d+e+f)$
  $\Rightarrow (a+b+d+f)$
  따라서, $c+e$ 만큼 감소(자중손실)

37 최저임금이 오를 때 실업이 가장 많이 증가하는 노동자 유형은?
[지방 10]

① 노동수요가 탄력적인 비숙련노동자
② 노동수요가 비탄력적인 비숙련노동자
③ 노동수요가 탄력적인 숙련노동자
④ 노동수요가 비탄력적인 숙련노동자

해설 ▶ • 최저임금제
▶ 임금 상승에 따라 노동수요량이 감소하고 노동공급량이 증가하여 초과공급(실업) 발생
▶ 이때, 노동수요가 탄력적(완만한 기울기의 노동수요곡선)이면 노동수요량이 대폭 감소하므로 실업 더욱 증가
▶ 비숙련노동자에 대한 기업의 노동수요는 탄력적

정답 ▶ ①

38 어떤 생산물시장의 수요곡선이 $Q_d = -\frac{1}{2}P + \frac{65}{2}$ 로, 공급곡선이 $Q_s = \frac{1}{3}P - 5$ 로 주어졌다. 정부가 가격을 통제하기 위해서 가격상한 또는 가격하한을 55로 설정할 때 총잉여(사회적 잉여)는 각각 얼마인가?
[국회 17]

	가격상한시 총잉여	가격하한시 총잉여		가격상한시 총잉여	가격하한시 총잉여
①	125	125	②	125	187.5
③	187.5	250	④	250	187.5
⑤	250	250			

해설 ▶ • 문제에서,
▶ 수요곡선 : 수요함수를 가격으로 정리. $P = 65 - 2Q_d$
▶ 공급곡선 : 공급함수를 가격으로 정리. $P = 15 + 3Q_s$
▶ 시장균형조건 : 시장수요가격 = 시장공급가격 ⇒ $65 - 2Q = 15 + 3Q$ ⇒ ∴) $Q = 10$, $P = 45$

• 가격통제
▶ 가격상한제 : 문제의 경우, 실효성 없는 가격통제. 따라서, 일반적 완전경쟁시장 개념으로 분석
▶ 가격하한제 : 실효성 있는 가격통제. 소비자잉여 감소, 생산자잉여 증가, 경제적 잉여 감소

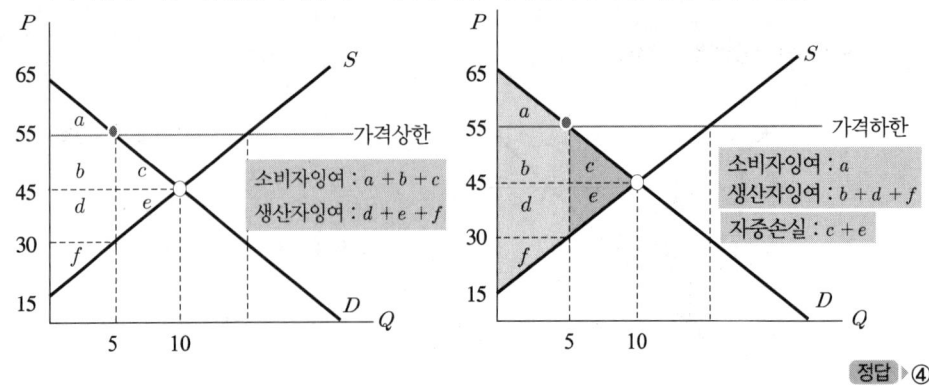

정답 ▶ ④

39 노동시장에서 노동수요와 노동공급곡선은 각각 $L_d = -W + 70$, $L_s = 2W - 20$ 이다. 정부가 최저 $W = 40$ 으로 결정하여 시행하는 경우 고용량은? (단, L_d는 노동수요량, L_s는 노동공급량, W는 노동 1단위 당 임금이다.)

[노무 21]

① 30　　　　　　　　　　　② 40
③ 50　　　　　　　　　　　④ 60
⑤ 70

해설 ● 노동시장 균형 : $L_d = L_s \Rightarrow -W + 70 = 2W - 20$　∴) 시장 균형 임금 $W = 30$, 균형 고용량 $L = 40$
● 최저임금 40 : 균형 임금보다 높으므로 기업의 노동수요곡선 상에서 고용량 결정　∴) 고용량 $L = 30$

정답 ▶ ①

---

40 어느 산업의 노동공급곡선은 $L_S = 20 + 2w$ 이고, 노동수요곡선은 $L_D = 50 - 4w$ 이다. 정부가 최저임금을 6으로 설정할 때 발생하는 고용 감소와 실업자는? (단, L_S, L_D는 각각 노동공급 및 노동수요이며, w는 임금이다.)

[노무 24]

① 2, 4　　　　　　　　　　② 2, 6
③ 2, 8　　　　　　　　　　④ 4, 6
⑤ 4, 8

해설 ● 노동시장 균형 : 노동공급량=노동수요량 $\Rightarrow 20 + 2w = 50 - 4w$　∴) $w = 5$, $L = 30$
● 최저임금 6 설정
　▶ 노동공급량 : $L_S = 20 + 2w = 32$
　▶ 노동수요량 : $L_D = 50 - 4w = 26$
　▶ 고용감소= 시장균형 고용량(30) − 최저임금제하의 노동수요량(26) = 4
　▶ 실업자= 최저임금제 하의 노동공급량(32) − 최저임금제하의 노동수요량(26) = 6

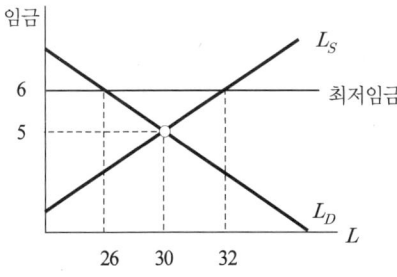

정답 ▶ ④

41 소비자잉여와 생산자잉여에 관한 설명으로 옳은 것을 모두 고른 것은? (단, 수요곡선은 우하향하고 공급곡선은 우상향한다.)

[노무 24]

> ㄱ. 시장균형보다 낮은 수준에서 가격상한제를 실시하면 생산자잉여의 일부분이 소비자잉여로 이전된다.
> ㄴ. 최저임금을 시장균형보다 높은 수준에서 설정하면 생산자잉여가 감소한다.
> ㄷ. 만약 공급곡선이 완전탄력적이면 생산자잉여는 0이 된다.

① ㄱ ② ㄴ ③ ㄷ
④ ㄱ, ㄷ ⑤ ㄴ, ㄷ

해설 ㄱ. 가격상한제 : 생산자잉여의 일부분(d)이 소비자잉여로 이전

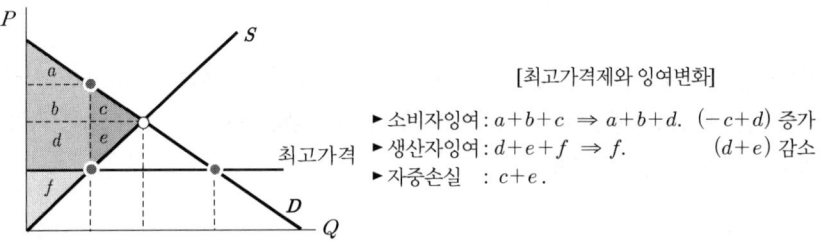

[최고가격제와 잉여변화]
▶ 소비자잉여 : $a+b+c \Rightarrow a+b+d$. ($-c+d$) 증가
▶ 생산자잉여 : $d+e+f \Rightarrow f$. ($d+e$) 감소
▶ 자중손실 : $c+e$.

ㄴ. 최저임금을 시장균형보다 높은 수준에서 설정하면 생산자(노동공급자)잉여 증가

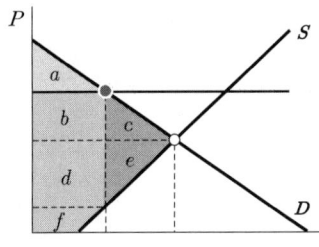

[최저임금제와 잉여변화]
▶ 소비자(기업)잉여 : $a+b+c \Rightarrow a$. ($b+c$) 감소
▶ 생산자(근로자)잉여 : $d+e+f \Rightarrow b+d+f$. ($b-e$) 증가
▶ 경제적잉여 : $(a+b+c)+(d+e+f) \Rightarrow (a+b+d+f)$
  ($c+e$) 감소(자중손실)

ㄷ. 공급곡선이 완전탄력적(수평선)일 때 생산자잉여 0

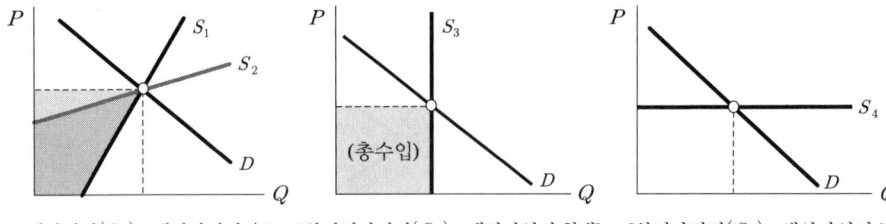

[비탄력적(S_1) : 생산자잉여 大] [완전비탄력적(S_3) : 생산자잉여 최대] [완전탄력적(S_4) : 생산자잉여 0]

정답 ④

03

제3편 소비자선택이론

제6장 한계효용이론
제7장 무차별곡선이론
제8장 현시선호이론
제9장 소비자선택이론의 응용

제6장 한계효용이론

I 효용함수

01 다음 설명 중 옳지 않은 것은?

① 한계효용이 0일 때 총효용은 극대가 된다.
② 한계효용이 체증할 때 총효용이 증가한다.
③ 한계효용이 체감할 때 총효용이 증가할 수 있다.
④ 한계효용이 체감할 때 총효용이 감소할 수 있다.
⑤ 한계효용은 0이 될 수 없다.

해설 ▶ ⑤ 한계효용이 0이 될 수 있으며, 이 경우 총효용 극대 **정답** ▶ ⑤

보충 ▶ • 총효용과 한계효용

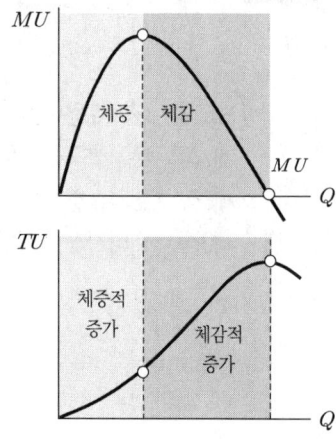

[궁극적 한계효용 체감의 법칙]
▶ 한계효용 체증 : 총효용 체증적 증가
▶ 한계효용 체감 : 총효용 체감적 증가
▶ 한계효용 0 : 총효용 최대

Ⅱ 소비자균형

02 주어진 예산을 여러 재화의 소비에 나누어 지출하는 어떤 소비자가 합리적 선택을 한 경우에 대한 다음의 설명 중 옳은 것은?
[서울 13]

① 각 재화에 지출되는 금액 단위당 한계효용은 같아진다.
② 각 재화의 한계효용이 극대화된다.
③ 각 재화에 대한 수요의 가격탄력성이 1이 된다.
④ 가격이 낮은 재화일수록 소비량은 더 크다.
⑤ 각 재화에 대한 지출금액은 동일하다.

해설 ① 각 재화 마지막 소비단위에 지출되는 1원어치(금액 단위당)의 한계효용이 같아지도록 소비할 때 효용극대화
② 일반적으로 각 재화의 한계효용이 극대화되는 점 우측에서 소비
③ 효용극대화에 따라 수요곡선이 도출되며, 일반적으로 수요곡선상 각 점의 가격탄력도는 서로 다름.
④ 동일한 가격 수준에서 각 재화 소비량은 모두 다른 것이 일반적이며, 가격이 낮더라도 수요량은 더 적을 수 있음.
⑤ 효용극대화 소비점에서 각 재화의 소비지출금액($P \cdot Q$)은 서로 다른 것이 일반적

정답 ①

보충 한계효용이론에서의 소비자균형

- 소비자균형(효용극대화) : 소득제약 하에서 가중된 한계효용균등의 법칙이 성립하도록 소비량 결정

  ▶ 소득제약식 : $I = P_X \cdot X + P_Y \cdot Y$

  ▶ 가중된 한계효용균등의 법칙 : $\dfrac{MU_X}{P_X} = \dfrac{MU_Y}{P_Y}$

  ▶ 경제적 의미 : 소득제약 하에서, 각 재화 마지막 소비단위의 1원어치 (한계)효용이 동일하도록 소비해야 함

- 불균형조정 : 가중된 한계효용이 같지 않을 때 소비 조정

  ▶ $\dfrac{MU_X}{P_X} > \dfrac{MU_Y}{P_Y}$: X재 마지막 소비단위 1원어치 한계효용 > Y재 마지막 소비단위 1원어치 한계효용
  따라서, X재 소비를 늘리고, Y재 소비는 줄여야 효용극대화

  ▶ $\dfrac{MU_X}{P_X} < \dfrac{MU_Y}{P_Y}$: X재 마지막 소비단위 1원어치 한계효용 < Y재 마지막 소비단위 1원어치 한계효용
  따라서, X재 소비를 줄이고, Y재 소비는 늘려야 효용극대화

03 주어진 예산으로 효용극대화를 추구하는 어떤 사람이 일정 기간에 두 재화 X와 Y만 소비한다고 하자. X의 가격은 200원이고, 그가 얻는 한계효용이 600이 되는 수량까지 X를 소비한다. 아래 표는 Y의 가격이 300원일 때 그가 소비하는 Y의 수량과 한계효용 사이의 관계를 보여준다. 효용이 극대화되는 Y의 소비량은?

[노무 17]

Y의 수량	1개	2개	3개	4개	5개
한계효용	2,600	1,900	1,300	900	800

① 1개   ② 2개   ③ 3개
④ 4개   ⑤ 5개

[해설] • 한계효용이론 : 소득제약 하에서, 가중된 한계효용 $\left(\dfrac{MU}{P}\right)$이 같아지도록 소비할 때 효용극대화

• 문제에서,

▶ 효용극대화 조건 : $\dfrac{MU_X}{P_X} = \dfrac{MU_Y}{P_Y} \Rightarrow \dfrac{600}{200} = \dfrac{MU_Y(900)}{300}$

▶ 한계효용이 900이 되는 Y재 소비량은 4개

정답 ▶ ④

04 甲은 주어진 돈을 모두 X 재와 Y 재 소비에 지출하여 효용을 최대화하고 있으며, X 재의 가격은 100원이고 Y 재의 가격은 50원이다. 이때 X 재의 마지막 1단위의 한계효용이 200이라면 Y 재의 마지막 1단위의 한계효용은?

[국가 12]

① 50   ② 100
③ 200   ④ 400

[해설] • 한계효용이론의 효용극대화

▶ 가중된 한계효용균등의 법칙 : $\dfrac{MU_X}{P_X} = \dfrac{MU_Y}{P_Y}$

▶ 문제에서, $\dfrac{MU_X}{P_X} = \dfrac{MU_Y}{P_Y} \Rightarrow \dfrac{200}{100} = \dfrac{MU_Y}{50} = 2 \quad \therefore) \; MU_Y = 100$

정답 ▶ ②

05 다음 글에 대한 설명으로 옳은 것은?   [노무 10]

> 甲과 乙은 X 재와 Y 재만을 소비한다. X 재의 가격은 10, Y 재의 가격은 20이다. 현재 소비점에서 X 재, Y 재 소비의 한계효용은 각각 다음과 같다. (단, 한계효용은 체감함)
>
> | | X 재 소비의 한계효용 | Y 재 소비의 한계효용 |
> |---|---|---|
> | 甲 | 10 | 5 |
> | 乙 | 3 | 6 |

① 甲은 현재 소비점에서 효용극대화를 달성하고 있다.
② 甲은 X 재 소비를 줄이고 Y 재 소비를 늘려 효용을 증가시킬 수 있다.
③ 甲은 X 재 소비를 늘리고 Y 재 소비를 줄여 효용을 증가시킬 수 있다.
④ 乙은 X 재 소비를 줄이고 Y 재 소비를 늘려 효용을 증가시킬 수 있다.
⑤ 乙은 X 재 소비를 늘리고 Y 재 소비를 줄여 효용을 증가시킬 수 있다.

해설 ▶ • 효용극대화 불균형조정

▶ 甲 : $\dfrac{MU_X\,(10)}{P_X\,(10)} > \dfrac{MU_Y\,(5)}{P_Y\,(20)}$

X 재 1원어치 효용이 더 크므로 X 재 소비를 늘리고, Y 재 소비는 줄여야 함.

▶ 乙 : $\dfrac{MU_X\,(3)}{P_X\,(10)} = \dfrac{MU_Y\,(6)}{P_Y\,(20)}$

두 재화 소비의 1원어치 효용이 같으므로 효용극대화 소비하고 있음.

• 무차별곡선이론

▶ 효용극대화조건 : $MRS_{XY} = -\dfrac{\nabla Y}{\Delta X} = \dfrac{MU_X}{MU_Y} = \dfrac{P_X}{P_Y}$

(단, X 재 상대가격 : $\dfrac{P_X}{P_Y} = \dfrac{10}{20} = 0.5$)

▶ 甲 : $MRS_{XY} = -\dfrac{\nabla Y}{\Delta X} = \dfrac{MU_X}{MU_Y} = \dfrac{10}{5} = 2 > \dfrac{P_X}{P_Y} = \dfrac{10}{20} = 0.5$

▶ 乙 : $MRS_{XY} = -\dfrac{\nabla Y}{\Delta X} = \dfrac{MU_X}{MU_Y} = \dfrac{3}{6} = 0.5 = \dfrac{P_X}{P_Y} = \dfrac{10}{20} = 0.5$

정답 ▶ ③

06 다음은 비합리적 소비에 대한 설명이다. ㉠과 ㉡에 들어갈 효과를 바르게 연결한 것은? [9급 17]

> 고가품일수록 과시욕에 따른 수요가 증가하는 (㉠) 효과는 가격에 직접 영향을 받고, 보통사람과 자신을 차별하고 싶은 욕망으로 나타나는 (㉡) 효과는 가격이 아닌 다른 사람의 소비에 직접 영향을 받는다.

	㉠	㉡		㉠	㉡
①	밴드왜건(bandwagon)	베블렌(Veblen)	②	밴드왜건(bandwagon)	스놉(snob)
③	베블렌(Veblen)	스놉(snob)	④	스놉(snob)	밴드왜건(bandwagon)

해설 ▶ ㉠ 베블렌(Veblen) 효과 : 천민자본주의에서 나타나는 과시형 소비
㉡ 스놉(snob) 효과 : 다른 사람이 소비하면 자신은 소비하지 않으려고 하는 소비 행태   **정답** ▶ ③

제7장 무차별곡선이론

I 무차별곡선

1. 무차별곡선

01 무차별곡선이론에 대한 설명으로 옳지 않은 것은? [국가 11]

① 효용의 주관적 측정 가능성을 전제하지는 않는다.
② 무차별곡선과 예산제약선을 이용하여 소비자 균형을 설명한다.
③ 무차별곡선의 기울기는 한계기술대체율이다.
④ 무차별곡선은 우하향하며 원점에 대해 볼록(convex)하다.

해설 ① 무차별이론에서는 효용의 주관적 비교 가능성을 전제로 분석. 한계효용이론에서 효용의 측정 가능성을 전제
③ 무차별곡선의 기울기는 한계대체율(MRS). 한계기술대체율($MRTS$)은 등량선 기울기 **정답** ③

보충 • 일반적인 무차별곡선

▶ 무차별곡선은 우하향
▶ 원점에서 멀리 있는 무차별곡선의 효용수준이 더 높음.
▶ 무차별곡선은 서로 교차하거나 겹칠 수 없음.
▶ 무차별곡선은 원점에 대하여 볼록 : 한계대체율(MRS : marginal rate of substitution) 체감

• 한계대체율(MRS_{XY} : marginal rate of substitution) 체감의 법칙

▶ $MRS_{XY} = -\dfrac{\triangle Y}{\triangle X} = \dfrac{MU_X}{MU_Y} = |IC'|$ (단, $|IC'|$: 무차별곡선 기울기 절대값)

▶ 동일한 무차별곡선상에서 X재 소비를 늘리고 Y재 소비를 줄여나갈 때 한계대체율 체감
▶ 한계대체율이 체감(무차별곡선 기울기 감소)하면 무차별곡선은 원점에 대하여 볼록(convex)한 형태가 됨
▶ 의미 : 상대적으로 많이 소비하게 되는 재화(X)의 상대적 중요도(선호도)는 감소.
  이는 두 재화를 고르게 소비하는 것을 더 선호한다는 것을 의미

2. 예외적 무차별곡선

(1) 완전대체재와 완전보완재

02 무차별곡선에 관한 설명 중 맞지 않는 것은? [서울 03]

① 무차별곡선은 우하향 직선이 될 수 없다.
② 정상재의 무차별곡선은 우하향한다.
③ 무차별곡선 접선의 기울기는 재화 사이의 한계효용의 비율을 의미한다.
④ 무차별곡선은 무수히 많이 존재한다.
⑤ 무차별곡선은 같은 평면상에서 교차할 수 없다.

해설 ① 두 재화가 완전대체재일 경우 무차별곡선은 우하향하는 직선 **정답** ①

보충
- 완전대체효용함수
  - ▶ 두 재화가 일정한 대체비율에 따라 완전히 자유롭게 대체 소비 가능
  - ▶ 따라서, 두 재화의 한계대체율이 상수
- 완전대체효용함수
  - ▶ $U = aX + bY$ (단, a, b : 상수)
  - ▶ 한계대체율 : $MRS_{XY} = \dfrac{MU_X}{MU_Y} = \dfrac{a}{b}$ (단, 한계대체율 $\dfrac{a}{b}$: 상수)
  - ▶ 특징 : 한계대체율이 상수이므로 무차별곡선은 우하향 직선이며, 한계대체율에 따라 완전 소비대체

03 100원짜리 동전과 500원짜리 동전에 대한 소비자의 선호를 무차별곡선으로 나타내면 어떤 형태를 갖는가? [서울 08]

① 원점에 대하여 오목한 곡선 ② 원점에 대하여 볼록한 곡선
③ L자형 ④ 우하향하는 직선
⑤ 직각쌍곡선

해설
- 100원짜리 동전과 500원짜리 동전은 5 : 1의 비율로 완전대체되는 완전대체재
- 완전대체제의 무차별곡선은 우하향하는 직선 **정답** ④

04 L자 형태의 무차별곡선의 예로 가장 적합한 상품묶음은?

① 커피와 홍차
② 공해와 생수
③ 왼쪽 신발과 오른쪽 신발
④ 흰색 지우개와 빨간색 지우개

해설 ① 커피와 홍차 : 일반적인 대체재. 무차별곡선은 우하향하며 원점에 볼록. 즉, 한계대체율 체감
② 공해와 생수 : 공해는 한계효용이 부(−)인 비재화(bads). 따라서 무차별곡선은 우상향
③ 왼쪽 신발과 오른쪽 신발 : 각각 1개씩 소비해야만 신발 1켤레의 기능을 할 수 있음.
　　　　　　　　 따라서 완전보완재이며, L자형의 무차별곡선
④ 흰색 지우개와 빨간색 지우개 : 색깔에 대한 선호가 동일하다면 완전대체재.
　　　　　　　　 무차별곡선은 우하향하는 직선

정답 ③

보충 • 완전보완효용함수
　▶ 두 재화가 일정한 보완비율에 따라 소비
　▶ 따라서, 두 재화는 서로 대체할 수 없음.
• 완전보완효용함수(Ⅰ)
　▶ $U = Min\left[\dfrac{X}{a},\ \dfrac{Y}{b}\right]$　(단, a, b : 상수)
　▶ X재 a개, Y재 b개를 소비할 때 1단위 효용(1 $util$). 완전보완비율은 $X : Y = a : b$
　▶ X재 a개, Y재 b개인 소비점에서 꼭지점을 갖는 L자형 무차별곡선
• 완전보완효용함수(Ⅱ)
　▶ $U = Min\left[\alpha X,\ \beta Y\right] = Min\left[\dfrac{X}{\frac{1}{\alpha}},\ \dfrac{Y}{\frac{1}{\beta}}\right]$　(단, α, β : 상수)
　▶ X재 $\dfrac{1}{\alpha}$개, Y재 $\dfrac{1}{\beta}$개를 소비할 때 1단위 효용(1 $util$). 완전보완비율은 $X : Y = \beta : \alpha$
　▶ X재 $\dfrac{1}{\alpha}$개, Y재 $\dfrac{1}{\beta}$개인 소비점에서 꼭지점을 갖는 L자형 무차별곡선

(2) 중립재와 비재화

05 X 재가 중립재이고 Y 재가 정상재인 경우의 무차별곡선의 형태는?

① 우상향한다.
② 우하향하며 원점에 오목하다.
③ 수직선이다.
④ 수평선이다.

해설 ▶ • 중립재 : 한계효용이 0인 재화
  ▶ X 재가 중립재이면 무차별곡선은 수평선
  ▶ Y 재가 중립재이면 무차별곡선은 수직선

정답 ▶ ④

06 X 와 Y 두 상품만이 존재할 때, 상품 X 는 재화(goods)이고 상품 Y 는 비재화(bads)이다. X 재의 소비량을 횡축으로, Y 재의 소비량을 종축으로 할 때 무차별곡선은 어떤 모양을 갖는가?

① 원점에 대해 볼록한 모양을 갖는다.
② 우상향하는 모양을 갖는다.
③ 우하향하는 모양을 갖는다.
④ 원점에 대해 오목한 모양을 갖는다.
⑤ 동심원의 모양을 갖는다.

해설 ▶ • 비재화 : 한계효용이 부(-)인 재화
  ▶ 한 재화가 비재화일 때 무차별곡선 우상향
  ▶ 두 재화가 모두 비재화이면 무차별곡선은 우하향하며 원점에 오목

정답 ▶ ②

Ⅱ 예산선(BL, PL)

07 다음은 어떤 소비자의 예산선이다. 이와 관련된 설명으로 옳지 않은 것은?

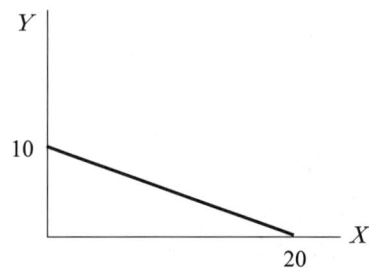

① 이 소비자의 소득이 1,000원이라면 X재 시장가격은 50원이다.
② 소비자가 소득 전액을 X재와 Y재에 소비지출하는 경우에는 예산선이 소비가능영역이 된다.
③ 모든 상품의 가격과 소득이 같은 비율로 변화하면 예산선은 변화하지 않는다.
④ X재 가격이 상승하거나 Y재 가격이 하락하면 예산선의 기울기가 완만해지고, 소비지출액이 증가하면 예산선이 우측으로 평행이동할 것이다.
⑤ 예산선의 식은 $Y = 10 - 0.5X$이고 0.5는 Y재 수량으로 표시된 X재의 상대가격이다.

해설 ③ 모든 가격과 소득이 동일 비율로 증가하거나 감소하면 예산선은 현재 위치에서 불변
④ X재 가격이 상승하면 X축 절편 감소, Y재 가격이 하락하면 Y축 절편 증가.
따라서 예산선은 가파르게 변화
⑤ 소득제약식 : $I = P_X \cdot X + P_Y \cdot Y$ ⇒ $1,000 = 50X + 100Y$

예산선(소득제약식을 Y로 정리) : $Y = \dfrac{I}{P_Y} - \dfrac{P_X}{P_Y}X$ ⇒ $Y = \dfrac{1,000}{100} - \dfrac{50}{100}X$

정답 ④

보충 • 예산선(BL : budget line, 가격선)
▶ 소득제약 : $I = P_X \cdot X + P_Y \cdot Y$ (소득 = 소비지출액. 전액 소비지출 가정)
▶ 예산선 : $Y = \dfrac{I}{P_Y} - \dfrac{P_X}{P_Y} \cdot X$ (소득제약식을 Y로 정리)

(단, $\dfrac{I}{P_Y}$: 예산선의 Y축 절편. Y재만 구입할 때 소비가능한 Y재 최대수량

$\dfrac{P_X}{P_Y}$: Y재 수량으로 표시한 X재의 상대가격)

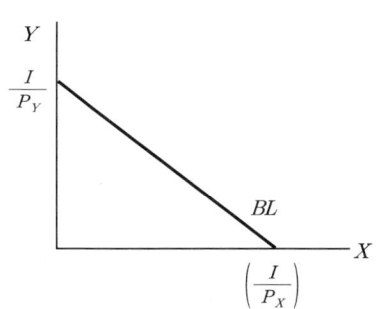

- $\dfrac{P_X}{P_Y}$: 예산선 기울기. Y 수량으로 표시한 X 상대가격

  의미 : Y 재 수량으로 표시한 X 재 소비의 기회비용

- $\dfrac{I}{P_Y}$: Y 재만 소비할 때 최대 Y 재 소비량

- $\dfrac{I}{P_X}$: X 재만 소비할 때 최대 X 재 소비량

• 예산선의 변화

▶ X 재 가격이 하락할 때 X 축 절편 증가(예산선 기울기 완만하게 변화)
▶ Y 재 가격이 하락할 때 Y 축 절편 증가(예산선 기울기 가파르게 변화)
▶ 소득이 증가할 때 예산선 우측 평행이동
▶ 두 재화의 가격이 동시에 하락할 때 예산선 우측 평행이동

08 두 재화만 존재하는 경제에서 두 재화의 가격과 소비자 갑의 소득은 양(+)이다. 만약 두 재화의 가격이 각각 세 배 상승하고, 소득도 두 배 증가하였다면, 다음 설명 중 옳은 것은?

① 예산제약선의 기울기는 가파르게 변하고, 안쪽으로 이동한다.
② 예산제약선의 기울기는 가파르게 변하고, 바깥쪽으로 이동한다.
③ 예산제약선의 기울기는 변하지 않고, 안쪽으로 이동한다.
④ 예산제약선의 기울기는 변하지 않고, 바깥쪽으로 이동한다.
⑤ 예산제약선의 기울기는 완만하게 변하고, 안쪽으로 이동한다.

해설 • 문제에서,

▶ 두 재화의 가격이 동시에 세 배 상승하면 예산선 좌측으로 평행이동
▶ 소득이 두 배 증가하면 예산선 우측으로 평행이동.
▶ 이때, 좌측 이동폭이 더 크므로 예산선은 좌측으로 평행이동

정답 ▶ ③

제7장 무차별곡선이론 **89**

III. 소비자균형

1. 소비자균형(I) : 일반적인 경우

09 재화 X와 Y만을 소비하는 A의 무차별곡선과 예산제약선에 관한 설명으로 옳지 않은 것은? (단, 무차별곡선은 원점에 대해 볼록하며, MU_X는 X재의 효용, P_X는 X재의 가격, MU_Y는 Y재의 한계효용, P_Y는 Y재의 가격이다.) [노무 19]

① 무차별곡선의 기울기는 한계대체율이다.
② $\dfrac{MU_Y}{MU_X} > \dfrac{P_Y}{P_X}$ 인 경우에 X재의 소비를 줄이고 Y재의 소비를 늘려야 효용이 증가할 수 있다.
③ 예산제약선의 기울기는 두 재화 가격의 비율이다.
④ 효용극대화는 무차별곡선과 예산제약선의 접점에서 이루어진다.
⑤ 한계대체율은 두 재화의 한계효용 비율이다.

해설 ① 무차별곡선 기울기는 한계대체율

②, ④, ⑤ 효용극대화 조건 : $MRS_{XY} = \dfrac{MU_Y}{MU_X} = \dfrac{P_Y}{P_X}$, 또는 $MRS_{YX} = \dfrac{MU_X}{MU_Y} = \dfrac{P_X}{P_Y}$ (무차별곡선과 예산선 접점)

$\dfrac{MU_Y}{MU_X} > \dfrac{P_Y}{P_X}$ (Y재 선호도 > Y재 소비 기회비용). 따라서, X재 소비를 줄이고 Y재 소비를 늘려야 함

③ 예산제약선 기울기는 X재 상대가격 $\left(\dfrac{P_X}{P_Y}\right)$. 두 재화의 가격비율

정답 ②

10 효용극대화를 추구하는 소비자 A의 효용함수가 $U = 4X^{1/2}Y^{1/2}$일 때, 이에 관한 설명으로 옳지 않은것은? (단, A는 모든 소득을 X재와 Y재의 소비에 지출한다. P_X와 P_Y는 각각 X재와 Y재의 가격, MU_X와 MU_X는 각각 X재와 Y재의 한계효용이다.)

[노무 21]

① X재와 Y재는 모두 정상재이다.
② $P_X = 2P_Y$일 때, 최적 소비조합점에서 $MU_X = 0.5 MU_Y$를 충족한다.
③ $P_X = 2P_Y$일 때, 최적 소비조합점은 $Y = 2X$의 관계식을 충족한다.
④ 한계대체율은 체감한다.
⑤ Y재 가격이 상승하여도 X재 소비는 불변이다.

해설 ▶ • 콥-더글러스 효용함수: $U(X, Y) = AX^\alpha Y^\beta$

▶ 한계효용: $MU_X = \dfrac{\partial U}{\partial X} = \alpha AX^{\alpha-1}Y^\beta$, $MU_Y = \dfrac{\partial U}{\partial Y} = \beta AX^\alpha Y^{\beta-1}$

▶ 한계대체율: $MRS_{XY} = \dfrac{MU_X}{MU_Y} = \dfrac{\alpha AX^{\alpha-1}Y^\beta}{\beta AX^\alpha Y^{\beta-1}} = \dfrac{\alpha Y}{\beta X}$

▶ 효용극대화조건: $MRS_{XY} = \dfrac{MU_X}{MU_Y} = \dfrac{P_X}{P_Y} \Rightarrow \dfrac{\alpha Y}{\beta X} = \dfrac{P_X}{P_Y}$

▶ X재 수요함수: $X = \dfrac{\alpha}{\alpha+\beta} \cdot \dfrac{M}{P_X}$ (단, M: 소득. $\alpha+\beta=1$일 경우, $X = \dfrac{\alpha M}{P_X}$,)

▶ Y재 수요함수: $Y = \dfrac{\beta}{\alpha+\beta} \cdot \dfrac{M}{P_Y}$ (단, M: 소득. $\alpha+\beta=1$일 경우, $Y = \dfrac{\beta M}{P_Y}$)

• 문제에서, 효용함수: $U(X, Y) = 4X^{0.5}Y^{0.5}$

▶ 한계대체율: $MRS_{XY} = \dfrac{\alpha Y}{\beta X} = \dfrac{Y}{X}$

▶ 효용극대화조건: $MRS_{XY} = \dfrac{P_X}{P_Y} \Rightarrow \dfrac{Y}{X} = \dfrac{P_X}{P_Y}$

▶ X재 수요함수: $X = \dfrac{0.5M}{P_X}$, Y재 수요함수: $Y = \dfrac{0.5M}{P_Y}$

① 두 재화 모두 소득(M)이 증가할 때 수요 증가. 따라서 정상재
② $P_X = 2P_Y$일 때, $\dfrac{Y}{X} = \dfrac{2P_Y}{P_Y} \Rightarrow \dfrac{MU_X}{MU_Y} = \dfrac{2P_Y}{P_Y} \Rightarrow \dfrac{MU_X}{MU_Y} = 2$ ∴) $MU_X = 2MU_Y$
③ $P_X = 2P_Y$일 때, $\dfrac{Y}{X} = \dfrac{2P_Y}{P_Y} \Rightarrow \dfrac{Y}{X} = 2$ ∴) $Y = 2X$
④ 한계대체율 $MRS_{XY} = \dfrac{Y}{X}$. 따라서 X재 소비가 증가하고, Y재 소비가 감소할 때 한계대체율 체감
⑤ X재 수요함수에서, Y재 가격은 X재 수요에 영향을 미치지 않음

정답 ▶ ②

11 X재와 Y재를 소비하는 어떤 소비자의 효용함수가 $U = X^{1/3}Y^{2/3}$ 이고, P_Y는 P_X의 2배이다. 효용극대화 행동에 관한 설명으로 옳은 것은? (단, P_X, P_Y는 각 재화의 가격이며, MU_X, MU_Y는 각 재화의 한계효용이다.)

[노무 24]

① 두 재화의 수요량은 같다.
② 소득이 증가할 경우 소비량의 증가분은 X재가 Y재보다 더 작다.
③ Y재의 가격이 하락하면 X재의 수요량이 증가한다.
④ 현재 소비조합에서 $\dfrac{MU_X}{MU_Y}$가 $\dfrac{1}{2}$보다 작다면 X재의 소비를 늘려야 한다.
⑤ 만약 두 재화의 가격이 같다면 두 재화의 수요량도 같다.

해설 ▶ • 콥-더글러스 효용함수의 효용극대화 : $U = X^\alpha Y^\beta$

▶ 제약조건 : $I = P_X \cdot X + P_Y \cdot Y$ (단, I : 소득) 예산선 기울기 $= \dfrac{P_X}{P_Y}$

▶ 효용극대화 조건 : 한계대체율$(MRS_{XY}) = \dfrac{MU_X}{MU_Y} = \dfrac{P_X}{P_Y} = X$재 상대가격

▶ 수요함수 도출 : 효용극대화 조건과 제약조건을 연립하여 도출

$$X = \dfrac{\alpha}{\alpha+\beta}\dfrac{I}{P_X}, \quad Y = \dfrac{\beta}{\alpha+\beta}\dfrac{I}{P_Y}$$

• 문제에서, 효용함수 : $U = X^{1/3}Y^{2/3}$ $\alpha = \dfrac{1}{3}$, $\beta = \dfrac{2}{3}$

▶ $X = \dfrac{\alpha}{\alpha+\beta}\dfrac{I}{P_X} = \dfrac{1/3}{1}\dfrac{I}{P_X} = \dfrac{I}{3P_X}$ (단, $P_X = 1$)

▶ $Y = \dfrac{\beta}{\alpha+\beta}\dfrac{I}{P_Y} = \dfrac{2/3}{1}\dfrac{I}{P_Y} = \dfrac{2I}{3P_Y}$ (단, $P_Y = 2$)

① $X = \dfrac{I}{3P_X} = \dfrac{I}{3\times 1} = \dfrac{I}{3}$, $Y = \dfrac{2I}{3P_Y} = \dfrac{2I}{3\times 2} = \dfrac{2I}{6} = \dfrac{I}{3}$. 두 재화 수요량 동일

② ①의 두 재화 수요함수에서 소득이 증가할 때 두 재화 수요량 동일 비율로 증가.
　　콥-더글러스 효용함수의 X재와 Y재의 소득탄력도는 1
③ 수요함수에 따르면 X재와 Y재는 독립재
④ 효용극대화 조건 : 한계대체율$(MRS_{XY}) = \dfrac{MU_X}{MU_Y} = \dfrac{P_X}{P_Y} = \dfrac{1}{2}$

따라서, $\dfrac{MU_X}{MU_Y} > \dfrac{P_X}{P_Y} = \dfrac{1}{2}$ 이면 X재 소비는 늘리고 Y재 소비는 줄여야 함

⑤ 두 재화의 가격이 같을 경우$(P_X = P_Y = P)$, $X = \dfrac{I}{3P} < Y = \dfrac{2I}{3P}$. Y재 수요량이 더 많음

정답 ▶ ①

2. 소비자균형(II) : 예외적인 경우

(1) 완전대체재

12 두 재화 X와 Y를 소비하여 효용을 극대화하는 소비자 A의 효용함수는 $U = X + 2Y$이고, X재 가격이 2, Y재 가격이 1이다. X재 가격이 1로 하락할 때 소비량의 변화는? [노무 13]

① X재, Y재 소비량 모두 불변
② X재, Y재 소비량 모두 증가
③ X재 소비량 감소, Y재 소비량 증가
④ X재 소비량 증가, Y재 소비량 감소
⑤ X재 소비량 증가, Y재 소비량 불변

해설 ● 완전대체 효용함수의 효용극대화

▶ 문제의 효용함수에서, 한계대체율$(MRS_{XY}) = \dfrac{MU_X}{MU_Y} = \dfrac{1}{2}$ (상수)

▶ 한계대체율(무차별곡선 기울기)이 일정하므로 두 재화는 완전대체재

▶ 효용극대화 : X재 가격이 2이고, Y재 가격이 1일 때

한계대체율$(MRS_{XY}) = \dfrac{1}{2} < 2 = \dfrac{P_X}{P_Y}$ (X재 상대가격)

X재 선호도 $< X$재 소비 기회비용
∴) Y재만 소비할 때 효용극대화

X재 가격이 1로 하락할 때에도

한계대체율$(MRS_{XY}) = \dfrac{1}{2} < 1 = \dfrac{P_X}{P_Y}$ (X재 상대가격)

X재 선호도 $< X$재 소비 기회비용
∴) 역시, Y재만 소비할 때 효용극대화

정답 ▶ ①

13 효용함수가 $U(X, Y) = X + Y$, 예산제약식이 $P_X \cdot X + P_Y \cdot Y = M$일 때 알맞은 것은? [서울 07]

① 위의 효용함수는 미분가능하지 않은 함수에 해당하기 때문에 효용극대화 문제가 고려되지 않는다.
② X재, Y재 가격이 1, 2이고 예산이 8일 때 누리게 되는 최대효용은 4이다.
③ 위의 효용함수는 일반적으로 완전보완적인 두 재화를 설명한다.
④ 위의 효용함수는 한계대체율과 가격비가 언제나 일치한다.
⑤ 두 재화의 가격이 같다면, 두 재화의 소비를 어떻게 구성하더라도 극대화되는 효용의 크기는 반드시 동일하다.

해설 • 문제에서, 한계대체율$(MRS_{XY}) = \dfrac{MU_X}{MU_Y} = \dfrac{1}{1} = 1$. 한계대체율이 상수(1)이므로 완전대체재

② $MRS_{XY}(=1) > \dfrac{P_X(1)}{P_Y(2)}(=0.5)$. X만 소비. 소득 8이고 X재 가격이 1이므로 X재만 8개 소비. 효용은 8

⑤ 두 재화의 가격이 같으면 $\dfrac{P_X}{P_Y}=1$. 따라서 $MRS_{XY} = \dfrac{P_X}{P_Y} = 1$ 이므로 예산선 상 모든 점에서 효용극대화

정답 ▶ ⑤

보충 ▶ • 완전대체재 효용함수 : $U(X, Y) = aX + bY$ (단, a, b : 상수)

$$한계대체율(MRS_{XY}) = \dfrac{MU_X}{MU_Y} = \dfrac{a}{b} : 상수 \quad (단,\ MU_X = a,\ MU_Y = b)$$

상수인 한계대체율(MRS_{XY})과 X재 상대가격$\left(\dfrac{P_X}{P_Y}\right)$을 비교하여 효용극대화 소비

• 완전대체재 소비자균형(효용극대화)과 수요함수 도출

▶ $MRS_{XY} < \dfrac{P_X}{P_Y}$: Y재만 소비할 때 효용극대화. $Y = \dfrac{I}{P_Y}$, $X = 0$

▶ $MRS_{XY} > \dfrac{P_X}{P_Y}$: X재만 소비할 때 효용극대화. $X = \dfrac{I}{P_X}$ (직각쌍곡선)

▶ $MRS_{XY} = \dfrac{P_X}{P_Y}$: 예산선 상 모든 점에서 효용극대화. $X = 0\ \sim\ \dfrac{I}{P_X}$

14 어느 소비자에게 X재와 Y재는 완전대체재이며 X재 2개를 늘리는 대신 Y재 1개를 줄이더라도 동일한 효용을 얻는다. X재의 시장가격은 2만 원이고 Y재의 시장가격은 6만 원이다. 소비자가 X재와 Y재에 쓰는 예산은 총 60만 원이다. 이 소비자가 주어진 예산에서 효용을 극대화할 때 소비하는 X재와 Y재의 양은?   [서울 19(1회)]

	X재(개)	Y재(개)		X재(개)	Y재(개)
①	0	10	②	15	5
③	24	2	④	30	0

해설 ▶ • 문제에서, 한계대체율$(MRS_{XY}) = -\dfrac{\Delta Y}{\Delta X} = \dfrac{1}{2}$ (요소대체비율 상수. 따라서 두 재화는 완전대체재)

▶ 완전대체재의 효용극대화 : 한계대체율과 상대가격을 비교하여 소비선택

$$한계대체율(MRS_{XY}) = \dfrac{1}{2} > \dfrac{2}{6} = \dfrac{P_X}{P_Y} \ (X재\ 상대가격)$$

X재 선호도 > X재 소비 기회비용   ∴) X재만 소비할 때 효용극대화

▶ 소득이 60만원이고 X재 가격이 2만원이므로 X만 30개 소비

정답 ▶ ④

(2) 완전보완재

15 X재와 Y재를 소비하는 소비자 A의 효용함수가 $U(X,Y) = \min(3X, 5Y)$이다. 두 재화 사이의 관계와 Y재의 가격은? (단, X재의 가격은 8원이고, 소비자 A의 소득은 200원, 소비자 A의 효용을 극대화하는 X재 소비량은 10단위이다.)

[국가 15]

① 완전보완재, 12원　　② 완전보완재, 20원
③ 완전대체재, 12원　　④ 완전대체재, 20원

[해설]
- 완전보완효용함수 : $U = Min[\alpha X, \beta Y] = Min\left[\dfrac{X}{\frac{1}{\alpha}}, \dfrac{Y}{\frac{1}{\beta}}\right]$　(단, α, β : 상수)

　▶ X재 $\dfrac{1}{\alpha}$개, Y재 $\dfrac{1}{\beta}$개를 소비할 때 1단위 효용($1\ util$). 완전보완비율은 $X : Y = \beta : \alpha$

　▶ X재 $\dfrac{1}{\alpha}$개, Y재 $\dfrac{1}{\beta}$개인 소비점에서 꼭지점을 갖는 L자형 무차별곡선

- 문제에서, $U = Min[3X, 5Y]$ (단, X재를 $\dfrac{1}{3}$개, Y재를 $\dfrac{1}{5}$개를 소비할 때 1단위 효용($1\ util$))

　▶ 현재 X재를 10단위 소비하고 있으므로 $U = Min[3 \times 10, 5Y] = 30$　∴) $5Y = 30, Y = 6$
　▶ 소득(소비지출액) $= X \cdot P_X + Y \cdot P_Y = 200 \Rightarrow 10 \cdot 8 + 6 \cdot P_Y = 200$
　　　　　　　　　　　　　　　　　$\Rightarrow 6 \cdot P_Y = 120$　∴) $P_Y = 20$　　**정답 ▶ ②**

[보충]
- 완전보완재의 소비자균형

　▶ $U = Min[\alpha X, \beta Y] = Min\left[\dfrac{X}{\frac{1}{\alpha}}, \dfrac{Y}{\frac{1}{\beta}}\right]$　(단, α, β : 상수. 완전보완비율은 $X : Y = \beta : \alpha$)

　▶ X재 $\dfrac{1}{\alpha}$개, Y재 $\dfrac{1}{\beta}$개를 소비할 때 1단위 효용($1\ util$)

　▶ 최소지출액 : 완전보완비율대로 소비할 때 소비자균형이 이루어지며 이때 소비지출액 최소

16 완전보완재인 X재와 Y재를 항상 1 : 1의 비율로 사용하는 소비자가 있다. 이 소비자가 효용극대화를 추구할 때, X재의 가격소비곡선과 소득소비곡선에 관한 주장으로 옳은 것은? [노무 15]

① 가격소비곡선과 소득소비곡선의 기울기는 모두 1이다.
② 가격소비곡선의 기울기는 1이고 소득소비곡선은 수평선이다.
③ 가격소비곡선은 수평선이고 소득소비곡선의 기울기는 1이다.
④ 가격소비곡선은 수직선이고 소득소비곡선의 기울기는 1이다.
⑤ 가격소비곡선의 기울기는 1이고 소득소비곡선은 수직선이다.

해설 • 완전보완재 소비자균형 : 문제의 효용함수 $TU = Min\,[X,\ Y]$ 또는, $U = Min\left[\dfrac{X}{1},\ \dfrac{Y}{1}\right]$

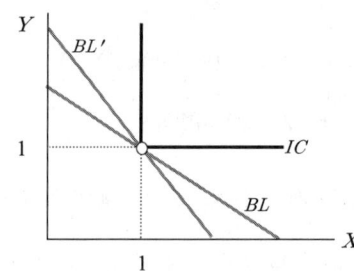

[완전보완재 소비자균형]
▶ 주어진 소득 하에서 상대가격에 관계없이 완전보완비율에 따라 소비
▶ 재화 가격이 변화하여 상대가격(예산선 기울기. $\dfrac{P_X}{P_Y}$)이 변화하더라도 완전보완비율에 따라 소비

• 완전보완재의 소비자균형 이동(Ⅰ) : 소득 변화

▶ 주어진 소득제약 하에서 상대가격 $\left(\dfrac{P_X}{P_Y}\right)$ 과 관계없이 완전보완비율대로 소비한다.
▶ 소득이 증가할 때 보완비율에 따라 소비하므로 소득소비곡선은 우상향하는 직선

• 완전보완재의 소비자균형의 이동(Ⅱ) : 가격 변화

▶ 한 재화의 가격이 변화하여 예산선이 변화하더라도 정해진 보완비율에 따라 소비
▶ 가격이 변화할 때 보완비율에 따라 소비하므로 가격소비곡선은 우상향하는 직선

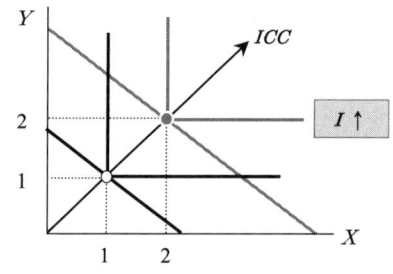

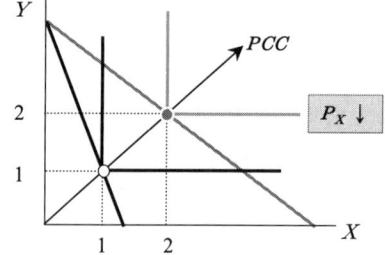

[완전보완재의 소득소비곡선]
• 소득이 증가(예산선 우측 이동)할 때, 완전보완비율(1 : 1)에 따라 균형 소비점 변화
• ICC는 우상향하는 직선이며, 기울기는 완전보완비율. 따라서 문제의 경우 기울기 1

[완전보완재의 가격소비곡선]
• X재 가격이 내릴(예산선 기울기 완만화) 때, 완전보완비율(1 : 1)에 따라 균형 소비점 변화
• PCC는 우상향하는 직선이며, 기울기는 완전보완비율. 따라서 문제의 경우 기울기 1

정답 ▶ ①

17 X재와 Y재에 대한 효용함수가 $U = \min[X, Y]$인 소비자가 있다. 소득이 100이고 Y재의 가격(P_Y)이 10일 때, 이 소비자가 효용극대화를 추구한다면 X재의 수요함수는? (단, P_X는 X재의 가격임)

[노무 15]

① $X = 10 + 100/P_X$
② $X = 100/(P_X + 10)$
③ $X = 100/P_X$
④ $X = 50/(P_X + 10)$
⑤ $X = 10/P_X$

해설
- 완전보완재 수요함수: $U(X, Y) = \min[aX, bY]$
  - X재 수요함수: $X = \dfrac{bI}{bP_X + aP_Y}$
  - 문제에서, $a, b = 1$. 따라서, $X = \dfrac{I}{P_X + P_Y} = \dfrac{100}{P_X + 10}$

정답 ▶ ②

보충
- 완전보완재의 수요함수 (I)

  - 효용함수: $U(X, Y) = \min[aX, bY] = \left[\dfrac{X}{\frac{1}{a}}, \dfrac{Y}{\frac{1}{b}} \right]$ (단, a, b: 상수, 보완비율 $X : Y = \dfrac{1}{a} : \dfrac{1}{b}$)

  - 소득제약식: $I = P_X \cdot X + P_Y \cdot Y$ ····· ①

  - 효용극대화: $aX = bY \Rightarrow Y = \dfrac{a}{b}X$ ····· ②

    $aX = bY \Rightarrow X = \dfrac{b}{a}Y$ ····· ②′

  - X재 수요함수 도출: ②식을 ①식에 대입.

    $I = P_X \cdot X + P_Y \cdot \dfrac{a}{b}X$

    $\Rightarrow I = \left(P_X + P_Y \cdot \dfrac{a}{b} \right) \cdot X$ (X재 엥겔곡선)

    $\Rightarrow X = \dfrac{I}{P_X + P_Y \cdot \dfrac{a}{b}} \Rightarrow X = \dfrac{I}{\dfrac{b \cdot P_X + a \cdot P_Y}{b}} \Rightarrow X = \dfrac{bI}{bP_X + aP_Y}$: X재 수요함수

  - Y재 수요함수 도출: ②′식을 ①식에 대입.

    $I = P_X \cdot \dfrac{b}{a}Y + P_Y \cdot Y$

    $\Rightarrow I = \left(P_X \cdot \dfrac{b}{a} + P_Y \right) \cdot Y$ (Y재 엥겔곡선)

    $\Rightarrow Y = \dfrac{I}{P_X \cdot \dfrac{b}{a} + P_Y} \Rightarrow Y = \dfrac{I}{\dfrac{b \cdot P_X + a \cdot P_Y}{a}} \Rightarrow Y = \dfrac{aI}{bP_X + aP_Y}$: Y재 수요함수

- 완전보완재의 수요함수와 엥겔곡선(Ⅱ) : $U = \min\left[\dfrac{X}{a},\ \dfrac{Y}{b}\right] = \min\left[\dfrac{1}{a}X,\ \dfrac{1}{b}Y\right]$

  (단, a, b : 상수, 완전보완비율 $X : Y = a : b$)

  ▶ 소득제약식 : $I = P_X \cdot X + P_Y \cdot Y$ ····· ①

  ▶ 효용극대화 : $U = \min\left[\dfrac{X}{a},\ \dfrac{Y}{b}\right] \Rightarrow \dfrac{X}{a} = \dfrac{Y}{b} \Rightarrow bX = aY \Rightarrow Y = \dfrac{b}{a}X$ ····· ②

  $U = \min\left[\dfrac{X}{a},\ \dfrac{Y}{b}\right] \Rightarrow \dfrac{X}{a} = \dfrac{Y}{b} \Rightarrow bX = aY \Rightarrow X = \dfrac{a}{b}Y$ ····· ②′

  ▶ X재 수요곡선 도출 : ②식을 ①식에 대입

  $$I = P_X \cdot X + P_Y \cdot \dfrac{b}{a}X = \left(P_X + P_Y \cdot \dfrac{b}{a}\right)X \quad (X\text{재 엥겔곡선})$$

  $\Rightarrow X = \dfrac{I}{P_X + P_Y \cdot \dfrac{b}{a}} \Rightarrow X = \dfrac{I}{\dfrac{a \cdot P_X + b \cdot P_Y}{a}} \Rightarrow X = \dfrac{aI}{aP_X + bP_Y}$: X재 수요함수

  ▶ Y재 수요곡선 도출 : ②′식을 ①식에 대입

  $$I = P_X \cdot \dfrac{a}{b}Y + P_Y \cdot Y = \left(P_X \cdot \dfrac{a}{b} + P_Y\right) \cdot Y \quad (Y\text{재 엥겔곡선})$$

  $\Rightarrow Y = \dfrac{I}{P_X \cdot \dfrac{a}{b} + P_Y} \Rightarrow Y = \dfrac{I}{\dfrac{a \cdot P_X + b \cdot P_Y}{b}} \Rightarrow Y = \dfrac{bI}{aP_X + bP_Y}$: Y재 수요함수

18 갑순이는 두 재화 X와 Y를 소비하고 있으며 효용함수는 $Min\{3X,\ Y\}$로 표시된다. 그리고 재화 X의 가격은 5원이고 Y의 가격은 10원이다. 그녀가 재화 $(X,\ Y) = (11,\ 18)$와 같은 만족감을 제공하는 두 재화 X와 Y를 구입하는 데 필요한 최소한의 소득은? [지방(하) 08]

① 202 ② 210
③ 235 ④ 222

해설 ▶ 문제에서,

▶ 효용함수 : $U = Min\,[\,3X,\ Y\,]$
▶ X재 11개, Y재 18개 소비할 때 : $U = Min\,[\,3X,\ Y\,] = Min\,[\,3 \cdot 11,\ 18\,] = Min\,[\,33,\ 18\,] = 18$
▶ 효용이 18이 되는 $X,\ Y$재 소비량 : $U = Min\,[\,3X,\ Y\,] = Min\,[\,3 \cdot 6,\ 18\,] = 18$
▶ X 6개, Y 18개 소비할 때 지출액 최소. 지출액 $= X \cdot P_X + Y \cdot P_Y = 6 \cdot 5 + 18 \cdot 10 = 210$

정답 ▶ ②

Ⅳ 소비자균형의 이동(Ⅰ) : 소득변화

19 다음은 소득변화와 소비자균형의 변화에 대한 설명이다. 옳지 않은 것은?

① 소득이 증가하면 소비자 균형점이 현재보다 우상방으로 이동하며 소비자의 효용이 증가한다.
② 소득이 변화하면 소비자의 두 재화에 대한 선호도가 변화한다.
③ 소득소비곡선(ICC)은 각 소득수준에서의 소비자균형점을 연결한 것이다.
④ 소득소비곡선이 우상향할 경우 두 재화는 모두 정상재이다.
⑤ 소득소비곡선으로부터 소득과 소비량의 관계를 나타내는 엥겔곡선이 도출된다.

해설▶ ① 소득이 증가하면 예산선이 우측으로 평행이동. 두 재화가 모두 정상재인 경우 새로운 균형점은 현재보다 우상방에 위치. 이때 무차별곡선이 원점으로부터 멀리 위치하므로 효용 증가
② 소득이 변화하면 예산선의 기울기(상대가격)는 불변. 따라서 새로운 소비자균형점에서 예산선과 무차별 곡선이 접하므로 한계대체율(소비선호도)도 불변   **정답 ▶** ②

보충▶ • 소득소비곡선 : 소득변화에 따른 소비자균형점 궤적. 모두 정상재이면 우상향
• 엥겔곡선 : 소득과 균형소비량의 관계를 보여주는 곡선. 소득소비곡선으로부터 도출

20 두 재화만 소비하는 소비자의 소득소비곡선이 우하향한다. 이로부터 추론할 수 있는 것을 모두 고르면?   [감평 08]

> ㄱ. 두 재화가 보완재이다.
> ㄴ. 두 재화가 모두 정상재이다.
> ㄷ. 두 재화 중 한 재화만 열등재이다.
> ㄹ. 두 재화 중 한 재화만 엥겔곡선이 우상향한다.

① ㄱ, ㄴ   ② ㄱ, ㄷ   ③ ㄴ, ㄹ
④ ㄷ, ㄹ   ⑤ ㄱ, ㄷ, ㄹ

해설▶ • 소득소비곡선이 우하향하면 X재는 정상재이고 Y재는 열등재
• 엥겔곡선이 우상향하면 정상재, 좌상향하면 열등재   **정답 ▶** ④

Ⅴ 소비자균형의 이동(Ⅱ) : 가격변화

1. 가격변화

21 소비자 甲은 주어진 소득 하에서 효용을 극대화하는 상품묶음을 선택한다. 모든 상품의 가격이 3배 오르고, 소비자 甲의 소득도 3배 늘었을 때 예상할 수 있는 결과는? [9급 17]

① 정상재의 소비만 증가한다.
② 모든 상품에 대한 수요가 증가한다.
③ 모든 상품에 대한 수요가 감소한다.
④ 기존에 소비하던 상품의 수요는 불변이다.

해설 소득과 모든 상품 가격이 같은 비율로 변화하면 예산선 불변. 따라서 소비자균형점도 불변   **정답** ④

22 두 재화를 소비하는 소비자가 효용을 극대화하는 최적 소비묶음을 찾는 과정에 대한 다음의 설명 중 옳은 것은? [서울 15]

① 두 재화 간의 한계대체율과 두 재화의 상대가격 비율이 일치하는 수준에서 효용을 극대화 하는 최적 소비묶음이 결정된다.
② 한 재화의 소비로부터 얻는 소비자의 한계효용과 그 재화의 가격이 일치하는 수준에서 효용을 극대화하는 최적 소비묶음이 결정된다.
③ 원점에 대해 볼록한 형태의 무차별곡선의 경우 한계대체율체증의 법칙이 성립하므로 예산제약선과 무차별곡선의 접점에서 최적 소비묶음이 결정된다.
④ 두 재화의 가격과 소비자의 소득이 모두 종전의 1.5배 수준으로 올랐다고 할 때, 예산제약선은 원점에서 더 멀어진 위치로 평행이동한다.

해설 ① 무차별곡선이론의 효용극대화 조건 : $MRS_{XY}\left(=\dfrac{MU_X}{MU_Y}\right)=\dfrac{P_X}{P_Y}$

두 재화의 한계대체율(MRS_{XY})과 두 재화의 상대가격 비율$\left(\dfrac{P_X}{P_Y}\right)$이 일치하는 수준에서 소비할 때 효용극대화

② 한계효용이론의 효용극대화 조건(가중된 한계효용 균등의 법칙) : $\dfrac{MU_X}{P_X}=\dfrac{MU_Y}{P_Y}$

한 재화의 한계효용과 그 재화의 가격이 일치하는 수준($MU=P$)이 아니라, 두 재화의 가중된 한계효용$\left(\dfrac{MU_X}{P_X}\right)$이 일치하는 수준에서 소비할 때 효용극대화.
③ 원점에 대해 볼록한 형태의 무차별곡선의 경우 한계대체율체감의 법칙 성립
④ 두 재화의 가격과 소비자의 소득이 모두 종전의 1.5배 수준으로 오를 경우, 예산제약선은 이동하지 않음

정답 ①

23 동환이는 인터넷 게임과 햄버거에 용돈 10만원을 소비함으로써 효용을 극대화하고 있다. 인터넷 게임과 햄버거 가격은 각각 1만원과 5천원이다. 만약 동환이의 용돈이 10% 인상되고 인터넷 게임과 햄버거 가격도 10% 인상된다고 할 경우 동환이의 두 상품 소비량 변화는? [지방(상) 08]

① 인터넷 게임의 소비량만 증가한다.
② 햄버거의 소비량만 증가한다.
③ 인터넷 게임과 햄버거 소비량이 모두 증가한다.
④ 인터넷 게임과 햄버거 소비량에 변화가 없다.

[해설] 가격과 소득이 같은 비율로 변화하면 예산선 불변. 따라서 소비자 균형점도 불변   **[정답] ④**

2. 가격변화와 재화의 성격

24 가격하락에 따른 소득효과와 대체효과에 관한 설명으로 옳지 않은 것을 모두 고른 것은? [노무 24]

> ㄱ. 기펜재의 수요량은 감소한다.
> ㄴ. 두 재화가 완전보완재일 경우 소득효과는 항상 0이다.
> ㄷ. 열등재는 소득효과가 음(-)이기 때문에 수요곡선이 우상향한다.
> ㄹ. 정상재인 경우 대체효과와 소득효과 모두 수요량을 증가시킨다.

① ㄱ, ㄹ   ② ㄴ, ㄷ   ③ ㄱ, ㄴ, ㄷ
④ ㄱ, ㄴ, ㄹ   ⑤ ㄴ, ㄷ, ㄹ

[정답] ②

[해설]
- 가격효과 : 대체효과와 소득효과의 합
  - ▶ 대체효과 : 가격이 하락할 때 상대가격이 하락하여 수요량 증가(-).
  - ▶ 소득효과 : 가격이 하락할 때 실질소득 증가.
        정상재는 수요량 증가(-)
        열등재는 수요량 감소(+), 대체효과가 더 커서 수요량 증가
        기펜재(열등재)는 수요량 감소(+). 대체효과가 더 작아서 수요량 감소
- 보기에서,
     ㄱ. 기펜재는 열등재이며 소득효과가 대체효과보다 커서 수요량 감소
     ㄴ. 완전보완일 경우 가격이 변화해도 상대가격 변화에 따른 대체효과는 나타나지 않고 소득효과만 발생
     ㄷ. 열등재는 소득효과가 음(+)이고 대체효과보다 작기 때문에 수요곡선 우상향
     ㄹ. 정상재인 경우 대체효과(-)와 소득효과(-) 모두 수요량 증가

25 소비자 선택에 관한 설명으로 옳지 않은 것은? (단, 효과의 비교는 절대값으로 한다.) [노무 20]

① 정상재의 경우, 대체효과가 소득효과보다 크면 가격 상승에 따라 수요량은 감소한다.
② 정상재의 경우, 대체효과가 소득효과보다 작으면 가격 상승에 따라 수요량은 감소한다.
③ 열등재의 경우, 대체효과가 소득효과보다 크면 가격 상승에 따라 수요량은 감소한다.
④ 열등재의 경우, 대체효과가 소득효과보다 작으면 가격 상승에 따라 수요량은 감소한다.
⑤ 기펜재의 경우, 대체효과가 소득효과보다 작기 때문에 수요의 법칙을 따르지 않는다.

해설 ▶ ④ 열등재의 경우는 가격이 상승할 때 상대가격이 상승하여 수요량이 감소하고(대체효과(−)), 실질소득이 감소하여 수요량이 증가한다(소득효과(+)). 따라서 대체효과가 소득효과보다 작으면 수요량이 증가한다.
⑤ 기펜재는 열등재이며 대체효과가 소득효과보다 작다(④의 경우 기펜재). 가격이 상승할 때 수요량이 증가하므로 일반적 수요법칙(가격상승시, 수요량 감소)을 따르지 않는다. **정답** ▶ ④

26 양의 효용을 주는 X재와 Y재가 있을 때, 소비자의 최적선택에 관한 설명으로 옳은 것은? [노무 20]

① 소비자의 효용극대화를 위해서는 두 재화의 시장 가격비율이 1보다 커야 한다.
② X재 1원당 한계효용이 Y재 1원당 한계효용보다 클 때 소비자의 효용은 극대화된다.
③ 가격소비곡선은 한 상품의 가격만 변할 때, 소비자 최적선택점이 변화하는 것을 보여준다.
④ 예산제약이란 소비할 수 있는 상품의 양이 소비자의 예산범위를 넘을 수 있음을 의미한다.
⑤ 예산선의 기울기는 한 재화의 한계효용을 의미한다.

해설 ▶ ① 효용극대화 조건(무차별곡선이론): 한계대체율(MRS_{XY}) = 두 재화 시장가격비율(상대가격. P_X/P_Y)
② 효용극대화 조건(한계효용이론): X재 1원당 한계효용 = Y재 1원당 한계효용
④ 예산제약은 주어진 소득(예산범위)을 모두 소비할 때 소비할 수 있는 상품의 양을 의미함
⑤ 예산선의 기울기는 Y재 수량으로 표시한 X재 상대가격(P_X/P_Y) **정답** ▶ ③

27 기펜재(Giffen goods)에 관한 설명으로 옳지 않은 것은? [노무 21]

① 가격이 하락하면 재화의 소비량은 감소한다.
② 소득효과가 대체효과보다 큰 재화이다.
③ 가격상승 시 소득효과는 재화의 소비량을 감소시킨다.
④ 기펜재는 모두 열등재이지만 열등재가 모두 기펜재는 아니다.
⑤ 가격하락 시 대체효과는 재화의 소비량을 증가시킨다.

해설 ▶ • 기펜재 : 소득효과가 정(+)인 열등재.
▶ 대체효과(−) : 가격하락 시, 상대가격이 하락하여 수요량 증가
▶ 소득효과(+) : 가격하락 시, 실질소득이 증가하여 수요량 감소(열등재)
▶ 기펜재는 소득효과보다 대체효과보다 큰 재화. 따라서 가격하락 시, 수요량 감소
③ 가격상승 시 실질소득이 감소하여 소비량 증가(소득효과)
④ 기펜재 : 대체효과(−) < 소득효과(+), 열등재 : 대체효과(−) > 소득효과(+)

정답 ▶ ③

28 수요의 여러 가지 탄력성 개념과 관련된 다음의 설명 중에서 옳은 것은? [서울 13]

① 어느 재화의 가격이 상승하였을 때 그 재화에 대한 지출액이 변화하지 않았다면 그 재화에 대한 수요의 가격탄력성은 0이다.
② 어느 재화의 가격이 상승하였을 때 그 재화에 대한 수요량이 증가하였다면 그 재화는 열등재이다.
③ 소득이 5% 증가하였을 때 한 재화에 대한 수요가 10% 증가하였다면 그 재화는 필수재이다.
④ 재화 X의 가격이 증가하였을 때 재화 Y에 대한 수요의 교차탄력성이 음수라면 재화 Y는 재화 X의 대체재이다.
⑤ 기펜재는 열등재 중에서 가격변화로 인한 소득효과의 절댓값이 대체효과의 절댓값보다 작을 때 나타난다.

해설 ▶ ① 가격이 상승할 때 지출액이 변화하지 않으면 수요의 가격탄력성은 1
② 가격이 상승할 때 수요량이 증가하면 그 재화는 기펜재이며, 기펜재는 열등재
③ 소득 5% 증가할 때 수요가 10% 증가하면 수요의 소득탄력도는 2.
수요의 소득탄력도가 1보다 크므로 사치품
④ 교차탄력성이 음수이면 두 재화는 보완재
⑤ 기펜재는 열등재이며, 정(+)의 소득효과 > 부(−)의 대체효과

정답 ▶ ②

29 X재와 Y재만을 소비하는 소비자의 가격소비곡선과 수요곡선에 관한 설명으로 옳은 것은? (단, 가로축은 X재, 세로축은 Y재이다.) [노무 24]

① X재의 가격탄력성이 1이라면 가격소비곡선은 수평선이다.
② X재의 가격탄력성이 1인 경우, X재의 가격이 상승하면 Y재의 수요량이 증가한다.
③ X재의 가격탄력성이 1보다 작을 경우, X재의 가격이 하락하면 Y재의 수요량이 감소한다.
④ X재의 가격탄력성이 1보다 작다면 가격소비곡선은 우하향한다.
⑤ 가격소비곡선에 의해 도출된 수요곡선은 보상수요곡선이다.

해설 가격소비곡선(PCC)과 수요곡선

- 일반적인 경우: X재 가격이 내릴 때 가격소비곡선은 U자형 곡선이 되며 수요곡선은 우하향

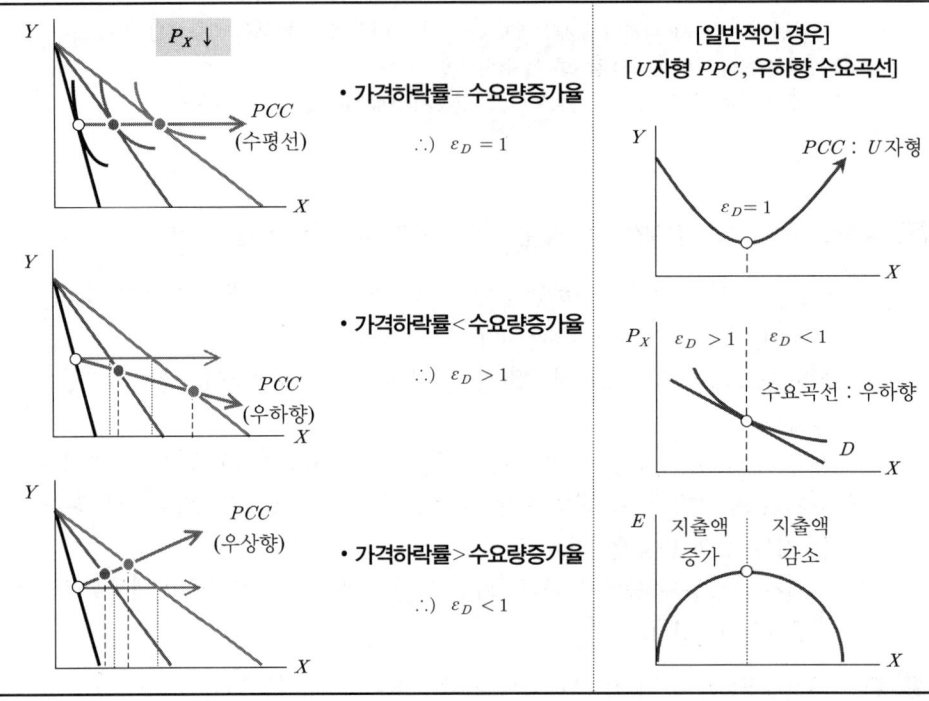

- 예외적인 경우
  ▶ 수평선: X재 가격이 내릴 때 수요의 가격탄력도가 1. 직각쌍곡선의 수요곡선
  ▶ 수직선: X재 가격이 내릴 때 수요량 불변이므로 수요의 가격탄력도 0. 수직선의 수요곡선
  ▶ 좌상향: X재 가격이 내릴 때 수요량 감소이므로 기펜재. 좌하향하는 수요곡선

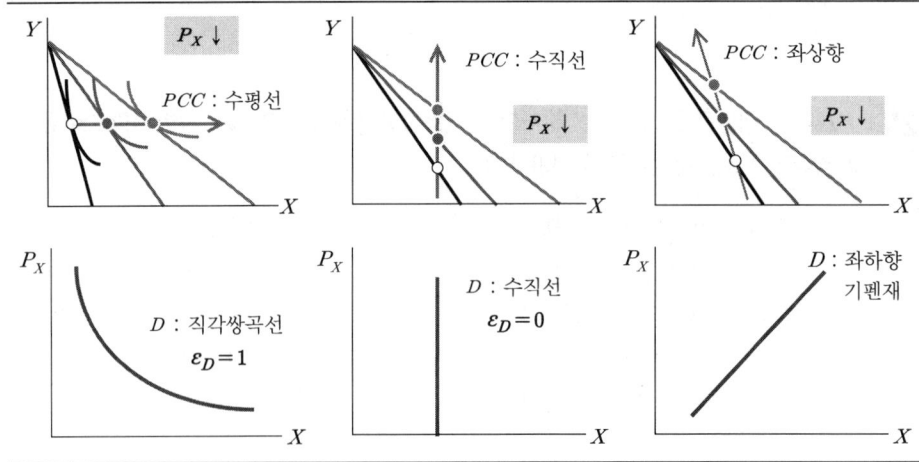

• 문제에서,
   ① X재 가격탄력성이 1이면 가격소비곡선은 수평선, 수요곡선은 직각쌍곡선
   ② X재 가격탄력성이 1이면 가격소비곡선이 수평선이므로 X재 가격이 변화할 때 Y재 수요량 불변
   ③, ④ X재 가격탄력성이 1보다 작으면 X재 가격이 하락하면 가격소비곡선 우상향. 따라서 Y재 수요량 증가
   ⑤ 가격소비곡선에 의해 도출된 수요곡선은 통상수요곡선. 보상수요곡서은 대체효과만으로 도출된 수요곡선

정답 ▶ ①

제8장 현시선호이론

01 현재 어떤 소비자가 a점에서 소비하고 있다. 가격선이 CD로 변할 때 이 소비자의 새로운 소비점으로 적당한 것은?

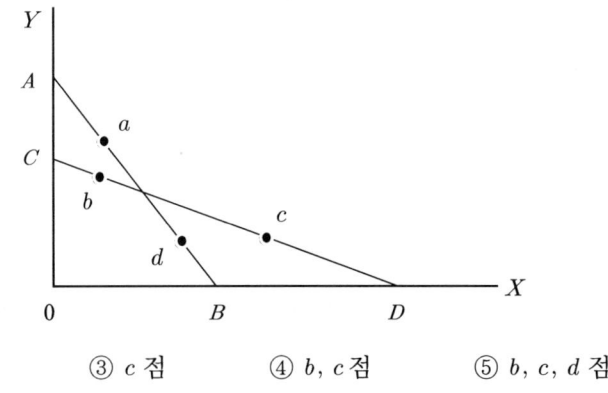

① a점　　② b점　　③ c점　　④ b, c점　　⑤ b, c, d점

해설▶ 예산선 변화 후, a점은 소비할 수 없으므로 새로운 예산집합($C0D$) 모든 점에서 소비 가능　　**정답▶** ⑤

02 현재 어떤 소비자가 A_2점에서 소비하고 있다. 가격선이 CD로 변할 때 이 소비자의 새로운 소비점으로 적당한 것은?

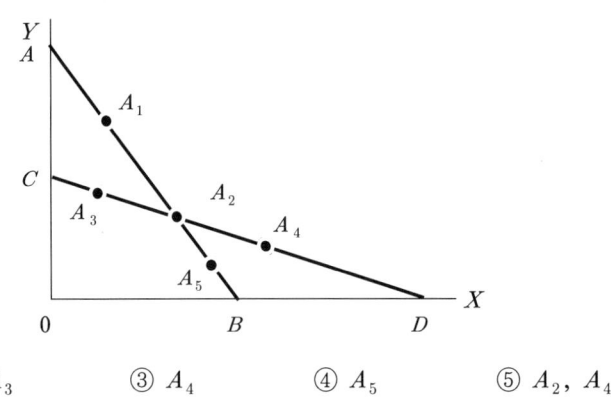

① A_2　　② A_3　　③ A_4　　④ A_5　　⑤ A_2, A_4

해설▶
- 최초 예산집합($A0B$)에서 A_3와 A_5는 선택 가능했던 소비점
- 따라서, 변화 후, 예산집합($C0D$)에서 공리에 위배되지 않는 소비점은 A_2 또는 A_4　　**정답▶** ⑤

03 현재 어떤 소비자가 A_5 점에서 소비하고 있다. 가격선이 CD로 변할 때 이 소비자의 새로운 소비점으로 적당한 것은?

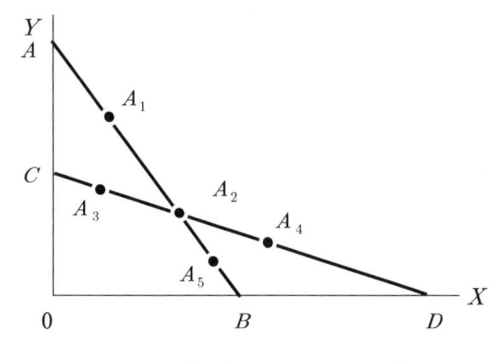

① A_1 ② A_2 ③ A_3 ④ A_4 ⑤ A_5

해설 ▶ • 최초 예산집합($A0B$)에서 A_2, A_3는 선택 가능했던 소비점
- A_1은 변화 후 예산집합($C0D$)에서 선택 불가능한 점
- 따라서, 변화 후, 예산집합($C0D$)에서 공리에 위배되지 않는 소비점은 A_4

정답 ▶ ④

제9장 소비자선택이론의 응용

I 생산요소의 공급

1. 노동공급

01 ( )에 들어갈 내용으로 옳은 것은? [노무 17]

> 여가가 정상재인 상황에서 임금이 상승할 경우 (ㄱ)효과보다 (ㄴ)효과가 더 크다면 노동공급은 임금상승에도 불구하고 감소하게 된다. 만약 (ㄷ)의 기회비용 상승에 반응하여 (ㄷ)의 총사용량을 줄인다면, 노동공급곡선은 정(+)의 기울기를 가지게 된다.

① ㄱ: 대체, ㄴ: 소득, ㄷ: 여가
② ㄱ: 대체, ㄴ: 소득, ㄷ: 노동
③ ㄱ: 소득, ㄴ: 대체, ㄷ: 여가
④ ㄱ: 소득, ㄴ: 대체, ㄷ: 노동
⑤ ㄱ: 가격, ㄴ: 소득, ㄷ: 여가

해설 ▶ • 노동공급 : 임금이 상승할 때,

▶ 소득효과 : 여가가격(임금) 상승 ⇒ 실질소득(근로소득) 증가 ⇒ 여가(정상재) 소비 증가. 정(+)
  ⇒ 노동공급량 감소

▶ 대체효과 : 여가가격(임금) 상승 ⇒ 여가 상대가격(기회비용) 상승 ⇒ 여가소비량 감소. 부(−)
  ⇒ 노동공급량 증가

▶ 대체효과(−) > 소득효과(+) : 임금 상승시 여가의 총소비량 감소, 노동공급량 증가
  노동공급곡선 우상향(정(+)의 기울기)

▶ 대체효과(−) < 소득효과(+) : 임금 상승시 여가의 총소비량 증가, 노동공급량 감소
  노동공급곡선 좌상향(부(−)의 기울기)

• 문제에서,

"여가가 정상재인 상황에서 임금이 상승할 경우 (ㄱ : 대체)효과보다 (ㄴ : 소득)효과가 더 크다면 노동공급은 임금상승에도 불구하고 감소하게 된다. 만약 (ㄷ : 여가)의 기회비용 상승에 반응하여 (ㄷ : 여가)의 총사용량을 줄인다면, 노동공급곡선은 정(+)의 기울기를 가지게 된다."

정답 ▶ ①

02 효용극대화를 추구하는 갑은 고정된 총가용시간을 노동시간과 여가시간으로 나누어 선택한다. 갑의 효용함수는 $Y = U(H, I)$이며, 소득 $I = wL + A$일 때, 이에 관한 설명으로 옳지 않은 것은? (단, H는 여가시간, w는 시간당 임금, L은 노동시간, A는 근로외소득, 여가는 정상재이다. H와 L의 한계대체율($MRS_{H,I}$)은 체감하며, 내부해를 가정한다.) [노무 24]

① 효용극대화 점에서 $MRS_{H,I}$는 w와 같다.
② w가 상승하는 경우 소득효과는 노동공급을 감소시킨다.
③ 만약 여가가 열등재이면, w의 상승은 노동공급을 증가시킨다.
④ w가 상승하는 경우 대체효과는 노동공급을 증가시킨다.
⑤ 근로외소득이 증가하는 경우 대체효과는 노동공급을 증가시킨다.

해설 ▶
- 노동공급 : 근로자의 소득제약 하에서 여가와 소득의 효용극대화에 의해 노동공급량 결정

  ▶ 소득제약 : $I = wL + A$. 예산선 기울기 = $\dfrac{P_H}{P_I} = \dfrac{w}{1} = w$ (여가의 상대가격)

  ▶ 효용극대화 조건 : $MRS_{H,I} = \dfrac{MU_I}{MU_H} = w \left(= \dfrac{P_H}{P_I} \right)$

- 노동공급곡선의 도출 : 임금이 변화할 때 가격효과(대체효과와 소득효과의 합)에 따라 도출

  ▶ 대체효과 : 임금이 오를 때 여가의 상대가격이 상승하여 여가소비량 감소(노동공급량 증가)
  ▶ 소득효과 : 임금이 오를 때 실질소득이 증가하여 여가소비량 증가(노동공급량 감소)
       여가가 열등재일 경우는 임금이 올라서 실질소득이 증가할 때 여가소비량 감소(노동공급량 증가)
  ▶ 임금이 오를 때 대체효과가 소득효과보다 크면 노동공급량 증가(우상향 노동공급곡선)
  ▶ 임금이 오를 때 소득효과가 대체효과보다 크면 노동공급량 감소(후방굴절, 좌상향 노동공급곡선)

- 문제에서,
  ① 효용극대화 점에서 $MRS_{H,I} = w$
  ② 임금이 상승하면 실질소득이 증가하여 여가소비량 증가(소득효과). 따라서 노동공급량 감소
  ③ 여가가 열등재이면 임금이 상승하면 대체효과와 소득효과 모두 여가소비량 감소. 따라서 노동공급량 증가
  ④ 임금이 상승하면 여가의 상대가격이 상승하여 여가소비량 감소(대체효과). 따라서 노동공급량 증가
  ⑤ 근로외소득이 증가하면 실질소득이 증가하여 여가소비 증가(소득효과). 따라서 노동공급 증가

정답 ▶ ⑤

03 효용을 극대화하는 갑(甲)의 효용함수는 $U = C \times L$, 시간 당 임금은 2만 원이고 주당 40시간을 일하거나 여가를 사용할 수 있다. 한편 정부는 근로자 한 명당 주당 32만 원의 보조금을 주지만 근로소득의 20%를 소득세로 징수하는 제도를 시행 중이다. 이때 갑(甲)의 주당 근로시간은? (단, C는 상품에 지출하는 금액, L은 여가시간이다.) [노무 23]

① 10
② 24
③ 30
④ 36
⑤ 40

해설 ▶ • 노동공급

▶ 효용함수: $U(C, L) = C \cdot L$ ∴) $MRS_{LC} = -\dfrac{dC}{dL} = \dfrac{MU_L}{MU_C}$

▶ 소비제약(소득제약)

시간제약: $T = L + A$ (단, T: 가용시간, A: 근로시간)

소비제약(BL): $C = W \cdot A = W \cdot (T-L) = W \cdot T - W \cdot L$ ∴ $|BL'| = \dfrac{P_L}{P_C} = \dfrac{W}{1} = W$

▶ 효용극대화조건: $|IC'| = |BL'| \Rightarrow MRS_{LC} = W\left(= \dfrac{P_L}{P_C}\right)$ ····①

▶ 소비제약: $C = W \cdot T - W \cdot L$ ····②

▶ ①식과 ②식을 연립으로 풀어 여가시간(L), 근로시간($A = T - L$) 및 소비지출액 도출

• 보조금과 소득세가 없을 때,

▶ 효용극대화조건: $MRS_{LC} = \dfrac{MU_L}{MU_C} = \dfrac{C}{L} = W \Rightarrow \dfrac{C}{L} = 20{,}000 \Rightarrow C = 20{,}000L$ ····①

▶ 소비제약: $C = 20{,}000 \cdot 40 - 20{,}000 \cdot L = 800{,}000 - 20{,}000 \cdot L$ ····②

▶ ①식과 ②식을 연립으로 풀면, 여가시간(L) 20, 근로시간 20

• 보조금 320,000, 소득세율 20%일 때,

▶ 효용극대화조건: $MRS_{LC} = \dfrac{C}{L} = (1-t) \cdot W \Rightarrow \dfrac{C}{L} = (1-0.2) \cdot 20{,}000$

$\Rightarrow C = 16{,}000L$ ····①

▶ 소비제약: $C = ((1-t) \cdot W \cdot A + S) - (1-t)W \cdot L$

$\Rightarrow C = ((1-0.2) \cdot 20{,}000 \cdot 40 + 320{,}000) - (1-0.2) \cdot 20{,}000 \cdot L$

$= 960{,}000 - 16{,}000L$ ····②

▶ ①식을 ②식에 대입: 여가시간(L) 30, 근로시간 10시간

정답 ▶ ①

04 소득-여가 선택모형에서 갑(甲)의 효용함수 $U = Y+3L$, 예산선 $Y = w(24-L)$이다. 이에 관한 설명으로 옳은 것은? (단, U는 효용, Y는 소득, L은 여가, w는 임금률이다.) [노무 23]

① 한계대체율은 체감한다.
② 임금률이 1이면 효용은 55이다.
③ 임금률이 1에서 2로 상승하면 근로시간은 증가한다.
④ 임금률이 4에서 5로 상승하면 여가시간은 불변이다.
⑤ 임금률과 무관하게 예산선은 고정된다.

해설 ▶ • 예산선 : $Y = w \cdot 24 - w \cdot L$ ∴ $\frac{P_L}{P_Y} = W$. 여가의 상대가격

• 효용함수 : $U = Y+3L$ ∴) $MRS_{LY} = \frac{MU_L}{MU_Y} = \frac{3}{1}$. 한계대체율 상수.

따라서, 여가와 소득은 완전대체재

• 완전대체재의 효용극대화

▶ $MRS_{LY} = W\left(=\frac{P_L}{P_Y}\right)$: 예산선 상 모든 점에서 효용극대화

▶ $MRS_{LY} < W\left(=\frac{P_L}{P_Y}\right)$: 모든 가용시간을 노동공급(여가소비= 0)할 때 효용극대화

▶ $MRS_{LY} > W\left(=\frac{P_L}{P_Y}\right)$: 모든 가용시간을 여가소비(노동공급= 0)할 때 효용극대화

• 문제에서, 총가용시간은 24

① 한계대체율=3. 한계대체율 일정하므로 소득과 여가는 완전대체재이며 무차별곡선은 우하향하는 직선
② $W=1$ 일 때, $MRS_{LY} = 3 > 1 = W$. 가용시간24를 모두 여가소비, $U = Y+3L \Rightarrow U = 3 \cdot 24 = 72$
③ $MRS_{LY} = 3 > 1 = W \Rightarrow MRS_{LY} = 3 > 2 = W$. 여가만 소비, 근로시간= 0. 따라서 근로시간 불변
④ $MRS_{LY} = 3 < 4 = W \Rightarrow MRS_{LY} = 3 < 4 = W$: 여가소비= 0. 따라서, 여가시간 불변
⑤ 임금율(여가의 가격)이 변화하면 예산선 기울기(여가의 상대가격) 변화

정답 ▶ ④

05 소득 – 여가 선택모형에서 효용극대화를 추구하는 갑(甲)은 임금률이 10일 때 a를 선택하였고, 이후 임금률이 8로 하락하자 b를 선택하였다. 이에 관한 설명으로 옳은 것은? (단, 여가는 정상재이다.)

[노무 23]

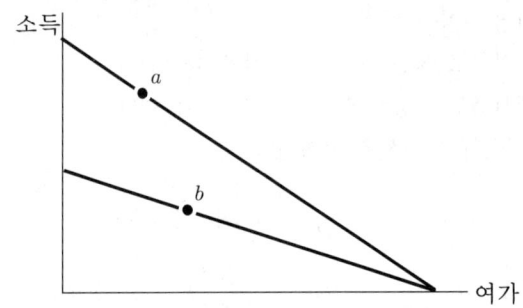

① 가격효과로 소득은 증가한다.
② 소득효과로 여가시간이 증가한다.
③ 가격효과로 노동시간은 증가한다.
④ 대체효과로 노동시간이 감소한다.
⑤ 효용수준 변화는 알 수 없다.

해설 • 노동공급 : 임금이 하락할 때,

▶ 대체효과 : 여가가격(임금) 하락 ⇒ 실질(근로)소득 감소   ⇒ 여가 소비 감소, 노동시간 증가
▶ 소득효과 : 여가가격(임금) 하락 ⇒ 여가 상대가격(기회비용) 하락 ⇒ 여가 소비 증가, 노동시간 감소

• 문제에서, 임금이 내릴 때 여가소비가 증가했으므로 소득효과 < 대체효과. 따라서, 전체 가격효과는 여가 소비 증가, 노동시간 감소

정답 ④

06 소득 – 여가 선택모형에서 효용극대화를 추구하는 개인의 노동공급 의사결정에 관한 설명으로 옳지 않은 것은? (단, 대체효과와 소득효과의 비교는 절대값으로 한다.)

[노무 20]

① 소득과 여가가 정상재인 경우, 임금률 상승 시 대체효과가 소득효과보다 크면 노동공급은 증가한다.
② 소득과 여가가 정상재인 경우, 임금률 하락 시 소득효과가 대체효과보다 크면 노동공급은 감소한다.
③ 소득과 여가가 정상재인 경우, 임금률 하락 시 대체효과는 노동공급 감소요인이다.
④ 소득과 여가가 정상재인 경우, 임금률 하락 시 소득효과는 노동공급 감소요인이다.
⑤ 소득은 정상재이지만 여가가 열등재인 경우, 임금률 상승은 노동공급을 증가시킨다.

해설▶ 1. 여가는 정상재일 때

① 임금률이 상승할 때 노동의 상대가격이 상승하여 여가소비 감소(노동공급 증가. 대체효과), 실질(근로)소득이 증가하여 여가소비 증가(노동공급 감소. 소득효과). 따라서, 대체효과가 소득효과보다 크면 노동공급 증가

② 임금률이 하락할 때 노동의 상대가격이 하락하여 여가소비 증가(노동공급 감소. 대체효과), 실질(근로)소득이 감소하여 여가소비 감소(노동공급 증가. 소득효과).
따라서, 대체효과가 소득효과보다 크면 노동공급 감소

③ 임금률이 하락할 때 대체효과는 노동공급 감소요인(②의 경우)

④ 임금률이 상승할 때 소득효과는 노동공급 감소요인(①의 경우)

2. 여가가 열등재일 때

⑤ 임금률이 상승할 때 노동의 상대가격이 상승하여 여가소비 감소(노동공급 증가. 대체효과), 실질(근로)소득이 증가하여 여가소비 감소(노동공급 증가. 소득효과). 따라서, 두 효과 모두 노동공급을 증가시키는 요인

정답 ▶ ②

07 소득 – 여가 선택모형에서 효용극대화를 추구하는 개인의 노동공급 의사결정에 관한 설명으로 옳지 않은 것은? (단, 여가(L)와 소득(Y)은 효용을 주는 재화이며 한계대체율 $\left(MRS = \left| \frac{\triangle Y}{\triangle L} \right| \right)$은 체감한다.)

[노무 21]

① 여가가 정상재인 경우 복권당첨은 근로시간의 감소를 초래한다.
② 여가가 열등재라면 노동공급곡선은 우하향한다.
③ 임금률이 한계대체율보다 크다면 효용극대화를 위해 근로시간을 늘려야 한다.
④ 개인 간 선호의 차이는 무차별곡선의 모양 차이로 나타난다.
⑤ 시장임금이 유보임금(reservation wage)보다 낮다면 노동을 제공하지 않는다.

해설▶ ① 복권당첨은 소득증가. 소득이 증가하면 여가소비가 증가(소득효과)하므로 근로시간 감소
② 여가가 열등재일 때, 임금 상승
  ▶ 여가의 상대가격이 상승하여 여가소비 감소, 노동공급량 증가
  ▶ 실질소득이 증가하여 여가소비 감소, 노동공급량 증가
  ▶ 따라서 여가가 열등재일 경우, 임금 상승시 노동공급량 증가(노동공급곡선 우상향)
③ 노동공급 효용극대화 조건 : $MRS_{AM} = W$ (단, A: 소득, M: 소득, W: 여가의 상대가격)
  $MRS_{AM} < W$이면, [여가의 선호도<여가소비 기회비용]이므로 여가소비 감소(근로시간 증가)
④ 개인 간 여가와 소득의 선호(MRS_{AM})의 차이에 따라 무차별곡선의 형태 결정
⑤ 유보임금(reservation wage)은 근로자가 노동공급을 시작하는 임금. 따라서 시장임금이 유보임금보다 낮으면 근로하지 않음

정답 ▶ ②

08 노동공급곡선이 거의 수직에 가까운 형태를 보일 때에 대한 설명으로 옳은 것은? [서울 03]

① 대체효과가 소득효과를 압도한다.
② 대체효과가 소득효과에 의해 거의 상쇄된다.
③ 대체효과가 소득효과에 의해 압도당한다.
④ 대체효과가 거의 무시할 만큼 작아서 소득효과만 나타난다.
⑤ 대체효과가 소득효과와 같은 방향으로 작용한다.

해설 ● 문제에서, 노동공급곡선이 수직선에 가깝다는 것은 임금이 변화할 때 노동공급량이 거의 변화하지 않는다는 것이며, 이는 대체효과가 소득효과에 의해 거의 상쇄되었다는 것을 의미함

▶ 대체효과 : 임금 상승 ⇒ 여가의 상대가격 $\left(\dfrac{P_{여가}}{P_{소득}=1}\right)$ 상승 ⇒ 여가소비량 감소
 ⇒ 노동공급량 증가

▶ 소득효과 : 임금 상승 ⇒ 실질소득(근로소득) 증가 ⇒ 여가(정상재) 소비량 증가
 ⇒ 노동공급량 감소

정답 ▶ ②

2. 자본공급

09 다음 중 이자율이 소비에 미치는 영향에 대한 설명으로 옳지 않은 것은? [국회 17]

① 이자율이 상승하면 현재소비의 기회비용은 증가한다.
② 이자율이 상승하면 정상재의 경우 소득효과에 의해 현재소비가 증가한다.
③ 이자율이 상승하면 대체효과에 의해 현재소비가 감소한다.
④ 이자율이 상승하면 대체효과에 의해 미래소비가 증가한다.
⑤ 이자율이 상승하면 현재소비는 증가하지만 미래소비는 증가하거나 감소할 수 있다.

해설 ● 자본공급(저축) : 이자율이 상승할 때, 일반적으로 저축 증가 (대체효과 > 소득효과)

▶ 소득효과(+) : 현재소비의 가격(이자율) 상승 ⇒ 실질소득(이자소득) 증가
 ⇒ 현재소비 증가. 소득효과 정(+)
 ⇒ 자본공급량(저축) 감소

▶ 대체효과(−) : 현재소비의 가격(이자율) 상승 ⇒ 현재소비의 상대가격 상승
 ⇒ 현재소비 감소. 대체효과 부(−)
 ⇒ 자본공급량(저축) 증가

▶ 저축자의 경우, 미래소비는 항상 증가

정답 ▶ ⑤

Ⅱ 불확실성

1. 불확실성 하의 선택

10 갑은 회사 취업 또는 창업을 선택할 수 있다. 각 선택에 따른 결과로 고소득과 저소득의 확률(P)과 보수(R)가 아래와 같을 때, 이에 관한 설명으로 옳지 않은 것은?

[노무 24]

	고소득(P, R)	저소득(P, R)
회사 취업	(0.9, 600만 원)	(0.1, 300만 원)
창업	(0.2, 1,850만 원)	(0.8, 250만 원)

① 갑이 위험기피자라면 창업을 선택한다.
② 회사 취업을 선택하는 경우 기대소득은 570만 원이다.
③ 창업이 회사 취업보다 분산으로 측정된 위험이 더 크다.
④ 갑의 효용함수가 소득에 대해 오목하다면 회사 취업을 선택한다.
⑤ 창업을 선택하는 경우 기대소득은 570만 원이다.

해설 ▶ • 기대소득 $= \Sigma P_i \times R_i$

▶ 취업할 때의 기대소득 : $(0.9 \times 600) + (0.1 \times 300) = 570$만원
▶ 창업할 때의 기대소득 : $(0.2 \times 1,850) + (0.8 \times 250) = 570$만원

• 분산 $= \Sigma P_i \times (R_i - \overline{R_i})^2$ (단, $\overline{R_i}$: 평균(기대소득))

■ 분산 $= \Sigma$ 각 출현 상황의 확률 $\times$ (관측치 $-$ 평균치)

▶ 취업할 때의 분산 : $[0.9 \times (600-570)^2] + [0.1 \times (300-570)^2] = 8,100$
▶ 창업할 때의 분산 : $[0.2 \times (1,850-570)^2] + [0.8 \times (250-570)^2] = 409,600$
▶ 분산은 각 선택에 따른 위험성 정도를 보여주는 지표가 됨

• 문제에서,
① 기대소득은 동일하지만 창업할 때 분산(위험성)이 더 크므로 회사 취업 선택
③ 기대소득의 분산은 위험성. 분산이 크면 위험성이 크다는 것을 의미
④ 효용함수가 소득에 대해 오목하다면 갑은 위험기피자. 위험기피자는 회사 취업 선택
②, ⑤ 기대소득은 모두 570만원

정답 ▶ ①

11 갑(甲)이 소유한 건물의 가치는 화재가 발생하지 않을 시 3,600, 화재발생 시 1,600이고, 건물의 화재 발생확률은 0.5이다. 갑(甲)의 효용함수가 $U(W) = \sqrt{W}$ 일 때, 건물의 (ㄱ) 기대가치와 (ㄴ)의 기대효용은? (단, W는 건물의 가치이다.)

[노무 23]

① ㄱ : 1,800,   ㄴ : 40   ② ㄱ : 2,400,   ㄴ : 40
③ ㄱ : 2,400,   ㄴ : 50   ④ ㄱ : 2,600,   ㄴ : 40
⑤ ㄱ : 2,600,   ㄴ : 50

해설
- 기대가치 : $E(W) = (1-p) \cdot$ (화재 발생하지 않을 때 건물 가치) $+ p \cdot$ (화재 발생할 때 건물 가치)
  $= (1-0.5) \cdot 3,600 + 0.5 \cdot 1,600 = 2,600$
- 기대효용 : $E(U) = (1-p) \cdot$ (화재 발생하지 않을 때 효용) $+ p \cdot$ (화재 발생할 때 효용)
  $= (1-0.5) \cdot \sqrt{3,600} + 0.5 \cdot \sqrt{1,600} = 50$

정답 ▶ ⑤

12 효용을 U, 소득을 Y라 할 때 영희의 선호체계를 나타내는 폰노이만-모겐스턴 효용함수는 $U = \sqrt{Y}$이다. 현재 영희의 소득 $Y = 0$이며, 동전을 던져 앞면이 나오면 400원의 상금을 받고 뒷면이 나오면 상금이 없는 게임을 할 수 있는 티켓을 소유하고 있다. 영희는 최소 얼마를 받아야 이 티켓을 판매할 것인가?

[국가 07]

① 400원   ② 200원
③ 100원   ④ 50원

해설
- 티켓을 가지고 있을 때,
  ▶ 기대소득 $= \left(\frac{1}{2} \times 400\right) + \left(\frac{1}{2} \times 0\right) = 200$
  ▶ 기대효용 $= \left(\frac{1}{2} \times \sqrt{400}\right) + \left(\frac{1}{2} \times \sqrt{0}\right) = 10$
- 티켓을 가지고 있을 때의 기대효용과 동일한 효용을 갖는 소득은 100원. $U = \sqrt{Y(100)} = 10$

정답 ▶ ③

2. 복권

13 당첨될 경우 16, 그렇지 못할 경우 0의 상금을 얻을 수 있는 복권이 있다. 이 복권에 당첨될 확률과 그렇지 못할 확률은 동일하다. 이 복권을 구입한 효미의 효용함수는 $u(W) = \sqrt{W}$ 라고 한다. 이 경우 확실성등가(certainty equivalence)와 위험프리미엄(risk premium)은 각각 얼마인가? (단, u는 효미의 효용, W는 상금 규모임) [국회 15]

① (2, 2) ② (2, 4) ③ (4, 4)
④ (4, 2) ⑤ (8, 8)

해설 ▶ ● 복권의 확실성등가와 위험프레미엄

▶ 기대당첨금($E(W)$) $= S \cdot P + F \cdot (1-P) = 16 \cdot 0.5 + 0 \cdot 0.5 = 8$
  (단, S : 당첨금, F : 낙첨금, $P = 0.5$: 당첨확률)

▶ 기대효용($E(U)$) $= U(S) \cdot P + U(F) \cdot (1-P) = 4 \cdot 0.5 + 0.5 = 2u$
  (단, $U(S) = \sqrt{S} = \sqrt{16} = 4u$, $U(F) = \sqrt{F} = \sqrt{0} = 0u$)

▶ 확실성등가(CE) : 기대당첨금(불확실한 소득) 효용(기대효용)과 동일한 효용을 주는 확실한 소득액
  따라서, 확실성등가의 효용 $\sqrt{CE} = E(U)$
  ∴) $\sqrt{CE} = E(U) = 2$, $CE = 4$

▶ 위험부담금(RP) : 기대당첨금($E(W)$)과 확실성등가(CE)와의 차이
  ∴) $RP = E(W) - CE = 8 - $확실성등가$(CE) = 4$

정답 ▶ ③

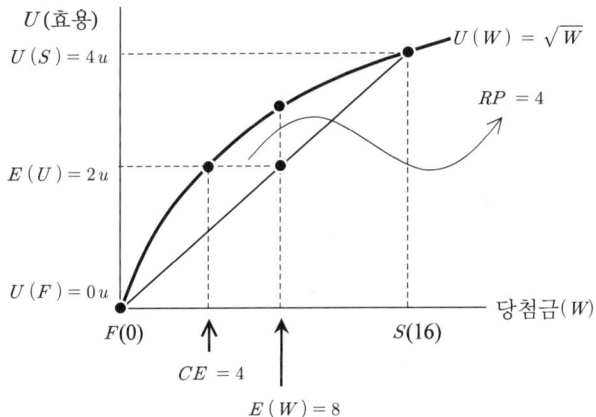

3. 보험

14 A는 현재 시가로 1,600만 원인 귀금속을 보유하고 있는데, 이를 도난당할 확률이 0.4라고 한다. A의 효용함수는 $U = 2\sqrt{W}$ (W는 보유자산의 화폐가치)이며, 보험에 가입할 경우 도난당한 귀금속을 현재 시가로 전액 보상해준다고 한다. 보험 가입 전 A의 기대효용과 A가 보험에 가입할 경우 지불할 용의가 있는 최대 보험료는?   [서울 19(1회)]

	기대효용	최대보험료		기대효용	최대보험료
①	36	1,276만원	②	48	1,024만원
③	36	1,024만원	④	48	1,276만원

해설 ● 공정보험

▶ 기대자산($E(X)$) = $S \cdot (1-P) + F \cdot P$ = $1,600 \cdot 0.6 + 0 \cdot 0.4 = 960$ (만원)
    (단, S: 귀금속 현재가격, F: 도난 발생시 가치: 도난발생시 자산가치, P: 도난당할 확률)

▶ 기대효용($E(U)$) = $U(S) \cdot (1-P) + U(F) \cdot P$ = $80 \cdot 0.6 + 0 \cdot 0.5 = 48$ (만u)
    (단, $U(S) = 2\sqrt{S} = 2\sqrt{1,600} = 80u$, $U(F) = \sqrt{F} = \sqrt{0} = 0u$)

▶ 확실성등가(CE): $E(U) = 48 = 2\sqrt{CE}$. ∴) $CE = 576$ (만원)

▶ 공정보험료 = S - 기대자산($E(X)$) = $1,600 - 960 = 640$ (만원)

▶ 위험부담금 = 기대자산($E(X)$) - 확실성등가(CE) = $960 - 576 = 384$ (만원)

▶ 최대보험료 = S - 확실성등가(CE) = 공정보험료 + 위험부담금 = $1,024$ (만원)   **정답 ▶ ②**

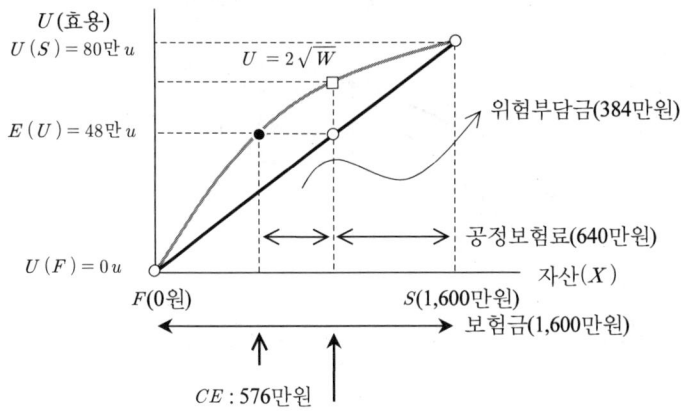

15 화재가 발생하지 않는 경우 철수 집의 자산가치는 10,000이고, 화재가 발생하는 경우 철수 집의 자산가치는 2,500이다. 철수 집에 화재가 발생하지 않을 확률은 0.8이고, 화재가 발생할 확률은 0.2이다. 위험을 기피하는 철수의 효용함수는 $U(X) = X^{1/2}$이다. 화재의 위험에 대한 위험 프리미엄(risk premium)은? (단, X는 자산가치이다.)

[지방 16]

① 200　　　　　　　　　　② 300
③ 400　　　　　　　　　　④ 500

해설 ● 공정보험

▶ 기대자산($E(W)$) = $S \cdot (1-P) + F \cdot P$ = $10,000 \cdot 0.8 + 2,500 \cdot 0.2 = 8,500$
　　　(단, S: 화재미발생시 자산가치, F: 화재발생시 자산가치, P: 화재발생확률)

▶ 기대효용($E(U)$) = $U(S) \cdot (1-P) + U(F) \cdot P = 100 \cdot 0.8 + 50 \cdot 0.2 = 90u$
　　　(단, $U(S) = \sqrt{S} = \sqrt{10,000} = 100u$, $U(F) = \sqrt{F} = \sqrt{2,500} = 50u$)

▶ 확실성등가(CE): $E(U) = \sqrt{CE}$.　∴) $CE = E(U)^2 = 90^2 = 8,100$원
▶ 공정보험료 = S - 기대자산($E(W)$) = $10,000 - 8,500 = 1,500$원
▶ 위험부담금 = 기대자산($E(W)$) - 확실성등가(CE) = $8,500 - 8,100 = 400$원
▶ 최대보험료 = S - 확실성등가(CE) = 공정보험료 + 위험부담금 = $1,900$원

정답 ③

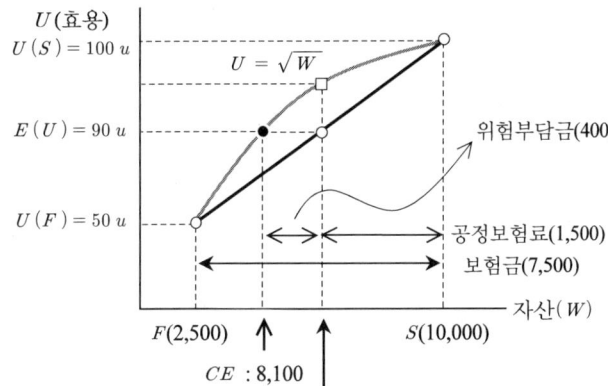

04

제4편 생산자선택이론

제10장 생산함수
제11장 비용함수

제10장 생산함수

Economics
미/시/경/제/학

I 단기생산함수

01 아래 표는 생산요소가 노동(L)만이 있다고 가정할 때 어느 기업의 총생산물(TP), 한계생산물(MP), 평균생산물(AP)이다. 다음 중 옳지 않은 것은?

[보험 06]

요소투입량(L)	TP	MP	AP
1	①	50	50
2	②	40	③
3	120	④	40

① 50   ② 90   ③ 45   ④ 25

해설 ▶ • 문제에서,

① 총생산물은 평균생산물에 노동투입량을 곱한 값. $TP = L \times AP = 1 \times 50 = 50$
② 총생산물은 한계생산물을 모두 더한 값. $TP = \Sigma MP = 90$
  요소투입량이 1단위일 때 한계생산물이 50이고 2단위일 때 한계생산물은 40이므로 총생산물은 90
③ 평균생산물은 총생산물을 노동투입량으로 나눈 값. 노동 투입 단위당 생산량
  $AP = \dfrac{TP}{L} = \dfrac{90}{2} = 45$
④ 한계생산물은 총생산물을 노동으로 미분한 값. 노동이 한 단위 추가 투입될 때 증가한 생산량
  $MP = \dfrac{\triangle TP}{\triangle L} = 30$. 노동투입량이 2단위에서 3단위로 증가할 때 생산량이 30증가하므로 한계생산물은 30

정답 ▶ ④

보충 ▶ • 단기 생산물

  ▶ 총생산물(TP) : $TP = L \times AP$, $TP = \Sigma MP$
  ▶ 평균생산물(AP) : $AP = \dfrac{TP}{L}$
  ▶ 한계생산물(MP) : $MP = \dfrac{\triangle TP}{\triangle L}$

• 평균값과 한계값의 관계

  ▶ 평균값이 증가할 때 평균값 < 한계값
  ▶ 평균값이 감소할 때 평균값 > 한계값
  ▶ 평균값이 일정할 때 평균값 = 한계값
  ▶ 평균값이 극대(극소)일 때 평균값 = 한계값

02 수확체감법칙이 작용하고 있을 때 가변생산요소 투입이 한 단위 더 증가하면?

① 총생산물은 반드시 감소한다.
② 평균생산물은 반드시 감소하지만 총생산물은 증가할 수도 있고 감소할 수도 있다.
③ 한계생산물은 반드시 감소하지만 총생산물과 평균생산물은 반드시 증가한다.
④ 한계생산물은 반드시 감소하지만 총생산물과 평균생산물은 증가할 수도 있고 감소할 수도 있다.

해설 ▶ ① 총생산물은 증가하다가 감소
② 평균생산물은 증가하다가 감소
③, ④ 한계생산물은 증가하다가 감소

정답 ▶ ④

보충 • 단기 총생산물(TP), 평균생산물(AP) 및 한계생산물(MP)

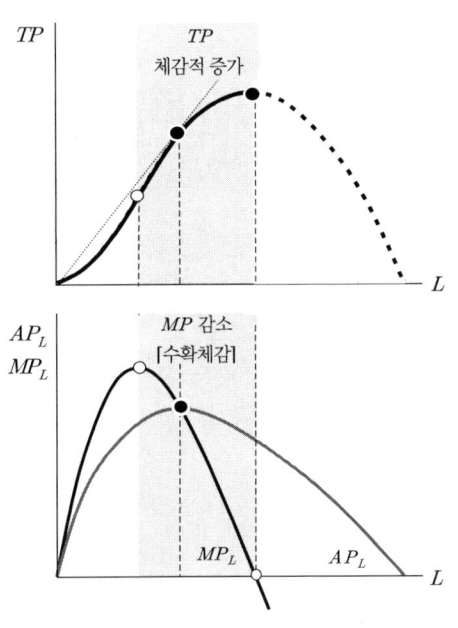

TP	체증적 증가	체감적 증가	감소
MP	체증	체감($MP>0$)	체감($MP<0$)
AP	증가	증가하다가 감소	

제10장 생산함수 123

03 최근 들어 우리나라에서 자동차 부품 생산이 활발하게 이루어지고 있다. 동일한 자동차 부품을 생산하는 5개 기업의 노동투입량과 자동차 부품 생산량 간의 관계가 다음과 같을 때, 평균노동생산성이 가장 낮은 기업은?

[노무 17]

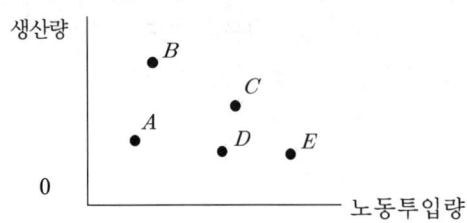

① A   ② B   ③ C
④ D   ⑤ E

해설 • 노동의 평균생산성(AP_L) = $\dfrac{\text{총생산량}(TP)}{\text{노동투입량}(L)}$ = 원점에서의 기울기

• 문제에서, 평균노동생산이 가장 낮은 기업은 원점에서의 기울기가 가장 낮은 기업. 따라서 E 기업

정답 ▶ ⑤

Ⅱ 장기생산함수(Ⅰ) : 요소대체

1. 요소대체

(1) 등량선

04 등량곡선에 대한 설명 중 옳지 않은 것은? (단, 투입량의 증가에 따라 산출량의 증가를 가져오는 표준적인 두 종류의 생산요소를 가정한다.)
[지방(하) 08]

① 등량곡선이 원점에 대해 볼록한 이유는 한계기술대체율(marginal rate of technical substitution) 이 체감하기 때문이다.
② 등량곡선이 원점으로 접근할수록 더 적은 산출량을 의미한다.
③ 기술진보가 이루어진다면 등량곡선은 원점으로부터 멀어진다.
④ 동일한 등량곡선상에서의 이동은 생산요소 결합비율의 변화를 의미한다.

해설 ① 등량곡선이 원점에 대해 볼록한 것은 한계기술대체율($MRTS$, 등량선 기울기)이 체감하기 때문
② 등량선이 원점으로 접근한다는 것은 요소투입량이 감소한다는 것이므로 생산량 감소
③ 기술진보는 요소절약 현상. 따라서 기술진보가 이루어질 경우 요소투입량이 감소해도 동일한 생산량을 생산할 수 있으므로 등량곡선은 원점쪽으로 가까워지게 됨.
④ 등량선상에서의 이동은 요소를 대체하는 것이므로 생산요소 결합비율(자본-노동 투입비율)의 변화를 의미함

정답 ③

보충 • 일반적인 등량선

▶ 등량선은 우하향
▶ 원점에서 멀리 있는 등량선의 생산량이 더 많음.
▶ 등량선은 서로 교차하거나 겹칠 수 없음.
▶ 등량선은 원점에 대하여 볼록 : 한계기술대체율($MRTS$: marginal rate of technical substitution) 체감

• 한계기술대체율($MRTS_{LK}$: marginal rate of substitution) 체감의 법칙

▶ $MRTS_{LK} = -\dfrac{\triangle K}{\triangle L} = \dfrac{MP_L}{MP_K} = |IQ'|$ (단, $|IQ'|$: 등량선 기울기 절댓값)

▶ 동일한 등량선상에서 노동투입량을 늘리고 자본투입량을 줄여나갈 때 한계기술대체율 체감
▶ 한계기출대체율이 체감(등량선 기울기 감소)하면 등량선은 원점에 대하여 볼록(convex)한 형태가 됨.
▶ 의미 : 상대적으로 많이 투입하게 되는 생산요소(L)의 상대적 중요도(생산력) 감소. 이는 두 생산요소를 적절히 투입하는 것이 효율적이라는 것을 의미

(2) 예외적 등량선 : 완전대체생산함수와 완전보완생산함수

05 A 기업의 생산함수는 $Q = L + 2K$ 이다(Q는 생산량, L은 노동, K는 자본, $Q > 0$, $L > 0$, $K > 0$). 생산량이 일정할 때 A 기업의 한계기술대체율(marginal rate of technical substitution)은?

[노무 11]

① 노동과 자본의 투입량에 관계없이 일정하다.
② 노동의 투입량이 증가하면 한계기술대체율은 증가한다.
③ 노동의 투입량이 증가하면 한계기술대체율은 감소한다.
④ 자본의 투입량이 증가하면 한계기술대체율은 증가한다.
⑤ 자본의 투입량이 증가하면 한계기술대체율은 감소한다.

해설 • 문제의 생산함수에서,
▶ 한계기술대체율($MRTS_{LK}$) $= \dfrac{MP_L}{MP_K} = \dfrac{1}{2}$ (상수)
▶ 요소를 대체해도 한계기술대체율($MRTS_{LK}$)이 상수이므로 완전대체생산함수

정답 ①

보충 • 완전대체생산함수
▶ 두 생산요소를 일정한 대체비율에 따라 완전히 자유롭게 대체 투입 가능
▶ 따라서, 두 생산요소의 한계기술대체율이 상수

• 완전대체생산함수
▶ $Q = aL + bK$ (단, a, b : 상수). 우하향하는 직선의 등량선
▶ 한계기술대체율 : $MRTS_{LK} = \dfrac{MP_L}{MP_K} = \dfrac{a}{b}$ (단, 한계기술대체율 $\dfrac{a}{b}$: 상수)
▶ 특징 : 한계기술대체율이 상수이므로 등량선은 우하향하는 직선이며 완전대체 가능

06 어떤 기업이 자본(K) 한 단위와 노동(L) 두 단위를 투입하여 한 단위의 제품을 생산하고 있다고 하자. 이때 임금이 상승하였음에도 불구하고 이 기업의 자본과 노동 투입비율이 일정하게 유지될 경우, 이 기업의 생산함수가 될 수 있는 것은?

① $Q = \min\left(K, \dfrac{L}{2}\right)$ ② $Q = \min\left(\dfrac{K}{2}, L\right)$

③ $Q = K + 2L$ ④ $Q = 2K + L$

해설 ▶ • 문제에서,
  ▶ 자본(K) 한 단위와 노동(L) 두 단위를 투입하여 한 단위 생산
  ▶ 따라서, 완전보완생산함수. $Q = \min\left(\dfrac{K}{1}, \dfrac{L}{2}\right)$
  ▶ 완전보완생산함수는 요소의 상대가격이 변화해도 자본-노동비율(K/L) 일정

정답 ▶ ①

보충 ▶ • 완전보완생산함수
  ▶ 두 생산요소가 일정한 보완비율에 따라 투입
  ▶ 따라서, 두 요소는 서로 대체할 수 없음.

• 완전보완생산함수(Ⅰ)
  ▶ $Q = Min\left[\dfrac{L}{a}, \dfrac{K}{b}\right]$ (단, a, b : 상수)
  ▶ 노동 a 단위, 자본 b 단위 투입할 때 1개 생산. 완전보완비율은 $L : K = a : b$
  ▶ 노동 a 단위, 자본 b 단위인 요소투입점에서 꼭지점을 갖는 L자형 등량선

• 완전보완생산함수(Ⅱ)
  ▶ $Q = Min\left[\alpha L, \beta K\right] = Min\left[\dfrac{L}{\frac{1}{\alpha}}, \dfrac{K}{\frac{1}{\beta}}\right]$ (단, α, β : 상수)
  ▶ 노동 $\dfrac{1}{\alpha}$ 단위, 자본 $\dfrac{1}{\beta}$ 단위를 투입할 때 1개 생산. 완전보완비율은 $L : K = \beta : \alpha$
  ▶ 노동 $\dfrac{1}{\alpha}$ 단위, 자본 $\dfrac{1}{\beta}$ 단위를 요소투입점에서 꼭지점을 갖는 L자형 등량선

제10장 생산함수

Ⅲ 장기생산함수(Ⅱ) : 규모확대

07 두 생산요소를 사용하는 생산기술에 대한 다음 진술 중 옳은 것을 모두 고르면? [서울 08]

> A. 한 생산요소에 대한 한계생산이 체감하면 규모에 대한 수익은 감소한다.
> B. 규모에 대한 수익이 증가하는 생산기술이어도 각 생산요소에 대한 한계생산은 체감할 수 있다.
> C. 동차생산함수는 규모에 대한 수익이 증가하는 생산기술을 나타낸다.

① A   ② B   ③ C
④ A, B   ⑤ A, B, C

해설 A, B 한계생산 체감은 한 요소의 투입량만 증가할 때 나타나는 단기현상이고, 규모수익 감소는 요소투입량이 동시에 증가할 때 나타나는 장기현상. 따라서, 규모수익 증가, 감소 여부에 관계없이 한계생산은 체감.
C 동차생산함수의 경우, 규모수익은 증가, 감소 또는 불변일 수 있음

> 예 콥-더글러스 생산함수 $Q = AL^\alpha K^\beta$ 에서,
> ▶ $\alpha + \beta = 1$: 규모수익 불변(1차동차 생산함수)
> ▶ $\alpha + \beta > 1$: 규모수익 증가
> ▶ $\alpha + \beta < 1$: 규모수익 감소

정답 ②

08 다음 표는 노동과 자본의 다양한 결합으로 얻을 수 있는 생산물의 양을 나타낸다. 표에 나타난 생산함수에 대한 설명으로 가장 옳지 않은 것은? [서울 18(1회)]

자본량＼노동량	1	2	3
1	100	140	150
2	130	200	240
3	150	230	300

① 규모에 대한 수익불변(constant returns to scale)이 성립한다.
② 규모의 경제(economies of scale)가 성립한다.
③ 자본의 한계생산은 체감한다.
④ 노동의 한계생산은 체감한다.

해설 ② 노동과 자본투입량을 동시에 늘릴 때, 생산량도 같은 비율로 증가. 따라서 규모보수 불변 **정답** ②

Ⅳ 결합생산 : 생산가능성곡선

09 원점에 대해 오목한 생산가능곡선에 대한 설명으로 옳지 않은 것은? [지방 17]

① 기술진보가 이루어지면 생산가능곡선은 원점으로부터 바깥쪽으로 이동한다.
② 생산가능곡선이 원점에 대해 오목한 것은 재화 생산의 증가에 따른 기회비용이 체증하기 때문이다.
③ 원점에 대해 볼록한 사회무차별곡선이 주어진다면 생산가능곡선 선상의 한 점에서 최적의 생산수준이 결정된다.
④ 생산가능곡선의 외부에 위치하는 점은 비효율적인 생산점인 반면, 내부에 위치하는 점은 실현이 불가능한 생산점이다.

해설 ▸ • 생산가능곡선(PPC)

▸ 모든 요소가 완전고용되고 효율적으로 사용될 때 최대생산량을 나타내는 곡선. 따라서 실업이 존재하거나 투입된 요소가 비효율적으로 사용되면 실제 생산은 생산가능곡선 안쪽에서 이루어짐

▸ 생산가능곡선 상에서 X재 생산량을 늘리고 Y재 생산량을 줄일 때 한계변환율(MRT_{XY} : 생산가능곡선 기울기의 절대값, Y재 수량으로 표시한 X재 생산의 사회적 기회비용) 체증. 따라서 생산가능곡선은 원점에 오목

▸ 노동과 자본 등 요소부존량(투입량)이 증가하거나 기술진보가 이루어지면 생산량이 증가하므로 생산가능곡선은 원점에서 바깥쪽으로 이동

• 문제에서,

① 기술진보가 이루어지면 생산가능곡선은 원점으로부터 바깥쪽으로 이동
② 생산가능곡선이 원점에 대해 오목한 것은 재화 생산의 증가에 따른 기회비용이 체증하기 때문이다.
③ 원점에 오목한 생산가능곡선과 원점에 볼록한 사회무차별곡선의 접점에서 생산할 경우 효율적 생산물구성이 이루어짐. 이를 생산물구성의 파레토최적이라고 함
④ 생산가능곡선의 외부에 위치하는 점은 실현 불가능한 생산점이고, 내부에 위치하는 점은 비효율적 생산점

정답 ▸ ④

10 기술진보가 발생하는 경우에 나타나는 현상으로 옳은 것은? [국가 09]

① 생산가능곡선과 등량곡선 모두 원점으로부터 멀어진다.
② 생산가능곡선은 원점을 향하여 가까이 이동하고 등량곡선은 원점으로부터 멀어진다.
③ 생산가능곡선은 원점으로부터 멀어지고 등량곡선은 원점을 향하여 가까이 이동한다.
④ 생산가능곡선과 등량곡선 모두 원점을 향하여 가까이 이동한다.

해설 ▶ • 기술진보
  ▶ 기술진보는 요소절약 현상
  ▶ 따라서 생산가능곡선은 밖으로 이동하고 등량선은 원점 쪽으로 이동

정답 ▶ ③

11 '한 기업이 여러 제품을 함께 생산하는 경우가 각 제품을 별도의 개별기업이 생산하는 경우보다 생산비용이 더 적게 드는 경우'를 설명하는 것은? [국가 17]

① 범위의 경제
② 규모에 대한 수확체증
③ 규모의 경제
④ 비경합적 재화

해설 ▶ '한 기업이 여러 제품을 함께 생산(결합생산)하는 경우가 각 제품을 별도의 개별기업이 생산하는 경우보다 생산비용이 더 적게 드는 경우'를 범위의 경제라고 함

정답 ▶ ①

V 콥-더글러스 생산함수

12 D국 경제의 총생산함수 $Y = AK^{\frac{1}{3}}L^{\frac{2}{3}}$에 관한 설명으로 옳지 않은 것은? (단, Y는 총생산량, A는 총요소생산성, K는 자본, L은 노동을 나타낸다.) [노무 19]

① 총생산량에 대한 노동탄력성은 $\frac{2}{3}$이다.
② 기술이 진보하면 총요소생산성(A)이 증가한다.
③ 총생산함수는 규모에 따른 수확체감을 나타내고 있다.
④ 경제성장률은 총요소생산성(A)의 증가율과 투입물(L, K)의 증가율로 결정된다.
⑤ 노동소득분배율은 2/3이다.

해설 ③ 총생산함수는 규모에 따른 수확불변

보충
- 콥-더글라스생산함수: $Q = AL^\alpha K^\beta$ (단, $\alpha + \beta = 1$. A : 기술상수, 총요소생산성)
- 장기 : 규모확대시, 규모보수불변(1차동차 생산함수)
  - ▶ $\alpha + \beta = 1$: 규모보수 불변(1차동차생산함수)
  - ▶ $\alpha + \beta > 1$: 규모보수 증가(규모의 수확체증)
  - ▶ $\alpha + \beta < 1$: 규모보수 감소(규모의 수확체감)
- 장기 : 요소대체시, 한계기술대체율($MRTS_{LK}$) 체감. 원점에 볼록한 등량선
  $MRTS_{LK} = \dfrac{\alpha K}{\beta L}$ (요소대체시(노동투입량 증가, 자본투입량 감소) 한계기술대체율 감소
- 단기 : 수확체감 (단, $k = \dfrac{K}{L}$: 1인당 자본량)

	MP_L	AP_L	MP_K	AP_K
노동투입량만 증가	감소(수확체감)	감소	증가	증가
	MP_K	AP_K	MP_L	AP_L
자본투입량만 증가	감소(수확체감)	감소	증가	증가

(단, $AP_L = Ak^{1-\alpha}$, $AP_K = Ak^{-\alpha}$,
$MP_L = A\alpha k^{1-\alpha}$, $MP_K = A(1-\alpha)k^{-\alpha}$, $k = \dfrac{K}{L}$: 1인당 자본)

- 생산의 요소탄력도와 소득분배율
  - ▶ 생산의 노동탄력도($\varepsilon_{O.L}$) = $\dfrac{MP_L}{AP_L} = \dfrac{A\alpha k^{1-\alpha}}{Ak^{1-\alpha}} = \alpha$
  - ▶ 생산의 자본탄력도($\varepsilon_{O.K}$) = $\dfrac{MP_K}{AP_K} = \dfrac{A(1-\alpha)k^{-\alpha}}{Ak^{-\alpha}} = (1-\alpha) = \beta$
  - ▶ 노동소득분배율 = $\dfrac{노동소득}{총소득(총생산)} = \alpha$
  - ▶ 자본소득분배율 = $\dfrac{자본소득}{총소득(총생산)} = \beta$
- 요소의 대체탄력성(σ) : $\sigma = 1$
- 성장회계 : $Q = AL^\alpha K^\beta \Rightarrow \dot{Q} = \dot{A} + \alpha \dot{L} + \beta \dot{K}$ (단, · : 변화율, $\dot{A}$: 기술진보율)

정답 ③

13 생산요소 노동(L)과 자본(K) 사이의 대체탄력성(σ)에 관한 설명으로 옳은 것을 모두 고른 것은? (단, r은 자본가격, w는 노동가격, $\sigma = \dfrac{\Delta\left(\dfrac{K}{L}\right)/\left(\dfrac{K}{L}\right)}{\Delta\left(\dfrac{w}{r}\right)/\left(\dfrac{w}{r}\right)}$ 이다.) [노무 23]

> ㄱ. $\sigma = 0.5$인 경우 노동의 상대가격 상승에 따라 노동소득의 상대적 비율이 더 커진다.
> ㄴ. $\sigma = 1$인 경우 노동의 상대가격이 상승해도 자본소득의 상대적 비율에 아무런 변화가 없다.
> ㄷ. 콥-더글라스(Cobb-Douglas) 생산함수의 대체탄력성은 0이다.

① ㄱ ② ㄱ, ㄴ ③ ㄱ, ㄷ
④ ㄴ, ㄷ ⑤ ㄱ, ㄴ, ㄷ

해설 ▶ • 요소의 대체탄력성 : 문제의 생산함수는 콥-더글라스 생산함수

ㄱ. 요소대체탄력성<1 : 어떤 요소(노동)의 상대가격이 오를 때 그 요소(노동)의 소득분배율 증가
   노동의 상대가격이 상승하면 노동의 상대적 분배율 증가
ㄴ. 요소대체탄력성=1 : 어떤 요소의 상대가격이 변화할 때 각 요소의 분배율 불변
   노동의 상대가격이 상승할 때 노동소득 분배율과 자본소득 분배율 불변
ㄷ. 콥-더글라스 생산함수의 요소대체탄력성은 1. 원점에 볼록한 등량선

정답 ▶ ②

14 B국의 총생산함수는 $Y = AL^{\alpha}K^{1-\alpha}$이다. B국의 경제성장률이 10%, 노동증가율이 10%, 자본증가율이 5%, 총요소생산성 증가율이 3%일 때 노동소득분배율은? [노무 14]

① 0.3 ② 0.4 ③ 0.5
④ 0.6 ⑤ 0.8

해설 ▶ • 문제에서, $Y = AL^{\alpha}K^{1-\alpha}$ (단, $\alpha + (1-\alpha) = 1$. 1차동차생산함수)

$\dot{Y} = \dot{A} + \alpha \dot{L} + (1-\alpha)\dot{K}$ ⇒ $10\% = 3\% + \alpha \cdot 10\% + (1-\alpha) \cdot 5\%$
⇒ $10\% = 3\% + \alpha \cdot 10\% + 5\% - \alpha \cdot 5\%$
⇒ $2\% = \alpha \cdot 5\%$ ∴ $\alpha = 0.4$ (노동소득분배율)

정답 ▶ ②

보충 ▶ • 콥-더글러스 생산함수: $Q = AK^\alpha L^\beta$ (단, A : 총요소생산성)

- ▶ $\alpha + \beta = 1$이면 규모보수불변(규모에 대한 수확불변)
  $\alpha + \beta > 1$이면 규모보수증가(규모에 대한 수확체증)
  $\alpha + \beta < 1$이면 규모보수감소(규모에 대한 수확체감)
- ▶ 한 요소의 투입량만 증가할 때 : 그 요소의 한계생산성 및 평균생산성 감소(수확체감의 법칙)
  다른 요소의 한계생산성 및 평균생산성은 증가
- ▶ 자본-노동비율$\left(\dfrac{K}{L}\right)$이 증가할 때 노동의 평균 및 한계생산성은 증가, 자본의 평균 및 한계생산성은 감소
- ▶ 요소를 대체투입할 때 한계기술대체율($MRTS_{LK}$) 체감. 따라서 등량선은 원점에 볼록
- ▶ α : 생산의 자본탄력도(자본투입 1% 증가할 때 생산량 α% 증가). 자본소득분배율(자본소득/총소득)
  β : 생산의 노동탄력도(노동투입 1% 증가할 때 생산량 β% 증가). 노동소득분배율(노동소득/총소득)
- ▶ 성장회계 : 총생산량 증가율= 총요소생산성 증가율+ (자본증가율× α)+ (노동증가율× β)

15 A기업의 생산함수는 $Q = 12L^{0.5}K^{0.5}$이다. A기업의 노동과 자본의 투입량이 각각 $L = 4$, $K = 9$일 때, 노동의 한계생산(MP_L)과 평균생산(AP_L)은?   [노무 18]

① $MP_L = 0$, $AP_L = 9$ ② $MP_L = 9$, $AP_L = 9$
③ $MP_L = 9$, $AP_L = 18$ ④ $MP_L = 12$, $AP_L = 18$
⑤ $MP_L = 18$, $AP_L = 9$

해설 ▶ • 콥-더글러스 생산함수: $Q = AL^\alpha K^\beta$ (단, $\alpha + \beta = 1$. 1차동차생산함수)

- ▶ $MP_L = \dfrac{\partial Q}{\partial L} = \alpha A L^{\alpha-1} K^\beta = \alpha A L^{-\beta} K^\beta = \alpha A \left(\dfrac{K}{L}\right)^\beta$

  $AP_L = \dfrac{Q}{L} = \dfrac{AL^\alpha K^\beta}{L} = AL^{\alpha-1} K^\beta = AL^{-\beta} K^\beta = A\left(\dfrac{K}{L}\right)^\beta$

- ▶ $MP_K = \dfrac{\partial Q}{\partial K} = \beta A L^\alpha K^{\beta-1} = \beta A L^\alpha K^{-\alpha} = \beta A \left(\dfrac{L}{K}\right)^\alpha$

  $AP_K = \dfrac{Q}{K} = \dfrac{AL^\alpha K^\beta}{K} = AL^\alpha K^{\beta-1} = AL^\alpha K^{-\alpha} = A\left(\dfrac{L}{K}\right)^\alpha$

• 문제에서, $Q = 12 L^{0.5} K^{0.5}$

- ▶ $MP_L = \dfrac{\partial Q}{\partial L} = \alpha A L^{\alpha-1} K^\beta = \alpha A L^{-\beta} K^\beta = \alpha A \left(\dfrac{K}{L}\right)^\beta$
  $= 0.5 \cdot 12 \cdot \left(\dfrac{9}{4}\right)^{0.5} = 0.5 \cdot 12 \cdot \dfrac{3}{2} = 9$

- ▶ $AP_L = \dfrac{Q}{L} = \dfrac{AL^\alpha K^\beta}{L} = AL^{\alpha-1} K^\beta = AL^{-\beta} K^\beta = A\left(\dfrac{K}{L}\right)^\beta$
  $= 12 \cdot \left(\dfrac{9}{4}\right)^{0.5} = 12 \cdot \dfrac{3}{2} = 18$ **정답** ▶ ③

16 B국의 총생산함수는 $Y = AK^\alpha L^{(1-\alpha)}$이다. 생산요소들이 한계생산물만큼 보상을 받는 경우, 자본소득에 대한 노동소득의 비율은? (단, Y는 생산량, A는 총요소생산성, $0 < \alpha < 1$, K는 자본량, L은 노동량이다.)

[노무 20]

① α
② $1-\alpha$
③ $\dfrac{\alpha}{Y}$
④ $\dfrac{1-\alpha}{Y}$
⑤ $\dfrac{1-\alpha}{\alpha}$

해설 • 문제의 생산함수는 콥-더글러스 생산함수. 따라서, α는 자본소득분배율, $1-\alpha$는 노동소득분배율

자본소득에 대한 노동소득의 비율 $\left(\dfrac{\text{노동소득비율}}{\text{자본소득비율}}\right) = \dfrac{(1-\alpha)}{\alpha}$

정답 ▶ ⑤

17 다음 생산함수에서 규모에 대한 수확이 체증, 불변, 체감의 순으로 짝지은 것으로 옳은 것은? (단, q는 생산량, L은 노동, K는 자본이다.)

[노무 22]

ㄱ. $q = 2L + 3K$	ㄴ. $q = (2L + K)^{1/2}$
ㄷ. $q = 2L \cdot K$	ㄹ. $q = L^{1/3}K^{2/3}$
ㅁ. $q = 3L^{1/2} + 3K$	

① ㄱ, ㄴ, ㄷ
② ㄴ, ㄹ, ㅁ
③ ㄷ, ㄱ, ㄴ
④ ㄷ, ㄴ, ㅁ
⑤ ㅁ, ㄹ, ㄱ

해설 ▶ ㄱ. $q = 2L + 3K \Rightarrow q = 2\lambda L + 3\lambda K \Rightarrow q = \lambda(2L + 3K)$.

λ배 규모확대시, 생산량 λ배 증가. 따라서, 규모에 대한 수확불변

ㄴ. $q = (2L + K)^{1/2} \Rightarrow q = (2\lambda L + \lambda K)^{1/2} \Rightarrow q = \{\lambda(2L + K)\}^{1/2}$.

λ배 규모확대시, 생산량 $\lambda^{1/2}$배 증가. 따라서, 규모에 대한 수확체감

ㅁ. $q = 3L^{1/2} + 3K \Rightarrow q = 3(\lambda L)^{1/2} + 3\lambda K$.

λ배 규모확대시, 생산량 λ배 이하 증가. 따라서, 규모에 대한 수확체감

ㄷ. $q = 2L \cdot K$: 콥-더글러스형 생산함수. $\alpha + \beta = 2$. 규모에 대한 수확체증

ㄹ. $q = L^{1/3}K^{2/3}$: 콥-더글러스형 생산함수. $\alpha + \beta = 1$. 규모에 대한 수확불변

보충 ▶ • 콥-더글러스형 생산함수. $q = AL^\alpha K^\beta$. $\alpha + \beta = 1$: 규모에 대한 수확불변

$\alpha + \beta > 1$: 규모에 대한 수확체증

$\alpha + \beta < 1$: 규모에 대한 수확체감

정답 ▶ ③

18 규모에 대한 보수증가를 의미하는 생산함수는? [서울 03]

① $f(K, L) = 2K+L$
② $f(K, L) = \min[K, 2L]$
③ $f(K, L) = 5K^{0.1}L^{0.1}$
④ $f(K, L) = \frac{1}{2}KL$
⑤ $f(K, L) = K^{0.5}L^{0.5}$

해설 ① 완전대체생산함수 : 1차동차 생산함수(규모에 대한 수확 불변)
② 완전보완생산함수(레온티에프 생산함수) : 1차동차 생산함수(규모에 대한 수확 불변)
③ 콥-더글러스 생산함수의 형태이지만 $\alpha+\beta <1$: 규모보수 감소 생산함수(규모에 대한 수확 체감)
④ 콥-더글러스 생산함수의 형태이지만 $\alpha+\beta >1$: 규모보수 증가 생산함수(규모에 대한 수확 체증)
⑤ 콥-더글러스 생산함수($\alpha+\beta =1$) : 1차동차 생산함수(규모에 대한 수확 불변)

정답 ④

19 생산함수에 $Q = A(aL^\rho + bK^\rho)^{v/\rho}$에 관한 설명으로 옳은 것을 모두 고른 것은? (단, $A>0$, $a>0$, $b>0$, $\rho<1$, $\rho \neq 0$, $v>0$ 이고 A, a, b, ρ, v는 모두 상수이며 L은 노동, K는 자본이다.) [노무 23]

> ㄱ. A가 클수록 한계기술대체율($MRTS_{LK}$)이 커진다.
> ㄴ. v가 1보다 크면 규모의 수익체증(increasing returns to scale)이 된다.
> ㄷ. ρ가 클수록 대체탄력성이 크고 등량곡선이 직선에 가까워진다.
> ㄹ. a가 클수록 노동절약적 기술진보이다.

① ㄱ, ㄴ
② ㄱ, ㄷ
③ ㄱ, ㄹ
④ ㄴ, ㄷ
⑤ ㄷ, ㄹ

해설 ㄱ. 한계기술대체율 $MRTS_{LK} = \frac{a}{b}\left(\frac{K}{L}\right)^{1-\rho}$. A값과 무관하게 결정
ㄴ. v가 1보다 크면 규모의 수익체증(increasing returns to scale)
ㄷ. ρ가 클수록 대체탄력성이 크고 등량곡선이 직선에 가까워짐
ㄹ. 생산함수에서 a 크면 노동효율성이 크며, 이는 노동집약적(자본절약적) 기술자본를 의미함

보충 ● v차동차 CES생산함수 : $Q = A\left[aL^\rho + bK^\rho\right]^{\frac{v}{\rho}}$. 요소의 대체탄력성이 일정한 생산함수
(단, A : 기술상수, $\rho \leq 1$: 탄력성 계수, $a, b > 0$: 분배 계수, v : 규모계수)

▶ $v = 1$: 1차동차(규모보수 불변), $v > 1$: 규모보수 증가, $v < 1$: 규모보수 감소

▶ $\frac{v}{\rho} = x$ 로 치환, $MP_L = \frac{\partial Q}{\partial L} = \frac{\partial Q}{\partial x} \cdot \frac{\partial x}{\partial L}$, $MP_K = \frac{\partial Q}{\partial K} = \frac{\partial Q}{\partial x} \cdot \frac{\partial x}{\partial K}$

$$MRTS_{LK} = \frac{MP_L}{MP_K} = \frac{\frac{\partial Q}{\partial x} \cdot \frac{\partial x}{\partial L}}{\frac{\partial Q}{\partial x} \cdot \frac{\partial x}{\partial K}} = \frac{\frac{\partial x}{\partial L}}{\frac{\partial x}{\partial K}} = \frac{a}{b}\left(\frac{K}{L}\right)^{1-\rho}$$ (단, $\rho \leq 1$일 때, $MRTS_{LK}$ 체감)

▶ 요소의 대체탄력성(σ) : $\sigma = \frac{1}{1-\rho}$

$$\sigma = \frac{d\left(\frac{K}{L}\right)}{dMRTS_{LK}} \times \frac{MRTS_{LK}}{\frac{K}{L}} = \frac{1}{\frac{dMRTS_{LK}}{d\left(\frac{K}{L}\right)}} \times \frac{MRTS_{LK}}{\frac{K}{L}} = \frac{1}{1-\rho}$$

▶ 요소의 대체탄력성은 $\frac{K}{L}$, v와 관계없이 ρ 에 따라 결정. 따라서, ρ 가 일정하면 대체탄력성 일정

● 요소대체탄력성과 생산함수

▶ $0 < \rho \leq 1$ 이면, $\sigma > 1$, $\rho = 0$ 이면, $\sigma = 1$ (콥-더글러스 생산함수), $\rho < 0$ 이면, $\sigma < 1$

▶ $\rho = 0$: 콥-더글러스 생산함수 ($Q = A\left[aL^\rho + bK^\rho\right]^{\frac{v}{\rho}}$ 에서, $v = 1$, $a + b = 1$)

$MRTS_{LK} = \frac{a}{b}\left(\frac{K}{L}\right)^{1-\rho} = \frac{a}{b}\left(\frac{K}{L}\right)$. $MRTS_{LK}$ 체감, 원점에 볼록한 등량선

▶ $\rho = 1$: 선형생산함수(완전대체 생산함수)

$MRTS_{LK} = \frac{a}{b}\left(\frac{K}{L}\right)^{1-\rho} = \frac{a}{b}$ (상수). $MRTS_{LK}$ 일정, 우하향 직선의 등량선

▶ $\rho = -\infty$: 레온티에프 생산함수(완전보완 생산함수)

$MRTS_{LK} = \frac{a}{b}\left(\frac{K}{L}\right)^{1-\rho} = \frac{a}{b}\left(\frac{K}{L}\right)^\infty$. L자형 등량선

단, $\frac{K}{L} > 1$: $MRTS_{LK} = \frac{a}{b}\left(\frac{K}{L}\right)^\infty = \infty$ (등량선 수평선)

$\frac{K}{L} < 1$: $MRTS_{LK} = \frac{a}{b}\left(\frac{K}{L}\right)^\infty = 0$ (등량선 수직선)

제11장 비용함수

I 기초개념

01 乙은 자신의 저축 1,000만 원과 은행으로부터 대출받은 2,000만 원을 투자하여 사업을 시작하였다. 저축예금 이자율과 대출 이자율이 모두 연 5%로 동일할 경우, 이 사업에 투입된 금융자본의 연간 기회비용은? [9급 19]

① 100만 원
② 150만 원
③ 2,000만 원
④ 3,000만 원

해설 • 금융자본 기회비용 : 이자비용(차입이자 + 귀속이자)
▶ 차입이자 = 대출자금(2,000만 원)×대출이자율(0.05) = 100만 원
▶ 귀속이자 = 자기자본(1,000만 원)×저축이자율(0.05) = 50만 원

정답 ②

02 전직 프로골퍼인 어떤 농부가 있다. 이 농부는 골프 레슨으로 시간당 3만원을 벌 수 있다. 어느 날 이 농부가 15만원 어치 씨앗을 사서 10시간 파종하였는데 그 결과 30만원의 수확을 올렸다면, 이 농부의 회계학적 이윤(또는 손실)과 경제적 이윤(또는 손실)은 각각 얼마인가? [서울 15]

① 회계학적 이윤 30만원, 경제적 이윤 30만원
② 회계학적 이윤 15만원, 경제적 손실 15만원
③ 회계학적 손실 15만원, 경제적 손실 15만원
④ 회계학적 손실 15만원, 경제적 이윤 15만원

해설 • 회계적 이윤과 경제적 이윤
▶ 회계학적 이윤 = 총수입 − 회계학적비용(요소비용, 원자재 구입비, 조세 등)
▶ 경제학적 이윤 = 총수입 − 경제학적비용(= 회계학적비용 +(귀속임금, 귀속이자, 귀속지대) + 정상이윤)

• 문제에서,
▶ 회계학적 이윤 = 총수입(30만원) − 회계학적비용(씨앗(원자재) 15만원) = 15만원
▶ 경제학적 이윤 = 총수입(30만원) − 경제학적비용(= 회계학적비용(씨앗 15만원) + 귀속임금(30만원))
= −15만원 (15만원 손실)

정답 ②

II 단기비용함수

03 경쟁시장에서 기업의 비용곡선에 대한 설명으로 옳지 않은 것은? [노무 20]

① 생산이 증가함에 따라 한계비용이 증가한다면, 이는 한계생산물이 체감하기 때문이다.
② 생산이 증가함에 따라 평균가변비용이 증가한다면, 이는 한계생산물이 체감하기 때문이다.
③ 한계비용이 평균총비용보다 클 때는 평균총비용이 하락한다.
④ 한계비용곡선은 평균총비용곡선의 최저점을 통과한다.
⑤ U자 모양의 평균총비용곡선 최저점의 산출량을 효율적 생산량이라고 한다.

해설 (아래 문제 05 해설 그림 참조)

③ 한계비용이 평균총비용보다 크면 평균총비용 상승
⑤ U자 모양의 평균총비용곡선 최저점 생산량은 단위당 평균비용이 가장 낮으므로 효율적 생산량

정답 ③

04 ㉠ ~ ㉢에 들어갈 내용으로 옳은 것은? [9급 13]

> 단기 평균총비용곡선은 생산 증가에 따라 평균총비용이 처음에는 하락하다가 나중에 상승하는 U자 형태를 갖는다. 평균총비용이 처음에 하락하는 이유는 생산 증가함에 따라 (㉠)이 하락하기 때문이다. 평균총비용이 나중에 상승하는 이유는 (㉡) 법칙에 따라 (㉢)이 증가하기 때문이다.

	㉠	㉡	㉢
①	평균고정비용	한계생산체감	평균가변비용
②	평균고정비용	규모수익체감	평균가변비용
③	평균가변비용	한계생산체감	평균고정비용
④	평균가변비용	규모수익체감	평균고정비용

해설 (아래 문제 05 해설 그림 참조)

- 단기에,
  ▶ 평균고정비용은 고정자본비용이므로 생산량이 증가할 때 평균고정비용은 계속 감소
  ▶ 생산량이 증가할 때 평균가변비용은 감소하다가 증가
  ▶ 생산량이 증가할 때 평균가변비용이 증가하는 이유는 한계생산물이 체감하기 때문
- 문제에서,
  ▶ 처음에 평균총비용이 하락할 경우, 평균가변비용 증가율 < 평균고정비용 하락율
    (문제에서는 평균고정비용이 감소하기 때문이라고 서술)
  ▶ 나중에 평균총비용이 상승할 경우, 평균가변비용 증가율 > 평균고정비용 하락율
    (문제에서는 평균가변비용이 증가하기 때문이라고 서술)

정답 ①

05 A 기업의 총비용곡선이 아래와 같다. 이에 관한 설명으로 옳지 않은 것은?   [노무 19]

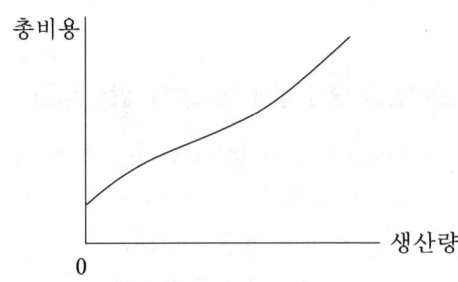

① 평균비용곡선은 평균가변비용곡선의 위에 위치한다.
② 평균비용곡선이 상승할 때 한계비용곡선은 평균비용곡선 아래에 있다.
③ 원점을 지나는 직선이 총비용곡선과 접하는 점에서 평균비용은 최소이다.
④ 원점을 지나는 직선이 총가변비용곡선과 접하는 점에서 평균가변비용은 최소이다.
⑤ 총비용곡선의 임의의 한 점에서 그은 접선의 기울기는 그 점에서의 한계비용을 나타낸다.

해설 ⑤ 총비용곡선 상 한 점에서 접선의 기울기는 그 점에서 한계비용 (아래 그림 참조)

정답 ②

보충 ● 단기 생산함수와 단기 비용함수

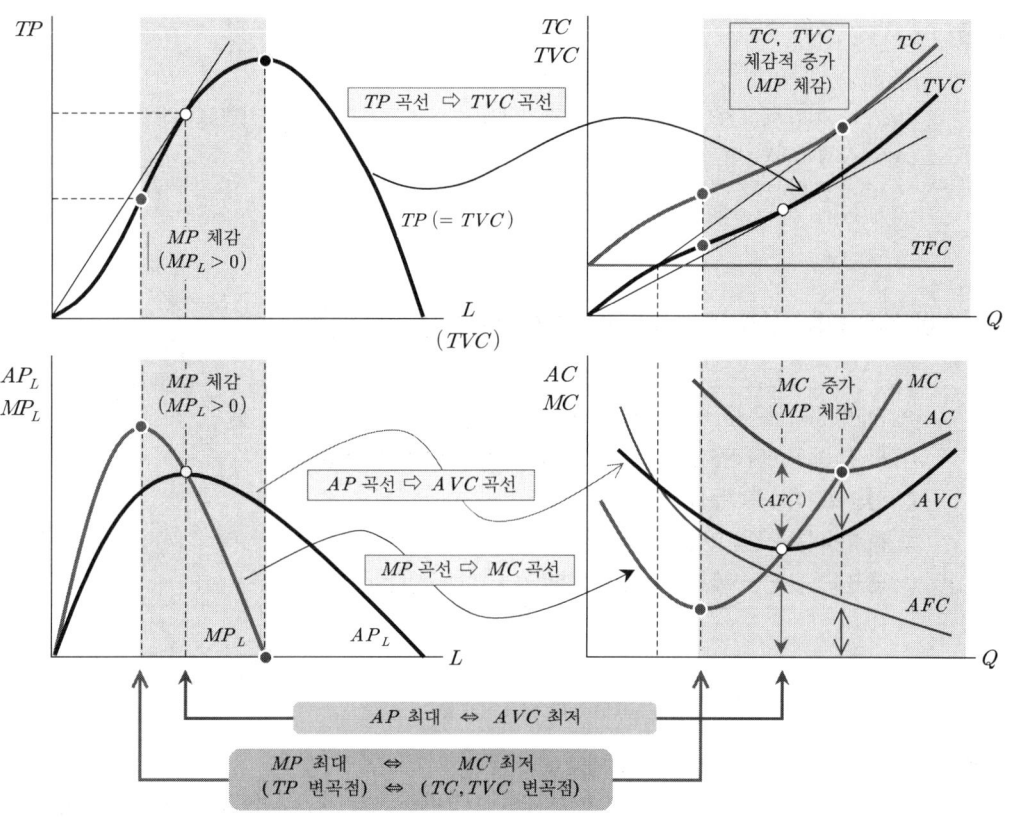

제11장 비용함수

06 평균총비용(Average Total Cost : ATC)곡선과 한계비용(Marginal Cost : MC)곡선사이의 관계에 대한 설명으로 옳은 것은? [국가 05]

① MC가 증가하면 ATC도 증가한다.
② MC가 증가하면 ATC는 MC보다 더 크다.
③ ATC가 증가하면 MC는 ATC보다 더 적다.
④ ATC가 증가하면 MC는 ATC보다 더 크다.

해설 ▶ (단, ATC는 위 그림에서 AC와 동일)

① MC가 증가하면 ATC는 감소하다가 증가
② MC가 증가할 때 ATC가 감소하면 ATC는 MC보다 크고, ATC가 증가하면 ATC는 MC보다 작음.
③ ATC가 증가하면 MC는 ATC보다 큼.
④ ATC가 증가하면 MC는 ATC보다 큼.

정답 ▶ ④

07 여러 가지 비용곡선에 관한 설명으로 옳은 것을 모두 고른 것은? [노무 17]

ㄱ. 평균비용곡선은 평균가변비용곡선의 위에 위치한다.
ㄴ. 평균비용곡선이 상승할 때 한계비용곡선은 평균비용곡선 아래에 있다.
ㄷ. 평균고정비용곡선은 우하향한다.
ㄹ. 총가변비용곡선의 기울기와 총비용곡선의 기울기는 다르다.
ㅁ. 평균비용은 평균고정비용에 평균가변비용을 더한 값이다.

① ㄱ, ㄴ, ㄷ   ② ㄱ, ㄷ, ㅁ   ③ ㄱ, ㄹ, ㅁ
④ ㄴ, ㄷ, ㄹ   ⑤ ㄴ, ㄹ, ㅁ

해설 ▶ ㄱ, ㅁ. 평균비용 = 평균고정비용 + 평균고정비용.
따라서 평균비용이 평균가변비용보다 크며 평균비용곡선은 평균가변비용곡선의 위에 위치
ㄴ. 평균비용이 상승할 때 평균비용 < 한계비용. 따라서 한계비용곡선은 평균비용곡선 위에 위치
ㄷ. 평균고정비용 = $\dfrac{총고정비용(일정)}{생산량}$. 따라서 생산량이 증가할 때 평균고정비용은 계속 감소
ㄹ. $MC = \dfrac{dTC}{dQ} = \dfrac{dTVC}{dQ}$.
단기에 한계비용은 총가변비용곡선 또는 총비용곡선의 기울기이므로 서로 동일

정답 ▶ ②

08 완전경쟁기업의 단기 총비용함수가 $C = 100 + Q^2$일 경우, 다음 설명 중 옳지 않은 것은?
(단, C는 비용, Q는 생산량임)

[노무 15]

① 이 기업의 고정비용은 100이다.
② 이 기업의 가변비용은 Q^2이다.
③ 이 기업의 평균가변비용은 Q이다.
④ 이 기업의 평균비용은 $100 + Q$이다.
⑤ 이 기업의 한계비용은 $2Q$이다.

해설 ① 총고정비용(TFC)은 생산량이 변화해도 변하지 않는 비용. 따라서 $TFC = 100$
② 총가변비용(TVC)은 생산량이 변화할 때 변하는 비용. 따라서 $TVC = Q^2$
③ 평균가변비용(AVC) = $\dfrac{TVC}{Q} = \dfrac{Q^2}{Q} = Q$ (단, TVC : 총가변비용)
④ 평균비용(AC) = $\dfrac{TC}{Q} = \dfrac{100 + Q^2}{Q} = \dfrac{100}{Q} + Q$
⑤ 한계비용(MC) = $\dfrac{dTC}{dQ} = 2Q$

정답 ④

09 어느 기업의 총비용함수가 $TC(Q) = 20Q^2 - 15Q + 4,500$일 때, 평균비용을 최소화하는 생산량은? (단, Q는 생산량이다.)

[9급 18]

① 10
② 15
③ 20
④ 25

해설 • 평균비용 최소점 : 평균비용곡선(AC) 기울기가 0 (평균비용함수 미분값 0) 인 점에서 최저
• 문제에서,
▶ 평균비용(AC) : $AC = \dfrac{TC}{Q} = \dfrac{20Q^2 - 15Q + 4,500}{Q} = 20Q - 15 + \dfrac{4,500}{Q} = 20Q - 15 + 4,500Q^{-1}$
▶ 평균비용함수 미분값 : $\dfrac{dAC}{dQ} = 20 - 4,500Q^{-2}$
▶ 평균비용 최소 생산량 : $20 - 4,500Q^{-2} = 0 \Rightarrow 4,500Q^{-2} = 20 \Rightarrow \dfrac{4,500}{Q^2} = 20$
$\Rightarrow Q^2 = 225 \quad \therefore) \ Q = 15$

정답 ②

Ⅲ 장기비용함수

1. 장기생산자균형 : 요소대체

(1) 장기생산자균형

10 생산요소 노동(L)과 자본(K)만을 사용하고 생산물시장에서 독점기업의 등량곡선과 등비용선에 관한 설명으로 옳지 않은 것은? (단, MP_L은 노동의 한계생산, w는 노동의 가격, MP_K는 자본의 한계생산, r은 자본의 가격임)

[노무 15]

① 등량곡선과 등비용선만으로 이윤극대화 생산량을 구할 수 있다.
② 등비용선 기울기의 절대값은 두 생산요소 가격의 비율이다.
③ 한계기술대체율이 체감하는 경우, $(MP_L/w) > (MP_K/r)$인 기업은 노동투입을 증가시키고 자본투입을 감소시켜야 생산비용을 감소시킬 수 있다.
④ 한계기술대체율은 등량곡선의 기울기를 의미한다.
⑤ 한계기술대체율은 두 생산요소의 한계생산물 비율이다.

해설
- 생산자균형 : 주어진 비용으로 생산량 극대화
  - 등량선(IQ)과 등비용선($Iso\text{-}C$)의 접점에서 생산자균형
  - 등량선기울기($|IQ'|$) = $MRTS_{LK} = -\dfrac{dK}{dL} = \dfrac{MP_L}{MP_K}$ (단, $MRTS_{LK}$: 한계기술대체율)
  - 등비용선 기울기($|Iso\text{-}C'|$) = $\dfrac{W}{r}$ (단, $\dfrac{W}{r}$: 자본량으로 표시한 노동의 상대가격)
- 생산자균형 조건 : 등량선 기울기($|IQ'|$)와 등비용선 기울기($|Iso\text{-}C'|$)가 같을 때 생산자균형

$\|IQ'\| = MRTS_{LK} = -\dfrac{dK}{dL} = \dfrac{MP_L}{MP_K}$	$= \dfrac{W}{r} = \|Iso\text{-}C'\|$	
	$\dfrac{MP_L}{W} = \dfrac{MP_K}{r}$	: 가중된 한계생산물 균등의 법칙
등량선 기울기, 한계기술대체율, 자본량으로 표시한 노동생산성, 요소대체비율, 한계생산물 비율	=	등비용선 기울기, 자본량으로 표시한 노동의 상대가격, 자본량으로 표시한 노동 투입의 기회비용
노동 1원어치 생산량	=	자본 1원어치 생산량

• 불균형조정

$$|IQ'| = MRTS_{LK} = -\frac{dK}{dL} = \frac{MP_L}{MP_K} < \frac{W}{r} = |Iso\text{-}C'|$$

$$\frac{MP_L}{W} < \frac{MP_K}{r}$$

등량선 기울기, 한계기술대체율, 자본량으로 표시한 노동생산성, 요소대체비율, 한계생산물 비율	<	등비용선 기울기, 자본량으로 표시한 노동의 상대가격, 자본량으로 표시한 노동 투입의 기회비용
노동 1원어치 생산량	<	자본 1원어치 생산량

[노동투입량을 줄이고 자본투입량을 늘려야 함]

$$|IQ'| = MRTS_{LK} = -\frac{dK}{dL} = \frac{MP_L}{MP_K} > \frac{W}{r} = |Iso\text{-}C'|$$

$$\frac{MP_L}{W} > \frac{MP_K}{r}$$

등량선 기울기, 한계기술대체율, 자본량으로 표시한 노동생산성, 요소대체비율, 한계생산물 비율	>	등비용선 기울기, 자본량으로 표시한 노동의 상대가격, 자본량으로 표시한 노동 투입의 기회비용
노동 1원어치 생산량	>	자본 1원어치 생산량

[노동투입량을 늘리고 자본투입량을 줄여야 함]

① 등량곡선과 등비용선이 접하는 점에서 주어진 비용으로 최대 생산량 생산(생산자균형)
   이윤극대화 생산량 결정은 한계수입과 한계비용에 의해 결정됨
② 등비용선 기울기의 절대값은 두 생산요소 가격의 비율. 즉, 자본량으로 표시한 노동의 상대가격 $\left(\frac{W}{r}\right)$
③ 한계기술대체율이 체감(등량선 원점에 볼록)할 때하는 경우, $\frac{MP_L}{W} > \frac{MP_K}{r}$ 이면 노동 1원어치 생산량
   이 자본 1원어치 생산량보다 많으므로 노동투입을 증가시키고 자본투입을 감소시켜야 함
④ 한계기술대체율($MRTS_{LK}$)은 등량곡선 기울기의 절대값
⑤ 한계기술대체율은 두 생산요소의 한계생산물 비율. $MRTS_{LK} = \frac{MP_L}{MP_K}$

정답 ▶ ①

11 현재 생산량 수준에서 자본과 노동의 한계생산물이 각각 5와 8이고, 자본과 노동의 가격이 각각 12와 25이다. 이윤극대화를 추구하는 기업의 의사결정으로 옳은 것은? (단, 한계생산물체감의 법칙이 성립한다.)

[노무 19]

① 노동 투입량을 증가시키고 자본 투입량을 감소시킨다.
② 노동 투입량을 감소시키고 자본 투입량을 증가시킨다.
③ 두 요소의 투입량을 모두 감소시킨다.
④ 두 요소의 투입량을 모두 증가시킨다.
⑤ 두 요소의 투입량을 모두 변화시키지 않는다.

해설
- 생산자균형조건 : 등량선 기울기 =등비용선 기울기 ⇒ $MRTS_{LK} = \dfrac{MP_L}{MP_K} = \dfrac{W}{r}$

- 문제에서, $MRTS_{LK} = \dfrac{MP_L(8)}{MP_K(5)} < \dfrac{W(25)}{r(12)}$ ⇒ (자본량으로 표시한) 노동의 생산성 < 노동의 상대가격

따라서, 노동투입량을 줄이고 자본투입량을 늘려야 함

정답 ② ②

---

12 생산함수가 $Q = AK^{0.5}L^{0.5}$ 일 때, 등량곡선과 등비용선의 설명으로 옳지 않은 것은? (단, $A > 0$, MP_K는 자본한계생산, MP_L은 노동한계생산, r은 자본가격, w는 노동가격)

[노무 23]

① 비용극소화가 되려면 한계기술대체율이 생산요소가격의 비율과 일치해야 한다.
② 한계기술대체율은 체감한다.
③ $MP_K/r > MP_L/w$ 일 때, 비용극소화를 위해서는 노동을 늘리고 자본을 줄여야 한다.
④ A가 커지면 등량곡선은 원점에 가까워진다.
⑤ 등량곡선과 등비용선이 접하는 점에서 비용극소화가 이루어진다.

해설
- 문제의 생산함수는 콥-더글러스 생산함수

①, ⑤ 비용극소화 조건 : 등량선과 등비용선 접점에서 균형

등량선 기울기 =│등비용선 기울기│ ⇒ $MRTS_{LK} = -\dfrac{dK}{dL} = \dfrac{MP_L}{MP_K} = \dfrac{W}{r}$

⇒ $\dfrac{MP_L}{W} = \dfrac{MP_K}{r}$ (가중된 한계산물 균등의 법칙)

(단, 등량선 기울기 : 한계기술대체율, │등비용선 기울기│ : $\dfrac{W}{r}$: 노동의 상대가격)

② 콥-더글러스 생산함수의 한계기술대체율($MRTS_{LK}$)은 체감. 원점에 볼록한 등량선

③ $\dfrac{MP_L}{W} < \dfrac{MP_K}{r}$ 이면 노동 1원어치 생산량이 더 많으므로 노동은 줄이고 자본을 늘려야 함

④ 콥-더글러스 생산함수에서 A는 기술수준을 나타내는 상수(총요소생산성). 따라서 A가 커진다는 것은 기술진보를 의미함. 기술진보는 요소절약 현상이므로 등량선 원점으로 이동

정답 ③ ③

13 기업 A의 생산함수가 $Q = \sqrt{2K+L}$ 이다. 이에 관한 설명으로 옳은 것은? (단, Q는 산출량, K는 자본, L은 노동이다.)

[노무 24]

① 생산함수는 규모에 대한 수확불변이다.
② 등량곡선의 기울기는 -4이다.
③ 두 생산요소는 완전보완재이다.
④ 등량곡선과 등비용곡선의 기울기가 다르면 비용최소화점에서 한 생산요소만 사용한다.
⑤ 한계기술대체율은 체감한다.

해설 ▶ • 문제의 생산함수 : $Q = \sqrt{2K+L}$. 요소투입량을 동시에 k배 증가

▶ $Q' = \sqrt{2\lambda K + \lambda L} \Rightarrow Q' = \sqrt{\lambda(2K+L)} \Rightarrow Q' = \sqrt{\lambda}\sqrt{2K+L} \Rightarrow Q' = \lambda^{0.5}Q$
생산함수가 0.5차동차함수이므로 규모에 대한 수확체감(규모보수 감소)

▶ 양변 제곱 : $Q^2 = 2K + L$. 등량선 : $K = 0.5Q^2 - 0.5L$. 우하향하는 직선의 등량선($MRTS_{LK} = 0.5$).

• 완전대체 생산함수의 생산자균형 : 주어진 비용으로 최대생산 또는 일정 생산량 생산시 최소비용

▶ 등량선 기울기($MRTS_{LK}$ 상수) = 등비용선 기울기(W/r. 노동의 상대가격). 등비용선 상 모든 점 균형
▶ 등량선 기울기($MRTS_{LK}$ 상수) < 등비용선 기울기(W/r. 노동의 상대가격). 자본만 투입하여 생산
▶ 등량선 기울기($MRTS_{LK}$ 상수) > 등비용선 기울기(W/r. 노동의 상대가격). 노동만 투입하여 생산

정답 ▶ ④

14 기업 A의 생산함수는 $Q = \min\{2L, K\}$ 이다. 고정비용이 0원이고 노동과 자본의 단위당 가격이 각각 2원과 1원이라고 할 때, 기업 A가 100단위의 상품을 생산하기 위한 총비용은? (단, L은 노동투입량, K는 자본투입량이다.)

[국가 18]

① 100원　　　　　　　② 200원
③ 250원　　　　　　　④ 500원

해설 ▶ • 완전보완생산함수의 생산자균형

▶ 목표생산량 100개일 때, $Q = \min\{2L, K\} = 100$ ∴) $L = 50$, $K = 100$ 투입할 때 생산자균형
▶ 생산자균형하의 총비용 : $TC = W \cdot L + r \cdot K = 2 \cdot 50 + 1 \cdot 100 = 200$

정답 ▶ ②

제11장 비용함수

15 전기차 제조업체인 A의 생산함수는 $Q = 4K + L$이다. 노동(L)의 단위 가격은 3, 자본(K)의 단위 가격은 9라고 할 때, 생산량 200을 최소비용으로 생산하기 위해 필요한 노동의 투입액과 자본의 투입액은?

[노무 24]

① 0, 450　　　　　② 60, 360　　　　　③ 90, 315
④ 210, 180　　　　⑤ 600, 0

해설 ▶ • 문제의 생산함수: $Q = 4K + L$

- ▶ 한계기술대체율($MRTS_{LK}$) $= \dfrac{MP_L}{MP_K} = \dfrac{1}{4}$ (상수). 등량선이 우하향 직선인 완전대체 생산함수
- ▶ 완전대체생산함수이므로 등량선 기울기($MRTS_{LK}$. 상수)와 등비용선 기울기(W/r. 노동의 상대가격)를 비교하여 요소투입량 결정

• 문제의 경우, 생산량 제약하의 비용최소화
- ▶ 생산량 제약: $Q = 4K + L = 200$
- ▶ 비용최소화 균형: 한계기술대체율($MRTS_{LK}$) $= \dfrac{1}{4} < \dfrac{1}{3} = \dfrac{W}{r}$ (노동의 상대가격). 자본만 투입하여 생산
- ▶ $Q = 4K + L = 200$ (단, $L = 0$)　∴ $K = 50$, 자본투입액 $= 50 \times 9 = 450$

정답 ▶ ①

2. 장기비용곡선

16 생산비용곡선과 관련된 다음의 서술 중 빈칸에 들어갈 용어를 옳게 고른 것은?

[보험 11]

> 한계비용곡선과 장단기평균비용곡선이 U자일 때 한계비용곡선이 우상향하는 것은 수확이 (가)하기 때문이고, 장기평균비용곡선이 우상향하는 것은 규모에 대한 보수가 (나)하기 때문이다.

	(가)	(나)		(가)	(나)
①	체감	감소	②	체감	증가
③	체증	감소	④	체증	증가

해설 ▶ • 문제에서,
- ▶ 단기한계비용곡선이 우상향하는 것은 수확이 체감(한계생산물 체감)하기 때문
- ▶ 장기평균비용곡선이 우상향하는 것은 규모에 대한 보수가 감소하기 때문

정답 ▶ ①

보충 ▶ • 단기비용곡선: 단기의 물리적 법칙인 한계생산물체감의 법칙에 따라 도출
- ▶ 단기한계비용: 한계생산물이 체증할 때 한계비용 체감, 한계생산물이 체감할 때 한계비용 체증. 따라서, 한계비용곡선은 U자형 곡선으로 도출되며 한계비용 최저점에서 한계생산물 최대
- ▶ 단기평균비용: 궁극적 한계생산물체감의 법칙을 반영하여 U자형 곡선으로 도출
- ▶ 단기한계비용곡선은 단기평균비용곡선의 최저점을 지나며 우상향

- 장기비용곡선 : 장기의 물리적 현상인 규모보수의 변화에 따라 도출
  ▶ 장기평균비용 : 규모보수가 증가할 때 평균비용 감소, 규모보수가 감소할 때 평균비용 증가.
     따라서, 평균비용곡선은 U자형 곡선으로 도출
  ▶ 장기한계비용 : 규모보수 증가-감소를 반영하여 U자형 곡선으로 도출
  ▶ 장기한계비용곡선은 장기평균비용곡선의 최저점을 지나며 우상향

17 A 기업의 장기 총비용곡선은 $TC(Q) = 40Q - 10Q^2 + Q^3$이다. 규모의 경제와 규모의 비경제가 구분되는 생산규모는? [국가 17]

① $Q = 5$
② $Q = \dfrac{20}{3}$
③ $Q = 10$
④ $Q = \dfrac{40}{3}$

해설 ▶ 장기에 규모보수가 증가하다가 감소하는 점은 장기평균비용곡선(LAC) 최저점
  ▶ 장기평균비용곡선 최저점에서는 기울기가 0
  ▶ 장기평균비용 : $LAC = \dfrac{LTC}{Q} = 40 - 10Q + Q^2$
  ▶ 장기평균비용 최저점 : $LAC' = \dfrac{dLAC}{dQ} = -10 + 2Q = 0$ ∴) $Q = 5$

정답 ▶ ①

18 다음은 장기비용곡선과 단기비용곡선에 대한 설명이다. 옳지 않은 것은?

① 장기총비용곡선은 단기총비용곡선들의 포락선이다.
② 장기평균비용곡선은 단기평균비용곡선들의 포락선이다.
③ 장기한계비용곡선은 단기한계비용곡선들의 포락선이 아니다.
④ 장기와 단기의 비용곡선형태를 결정하는 요인은 서로 동일하다.
⑤ 실증적으로 볼 때 궁극적으로 장기평균비용곡선은 수평선이 되고 단기평균비용곡선은 U자형이 된다.

해설 ① 장기총비용곡선은 단기총비용곡선들의 포락선
② 장기평균비용곡선은 단기평균비용곡선들의 포락선
③ 장기한계비용곡선은 단기한계비용곡선들의 포락선이 아니며, 서로 교차
④ 장기비용곡선은 장기의 규모보수현상, 단기비용곡선은 단기의 궁극적 수확체감의 법칙에 따라 도출
⑤ 장기에 실증적으로 규모보수 불변이므로, 장기평균비용곡선은 수평선으로 도출.
   단기에는 수확체감법칙(한계생산물체감의 법칙)에 따라 단기평균비용곡선이 U자형 곡선으로 도출

정답 ▶ ④

제11장 비용함수

이패스 객관식 경제학 미시경제학

05

제5편 생산물시장이론

제12장 완전경쟁시장
제13장 독점시장
제14장 독점적경쟁시장
제15장 과점시장과 게임이론

제12장 완전경쟁시장

Economics
미/시/경/제/학

I 완전경쟁시장의 특징

01 완전경쟁시장에서 장기에 기존기업의 탈퇴와 신규기업의 진입이 동시에 이루어지고 있을 때 시장가격의 수준은?   [국가 08]

① 기존기업의 한계비용보다 낮다.
② 기존기업의 평균비용보다 낮다.
③ 신규기업의 한계비용보다 낮다.
④ 신규기업의 평균비용보다 낮다.

해설 • 기존기업 탈퇴 : 손실. 따라서, $P < AC$
• 신규기업 진입 : 이윤. 따라서, $P > AC$

정답 ②

02 생산물시장 중 완전경쟁시장에 대한 설명이다. 맞지 않는 것은?

① 수많은 수요자와 공급자가 존재하고 개별경제주체는 시장가격에 영향을 주지 못한다.
② 완전경쟁시장에서 거래되는 상품은 질적인 면에서 동일하다.
③ 기업이 해당 산업에 자유롭게 진입, 퇴출할 수 있고 생산요소의 진입, 퇴출도 자유롭다.
④ 완전경쟁시장에서는 한 상품에 수많은 가격이 존재한다.

해설 • 완전경쟁시장 : 다음 네 가지 조건을 만족하여 일물일가가 성립하며 모든 기업은 가격수용자가 됨.
  ▶ 생산자와 소비자 모두 다수
  ▶ 재화는 완전히 동질적
  ▶ 기업의 진입과 퇴거가 자유로움
  ▶ 재화에 대한 정보를 모두 공유(완전정보)

④ 완전경쟁시장에는 일물일가가 성립하므로 단일 가격만 존재

정답 ④

Ⅱ 단기균형과 단기공급곡선

1. 수입함수

03 단기의 완전경쟁기업에 대한 설명으로 옳지 않은 것은? [국가 10]

① 일정한 생산량 수준을 넘어서서 공급하는 경우에 총수입은 오히려 감소한다.
② 완전경쟁기업의 경우에 평균수입과 한계수입은 동일한 선으로 나타난다.
③ 완전경쟁기업이 받아들이는 가격은 시장 수요와 공급의 균형가격이다.
④ 완전경쟁기업이 직면하는 수요곡선은 수평선이다.

해설 • 완전경쟁기업은 가격순응자(Price Taker)
▶ 기업이 생산량을 변화시켜도 시장가격 불변이며 기업의 수요곡선은 평균수입곡선
▶ 따라서, 완전경쟁기업의 수요곡선은 시장가격 수준에서 수평
▶ 또한 시장가격이 변화하지 않으므로 한계수입은 시장가격과 동일
▶ 개별기업이 생산량을 늘릴 때 시장가격이 변하지 않으므로 총수입은 일정하게 증가

정답 ▶ ①

04 건전지의 시장수요량과 시장공급량은 가격에 대해 다음과 같은 관계를 갖는다고 하자. 건전지 시장이 완전경쟁시장이라면, 개별기업의 한계수입은 얼마인가? [노무 05]

가격	0	1	2	3	4	5
수요량	20	18	16	14	12	10
공급량	2	4	6	9	12	15

① 1　　　　② 2　　　　③ 3
④ 4　　　　⑤ 5

해설 • 가격과 평균수입
▶ 시장형태에 관계없이 시장가격은 기업의 평균수입이며 한계수입
▶ 문제에서, 시장균형(수요량=공급량)일 때 시장가격은 4

정답 ▶ ④

제12장 완전경쟁시장

2. 단기균형

05 경쟁시장에서 A 기업의 단기 총비용함수는 $C(q) = 50 + 10q + 2q^2$ 이고, 한계비용함수는 $MC(q) = 10 + 4q$ 이다. 시장가격이 $P = 30$ 일 때, A 기업의 생산량(q)과 생산자잉여(PS)는?

[노무 22]

① $q = 4$, $PS = 0$ ② $q = 4$, $PS = 5$ ③ $q = 5$, $PS = 0$
④ $q = 5$, $PS = 50$ ⑤ $q = 15$, $PS = 50$

해설 ● 완전경쟁기업(가격수용자)의 이윤극대화
  ▶ 이윤극대화 조건 : 한계수입(MR) = 한계비용(MC)
  ▶ 완전경쟁기업은 가격수용자. 따라서 시장가격(P) = 평균수입(AR) = 한계수입곡선(MR)
● 완전경쟁기업의 이윤극대화 균형
  ▶ 균형조건 : $P = MC \Rightarrow 30 = 10 + 4q$ ∴) $q = 5$ (단, $MC = \dfrac{dTC}{dq} = 10 + 4q$)
  ▶ 생산자잉여 : 공급곡선(MC) 위, 시장가격 아래 삼각형 면적   ∴) 50

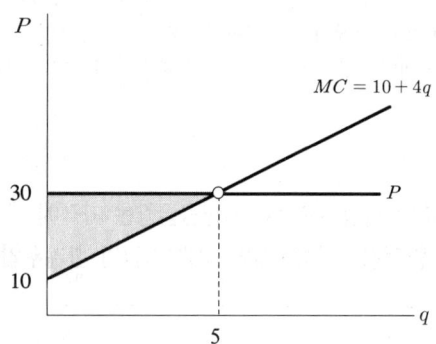

정답 ④

06 어느 재화의 시장에서 가격수용자인 기업의 비용함수는 $C(Q) = 5Q + \dfrac{Q^2}{80}$ 이며, 이 재화의 판매가격은 85원이다. 이 기업이 이윤극대화를 할 때, 생산량과 생산자잉여의 크기는?

[지방 17]

① 3,000, 128,000   ② 3,000, 136,000
③ 3,200, 128,000   ④ 3,200, 136,000

해설 ● 문제에서,
  ▶ 한계수입(MR) : $MR = 85$
  ▶ 한계비용(MC) : $MC = \dfrac{dTC}{dQ} = 5 + \dfrac{2Q}{80} = 5 + \dfrac{1}{40}Q$ (비용함수를 수량 Q로 미분한 값)
  ▶ 이윤극대화 조건 : 한계수입(MR) = 한계비용(MC) $\Rightarrow 85 = 5 + \dfrac{1}{40}Q \Rightarrow 80 = \dfrac{1}{40}Q$
    ∴) $Q = 3,200$
  ▶ 생산자잉여 : 128,000 (한계수입곡선(MR) 아래, 한계비용곡선(MC) 위 면적)

정답 ③

07 완전경쟁시장에서 한 기업의 평균가변비용은 $AVC = 3Q+5$ (Q는 생산량)이고 고정비용이 12이다. 이 기업의 손익분기점에서의 가격과 조업중단점에서의 가격은? [노무 24]

① 15, 5 ② 15, 12 ③ 17, 5
④ 17, 12 ⑤ 19, 0

해설 ▶ ● 완전경쟁기업 단기균형

▶ 손익분기점 : 평균비용(AC) 최저점
▶ 조업중단점 : 평균가변비용(AVC) 최저점

● 문제에서,
▶ 조업중단점 가격 : 평균가변비용(AVC) = $3Q+5$ 최저점 가격. 따라서, 조업중단가격 = 5
▶ 손익분기점 가격 : 평균비용(AC) 최저점 가격

평균비용(AC) = 평균가변비용(AVC) + 평균고정비용(AFC) = $3Q+5+\dfrac{12}{Q}$

(단, 평균고정비용(AFC) = $\dfrac{TFC}{Q} = \dfrac{12}{Q}$)

평균비용(AC) 최저점 : $\dfrac{dAC}{dQ}=0$. $\dfrac{d(3Q+5+12Q^{-1})}{dQ} = 3-12Q^{-2} = 3-12\dfrac{1}{Q^2} = 0$

$\Rightarrow 12\dfrac{1}{Q^2}=3 \Rightarrow \dfrac{1}{Q^2}=\dfrac{1}{4}$ ∴) $Q=2$

손익분기점 가격 : $Q=2$일 때의 평균비용. 따라서, 손익분기점 가격 = $3Q+5+\dfrac{12}{Q}=17$

정답 ▶ ③

08 완전경쟁시장에서 A 기업의 단기총비용함수가 $TC(Q) = 4Q^2+2Q+10$ 이다. 재화의 시장가격이 42일 경우 극대화된 단기이윤은? (단, Q는 생산량, $Q > 0$ 이다.) [노무 21]

① 10 ② 42
③ 52 ④ 84
⑤ 90

해설 ▶ ● 완전경쟁기업의 이윤극대화

▶ 이윤극대화 조건 : $MR = MC \Rightarrow 42 = 8Q+2$ ∴) $Q=5$

(단, 완전경쟁기업의 $MR = P$, $MC = \dfrac{dTC}{dQ} = 8Q+2$)

▶ 이윤 = $TR - TC = 210 - 120 = 90$

(단, $TR = P \cdot Q = 210$, $Q=5$일 때 $TC(Q) = 4 \cdot 5^2+2 \cdot 5+10 = 120$)

정답 ▶ ⑤

3. 단기공급곡선

09 완전경쟁기업의 단기 조업중단 결정에 관한 설명으로 옳은 것은? [노무 15]

① 가격이 평균가변비용보다 높으면 손실을 보더라도 조업 계속하는 것이 합리적 선택이다.
② 가격이 평균고정비용보다 높으면 손실을 보더라도 조업을 계속해야 한다.
③ 가격이 평균비용보다 낮으면 조업을 중단해야 한다.
④ 가격이 한계비용보다 낮으면 조업을 계속해야 한다.
⑤ 평균비용과 한계비용이 같으면 반드시 조업을 계속해야 한다.

해설 ▶ • 단기 손익분기점과 조업중단점

[수입과 비용. 단, $P = AR$]	[초과(독점)이윤 및 생산 여부]	
$AVC < AC < P(AR) \Rightarrow TVC < TC < TR$	초과(독점)이윤 존재	생산
$AVC < AC = P(AR) \Rightarrow TVC < TC = TR$	초과(독점)이윤 없음 (정상이윤만 존재)	생산 (손익분기점)
$AVC < P(AR) < AC \Rightarrow TVC < TR < TC$	손실(손실액 <총고정비용)	생산
$AVC = P(AR) < AC \Rightarrow TVC = TR < TC$	손실(손실액 =총고정비용)	생산 (조업중단점)
$P(AR) < AVC < AC \Rightarrow TR < TVC < TC$	손실(손실액 >총고정비용)	생산 중단

■ 생산물시장이 완전경쟁일 때 : $P = AR = MR$
■ 생산물시장이 불완전경쟁일 때 : $P = AR > MR$

① 가격이 평균비용보다 낮지만 평균가변비용보다는 높을 때 손실($AVC < P(AR) < AC$). 그러나 총수입이 총가변비용보다는 높아서 총고정비용의 일부를 충당할 수 있음($TVC < TR < TC$). 따라서 조업을 계속하는 것이 합리적
② 가격이 평균고정비용보다 높으면 총수입이 총고정비용보다 높은 상태이며, 기업의 손실 여부나 조업 중단 여부를 판단할 수 없음. 기업의 조업 중단 여부는 가격과 평균가변비용에 따라 결정
③ 가격이 평균비용보다 낮으면 손실. 이 경우에도 가격이 평균가변비용보다 높으면 조업을 계속해야 함
④ 완전경쟁기업은 가격이 한계수입과 같으며 한계수입과 한계비용이 같은 수준에서 생산해야 함. 따라서 가격(한계수입)이 한계비용보다 낮다는 것은 단기균형조건을 만족하고 있지 않다는 것이며 기업의 조업 중단여부는 판단할 수 없음. 단, 가격(한계수입)이 평가변비용보다 높다면 지금보다 생산량을 늘려야 함
⑤ 완전경쟁기업은 가격(평균수입)이 한계수입과 같으며 한계수입과 한계비용이 같은 수준에서 생산함. 따라서, 평균비용과 한계비용이 같으면 평균비용과 가격(평균수입)이 같고 총수입과 총비용이 같으므로 조업을 계속해야 함. 그러나 기업이 한계수입과 한계비용이 다른 수준에서 생산할 수도 있으므로 정답이 될 수 없음

정답 ▶ ①

10 완전경쟁시장에서 이윤극대화를 추구하는 개별기업에 관한 설명으로 옳은 것은? (단, 개별기업의 평균비용곡선은 U-자 형태로 동일하며, 생산요소시장도 완전경쟁이다.) [노무 21]

① 한계수입곡선은 우하향하는 형태이다.
② 이윤은 단기에도 항상 영(0)이다.
③ 수요의 가격탄력성은 영(0)이다
④ 단기에는 평균가변비용곡선의 최저점이 조업중단점이 된다.
⑤ 이윤극대화 생산량에서 평균수입은 한계비용보다 크다.

해설 ① 완전경쟁기업은 가격수용자이므로 생산량이 변화해도 시장가격 불변이며 $P = AR = MR$.
따라서 한계수입곡선과 평균수입곡선은 수평선
② 완전경쟁기업은 단기에 초과이윤이 0일 수도, 정(+)일 수도, 부(-)일 수도 있음
③ 모든 시장에서 기업의 평균수입곡선은 기업의 수요곡선.
따라서 기업의 수요곡선은 수평선이며 기업수요의 가격탄력성은 무한대
④ 단기에는 평균가변비용곡선 최저점에서 조업중단, 가격이 이 수준 이상일 때 생산(공급)
⑤ 이윤극대화 조건 : $MR(= AR = P) = MC$. 따라서 이윤극대화 생산량에서 평균수입과 한계비용 동일

정답 ④

11 완전경쟁시장에서 개별기업의 평균총비용곡선 및 평균가변비용곡선은 U 자형이며, 현재 생산량은 50이다. 이 생산량 수준에서 한계비용은 300, 평균총비용은 400, 평균가변비용은 200일 때 옳은 것을 모두 고른 것은? (단, 시장가격은 300으로 주어져 있다.) [노무 14]

> ㄱ. 현재의 생산량 수준에서 평균총비용곡선 및 평균가변비용곡선은 우하향한다.
> ㄴ. 현재의 생산량 수준에서 평균총비용곡선은 우하향하고 평균가변비용곡선은 우상향한다.
> ㄷ. 개별기업은 현재 양의 이윤을 얻고 있다.
> ㄹ. 개별기업은 현재 음의 이윤을 얻고 있다.
> ㅁ. 개별기업은 단기에 조업을 중단하는 것이 낫다.

① ㄱ, ㄷ　　　　② ㄱ, ㅁ　　　　③ ㄴ, ㄷ
④ ㄴ, ㄹ　　　　⑤ ㄴ, ㄹ, ㅁ

해설 ㄱ. ㄴ. 현재, 평균가변비용< 한계비용< 평균총비용. 이 구간에서는 평균비용은 감소(평균비용곡선 우하향)하지만 평균가변비용은 증가(평균가변비용곡선 우상향)곡선은 우하향한다.
ㄷ. ㄹ. 완전경쟁기업이 이윤극대화 생산하고 있을 경우, $P = AR = MR = MC$
따라서, 현재 생산량 수준에서 평균가변비용< 가격(평균수입)< 평균총비용. 따라서 손실을 보고 있음
ㅁ. 현재, 평균가변비용< 가격(평균수입) ⇔ 총가변비용< 총수입. 총고정비용 일부를 충당할 수 있으므로 생산

정답 ④

12 완전경쟁시장인 피자시장에서 어떤 피자집이 현재 100개의 피자를 단위당 100원에 팔고 있고, 이때 평균비용과 한계비용은 각각 160원과 100원이다. 이 피자집은 이미 5,000원을 고정비용으로 지출한 상태이다. 이윤극대화를 추구하는 피자집의 행동으로 가장 옳은 것은? [지방 14]

① 손해를 보고 있지만 생산을 계속해야 한다.
② 손해를 보고 있으며 생산을 중단해야 한다.
③ 양(+)의 이윤을 얻고 있으며 생산을 계속해야 한다.
④ 양(+)의 이윤을 얻고 있지만 생산을 중단해야 한다.

해설 • 문제에서,

▶ 가격(100)<평균가변비용(110)<평균비용(160)

(단, 평균고정비용=총고정비용(5,000)/100)=50,
평균가변비용=평균비용(160)−평균고정비용(50)=110)

▶ 가격이 평균비용보다 낮아서 손실을 보고 있음
▶ 또한, 가격이 평균가변비용보다 낮아서 총수입으로 총가변비용도 충당할 수 없음. 따라서 생산 중단

정답 ▶ ②

13 완전경쟁시장에서 기업의 단기 이윤극대화에 대한 설명으로 옳지 않은 것은? [국가 13]

① 개별기업의 수요곡선은 수평이며 한계수입곡선이다.
② 이윤극대화를 위해서는 한계수입과 한계비용이 같아야 한다.
③ 고정비용이 전부 매몰비용일 경우 생산중단점은 평균비용곡선의 최저점이 된다.
④ 투입요소들의 가격이 불변일 경우 시장전체의 공급곡선은 개별기업의 공급곡선을 수평으로 더하여 구할 수 있다.

해설 ▶ ① 시장형태에 관계없이 가격은 개별기업의 평균수입이며, 개별기업의 평균수입곡선은 그 기업의 수요곡선

▶ 완전경쟁기업 : 가격수용자이므로 기업의 생산량이 변화해도 평균수입 불변.
따라서 기업의 수요곡선은 수평선.
기업의 생산량이 변화해도 평균수입이 불변이므로 한계수입은 평균수입과 동일
▶ 불완전경쟁기업 : 시장수요곡선이 불완전경쟁기업의 수요곡선이며 평균수입곡선.
기업의 생산량이 증가할 때 평균수입이 감소하므로 한계수입은 평균수입보다 적음.
따라서 한계수입곡선은 평균수입곡선 아래에 위치하며 우하향

② 기업의 이윤극대화 조건 : 한계수입=한계비용
③ 생산중단점은 평균가변비용곡선의 최저점. 생산중단 시, 고정비용은 모두 손실이 되므로 매몰비용
④ 완전경쟁시장의 시장공급곡선은 개별기업 공급곡선(평균가변비용곡선 위의 한계비용곡선)의 수평합

정답 ▶ ③

14 A 기업은 완전경쟁시장에서 이윤을 극대화하는 생산량 1,000개를 생산하고 전량 판매하고 있다. 이때 한계비용은 10원, 평균가변비용은 9원, 평균고정비용은 2원이다. 이에 관한 설명으로 옳지 않은 것은? [노무 20]

① 총수입은 10,000이다.
② 총비용은 11,000원이다.
③ 상품 개당 가격은 10원이다.
④ 총가변비용은 9,000원이다.
⑤ 단기에서는 조업을 중단해야 한다.

해설 ① 총수입 = 가격×생산량 = 10×1,000 = 10,000 (단, 완전경쟁기업의 경우 $P=MR=MC$)
② 총비용 = 총고정비용(평균고정비용×생산량) + 총가변비용(평균가변비용×생산량)
  = (2×1,000) + (9×1,000) = 11,000
③ 완전경쟁기업의 경우 $P=MR=MC=10$
④ 총가변비용 = 평균가변비용×생산량 = 9,000
⑤ 가격(10)이 평균총비용(11)보다 낮으므로 손실. 그러나 가격(10)이 평균가변비용(9)보다 높으므로 생산

정답 ⑤

15 완전경쟁기업의 총비용함수가 $TC(Q) = Q - \frac{1}{2}Q^2 + \frac{1}{3}Q^3 + 40$이다. 이 기업은 이윤이 어느 수준 미만이면 단기에 생산을 중단하겠는가? [국회 15]

① −50　　② −40　　③ 0　　④ 40　　⑤ 50

해설 • 완전경쟁기업 조업중단점
  ▶ 평균가변비용곡선 최저점(평균가변비용의 미분값이 0이 되는 생산량)
  ▶ 이때 기업은 총고정비용만큼 손실
  ▶ 문제에서, 총고정비용이 40이므로 조업중단점에서의 손실(−이윤)은 40

정답 ②

16 영희는 매월 아이스크림을 50개 팔고 있다. 영희의 월간 총비용은 50,000원이고, 이 중 고정비용은 10,000원이다. 영희는 단기적으로는 이 가게를 운영하지만 장기적으로는 폐업할 계획이다. 아이스크림 1개당 가격의 범위는? (단, 아이스크림 시장은 완전경쟁적이라고 가정한다.) [지방 10]

① 600원 이상 700원 미만
② 800원 이상 1,000원 미만
③ 1,100원 이상 1,200원 미만
④ 1,300원 이상 1,400원 미만

해설 • 문제에서,
  ▶ 총가변비용(총비용−총고정비용)은 40,000
  ▶ 평균가변비용은 800(= 40,000/50), 평균비용은 1,000(= 50,000/50)
  ▶ 기업이 단기에 손실을 보면서 생산하는 구간은 $AVC < P < AC$인 구간.
    따라서, $800 < P < 1,000$

정답 ②

제12장 완전경쟁시장 **159**

Ⅲ 장기균형과 장기공급곡선

17 완전경쟁시장에 관한 설명으로 옳지 않은 것은? [노무 23]

① 개별기업의 최적산출량은 한계수입과 한계비용이 일치할 때 결정된다.
② 개별기업은 장기에 효율적인 생산 규모에서 생산하며 정상이윤만을 얻게 된다.
③ 개별기업이 단기에 손실을 보더라도 생산을 계속하는 이유는 고정비용의 일부를 회수할 수 있기 때문이다.
④ 단기균형과 장기균형에서 총잉여인 사회적 후생이 극대화된다.
⑤ 생산요소의 가격이 변하지 않는 비용불변산업에서 장기 시장공급곡선은 우상향한다.

해설 ① 개별기업 이윤극대화 조건 : $MR = MC$
② 완전경쟁기업 장기균형 : 장기평균비용곡선(LAC) 최저점에서 생산
  ▶ 초과이윤은 없으며 정상이윤만 존재
  ▶ 모든 기업이 최적시설(효율)규모의 평균비용 최저점에서 생산
③ $AVC < P < AC \Leftrightarrow TVC < TR < TC$ 일 때 손실이 발생하지만 생산
  ▶ 총가변비용보다 총수입이 많으므로 총고정비용의 일부 회수 가능
  ▶ 생산을 중단하면 총고정비용 전체가 손실
④ 완전경쟁시장 균형에서 사회후생(경제적잉여) 극대
⑤ 완전경쟁시장 장기 공급곡선 : 장기에 시장생산량(공급량)이 증가할 때,
  ▶ 생산요소가격이 변하지 않으면(비용불변산업) 장기 시장공급곡선 수평선
  ▶ 비용증가산업의 경우는 우상향
  ▶ 비용감소산업의 경우는 우하향

정답 ⑤

18 A시장에는 동질적인 기업들이 존재하고 시장수요함수는 $Q = 1,000 - P$이다. 개별기업의 장기평균비용함수가 $c = 100 + (q-10)^2$일 때, 완전경쟁시장의 장기균형에서 존재할 수 있는 기업의 수는? (단, Q는 시장수요량, q는 개별기업의 생산량을 나타낸다.) [지방 15]

① 10
② 90
③ 100
④ 900

해설 • 완전경쟁기업 장기균형
  ▶ 장기평균비용곡선 최저점에서 균형 : 시장가격과 개별기업 생산량 결정
  ▶ 장기평균비용곡선 최저점 : 장기평균비용곡선의 기울기= 0

- 문제에서,
  - ▶ 개별기업 장기평균비용함수 : $c = 100 + (q-10)^2 = 100 + (q^2 - 20q + 100) = q^2 - 20q + 200$
  - ▶ 장기평균비용곡선 최저점 : $\dfrac{dAC}{dQ} = \dfrac{d(q^2-20q+200)}{dq} = 2q - 20 = 0$

    $\therefore q = 10$(개별기업 생산량), $P = 100$(시장가격)
  - ▶ 시장가격이 100일 때 시장수요량 : $Q = 1,000 - 100 = 900$
  - ▶ 시장가격이 100일 때 시장수요량이 900개이고 개별기업의 생산량이 10개이므로 기업의 숫자는 90개

정답 ▶ ②

19 다음 그래프는 완전경쟁시장에 놓여 있는 전형적 기업이며 오른쪽 그래프는 단기의 완전경쟁시장이다. 이 시장이 동일한 기업들로 이루어져 있다면 장기적으로 이 시장에는 몇 개의 기업이 조업하겠는가?

[서울 15]

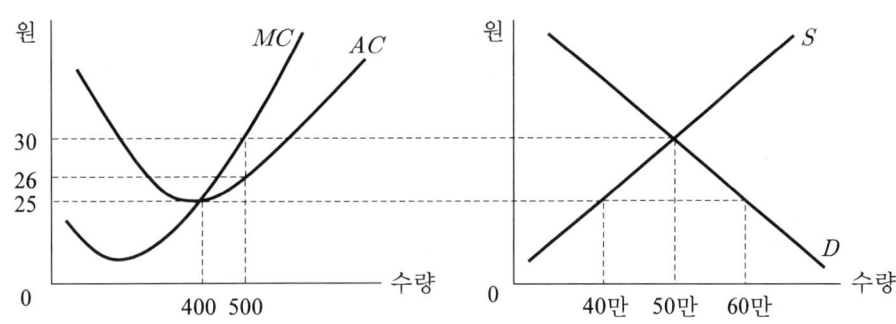

① 800개
② 1,000개
③ 1,250개
④ 1,500개

해설 ▶ • 완전경쟁기업 장기균형
  - ▶ 완전경쟁시장에 단기적으로 이윤이 존재하면 새로운 기업이 진입하여 개별기업의 이윤이 0이 될 때까지 시장가격 하락
  - ▶ 따라서 장기에는 시장가격이 개별기업 평균비용곡선(AC) 최저점과 일치
  - ▶ 또한 장기에는 모든 기업이 동일한 자본설비로 생산하므로 모든 기업의 평균비용곡선은 동일하며 평균비용 최저점에서 동일한 생산량 생산

- 문제에서,
  - ▶ 개별기업의 평균비용이 25에서 최저가 되므로 장기 시장가격은 25이며 이때 개별기업의 생산량은 400
  - ▶ 시장가격이 25일 때 시장수요량은 60만이므로, 장기에 존재하는 기업의 숫자는 1,500개

정답 ▶ ④

제13장 독점시장

I. 독점시장의 정의

01 다음 중 독점의 원인으로 보기 어려운 것은? [회계 08]

① 규모의 경제
② 특허 기술의 보유
③ 밀접한 대체재의 존재
④ 특정 생산요소의 독점적 소유
⑤ 정부에 의한 신규 사업자 진입제한

[해설]
- 독점시장 : 공급자가 유일(唯一)하며, 밀접한 대체재도 존재하지 않으며, 완전한 진입장벽 존재
- 진입장벽(entry barrier)의 내용
  ▶ 규모보수 증가(평균비용 감소)에 따른 자연독점
  ▶ 원재료 독점
  ▶ 법적 독점, 정부정책 **예** 특허권 등 지적소유권, 인허가 사업, 특수목적 진입규제 등
  ▶ 차별화된 상품, 흡수합병(M&A) 등

[정답] ③

II. 독점기업 단기균형

1. 수입함수

02 A 기업은 완전경쟁시장에서, B 기업은 순수 독점시장에서 생산활동을 하고 있다. 두 기업의 총수입곡선에 관한 설명으로 옳은 것은? [노무 16]

① 두 기업 모두 총수입곡선이 처음에는 상승하다 나중에는 하락한다.
② 두 기업 모두 총수입곡선이 음(−)의 기울기를 갖는 직선이다.
③ A 기업 총수입곡선은 수평선이나, B 기업의 총수입곡선은 양(+)의 기울기를 갖는다.
④ A 기업 총수입곡선은 양(+)의 기울기를 갖는 직선이고, B 기업의 총수입곡선은 처음에는 상승하다 나중에는 하락한다.
⑤ A 기업 총수입곡선은 처음에는 상승하다 하락하고, B 기업의 총수입곡선은 수평선이다.

해설 ▶ • 총수입곡선
- ▶ 완전경쟁기업 : 가격수용자이므로 기업의 생산량이 증가하더라도 가격 일정 불변
  따라서 총수입곡선은 우상향하는 직선
- ▶ 독점기업 : 독점기업의 수요곡선이 우하향
  따라서 가격이 내릴 때 총수입곡선은 우상향(상승)하다가 우하향(하락, 감소)

정답 ▶ ④

보충 ▶ • 독점기업의 수입함수

- ▶ 평균수입 : $AR = \dfrac{TR}{Q}$

  기업의 수요곡선은 기업의 평균수입곡선. 독점기업의 곡선은 독점기업 생산물에 대한 시장수요곡선
  따라서 독점시장 수요곡선이 독점기업 평균수입(AR)곡선

- ▶ 한계수입 : $MR = \dfrac{dTR}{dQ}$

  시장수요곡선(평균수입곡선)이 우하향하면 한계수입곡선은 평균수입곡선 아래에 위치하며 우하향. 시장수요곡선이 우하향하는 직선일 경우는 수요곡선 상 중점에서 수요의 가격탄력도가 1이며, 이 점에서 한계수입은 0이 됨. 따라서 한계수입곡선 기울기는 시장수요곡선(평균수입곡선) 기울기의 두 배가 됨

- ▶ 총수입 : $TR = P \times Q = AR \times Q$

  시장수요곡선이 우하향하는 직선일 경우는 수요곡선 상 중점에서 수요의 가격탄력도가 1이며, 수요의 가격탄력도와 지출액(기업의 총수입)의 관계에 따라 가격이 내릴 때 총수입은 증가하다가 감소. 따라서 수요의 가격탄력도가 1인 점(수요곡선 상 중점)에서 총수입 최대

03 수요의 가격탄력성에 관한 설명으로 옳은 것을 모두 고른 것은? [노무 23]

> ㄱ. 종량세를 부과하면, 수요의 가격탄력성이 공급의 가격탄력성보다 클수록 소비자의 부담은 작아지고 생산자의 부담은 커진다.
> ㄴ. 경쟁시장에 개별기업이 직면한 수요곡선은 완전탄력적이다.
> ㄷ. 독점기업의 총수입은 수요의 가격탄력성이 0일 때 극대화된다.

① ㄱ   ② ㄴ   ③ ㄱ, ㄴ
④ ㄴ, ㄷ   ⑤ ㄱ, ㄴ, ㄷ

해설 ▶ ㄱ. 종량세 부과시, 상대적으로 가격탄력성이 큰 쪽이 적게 부담하고, 작은 쪽이 많이 부담
ㄴ. 완전경쟁시장 개별기업은 가격수용자이므로, $P = AR = MR$ 이며 불변(수평선). 따라서 개별기업의 수요곡선은 시장가격 수준에서 수평선이므로 수요의 가격탄력성은 완전탄력적
ㄷ. 수요 가격탄력성이 1일 때(우하향 직선의 수요곡선의 중점) 독점기업 총수입 극대

정답 ▶ ②

04 독점기업인 자동차 회사 A가 자동차 가격을 1% 올렸더니 수요량이 4% 감소하였다. 자동차의 가격이 2,000만원이라면 자동차회사 A의 한계수입은? [국가 13]

① 1,000만원   ② 1,500만원   ③ 2,000만원   ④ 2,500만원

해설 ▶ • 아모로소-로빈슨 공식 : $MR = P\left(1 - \dfrac{1}{\varepsilon_{D_i}}\right)$ (단, ε_{D_i} : 개별기업수요의 가격탄력성)

• 문제에서, $MR = 2,000 \cdot \left(1 - \dfrac{1}{4}\right) = 1,500$(만원)

(단, ε_{D_i} = |수요량 변화율(-4%) / 가격변화율(1%)| = 4)   **정답** ▶ ②

2. 단기균형

05 이윤극대화를 추구하는 독점기업의 시장수요함수가 $Q = 300 - P$ 이고 비용함수가 $C = 0.5Q^2$ 일 때, 다음 설명 중 옳지 않은 것은? (단, Q는 수량, P는 가격, C는 비용임) [노무 15]

① 독점기업의 총수입은 $TR = (300 - Q)Q$ 이다.
② 독점기업의 한계수입은 $MR = 300 - 2Q$ 이다.
③ 독점기업의 한계비용은 $MC = Q$ 이다.
④ 독점기업의 이윤극대화 생산량은 $Q = 100$ 이다.
⑤ 독점기업의 이윤극대화 가격은 $P = 100$ 이다.

해설 ▶ • 문제에서,

▶ 시장수요곡선 : $P = 300 - Q$ (시장수요함수를 가격으로 정리)
▶ 평균수입곡선 : $AR = 300 - Q$ (시장수요곡선은 독점기업의 평균수입곡선)
▶ 한계수입곡선 : $MR = 300 - 2Q$ (한계수입곡선은 직선의 시장수요곡선 기울기의 두 배)

① 총수입 $TR = AR \times Q = (300 - Q) \cdot Q = 300Q - Q^2$
② 한계수입 $MR = \dfrac{dTR}{dQ} = 300 - 2Q$
③ 한계비용 $MC = \dfrac{dTC}{dQ} = Q$
④ 이윤극대화 조건 : $MR = MC \Rightarrow 300 - 2Q = Q \Rightarrow 3Q = 300$ ∴) $Q = 100$
④ 이윤극대화 가격 : 이윤극대화 생산량(100)을 수요곡선($P = 300 - Q$)에 대입하여 도출
∴) $P = 200$

정답 ▶ ⑤

06 이윤을 극대화하는 독점기업 A의 평균총비용함수는 $ATC = \dfrac{20}{Q} + Q$이고, 시장수요함수는 $P = 200 - 4Q$일 때, 독점이윤은? (단, Q는 거래량, P는 가격이다.) [노무 24]

① 800　　　　　　② 1,600　　　　　　③ 1,980
④ 2,490　　　　　　⑤ 2,540

해설 ● 독점균형
▶ 이윤극대화 조건 : 한계수입(MR) = 한계비용(MC)
▶ 한계수입(MR) : 시장수요곡선이 직선일 때 수요곡선 기울기 두 배

● 문제에서,
▶ 한계수입(MR) = $200 - 8Q$
▶ 한계비용(MC) = $\dfrac{dTC}{dQ} = \dfrac{d(20+Q^2)}{dQ} = 2Q$ (단, $TC = Q \cdot ATC = Q \cdot \left(\dfrac{20}{Q} + Q\right) = 20 + Q^2$)
▶ 이윤극대화 조건 : $MR = MC \Rightarrow 200 - 8Q = 2Q$ ∴) $Q = 20$, $P = 120$
▶ 이윤 : $\pi = TR - TC = (P \times Q) - (20 + Q^2) = (120 \times 20) - (20 + 400) = 1,980$

정답 ③

07 독점기업 A의 생산함수는 $Q = (\min[4L, K])^{1/2}$이고, 노동(L)의 가격은 16, 자본(K)의 가격은 4이다. 시장수요곡선이 $Q = 200 - 0.5P$일 때, 이윤을 극대화하는 생산량(Q)과 가격(P)은? (단, 고정비용은 0이다.) [노무 23]

① Q: 20, P: 360　　　　　　② Q: 30, P: 340
③ Q: 40, P: 320　　　　　　④ Q: 50, P: 300
⑤ Q: 60, P: 280

해설 ● 레온티에프 생산함수의 생산자균형
▶ 생산함수 : $Q = (\min[4L, K])^{1/2} \Rightarrow Q^2 = \min[4L, K]$
▶ 생산자균형조건 : $Q^2 = 4L = K$　∴) $L = \dfrac{1}{4}Q^2$, $K = Q^2$
▶ 비용제약 : $C = wL + rK \Rightarrow C = 16 \cdot \dfrac{1}{4}Q^2 + 4 \cdot Q^2 \Rightarrow C = 8Q^2$

● 독점기업 이윤극대화 조건 : $MR = MC$
▶ $MR = 400 - 4Q$ (수요곡선 $P = 400 - 2Q$ 기울기의 2배)
▶ $MC = 16Q$　　$\left(MC = \dfrac{dC}{dQ} = 16Q\right)$
▶ 이윤극대화 균형 : $MR = MC \Rightarrow 400 - 4Q = 16Q$　∴) $Q = 20$, $P = 360$

정답 ①

08 독점기업의 시장수요와 공급에 관한 설명으로 옳지 않은 것은? (단, 시장수요곡선은 우하향 한다.)

[노무 21]

① 독점기업은 시장의 유일한 공급자이기 때문에 수요곡선은 우하향한다.
② 독점기업의 공급곡선은 존재하지 않는다.
③ 독점기업의 한계수입은 가격보다 항상 높다.
④ 한계수입과 한계비용이 일치하는 점에서 독점기업의 이윤이 극대화된다.
⑤ 독점기업의 한계수입곡선은 항상 수요곡선의 아래쪽에 위치한다.

해설 ① 독점기업은 유일한 공급자이므로 수요곡선 우하향
② 완전경쟁기업 공급곡선은 한계비용곡선(평균가변비용곡선 최저점 위), 독점기업 공급곡선은 존재하지 않음
③ 독점기업 한계수입은 가격보다 항상 낮음 $P > MC = MR$
④ 생산물시장 형태와 관계없이, 기업의 이윤극대화 조건은 한계수입(MR) = 한계비용(MC)
⑤ 독점기업의 한계수입곡선은 수요곡선(평균수입곡선) 아래에 위치

정답 ③

09 어느 독점기업이 이윤을 극대화하기 위해 가격을 단위당 100으로 책정하였으며, 이 가격에서 수요의 가격탄력성은 2이다. 이때 독점기업의 한계비용은?

[노무 14]

① 25 ② 50 ③ 100
④ 150 ⑤ 200

해설 • 아모로소-로빈슨 공식과 이윤극대화

▶ 아모로소-로빈슨 공식 : $MR = P\left(1 - \dfrac{1}{\varepsilon}\right)$ (단, ε : 개별기업 수요의 가격탄력성)

▶ 기업이 이윤극대화($MR = MC$) 생산하고 있을 경우 : $MC = MR = P\left(1 - \dfrac{1}{\varepsilon}\right)$ ⇒ $P = \dfrac{MC}{1 - \dfrac{1}{\varepsilon}}$

▶ 문제에서, $MC = MR = P\left(1 - \dfrac{1}{\varepsilon}\right) = 100 \cdot \left(1 - \dfrac{1}{2}\right) = 50$

정답 ②

III 독점기업의 장기균형

10 독점시장에 대한 설명으로 가장 옳지 않은 것은? [회계 05]

① 독점시장의 균형에서 비효율적인 자원배분이 발생할 수 있다.
② 특허권이나 저작권 제도는 독점기업을 출현하게 하는 원인 중 하나이다.
③ 독점기업이 직면하는 시장수요함수가 $Q = 1 - 2P$ 라면, 한계수입은 $MR = \frac{1}{2} - Q$ 이다 (여기서, Q 와 P 는 각각 수요량과 가격이다).
④ 독점기업은 장기와 단기에 항상 초과이윤을 얻는다.
⑤ 어떤 생산량 수준에서 한계수입이 한계비용보다 더 작다면 독점기업은 생산량을 줄여야 이윤극대화를 달성할 수 있다.

해설 ① 완전경쟁시장이 독점화되면 가격이 상승하고 생산량이 감소하여 자중손실 발생
② 특허권이나 저작권 제도는 진입장벽이며 독점기업을 출현하게 하는 원인
③ 독점기업 한계수입곡선의 기울기는 독점시장 수요곡선(독점기업의 평균수입곡선) 기울기의 두 배.
문제에서, 수요곡선은 $P = \frac{1}{2} - 0.5Q$, 한계수입은 $MR = \frac{1}{2} - Q$
④ 독점기업은 장기에는 항상 독점이윤이 존재하지만 단기에는 손실이 발생할 수 있음.
⑤ [한계수입<한계비용]일 경우, 한계손실 발생. 따라서 생산량을 줄이면 과다 생산에 따른 손실이 감소하여 이윤극대화를 달성할 수 있음.

보충 독점기업 장기균형의 특징
- 독점기업의 장단기 수입과 비용
  ▶ 단기균형 : $P(=AR) \lessgtr AC > MR = MC$
  ▶ 장기균형 : $P(=AR) > AC > MR = MC$
- 가격설정 : 장단기 모두 한계비용보다 높은 가격($P > MC$). 따라서 비효율적 가격설정
- 자본설비 사용 : 장기에 보유하는 자본설비의 평균비용곡선 최저점 좌측에서 생산함. 따라서 과소생산하며, 유휴자본설비가 존재함.
- 이윤 여부 : 단기에는 손실을 보며 생산할 수 있으나, 장기에는 항상 독점이윤 존재

정답 ④

11 독점기업과 관련된 다음의 서술 중 옳지 않은 것은? [보험 04]

① 독점기업은 공급곡선은 존재하지 않는다.
② 독점기업은 장기보다 단기에 더 많은 이윤을 얻는다.
③ 독점기업은 단기에서 손실이 발생해도 생산을 계속하는 것이 유리할 수 있다.
④ 독점기업은 한계수입이 양(+)의 값을 갖는 생산구간에서만 생산한다.

해설 ① 완전경쟁기업의 공급곡선은 평균가변비용곡선 위의 한계비용곡선
　　　　불완전경쟁기업(독점기업, 과점기업, 독점적 경쟁기업)의 공급곡선은 존재하지 않음.
　　② 이윤은 수입과 비용에 따라 결정되므로 장기이윤과 단기이윤의 크기를 일반적으로 비교할 수 없음.
　　③ 시장형태에 관계없이 모든 기업은 단기에 평균가변비용(AVC) < 가격(P) < 평균비용(AC)일 경우, 손실이 발생하지만 생산을 계속해야 함.
　　④ 이윤극대화 조건은 한계수입(MR) = 한계비용(MC)이며, 한계비용이 부(−)일 수 없으므로 항상 한계수입이 양(+)의 값을 갖는 생산구간에서 생산

정답 ②

Ⅳ 독점시장과 완전경쟁시장

12 이윤극대화를 추구하는 독점기업의 생산 활동이 자원 배분의 비효율성을 초래하는 근거로 옳은 것은? [노무 19]

① 소비자들이 원하는 상품을 생산하지 않기 때문이다.
② 생산에 있어서 과다한 자원을 사용하기 때문이다.
③ 사회적으로 바람직한 생산량보다 적게 생산하기 때문이다.
④ 평균비용과 가격이 일치하는 점에서 생산 활동을 하기 때문이다.
⑤ 한계수입과 한계비용이 일치하는 수준에서 생산하지 않기 때문이다.

해설 • 독점시장과 완전경쟁시장 : 수요과 공급(한계비용)이 동일할 때
　　　▶ 가격 상승, 시장거래량 감소
　　　▶ 자중손실 발생

정답 ③

13 다음은 독점기업에 대한 설명이다. 이 중 옳지 않은 것은? [서울 06]

① 일반적으로 높은 진입장벽은 독과점적 시장구조를 초래한다.
② 규모의 경제가 발생함으로써 형성되는 독점을 자연독점(natural monopoly)이라 한다.
③ 슘페터(Schumpeter)는 기술혁신이 독점기업보다는 완전경쟁산업에서 더 높게 나타난다고 주장하였다.
④ 독점기업은 이윤을 극대화하기 위해 한계수입과 한계비용이 일치하는 수준에서 생산량을 결정한다.
⑤ 일반적으로 독점기업의 가격은 완전경쟁기업의 가격보다 높게 책정된다.

해설 ①, ② 독과점 요인 : 진입장벽(규모의 경제(평균비용 감소)에 따른 자연독점, 원재료 독점, 법적 독점 등)
③ 슘페터(Schumpeter) : 자본주의 발전의 원동력은 기술혁신 등 "창조적 파괴"
　　　　　　　　　　독과점 부문에 큰 독점이윤이 존재하며 기술혁신의 유인이 됨.

정답 ③

14 다음은 장기균형상태에서 완전경쟁시장과 독점시장의 자원배분의 효율성을 평가한 것이다. 옳지 않은 것은? (단, 비용조건은 동일하다고 한다.)

① 독점시장에서 시장가격이 더 높다.
② 독점시장에서 시장수급량이 더 적다.
③ 독점기업은 장기에도 독점이윤을 얻는 것이 일반적이다.
④ 독점기업의 자본설비규모는 생산량에 비하여 과소한 규모이다.

해설 ①, ② 장단기 모두 완전경쟁균형에 비하여 독점균형에서 가격은 높고 생산량 적음. 따라서 자중손실 발생
③ 독점기업은 유일하므로 장기에 독점이윤이 존재해야만 생산. 손실이 발생할 경우 이 산업은 사라지게 됨.
④ 독점기업은 장기에 평균비용곡선의 최저점 좌측에서 생산하므로 과다 설비(유휴설비) 존재

정답 ④

15 독점기업 A의 수요곡선, 총비용곡선이 다음과 같을 때, 독점이윤극대화시 사중손실(deadweight loss)은? (단, P는 가격, Q는 수량이다.) [노무 20]

○수요곡선 : $P = -Q + 20$ ○총비용곡선 : $TC = 2Q + 10$

① 99/2   ② 94/2   ③ 88/2
④ 81/2   ⑤ 77/2

해설 ● 독점기업(A)

▶ 한계수입 : $MR = 20 - 2Q$ (수요곡선 기울기의 2배)
▶ 한계비용 : $MC = 2$
▶ 이윤극대화 조건 : $MR = MC \Rightarrow 20 - 2Q = 2$ ∴) $Q = 9, P = 11$

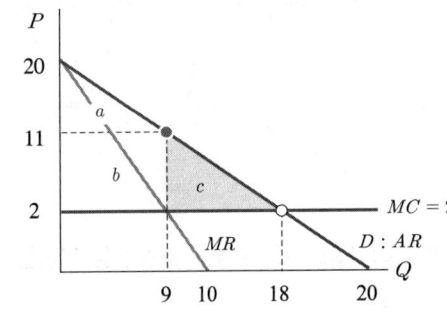

[경제적잉여의 변화 : 자중손실]
● 완전경쟁 : 경제적잉여 = 소비자잉여
  $\qquad = a + b + c = 64$
  생산자잉여 $= 0$
● 독점 : 소비자잉여 $= a = 81/2$
  생산자잉여 $= b = 81$
  경제적잉여 $= a + b$
● 자중손실 $= c = 81/2$

정답 ④

16 A재의 시장수요곡선 $Q_d = 20 - 2P$ 이고 한계비용은 생산량에 관계없이 2로 일정하다. 이 시장이 완전경쟁일 경우와 비교하여 독점에 따른 경제적 순손실(deadweight loss)의 크기는 얼마인가? (단, Q_d는 A재의 수요량, P는 A재의 가격이다.) [노무 18]

① 8   ② 16   ③ 20
④ 32   ⑤ 40

해설 ▶ ● 완전경쟁기업 때
- ▶ 시장수요곡선: $P = 10 - 0.5Q$ (수요함수를 가격으로 정리)
- ▶ 시장균형조건: $P = MC \Rightarrow 10 - 0.5Q = 2 \Rightarrow 0.5Q = 10 - 2$ ∴) $Q = 16, P = 2$

● 독점기업일 때
- ▶ 독점기업 평균수입곡선: $AR = 10 - 0.5Q$ (시장수요곡선 = 평균수입곡선)
- ▶ 독점기업 한계수입곡선: $MR = 10 - Q$ (평균수입곡선 기울기의 두 배)
- ▶ 균형조건: $MR = MC \Rightarrow 10 - Q = 2 \Rightarrow Q = 10 - 2$
       ∴) $Q = 8, P = 6$ ($Q = 8$을 시장수요곡선에 대입)

[경제적잉여의 변화 : 자중손실]

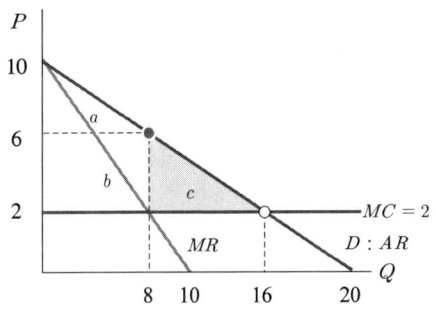

- 완전경쟁: 경제적잉여 = 소비자잉여
  $= a + b + c = 64$
  생산자잉여 $= 0$
- 독점: 소비자잉여 $= a = 16$
  생산자잉여 $= b = 32$
  경제적잉여 $= a + b = 48$
- 자중손실 = 완전경쟁 경제적잉여 − 독점 경제적잉여 48
  $= c = 16$

정답 ▶ ②

17 어느 상품에 대한 수요함수 $Q = 700 - P$ 와 비용함수 $C = \frac{1}{2}Q^2 + 400Q$ 는 분리된 두 도시 A 와 B 에서 각각 동일하다. (단, Q 는 상품의 수량, P 는 가격, C 는 총생산비용) 그런데 시장형태는 도시 A 에서는 독점, 도시 B 에서는 완전경쟁이다. 두 시장을 비교한 설명으로 옳은 것을 모두 고르면?

[회계 07]

> 가. 도시 A 의 시장균형가격은 600원으로, 도시 B 의 시장균형가격 550원 보다 높다.
> 나. 도시 A 의 시장균형거래량은 100개로, 도시 B 의 시장균형거래량 150개보다 적다.
> 다. 도시 A 의 소비자잉여는 5,000원으로, 도시 B 의 소비자잉여 11,250원보다 적다.
> 라. 도시 A 의 생산자잉여는 5,000원으로, 도시 B 의 생산자잉여 11,250원보다 적다.
> 마. 도시 A 의 사회적 잉여는 10,000원으로, 도시 B 의 사회적 잉여 22,500원보다 적다.

① 가, 나 ② 다, 라, 마 ③ 가, 나, 다
④ 가, 나, 다, 라 ⑤ 가, 나, 다, 라, 마

해설 ▶ ● 완전경쟁기업(B)

▶ 수요곡선 : $P = 700 - Q$ (수요곡선은 수요함수를 가격으로 정리하여 도출)

▶ 한계비용 : $MC = \frac{dTC}{dQ} = 400 + Q$

▶ 이윤극대화 조건 : $P = MC \Rightarrow 700 - Q = Q + 400$ ∴) $Q = 150, P = 550$

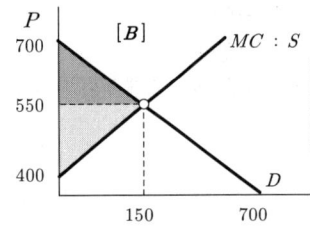

• 소비자잉여 = $(150 \cdot 150) \cdot 0.5 = 11,250$
• 생산자잉여 = $(150 \cdot 150) \cdot 0.5 = 11,250$
• 경제적 잉여 = 소비자잉여 + 생산자잉여 = 22,500

● 독점기업(A)

▶ 한계수입 : $MR = 700 - 2Q$ (수요곡선 기울기의 2배)

▶ 한계비용 : $MC = \frac{dTC}{dQ} = Q + 400$

▶ 이윤극대화 조건 : $MR = MC \Rightarrow 700 - 2Q = Q + 400$ ∴) $Q = 100, P = 600$

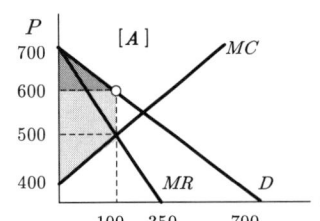

• 소비자잉여 = $(100 \cdot 100) \cdot 0.5 = 5,000$
• 생산자잉여 = $(100 \cdot 100) + (100 \cdot 100) \cdot 0.5$
  $= 15,000$
• 경제적 잉여 = 소비자잉여 + 생산자잉여
  $= 20,000$

정답 ▶ ③

V 독점규제

1. 가격통제 : 한계비용 가격설정

18 전기, 가스, 상수도 등 공공서비스는 흔히 자연독점의 성격을 갖고 있다. 이 산업에서 평균비용 가격설정 방식을 채택하는 이유는?
[지방 09]

① 자원의 효율적 배분을 위해서
② 모든 국민이 공공서비스를 이용할 수 있도록 하기 위해서
③ 한계비용에서 가격을 설정하면 자연독점기업이 손실을 보기 때문에
④ 한계비용에서 가격을 설정하면 자연독점기업의 비용절감 유인이 부족해지기 때문에

해설 ▶ • 자연독점기업의 경우,
  ▶ 가격을 한계비용 수준($P = MC$)으로 통제하면 손실 발생
  ▶ 따라서, 가격을 평균비용 수준($P = AC$)으로 통제

정답 ▶ ③

보충 ▶ • 자연독점규제의 딜레마
  ▶ 자연독점이 일어나는 상황은 초기 투자비용이 많이 들고, 규모의 경제가 존재하는 경우 발생하기 쉽다.
  ▶ 자연독점기업은 규모보수 증가에 따라 평균비용이 감소하므로 한계비용이 평균비용보다 작음.
  ▶ 따라서 자연독점기업의 가격을 한계비용 수준으로 규제하면 손실 발생

• 자연독점기업 규제 대안
  ▶ 평균비용 가격설정 : 평균비용 수준으로 가격 규제($P = AC$). 한계비용 수준($P = MC$)으로 규제할 때에 비하여 자원배분의 효율성은 감소하지만 손실을 보지는 않음
  ▶ 이중가격제 : 전체 생산량 중 일부는 낮은 가격(손실), 나머지는 높은 가격(이윤) 설정 허용
  ▶ 이부가격제 : 소비자잉여에 해당하는 만큼 가입비(입장료, 회원권 등)를 받아 고정비용에 충당하게 하고, 가격은 한계비용 수준으로 결정되게 함

19 다음의 괄호 안에 들어갈 말로 옳은 것은? [국가 05]

> 자연독점에서는 평균비용이 (ㄱ)하므로, 한계비용곡선은 평균비용곡선보다 (ㄴ)에 놓여 있다.

	(ㄱ)	(ㄴ)		(ㄱ)	(ㄴ)
①	감소	위	②	감소	아래
③	증가	위	④	증가	아래

해설 • 자연독점
▶ 규모의 경제에 따라 평균비용 감소. 평균비용이 감소하면 한계비용은 평균비용보다 적음.
▶ 따라서 한계비용곡선은 평균비용곡선 하방에 위치

정답 ▶ ②

20 독점시장에서 시장수요곡선은 $Q_D = 45 - \frac{1}{4}P$ 이고, 총비용곡선은 $TC = 100 + Q^2$ 이다(Q_D는 수요량, P는 가격, TC는 총비용, Q는 생산량임). 이때 사회전체의 후생수준이 극대화되는 생산량은? [노무 13]

① 30　　　　② 35　　　　③ 40
④ 45　　　　⑤ 50

해설 • 독점시장 : 한계비용 가격설정($P = MC$) 될 경우 사회후생 극대화
▶ 시장수요곡선 : $Q_D = 45 - \frac{1}{4}P \Rightarrow P = 180 - 4Q$ (시장수요함수를 가격으로 정리)
▶ 한계비용곡선 : $MC = 2Q$ (총비용함수를 수량으로 미분)
▶ 한계비용 가격설정 : $P = MC \Rightarrow 180 - 4Q = 2Q \Rightarrow 6Q = 180 \quad \therefore Q = 30$

정답 ▶ ①

2. 조세부과

21 다음은 독점기업이다. 이 기업은 이윤극대화를 추구한다. 맞는 설명은?　　[서울 07]

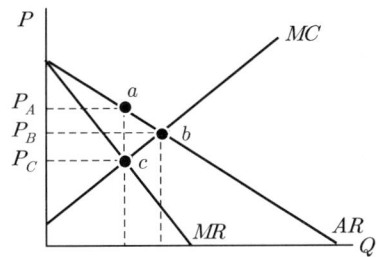

> 가. 독점기업은 제품단위당 P_A로 판매할 것이다.
> 나. 독점기업은 판매량을 늘리기 위해 제품단위당 가격을 인하하여야 한다.
> 다. 독점기업도 수요곡선과 공급곡선이 만나는 데서 생산량을 결정한다.
> 라. 독점기업의 과소생산으로 인하여 a, b, c만큼의 사회적 후생손실이 발생한다.
> 마. 정부가 독점기업에 물품세를 부과하고 소비자에게 전가하지 못하도록 하면 독점이윤을 줄일 수 있다.

① 가, 다, 라　　② 가, 다, 마　　③ 가, 나, 다, 라
④ 나, 다, 라, 마　　⑤ 가, 나, 라, 마

해설▶ 나. 수요곡선(평균수입곡선)이 우하향하므로 판매량을 늘리기 위해서는 가격을 인하해야 함
다. 독점기업도 이윤극대화 조건(한계수입=한계비용)에 따라 한계수입과 한계비용 곡선이 교차하는 점에서 생산
라. 독점기업은 완전경쟁기업에 비하여 비싼 가격으로 과소생산하며 a, b, c만큼 사회적 후생손실(자중손실) 발생
마. 독점기업에 물품세를 부과하면 물품세액만큼 독점이윤 감소

정답▶ ⑤

22 종량세의 부과가 독점기업에 미치는 영향으로서 옳은 것은?

① 평균비용곡선만 상방으로 이동한다.
② 종량세는 가변비용과 같으므로 평균비용곡선과 한계비용곡선이 상방으로 이동한다.
③ 종량세는 고정비용과 같으므로 평균비용곡선과 한계비용곡선이 상방으로 이동한다.
④ 한계비용곡선만 상방으로 이동한다.

[해설] • 종량세 : 생산물 단위당 부과하므로 가변비용
▶ 종량세가 부과되면 가변비용이 증가하므로 평균비용과 한계비용 모두 증가. 두 곡선 상방이동
▶ 한계비용곡선이 상방이동하므로 가격이 상승하고 생산량은 감소. 따라서 자원배분의 효율성 악화
▶ 독점이윤 감소, 분배 공평성 개선

[정답] ②

[보충] ▶ 독점규제

	비용	가격	생산	효율성	이윤
한계비용가격설정	불변	하락	증가	개선(大)	모두 감소 (공평성 개선)
평균비용가격설정	불변	하락(小)	증가(小)	개선(小)	
총괄세(정액세)	고정비용(TFC) 증가 AC 증가, MC 불변	불변	불변	불변	
종량세	가변비용(TVC) 증가 AC 증가, MC 증가	상승	감소	악화	
이윤세	불변	불변	불변	불변	

Ⅵ 기타

1. 가격차별

(1) 가격차별

23 X재화를 공급하는 독점기업이 이윤극대화를 위해 실시하는 가격차별에 대한 설명으로 옳지 않은 것은?

[국가 12]

① X재화에 대한 수요의 가격탄력성 차이가 집단구분의 기준이 될 수 있다.
② 두 시장을 각각 A와 B, X재화 판매의 한계수입을 MR, X재화 생산의 한계비용을 MC라고 할 때, 독점기업은 $MR_A = MR_B = MC$ 원리에 기초하여 행동한다.
③ A시장보다 B시장에서 X재화에 대한 수요가 가격에 더 탄력적이라면 독점기업은 A시장보다 B시장에서 더 높은 가격을 설정한다.
④ 독점기업이 제1차 가격차별(first-degree price discrimination)을 하는 경우 사회적으로 바람직한 양이 산출된다.

[해설] ①, ③ 수요의 가격탄력성이 작은(큰) 시장에 높은(낮은) 가격 설정
② 시장별 수요의 가격탄력도가 서로 다를 때(한계수입 서로 상이),
　이윤극대화 조건은 $MR_A = MC = MR_B$
④ 제1차 가격차별(소비자개인별 가격설정)을 하는 경우 완전경쟁균형일 때의 생산량 수준으로 생산.
　따라서 생산자잉여와 경제적잉여는 증가. 그러나 소비자잉여는 감소하여 영(0)이 됨.

[보충] • 3차가격차별 : 이윤극대화 조건과 아모로소-로빈슨 공식을 이용하여 시장별 수요의 가격탄력도에 따라 가격설정
　▶ 이윤극대화 조건 : 시장별로 한계수입은 서로 다르며, 한계비용은 동일
　　　　따라서, $MR_1 = MC = MR_2$
　▶ 아모로소-로빈슨 공식 : $MR = P\left(1 - \dfrac{1}{\varepsilon}\right)$　(단, ε : 기업수요의 가격탄력도)
　▶ 시장별 가격결정 : $MR_1 = MC = MR_2$ ⇒ $P_1\left(1 - \dfrac{1}{\varepsilon_{D_1}}\right) = MC = P_2\left(1 - \dfrac{1}{\varepsilon_{D_2}}\right)$
　▶ 수요의 가격탄력도가 작은 시장에는 높은 가격, 큰 시장에는 낮은 가격 설정

• 2차가격차별　　　　■ 소비량에 따라 가격차별
　▶ 구매 수량별로 몇 개의 수요군으로 나누어 서로 다른 가격 설정
　▶ 일반적으로 선호도가 높은 소비자는 높은 가격으로 많은 수량을 소비하고자 할 것이므로 높은 가격 설정
　▶ 공공요금 등에 적용하는 소비구간(수량)별 가격차별

- 1차가격차별(완전가격차별) ■ 소비자 개인별(상품별)로 가격차별
  ▶ 소비자 개인별 선호의 크기에 따라 모든 소비자에게 각각 서로 다른 가격 설정
  ▶ 시장공급량과 최종 소비자에게 설정되는 가격은 완전경쟁의 경우와 동일하며, 완전경쟁일 때와 동일한 경제적잉여가 발생
  ▶ 이 경우 모든 경제적잉여는 생산자잉여가 되며, 소비자잉여는 존재하지 않음   정답 ③

24 독점기업의 가격차별에 관한 설명으로 옳지 않은 것은? [노무 20]

① 가격차별을 하는 경우의 생산량은 순수독점의 경우보다 더 작아진다.
② 가격차별을 하는 독점기업은 가격탄력성이 더 작은 시장에서의 가격을 상대적으로 더 높게 책정한다.
③ 가격차별은 소득재분배효과를 가져올 수 있다.
④ 소비자의 재판매가 가능하다면 가격차별이 유지되기 어렵다.
⑤ 완전가격차별의 사회적 후생은 순수독점의 경우보다 크다.

해설
① 가격차별을 할 경우(1차, 2차, 3차 모두) 생산량은 순수독점의 경우보다 많음
② 가격탄력성이 작은 시장에는 높은 가격, 큰 시장에는 낮은 가격 설정
③ 상품가격이 소득에서 차지하는 비중이 클수록 수요의 가격탄력성이 크며, 저소득층은 수요의 가격탄력성이 큼. 따라서, 3차 가격차별에 따라 수요의 가격탄력성이 큰 시장에 낮은 가격을 설정하면 저소득층이 낮은 가격에 소비할 수 있게 되므로 소득재분배효과를 가져올 수 있음
⑤ 완전가격차별(모든 소비자에게 다른 가격 설정)의 경우 완전경쟁일 때와 같은 가격과 생산량 결정. 따라서 사회적 후생은 완전경쟁시장일 때와 같음. 단, 소비자잉여가 모두 생산자잉여가 됨   정답 ①

25 독점기업의 가격전략에 관한 설명으로 옳지 않은 것은? [노무 18]

① 독점기업이 한계수입보다 높은 수준으로 가격을 책정하는 것은 가격차별 전략이다.
② 1급 가격차별의 경우 생산량은 완전경쟁시장과 같다.
③ 2급 가격차별은 소비자들의 구매수량과 같이 구매 특성에 따라서 다른 가격을 책정하는 경우 발생한다.
④ 3급 가격차별의 경우 재판매가 불가능해야 가격차별이 성립한다.
⑤ 영화관 조조할인은 3급 가격차별의 사례이다.

해설
① 독점기업의 시장균형가격은 한계수입보다 높은 수준으로 결정. 가격차별 아님
② 1급 가격차별(완전차별)시 독점기업 생산량은 완전경쟁시장 균형생산량과 동일
③ 2급 가격차별은 구매수량에 따라 가격차별. 따라서 소비자의 구매 특성(선호도)에 따른 가격차별
④ 3급 가격차별은 두 시장으로 구분하여 가격차별하며, 시장간 재판매 불가능
⑤ 조조할인은 오전에 싸게 파는 것이므로 3급 가격차별(두 개의 가격으로 차별)   정답 ①

26 A사는 자동차 부품을 독점적으로 생산하여 대구와 광주에만 공급하고 있다. A사의 비용함수와 A사 부품에 대한 대구와 광주의 수요함수가 다음과 같을 때, A사가 대구와 광주에서 각각 결정할 최적 가격과 공급량은?

[지방 13]

- A사의 비용함수 : $C = 15Q + 20$
- 대구의 수요함수 : $Q_{대구} = -P_{대구} + 55$
- 광주의 수요함수 : $Q_{광주} = -2P_{광주} + 70$ (단, C는 비용, Q는 생산량, P는 가격이다)

① $(P_{대구}, Q_{대구}, P_{광주}, Q_{광주}) = (35, 20, 25, 20)$
② $(P_{대구}, Q_{대구}, P_{광주}, Q_{광주}) = (30, 20, 40, 20)$
③ $(P_{대구}, Q_{대구}, P_{광주}, Q_{광주}) = (30, 40, 30, 40)$
④ $(P_{대구}, Q_{대구}, P_{광주}, Q_{광주}) = (15, 40, 25, 40)$

해설 ▶ • 문제에서,

▶ A사의 한계비용 $(MC) = \dfrac{dTC}{dQ} = 15$

▶ 대구 : 수요곡선 $P = 55 - Q$ (수요함수를 가격으로 정리하여 도출)
   한계수입 $MR = 55 - 2Q$ (수요곡선 기울기의 두 배)
   이윤극대화 조건 : $MR = MC$ ⇒ $55 - 2Q = 15$ ∴) $Q = 20, P = 35$

▶ 광주 : 수요곡선 $P = 35 - 0.5Q$ (수요함수를 가격으로 정리하여 도출)
   한계수입 $MR = 35 - Q$ (수요곡선 기울기의 두 배)
   이윤극대화 조건 : $MR = MC$ ⇒ $35 - Q = 15$ ∴) $Q = 20, P = 25$

정답 ▶ ①

27 독점기업의 가격 전략에 관한 설명으로 옳은 것은?

[노무 22]

① 소비자잉여를 유지하며 생산자의 이윤을 극대화한다.
② 독점가격은 한계비용과 같다.
③ 가격차별을 하는 경우 단일 가격을 설정하는 것에 비해 사회적 후생은 증가한다.
④ 가격차별을 하는 경우 수요의 가격탄력성이 높은 소비자들에게 높은 가격을 부과한다.
⑤ 이부가격제는 소비들의 수요 행태가 다양할 때 가장 효과적이다.

해설 ▶ ① 모든 시장 기업의 목표는 자신의 이윤극대화. 소비자잉여를 고려하지 않음
② 독점 등 불완전경쟁 기업의 가격은 한계비용보다 높음. $P > MC$(한계비용)
③ 독점기업이 가격차별을 하는 경우 시장거래량이 증가하므로 사회적 후생(경제적잉여) 증가. 단, 소비자잉여가 감소하므로 일반적으로 독점기업의 가격차별은 금지
④ 3차 가격차별의 경우, 수요의 가격탄력성이 높은(낮은) 소비자에게 낮은(높은) 가격 부과
⑤ 이부가격제는 고정비용의 크기가 클 경우 허용됨

정답 ▶ ③

제13장 독점시장

(2) 다른 형태의 가격차별

28 가격차별과 관련된 다음 사례 중 성격이 다른 것은? [노무 09]

① 구내식당의 점심 메뉴는 저녁메뉴와 동일하지만 더 저렴한 가격으로 판매한다.
② 극장에서 노인에게 할인가격으로 입장권을 판매한다.
③ 극장에서 아침에 상영되는 영화에 할인요금을 적용한다.
④ 자동차회사는 차종에 따라 가격을 달리하여 자동차를 판매한다.
⑤ 자동차회사는 동일차종에 대해 해외시장과 국내시장에 다른 가격으로 판매한다.

해설▶ ① 점심 메뉴가 저녁 메뉴에 비하여 가격탄력적이라고 판단할 경우 저렴한 가격으로 판매
② 대학생, 노인 등 저소득층은 수요가 탄력적이므로 요금 할인
③ 극장요금이 소득에서 차지하는 비중이 큰 소비자는 수요가 탄력적이므로 조조할인
④ 차종에 따라 가격이 다른 것은 가격차별이 아님. 차종이 다르면 생산비가 다르므로 가격이 달라지는 것임.
⑤ 동일 차종이더라도 해외시장의 수요는 탄력적이므로 낮은 가격 설정   **정답▶ ④**

2. 이부가격

29 어느 지역에서 독점적으로 서비스를 공급하고 있는 피트니스클럽 A가 이부가격제도(two-part tariff)를 시행하려고 한다. A의 서비스에 대한 시장수요함수는 $Q = 4,000 - 5P$이다. 여기서 Q는 A가 제공하는 서비스의 양이고, P는 A의 서비스 한 단위 당 가격이다. 또한 A의 서비스 제공에 따른 한계비용은 $MC = 400$이다. A가 이윤을 극대화하기 위한 이부가격제도는? [지방 16]

	고정회비	서비스 한 단위 당 가격		고정회비	서비스 한 단위 당 가격
①	400,000원	400원	②	400,000원	600원
③	100,000원	600원	④	100,000원	400원

해설▶ • 문제에서, 시장수요곡선 $P = 800 - 0.2Q$ (시장수요함수를 가격으로 정리)
▶ 균형생산 조건 : $P = MC \Rightarrow 800 - 0.2Q = 400 \Rightarrow 0.2Q = 400$ ∴) $Q = 2,000, P = 400$
▶ 균형에서 소비자잉여는 400,000. 이 소비자잉여를 고정회비로 징수

보충▶ • 이부가격제
▶ 고정비용이 큰 독점기업이 소비자에게 상품을 사용할 수 있는 권리를 사게 한 후(가입비, 회원비, 입장료 등), 사용량에 따라 사용료를 받는 가격설정 방식
▶ 이때 가입비는 소비자잉여분 수준으로 결정되며 독점기업의 고정비용에 충당
▶ 사용료는 한계비용 수준($P = MC$)으로 결정
▶ 이 경우, 시장전체 생산량(소비량)이 증가하여 생산자잉여와 경제적잉여 증가. 단, 소비자잉여는 감소
정답▶ ①

30 어떤 독점회사의 한계비용은 500이며, 이 시장의 수요함수는 $P = 1,000 - Q_D$이다. 이 회사가 두 단계 가격(two part tariff)을 설정하여 이윤극대화하기 위한 고정요금(가입비)은? [국회 13]

① 500,000 　　② 250,000 　　③ 125,000
④ 100,000 　　⑤ 50,000

해설 ● 이부가격제

▶ 균형 조건 : 시장수요곡선과 한계비용곡선 교차점에서 가격(사용료) 결정. 즉, $P = MC$일 때 균형
▶ 균형에서의 소비자잉여를 고정요금(가입비)로 징수
▶ 문제에서, 균형 조건 : $P = MC$ ⇒ $1,000 - Q = 5,000$ ∴) $Q = 5,000, P = 5,000$
▶ 사용료는 5,000, 고정요금(가입비)은 소비자잉여 125,000로 징수

정답 ③

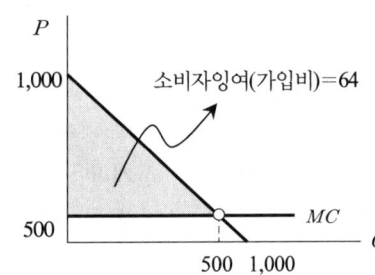

VII 독점도

31 어느 재화에 대한 수요곡선은 $Q = 100 - P$이다. 이 재화를 생산하여 이윤을 극대화하는 독점기업의 비용함수가 $C(Q) = 20Q + 10$일 때, 이 기업의 러너 지수(Lerner index) 값은? [지방 17]

① $\dfrac{1}{4}$ 　　② $\dfrac{1}{3}$ 　　③ $\dfrac{2}{3}$ 　　④ $\dfrac{3}{4}$

해설 ● 문제에서,

▶ 한계수입곡선(MR) : $MR = 100 - 2Q$ (수요곡선 기울기의 두 배. 문제의 수요곡선은 $P = 100 - Q$)
▶ 한계비용곡선(MC) : $MC = \dfrac{dTC}{dQ} = 20$ (비용함수를 수량 Q로 미분한 값)
▶ 이윤극대화 조건 : 한계수입(MR) = 한계비용(MC) ⇒ $100 - 2Q = 20$ ⇒ $2Q = 80$
　　　　　　　　　　　　　　　　　　　　　　　　　　　∴) $Q = 40, P = 60$
▶ 러너 지수 = $\dfrac{P - MC}{P} = \dfrac{60 - 20}{60} = \dfrac{2}{3}$　　■ 힉스지수 : $I_H = \dfrac{1}{\varepsilon}$

정답 ③

제14장 독점적경쟁시장

I 독점적경쟁시장의 특징

01 여러 형태의 시장 또는 기업에 관한 다음 설명 중 옳지 않은 것은? [노무 17]

① 독점기업이 직면한 수요곡선은 시장수요곡선 그 자체이다.
② 독점시장의 균형에서 가격과 한계수입의 차이가 클수록 독점도는 커진다.
③ 독점적 경쟁시장에서 제품의 차별화가 클수록 수요의 가격탄력성이 커진다.
④ 모든 기업의 이윤극대화 필요조건은 한계수입과 한계비용이 같아지는 것이다.
⑤ 독점기업은 수요의 가격탄력성이 서로 다른 두 소비자 집단이 있을 때 가격차별로 이윤극대화를 꾀할 수 있다.

해설 ① 독점시장에서는 독점기업만이 그 생산물을 공급하므로 시장수요곡선은 독점기업의 수요곡선
② 독점도(러너지수) $= \dfrac{P - MC}{P}$ (단, $MC = MR$). 가격과 한계수입의 차이가 클수록 독점도 증가
③ 제품의 차별화가 클수록 독점력(지배력)이 증가. 독점력이 클수록 수요의 가격탄력성 작아짐(가파른 수요곡선)
④ 모든 기업의 이윤극대화 필요조건은 한계수입과 한계비용이 같아지도록 생산하는 것
⑤ 독점기업은 시장별로 수요의 가격탄력성이 다를 때 시장별로 가격차별하면 이윤을 증대시킬 수 있음

보충 독점적 경쟁시장의 특징 : 독점시장과 완전경쟁시장의 특징을 동시에 가지는 시장이며 3차 서비스산업이 이에 해당

• 다수의 공급자

• 상품의 이질성
  ▶ 다수의 공급자가 공급하는 상품이 모두 이질적(異質的)
  ▶ 따라서 독점적경쟁기업은 독점력을 가지지만 독점기업에 비해서는 약함
  ▶ 독점력을 가지므로 독점적 경쟁기업의 수요곡선은 우하향하며, 독점력이 약하므로 완만한 기울기

• 자유로운 진입·퇴출
  ▶ 개별기업의 독점력이 크지 않으므로 기업의 진입과 퇴출이 자유로움
  ▶ 따라서 가격경쟁이 불가능하며 품질개선, 제품차별화 및 광고 등 비가격경쟁하게 됨

정답 ③

02 산업구조에 대한 다음 설명 중 타당하지 않은 것은? [노무 08]

① 독점적경쟁시장은 기업들의 제품차별화와 밀접한 관련을 가진다.
② 완전경쟁시장의 장기균형 상태에서 기업들은 초과이윤을 얻지 못한다.
③ 독점기업이 이윤을 극대화하는 생산량은 한계수입과 한계비용이 일치하는 수준에서 결정된다.
④ 자연독점은 규모의 경제가 존재할 때 발생한다.
⑤ 완전경쟁시장에서는 기업들이 진입과 퇴출이 자유롭지 않기 때문에 가격을 자유롭게 결정할 수 있다.

해설 ① 독점적경쟁기업은 서로 다른 품질의 상품을 생산(이질적 생산물)
② 완전경쟁 장기균형 상태에서 초과이윤은 존재하지 않음.
③ 모든 시장형태에서 기업의 이윤극대화 조건은 한계수입=한계비용
④ 자연독점 기업은 규모의 경제에 따라 평균비용이 감소하는 기업
⑤ 완전경쟁기업은 진입과 퇴출이 자유로우며 가격수용자. 따라서 시장가격에 영향을 미칠 수 없음.

정답 ⑤

Ⅱ 독점적경쟁시장의 단기균형

03 다음은 독점적경쟁기업 단기균형에 대한 설명이다. 옳지 않은 것은?

① 시장수요가 작으면 손실을 볼 수도 있다.
② 가격은 언제나 한계비용보다 높다.
③ 언제나 가격탄력적인 점에서 단기균형점이 결정된다.
④ 가격은 언제나 평균비용보다 높다.

해설 ①, ②, ④ 시장수요가 적으면 손실이 발생할 수 있으며 이 경우에는 가격이 평균비용보다 낮음. 수요곡선이 우하향하므로 가격은 언제나 한계비용보다 높음.
③ 독점의 경우와 같이 독점적경쟁의 균형은 항상 수요곡선 상 탄력적인 점에서 결정

정답 ④

보충 • 독점적 경쟁기업 단기균형
▶ 독점기업의 단기 균형과 모두 동일
▶ 독점력이 약하므로 독점적경쟁기업의 수요곡선은 독점기업 수요곡선보다 완만한 기울기를 가짐

Ⅲ 독점적경쟁시장의 장기균형

04 독점적 경쟁시장에 관한 설명으로 옳지 않은 것은? [노무 16]

① 기업의 수요곡선은 우하향하는 형태이다.
② 진입장벽이 존재하지 않으므로, 단기에는 기업이 양(+)의 이윤을 얻지 못한다.
③ 기업의 이윤극대화 가격은 한계비용보다 크다.
④ 단기에 한계수입곡선과 한계비용곡선이 만나는 점에서 이윤극대화 생산량이 결정된다.
⑤ 장기에 기업의 수요곡선과 평균비용곡선이 접하는 점에서 이윤극대화 생산량이 결정된다.

해설 ① 일반적으로 독점적경쟁기업의 수요곡선은 우하향
② 진입장벽이 존재하지 않으므로 장기에는 이윤이 0. 단기에는 이윤이 0이거나, 손실을 볼 수도 있음
⑤ 장기에는 이윤이 0 이며, 수요곡선과 평균비용곡선이 접하는 점에서 이윤극대화 균형

정답 ▶ ②

05 수많은 기업이 비슷하지만 차별화된 제품을 생산하는 시장구조를 가지고 있으며 장기적으로 이 시장으로의 진입과 탈퇴가 자유롭다. 장기에 이 시장에 대한 설명으로 옳은 것은? [서울 18(2회)]

① 가격은 한계비용 및 평균비용보다 높다.
② 가격은 평균비용보다는 높지만 한계비용과는 동일하다.
③ 가격은 한계비용보다는 높지만 평균비용과는 동일하다.
④ 가격은 한계비용 및 평균비용보다 낮다.

해설 ▶ • 독점적 경쟁시장 장기 균형 : 초과이윤 0. 따라서, $P = AC, \; P > MC$

정답 ▶ ③

06 완전경쟁 기업, 독점적 경쟁 기업, 독점 기업에 대한 설명으로 옳지 않은 것은? [국가 18]

① 단기균형하에서, 완전경쟁 기업이 생산한 제품의 가격은 한계수입이나 한계비용과 동일한 반면, 독점적 경쟁 기업과 독점 기업이 생산한 제품의 가격은 한계수입이나 한계비용보다 크다.
② 완전경쟁 기업이 직면하는 수요곡선은 수평선인 반면, 독점적경쟁 기업과 독점 기업이 직면하는 수요곡선은 우하향한다.
③ 장기균형하에서, 완전경쟁 기업과 독점적 경쟁 기업이 존재하는 시장에는 진입장벽이 존재하지 않는 반면, 독점 기업이 존재하는 시장에는 진입장벽이 존재한다.
④ 장기균형하에서, 완전경쟁 기업의 이윤은 0인 반면, 독점적경쟁 기업과 독점 기업의 이윤은 0보다 크다.

해설 ① 완전경쟁기업은 가격수요자이므로 가격 = 평균수입 = 한계수입이며, 이윤극대화 조건은 한계수입 = 한계비용. 따라서 가격 = 한계수입 = 한계비용과 동일. 그러나, 불완전경쟁기업(독점적경쟁기업, 독점기업 등)은 가격설정자이므로 가격 > 한계수입 = 한계비용
② 완전경쟁기업의 가격수용자이므로 기업이 생산량을 변화시켜도 시장가격 불변. 시장가격은 개별기업의 평균수입이며 기업의 평균수입곡선은 그 기업의 수요곡선. 따라서, 완전경쟁기업의 수요곡선은 현재 시장가격 수준에서 수평선. 그러나, 불완전경쟁기업(독점적경쟁기업, 독점기업 등)은 가격설정자이므로 우하향하는 시장수요곡선이 기업의 수요곡선
③ 장기에 완전경쟁시장과 독점적경쟁시장에는 진입장벽이 존재하지 않으며, 독점시장에는 진입장벽 존재
④ 장기에 완전경쟁시장과 독점적경쟁시장에는 진입장벽이 존재하지 않으므로 개별기업의 초과이윤은 없으며, 독점시장에는 진입장벽이 존재하므로 독점이윤 존재

정답 ④

07 독점적 경쟁의 장기균형에 대한 설명으로 가장 옳지 않은 것은? [서울 18(1회)]

① 개별기업이 직면하는 수요곡선은 우하향한다.
② 한계수입곡선은 수평선으로 그 자체가 시장가격을 의미한다.
③ 광고 및 애프터서비스 등을 통해 차별화 전략을 추진한다.
④ 진입과 퇴출이 자유로우며 초과설비가 존재한다.

해설 ② 독점적 경쟁기업의 수요곡선은 우하향. 따라서 한계수입곡선도 우하향

정답 ②

제15장 과점시장과 게임이론

I 과점시장의 특징

01 불완전경쟁시장에 관한 설명으로 옳은 것은? (단, 수요곡선은 우하향한다.) [노무 24]

① 독점기업의 공급곡선은 우상향한다.
② 베르트랑(Bertrand) 과점모형은 상대기업 산출량이 유지된다는 기대 하에 자신의 행동을 선택한다.
③ 독점기업은 이부가격제를 통해 이윤을 추가적으로 얻을 수 있다.
④ 러너(Lerner)의 독점력지수는 이윤극대화점에서 측정되는 수요의 가격탄력성과 같은 값이다.
⑤ 독점적 경쟁시장에서 수평적 차별화는 소비자가 한 상품이 비슷한 다른 상품보다 품질이 더 좋은 것으로 인식하도록 하는 것이다.

해설 ▶ ① 독점기업의 공급곡선은 존재하지 않음
② 베르트랑(Bertrand) 모형은 상대기업 가격이 유지된다는 기대 하에 자신의 가격을 결정
③ 독점기업이 이부가격제를 시행할 경우 독점이윤이 완전경쟁일 때의 소비자잉여 수준으로 증가
④ 러너(Lerner)의 독점력지수: $I_L = \dfrac{P-MC}{P} = \dfrac{1}{\text{기업수요의 가격탄력성}}$. 기업수요 가격탄력성의 역수
⑤ 수직적 차별화 : 상품의 품질 및 기능을 차별화   [예] 보급형 휴대폰과 최신 기능 휴대폰
  수평적 차별화 : 품질이나 기능이 아닌 다른 가치를 통해 차별화 [예] 코카콜라와 펩시콜라(서로 다른 기호 겨냥)

정답 ▶ ③

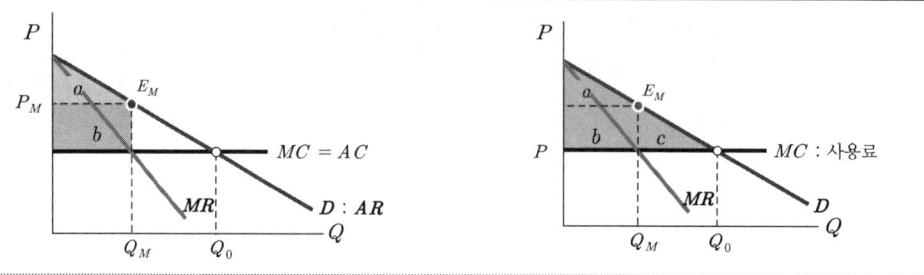

[독점균형]
- 소비자잉여 : a
- 생산자잉여 : (이윤)
- 경제적잉여 : $a+b$

[이부가격제]
- 가입비 : $a+b+c$, 사용료 : $P=MC$
- 소비자잉여 b : 0, 생산자잉여 : $a+b+c$ (이윤)
- 경제적잉여 : $a+b+c$. c 만큼 증가

II 과점시장이론

02 꾸르노(Cournot) 복점모형에서 시장수요곡선이 $P = -2Q+70$ 이고, 두 기업의 한계비용은 10으로 동일하다. 내쉬(Nash)균형에서 두 기업 생산량의 합은? (단, P는 상품가격, Q는 총생산량이다.)   [노무 23]

① 15   ② 20   ③ 25
④ 30   ⑤ 35

해설 ▶ • 쿠르노균형 : 개별기업은 한계비용 하에서 시장수요량의 1/3씩 생산

▶ 시장수요곡선은 $P = 70 - 2Q$
▶ 한계비용이 10일 때 시장수요량은 30개. 개별기업은 $(30/3) = 10$개씩 공급.
  시장전체 생산량(두 기업 생산량 합)은 20개
▶ 시장생산량이 40개이므로 시장가격은 60원

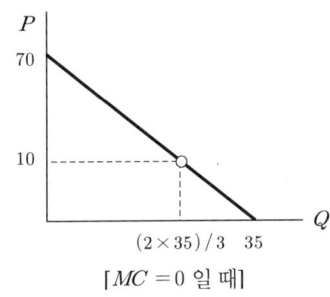
[$MC = 0$ 일 때]

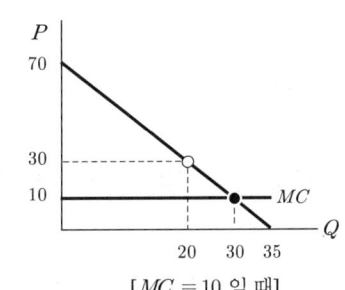
[$MC = 10$ 일 때]

정답 ▶ ②

03 꾸르노(Cournot) 경쟁을 하는 복점시장에서 역수요함수는 $P = 18 - q_1 - q_2$ 이다. 두 기업의 비용구조는 동일하며 고정비용 없이 한 단위당 생산비용은 6일 때, 기업1의 균형가격과 균형생산량은? (단, P는 가격, q_1은 기업 1의 생산량, q_2는 기업 2의 생산량이다.)   [노무 18]

① $P = 10$, $q_1 = 2$ ② $P = 10$, $q_1 = 4$ ③ $P = 14$, $q_1 = 4$
④ $P = 14$, $q_1 = 8$ ⑤ $P = 14$, $q_1 = 10$

해설 ● 쿠르노 균형

▶ 시장수요곡선: $P = 18 - q_1 - q_2$
  기업 1의 수요곡선: $P_1 = (18 - q_2) - q_1$ (단, q_2는 고정)
  기업 2의 수요곡선: $P_2 = (18 - q_1) - q_2$ (단, q_1은 고정)
▶ 기업 1 이윤극대화 균형조건: $MR_1 = MC \Rightarrow (18 - q_2) - 2q_1 = 6 \Rightarrow q_2 + 2q_1 = 12$ · · · · ①
  (단, 기업 1의 한계수입곡선은 기업 1의 수요곡선 기울기의 두 배)
▶ 기업 2의 이윤극대화 균형조건: $MR_2 = MC \Rightarrow (18 - q_1) - 2q_2 = 6 \Rightarrow q_1 + 2q_2 = 12$ · · · · ②
  (단, 기업 2의 한계수입곡선은 기업 2의 수요곡선 기울기의 두 배)
▶ ①식과 ②을 이용하여 두 기업의 생산량과 시장가격 도출. $q_1 = q_2 = 4$, $P = 10$
  ■ 풀이 과정: ①식에서, $q_2 + 2q_1 = 12 \Rightarrow q_2 = 12 - 2q_1$ · · · · ③
    ③식을 ②식에 대입, $q_1 + 2(12 - 2q_1) = 12 \Rightarrow -q_1 + 24 = 12$ ∴) $q_1 = 4$
    $q_1 = 4$를 ① 또는 ②식에 대입, $q_2 = 4$
    시장수요곡선: $P = 18 - q_1 - q_2 = 18 - 4 - 4 = 10$ ∴) $P = 10$

정답 ▶ ②

(1) 굴절수요곡선이론

04 과점시장의 굴절수요곡선 이론에 관한 설명으로 옳지 않은 것은? [노무 17]

① 한계수입곡선에는 불연속한 부분이 있다.
② 굴절수요곡선은 원점에 대해 볼록한 모양을 갖는다.
③ 한 기업이 가격을 내리면 나머지 기업들도 같이 내리려 한다.
④ 한 기업이 가격을 올리더라도 나머지 기업들은 따라서 올리려 하지 않는다.
⑤ 기업은 한계비용이 일정 범위 내에서 변해도 가격과 수량을 쉽게 바꾸려 하지 않는다.

해설 ● 굴절수요곡선이론

③ 한 기업이 가격을 내리면 다른 기업도 같이 내리므로 수요량이 많이 증가하지 않음. 가파른 수요곡선
④ 한 기업이 가격을 올리면 나머지 기업들은 같이 올리지 않으므로 수요량 많이 감소. 완만한 수요곡선
② 따라서 수요곡선은 현재 가격 수준에서 원점에 오목한 형태로 굴절
① 수요곡선이 굴절되는 점에서 한계수입곡선은 불연속적 형태를 가짐

보충 ● 굴절수요곡선이론 : 과점시장의 가격경직성 이론

▶ 한 기업이 가격을 인하하면 다른 기업들도 같이 인하할 것이므로 수요곡선이 가파른 기울기를 가지고,
  한 기업이 가격을 인상하면 다른 기업들은 같이 인상하지 않을 것이므로 수요곡선이 완만한 기울기
▶ 따라서 과점기업은 현재 가격 수준에서 가격을 쉽게 조정할 수 없으므로 과점가격은 경직성을 가지게 되며, 과점기업은 가격경쟁이 아닌 다른 형태(광고, 품질개선 등)의 경쟁을 하게 됨
⑤ 한계수입곡선이 불연속적인 구간(수요곡선 굴절 점)에서는 한계비용이 변화해도 가격과 생산량 불변

정답 ▶ ②

Ⅲ 게임이론

05 죄수의 딜레마(prisoner's dilemma) 모형에 대한 설명으로 옳은 것은? [국가 08]

① 완전경쟁시장에서의 기업 간 관계를 잘 설명할 수 있다.
② 우월전략이 존재하지 않는다.
③ 죄수의 딜레마 상황이 무한반복되는 경우 참가자들 간의 협조가 더 어려워진다.
④ 과점기업들이 공동행위를 통한 독점이윤을 누리기 어려운 이유를 잘 설명할 수 있다.

해설 ①, ② 죄수의 딜레마는 과점기업들의 우월전략게임에서 나타나는 현상
③ 무한반복게임의 경우는 담합하지 않더라도 서로 협조적인 전략을 사용하여 높은 보수를 얻을 수 있음.
④ 과점기업들이 공동행위를 할 경우에는 더 큰 이윤을 볼 수 있으나, 이기심에 기초한 우월전략 게임의 균형에서는 이윤이 감소하거나 손실을 볼 수도 있음.   **정답** ④

보충
- 죄수의 딜레마 : 우월전략 게임에서, 이기심에 기초한 전략적 균형은 비효율적 결과를 초래할 수도 있음.

- 반복게임이론
  ▶ 두 기업이 빈번하게 무한반복되는 게임을 할 경우 서로 협조적 전략을 채택하여 모두 이익을 볼 수 있음. 문제의 경우, 게임이 무한반복 될 경우 서로 2전략을 사용하여 높은 보수를 얻을 수 있음.
  ▶ 1회성 게임이거나 마지막 게임의 경우는 비협조적 게임을 하게 됨.

06 <보기>의 경기자 갑은 A와 B, 경기자 을은 C와 D라는 전략을 가지고 있다. 각 전략 조합에서 첫 번째 숫자는 경기자 갑, 두 번째 숫자는 경기자 을의 보수이다. 이 게임에 대한 설명 가운데 가장 옳은 것은? [서울 18(1회)]

<보 기>

갑＼을	C	D
A	(5, 15)	(10, 12)
B	(−2, 10)	(8, 5)

① 우월전략을 갖지 못한 경기자가 있지만, 내쉬균형은 1개 존재한다.
② 각 경기자 모두 우월전략을 가지므로 죄수의 딜레마 게임이다.
③ 다른 경기자의 선택을 미리 알 경우, 모르고 선택하는 경우와 다른 선택을 하는 경기자가 있다.
④ 내쉬균형은 파레토 효율적이다.

해설 ① 갑과 을 모두 우월전략이 존재하며, 내쉬균형은 1개(A, C) 존재
② 죄수의 딜레마는 우월전략 게임 균형이 두 경기자 모두에게 최악이 되는 결과인 경우를 말함. 문제의 우월전략 균형(A, C)은 두 경기자 모두에게 최악인 결과는 아님
③ 문제의 우월전략게임이나 내쉬전략게임은 모두 다른 경기자의 선택을 모르고 선택하는 경우이며, 다른 경기자의 선택을 미리 알고 선택하는 게임은 순차형게임. 위 문제의 경우는 순차형게임의 균형도 위와 동일
④ 갑이 A 전략, 을은 C 전략을 선택할 때 내쉬균형. 이때 다른 전략 조합으로 바꾸면 둘 중 하나의 보수가 감소하거나 둘 모두의 보수가 감소함. 따라서 내쉬균형은 파레토 효율적인 균형임

정답 ④

- 문제에서,

  ▶ 우월전략균형 : 갑은 A 전략, 을은 C 전략

갑			을의 선택	을의 우월전략	우월전략 균형
	A	←	$C : 15$ $D : 12$	C	
	B	←	$C : 10$ $D : 5$		(A, C)

을			갑의 선택	갑의 우월전략	
	C	←	$A : 5$ $B : -2$	A	
	D	←	$A : 10$ $B : 8$		

  ▶ 내쉬전략균형 : 갑은 A 전략, 을은 C 전략

내쉬전략 게임							내쉬 균형
갑 A	←	을 C	←	갑 A			
갑 B	←	을 C	←	갑 A	←	을 C	(A, C)
을 C	←	갑 A	←	을 C			
을 D	←	갑 A	←	을 C	←	갑 A	

  ▶ 순차형게임

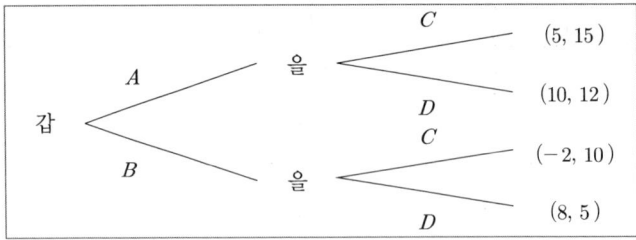

  갑이 A 전략을 택하면 을은 C 전략을 택하며 이때 갑의 보수는 5
  갑이 B 전략을 택하면 을은 C 전략을 택하며 이때 갑의 보수는 -2
  따라서, 갑은 A 전략을 선택하고, 이때 을은 C 전략 선택(내쉬 균형과 동일)

07 A국과 B국은 상호 무역에 대해 각각 관세와 무관세로 대응할 수 있다. 다음은 양국이 동시에 전략을 선택할 경우의 보수행렬이다. 이에 관한 설명으로 옳지 않은 것은? (단, 본 게임은 1회만 행해지고 괄호 안의 왼쪽 값은 A국의 보수, 오른쪽 값은 B국의 보수를 나타낸다.) [노무 19]

(단위 : 억 원)

		B국	
		무 관 세	관 세
A국	무 관 세	(300, 250)	(400, 100)
	관 세	(150, 300)	(200, 200)

① A국의 우월전략은 관세이다.
② B국의 우월전략은 무관세이다.
③ 내쉬균형의 보수조합은 (300, 250)이다.
④ 내쉬균형은 파레토효율적(Pareto efficient)이다.
⑤ 우월전략균형이 내쉬균형이다.

해설 • 문제에서,

▶ 우월전략균형 : 무관세

		B국의 선택	B국의 우월전략		우월전략 균형
A국	무관세	←	무관세 : 250 관 세 : 100	무관세	무관세 (300, 250)
	관 세	←	무관세 : 300 관 세 : 200		

		A국의 선택	A국 우월전략
B국	무관세	←	무관세 : 300 관 세 : 150	무관세
	관 세	←	무관세 : 400 관 세 : 200	

▶ 내쉬전략균형 : 갑은 A전략, 을은 C전략

내쉬전략 게임	내쉬 균형
A국 무관세 ← B국 무관세 ← A국 무관세	무관세 (300, 250)
A국 관 세 ← B국 무관세 ← A국 무관세 ← B국 무관세	
B국 무관세 ← A국 무관세 ← B국 무관세	
B국 관 세 ← A국 무관세 ← B국 무관세 ← A국 무관세	

▶ 내쉬균형(무관세)에서 각국이 전략을 바꿀 때 한 나라 또는 두 나라의 보수가 감소하므로 파레토최적 전략

정답 ①

08 동일한 상품을 경쟁적으로 판매하고 있는 두 기업 A와 B는 이윤을 극대화하기 위해 광고 전략을 고려하고 있다. 다음은 두 기업이 전략을 동시에 선택할 경우 얻게 되는 보수행렬이다. 이에 관한 설명으로 옳은 것은? (단, A와 B는 전략을 동시에 선택하고 합리적으로 행동하며 본 게임은 1회만 행해진다. 괄호 안의 왼쪽 값은 A의 보수, 오른쪽 값은 B의 보수를 나타낸다.)

[노무 22]

		B	
		광고함	광고 안함
A	광고함	(6, 4)	(8, 3)
	광고 안함	(3, 8)	(10, 4)

① 내쉬균형의 보수조합은 (6, 4)이다.
② A의 우월전략은 광고함을 선택하는 것이다.
③ B의 우월전략은 광고 안함을 선택하는 것이다.
④ A와 B가 각각 우월전략을 선택할 때 내쉬균형에 도달한다.
⑤ 내쉬균형은 파레토 효율적(Pareto efficient)이다.

해설 • 우월전략균형 : A 우월전략 없음, B 우월전략은 광고 함. 따라서 우월전략 균형 없음

B		A	A의 우월전략	우월전략 균형
	광고 함	←	광고 함 : **6** 광고 안함 : 3	없음	없음
	광고 안함	←	광고 함 : 8 광고 안함 : **10**		

A		B	B의 우월전략
	광고 함	←	광고 함 : **4** 광고 안함 : 3	광고 함
	광고 안함	←	광고 함 : **8** 광고 안함 : 4	

• 내쉬전략균형 : A와 B 모두 광고 함(1개 내쉬균형 존재), 이때 A와 B의 보수는 (6, 4)

내쉬전략 게임								내쉬 균형
A 광고함	←	B 광고함	←	A 광고함	←	B 광고함		(A 광고함, B 광고함)
A 광고안함		B 광고함	←	A 광고함	←	B 광고함		이때 보수 : (6, 4)
B 광고함	←	A 광고함	←	B 광고함	←	A 광고함		
B 광고안함		A 광고안함	←	B 광고함	←	A 광고함		

④ A와 B의 우월전략균형은 존재하지 않으며, A와 B의 내쉬균형은 모두 광고 함
⑤ 내쉬균형에서 A와 B의 보수는 (6, 4). 이때 A와 B가 모두 광고하지 않는다면 보수가 (10, 4)으로 변화.. 이 경우, B의 보수는 그대로이지만 A의 보수가 증가하므로 모두 광고하지 않는 것이 파레토 효율적 (Pareto efficient) 선택. 따라서 내쉬균형은 파레토 효율적(Pareto efficient) 선택이 아님

정답 ▶ ①

09 A국과 B국은 전기차 산업 육성을 위하여 수출보조금 지급 전략을 선택한다. 두 국가가 아래와 같이 3개의 보조금 전략과 보수행렬을 갖는 경우, 내쉬균형은? (단, 1회성 동시게임이고, 괄호 안의 왼쪽 값은 A국, 오른쪽 값은 B국의 보수이다.)

[노무 24]

		B국		
		높은 보조금	중간 보조금	낮은 보조금
A국	높은 보조금	(600, 100)	(400, 200)	(100, 650)
	중간 보조금	(300, 300)	(550, 500)	(350, 350)
	낮은 보조금	(100, 750)	(300, 350)	(200, 550)

① A국 높은 보조금, B국 높은 보조금
② A국 낮은 보조금, B국 낮은 보조금
③ A국 중간 보조금, B국 중간 보조금
④ A국 낮은 보조금, B국 높은 보조금
⑤ A국 중간 보조금, B국 낮은 보조금

해설 • A국과 B국의 내쉬전략

A국의 전략	B국의 내쉬전략
높은 보조금	← 낮은 보조금
중간 보조금	← 중간 보조금
낮은 보조금	← 높은 보조금

B국의 전략	A국의 내쉬전략
높은 보조금	← 높은 보조금
중간 보조금	← 중간 보조금
낮은 보조금	← 중간 보조금

• 내쉬전략 균형

내쉬전략게임	내쉬균형
A높은 ← B낮은 ← A중간 ← B중간 ← A중간	모두 중간 보조금
A중간 ← B중간 ← A중간 ← B중간	
A낮은 ← B높은 ← A높은 ← B낮은 ← A중간 ← B중간 ← A중간	
B높은 ← A높은 ← B낮은 ← A중간 ← B중간 ← A중간	
B중간 ← A중간 ← B중간 ← A중간	
B낮은 ← A중간 ← B중간 ← A중간	

정답 ▶ ③

이패스 객관식 경제학 미시경제학

06

제6편 소득분배와 생산요소시장

제16장 소득분배이론
제17장 생산요소시장

제16장 소득분배이론

I. 소득분배균등도 측정

01 다음은 불평등지수에 대한 설명이다. ㉠ ~ ㉢에 들어갈 말로 알맞은 것은? [지방 14]

> ○ 지니계수가 (㉠)수록, 소득불평등 정도가 크다.
> ○ 십분위 분배율이 (㉡)수록, 소득불평등 정도가 크다.
> ○ 앳킨슨지수가 (㉢)수록, 소득불평등 정도가 크다.

	㉠	㉡	㉢		㉠	㉡	㉢
①	클	작을	작을	②	클	작을	클
③	작을	작을	작을	④	작을	클	클

해설
- 지니계수가 클수록 소득분배 불평등
- 십분위 분배율이 작을수록, 소득분배 불평등
- 앳킨슨지수가 클수록 소득분배 불평등

보충
- 10분위분배율 = $\dfrac{\text{하위 40\% 인구의 소득}}{\text{상위 20\% 인구의 소득}}$ (단, 0~2. 클수록 균등분배)

- 소득5분위 배율 = $\dfrac{\text{상위 20\% 인구의 소득}}{\text{하위 20\% 인구의 소득}}$ (단, 0~∞. 작을수록 균등분배)

- 지니계수 = $\dfrac{\text{대각선과 로렌츠곡선 사이의 면적}}{\text{대각선 아래 삼각형 면적}}$ (단, 0~1. 작을수록 균등분배)

- 앳킨슨(Atkinson)지수 (단, 0~1. 작을수록 균등분배)

  $A = 1 - \dfrac{Y_{EDE}}{\mu}$ (단, 0~1. 작을수록 균등하다고 평가. Y_{EDE} : 균등분배대등소득, μ : 평균소득)

  ▶ 현재 소득분배가 완전균등하다고 볼 경우, $Y_{EDE} = \mu$. 앳킨슨지수 = 0
  ▶ 현재 소득분배가 완전불균등하다고 볼 경우, $Y_{EDE} = 0$. 앳킨슨지수 = 1

■ 소득분배균등도 평가

지수	지수의 범위	균등분배	불균등분배
10분위분배율	0~2	클수록 균등분배	작을수록 불균등분배
소득5분위배율	0~∞	작을수록 균등분배	클수록 불균등분배
지니계수	0~1	작을수록 균등분배	클수록 불균등분배
앳킨슨지수	0~1	작을수록 균등분배	클수록 불균등분배

정답 ②

02 지니계수에 관한 설명으로 옳은 것을 모두 고른 것은? [노무 19, 21]

> ㄱ. 대표적인 소득분배 측정방법 중 하나이다
> ㄴ. 45도 대각선 아래의 삼각형 면적을 45도 대각선과 로렌츠곡선 사이에 만들어진 초승달 모양의 면적으로 나눈 비율이다.
> ㄷ. -1과 1 사이의 값을 갖는다.
> ㄹ. 계수의 값이 클수록 평등한 분배상태를 나타낸다.

① ㄱ   ② ㄱ, ㄴ   ③ ㄴ, ㄷ
④ ㄱ, ㄷ, ㄹ   ⑤ ㄴ, ㄷ, ㄹ

해설 ▶ ㄱ. 대표적 소득분배 측정 지수
ㄴ. 45도 대각선과 로렌츠곡선 사이의 초승달 모양 면적을 45도 대각선 아래 삼각형 면적으로 나눈 비율
ㄷ, ㄹ. 0과 1 사이의 값을 가지며, 작을수록 평등한 분배상태

정답 ▶ ①

03 소득분배의 측정과 관련된 설명으로 옳은 것은? [9급 15]

① 지니계수의 값이 클수록 소득은 균등하다.
② 소득수준이 균등할수록 로렌츠곡선은 45도 대각선에 근접한다.
③ 십분위분배율은 10% 단위로 가구의 누적 비율과 소득의 누적점유율 사이의 관계를 나타낸다.
④ 쿠즈네츠 U자 가설에 따르면 경제발전 초기단계에는 소득분배가 균등해지나, 성숙단계로 들어서면 불균등이 심해진다.

해설 ▶ ② 소득수준이 균등할수록 로렌츠곡선은 45도 대각선에 근접
④ U자 가설에 따르면 경제발전 초기단계에는 소득분배가 불균등해지만, 성숙단계로 들어서면 불균등이 완화됨

정답 ▶ ②

04 소득분배지표에 관한 설명으로 옳지 않은 것은? [노무 22]

① 로렌츠곡선이 대각선에 접근할수록 지니계수는 커진다.
② 지니계수는 0과 1사이의 값을 가지며, 그 값이 작을수록 분배상태가 더 평등한 것으로 본다.
③ 로렌츠곡선은 인구의 누적비율과 소득의 누적비율을 각각 축으로 하여 계층별 소득분포를 표시한 곡선을 말한다.
④ 십분위분배율이란 최하위 40 % 소득계층의 소득점유율을 최상위 20 % 소득계층의 소득점유율로 나눈 값을 말한다.
⑤ 십분위분배율은 0과 2사이의 값을 가지며, 값이 클수록 더욱 평등한 분배상태를 의미한다.

[해설] ① 로렌츠곡선이 대각선에 접근할수록 지니계수 작음   [정답] ①

05 소득분배를 측정하는 방식에 관한 설명으로 옳지 않은 것은? [노무 18]

① 지니계수 값이 커질수록 더 불균등한 소득분배를 나타낸다.
② 십분위분배율 값이 커질수록 더 균등한 소득분배를 나타낸다.
③ 모든 구성원의 소득이 동일하다면 로렌츠 곡선은 대각선이다.
④ 동일한 지니계수 값을 갖는 두 로렌츠 곡선은 교차할 수 없다.
⑤ 전체 구성원의 소득기준 하위 10% 계층이 전체 소득의 10%를 벌면 로렌츠 곡선은 대각선이다.

[해설] ① 지니계수 $= \dfrac{\text{대각선과 로렌츠곡선 사이의 면적}}{\text{대각선 아래 삼각형 면적}}$. 지니계수 값이 크면 더 불균등한 소득분배

② 10분위분배율 $= \dfrac{\text{하위 40\% 인구의 소득}}{\text{상위 20\% 인구의 소득}}$. 십분위분배율 값이 크면 더 균등한 소득분배

③ 모든 구성원의 소득이 동일(균등분배)하다면 로렌츠 곡선은 대각선
④ 두 로렌츠 곡선이 교차할 경우, 동일한 지니계수 값을 가질 수 있음
⑤ 소득하위 10% 계층이 전체 소득의 10%를 벌면 인구누적비율과 소득누적비율이 같으므로 로렌츠곡선은 대각선   [정답] ④

06 다음 표는 A국의 십분위별 소득분포이다. 십분위분배율을 구하면?

소득 계층 점유 비율	제1분위	제2분위	제3분위	제4분위	제5분위	제6분위	제7분위	제8분위	제9분위	제10분위
	3	5	6	7	8	9	11	12	15	24

① 0.54　　　　② 0.33　　　　③ 8.00
④ 4.88　　　　⑤ 1.86

해설 ▶ • 문제에서, 10분위분배율 = $\dfrac{\text{하위 40\% 인구의 소득누적비율(21\%)}}{\text{상위 20\% 인구의 소득누적비율(39\%)}} = 0.54$

정답 ▶ ①

07 A국에서 국민 20%가 전체 소득의 절반을, 그 외 국민 80%가 나머지 절반을 균등하게 나누어 가지고 있다. A국의 지니계수는?   [국가 19]

①　0.2　　　　　　　　　② 0.3
③　0.4　　　　　　　　　④ 0.5

해설 ▶ • 지니계수 = $\dfrac{\text{대각선과 로렌츠곡선 사이 면적}}{\text{대각선 아래 삼각형 면적}} = 0.3$

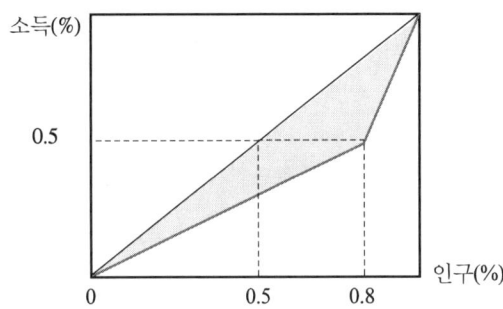

정답 ▶ ②

II 소득분배불균등과 소득재분배

1. 보상격차

08 아담 스미스(A. Smith)의 보상적 임금격차의 요인으로 옳은 것을 모두 고른 것은? [노무 12]

| ㄱ. 노동의 난이도 | ㄴ. 작업의 쾌적도 |
| ㄷ. 임금의 불안전성 | ㄹ. 요구되는 교육·훈련의 차이 |

① ㄱ, ㄴ ② ㄱ, ㄴ, ㄷ, ㄹ ③ ㄱ, ㄴ, ㄹ
④ ㄴ, ㄷ ⑤ ㄴ, ㄷ, ㄹ

해설 ▶ • 보상격차(보상적 임금격차)
  ▶ 작업조건의 차이에 따른 임금격차
  ▶ 고통스럽고 어렵고 지루하며, 위험이 높은 작업에 높은 임금 지급   **정답** ▶ ②

09 다음 중 소득분배에 대한 설명으로 적절하지 못한 것은? [서울 09]

① 로렌츠곡선을 이용하여 소득의 불균등도를 측정할 수 있다.
② 10분위분배율을 보고 고소득층과 저소득층의 소득격차를 파악할 수 있다.
③ 주간근무자가 야간근무자에 비해 임금을 적게 받는 것은 보상적 임금격차로 설명될 수 있다.
④ 지니계수가 0이라는 것은 모든 구성원의 소득이 동일함을 의미한다.
⑤ 어떤 기업에서 일하는 여성근로자와 남성근로자의 평균임금이 다르다면 차별이 있다고 말할 수 있다.

해설 ▶ ① 로렌츠곡선의 곡률이 클수록 소득분배 불균등
  ② 10분위분배율은 소득분배 불균등(균등) 정도를 파악하는 지수. 소득격차(차이)를 측정할 수는 없음
  ③ 주간근무자가 야간근무자에 비해 임금을 적게 받는 것은 보상적 임금 격차
  ④ 지니계수가 0이면 완전 균등분배
  ⑤ 성별 또는 학력별 평균임금 격차는 불합리한 임금차별   **정답** ▶ ②

10 보상적 임금격차 개념과 관련하여 잘못된 설명은 어느 것인가? [노무 07]

① 오염 정도가 높은 지역에서 근무하는 직업일수록 보상적 임금은 양(+)의 값을 가질 것이다.
② 비슷한 교육수준에도 불구하고 대학교수들이 의사나 변호사에 비해 낮은 임금을 받는 것을 보상적 임금격차로 설명할 수 있다.
③ 물가가 비싼 지역에서 근무할 경우 보상적 임금은 양(+)의 값을 가질 것이다.
④ 비금전적 측면에서 매우 매력적인 직업일수록 다른 산업의 유사한 일에 비해 보상적 임금은 양(+)의 값을 가질 것이다.
⑤ 보상적 임금격차 개념에 기초할 때 높은 승진가능성이 있는 직업에서는 낮은 임금이 형성될 가능성이 높다.

해설 ▶ ④ 비금전적 측면에서 매력적인 직업의 임금은 낮은 수준으로 결정.
따라서 보상적 임금은 부(−)의 값

정답 ▶ ④

11 노동시장에서의 임금격차에 관한 설명으로 옳지 않은 것은? [노무 20]

① 임금격차는 인적자본의 차이에 따라 발생할 수 있다.
② 임금격차는 작업조건이 다르면 발생할 수 있다.
③ 임금격차는 각 개인의 능력과 노력 정도의 차이에 따라 발생할 수 있다.
④ 임금격차는 노동시장에 대한 정보가 완전해도 발생할 수 있다.
⑤ 임금격차는 차별이 없으면 발생하지 않는다.

해설 ▶ 임금격차 발생 요인 : 인적자본 차이에 따른 생산성 격차, 작업조건, 능력과 노력의 차이,
노동시장의 불완전정보, 차별 등
④, ⑤ 노동시장에 대한 정보가 완전하거나 차별이 있는 경우에도 다른 요인에 의해 임금격차가 발생할 수 있음

정답 ▶ ⑤

2. 소득재분배에 관한 세 가지 견해

12 다음 보기에서 소득분배에 대한 관점을 연결한 것 중 옳은 것은? [보험 12]

> ㉠ 최대다수의 최대행복이라는 사상으로 대표되며, 가장 바람직한 소득분배상태는 사회구성원 전체의 효용의 합이 최대가 되는 것이다.
> ㉡ 재분배과정에서 저소득계층에게 보다 높은 가중치를 부여한다.
> ㉢ 소득재분배문제에서 정당한 권리의 원칙을 주장한다.
> ㉣ 저소득계층의 경제적 상태를 진전시키지 않고는 사회후생의 증가를 기대할 수 없다.

① ㉠- 평등주의적 관점   ② ㉡- 공리주의적 관점
③ ㉢- 진보주의적 관점   ④ ㉣- 롤즈(J. Rawls)의 관점

해설 ▶ ㉠ 공리주의 : 최대다수의 최대행복. 따라서, 사회구성원 전체의 효용이 최대가 되는 소득분배가 바람직한 분배
㉡ 평등주의 : 저소득계층 소득에 높은 가중치. 따라서 소득재분배할 때 사회후생 증가
㉢ 자유주의 : 정당하게 창출되고 이전된 소득은 재분배할 필요 없음.
㉣ 진보주의 : 롤즈(J. Rawls)의 최소극대화 원칙. 최저소득계층의 소득이 증가해야만 사회후생이 증가할 수 있음.

보충 ▶ • 공리주의 : 사회구성원 전체의 효용이 최대가 되는 소득분배가 바람직한 소득분배 상태
  ▶ 모든 개인의 소득에 대한 한계효용이 체감할 경우, 고소득자의 소득을 저소득층에 재분배하면 사회후생 증가
  ▶ 모든 개인의 소득에 대한 한계효용이 체감하고 동일할 경우, 소득이 완전균등분배될 때 사회후생 극대화
• 진보주의 : 롤즈(J. Rawls)의 정의론. 최저소득자(절대빈곤층)의 소득이 증가해야만 사회후생 증가
• 자유주의 : 소득의 취득과 이전이 정당할 경우, 소득을 재분배할 이유가 없음. 따라서 기회균등이 중요
• 평등주의 : 고소득층의 소득을 저소득층에 재분배할 때 사회후생 증가. 따라서 저소득층의 소득에 높은 가중치

정답 ▶ ④

제17장 생산요소시장

I. 완전경쟁 요소시장

1. 완전경쟁 생산물시장

01 ( )에 들어갈 내용으로 옳은 것은? [노무 19]

> 완전경쟁시장에서 이윤극대화를 추구하는 기업은 생산물시장에서 제품가격이 (ㄱ)과 일치하는 수준에서 생산량을 결정한다. 동시에 노동시장에서 임금이 (ㄴ)와(과) 일치하는 수준에서 노동수요를 결정한다.

① ㄱ : 한계비용,   ㄴ : 한계생산가치   ② ㄱ : 한계비용,   ㄴ : 평균생산가치
③ ㄱ : 한계수입,   ㄴ : 한계생산가치   ④ ㄱ : 한계수입,   ㄴ : 평균생산가치
⑤ ㄱ : 한계수입,   ㄴ : 한계비용

[해설] • 생산물 생산
  ▶ 이윤극대화 조건 : 한계수입(MR) =한계비용(MC),
                 완전경쟁기업의 경우 시장가격(P) =한계수입(MR)
  ▶ 따라서, 완전경쟁기업은 시장가격(P)과 한계비용(MC)이 같은 수준에서 생산
• 생산요소(노동) 고용
  ▶ 이윤극대화 조건 : 한계수입생산물(MRP) =한계요소비용(MFC),
                 생산물시장 완전경쟁일 때, 한계수입생산물(MRP) =한계생산물가치(VMP)
                 노동시장이 완전경쟁일 때, 한계요소비용(MFC) =시장임금(W)
  ▶ 따라서, 생산물시장과 노동이 완전경쟁일 때 한계생산물가치(VMP)와 시장임금(W)이 같은 수준에서 고용

정답 ▶ ①

[보충] • 노동시장과 생산물시장이 모두 완전경쟁일 때,
  ▶ 노동시장 완전경쟁 : 개별기업은 가격수용자이므로, 한계요소비용(MFC_L) = 임금(W)
  ▶ 생산물시장 완전경쟁 : 가격과 한계수입이 동일하므로,
    한계수입생산물($MRP_L = MR \cdot MP_L$) =한계생산물가치($VMP_L = P \cdot MP_L$)

- 노동고용 이윤극대화조건
  - 필요조건(1계조건) : 한계요소비용(MFC_L) = 한계수입생산물($MRP_L = MR \cdot MP_L$)
    $\Rightarrow$ 임금(W) = 한계생산물가치($VMP_L = P \cdot MP_L$)
    $\therefore) \ W = P \cdot MP_L$, 또는 $\frac{W}{P} = MP_L$
  - 충분조건(2계조건)
    한계요소비용(MFC_L) 곡선의 기울기 > 한계생산물가치($VMP_L = P \cdot MP_L$) 곡선의 기울기
- 노동수요곡선
  - 개별기업의 노동수요곡선은 한계수입생산물($MRP_L = MR \cdot MP_L$) 곡선이며, 생산물시장이 완전경쟁일 경우는 한계생산물가치($VMP_L = P \cdot MP_L$) 곡선과 동일
  - 시장노동수요곡선은 개별기업 노동수요곡선의 수평합으로 도출
  - 노동투입량이 증가할 때 한계생산물이 체감하므로 노동수요곡선은 우하향

02 생산물시장과 노동시장이 완전경쟁적인 경우, 한 기업의 노동수요곡선을 의미하는 한계생산가치(Value of Marginal Product) 곡선이 우하향하는 이유는 노동투입을 점점 증가시킴에 따라 다음의 어느 것이 감소하기 때문인가?

[서울 13]

① 한계생산(Marginal Product)
② 한계요소비용(Marginal Factor Cost)
③ 한계비용(Marginal Cost)
④ 평균비용(Average Cost)
⑤ 임금(Wage)

해설 ▶ • 생산물시장과 노동시장이 완전경쟁일 경우,
  ▶ 기업의 노동수요곡선은 한계생산물가치($VMP_L = P \cdot MP_L$) 곡선
  ▶ 노동투입량이 증가할 때 노동의 한계생산물(MP_L)이 감소하므로 노동의 한계생산물가치 ($VMP_L = P \cdot MP_L$) 감소. 따라서 노동수요곡선은 우하향

정답 ▶ ①

03 생산물시장과 생산요소시장이 모두 완전경쟁적이라고 가정하자. 이 경우 노동의 한계생산물이 50, 생산물가격이 40원이고, 노동자의 임금이 1,800원이라면 이 기업은 이윤극대화를 위해 어떠한 조치를 취할 것으로 기대되는가?

[보험 05]

① 가격을 올릴 것이다.
② 이 상태를 그대로 유지할 것이다.
③ 노동자를 추가적으로 더 고용할 것이다.
④ 일부 노동자를 감축할 것이다.

해설 ▶ • 요소고용 이윤극대화조건(생산물시장 완전경쟁일 때) : $MFC_L(=W) = VMP(P \cdot MP_L)$
  ▶ 문제에서, $MFC_L(1,800) < VMP(40 \cdot 50 = 2,000)$. 한계이윤 존재
  ▶ 따라서, 노동투입량을 늘리면 이윤 증가

정답 ▶ ③

04 어떤 산업에서 임금이 상승할 경우, 노동공급은 증가하고 노동수요는 감소하는 상태에서 균형을 이루고 있다. 이 산업에서 생산물 가격이 하락할 때, 새로운 균형 달성을 위한 임금수준과 고용량의 변화에 관한 설명으로 옳은 것은? (단, 생산물시장과 생산요소시장은 완전경쟁이고, 기업들은 이윤극대화를 추구한다.) [노무 17]

① 임금 상승, 고용량 감소
② 임금 상승, 고용량 증가
③ 임금 하락, 고용량 감소
④ 임금 하락, 고용량 증가
⑤ 임금 및 고용량 변화 없음

해설▶ (문제에서, '임금이 상승할 경우, 노동공급은 증가하고 노동수요는 감소하는'이라는 것은 '임금이 상승할 때 노동공급량은 증가(노동공급곡선 우상향)하고 노동수요량은 감소(노동수요곡선 좌상향(우하향))하는'이라고 해야 함)

- 문제에서, 생산물 가격 하락 (단, 생산물시장과 노동시장은 완전경쟁)
  ▶ 노동수요곡선은 노동의 한계생산물가치곡선($VMP_L = P \cdot MP_L$)
  ▶ 생산물가격(P)이 하락하면 노동의 한계생산물가치가 감소하므로 노동수요곡선 하방(좌측)이동
  ▶ 따라서 노동수요가 감소(노동수요곡선 좌측이동)하므로 임금 하락, 고용량 감소

정답▶ ③

05 사람들의 선호체계가 변화하여 막걸리 수요가 증가하고 가격이 상승했다고 하자. 이와 같은 막걸리 가격 상승이 막걸리를 생산하는 인부의 균형고용량과 균형임금에 미치는 효과에 대한 설명으로 가장 옳은 것은? (단, 막걸리를 생산하는 인부의 노동시장은 완전경쟁적이다.) [서울 19(1회)]

① 노동의 한계생산가치는 증가하여 고용량은 증가하고 임금은 증가한다.
② 노동의 한계생산가치는 증가하여 고용량은 감소하고 임금은 증가한다.
③ 노동의 한계생산가치는 감소하여 고용량은 증가하고 임금은 감소한다.
④ 노동의 한계생산가치는 감소하여 고용량은 감소하고 임금은 감소한다.

해설▶
- 생산물시장과 노동시장이 모두 완전경쟁시장일 때, 노동수요곡선은 노동의 한계생산물가치곡선(VMP_L)이며, 노동의 한계생산물가치는 $VMP_L = P \cdot MP_L$
- 문제에서, 막걸리 가격(P)이 상승하면 노동의 한계생산물가치($VMP_L = P \cdot MP_L$) 증가
  ▶ 한계생산물가치가 증가하면 노동수요 증가(노동수요곡선 우측이동)
  ▶ 따라서, 고용량 증가, 임금 상승

정답▶ ①

06 생산물에 물품세가 부과될 경우 상품시장과 노동시장에서 발생하는 현상으로 옳은 것은? (단, 상품시장과 노동시장은 완전경쟁시장이며, 생산에서 자본은 고정되어 있다.)

[노무 18]

① 고용은 감소한다.
② 임금은 상승한다.
③ 구매자가 내는 상품가격이 하락한다.
④ 노동공급곡선이 왼쪽으로 이동한다.
⑤ 노동수요곡선이 오른쪽으로 이동한다.

해설 ● 생산물에 물품세가 부과될 경우, 생산물 공급감소
  ▶ 생산물 공급이 감소하면 가격이 상승하고, 생산물 공급량 감소
  ▶ 생산물 공급량이 감소하면 노동수요가 감소하여 임금 하락, 고용 감소

정답 ▶ ①

07 이윤극대화를 추구하는 완전경쟁기업의 단기 노동수요에 관한 설명으로 옳은 것은? (단, 단기 총생산곡선의 형태는 원점으로부터 고용량 증가에 따라 체증하다가 체감하며, 노동시장은 완전경쟁이다.)

[노무 21]

① 노동의 평균생산이 증가하고 있는 구간에서 노동의 한계생산은 노동의 평균생산보다 작다.
② 노동의 한계생산이 최대가 되는 점에서 노동의 한계생산과 노동의 평균생산은 같다.
③ 완전경쟁기업은 이윤극대화를 위해 자신의 노동의 한계생산가치와 동일한 수준으로 임금을 결정해야 한다.
④ 노동의 평균생산이 감소하고 있는 구간에서 노동의 한계생산은 감소한다.
⑤ 단기 노동수요곡선은 노동의 평균생산가치곡선과 같다.

해설 ▶ ①, ④ 노동의 평균생산이 증가하고 있는 구간에서 노동의 한계생산은 노동의 평균생산보다 큼
② 노동의 평균생산이 최대가 되는 점에서 노동의 한계생산과 노동의 평균생산은 동일
③ 노동시장, 생산물시장 완전경쟁일 때 이윤극대화 조건
  한계생산가치($VPM_L = P \cdot MP_L$)=한계요소비용(($MFC = W$). 임금은 노동시장에서 결정
④ 노동의 평균생산이 감소하고 있는 구간에서 노동의 한계생산은 노동의 평균생산보다 작으며 감소
⑤ 기업의 단기 노동수요곡선은 노동의 한계생산가치곡선($VPM_L = P \cdot MP_L$)

정답 ▶ ③,④

08 노동시장에서 노동에 대한 수요의 임금 탄력성을 작게 하는 요인을 모두 고른 것은? [노무 22]

> ㄱ. 노동과 다른 생산요소 간의 대체탄력성이 커진다.
> ㄴ. 총비용에서 차지하는 노동비용 비중이 커진다.
> ㄷ. 노동투입으로 생산되는 상품에 대한 신규 특허적용에 따라 상품 수요의 가격 탄력성이 작아진다.

① ㄱ ② ㄴ ③ ㄷ
④ ㄱ, ㄷ ⑤ ㄴ, ㄷ

해설
ㄱ. 노동과 다른 생산요소 간의 대체탄력성이 크면 노동수요의 임금탄력성 큼
ㄴ. 총비용에서 차지하는 노동비용 비중이 크면 노동수요의 임금탄력성 큼
ㄷ. 상품 수요의 가격 탄력성이 작으면 노동수요의 임금탄력성 작음

보충
- 요소수요의 가격탄력도 결정요인
  ▶ 요소의 대체탄력성이 크고(요소대체 용이), 생산물 수요의 가격탄력성이 클수록 탄력적
  ▶ 요소가격이 생산비에서 차지하는 비중이 크고, 요소가격 변화가 장기화 될수록 탄력적

정답 ③

09 노동수요에 관한 설명으로 옳지 않은 것은? (단, 생산요소는 자본과 노동이며, 두 요소의 한계기술대체율은 체감하고 완전경쟁요소시장을 가정한다.) [노무 24]

① 자본가격의 하락에 따른 대체효과는 노동수요를 증가시킨다.
② 제품수요의 가격탄력성이 높을수록 노동수요의 가격탄력성이 크다.
③ 단기보다 장기에서 노동수요의 가격탄력성이 크다.
④ 자본공급의 가격탄력성이 클수록 노동수요의 가격탄력성이 크다.
⑤ 노동과 자본 사이의 대체탄력성이 클수록 노동수요의 가격탄력성이 크다.

해설
- 노동수요의 가격(임금)탄력성 결정 요인 : ②, ③, ④, ⑤
- ① 자본가격(이자율)이 하락하면 노동의 상대가격(임금/이자율)이 상승하여 노동수요 감소(대체효과)

정답 ①

10 생산물시장과 생산요소시장이 완전경쟁일 때, 시장의 균형 임금률은 시간당 2만원이다. 어떤 기업이 시간당 노동 1 단위를 추가로 생산에 투입할 때 산출물은 추가로 5 단위 증가한다고 하자. 이러한 상황에서 이윤을 극대화하는 이 기업의 한계비용은?

[노무 17]

① 2,000원 ② 4,000원 ③ 10,000원
④ 20,000원 ⑤ 100,000원

해설 ▸ • 노동고용 이윤극대화 조건 : 한계요소비용(MFC_L) = 한계수입생산물($MRP_L = MR \cdot MP_L$)

▸ 노동시장이 완전경쟁시장이면, 한계요소비용(MFC_L) = 임금(W)
▸ 생산물시장 완전경쟁시장이면,
  한계수입생산물($MRP_L = MR \cdot MP_L$) = 한계생산물가치($VMP_L = P \cdot MP_L$)
▸ 두 시장 완전경쟁일 때 이윤극대화조건: 한계요소비용(MFC_L) = 한계생산물가치($VMP_L = P \cdot MP_L$)
  $\Rightarrow W = P \cdot MP_L$

• 문제에서, $W = P \cdot MP_L \Rightarrow 20,000 = P \cdot 5 \Rightarrow P = 4,000$
  ∴) $MC = P = 4,000$ (완전경쟁기업의 경우는 $P = MC$)

정답 ▸ ②

11 생산물시장과 노동시장이 완전경쟁일 때, A 기업의 생산함수는 $Q = -4L^2 + 100L$ 이고 생산물 가격은 50이다. 임금이 1,000에서 3,000으로 상승할 때 노동수요량의 변화는? (단, Q는 산출량, L은 노동시간이다.)

[노무 22]

① 변화없음 ② 5 감소 ③ 5 증가
④ 10 감소 ⑤ 10 증가

해설 ▸ • 개별기업의 이윤극대화 노동고용(생산물시장과 노동시장이 완전경쟁일 때)

▸ 이윤극대화 조건 : $MFC_L = VMP_L \Rightarrow W = P \cdot MP_L$
▸ 임금이 1,000일 때, $W = P \cdot MP_L \Rightarrow 1,000 = 50 \cdot (100 - 8L)$ ∴) $L = 10$
  (단, $MP_L = \dfrac{dQ}{dL} = 100 - 8L$)
▸ 임금이 3,000일 때, $W = P \cdot MP_L \Rightarrow 3,000 = 50 \cdot (100 - 8L)$ ∴) $L = 5$. 따라서, 5 감소

정답 ▸ ②

2. 불완전경쟁 생산물시장

12 이윤을 극대화하는 기업의 상품시장이 독점이고 노동시장이 완전경쟁적일 경우 다음 중에서 옳은 것은?

[노무 07]

① 지불된 임금은 한계수입생산물보다 클 것이다.
② 지불된 임금은 한계생산물가치보다 클 것이다.
③ 지불된 임금은 한계생산물가치보다 작게 될 것이다.
④ 지불된 임금은 한계수입생산물보다 작게 될 것이다.
⑤ 지불된 임금은 한계생산물가치와 균등하게 될 것이다.

해설 ● 완전경쟁노동시장의 이윤극대화 조건

▶ 노동시장이 완전경쟁일 때 개별기업은 가격수용자. 따라서 노동의 한계요소비용(MFC_L) = 임금(W)

▶ 생산물시장 완전경쟁일 때 : 시장가격(P) = 한계수입(MR).
  따라서, $MFC_L(=W) = MRP_L(=MR \cdot MP_L) = VMP_L(=P \cdot MP_L)$

▶ 생산물시장 불완전경쟁일 때 : 시장가격(P) > 한계수입(MR)
  따라서, $MFC_L(=W) = MRP_L(=MR \cdot MP_L) < VMP_L(=P \cdot MP_L)$

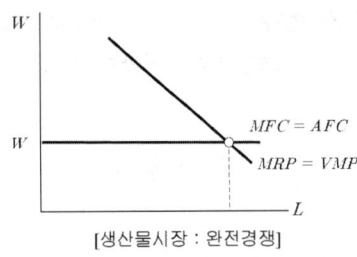
[생산물시장 : 완전경쟁]

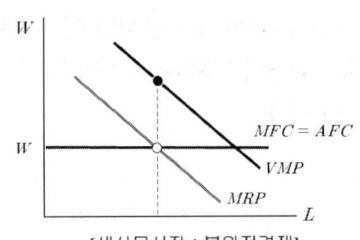
[생산물시장 : 불완전경쟁]

정답 ③

13 생산물시장에서의 독점적인 어떤 기업이 완전경쟁인 요소시장에서 활동하고 있다면 이 기업에 대한 다음 서술 중 옳은 것은?

① 한계수입생산물(Marginal Revenue Product : *MRP*)보다 높은 요소가격을 지불한다.
② 한계수입생산물(*MRP*)보다 낮은 요소가격을 지불한다.
③ 한계생산물가치(Value of Marginal Product : *VMP*)보다 높은 요소가격을 지불한다.
④ 한계생산물가치(*VMP*)보다 낮은 요소가격을 지불한다.
⑤ 한계생산물가치(*VMP*)와 동일한 요소가격을 지불한다.

해설 ▶ (위 문제 해설 참조)

정답 ④

Ⅱ 수요독점(monopsony) 요소시장

14 A 기업은 노동시장에서 수요독점자이다. 다음 설명 중 옳지 않은 것은? (단, A 기업은 생산물시장에서 가격수용자이다.)

[노무 16]

① 균형에서 임금은 한계요소비용(marginal factor cost)보다 낮다.
② 균형에서 노동의 한계생산가치(VMP_L)와 한계요소비용이 같다.
③ 한계요소비용곡선은 노동공급곡선의 아래쪽에 위치한다.
④ 균형에서 완전경쟁인 노동시장에 비해 노동의 고용량이 더 적어진다.
⑤ 균형에서 완전경쟁인 노동시장에 비해 노동의 가격이 더 낮아진다.

해설

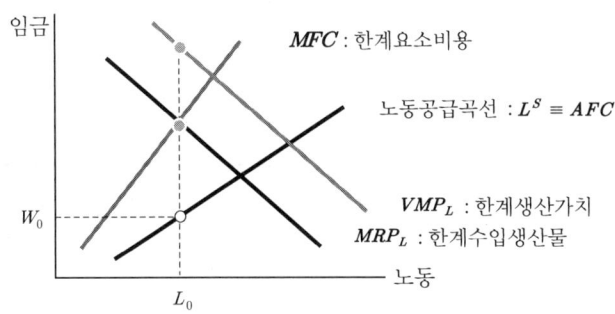

③ 한계요소비용곡선(MFC)은 노동공급곡선의 위쪽에 위치

정답 ③

15 노동시장에 관한 설명으로 옳은 것은?

[노무 14]

① 노동비용이 총비용에서 차지하는 비중이 클수록 노동수요의 임금탄력성은 작아진다.
② 노동을 자본으로 대체하기 쉬울수록 노동수요의 임금탄력성은 작아진다.
③ 완전경쟁기업의 노동수요량은 명목임금이 노동의 한계생산물가치와 같은 수준에서 결정된다.
④ 노동에 대한 수요독점이 있을 경우, 완전경쟁에 비해 균형임금이 높고 균형고용량은 적다.
⑤ 1차 노동시장은 2차 노동시장에 비해 교육수준이 낮은 사람들이 주로 고용되는 시장이다.

해설 ① 노동비용이 총비용에서 차지하는 비중이 클수록 노동수요의 임금탄력성은 커짐
② 노동을 자본으로 대체하기 쉬울수록 노동수요의 임금탄력성은 큼
③ 완전경쟁기업의 노동수요량은 명목임금이 노동의 한계생산물가치와 같은 수준에서 결정된다.
④ 노동에 대한 수요독점이 있을 경우, 완전경쟁에 비해 균형임금이 낮고 균형고용량은 적음
⑤ 1차 노동시장은 전문직 또는 정규직 노동시장, 2차 노동시장은 비전문직 또는 비정규직 노동시장

정답 ③

16 노동의 한계생산물이 체감하고 노동공급곡선은 우상향한다고 가정할 때, 노동시장에 관한 주장으로 옳은 것을 모두 고른 것은?

[노무 15]

> ㄱ. 노동시장이 수요독점인 경우, 노동시장이 완전경쟁인 경우보다 고용량이 작다.
> ㄴ. 생산물시장은 독점이고 노동시장이 수요독점이면, 임금은 한계요소비용보다 낮다.
> ㄷ. 노동시장이 완전경쟁이면, 개별기업의 노동수요곡선은 우하향한다.

① ㄱ ② ㄴ ③ ㄱ, ㄷ ④ ㄴ, ㄷ ⑤ ㄱ, ㄴ, ㄷ

해설 ● 수요독점요소시장

[노동시장이 완전경쟁이고 생산물시장이 독점일 때]

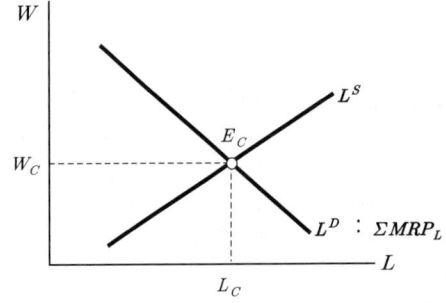
(완전경쟁 노동시장)

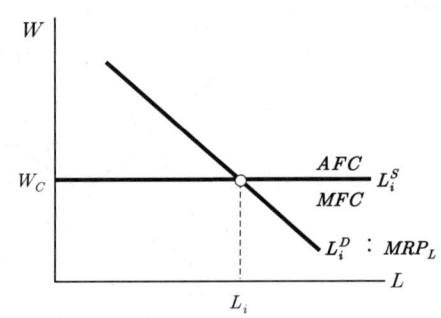
(개별기업)

[노동시장이 수요독점이고 생산물시장이 독점일 때]

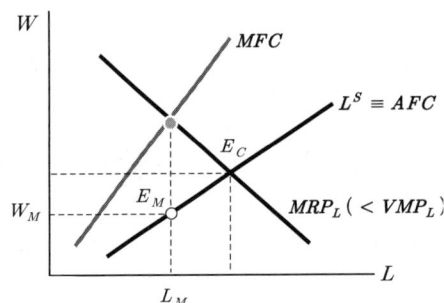

- 완전경쟁 노동시장 : 개별기업은 가격수용자이므로 시장임금(W_M)이 기업의 한계요소비용(MFC)
- 수요독점 노동시장
  ▶ 시장공급곡선은 수요독점기업의 평균요소비용선
  ▶ 한계요소비용곡선은 평균요소비용 곡선위에 위치하며 가파른 기울기

(모두 옳음)

ㄱ. 위 그림에서, 완전경쟁노동시장 균형은 E_C. 수요독점노동시장의 균형은 E_M. 따라서 노동시장이 수요독점화 되면 임금이 내리고, 고용량 감소

ㄴ. 노동시장 수요독점, 생산물시장 독점일 때 균형은 E_M. 임금(W_M)은 한계요소비용(MFC)보다 작음

ㄷ. 노동시장이 완전경쟁이면, 개별기업 노동수요곡선(L_i^D)은 기업의 한계수입생산물곡선(MRP_L). 노동투입량이 증가할 때 노동의 한계생산물(MP_L)이 체감하여 한계수입생산물($MRP_L = MR \cdot MP_L$)이 체감하므로 한계수입생산물곡선($MRP_L = MR \cdot MP_L$)은 우하향

정답 ▶ ⑤

17 연기자를 고용하는 방송국이 하나만 존재하는 경우를 가정하자. 옳지 않은 것은? [국회 13]

① 연기자의 임금 수준은 방송국이 여러 개일 때보다 낮다.
② 연기자의 임금은 한계요소비용보다 낮다.
③ 연기자의 임금은 한계수입생산보다 낮다.
④ 연기자가 노동조합을 결성하여 단체교섭을 하면 임금은 높일 수 있으나 고용은 줄어든다.
⑤ 방송국과 연기자 노동조합의 공동이익을 최대화하는 고용 인원은 한계비용과 한계수입생산이 일치하는 수준에서 결정된다.

해설 ● 수요독점요소시장

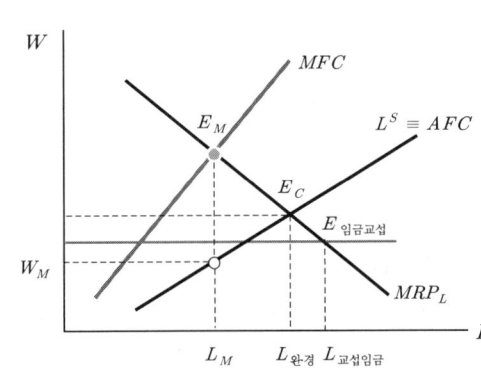

● 수요독점 노동시장

▶ 수요독점시장 기업은 독점이므로 한계수입생산물곡선(MRP_L) 중심으로 분석하며 수요곡선의 의미는 없음
▶ 노동수요 기업이 유일하므로 시장노동공급곡선(L^S)은 기업에게 평균요소비용곡선(AFC)이 됨
▶ 평균요소비용곡선(AFC)이 우상향하므로 한계요소비용곡선(AFC)은 평균요소비용곡선(AFC) 상방에 위치. 우상향하며 가파른 기울기를 가짐

① 수요독점요소시장의 임금은 방송국이 여러 개일 때(완전경쟁요소시장)의 임금보다 낮음
②, ③ 연기자 임금(W_M) < 한계요소비용(MFC) = 한계수입생산(MRP)
④ 노동조합은 교섭을 통해 임금이 올릴 수 있으며, 이 경우 고용 인원은 감소하지 않을 수 있음
⑤ 교섭을 통해 임금이 결정될 경우, 결정된 임금 = 한계(요소)비용 = 기업의 한계수입생산   **정답** ▶ ④

18 완전경쟁적인 생산물시장에 참여하는 기업 A는 노동시장에서 수요독점이다. 이 기업의 이윤극대화 조건으로 옳은 것은? [노무 09]

① 노동의 한계생산물가치 = 노동의 한계수입생산물 = 노동의 한계비용 = 임금
② 노동의 한계생산물가치 = 노동의 한계수입생산물 = 노동의 한계비용 > 임금
③ 노동의 한계생산물가치 = 노동의 한계수입생산물 > 노동의 한계비용 = 임금
④ 노동의 한계생산물가치 > 노동의 한계수입생산물 = 노동의 한계비용 = 임금
⑤ 노동의 한계생산물가치 > 노동의 한계수입생산물 = 노동의 한계비용 > 임금

해설 ● 수요독점 요소시장이며 완전경쟁 생산물시장일 때,
한계생산물가치(VMP_L) = 한계수입생산물(MRP_L) = 한계요소비용(MFC_L) > 임금(W)
● 원래, 수요독점 경우 생산물시장도 독점. 한계생산물가치(VMP_L) > 한계수입생산물(MRP_L)   **정답** ▶ ②

19 수요독점 노동시장에서 기업이 이윤을 극대화하기 위한 조건은? (단, 상품시장은 독점이고 생산에서 자본은 고정되어 있다.) [노무 18]

① 한계비용과 임금이 일치
② 한계비용과 평균수입이 일치
③ 노동의 한계생산물가치(value of marginal product of labor)와 임금의 일치
④ 노동의 한계생산물가치와 한계노동비용(marginal labor cost)이 일치
⑤ 노동의 한계수입생산(marginal revenue product)과 한계노동비용이 일치

해설 ① 한계비용과 임금은 직접적 관계없음
② 생산물시장이 독점일 때 한계비용 < 평균수입
③ 노동의 한계생산물가치(VMP_L) > 임금
④ 노동의 한계생산물가치(VMP_L) > 한계노동비용(marginal labor cost)이 일치
⑤ 노동고용 이윤노동의 이윤극대화 조건. 한계수입생산(MRP_L) = 한계노동비용(MFC_L)

정답 ⑤

20 노동공급곡선이 $L = w$이고, 노동시장에서 수요독점인 기업 A가 있다. 기업 A의 노동의 한계수입생산물이 $MRP_L = 300 - L$일 때, 아래의 설명들 중 옳지 않은 것을 모두 고른 것은? (단, L은 노동, w는 임금, 기업 A는 이윤극대화를 추구하고 생산물시장에서 독점기업임) [노무 15]

> ㄱ. 이 기업의 노동의 한계요소비용은 $MFC_L = L$이다.
> ㄴ. 이 기업의 고용량은 $L = 100$이다.
> ㄷ. 이 기업의 임금은 $w = 200$이다.

① ㄱ　　　　　　　　② ㄴ　　　　　　　　③ ㄷ
④ ㄱ, ㄴ　　　　　　⑤ ㄱ, ㄷ

해설 ● 문제에서, 수요독점기업 A의,
▶ 노동공급곡선 : 노동공급함수를 임금으로 정리. $L = w \Rightarrow w = L$
▶ 노동의 평균요소비용곡선(AFC_L)은 노동공급곡선 : $AFC_L = L$
▶ 노동의 한계요소비용(MFC_L) : 노동의 총요소비용(TFC_L)을 노동(L)으로 미분한 값
　　　　총요소비용(TFC_L) = 평균요소비용($AFC_L = L$) × 노동투입량(L)
　　　　　　　　　　　　　= L^2
　　　　$MFC_L = \dfrac{dTFC_L}{dL} = 2L$
▶ 노동고용 이윤극대화조건 : $MFC_L = MRP_L \Rightarrow 2L = 300 - L$
　　　　　　　　　　　　　　　　　$\Rightarrow 3L = 300$　∴) $L = 100, w = 100$
　　　　(고용량($L = 100$)을 노동공급함수($L = w$)에 대입하여 임금 도출)

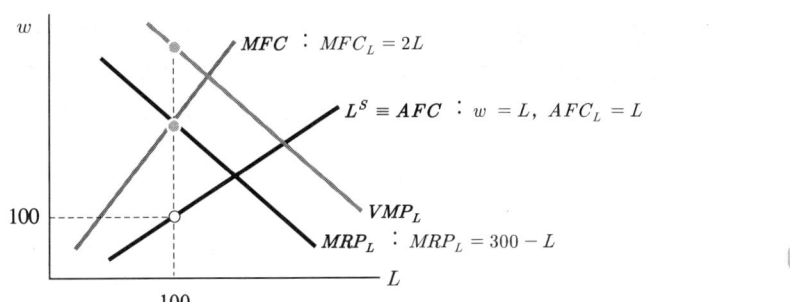

정답 ⑤

21 노동시장에서 수요독점자인 A 기업의 생산함수는 $Q = 4L + 100$ 이다. 생산물시장은 완전경쟁이고 생산물가격은 200이다. 노동공급곡선이 $w = 5L$ 인 경우, 이윤극대화가 달성되는 노동의 한계요소비용과 한계수입생산을 순서대로 옳게 나열한 것은? (단, Q는 산출량, L은 노동투입량, w는 임금이다.)

[노무 20]

① 400, 400 ② 400, 600 ③ 600, 800
④ 800, 800 ⑤ 900, 900

해설 ▶ • 수요독점기업 A의 이윤극대화 고용

▶ 노동공급곡선: $w = 5L$
▶ 노동의 평균요소비용곡선(AFC_L)은 노동공급곡선: $AFC_L = 5L$
▶ 노동의 한계요소비용(MFC_L): 노동의 총요소비용(TFC_L)을 노동(L)으로 미분한 값

총요소비용(TFC_L) = 평균요소비용($AFC_L = 5L$) × 노동투입량(L) = $5L^2$

$$MFC_L = \frac{dTFC_L}{dL} = 10L$$

▶ 노동의 한계생산물가치(VMP_L): 생산물가격(P)과 노동의 한계생산성(MP_L)을 곱한 값

$$VMP_L = P \cdot MP_L = 200 \cdot 4 = 800 \quad (단, MP_L = \frac{dQ}{dL} = 4)$$

▶ 노동고용 이윤극대화조건: $MFC_L = VMP_L \Rightarrow 10L = 800 \quad \therefore L = 80, w = 400$
(고용량($L = 80$)을 노동공급곡선($w = 5L$)에 대입하여 임금 도출)

• 문제에서,

▶ 한계요소비용(MFC_L): $MFC_L = \dfrac{dTFC_L}{dL} = 10L = 800$

▶ 생산물시장이 완전경쟁시장이므로 한계수입생산물(MFC_L)과 한계생산물가치(VMP_L) 동일

$$MRP_L (MR \cdot MP_L) = VMP_L (P \cdot MP_L) = 800$$

정답 ④

22 노동시장에서 수요독점자인 A 기업의 생산함수는 $Q = 2L + 100$ 이다. 생산물시장은 완전경쟁이고 생산물가격은 100이다. 노동공급곡선이 $W = 10L$ 인 경우 다음을 구하시오. (단, Q는 산출량, L은 노동투입량, W는 임금이며 기업은 모든 근로자에게 동일한 임금을 지급한다.)[노무 21]

> ㄱ. A 기업의 이윤극대화 임금
> ㄴ. 노동시장의 수요독점에 따른 사회후생 감소분(절댓값)의 크기

① ㄱ : 50, ㄴ : 100　　② ㄱ : 50, ㄴ : 20　　③ ㄱ : 100, ㄴ : 300
④ ㄱ : 100, ㄴ : 400　　⑤ ㄱ : 100, ㄴ : 500

해설 ● 수요독점 노동시장 균형
▶ 수요독점기업의 이윤극대화 조건 : 한계요소비용(MFC_L) = 한계수입생산물(MRP_L)
▶ 수요독점기업의 한계요소비용(MFC_L)은 총요소비용(TFC_L)을 미분한 값
▶ 수요독점기업의 총요소비용(MFC_L)은 평균요소비용(TFC_L)에 노동고용량(L)을 곱한 값
▶ 수요독점기업의 평균요소비용곡선(AFC_L)은 시장노동공급곡선

● 문제에서,
▶ 평균요소비용(AFC_L) : $W = 10L \Rightarrow AFC_L = 10L$
▶ 총요소비용(TFC_L) : $TFC_L = AFC_L \times L = 10L \times L = 10L^2$
▶ 한계요소비용(MFC_L) : $MFC_L = \dfrac{dTFC_L}{dL} = 20L$
▶ 이윤극대화조건 : $MFC_L = MRP_L = VMP_L \Rightarrow 20L = 100 \cdot MP_L \Rightarrow 20L = 200$ ∴) $L = 10$
　　　　　　　(단, 생산물시장이 완전경쟁이면 $MRP_L = VMP_L = P \cdot MP_L$, $MP_L = \dfrac{dQ}{dL} = 2$)
▶ 임금 결정 : 이윤극대화 노동투입량($L = 10$)을 노동공급곡선($W = 10L$)에 대입하여 도출. $W = 100$
▶ 사회후생 감소분 : 노동시장이 완전경쟁일 때에 비하여 후생감소분은 500 (a 면적)

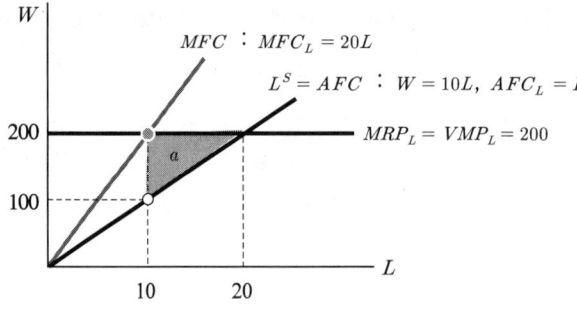

정답 ▶ ⑤

23 노동시장과 임금격차에 관한 설명으로 옳은 것은? [노무 22]

① 보상적 임금격차(compensating wage differential) 이론에 따르면, 모든 근로자가 위험 선호자이기 때문에 고위험 직종의 임금이 높게 형성된다.
② 동등보수(equal pay)의 원칙은 유사한 직종에 종사하는 노동자에게 동일한 임금을 지급함을 의미한다.
③ 유보임금률(reservation wage rate)은 동일 업무에 대해서 모든 노동자에게 동일하게 적용된다.
④ 이중노동시장 이론에 따르면, 1차노동시장과 2차노동시장 간의 이동 여부는 정부규제가 가장 큰 역할을 한다.
⑤ 숙련노동과 미숙련노동의 임금격차는 한계생산물 가치의 차이에 영향을 받는다.

해설 ▶ ① 보상적 임금격차(compensating wage differential) 이론 : 직업의 특성에 따라 임금격차 발생. 직업의 복리후생, 재해 위험, 직업 안정성, 작업의 난이도 등과 같은 직업의 특성에 따라 임금 결정. 난이도가 높고, 안정성이 낮은 경우 높은 임금. 일반적으로 근로자는 위험기피자이므로 고위험 직종의 임금이 높게 책정
② 동등보수(equal pay)의 원칙은 동일노동-동일임금의 원칙이라고도 함. 동일한 생산성을 갖는 근로자에게 동일한 임금이 지불되어야 한다는 것임
③ 유보임금률(reservation wage rate)은 개별근로자가 노동공급을 시작하는 임금률. 동일 업무에 대해서도 모든 노동자의 유보임금률은 같지않음
④ 1차노동시장 : 고임금·양호한 근로조건·고용 안정성·승진 및 승급의 기회공평, 합리적 노무관리.
2차노동시장 : 저임금·저수준 부가급여·열악한 근로조건·높은 이직률, 승진기회 결여, 자의적 노무관리.
두 노동시장의 간 이동 여부는 정부규제 때문이 아니라 위 노동시장 별 차이에 따라 나타나는 시장 현상.
⑤ 숙련노동과 미숙련노동 사이의 노동한계생산성과 그에 따른 한계생산물가치의 차이에 따라 임금격차 발생

정답 ▶ ⑤

24 노동시장에서 경제적 지대(economic rent)와 전용수입(transfer earnings)에 관한 설명으로 옳은 것은?
[노무 22]

① 공급이 고정되어 있는 노동에 대한 사용의 대가로 지불하는 금액은 전용수입에 해당한다.
② 노동공급곡선이 수평이면 지급한 보수 전액이 경제적 지대이다.
③ 노동을 현재의 고용상태로 유지하기 위해 지급해야 하는 최소한의 보수는 전용수입에 해당한다.
④ 경제적 지대의 비중이 높은 노동은 다른 요소로 대체하기가 더욱 수월하다.
⑤ 경제적 지대의 비중이 높은 노동의 경우 임금률이 상승할 때 노동 공급량이 쉽게 증가한다.

해설 ① 공급이 고정(완전비탄력적 노동공급. 수직의 노동공급곡선)되어 있는 경우, 근로소득은 모두 경제지대
② 노동공급곡선이 수평(완전탄력적 노동공급)인 경우, 근로소득은 모두 전용수입
③ 노동을 현재의 고용상태로 유지하기 위해 지급해야 하는 최소한의 보수는 전용수입
④ 경제적 지대의 비중이 높은 노동은 전문직에 해당하며 다른 요소로 대체하기 곤란(에 : 주방장)
⑤ 경제적 지대의 비중이 높은 노동(전문직)의 경우(비탄력적 노동공급, 가파른 노동공급곡선) 임금률이 상승할 때 노동공급량 많이 증가할 수 없음

보충 • 경제지대와 전용수입
▶ 노동시장 균형에 따라 결정되는 근로소득(임금×고용량)은 경제지대(불로소득. 노동공급자 잉여)와 전용수입으로 구분
▶ 전용수입 : 현재 노동공급량 수준에서 받고자 하는 최소한의 보수
경제지대 : 전체 근로소득에서 전용수입을 뺀 나머지 근로소득
▶ 노동공급이 비탄력적(가파른 노동공급곡선)일수록 근로소득 중 경제지대 비중이 크고 전용수입 비중이 작음

정답 ③

25 노동시장에서의 차별에 관한 설명으로 옳은 것을 모두 고른 것은?
[노무 21]

ㄱ. 제품시장과 요소시장이 완전정쟁이라면 고용주의 선호(기호)차별은 정부개입없이 기업 간 경쟁에 의해 사라지게 된다.
ㄴ. 통계적 차별은 개인적인 편견이 존재하지 않더라도 발생한다.
ㄷ. 통계적 차별은 개인이 속한 집단의 평균적 생산성을 기초로 개인의 생산성을 예측하는데서 발생한다.
ㄹ. 동등가치론(comparable worth)은 차별시정을 위해 공정한 취업의 기회를 주장한다.

① ㄱ, ㄹ ② ㄴ, ㄷ ③ ㄱ, ㄴ, ㄷ
④ ㄴ, ㄷ, ㄹ ⑤ ㄱ, ㄴ, ㄷ, ㄹ

해설 ㄱ. 제품시장과 요소시장이 완전정쟁이면 경쟁균형이므로 차별이 존재할 수 없음
ㄴ, ㄷ. 통계적 차별은 개인이 속한 집단의 평균적 속성(평균 입사시험 점수, 평균 생산성 등)을 기초로 개인의 생산성을 평가할 때 발생. 예를 들어, 과거 입사시험 평균점수가 여성근로자가 높을 경우, 이러한 통계를 근거로 모든 신입 여성근로자는 높은 임금, 모든 남성근로자는 낮은 임금을 책정
ㄹ. 동등가치론은 동일한 노동을 하는 근로자에 대해서 동일한 임금을 지급해야 한다는 것임(예를 들어, 동일한 노동을 하는 여성근로자와 남성근로자는 동일한 임금을 받아야 함). 따라서 취업기회의 동등을 의미하지 않음

정답 ③

26 노동시장에 관한 설명으로 옳지 않은 것은? [노무 18]

① 교육과 현장훈련을 받는 행위를 인적투자라고 한다.
② 선별가설(screen hypothesis)은 교육이 노동수익을 높이는 원인이라는 인적자본 이론을 비판한다.
③ 똑같은 일에 종사하는 사람에게는 똑같은 임금이 지급되어야 한다는 원칙을 상응가치(comparable worth)원칙이라고 한다.
④ 이중노동시장이론에 의하면, 내부노동시장은 하나의 기업 내에서 이루어지는 노동시장을 말한다.
⑤ 이중노동시장이론에서 저임금 및 열악한 근로조건의 특징을 가지고 있는 노동시장을 2차 노동시장(secondary labor market)이라고 한다.

해설 ① 인적투자는 교육과 훈련
② 인적자본 이론에 따르면 교육훈련은 인적자본을 증대시키고 생산성을 향상시켜 임금 상승. 그러나 선별가설(시그널링 가설), 효율성임금 가설, 효율적 직장이동 가설 등에서는 이러한 인과관계가 명확하지 않다고 비판
③ 상응가치(comparable worth, sex equity, pay equity) 원칙 : 비슷한 숙련도, 책무, 노력(수고)에 대하여 남성과 여성이 동등하게 보상받아야 한다는 원칙. 임금의 양성(兩性) 평등 원칙
④ 분단노동시장이론 : 내부노동시장과 외부노동시장으로 구분. 내부노동시장은 기업 내에서 규칙에 따라 고용이 이루어지는 시장. 외부노동시장은 내부노동시장 밖의 노동시장
⑤ 이중노동시장이론 : 1차노동시장과 2차노동시장으로 구분. 1차노동시장은 고임금, 양호한 근로조건, 고용의 안정성, 승진 및 승급의 기회공평성, 합리적인 인사노무관리가 이루어지는 노동시장이고 2차노동시장은 저임금, 저수준의 부가급여, 열악한 근로조건, 높은이직률, 승진기회의 결여, 자의적인 관리감독 등의 특징을 갖는 노동시장

정답 ③

이패스 객관식 경제학 미시경제학

제7편 후생경제이론과 시장실패

제18장　후생경제이론
제19장　시장실패
제20장　정보경제이론

제18장 후생경제이론

I 파레토최적

1. 파레토최적

01 파레토최적 상태에 대한 설명으로 옳은 것은?

① 다른 사람의 희생 없이도 어느 한 사람의 효용을 증가시킬 수 있다.
② 어느 한 사람의 효용이 증가한다면 다른 사람의 효용의 감소가 따른다.
③ 사회적으로 최적의 상태에 이르기 위한 필요충분조건이다.
④ 모든 사람의 효용을 현재보다 증가시킬 수 있다.
⑤ 계획경제 하에서는 파레토최적이 존재하지 않는다.

해설 ①, ④ 다른 사람의 희생 없이는 어느 한 사람의 효용도 증가시킬 수 없음.
② 어느 한 사람의 효용이 증가할 경우 다른 사람의 효용이 감소하게 됨.
③ 사회적으로 최적상태가 되기 위해서는 자원배분의 효율성과 소득분배의 공평성이 이루어져야 함. 파레토최적은 자원배분의 효율성만 평가할 수 있는 개념
⑤ 계획경제에도 파레토최적 개념을 적용하여 평가할 수 있음.

정답 ▶ ②

보충 ▶ • 파레토최적의 개념
  ▶ 다른 모든 가능한 배분상태보다 파레토우위인 배분상태를 파레토최적이라고 함.
  ▶ 어떤 배분상태가 구성원 누구의 후생(효용)도 감소시키지 않고 구성원 중 한명의 효용만이라도 개선시킬 수 있을 때 그 상태를 다른 상태에 비해 파레토우위(개선)라고 함.
  ▶ 파레토최적 상태에서는 누구의 후생을 감소시키지 않고는 누구의 후생도 증가시킬 수 없음.

• 파레토최적의 의의와 한계
  ▶ 교환, 생산 및 생산물구성의 파레토최적조건을 동시에 만족하도록 자원배분이 이루어지면 사회후생 극대화
  ▶ 파레토최적은 자본주의뿐 아니라 모든 경제체제의 효율성을 평가할 수 있는 개념
  ▶ 그러나, 자원배분의 효율성은 평가할 수 있으나 소득분배의 공평성은 평가할 수 없음.

2. 파레토최적조건

(1) 교환의 최적성(교환의 파레토최적)

02 에지워드상자 그림 안의 소비계약곡선에 대한 설명 중 틀린 것은?   [서울 03]

① 두 소비자의 무차별곡선이 접하는 점의 궤적이다.
② 소비계약곡선 상에서 두 소비자의 예산선의 기울기는 다르다.
③ 소비계약곡선 상에서 두 소비자의 한계대체율은 같다.
④ 소비계약곡선 상의 모든 점들은 파레토효율적이다.
⑤ 소비계약곡선 상에서는 모든 재화에 대해 초과수요가 존재하지 않는다.

해설 ▶ ② 파레토최적 상태에서는 두 사람의 한계대체율이 같고, 두 소비자는 효용극대화 소비할 것임. 따라서 두 소비자의 한계대체율과 X재 상대가격(예산선 기울기) 동일
⑤ 소비계약곡선 상에서는 부존 재화를 두 소비자가 모두 효용극대화 소비(배분)하고 있는 상태. 따라서 초과수요는 존재하지 않음.

보충 ▶ • 교환의 파레토최적 : 2인 2재화의 경우
▶ 파레토최적조건 : $MRS_{XY}^{A} = MRS_{XY}^{B}$. 교환의 계약곡선 상의 모든 점
▶ 두 사람의 무차별곡선이 접하는 점(두 사람의 한계대체율 동일)에서 배분될 때 파레토최적
▶ 소비자는 효용극대화 소비. 따라서, $MRS_{XY}^{A} = \dfrac{P_X}{P_Y} = MRS_{XY}^{B}$

(단, $\dfrac{P_X}{P_Y}$: X재 상대가격. 예산선 기울기)   **정답** ▶ ②

(2) 생산의 최적성(생산의 파레토최적)

03 다음은 생산의 파레토최적에 대한 설명이다. 옳지 않은 것은?

① 계약곡선상에서 요소투입점이 변화하는 것은 파레토개선이 아니다.
② 부존생산요소가 계약곡선상에서 투입되고 있을 경우 생산이 파레토최적이다.
③ 요소투입상태에서 두 재화 한계기술대체율($MRTS_{LK}$)이 다를 경우 파레토최적이 아니다.
④ 모든 부존생산요소를 한 재화 생산에만 투입하는 것은 파레토최적이 될 수 없다.

해설 ▶ ① 계약곡선상에서 파레토최적이 이루어지며, 계약곡선 상에서 요소투입점이 변화하는 것은 파레토개선 아님.
②, ③ 계약곡선 상에서 투입되고 있을 경우 파레토최적 상태가 되며, 한계기술대체율($MRTS_{LK}$)이 동일
④ 모든 부존 생산요소를 한 재화 생산에 모두 투입할 경우도 파레토최적   **정답** ▶ ④

보충 • 생산의 파레토최적 : 2재화 2요소의 경우
- 파레토최적조건 : $MRTS_{LK}^X = MRTS_{LK}^Y$. 생산의 계약곡선상의 모든 점
- 두 재화의 등량곡선이 접하는 점(두 재화의 한계기술대체율 동일)에서 배분될 때 파레토최적
- 생산자균형 : $MRTS_{LK}^X = \dfrac{W}{r} = MRTS_{LK}^Y$ (단, $\dfrac{W}{r}$: 노동의 상대가격. 등비용선 기울기)

(3) 생산물구성의 최적성

04 생산물구성의 최적성을 이루기 위한 조건은 무엇인가? [서울 09]

① 두 사람의 두 상품에 대한 한계대체율이 같아야 한다.
② 두 상품을 생산하는 데에 노동과 자본 사이의 한계기술대체율이 같아야 한다.
③ 두 생산물 사이의 한계전환율이 두 생산물 사이의 소비면에서의 한계대체율과 같아야 한다.
④ 두 재화 소비의 예산선과 두 재화에 대한 무차별곡선이 접점을 이루어야 한다.
⑤ 두 재화의 등량곡선이 접점을 이루어야 한다.

해설 ① 교환의 파레토최적 조건
- $MRS_{XY}^A = MRS_{XY}^B$. 두 사람의 두 상품에 대한 한계대체율(MRS_{XY})이 같아야 함
- 의미 : 두 재화에 대한 두 소비자의 상대적 선호도(한계대체율)가 같을 것

② 생산의 파레토최적 조건
- $MRTS_{LK}^X = MRTS_{LK}^Y$. 두 재화의 두 요소에 대한 한계기술대체율($MRTS_{LK}$)이 같아야 함
- 의미 : 두 요소에 대한 두 재화의 상대적 생산성(한계기술대체율)이 같을 것 선호도가 같을 것

③ 생산물구성의 파레토최적 조건
- $MRT_{XY} = MRS_{XY}$. 두 생산물의 한계전환율($MRTS_{LK}$)과 한계대체율($MRTS_{LK}$)이 같아야 함
- 의미 : 두 재화 생산의 사회적 기회비용(한계전환율)과 사회적 선호도(한계대체율)가 같을 것

④ 예산선과 무차별곡선의 접점은 소비자 효용이 극대화되는 점(소비자균형점)
⑤ 등량곡선 접점에서 두 요소 한계기술대체율($MRTS_{LK}$)이 같음. 따라서 생산이 파레토최적   **정답** ▶ ③

05 아래 그림은 어떤 경제의 생산가능곡선과 생산가능점을 나타낸다. 다음 중 틀린 것은? [감평 06]

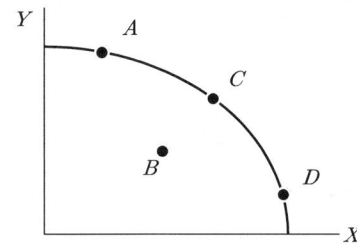

① A 점에서 X를 한 단위 더 생산하는 것의 기회비용은 C 점에서 X를 한 단위 더 생산하는 것의 기회비용보다 더 작다.
② D 점보다는 C 점이 더 파레토효율적이다.
③ C 점은 B 점보다 파레토 우월하다.
④ A 점은 파레토효율적이다.
⑤ B 점에서는 생산요소의 완전고용이 달성되지 못하고 있거나, 생산요소를 비효율적으로 투입하고 있다.

해설 ① A 점의 한계변환율(MRT_{XY})은 B점의 한계변환율(MRT_{XY})보다 작음. 따라서 A 점에서 Y재 수량으로 표시한 X재 생산의 기회비용이 B점보다 작음. 단, 한계변환율은 생산가능성곡선 기울기(절대치)
② D 점과 C 점은 생산가능성곡선 상의 점이므로 두 점 모두 생산의 파레토최적
③ C 점은 생산가능성곡선 상 점이고 B 점은 생산가능성곡선 안쪽 점이므로 C 점은 B 점보다 파레토우위
④ A 점은 생산가능성곡선 상의 점이므로 생산의 파레토최적
⑤ B 점은 생산가능성곡선 안쪽이므로 실업이 존재하거나, 비효율적 요소사용점

정답 ②

보충 • 생산가능성곡선
▶ 생산의 파레토최적(생산의 계약곡선)으로부터 생산가능성곡선 도출
▶ 생산가능성곡선의 기울기는 한계변환율(MRT_{XY})이며 Y재 수량으로 표시한 X재 1단위 생산의 사회적 기회비용. X재 생산이 증가할수록 한계변환율 체증

$$\text{(단, 한계변환율}(MRT_{XY}) : MRT_{XY} = -\frac{dY}{dX} = \frac{MC_X}{MC_Y})$$

▶ 계약가능성곡선 상 모든 점에서 생산이 파레토최적
• 생산물구성의 파레토최적조건 : $MRT_{XY} = MRS_{XY}^{(S)}$
▶ 생산가능성곡선과 (사회적) 무차별곡선의 접점에서 파레토최적
▶ 따라서 한계변환율(MRT_{XY})과 (사회적)한계대율($MRS_{XY}^{(S)}$)이 같아지도록 생산하면 파레토최적

06 파레토 효율성 조건에 대한 설명으로 옳지 않은 것은?

[보험 04]

① 두 재화 간 한계대체율(MRS)이 두 소비자 사이에 일치해야 한다.
② 한계변환율(MRT)과 한계대체율(MRS)이 일치해야 한다.
③ 두 생산요소 간 한계기술대체율($MRTS$)이 동일하도록 두 재화의 생산이 이루어져야 한다.
④ 두 생산요소 간 상대가격이 한계대체율(MRS)과 같아야 한다.

해설 ① $MRS_{XY}^A = MRS_{XY}^B$. 교환의 파레토최적조건
② $MRT_{XY} = MRS_{XY}$. 생산물구성의 파레토최적조건
③ $MTS_{LK}^X = MTS_{LK}^Y$. 생산의 파레토최적조건
④ 생산자균형 하에서, 두 생산요소(노동과 자본)의 상대가격 $\left(\dfrac{W}{r}\right)$ = 한계기술대체율($MRTS_{LK}$)

정답 ④

보충 • 파레토최적조건
  ▶ 교환의 파레토최적조건 : $MRS_{XY}^A = MRS_{XY}^B$
  ▶ 생산의 파레토최적조건 : $MTS_{LK}^X = MTS_{LK}^Y$
  ▶ 생산물 구성의 파레토최적조건 : $MRT_{XY} = MRS_{XY}$

II 자본주의경제와 파레토최적

1. 자본주의와 파레토최적

07 파레토 효율성에 관한 설명으로 옳지 않은 것은? [노무 14]

① 어느 한 사람의 효용을 감소시키지 않고서는 다른 사람의 효용을 증가시킬 수 없는 상태는 파레토 효율적이다.
② 일정한 조건이 충족될 때 완전경쟁시장에서의 일반균형은 파레토 효율적이다.
③ 파레토 효율적인 자원배분이 평등한 소득분배를 보장해 주는 것은 아니다.
④ 파레토 효율적인 자원배분 하에서는 항상 사회후생이 극대화된다.
⑤ 파레토 효율적인 자원배분은 일반적으로 무수히 많이 존재한다.

해설 ① 파레토최적(파레토효율) : 한 사람의 효용을 감소시키지 않고, 다른 사람의 효용을 증가시킬 수 없는 상태
② 후생경제학 제1정리 : 시장실패(외부효과, 공공재, 불확실성)가 존재하지 않을 때 모든 시장이 완전경쟁이면 최적
③ 파레토최적(파레토효율) 하에서 평등한 소득분배가 보장되지는 않음
④ 파레토효율적 배분은 자원배분의 효율성은 극대화되지만, 소득분배의 공평성은 보장되지 않으므로 사회후생이 극대화된다고 볼 수 없음
⑤ 파레토 효율적인 자원배분은 생산가능곡선 상 모든 점에서 존재할 수 있음 **정답** ④

보충 • 후생경제학 제1정리
▶ 모든 시장이 완전경쟁시장일 경우, 자원배분은 파레토효율적
▶ 개별경제주체의 사적인 이익극대화(소비자균형, 생산자균형 등)가 공익과 부합
▶ 소득분배 공평성과는 무관한 개념

08 후생경제학 제1정리에 대한 설명으로 옳은 것은? [국가 04]

① 모든 경쟁균형은 공평(fair)하다.
② 경쟁균형은 항상 존재한다.
③ 파레토 최적일 때, 모든 소비자는 반드시 동일한 부의 분배가 이루어진다.
④ 완전경쟁 시 개인의 사적 이득 추구행위는 공익에 부합하는 결과를 낳는다.

해설 ①, ③ 후생경제학 제1정리 : 모든 시장이 완전경쟁일 경우 파레토최적(효율적 자원배분).
   균등한 소득분배와는 무관한 개념
② 후생경제학 제2정리. 현재 상태가 파레토최적이면 완전경쟁균형이 존재할 수 있음
④ 완전경쟁균형은 개별경제주체의 사적 이득 추구행위(소비자균형, 생산자균형)에 의해 이루어지며, 완전경쟁균형 하에서는 파레토최적의 효율적인 자원배분이 이루어지므로 공익과 부합 **정답** ④

09 다음의 파레토최적에 관한 설명 중 가장 옳지 않은 것은? [감평 02]

① 사회 내의 어떤 사람의 후생을 감소시키지 않고서 다른 사람의 후생을 증대시킬 수 없는 실현가능한 배분상태를 파레토최적이라고 한다.
② 교환에 대한 계약곡선이란 교환의 파레토최적을 만족시키는 점을 연결한 선이다.
③ 사회에 두 사람만이 존재하고 두 상품만이 존재할 때 이 두 사람의 두 상품에 대한 한계대체율이 같으면 교환의 파레토최적을 달성한다.
④ 모든 시장이 완전경쟁시장이라면 그 결과를 나타내는 균형은 파레토최적이다.
⑤ 파레토최적의 개념은 자원배분의 효율성과 형평성(equity)을 모두 의미한다.

해설 ① 파레토최적 : 어떤 사람의 후생을 감소시키지 않고서 다른 사람의 후생을 증대시킬 수 없는 배분상태
②, ③ 교환의 계약곡선 상에서 두 사람의 한계대체율 동일. 따라서 교환의 파레토최적 만족
④ 후생경제학 제1정리 : 모든 시장이 완전경쟁시장일 때의 균형은 파레토최적
⑤ 파레토최적의 개념은 자원배분의 효율성만 평가하는 개념

정답 ⑤

2. 사회후생함수

10 부자인 A와 가난한 사람인 B만으로 구성된 국가가 있다고 하자. 사회적 후생함수를 SW라고 하고 개인의 후생수준을 U_A와 U_B라고 할 때 다음 중 가장 옳지 않은 것은? [감평 01]

① 벤담(Bentham)류의 공리주의적(utalitarian) 기준에 의하면 $SW = U_A + U_B$로 표시된다.
② 공리주의적 후생수준은 U_B가 감소되어도 사회적인 후생의 합인 SW가 증가되면 사회적 후생은 개선된 것으로 본다.
③ 평등주의적 기준에 따르면, 소득재분배를 통하여 사회후생을 증가시킬 수 있다고 본다.
④ 롤즈(Rawls)적인 기준에 따르면 U_B 수준의 개선 없이도 사회적 후생의 증진이 가능하다.
⑤ 롤즈의 기준에 따르면 $SW = MIN(U_A, U_B)$로 표시되며, 사회무차별곡선은 L자형이 될 것이다.

해설 ④ 롤즈(Rawls)적인 기준에 따르면 가난한 사람의 효용이 증가해야만 사회후생 증가

정답 ④

보충 • 공리주의적 사회후생함수 : $SW = U_A + U_B$, 또는 $SW = \alpha U_A + \beta U_B$
(단, U_A, U_B : A, B의 효용. α, β : 상수(가중치), $\alpha + \beta = 1$)

▶ 사회후생(SW : Social Welfare)은 개인효용의 총합. 사회적 무차별곡선(SIC)은 우하향하는 직선(MRS 일정).
▶ 개인효용이 감소해도 사회후생(모든 개인효용의 총합)이 크기만 하면 사회후생이 개선된 것으로 봄(다다익선)
▶ 개인 간 효용 및 소득분배의 공평성은 사회후생에 영향을 미치지 않음.

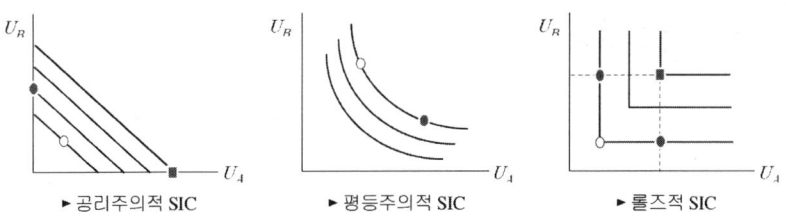

▶ 공리주의적 SIC   ▶ 평등주의적 SIC   ▶ 롤즈적 SIC

- 진보적 사회후생함수 : 롤즈(J. Rawls)적 사회후생함수. $SW = Min(U_A, U_B)$
  - ▶ 사회구성원 중 가장 낮은 효용(소득)을 누리는 자의 효용에 따라 사회후생수준 결정
  - ▶ 따라서, 사회적무차별곡선(SIC)은 L자형이며, 최저효용(소득)자의 효용이 증가하지 않으면 사회후생이 증가할 수 없음(최소극대화 원칙).
  - ▶ 소득재분배가 이루어지면 사회후생 증가
- 평등주의적 사회후생함수
  - ▶ 높은 효용(소득)을 분배받는 자에게 낮은 가중치, 낮은 효용(소득)을 분배받은 자에게는 높은 가중치 적용
  - ▶ 따라서, 사회적무차별곡선(SIC)은 원점에 볼록하며, 소득재분배정책을 시행하면 사회후생 증가

11 벤담(J. Bentham)의 공리주의를 표현한 사회후생함수는? (단, 이 경제에는 갑, 을만 존재하며, W는 사회전체의 후생, U는 갑의 효용, V는 을의 효용이다. [노무 20]

① $W = \max(U, V)$ ② $W = \min(U, V)$ ③ $W = U + V$
④ $W = U \times V$ ⑤ $W = U/V$

해설
- 공리주의적(자유주의적) 사회후생함수 : $SW = U_A + U_B$, 또는 $SW = \alpha U_A + \beta U_B$
  (단, U_A, U_B : A, B의 효용. α, β : 상수(가중치), $\alpha + \beta = 1$)
- 진보적 사회후생함수 : 롤즈(J. Rawls)적 사회후생함수. $SW = Min(U_A, U_B)$
- 평등주의적 사회후생함수
  - ▶ 높은 효용(소득)을 분배받는 자에게 낮은 가중치, 낮은 효용(소득)을 분배받은 자에게는 높은 가중치 적용
  - ▶ 따라서, 사회적무차별곡선(SIC)은 원점에 볼록하며, 소득재분배정책을 시행하면 사회후생 증가

정답 ▶ ③

제19장 시장실패

I 시장실패

01 시장실패가 발생하는 경우로 옳지 않은 것은? [노무 24]

① 불완전경쟁이 존재하는 경우
② 규모에 따른 수확체감 현상으로 자연독점이 발생하는 경우
③ 재화가 비경합적이고 배제불가능한 경우
④ 전력생산에서 발생하는 대기오염물질의 피해비용이 전기요금에 반영되지 않는 경우
⑤ 역선택이나 도덕적 해이로 완벽한 보험 제공이 어려운 경우

해설 ● 시장실패의 유형
▶ 공공재, 외부효과 및 정보비대칭(불확실성)이 존재하면 완전경쟁 하에서도 시장실패 발생
▶ 시장이 불완전경쟁일 때 시장실패 발생
▶ 소득분배의 불균등

● 문제에서, 시장실패 발생 원인
①, ② 자연독점 등 불완전경쟁. 단, 자연독점은 규모에 따른 수확체증에 따라 발생
③ 공공재
④ 생산의 외부비경제
⑤ 역선택이나 도덕적 해이에 따른 정보비대칭 **정답 ▶ ②**

02 시장실패에 관한 설명으로 옳은 것은? [노무 21]

① 순수공공재는 배제성은 없으나 경합성은 있다.
② 상호이익이 되는 거래를 방해할 경우 시장실패가 발생한다.
③ 시장실패의 존재는 정부개입의 필요조건이자 충분조건이다.
④ 완전경쟁시장은 자원배분의 효율성은 물론 분배의 공평성도 보장해주는 시장이다.

해설 ① 순수공공재는 배제성도 없고(비배제성), 경합성도 없음(비경합성)
② 상호이익이 되는 거래가 방해된다는 것은 자유경쟁이 이루어지지 않는 경우이므로 시장실패 발생
③ 시장실패의 존재는 정부개입의 필요조건이지만 충분조건은 아님
④ 완전경쟁시장은 자원배분의 효율성을 보장되지만 분배의 공평성은 보장되지 않는 시장
⑤ 긍정적 외부경제는 긍정적(외부경제)이든 부정적(외부비경제)이든 시장실패 유발 **정답 ▶ ②**

II 외부효과

1. 외부효과

03 외부효과(external effect)에 대한 설명으로 가장 옳지 않은 것은? [서울 18(1회)]

① 학교 주변에 고가도로가 건설되어 학교 수업이 방해를 받으면 외부불경제이다.
② 노숙자들에 대한 자원봉사로 노숙자들의 상황이 좋아졌다면 외부경제이다.
③ 노후 경유차로 인하여 미세먼지가 증가하였다면 외부불경제이다.
④ 내가 만든 정원이 다른 사람에게 즐거움을 주면 외부경제이다.

해설 ▶ ② 노숙자에 대한 자원봉사는 의도한 행위. 따라서 자선행위는 외부효과 아님

보충 ▶ • 외부효과
- ▶ 외부효과: 의도하지 않게 이익이나 손해를 주면서도 그 대가를 지불 받지 못하거나 지불하지 않는 상태
- ▶ 다른 경제주체에게 이익을 주면 외부경제, 손해를 끼치면 외부비경제
- ▶ 외부성을 내부화(시장화)하면 외부성에 따른 비효율성을 해소시킬 수 있음

정답 ▶ ②

04 외부효과를 내부화하는 사례로 가장 거리가 먼 것은? [서울 13]

① 독감예방주사를 맞는 사람에게 보조금을 지급한다.
② 배출허가권의 거래를 허용한다.
③ 환경기준을 어기는 생산자에게 벌금을 부과하는 법안을 제정한다.
④ 초·중등 교육에서 국어 및 국사 교육에 국정교과서 사용을 의무화한다.
⑤ 담배소비에 건강세를 부과한다.

해설 ▶ ① 소비의 외부경제를 일으키는 경우 보조금 지급
② 오염물질 방출에 오염허가제(면허제) 시행
③ 공해방출 시 공해세 부과. 보기의 벌금은 공해세와 같은 성격으로 해석
④ 국정교과서 사용을 의무화하는 것은 시장적 해결이 아니므로 외부효과의 내부화로 볼 수 없음.
⑤ 소비의 외부비경제를 일으키는 경우는 조세부과

정답 ▶ ④

2. 생산의 외부효과

05 외부효과(또는 외부성)와 관련된 설명 중에서 옳지 않은 것은? [서울 15]

① 부정적 외부효과가 존재할 때 정부의 정책은 시장의 자원배분 기능을 개선할 수 있다.
② 긍정적인 외부효과가 존재할 때 정부의 정책은 시장의 자원배분 기능을 개선할 수 있다.
③ 시장 실패는 부정적 외부효과의 경우뿐만 아니라 긍정적 외부효과의 경우에도 발생한다.
④ 정부의 정책개입이 없다면 부정적 외부효과가 존재하는 재화는 사회적으로 바람직한 수준보다 과소 공급된다.

해설 ①, ②, ③ 부정적이든 긍정적이든 외부효과가 존재하면 시장실패가 발생하므로 시장적 자원배분은 비효율적이 됨. 이 경우 정부개입(조세부과, 보조금지급 등)에 의해 외부효과가 해소되면 효율성이 개선될 수 있음
④ 생산이나 소비에 부정적 외부효과가 존재하는 재화는 사회적으로 바람직한 수준보다 과다 생산(공급)됨

정답 ④

보충 • 생산의 외부효과 : 사적 한계비용과 사회적 한계비용의 불일치

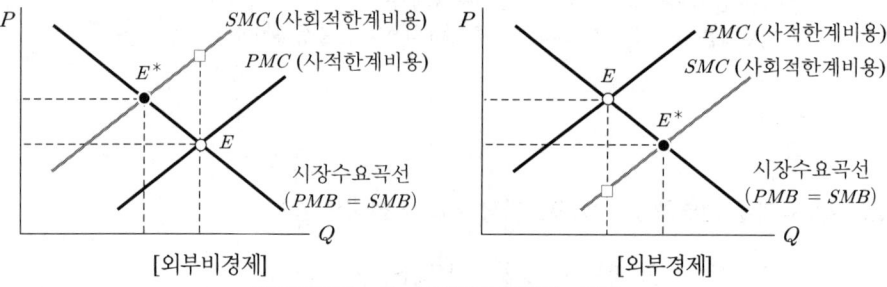

(실제 균형점 : E, 바람직한 균형점 : E^*)

▶ 외부비경제 : 실제 균형점에서, $PMB = SMB = P = PMC < SMC$. 따라서 과다 생산, 낮은 가격
▶ 외부경제 : 실제 균형점에서, $PMB = SMB = P = PMC > SMC$. 따라서 과소 생산, 높은 가격

• 소비의 외부효과 : 사적 한계편익과 사회적 한계편익의 불일치

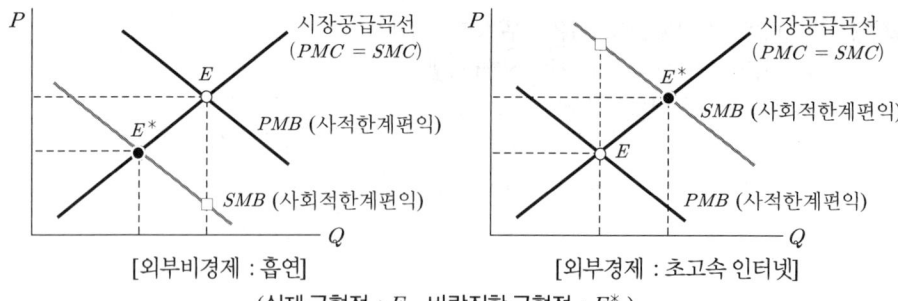

(실제 균형점 : E, 바람직한 균형점 : E^*)

▶ 외부비경제 : 실제 균형점에서, $PMC = SMC = P = PMB > SMB$. 따라서 과소 생산, 높은 가격
▶ 외부경제 : 실제 균형점에서, $PMC = SMC = P = PMB < SMB$. 따라서 과다 생산, 낮은 가격

06
외부효과(externality)에 관한 설명으로 옳은 것을 모두 고른 것은? (단, 수요곡선은 우하향하고 공급곡선은 우상향한다.)   [노무 19]

> ㄱ. 생산 측면에서 부(−)의 외부효과가 존재하면, 시장 균형 생산량은 사회적 최적 생산량보다 적다.
> ㄴ. 외부효과는 보조금 혹은 조세 등을 통해 내부화시킬 수 있다.
> ㄷ. 거래비용 없이 협상할 수 있다면, 당사자들이 자발적으로 외부효과로 인한 비효율성을 줄일 수 있다.

① ㄱ
② ㄱ, ㄴ
③ ㄱ, ㄷ
④ ㄴ, ㄷ
⑤ ㄱ, ㄴ, ㄷ

해설 ㄱ. 생산 측면에서 부(−)의 외부효과가 존재하면 바람직한 균형에 비하여 시장가격은 낮고, 시장생산량이 많음
ㄴ. 생산에 외부경제효과가 존재하면 보조금을 지급하고, 외부비경제효과가 존재하면 조세를 부과하여 내부화할 수 있음
ㄷ. 코우즈 정리 : 거래비용 없이 협상할 수 있다면 당사자들의 자발적 협상에 의해 외부성을 내부화할 수 있음

정답 ▶ ④

07
생산과정에서 탄소를 배출하는 X재에 탄소세를 부과하려고 한다. 이에 관한 설명으로 옳은 것을 모두 고른 것은? (단, X재의 수요곡선은 우하향하고 공급곡선은 우상향한다.)   [노무 22]

> ㄱ. 탄소세는 외부불경제를 해결하기 위한 조세이다.
> ㄴ. 탄소세를 부과하면 X재의 가격이 오를 것이다.
> ㄷ. 탄소세를 부과하면 자원배분의 효율성이 높아진다.
> ㄹ. X재의 주요사례로 태양광발전과 풍력발전을 들 수 있다.

① ㄱ, ㄴ
② ㄴ, ㄹ
③ ㄷ, ㄹ
④ ㄱ, ㄴ, ㄷ
⑤ ㄴ, ㄷ, ㄹ

해설 ㄱ. 탄소세와 같은 공해세는 외부불경제(환경오염)을 해결하기 위한 조세. 피구세라고 함
ㄴ. 탄소세는 종량세와 같은 효과를 가지므로 공급이 감소하여 가격 상승, 생산량 감소
ㄷ. 탄소세를 부과하면 공해유발 재화의 생산량이 감소하므로 경제적잉여(자원배분 효율성) 증가
ㄹ. 태양광발전과 풍력발전은 탄소 방출을 줄일 수 있는 발전 방식이지만 조세가 아님

정답 ▶ ④

08 한 기업의 사적 생산비용 $TC = 0.5Q^2 + 10Q$이다. 그러나 이 기업은 생산과정에서 공해물질을 배출하고 있으며, 공해물질 배출에 따른 외부비경제를 비용으로 추산하면 추가로 $20Q$의 사회적 비용이 발생한다. 이 제품에 대한 시장수요가 $Q = 30 - 0.5P$일 때 사회적 관점에서 최적의 생산량은? (단, Q는 생산량, P는 가격이다.)

[서울 18(2회)]

① 7   ② 10   ③ 17   ④ 20

해설 ▶ • 생산에 외부비경제가 존재할 때 시장균형 : 사적한계비용(PMC)은 기준으로 비효율적 생산

▶ 시장수요곡선 : $P = 60 - 2Q$ (시장수요함수를 가격으로 정리)
▶ 개별기업 사적한계비용(PMC) : $PMC = 10 + Q$ (개별기업 총비용함수(TC)를 수량으로 미분)
▶ 시장균형 : 시장수요와 사적한계비용(PMC)에 따라 균형
▶ 시장균형조건 : $P = PMC \Rightarrow 60 - 2Q = 10 + Q \Rightarrow 3Q = 50 \quad \therefore Q = \dfrac{50}{3}$

• 생산에 외부비경제가 존재할 때 바람직한 균형 : 사회적한계비용(SMC)을 기준으로 생산

▶ 개별기업 사회적한계피해(SMD) : $SMD = 20$ (개별기업 사회적총피해(STD)를 수량으로 미분)
▶ 개별기업 사회적한계비용(SMC) : 사회적한계비용 = 사적한계비용 + 사회적한계피해
$$SMC = PMC + SMD = (10 + Q) + 20 = 30 + Q$$
▶ 시장균형 : 시장수요와 사회적한계비용(SMC)에 따라 균형
▶ 시장균형조건 : $P = SMC \Rightarrow 60 - 2Q = 30 + Q \Rightarrow 3Q = 30 \quad \therefore Q = 10$

정답 ②

09 완전경쟁시장인 철강산업에서 제품을 생산하면 오염물질이 배출된다. 그 산업에서 기업들의 사적 한계비용(PMC)의 총합은 $PMC = Q + 30$이고, 시장의 수요곡선은 $P = 60 - Q$이며, 오염을 감안한 사회적 한계비용(SMC)의 총합은 $SMC = 2Q + 30$이다. 이 때 사회적으로 적정한 생산량은? (단, Q는 생산량, P는 가격을 나타낸다.)

[9급 12]

① 0   ② 5   ③ 10   ④ 15

해설 ▶ • 공해유발 생산물의 적정생산 : 사회적한계비용(SMC)에 따라 결정

▶ 시장수요곡선 : $P = 60 - Q$ (시장수요함수를 가격으로 정리)
▶ 사회적한계비용 : $SMC = 2Q + 30$
▶ 균형조건 : $P = SMC \Rightarrow 60 - Q = 2Q + 30 \quad \therefore Q = 10$

정답 ③

3. 소비의 외부효과

10 시장실패의 경우인 외부효과와 관련하여 잘못 설명한 것은? [서울 07]

① 긍정적 외부효과를 갖는 재화의 경우 시장경쟁에 의한 공급량은 사회적 최적공급량에 비해 적게 된다.
② 부정적 외부효과가 있는 오염유발재를 생산하는 사회적 비용은 공급곡선에 반영되는 사적 비용보다 크다.
③ 기술재 생산의 사회적 비용은 사적비용에서 기술파급 효과치를 뺀 금액과 같다.
④ 소비에서 긍정적 외부효과가 발생하는 경우 사회적 최적소비량이 시장에서 결정되는 소비량보다 많게 된다.
⑤ 소비의 사회적 가치가 사적 효용가치를 하회할 경우 시장에서 결정되는 생산량은 사회적으로 바람직한 수준보다 과소생산되는 경향이 있다.

해설 ① 생산의 외부경제효과를 갖는 재화의 경우 : 너무 높은 가격으로 과소생산
② 오염유발재(생산의 외부비경제)의 경우, 사회적한계비용은 사적한계비용보다 큼
③ 기술재는 생산의 외부경제를 갖는 재화. 이 경우 사회적한계비용=사적한계비용−사회적한계이득
이때, 사회적한계이득은 기술재 생산에 따른 기술파급 효과의 가치
④ 소비의 외부경제 효과를 갖는 재화는 낮은 가격으로 과소 소비. 따라서 사회적 최적소비량이 더 많음
⑤ 사회적 가치가 사적 가치를 하회(소비 외부비경제)할 경우 높은 가격으로 과다소비 **정답 ⑤**

11 초고속 인터넷 서비스의 사회적 편익은 사적 편익보다 크다고 가정할 때, 시장에서 결정되는 가격과 수량이 사회적으로 바람직한 가격과 수량에 비해 어떠한가? [노무 05]

① 시장에서 결정되는 가격이 더 낮고 수량은 더 많다.
② 시장에서 결정되는 가격이 더 낮고 수량도 더 적다.
③ 시장에서 결정되는 가격이 더 높고 수량도 더 많다.
④ 시장에서 결정되는 가격이 더 높고 수량은 더 적다.
⑤ 시장에서 결정되는 가격과 수량이 사회적으로 바람직한 수준과 동일하다.

해설 • 소비의 외부경제가 존재할 경우
▶ 사회적한계편익(SMB) < 사회한계편익(PMB)
▶ 사회적으로 바람직한 수준보다 너무 낮은 가격으로 과소 소비

정답 ②

12 다음 여러 행동 중 시장을 통해 결정된 행동의 수준이 사회적으로 바람직한 수준보다 더 클 것으로 예상되는 것은?

[감평 06]

① 고씨는 최근 새 차를 구입하여 출퇴근하기로 결정했다.
② 노씨는 돈을 들여 자신의 앞마당을 아름답게 꾸미기로 했다.
③ 도씨는 과수원 주변에서 양봉을 하기로 결정했다.
④ 박씨는 독감 예방주사를 맞기로 결정했다.
⑤ 마씨는 최근 집 앞길을 포장하기로 결정했다.

해설 ① 소비의 외부비경제 : 높은 가격, 과다소비
② 소비의 외부경제　　 : 낮은 가격, 과소소비
③ 생산의 외부경제　　 : 높은 가격, 과소생산
④ 소비의 외부경제　　 : 낮은 가격, 과소소비
⑤ 소비의 외부경제　　 : 낮은 가격, 과소소비

정답 ①

4. 공해관리

(1) 공해세(pollution tax)

13 오염물질을 발생시키는 상품 A의 시장수요곡선은 $Q = 20 - P$이고, 사적 한계비용곡선과 사회적 한계비용곡선이 각각 $PMC = 6 + Q$, $SMC = 10 + Q$이다. 사회적 최적 생산량을 달성하기 위하여 부과해야하는 생산 단위당 세금은? (단, Q는 생산량, P는 가격이고 완전경쟁시장을 가정한다.)

[노무 21]

① 1.5　　　　　　　② 2　　　　　　　③ 3
④ 4　　　　　　　⑤ 5

해설 • 외부효과가 존재할 때 적정균형 : 사회적한계비용(SMC)에 의해 생산해야 사회적으로 바람직한 균형(적정생산)

▶ 사적한계비용(PMC) : $PMC = 6 + Q$
▶ 사회적한계비용(SMC) : $SMC = 10 + Q$
▶ 사회적한계피해(SMD) : $SMD = SMC - PMC = (10 + Q) - (6 + Q) = 4$
▶ 적정 균형조건 : 사회적한계비용(SMC)과 시장가격에 따라 생산
$$SMC = P \Rightarrow 10 + Q = 20 - Q \quad \therefore) \; Q = 5 \,(\text{적정생산량})$$

• 피구세 : 적정생산량에서의 사회적한계피해(SMD) 만큼 단위당 종량세 부과　　∴) 단위당 세금 4

정답 ④

14 페인트 산업은 생산과정에서 다량의 오염물질을 발생시켜 인근 하천의 수질을 악화시킨다. <보기>와 같은 조건에서 페인트 산업이 사회적으로 바람직한 수준의 페인트 생산을 하도록 하기 위해 페인트 한 통당 부과하는 피구세는 얼마인가? [국회 16]

― <보 기> ―
- 페인트 산업은 완전경쟁시장이다.
- 페인트 산업의 한계비용은 $MC = 10Q + 10,000$이다.
- 페인트 산업의 한계피해액은 $SMD = 10Q$이다.
- 주어진 가격에 대한 페인트 산업의 시장수요는 $Q = -0.1P + 4,000$이다.

① 5,000   ② 7,000   ③ 10,000
④ 20,000   ⑤ 30,000

해설 ▶ • 문제에서,
  ▶ 시장수요곡선 : $P = 40,000 - 10Q$ (시장수요함수를 가격으로 정리)
  ▶ 사적한계비용 : $PMC = 10,000 + 10Q$
  ▶ 한계피해비용 : $SMD = 10Q$
  ▶ 사회적한계비용 : $SMC = PMC + SMD = 10,000 + 20Q$

• 사적한계비용에 의한 시장균형 : 시장수요곡선과 사적한계비용곡선 교차점에서 균형
  $40,000 - 10Q = 10,000 + 10Q \Rightarrow 20Q = 30,000 \quad \therefore) \ Q = 1,500, \ P = 2,500$

• 사회적한계비용에 의한 시장균형 : 시장수요곡선과 사회적한계비용곡선 교차점에서 균형
  $40,000 - 10Q = 10,000 + 20Q \Rightarrow 30Q = 30,000 \quad \therefore) \ Q = 1,000, \ P = 3,000$

• 공해세 : 적정생산량(1,000)에서의 한계피해비용만큼 단위당 종량세 부과
  단위당 종량세(피구세) $SMD = 10Q = 10,000$

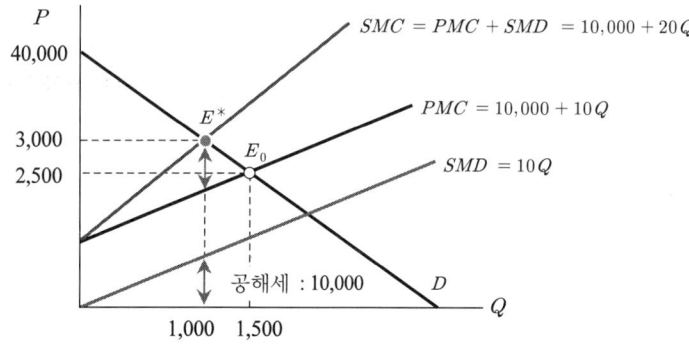

정답 ▶ ③

(2) 재산권 : 코우즈의 정리

15 외부효과에 대한 설명 중 옳은 것을 모두 고르면? [서울 16]

> ㄱ. 외부효과는 시장실패의 전형적인 사례로 볼 수 있다.
> ㄴ. 외부효과가 발생하는 경우 한 기업의 생산 활동이 다른 경제주체의 후생을 변화시키며, 동시에 이에 대하여 적절한 보상이 이루어진다.
> ㄷ. 코즈(Coase)정리에 의하면 소유권이 명백하게 정의되고 협상에 비용이 들지 않는다면, 외부효과를 발생시키는 주체와 그 피해를 입는 주체 간의 협상을 통하여 자원의 효율적 배분이 이루어진다.

① ㄱ
② ㄱ, ㄴ
③ ㄱ, ㄷ
④ ㄱ, ㄴ, ㄷ

해설 ㄱ. 시장실패 : 외부효과, 공공재, 불확실성(정보비대칭), 불완전경쟁시장 존재, 소득분배 불균등(불공평) 등
ㄴ. 외부효과 : 한 기업의 생산 활동이 다른 경제주체의 후생을 변화시킬 때 보상이 이루어지지 않는 현상
ㄷ. 코즈정리 : 소유권이 명백하게 정의되고 협상비용이 들지 않는다면, 당사자 협상을 통해 외부성 해결

정답 ③

보충 • 코우즈의 정리
▶ 외부비경제 관련 손해에 대하여 손해배상 청구권 등 재산권이 확정되면 당사자의 협상에 의해 해결 가능
▶ 재산권을 가해자에게 부여하는 경우에도 협상에 의한 해결 가능
▶ 협상액의 범위(Ⅰ) : 피해자에게 권리가 있을 때

생산의 외부비경제 경우 :   피해자의 (한계)피해액   < 협상액 < 가해자의 (한계)정화비용
소비의 외부비경제 경우 : 피해자의 (한계)비효용 가치 < 협상액 < 가해자의 (한계)효용 가치

▶ 협상액의 범위(Ⅱ) : 가해자에게 권리가 있을 때

생산의 외부비경제 경우 :   피해자의 (한계)피해액   > 협상액 > 가해자의 (한계)정화비용
소비의 외부비경제 경우 : 피해자의 (한계)비효용 가치 > 협상액 > 가해자의 (한계)효용 가치

▶ 정부의 역할 : 법적, 제도적 장치만 마련하여 관리
▶ 한계 : 관련 당사자가 많아서 협상비용이 많이 들거나 당사자를 확정하기 곤란할 경우 등에는 적용 곤란

16 강 상류에 위치한 기업 A가 오염물질을 배출하고 있으며, 강 하류에서는 어민 B가 어업 활동을 영위하고 있다. 그런데 기업 A는 자사의 오염배출이 어민 B에 미치는 영향을 고려하지 않고 있다. 사회적 최적 수준의 오염물질 배출량이 100톤이라고 가정할 때, 옳지 않은 것은? [국가 13]

① 현재 기업 A의 오염물질 배출량은 100톤보다 많다.
② 오염배출 문제는 기업 A와 어민 B의 협상을 통해서 해결가능하며, 이러한 경우 보상을 위한 필요자금 없이도 가능하다.
③ 기업 A에게 적절한 피구세(Pigouvian tax)를 부과함으로써 사회적 최적 수준의 오염물질 배출량 달성이 가능하다.
④ 강 하류에 어민이 많을수록 협상을 통한 오염배출 문제의 해결은 현실적으로 어려워진다.

해설 ① 규제하지 않을 경우 실제 오염물질 배출량 > 사회적 최적 오염물질 배출량
②,④ 코우즈의 정리에 따르면, 협상을 통해 기업 A가 어민 B에게 피해보상금을 지급하여 해결
단, 관련 당사자가 많거나 협상비용이 많이 드는 경우 현실적으로 적용하기 곤란
③ 기업 A에게 공해세(피구세)를 부과하여 적정 수준의 배출량 유도

정답 ② ②

17 외부효과와 코즈 정리에 대한 설명으로 옳지 않은 것은? [9급 14]

① 코즈 정리에 따르면 시장이 효율적인 결과에 도달하는지의 여부는 이해당사자들의 법적 권리가 누구에게 있는가에 따라 달라진다.
② 코즈 정리와 달리 현실에서는 민간 주체들이 외부효과 문제를 항상 해결할 수 있는 것은 아니다.
③ 외부불경제(negative externality)를 정부 개입을 통해 해결하려는 방식으로 피구세(교정적 조세)가 있다.
④ 외부불경제(negative externality)는 완전경쟁시장이나 불완전경쟁시장 모두에서 발생할 수 있다.

해설 ① 코즈 정리에 따르면 이해당사자들의 법적 권리를 피해자에게 주는 것이 상식에 부합하지만 가해자에게 주어도 협상에 의한 해결 가능
② 현실적으로 협상비용이 많이 들 경우에는 코즈정리가 적용되기 곤란함.
③ 외부불경제(negative externality)를 해결하려는 방식은 피구세(교정적 조세), 오염면허제 등이 있음.
④ 외부불경제(negative externality)는 불완전경쟁시장에서도 발생할 수 있음

정답 ① ①

18 A와 B는 사무실을 공유하고 있다. A는 사무실에서 흡연을 원하며 이를 통해 20,000원 가치의 효용을 얻는다. 반면 B는 사무실에서 금연을 통해 상쾌한 공기를 원하며 이를 통해 10,000원 가치의 효용을 얻는다. 코즈의 정리(Coase Theorem)와 부합하는 결과로 옳은 것은? [국가 13]

① B는 A에게 20,000원을 주고 사무실에서 금연을 제안하고, A는 제안을 받아들인다.
② B는 A에게 15,000원을 주고 사무실에서 금연을 제안하고, A는 제안을 받아들인다.
③ A는 B에게 11,000원을 주고 사무실에서 흡연을 허용할 것을 제안하고, B는 제안을 받아들인다.
④ A는 B에게 9,000원을 주고 사무실에서 흡연을 허용할 것을 제안하고, B는 제안을 받아들인다.

[해설] • 코우즈의 정리에 따른 협상액 결정
▶ 문제의 경우는 소비의 외부비경제가 존재하며, 가해자가 피해자에게 보상
▶ 협상액 결정 범위 : 피해자 (한계)비효용 가치 < 협상액 < 가해자 (한계)효용 가치
피해자(B) 부(−)의 효용(10,000) < 협상액 < 가해자(A) 정(+)의 효용(20,000)

③ A가 B에게 11,000원을 주고 흡연하면 모두 효용 증가.
A는 9,000원 어치 효용 증가, B는 1,000원 어치 효용 증가
정답 ③

(3) 오염허가제(면허제)

19 기업 A, B는 생산 1단위당 폐수 1단위를 방류한다. 정부는 적정수준의 방류량을 100으로 결정하고, 두 기업에게 각각 50의 폐수방류권을 할당했다. A의 폐수저감 한계비용은 $MAC_A = 100 - Q_A$, B의 폐수저감 한계비용은 $MAC_B = 120 - Q_B$인 경우, 폐수방류권의 균형거래량과 가격은? (단, Q_A, Q_B는 각각 A, B의 생산량이다.) [노무 24]

① 5, 60 ② 10, 60 ③ 10, 80
④ 20, 80 ⑤ 20, 100

[해설] • 문제에서,
▶ 기업 A와 B에 방류권 각각 50 할당
▶ A의 폐수저감 한계비용 $MAC_A = 100 - Q_A$, B의 폐수저감 한계비용 $MAC_B = 120 - Q_B$

• 방류권시장 균형
▶ 방류권 총량: $Q_A + Q_B = 100$ ···①
▶ 시장균형 : $MAC_A = MAC_B$ ⇒ $100 - Q_A = 120 - Q_B$ ···②
▶ 두 식을 연립으로 풀면, 두 기업의 적정방출량은 $Q_A = 40$, $Q_B = 60$
▶ 균형거래량: 기업 A는 기업 B에 방류권 10 매각. 기업 B는 기업 A에게 방류권 10 매입
방류권 가격 = 각 기업의 적정방출량에서의 폐수저감 한계비용
$= 100 - Q_A(40) = 120 - Q_B(60) = 60$
정답 ②

20 어느 지역에 석유화학 업체 3개가 오염물질을 배출하고 있다. 이들의 현재 배출량 및 배출량 1단위 당 감축비용은 아래 표와 같다. 감축비용은 일정하다고 가정한다. 정부는 오염물질 배출을 120단위로 줄이려고 업체마다 40단위의 오염물질 배출권을 각 업체에게 부여하였다. 업체들이 가격수용자로 행동하는 경우, 배출권거래제가 시행된다면 배출권시장에서 배출권의 균형 가격은 얼마가 될까?

[국가 03]

기업	현재 배출량	배출량 1단위당 감축비용
A	50	10만원
B	70	20만원
C	80	30만원

① 10만원 ② 15만원 ③ 20만원 ④ 25만원

해설 ▶ • 문제의 자료에서, 배출권 가격에 따른 시장 수요량과 공급량을 계산하여 배출권 균형 가격 분석

배출권 가격	시장수요량		시장공급량	배출권 가격
10만원	70 (B : 30, C : 40)	>	0	상승
15만원	70 (B : 30, C : 40)	>	40 (A : 40)	상승
20만원	40 (C : 40)	=	40 (A : 40)	균형
25만원	40 (C : 40)	<	80 (A : 40, B : 40)	하락

(단, 배출권 가격 < 감축비용일 때 배출권 매입(수요), 배출권 가격 > 감축비용일 때 배출권 매각(공급))

① 배출권 가격이 10만원일 때 수요량=30(B)+40(C) > 공급량=0
  배출권시장이 초과수요이므로 가격 상승
② 배출권 가격이 15만원일 때 수요량=30(B)+40(C) > 공급량=40(A)
  배출권시장 초과수요이므로 가격 상승
③ 배출권 가격이 20만원일 때 수요량=40(C) = 공급량=40(A). 배출권시장 균형
④ 배출권 가격이 25만원일 때 수요량=40(C) < 공급량=40(A)+40(B)
  배출권시장 초과공급이므로 가격 하락

정답 ▶ ③

Ⅲ 공공재

1. 공공재의 특징

(1) 공공재의 특징

21 시장실패(market failure)에 대한 설명으로 옳은 것만을 모두 고른 것은? [지방 17]

> ㄱ. 사회적으로 효율적인 자원배분이 이루어지지 않는 경우이다.
> ㄴ. 공공재와 달리 외부성은 비배제성과 비경합성의 문제로부터 발생하는 시장실패이다.
> ㄷ. 각 경제주체가 자신의 이익을 위해서만 행동한다면 시장실패는 사회전체의 후생을 감소시키지 않는다.

① ㄱ ② ㄴ
③ ㄱ, ㄷ ④ ㄴ, ㄷ

해설 ▶ ㄱ. 시장실패 : 시장기능에 의해 효율적 자원배분과 균등한 소득분배가 이루어지지 않는 현상
ㄴ. 공공재 : 비배제성과 비경합성으로 발생하는 비효율적 자원배분
외부성 : 생산의 외부성은 사적한계비용(PMC)과 사회적한계비용(SMC)의 불일치에 따라 발생.
소비의 외부성은 사적한계편익(PMB)과 사회적한계편익(SMB)의 불일치에 따라 발생
ㄷ. 경제주체가 자신의 이익을 위해서만 행동(수요자 효용극대화, 공급자 이윤극대화)할 경우 효율적 자원배분이 이루어져서 사회적 잉여(경제적 잉여)가 극대화 됨. 이때 공공재, 외부효과, 불확실성 등에 따라 시장실패가 발생하면 자원배분의 비효율성이 나타나므로 사회적 잉여(경제적 잉여) 감소 **정답** ▶ ①

보충 ▶ 공공재

- 소비의 비경합성 : 여러 소비자가 동시에 소비 가능
  ▶ 비경합성을 갖는 재화의 경우는 추가 소비(생산)에 따른 한계비용이 0이므로, 한계비용 가격설정 ($P = MC$)의 원칙에 따르면 가격이 0이 되어야 효율적
  ▶ 비경합성이 불완전할 경우, 소비자 숫자가 증가하면 혼잡(정체)이 발생하며 클럽재(club goods)라고 함
  ▶ 비경합성이 불완전하며, 비배제성이 완전한 재화는 공유재(공유자원)라고 하며, 자원남획 가능성 있음
- 소비의 비배제성
  ▶ 대가를 지불하지 않는 소비(공짜 소비)를 금지할 수 없음
  ▶ 비배제성이 불완전하여 가격(사용요금)을 받을 수 있을 경우에는 비경합성 하에서도 시장적 배분 가능
- 공공재의 특징
  ▶ 위 두 가지 특징에 따라 공공재 소비자는 공공재를 공짜로 소비(무임승차자)하고자 함
  ▶ 따라서 실제 생산량이 효율적 수준의 적정생산량보다 적게 생산되거나 아예 생산될 수 없음

22 공공재와 관련된 시장실패에 관한 설명으로 옳지 않은 것은? [노무 15]

① 순수공공재는 소비의 비배제성과 비경합성을 동시에 가지고 있다.
② 소비의 비배제성으로 인한 무임승차의 문제가 발생한다.
③ 긍정적 외부성이 존재하는 공공재의 생산을 민간에 맡길 때, 사회적 최적수준에 비해 과소생산된다.
④ 공공재 경우는 개인의 한계편익곡선을 수평으로 합하여 사회적 한계편익곡선을 도출한다.
⑤ 공공재의 최적생산을 위해서는 경제주체들의 공공재 편익을 사실대로 파악하여야 한다.

해설 ① 순수공공재는 소비의 비배제성과 비경합성을 동시에 가지는 재화
② 소비의 비배제성은 대가를 지불하지 않고 소비(공짜 소비)하고자 하는 것을 막을 수 없는 것이며, 이 때문에 공공재 소비자는 무임승차하려 함
③ 긍정적 외부성이 존재하는 공공재 생산을 민간에 맡길 경우에는 사회적편익이 사적편익보다 크므로 사회적 최적수준에 비해 과소생산. 이는 소비의 외부경제가 존재하는 사적재의 경우와 동일한 경우임
④ 공공재는 비경합성에 따라 여러 소비자가 동시에 소비하므로 사회적 한계편익곡선(시장수요곡선)은 개별소비자의 사적 한계편익곡선(개별수요곡선)을 수직으로 더하여 도출
⑤ 공공재 소비자는 비배제성에 따라 무임승차자가 되려 하므로 공공재가 최적생산되기 위해서는 공공재 소비자의 사적한계편익을 정확히 파악해야 함   **정답** ④

23 공공재에 관한 설명으로 옳은 것을 모두 고른 것은? [노무 20]

ㄱ. 공공재의 공급은 시장에 맡길 경우 무임승차자의 문제로 인해 공급부족이 야기될 수 있다.
ㄴ. 코우즈 정리(Coase theorem)에 따르면 일정한 조건하에서 이해 당사자의 자발적 협상에 의해 외부성의 문제가 해결될 수 있다.
ㄷ. 배제가능성이란 한 사람이 공공재를 소비한다고 해서 다른 사람이 소비할 수 있는 기회가 줄어들지 않음을 의미한다.

① ㄱ   ② ㄴ   ③ ㄱ, ㄴ
④ ㄴ, ㄷ   ⑤ ㄱ, ㄴ, ㄷ

해설 ㄱ. 공공재는 비경합성과 비배제성에 의해 무임승차자 문제가 발생하므로 시장에 의한 적정수준보다 적게 생산
ㄷ. 한 사람이 공공재를 소비한다고 해서 다른 사람이 소비할 수 있는 기회가 줄어들지 않는 것은 비경합성. 비배제성은 가격을 지불하지 않는 소비를 막을 수 없다는 것을 의미함   **정답** ③

24 100명의 주민이 살고 있는 아파트에 주민들이 안전을 우려하여 공동으로 아파트 입구에 CCTV를 설치하고자 한다. 설치된 CCTV의 서비스에 관한 설명으로 옳은 것을 모두 고른 것은?

[노무 22]

> ㄱ. CCTV 서비스는 주민들에게 공유자원이다.
> ㄴ. CCTV 서비스는 주민들에게 사적재이다.
> ㄷ. CCTV 서비스는 주민들에게 비배제성을 갖는다.
> ㄹ. CCTV 서비스는 주민들에게 공공재이다.

① ㄱ   ② ㄴ   ③ ㄱ, ㄴ
④ ㄴ, ㄷ   ⑤ ㄷ, ㄹ

해설 ● CCTV는 비경합성과 비배제성을 갖는 공공재. 사적재는 경합성과 배제성을 갖는 재화
● 공유자원(공유재)은 비배제성은 있으나, 비경합성이 불완전한 자원. 소비자 숫자가 증가하면 자원고갈 문제 발생

정답 ⑤

(2) 공유재

25 많은 사람들이 공동으로 사용하는 자원의 경우 적정한 수준 이상으로 그 자원이 이용되어 결과적으로 모두가 피해를 보는 비효율성이 발생하기 쉬운데 공해상에서의 어류 남획 문제가 그러한 예이다. 흔히 '공유자원의 비극(Tragedy of the Commons)'으로 불리는 이러한 문제가 발생하는 근본적인 원인은?

[9급 11]

① 공유자원은 배제성과 경합성을 갖지 않기 때문이다.
② 불확실성과 정보의 부족에 따라 발생하는 시장 실패 때문이다.
③ 개별 경제주체의 의사결정이 현실에서 합리성 가정을 위배하기 때문이다.
④ 개인의 의사결정시 그 결과로 발생하는 외부효과를 고려하지 않기 때문이다.

해설 ① 공유자원은 배제성은 갖지 않고(비배제성) 경합성을 갖는 재화
② 불확실성과 정보의 부족에 따라 발생하는 시장실패는 공유자원의 비극과 관계없는 문제
③ 공유자원은 비배제성을 가지므로 공짜로 소비하고자 하는 것은 합리성 가정을 위배하는 것은 아님
④ 공유자원은 비배제성을 가지지만 경합성이 존재하는 재화. 따라서 '공유자원의 비극'은 공짜 소비하고자 하는 소비자가 너무 많아짐에 따라 발생하는 외부비경제 현상

정답 ④

보충 ● 공유자원과 공유지의 비극
▶ 공유지는 비배제성이 존재하여 공짜 소비를 막을 수 없지만 경합성(소비자 숫자가 증가하면 개별소비자 소비량 감소)을 갖는 재화
▶ 비배제성에 따라 소비자 숫자가 너무 많이 증가할 경우 희소한 자원이 멸종, 고갈됨

2. 공공재 적정공급모형(Ⅰ) : 사무엘슨(P.A. Samuelson)모형

26 공공재와 관련된 시장실패에 관한 설명으로 옳지 않은 것은? [노무 15]

① 순수공공재는 소비의 비배제성과 비경합성을 동시에 가지고 있다.
② 소비의 비배제성으로 인한 무임승차의 문제가 발생한다.
③ 긍정적 외부성이 존재하는 공공재의 생산을 민간에 맡길 때, 사회적 최적수준에 비해 과소생산된다.
④ 공공재의 경우에는 개인의 한계편익곡선을 수평으로 합하여 사회적 한계편익곡선을 도출한다.
⑤ 공공재의 최적생산을 위해서는 경제주체들의 공공재 편익을 사실대로 파악하여야 한다.

해설▶ ① 순수공공재는 소비의 비배제성과 비경합성을 동시에 가지는 재화
② 소비의 비배제성은 대가를 지불하지 않고 소비(공짜 소비)하고자 하는 것을 막을 수 없는 것이며, 이 때문에 공공재 소비자는 무임승차하려 함
③ 긍정적 외부성이 존재하는 공공재 생산을 민간에 맡길 경우에는 사회적편익이 사적편익보다 크므로 사회적 최적수준에 비해 과소생산. 이는 소비의 외부경제가 존재하는 사적재의 경우와 동일한 경우임
④ 공공재는 비경합성에 따라 여러 소비자가 동시에 소비하므로 사회적 한계편익곡선(시장수요곡선)은 개별소비자의 사적 한계편익곡선(개별수요곡선)을 수직으로 더하여 도출
⑤ 공공재 소비자는 비배제성에 따라 무임승차자가 되려 하므로 공공재가 최적생산되기 위해서는 공공재 소비자의 사적한계편익을 정확히 파악해야 함

정답 ▶ ④

27 공공재에 대한 설명으로 옳지 않은 것은? [9급 13]

① 공공재에 대한 시장수요함수는 개별 수요함수를 수직으로 합하여 얻어진다.
② 비배제성(non-excludability)은 충족되지 않으나 비경합성(non-rivalry)은 충족된다.
③ 특정 소비자를 공공재의 소비로부터 배제할 수 없다.
④ A, B 두 사람만 존재하는 경우 두 사람의 한계편익의 합이 한계비용과 일치하는 수준에서 최적 산출량이 결정된다.

해설▶ ① 공공재 시장수요곡선은 개별수요곡선의 수직합으로 도출
② 공공재는 비배제성과 비경합성을 가짐.
③ 공공재는 비배제성을 가지므로 공짜로 소비하고자 하는 소비자를 배제할 수 없음.
④ 공공재는 사회적 한계편익과 한계비용이 일치하는 수준에서 적정생산되며, 사회적 한계편익은 개별소비자 사적한계편익의 총합

정답 ▶ ②

28 3인(A, B, C)만 살고 있는 한 나라의 국방에 대한 각 소비자의 수요는 다음과 같다. 국방 한 단위당 한계생산비용이 9원이라면 이 나라의 적정국방공급량은 몇 단위인가?

단위가격(세금)	수요량		
	A	B	C
1	10	8	12
2	9	7	9
3	8	6	7
4	7	5	5

① 10단위 ② 9단위 ③ 8단위
④ 7단위 ⑤ 5단위

[해설] • 공공재 소비
▶ 공공재는 비경합성을 가지므로 소비자가 동일한 수량을 공동소비
▶ 문제에서, 개별소비자의 소비량이 모두 동일한 경우는 7단위

정답 ▶ ④

---

29 공공재 수요자 3명이 있는 시장에서 구성원 A, B, C의 공공재에 대한 수요함수는 각각 아래와 같다. 공공재의 한계비용이 30으로 일정할 때, 공공재의 최적공급량에서 각 구성원이 지불해야 하는 가격은? (단, P는 가격, Q는 수량이다.)

[노무 17]

$$A: P_a = 10 - Q_a \qquad B: P_b = 20 - Q_b \qquad C: P_c = 20 - 2Q_c$$

① $P_a = 5, P_b = 15, P_c = 10$ ② $P_a = 5, P_b = 10, P_c = 10$
③ $P_a = 10, P_b = 10, P_c = 15$ ④ $P_a = 10, P_b = 15, P_c = 5$
⑤ $P_a = 15, P_b = 15, P_c = 5$

[해설] • 공공재 적정공급모형 : 사무엘슨 모형
▶ 공공재 시장수요곡선 : 개별수요곡선의 수직합
▶ 공공재 시장균형에 따라 가격이 결정되면 각 수요자의 수요함수(곡선)에 따라 개별소비자들이 분담

• 문제에서,
▶ 공공재 시장수요곡선 : 개별수요곡선의 수직합. $P_M = (10-Q) + (20-Q) + (20-2Q) = 50 - 4Q$
▶ 공공재 시장균형 : 시장가격(P_M) = 한계비용(MC) ⇒ $50 - 4Q = 30$ ∴ $Q = 5$
▶ 개별소비자 지불가격 : $P_a = 10 - 5 = 5$, $P_b = 20 - 5 = 15$, $P_c = 20 - 2 \cdot 5 = 10$

정답 ▶ ①

30 어떤 한 경제에 A, B 두 명의 소비자와 X, Y 두 개의 재화가 존재한다. 이 중 X는 공공재(public goods)이고 Y는 사용재(private goods)이다. 현재의 소비량을 기준으로 A와 B의 한계대체율(marginal rate of substitution : MRS)과 한계전환율(marginal rate of transformation : MRT)이 다음과 같이 측정되었다. 공공재의 공급에 관한 평가로 옳은 것은? [국가 15]

$$MRS_{XY}^{A} = 1, \qquad MRS_{XY}^{B} = 3, \qquad MRT_{XY} = 5$$

① 공공재가 최적 수준보다 적게 공급되고 있다.
② 공공재가 최적 수준으로 공급되고 있다.
③ 공공재가 최적 수준보다 많이 공급되고 있다.
④ 공공재의 최적 수준 공급 여부를 알 수 없다.

해설 • 사무엘슨 모형의 적정 공공재 공급 모형

▶ 개별소비자들의 공공재와 사적재(사용재) 사이의 한계대체율(MRS)의 합과 공공재와 사적재의 한계변환율(MRT)이 같은 수준으로 생산할 때 사회후생 극대화

$$\sum_{i=1}^{n} MRS_{XY} = MRT_{XY} \quad (단,\ i : 개별소비자,\ X : 공공재,\ Y : 사적재)$$

▶ 경제적 의미 : 모든 사회구성원의 사적재(Y)로 표시한 공공재(X) 선호도(MRS_{XY})와 사적재(Y)로 표시한 공공재(X) 생산의 사회적 기회비용이 같을 때 적정 공급

• 문제에서,

▶ $MRS_{XY}\ (= MRS_{XY}^{A} + MRS_{XY}^{B}) = 4\ <\ 5 = MRT_{XY}$

▶ A와 B의 사적재(Y)로 표시한 공공재(X) 선호도(MRS_{XY})가 사적재(Y)로 표시한 공공재(X) 생산의 사회적 기회비용보다 작음

▶ 사회적으로 공공재 선호도가 공공재 생산의 기회비용보다 작으므로 공공재가 최적 수준보다 과다 생산되고 있음. 따라서 공공재 생산을 줄이고 사적재(사용재) 생산을 늘려야 함

정답 ▶ ③

31 두 명의 주민이 사는 어느 마을에서 가로등에 대한 개별 주민의 수요함수는 $P = 10 - Q$로 표현되며, 주민 간에 동일하다. 가로등 설치에 따르는 한계비용이 6일 때, 이 마을에 설치할 가로등의 적정 수량은? (단, Q는 가로등의 수량이다.)   [국가 18]

① 4   ② 5   ③ 6   ④ 7

해설 ▶ • 공공재 적정공급모형 : 사무엘슨 모형

  ▶ 공공재 시장수요곡선은 개별수요곡선의 수직합
  ▶ 개별소비자의 수요곡선이 동일 할 때, 시장수요가격(P_M)
    = 소비자 숫자(n) × 소비자 수요가격(P_i)

• 문제에서,

  ▶ 시장수요곡선(개별수요곡선의 수직합)
    P_M = 소비자 숫자 · 개별소비자 수요가격 $= 2 \cdot (10 - Q) = 20 - 2Q$
  ▶ 시장균형 : 시장가격(P_M) = 한계비용(MC) $\Rightarrow$ $20 - 2Q = 6$ $\therefore$ $Q = 7$

정답 ▶ ④

제20장 정보경제이론

I 정보비대칭 : 도덕적 해이와 역선택

1. 역선택(adverse selection)

01 역선택(adverse selection)과 관계없는 것은? [9급 15]

① 악화가 양화를 구축한다.
② 채무지불능력이 양호한 기업임에도 불구하고 은행으로부터 대출을 받지 못한다.
③ 기업이 자사 제품 브랜드에 대한 명성을 쌓으려고 노력하는 것은 역선택 문제를 해결하는 방법일 수 있다.
④ 주인-대리인(principal-agent) 문제는 역선택 현상을 일반화한 것이다.

해설 ① 악화(표시중량과 실제중량이 일치하는 금화)가 양화(표시중량보다 실제중량이 적은 금화)를 구축하는 것은 통화(금화) 사용자들이 양화는 사용하지 않고 악화만을 사용하는 고의적인 현상. 따라서 역선택의 문제
② 은행이 채무지불능력이 양호한 기업에 대출하지 않는 것은 은행의 의도적인 판단에 따른 결정이므로 역선택
③ 자사 제품 브랜드에 대한 명성을 쌓으려고 노력하는 것은 기업이 평판지대를 얻기 위한 노력이며, 이는 역선택을 해결할 수 있는 방법
④ 주인-대리인(principal-agent) 문제는 도덕적해이의 문제

정답 ④

보충 역선택
- 사전적이며 고의성이 있으며 감추어진 특성(의도)에 따라 나타나는 현상
- 대표적인 예 : 중고자동차(레몬)시장 모형
- 대처방안 : 각종 유인정책
  ▶ 생산자가 평판지대를 인식하게 함
  ▶ 고의적 불량품을 막기 위한 제조물책임법, 조건부계약제도(무상수리(AS), 현금교환) 시행
  ▶ 보험 가입 전 건강진단서, 신입사원 채용시 학력(성적)증명서 등 요구
  ▶ 국민연금, 의료보험 등을 통한 대상자들의 강제 가입
  ▶ 금융기관의 대출 심사

02 역선택 문제에 대한 대책으로 옳은 것은? [지방 18]

① 교통사고 시 자동차 보험료 할증
② 피고용인의 급여에 성과급적 요소 도입
③ 감염병 예방주사 무료 접종
④ 의료보험 가입 시 신체검사를 통한 의료보험료 차등화

해설 ▶ • 역선택
 ▶ 사전적이며 고의성이 있으며 감추어진 특성(의도)에 따라 나타나는 현상.
 ▶ 대표적인 예 : 중고자동차(레몬)시장 모형

• 역선택 대처방안 : 각종 유인정책
 ▶ 생산자가 평판지대를 인식하게 함
 ▶ 고의적 불량품을 막기 위한 제조물책임법, 조건부계약제도(무상수리(AS), 현금교환) 시행
 ▶ 보험 가입 전 건강진단서, 신입사원 채용시 학력(성적)증명서 등 요구
 ▶ 국민연금, 의료보험 등을 통한 대상자들의 강제 가입
 ▶ 금융기관의 대출 심사

• 문제에서,
 ①, ② 도덕적해이에 대한 대책
 ③ 소비의 외부효과 해소방안

정답 ▶ ④

03 다음 중 역선택 문제를 완화하기 위해 고안된 장치와 거리가 먼 것은? [서울 14]

① 중고차 판매 시 책임수리 제공
② 민간의료보험 가입 시 신체검사
③ 보험가입 의무화
④ 사고에 따른 자동차 보험료 할증
⑤ 은행의 대출 심사

해설 ▶ ④ 사고에 따른 자동차 보험료 할증은 사후적 제재. 따라서 도덕적 해이를 막기 위한 수단
 나머지 보기는 사전적 조치이므로 역선택을 막기 위한 수단

정답 ▶ ④

04 성능 좋은 중고차 100대와 성능 나쁜 중고차 100대를 팔려고 한다. 파는 사람은 좋은 차는 600만원 이상, 나쁜 차는 400만원 이상을 받으려고 한다. 중고차를 사려고 하는 사람 역시 200명인데, 이들은 좋은 차일 경우 650만원 이하, 나쁜 차일 경우 450만원 이하를 내려고 한다. 이때 팔려고 하는 사람은 차의 성능을 알지만, 사려고 하는 사람은 차의 성능을 모른다. 그러나 차의 성능을 제외한 모든 정보는 서로 공유하고 있다. 중고차 시장의 균형가격과 균형거래량에 대한 설명 중 옳은 것은?

[회계 07]

① 균형가격은 600만원과 650만원 사이, 균형거래량은 200대이다.
② 균형가격은 600만원과 650만원 사이, 균형거래량은 100대이다.
③ 균형가격은 400만원과 600만원 사이, 균형거래량은 200대이다.
④ 균형가격은 400만원과 450만원 사이, 균형거래량은 200대이다.
⑤ 균형가격은 400만원과 450만원 사이, 균형거래량은 100대이다.

해설 • 정보비대칭의 경우

▶ 수요자는 좋은 차(H)와 나쁜 차(L)가 1/2씩이라는 것은 알고 있으나 개별 중고차의 품질은 모름
▶ 수요가격=(좋은 차 지불용의 가격×0.5)+(나쁜 차 지불용의 가격×0.5)
　　　　　=(650만원×0.5)+(450만원×0.5)=550만원
▶ 좋은 차의 공급자 가격(600)>수요자의 지불용의 가격(550만원). 따라서, 좋은 차는 시장에서 회수
▶ 나쁜 차(100대)만 시장거래되므로 자원배분의 비효율 발생

• 정보대칭의 경우

▶ 수요자가 개별 중고차의 품질을 정확히 알고 있음.
▶ 좋은 중고차 시장가격 : 공급가격(600만원)과 수요가격(650만원) 사이에서 결정
▶ 나쁜 중고차 시장가격 : 공급가격(400만원)과 수요가격(450만원) 사이에서 결정
▶ 중고차 품질별 가격에 따라 시장거래되므로 시장실패는 발생하지 않음.

• 문제의 경우, 정보비대칭에 따라 좋은 중고차는 모두 시장에서 회수되고, 나쁜 중고차만 남아있으며 이러한 정보를 공유하고 있음. 따라서, 공급가격(400만원)과 수요가격(450만원) 사이에서 나쁜 중고차 100대만 거래

정답 ▶ ⑤

2. 도덕적 해이(moral hazard)

05 고용주는 채용된 근로자가 얼마나 열심히 일을 하는지에 대해 완벽하게 관찰하는 것이 불가능하여 고용주와 근로자 간에 비대칭 정보가 존재한다고 하자. 이 상황에서 발생되는 문제와 그 해결 방법에 대한 <보기>의 설명 중 옳은 것을 모두 고르면? [국회 17]

<보 기>

ㄱ. 이 상황에서 생산성이 낮은 근로자가 고용되는 역선택(adverse selection)이 발생한다.
ㄴ. 이 상황에서 근로자의 도덕적 해이(moral hazard)가 발생한다.
ㄷ. 고용주가 근로자에게 효율임금(efficiency wage)을 지급한다면 이 상황을 해결할 수 있다.
ㄹ. 고용주가 근로자의 보수 지급을 연기한다면 이 상황을 해결할 수 있다.
ㅁ. 근로자가 고용주에게 자신의 높은 교육수준을 통해 자신의 생산성이 높다는 것을 신호보내기(signaling)한다면 이 상황을 해결할 수 있다.

① ㄱ, ㄷ
② ㄱ, ㅁ
③ ㄴ, ㄹ
④ ㄱ, ㄷ, ㅁ
⑤ ㄴ, ㄷ, ㄹ

해설 ● 문제의 경우는 도덕적해이
  ▶ 사후적이며 고의성은 없으며 감추어진 행동에 따라 발생하는 문제
  ▶ 근로자에게 효율임금(efficiency wage)을 지급하거나, 근로자의 성과가 확인될 때까지 보수 지급 연기
  ▶ 근로자가 학력 등을 통해 자신의 생산성이 보이고자 하는 것은 신호발송. 역선택 상황에서 나타나는 현상

정답 ▶ ⑤

보충 ▶ 도덕적 해이
● 사후적이며 고의성은 없으며 감추어진 행동에 따라 나타나는 현상
● 대표적인 예: 본인(주인)-대리인 문제
● 대처방안: 각종 유인 정책
  ▶ 기초공제(initial deduction.), 공동보험(co-insurance)을 시행하여 보험가입자도 일부 비용을 부담하게 함
  ▶ 근로자의 경우 효율성임금, 실적급여제(성과급. performance pay) 및 근로감독제 등 시행
  ▶ 전문경영인(CEO)의 경우 경영성과에 따른 보수지급제(스톡옵션 등) 시행

06 정보의 비대칭성(information asymmetry)의 원인, 문제, 사례 및 해결책이 바르게 연결된 것은?

[국가 12]

	원인	문제	사례	해결책
①	숨겨진 특징(hidden characteristics)	도덕적해이(moral hazard)	중고차 시장	강제보험
②	숨겨진 특징	역선택(adverse selection)	신규차 시장	성과급
③	숨겨진 행위(hidden action)	도덕적해이	주인과 대리인	감시강화
④	숨겨진 행위	역선택	노동시장	최저임금

해설

	원인	사례	해결책
• 도덕적 해이	감추어진 행동	본인-대리인 문제	감독, 성과급 등
• 역선택	감추어진 특성	중고차시장	강제보험 등

정답 ▶ ③

07 주인-대리인(principal-agent model)을 적용하기에 적절하지 않은 것은?

[지방 10]

	주인	대리인		주인	대리인
①	주주	회사 사장	②	회사 사장	직원
③	스포츠 구단주	프로스포츠 선수	④	병원장	환자

해설 • 본인(주인)-대리인 문제(rincipal-agent problem)
▶ 본인-대리인 문제는 본인이 권한을 위임할 때, 대리인이 그 권한을 소홀히 할 때 나타나는 문제
▶ 문제에서, 병원장과 환자는 권한을 위임하는 관계가 아님.
병원장과 고용 의사와의 관계라면 이는 본인-대리인 문제

정답 ▶ ④

08 '역선택'과 '도덕적 해이'는 정보경제학에서 다루는 주요 문제들이다. 건강보험에 대한 다음의 두 가지 주장과 관련된 문제를 바르게 연결한 것은? [9급 11]

> ㄱ. 자기부담률이 낮은 건강보험은 과잉진료 현상을 초래할 수 있다.
> ㄴ. 건강한 사람보다 건강이 좋지 않은 사람이 건강보험에 가입할 유인이 크다.

	ㄱ	ㄴ		ㄱ	ㄴ
①	역선택	역선택	②	역선택	도덕적 해이
③	도덕적 해이	역선택	④	도덕적 해이	도덕적 해이

해설
- 도덕적 해이(moral hazard) : 사후적이며 고의성 없음. 감추어진 행동
- 역선택(adverse selection) : 사전적이며 고의성 있음. 감추어진 특성

ㄱ. 자기부담률이 낮을 때 과잉진료는 고의성은 없으므로 도덕적 해이
ㄴ. 건강하지 않은 사람이 건강보험에 더 많이 가입하는 것은 의도적인 것이므로 역선택

정답 ③

09 다음의 비대칭 정보현상에 대한 설명 중 틀린 것은? [노무 04]

① 경제행위 당사자가 객관적인 사실을 정확히 모르는 경우에는 '감추어진 유형정보'의 불완비성이 존재하여 역선택의 문제가 발생한다.
② 경제행위 당사자의 행위를 관찰할 수 없는 경우엔 '감추어진 행위정보'의 불완전성이 존재하여 도덕적해이가 발생한다.
③ 금융산업 진출기업에 대한 인·허가제는 도덕적 해이의 문제를 해결하기 위한 정책이다.
④ 노동시장에서 발생하는 역선택의 문제를 해결하기 위해 노동자들은 교육기관의 신호기능을 이용하고자 학벌을 취득하려 할 수 있다.
⑤ 도덕적 해이의 문제를 해결하기 위해서는 성과에 근거한 유인계약제도 등을 활용할 수 있다.

해설 ③ 금융산업 진출기업에 대한 인·허가제는 역선택을 막기 위한 제도
- 도덕적해이 대처수단 : 사고피해액의 일부만 보상해 주는 기초공제제도와 공동보험(co-insurance). 근로자의 도덕적해이의 경우는, 효율성임금, 실적급여제 및 직업감독제로 대처
- 역선택 대처수단 : 역선택을 하지 않는 것이 유리하도록 하는 각종 유인(incentive)제도 마련. 즉, 무상수리 기간 설정, 일정기간 이내 현금교환 등을 보장하는 조건부계약제도, 또는 생산자들에게 평판지대(reputation rent)의 중요성을 인식시킴

정답 ③

3. 신호발송과 선별

10 다음 중 정보경제와 관련된 설명으로 가장 옳지 않은 것은? [서울 16]

① 선별(screening)이란 사적정보를 가진 경제주체가 상대방의 정보를 더욱 얻어내기 위해 취하는 행동이다.
② 신호발생(signalling)이란 정보를 가진 경제주체가 자신에 관한 정보를 상대방에게 전달하려는 행동이다.
③ 탐색행위(search activities)란 상품의 가격에 대한 정보를 충분히 갖지 못한 수요자가 좀 더 낮은 가격을 부르는 곳을 찾으려고 하는 행위이다.
④ 역선택(adverse selection)이란 상대방의 감추어진 속성으로 인해 정보가 부족한 쪽에서 바람직하지 않은 선택을 하는 현상이다.

해설 ① 선별(screening)이란 정보를 갖고 있지 않은 경제주체가 상대방의 정보를 얻어내기 위해 취하는 행동

정답 ①

보충
- 선별 : 정확한 정보를 수집하고자 하는 행위
  ▶ 근로자의 학력 및 경력, 성적 등은 좋은 근로자를 뽑기 위한 고용주의 선별수단
  ▶ 소비자는 생산자의 광고, 품질보증내용 등을 선별수단으로 하여 소비선택
- 신호발송 : 자신에 대한 정확한 정보를 타인에게 알리고자 하는 행위
  ▶ 좋은 학력 및 경력, 높은 성적 등은 고용주에 대한 근로자의 신호발송수단
  ▶ 광고, 품질보증 등은 소비자에 대한 생산자의 신호발송수단

11 노동시장에 대한 설명 중 옳지 않은 것은? [서울 12]

① 최저임금제는 빈곤을 완화시키려는 정책이다.
② 엥겔지수와 빈곤률은 소득불평등을 측정하는 지표이다.
③ 차별은 임금격차의 원인이 될 수 있다.
④ 교육은 인적자본을 구축하기도 하지만 신호기능으로서 역할하기도 한다.
⑤ 비금전적인 작업 속성은 균형임금에 영향을 미친다.

해설 ① 최저임금제는 비숙련근로자의 빈곤을 완화시키는 제도
② 빈곤률은 소득불평등을 측정하는 지표. 엥겔지수(생활필수품(음식물) 지출액 / 총지출액)는 불평등 지표가 아님.
③ 각종 차별은 불합리한 임금격차의 원인
④ 교육은 취업하고자 하는 근로자가 고용주에 대한 신호발송수단
⑤ 보상격차 : 비금전적인 작업 속성은 임금에 영향

정답 ②

12 다음은 정보의 비대칭성과 관계된 경제적 현상을 설명한 것이다. 가장 부적절한 설명은 어느 것인가?
[노무 07]

① 화재보험회사에서 화재가 발생했을 때, 손실의 일부만을 보장해주는 제도를 도입한 것은 도덕적해이(moral hazard)문제를 완화시키기 위해서이다.
② 유인설계(incentive system)를 잘 할 경우, 도덕적 해이(moral hazard)문제를 어느 정도 완화시킬 수 있다.
③ 정보를 많이 가진 측의 감추어진 특성으로 인해 발생하는 문제를 역선택(adverse selsction)이라 한다.
④ 신호발송(signaling)이란 정보를 가진 쪽에서 자발적으로 자신의 특성을 알리려는 노력이고, 선별(screening)이란 불완전한 정보를 가진 쪽이 그에게 주어진 자료와 정보를 이용하여 상대방의 특성을 파악하려는 것이다.
⑤ 정부가 자동차 보험의 책임보험을 의무적으로 가입하도록 하면 역선택(adverse selsction)의 문제를 방지할 수 있지만, 이는 사고 위험성이 높은 사람에게는 불리한 제도이다.

해설 ① 손실의 일부만을 보장해주는 제도는 도덕적해이(moral hazard)를 완화시켜줌
② 유인설계(incentive system)를 잘 할 경우, 도덕적 해이와 역선택 문제를 완화 시켜줌
③ 감추어진 특성으로 인해 발생하는 문제는 역선택
④ 신호발송이란 정보를 가진 쪽에서 자발적으로 자신의 특성을 알리려는 노력이고, 선별이란 주어진 자료와 정보를 이용하여 상대방의 특성을 파악하려는 것
⑤ 의무적으로 가입해야 하는 보험은 역선택 문제를 방지할 수 있으며 사고 위험성이 높은 사람에게 유리한 제도

정답 ▶ ⑤

13 다음은 선별(screening)과 신호발송(signalling)에 대한 설명이다. 옳지 않은 것은?

① 선별이란 불완전정보 하에서 간접적 방법을 통해서 정보를 수집하는 행위이다.
② 신호발송이란 상대방에게 자신의 정보를 알리는 행위이다.
③ 학력, 성적 등은 고용주의 신호발송 수단이며 근로자에게는 선별 수단이 된다.
④ 광고, 품질보증 등은 생산자의 신호발송 수단이며 소비자의 선별 수단이 된다.
⑤ 정보비대칭을 해소할 수 있는 수단이 된다.

해설 ▶ ③ 학력, 성적 등은 고용주에게는 선별 수단이고, 근로자에게는 신호발송 수단

정답 ▶ ③

II 지식경제학과 인터넷경제학

14 정보재(information goods)의 일반적인 경제적 특성에 대한 설명으로 옳은 것은? [국가 08]

① 초기개발비용뿐만 아니라 재생산비용도 매우 커서 생산에서 규모의 경제가 존재한다.
② 잠김효과(lock-in effect)가 강하게 나타나기 때문에 소비자들의 교체비용(switching cost)이 최소화된다.
③ 치열한 가격경쟁이 발생하기 때문에 완전경쟁적인 시장구조가 유도되어 정보재 거래가 효율적으로 이루어진다.
④ 정보재에 수요가 증가하면 네트워크 효과가 발생하여 수요에서 규모의 경제가 존재한다.

해설 ① 정보재의 초기개발비용은 크지만 재생산비용이 작아서 규모의 경제가 존재
② 잠김효과(lock-in effect)가 나타나면 소비자의 교체비용(switching cost)이 증가
③ 규모의 경제와 잠김효과 등에 따라 정보재 시장은 독점화 경향을 가지게 됨.
④ 정보재는 소비자 숫자가 증가하면 네트워크 외부효과 발생. 따라서 수요 측면에서 규모의 경제가 존재

보충 정보재(information goods) : 상품으로 거래되는 정보(콘텐츠)
- 잠김효과(lock-in effect) : 정보재는 교체비용(전환비용)이 커서 바꾸기 어려움.
- 네트워크 외부효과 : 소비자 숫자가 증가하면 소비의 편리함이 증가하여 수요 측면에서 규모의 경제 발생
- 경험재(experience goods) : 직접 소비해보아야만 품질을 알 수 있는 상품. 따라서 무료체험의 기회를 제공
- 초기 개발비용이 크지만 생산량 증가에 따른 추가적 비용은 거의 발생하지 않으므로 규모의 경제 발생
- 위의 여러 성격에 따라, 경쟁시장을 유지하기 어려움.

정답 ④

15 공공재와 외부성에 대한 설명 중 옳지 않은 것은? [지방(상) 08]

① 인류가 환경 파괴적 행동을 계속하게 된다면 궁극적으로 지구의 파멸을 초래할 수 있다는 것은 공유지 비극의 한 예이다.
② 환경오염과 같은 부의 외부성이 존재하는 경우, 사적 비용(private cost)이 사회적 비용(social cost)보다 크기 때문에 사회적으로 바람직한 수준보다 더 많은 환경오염이 초래된다.
③ 코우즈 정리(Coase theorem)란 외부성으로 인해 영향을 받는 모든 이해 당사자들이 자유로운 협상에 의해 상호 간의 이해를 조정할 수 있다면 정부가 적극적으로 개입하지 않아도 시장에서 스스로 외부성 문제를 해결할 수 있다는 것이다.
④ 한 소비자가 특정 재화를 소비함으로써 얻는 혜택이 그 재화를 소비하는 다른 소비자들의 수요에 의해 영향을 받는 경우 네트워크 외부성이 존재한다고 한다.

해설 ② 생산에 부의 외부성(외부비경제)이 존재할 경우, 사회적한계비용이 사적한계비용보다 큼.
④ 네트워크 외부성 : 소비자 숫자가 증가하면 소비에 따른 전체 사회후생이 증가하는 현상

정답 ②

16 다음 설명 중 옳지 않은 것은?

① 공공재는 국가안보나 공해처럼 모든 사람이 동일한 양을 소비하는 재화이다.
② 망외부효과(network externality)가 있으면, 어떤 사람이 한 재화에 지불하려는 금액이 그 재화를 사용하는 사람들의 수에 따라 달라진다.
③ 경쟁시장에서 종량세를 공급자에 부과하면, 소비자에게 부과하는 경우보다 소비자가 지불하는 가격이 덜 상승한다.
④ 게임의 내쉬균형은 파레토 효율적인 자원배분이 아닐 수 있다.
⑤ 도덕적 해이는 거래의 한 당사자가 상대방 행동을 관찰할 수 없을 때 발생한다.

해설 ▶ ① 공공재는 비경합성에 따라 모든 소비자가 동일한 수량을 공동으로 소비
② 망외부효과(네트워크 외부효과. network externality) : 소비자 숫자가 증가하면 긍정적 외부효과가 나타나므로 소비자의 지불용의 가격이 높아질 수 있음
③ 종량세는 생산자나 소비자 누구에게 부과하든 동일한 효과
④ 내쉬균형에 의한 전략적 균형은 파레토 효율적인 자원배분이 아닐 수 있음.
⑤ 도덕적 해이는 감추어진 행동을 관찰할 수 없을 때 발생

정답 ▶ ③

거/시/경/제/학
국/제/경/제/학

제1편　거시경제이론의 기초개념
제2편　개별함수이론
제3편　통화금융이론
제4편　총수요 – 총공급이론
제5편　동태거시경제이론
제6편　국제경제이론

Economics

이패스 객관식 경제학 거시 및 국제경제학

제1편 거시경제이론의 기초개념

제1장 　주요 거시경제변수
제2장 　실질국민소득의 결정 : 단순모형
제3장 　단순모형과 재정정책

제1장 주요 거시경제변수

I 총생산, 총소득 및 국부

01 다음 중 유량변수가 아닌 것은? [국가 06]

① 저축　　　　　　　　　　② 투자
③ 국부　　　　　　　　　　④ 소비

해설 ▶ • 국부 : 일정 시점에서 한 나라가 보유하고 있는 자연자원과 자본재 총량. 따라서, 저량(stock)
　　　　• 소비, 투자, 저축 : 일정 기간 중 이루어진 경제활동. 따라서, 유량(flow)

정답 ▶ ③

02 국부(國富)란 다음 중 어느 것인가?

① 국민경제가 창출한 부가가치 합계
② 국내 자연자원의 총계
③ 국민이 이용할 수 있는 총자원
④ 국내 자본재의 총계
⑤ 국토의 면적을 현재가치로 환산한 총계

해설 ▶ • 국부(National Wealth)
　　　　▶ 국부=토지(자연자원)+자본스톡(자본재)
　　　　▶ 일정 시점에 한 나라가 보유하고 있는 자연자원과 자본재. 따라서, 물적 생산요소 부존량

정답 ▶ ③

03 다음은 한나라의 총소득과 국부에 관한 설명이다. 옳지 않은 것은?

① 총소득은 유량(Flow)이며 국부는 저량(Stock)이다.
② 총소득은 개인소득의 총합이지만 국부는 개인 부(Personal Wealth)의 총합이 아니다.
③ 감가상각이 없을 경우에 저축에서 재고를 제외한 만큼 국부가 증가한다.
④ 신투자와 대체투자가 모두 0일 때 국부는 변화하지 않는다.
⑤ 일반적으로 총투자가 0이 될 수는 없다.

해설 ② 총소득은 일정 기간 중 개인소득의 총합.
국부는 일정 시점에 존재하는 자연자원과 자본재 총량이며 개인 부의 총합은 아님.
③ 총투자(=대체투자+신투자+재고투자)≡총저축.
감가상각이 없을 경우에는 총투자(=신투자+재고투자)≡총저축
따라서 총저축에서 재고투자를 빼면 신투자이며, 신투자는 국부(자본스톡)를 증대시킴.
④ 신투자와 대체투자가 0일 경우에는 감가상각분만큼 자본스톡(국부) 감소
⑤ 신투자가 0일 경우에도 대체투자와 재고투자는 존재할 것이므로 일반적으로 총투자는 0이 될 수 없음.

정답 ④

보충 • 총투자 = 대체투자 + 신투자 + 재고투자
▶ 대체투자 : 감가상각(고정자본소모)을 충당하기 위한 투자. 따라서 자본스톡(국부)를 유지시켜 주는 투자
▶ 신투자 : 대체투자를 초과하는 투자. 따라서 자본스톡(국부)를 증대시키는 투자
▶ 재고투자 : 기간 중 생산된 생산물 중 판매되지 않은 생산물.
중간생산물(원자재, 중간재)이거나 최종생산물이거나 판매되지 않은 것은 모두 재고
• 총투자(= 대체투자 + 신투자 + 재고투자)≡총저축

II. 국민소득계정 : 국내총생산(GDP), 국민총지출(GNE)

1. 국내총생산(GDP : Gross Domestic Products)

04 국민소득계정에 관한 설명으로 옳지 않은 것은? [노무 22]

① 국민총생산은 국내총생산과 국외순수취 요소소득의 합계이다.
② 명목국내총생산은 생산량의 변화와 함께 가격 변화에도 영향을 받는다.
③ 국내총생산은 일정기간 동안 생산된 최종 용도의 재화와 서비스의 시장 가치 총합이다.
④ 국내총생산은 한 나라에서 일정기간 창출되는 부가가치의 총합이다.
⑤ 투자는 민간투자와 정부투자의 합계이며, 재고변동은 포함하지 않는다.

해설
① 국민총생산(GNP)=국내총생산(GDP)+국외순수취 요소소득
② 명목국내총생산은 당해년도 가격으로 계산하므로 연도별 가격변화를 반영
③ 국내총생산 : 일정기간, 국내 생산된 최종생산물(재화, 용역)의 시장가치
④ 국내총생산 : 최종생산물 시장가치 = 부가가치 총합(+ 감가상각)
⑤ 투자 : 민간과 정부의 대체투자, 신투자 및 재고투자의 합

정답 ⑤

05 국민소득에 포함되는 사항을 모두 고른 것은? [지방 10]

ㄱ. 기업의 연구개발비	ㄴ. 파출부의 임금
ㄷ. 신항만 건설을 위한 국고지출	ㄹ. 아파트의 매매차익
ㅁ. 로또복권 당첨금	ㅂ. 은행예금의 이자소득
ㅅ. 전투기 도입비	ㅇ. 주부의 가사노동

① ㄱ, ㄴ, ㄷ, ㅁ, ㅂ
② ㄱ, ㄴ, ㄷ, ㅂ, ㅅ
③ ㄱ, ㄴ, ㄹ, ㅂ, ㅅ
④ ㄱ, ㄷ, ㅂ, ㅅ, ㅇ

해설
• 국내총생산(GDP)에 대한 지출 = 민간소비 + 기업과 정부의 투자 + 정부소비 + 순수출(수출 − 수입)
• GNI = ((임금 + 이자 + 지대 + 이윤) + 순간접세) + 감가상각
• [ㄱ, ㄴ, ㄷ, ㅂ, ㅅ] 포함.
  ㄱ. 기업 투자   ㄴ. 파출부의 임금   ㄷ. 정부 투자
  ㅂ. 예금 이자소득(단, 국고채 이자는 불포함)   ㅅ. 정부지출
• [ㄹ, ㅁ, ㅇ] 불포함
  ㄹ. 매매차익은 부가가치 아님.   ㅁ. 복권 당첨금은 이전소득
  ㅇ. 주부 가사노동은 시장거래된 가치 아님

정답 ②

06 2020년도에 어떤 나라의 밀 생산 농부들은 밀을 생산하여 그 중 반을 소비자에게 1,000억원에 팔고, 나머지 반을 1,000억원에 제분회사에 팔았다. 제분회사는 밀가루를 만들어 그 중 절반을 800억원에 소비자에게 팔고 나머지를 제빵회사에 800억원에 팔았다. 제빵회사는 빵을 만들어 3,200억원에 소비자에게 모두 팔았다. 이 나라의 2020년도 GDP는? (단, 이 경제에서는 밀, 밀가루, 빵만을 생산한다.)

[서울 17]

① 1,600억원
② 2,000억원
③ 3,200억원
④ 5,000억원

해설

밀 2,000억 생산	소비자 1,000억 구입 (최종생산물)			
	제분회사 1,000억 구입 (중간생산물)	밀가루 1,600억 생산	소비자 800억 구입 (최종생산물)	
			제빵회사 800억 구입 (중간생산물)	빵 3,200억 판매 (최종생산물)

- 최종생산물 : 5,000억원
- 중간생산물 : 1,800억원
- 총산출 = 최종생산물 + 중간생산물 = 6,800억원

보충 • GDP : 국내총생산

▶ 일정 기간, 국내 생산된 최종생산물 시장가치. 단, 최종생산물 = 총산출 - 중간생산물(중간투입물)
▶ 일정 기간, 국내 창출된 부가가치(임금+이자+지대+이윤+순간접세)+감가상각

정답 ▶ ④

07 자동차 중고매매업체가 출고된 지 1년이 지난 중고차(출고 시 신차가격은 2,000만원) 1대를 2011년 1월 초 1,300만원에 매입하여 수리한 후, 2011년 5월 초 甲에게 1,500만원에 판매하였다. 이론상 이 과정에서의 2011년 GDP 증가 규모는?

[국가 12]

① 증가하지 않았다.
② 200만원
③ 1,300만원
④ 1,500만원

해설 • 문제에서,

▶ 중고차 거래가격(1,300만원)은 해당연도 GDP에 포함되지 않음.
▶ 수리한 후 판매한 가격과 중고차 가격 차이(200만원)는 올해 창출된 부가가치이므로 올해 GDP에 포함.

정답 ▶ ②

08 한국 법인이 100% 지분을 소유하고 있는 자동차회사 A 가 미국에 생산 공장을 설립하여 직원을 대부분 현지인으로 고용할 경우, 두 나라 경제에 미치는 영향으로 옳지 않은 것은? [국가13]

① 미국의 GDP 증가분은 GNP 증가분보다 크다.
② 미국의 GDP와 GNP가 모두 증가한다.
③ 한국의 해외직접투자가 증가하면서 GNP가 더욱 중요해진다.
④ 한국의 GDP 감소분은 GNP 감소분보다 크다.

해설 ①, ② 미국의 GDP와 GNP 모두 증가. 단, 한국인 고용에 의한 생산은 미국 GDP에는 포함되지만 미국 GNP에는 포함되지 않음. 따라서, 미국 GDP 증가분 > GNP 증가분
④ 한국에 위치하던 공장이 미국으로 이전됨에 따라 한국의 GDP와 GNP는 모두 감소. 단, 미국 공장에 고용된 한국인에 의한 생산은 한국 GNP에 포함되므로 한국 GDP 감소분 > 한국 GNP 감소분
③ 한국자본이 국외로 투자되면 국내생산 감소, 국외 생산 증가. 이때 국외 생산보다는 국내 생산이 국민소득, 고용, 조세수입 등 국민경제에 미치는 효과가 더 크므로 GDP가 중요한 의미를 가짐 **정답** ③

보충 • 국내총생산(GDP) : 일정 기간 중 국내에서 생산된 최종생산물의 시장가치
▶ 일정 기간 : 유량. 기간 중 생산된 생산물만 포함. 중고품, 고미술품, 기존 주택 등 거래는 포함되지 않음
▶ 국내 생산 : 국경 중심

GNP = GDP + 국외수취요소소득 − 국외지급요소소득
　　 = GDP + 국외순수취요소소득
GDP = GNP − 국외수취요소소득 + 국외지급요소소득
　　 = GNP − (국외수취요소소득 − 국외지급요소소득)
　　 = GNP − 국외순수취요소소득　(단, 국외순수취요소소득 = 국외수취요소소득 − 국외지급요소소득)

▶ 최종생산물의 총합 : 최종생산물 = 총산출(국내에서 생산된 모든 생산물) − 중간생산물(원자재, 중간재).
　부가가치의 총합　 : 국민총소득(GNI) = 부가가치(임금 + 이자 + 지대 + 이윤 + 순간접세) + 감가상각
▶ 시장가치 : 시장에서 거래된 것만 포함. 단, 농산물 자가소비와 자가주택 귀속임대료는 예외적으로 포함

09 해외에 지불하는 요소소득이 해외에서 수취하는 요소소득보다 큰 경우 GDP와 GNP의 관계는?
[지방10]

① GDP가 GNP보다 크다.　　　　② GDP는 GNP와 같거나 작다.
③ GDP는 GNP와 같거나 크다.　　④ GDP가 GNP보다 작다.

해설 • GNP = GDP + 국외순수취요소소득(= 국외수취요소소득 − 국외지급요소소득)
▶ 문제에서, 국외수취 요소소득 < 국외지급불 요소소득. 따라서 국외순수취요소소득이 부(−)
▶ 따라서, GNP = GDP − 국외순수취요소소득 ⇒ GDP > GNP

정답 ①

10 국내총생산(GDP)에 대한 설명으로 옳은 것은? [지방 15]

① 국내총생산이 상승하면 소득불평등이 심화된다.
② 실질국내총생산은 명목국내총생산보다 항상 작다.
③ 밀수, 마약거래 등 지하경제에서 생산되는 것은 국내총생산에 포함된다.
④ 자가 주택의 경우, 귀속가치(imputed value)를 계산하여 국내총생산에 포함시킨다.

해설 ▶ ① 국내총생산 상승과 소득불평등이 심화는 인과관계가 없음
② 물가가 1보다 작으면 실질국내총생산(명목국내총생산 / 물가)이 명목국내총생산보다 클 수 있음
③ 밀수 등 지하경제(underground economy) 생산은 파악할 수 없으므로 국내총생산에 포함될 수 없음
④ 자가 주택의 귀속가치(imputed value. 귀속임대료)는 국내총생산에 포함   **정답** ▶ ④

11 GDP(국내총생산)에 대한 설명으로 옳지 않은 것은? [지방 11]

① GDP는 모든 경제주체가 일정기간 동안에 창출한 부가가치(value added)의 합이다.
② GDP는 한 국가 내에서 일정기간 동안에 생산된 모든 생산물의 시장가치이다.
③ 기준연도 이후 물가가 상승하는 기간에는 명목 GDP가 실질 GDP보다 크다.
④ 기준연도의 실질 GDP와 명목 GDP는 항상 같다.

해설 ▶ ①, ② GDP = 최종생산물 시장가치 = 부가가치 총합 + 감가상각
③ 명목 GDP는 계산연도 가격으로 계산하고, 실질 GDP는 기준연도 가격으로 계산.
  따라서 물가가 오르면 명목 GDP > 실질 GDP
④ 기준연도에는 계산연도와 기준연도가 일치하므로 실질 GDP = 명목 GDP   **정답** ▶ ②

12 A국은 X재와 Y재만을 생산하는 국가이다. 두 재화의 생산량과 가격이 다음 표와 같을 때, A국의 기준년도 대비 비교년도의 실질GDP 성장률은? [9급 16]

	기준년도		비교년도	
	생산량(개)	가격(원)	생산량(개)	가격(원)
X재	100	10	100	11
Y재	200	20	210	20

① 10%   ② 7%   ③ 4%   ④ 1%

해설 ▶ • 실질GDP 성장률 : 기준년도 대비 실질GDP 증가율. 경제성장률
  ▶ 기준년도 실질GDP = Σ(기준년도 가격×기준년도 생산량) = $\Sigma(10\times100)+(20\times200)$ =5,000
  ▶ 비교년도 실질GDP = Σ(기준년도 가격×비교년도 생산량) = $\Sigma(10\times100)+(20\times210)$ =5,200
  ▶ 경제성장률 = $\dfrac{\text{비교년도 실질}GDP - \text{기준년도 실질}GDP}{\text{기준년도 실질}GDP} = \dfrac{5,200-5,000}{5,000} = 0.04\ (4\%)$ **정답** ▶ ③

13 표처럼 어떤 경제는 사과와 오렌지 두 재화만 생산하고 있다. 1997년의 명목 GDP와 실질GDP의 값들이 순서대로 바르게 표시된 것은? [노무 04]

연도	사과		오렌지	
	가격	수량	가격	수량
1995	20	10	40	20
1997	30	20	50	40

(단, 기준연도는 1995년)

① (1,000, 1,300) ② (1,500, 1,300) ③ (1,500, 2,000)
④ (2,600, 1,300) ⑤ (2,600, 2,000)

해설 • 명목 GDP = 당해연도(t) 가격 × 당해연도(t) 생산량 = $\Sigma P_{it} \times Q_{it}$
= $(30 \times 20) + (50 \times 40) = 2,600$ (단, $i = 1, 2, \cdots, n$: 생산물)

• 실질 GDP = 기준년도(0) 가격 × 당해연도(t) 생산량 = $\Sigma P_{i0} \times Q_{it}$
= $(20 \times 20) + (40 \times 40) = 2,000$ (단, $i = 1, 2, \cdots, n$: 생산물)

정답 ▶ ⑤

2. 국내총지출(GDE. Gross Domestic Expenditure)

14 다음은 한 국민경제의 총수요를 정의한 것이다. ㉠ ~ ㉣에 대한 설명으로 옳은 것은? [9급 19]

총수요 = ㉠소비 + ㉡투자 + ㉢정부지출 + ㉣순수출

① ㉠에는 수입 소비재에 대한 지출이 제외된다.
② 당해에 발생한 재고는 ㉡에 포함되어 국내총생산의 일부가 된다.
③ ㉢에는 이전지출(transfer payments)이 포함된다.
④ ㉣은 개방경제에서 0이 될 수 없다.

해설 ▶ ① (민간)소비에 수입 소비재에 대한 지출 포함
② 재고는 재고투자이며 당해연도 국내총생산에 포함
③ 정부 이전지출은 보조금이며 부가가치가 아니므로 국내총생산(총수요)에 포함되지 않음
④ 수출과 수입이 같을 경우 순수출이 0이며 경상수지가 균형이 됨

정답 ▶ ②

15 다음 중 GDP계정에서 총투자에 포함되지 않는 것은? [감평 02]

① 가계의 새로운 주택의 구입
② 재고의 증가
③ 기업의 새로운 공장건물의 건설
④ 기업의 새로운 기계의 구입
⑤ 가계의 주식의 매입이나 기업의 공장부지 매입

해설 ▶ ⑤ 가계의 주식 매입이나 공장부지 매입은 기존 주식과 토지의 소유권 이전이므로 투자가 아님

보충 ▶ • 총투자 : 총고정자본투자(대체투자 + 신투자) + 재고투자

　• 총고정자본투자(대체투자 + 신투자) = 건설투자 + 설비투자

　　▶ 건설투자 : 주거용 및 비주거용건물, 각종 구조물, 시설물, 공작물
　　▶ 설비투자 : 각종 기계 및 운수장비(선박, 기차, 자동차 등)

　• 재고투자 : 기간 중 판매되지 않은 생산물

정답 ▶ ⑤

16 A 국가의 올해 민간 소비지출이 400조원, 정부지출이 100조원, 투자가 200조원, 수출이 250조원, 수입이 200조원, 대외순수취요소소득이 10조원이라고 할 때, A 국가의 국내총생산(GDP)은?

[9급 12]

① 600조원　　　　　　　　　② 750조원
③ 760조원　　　　　　　　　④ 950조원

해설 ▶ • GDP(국내총생산) ≡ GNE(국민총지출) = 민간소비지출 + 기업과 정부의 투자지출
　　　　　　　　　　　　　　　　　　　+ 정부소비지출 + (수출－수입)

　• 문제에서, GDP ≡ GNE = 400조 + 200조 + 100조 + (250조－200조) = 750조
　　　　　　GNP = GDP + 대외순수취요소소득 = 760조

정답 ▶ ②

17 어떤 국가의 실질 국내총생산(GDP)은 1,000 단위이다. 이 나라의 경제주체들의 민간소비는 200 단위, 투자는 150 단위, 정부지출은 400 단위라고 한다. 순수출은 몇 단위인가? [국가 10]

① 150　　　　　　　　　　　② 200
③ 250　　　　　　　　　　　④ 300

해설 ▶ • GDP(국내총생산) ≡ GNE(국민총지출) = 민간소비지출 + 기업과 정부의 투자지출
　　　　　　　　　　　　　　　　　　　+ 정부소비지출 + (수출－수입)

　• 문제에서, 순수출(수출－수입) = GDP－민간소비지출－기업과 정부의 투자지출－정부소비지출
　　　　　　　　　　　　　　= 1,000－200－150－400 = 250

정답 ▶ ③

3. 국민총소득(GNI : Gross National Income)

18 국민총소득(GNI), 국내총생산(GDP), 국민총생산(GNP)에 대한 설명으로 옳지 않은 것은?

[9급 14]

① GNI는 한 나라의 국민이 국내외 생산활동에 참여한 대가로 받은 소득의 합계이다.
② 명목 GNI는 명목 GNP와 명목 국외순수취요소소득의 합이다.
③ 실질 GDP는 생산활동의 수준을 측정하는 생산지표인 반면, 실질 GNI는 생산활동을 통하여 획득한 소득의 실질 구매력을 나타내는 소득지표이다.
④ 원화표시 GNI에 변동이 없더라도 환율변동에 따라 달러화표시 GNI는 변동될 수 있다.

해설▶ ① GNI는 한 나라의 국민이 국내외 생산활동에 참여한 대가로 받은 소득의 합계
② 명목 GNI는 명목 GDP와 명목 국외순수취요소소득의 합
③ 실질 GDP는 생산지표인 반면, 실질 GNI는 소득지표
④ 달러화표시 GNI = 원화표시 GNI / 환율. 따라서 환율이 오르면 달러화표시 GNI 감소

정답 ▶ ②

보충▶ • 국민소득계정
  ▶ GDP : 일정 기간 국내에서 생산된 최종생산물의 시장가치(부가가치)
  ▶ GNP : 일정 기간 국내외에서 국민이 생산한 최종생산물의 시장가치(부가가치)
  ▶ GNI : 일정 기간 국내외에서 국민이 획득한 총소득

• 실질국민소득계정
  ▶ GNP = GDP + 국외순수취요소소득(국외수취요소소득 − 국외지급요소소득)
  ▶ GNI = GNP + 교역조건변화에 따른 실질무역손익
      = GDP + 국외순수취요소소득 + 교역조건변화에 따른 실질무역손익

• 명목국민소득계정 : 명목소득계정의 경우 교역조건변화에 따른 실질무역손익은 발생하지 않음
  ▶ GNP = GDP + 국외순수취요소소득(국외수취요소소득 − 국외지급요소소득)
  ▶ GNI = GNP + 교역조건변화에 따른 실질무역손익(0)
      = GDP + 국외순수취요소소득 + 교역조건변화에 따른 실질무역손익(0)

• 교역조건변화에 따른 실질무역손익
  ▶ 수입량 / 수출량 = 수출가격 / 수입가격
  ▶ 교역조건은 수출 단위당 수입량이며 교역조건이 개선되면 무역실익 증가
  ▶ 따라서 수출품 가격이 오르고 수입품 가격이 내리면 교역조건이 개선되어 무역실익 증가

19 거시경제지표에 관한 설명으로 옳지 않은 것은? [노무 20]

① 국내총생산은 영토를 기준으로, 국민총생산은 국민을 기준으로 계산한다.
② 국내총생산 삼면등가의 법칙은 폐쇄경제에서 생산, 지출, 분배 국민소득이 항등관계에 있다는 것이다.
③ 국내총생산은 특정 시점에 한 나라 안에서 생산된 부가가치의 합이다.
④ 국민총생산은 국내총생산과 대외순수취요소소득의 합이다.
⑤ 국내총소득은 국내총생산과 교역조건 변화에 따른 실질 무역손익의 합이다.

해설 ① 국내총생산은 국내(영토) 기준, 국민총생산은 국적(국민) 기준으로 계산
② 삼면등가의 법칙 : 폐쇄경제에서 국내총생산(GDP) = 국내총생산에 대한 지출(GDE) = 국민총소득(GNI)
③ 국내총생산(GDP) : GDP = 최종생산물 총합 = 부가가치 총합 + 감가상각
　　　　　　(단, 최종생산물 = 총산출 − 중간생산물
　　　　　　부가가치 = 임금 + 이자 + 지대 + 이윤 + 순간접세)
④ 국민총생산(GNP) : GNP = GNP + 대외순수취요소소득(대외수취요소소득 − 대외지급요소소득)
⑤ 국민총소득(GNI) : GNI = GNP + 교역조건변화에 따른 실질무역손익
　　　　　　　= GDP + 대외순수취요소소득 + 교역조건변화에 따른 실질무역손익
　국내총소득(GDI) : GDI = GDP + 교역조건변화에 따른 실질무역손익 **정답** ③

20 A 국의 2018년 국민소득계정의 일부이다. 다음 자료에서 실질국민총소득(실질GNI)은 얼마인가? [노무 19]

| ○ 실질국내총생산(실질GDP) : 1,500조원 |
| ○ 교역조건변화에 따른 실질무역손익 : 60조원 |
| ○ 실질대외순수취 요소소득 : 10조원 |

① 1,430조 원　　② 1,450조 원　　③ 1,500조 원
④ 1,550조 원　　⑤ 1,570조 원

해설 • 실질국민소득계정

▶ 실질GNP = 실질GDP + 국외순수취요소소득(국외수취요소소득 − 국외지급요소소득)
▶ 실질GNI = 실질GNP + 교역조건변화에 따른 실질무역손익
　　　　= 실질GDP + 국외순수취요소소득 + 교역조건변화에 따른 실질무역손익

• 문제에서,

▶ 실질GNI = 실질GDP + 국외순수취요소소득 + 교역조건변화에 따른 실질무역손익
　　　　= 1,500조 + 10조 + 60조 = 1,570조　　**정답** ⑤

Ⅲ 국민소득항등식

21 다음 표현 중 옳지 않은 것은?

① 국내저축은 국민저축과 국외저축의 합이다. ② 국민투자는 국내투자와 국외투자의 합이다.
③ 경상수지가 흑자일 때, 국외저축은 증가한다. ④ 경상수지가 적자일 때, 국외투자는 감소한다.
⑤ 경상수지가 균형일 때, 국내저축과 국민저축이 같다.

해설 ① 국내저축 = 국민저축 + 국외저축($IM-X$) = 국내투자
② 국민투자 = 국내투자 + 국외투자($IM-X$) = 국민저축
③ 경상수지 흑자일 때 : 국외저축 < 0 (국외저축 감소), 국외투자 > 0
④ 경상수지 적자일 때 : 국외저축 > 0 (국외저축 증가), 국외투자 < 0
⑤ 경상수지 균형일 때 : 국내저축 = 국민저축

정답 ③

보충 • 국민소득항등식 : 경상수지 흑자일 때

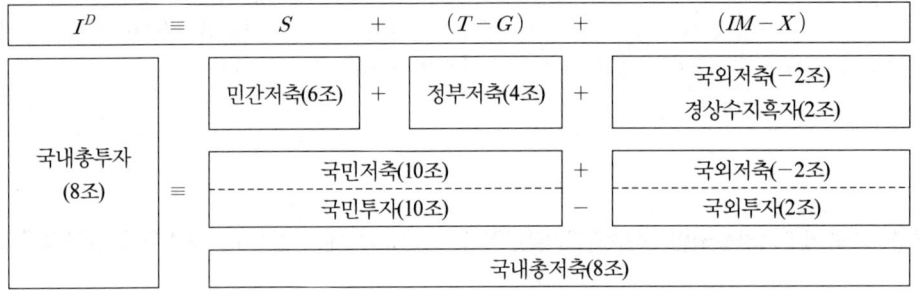

- 국내총저축 = 국민저축 + 국외저축($IM-X$) = 국내총투자
- 국민투자 = 국내총투자 + 국외투자($IM-X$) = 국민저축
- 경상수지흑자일 때 : 국외저축<0, 국외투자>0. 국민저축 일부가 국외로 투자(대여, 채권국)

• 국민소득항등식 : 경상수지 적자일 때

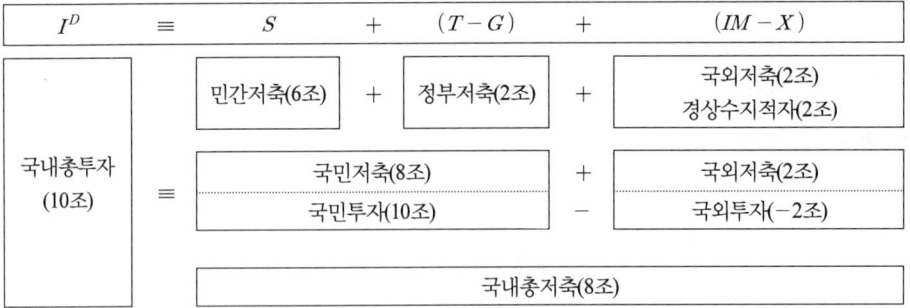

- 국내총저축 = 국민저축 + 국외저축($IM-X$) = 국내총투자
- 국민투자 = 국내총투자 + 국외투자($IM-X$) = 국민저축
- 경상수지적자일 때 : 국외저축>0, 국외투자<0. 국외저축이 국내투자에 사용(차입. 채무국)

22 쌍둥이 적자 이론에 의하면 재정흑자는 경상수지 흑자를 가져올 것으로 예측된다. EU의 경우 1990년대 후반에 재정적자가 크게 감소하였지만 경상수지흑자는 거의 같은 수준에 머물렀다. 이에 대한 가능한 설명으로 옳은 것은?

[서울 09]

① 민간저축의 증가
② 민간저축의 감소
③ 민간투자의 감소
④ 수입의 감소
⑤ 수출의 증가

해설 ▶ • 국민소득항등식

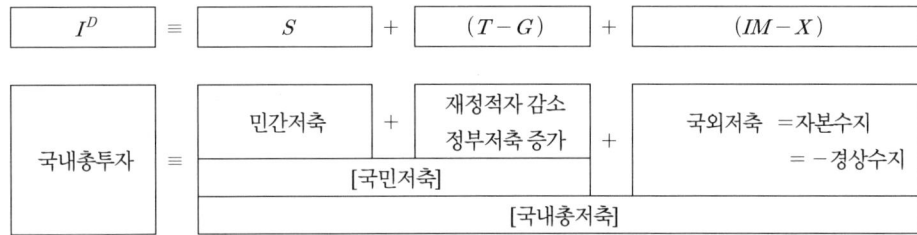

- 문제에서, 재정적자 감소는 정부저축($T-G$) 증가, 경상수지 흑자 불변은 국외저축($IM-X$) 불변 의미
  ▶ 국외저축($IM-X$) 불변시, 정부저축($T-G$)이 증가: 국내총투자(I)가 불변이면, 민간저축(S) 감소
  ▶ 국외저축($IM-X$) 불변시, 정부저축($T-G$)이 증가: 민간저축(S)이 불변이면 국내총투자(I) 증가

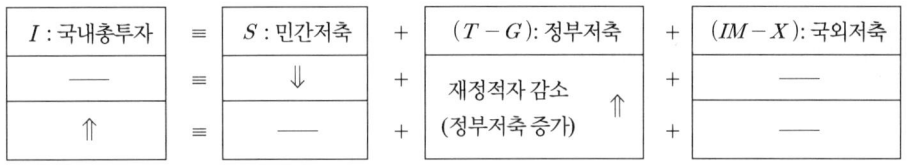

① 국외저축($IM-X$) 불변시, 정부저축($T-G$)이 증가하면 민간저축 증가
② 국외저축($IM-X$) 불변시, 정부저축($T-G$)이 증가하면 민간저축 감소
③ 국외저축($IM-X$) 불변시, 정부저축($T-G$)이 증가하면 국내총투자(I) 증가. 따라서 민간투자 증가
④ 문제에서 국외저축이 불변이므로 순수출($X-IM$) 불변. 따라서 수입 불변
⑤ 문제에서 국외저축이 불변이므로 순수출($X-IM$) 불변. 따라서 수출 불변

정답 ▶ ②

23 국민소득 관련 방정식은 $Y = C + I + G + NX$, $Y = C + S + T$ 이다. 다음 자료를 이용하여 산출한 국민저축은? (단, Y는 국민소득, C는 소비, I는 투자, G는 정부지출, NX는 순수출, X는 수출, M은 수입, S는 민간저축, T는 세금이다.) [노무 18]

$$C : 8,000 \quad I : 2,000 \quad G : 2,000$$
$$X : 5,000 \quad M : 4,000 \quad T : 1,000$$

① 2,200
② 2,500
③ 2,800
④ 3,000
⑤ 4,000

해설
- 국민소득항등식: $I = S + (T - G) + (IM - X)$ (단, I: 국내총투자, S: 민간저축, $(T - G)$: 정부저축, $S + (T - G)$: 국민저축, $(IM - X)$: 국외저축)
- 문제에서, $I = S + (T - G) + (IM - X) \Rightarrow 2,000 = S + (1,000 - 2,000) + (4,000 - 5,000)$
  ∴ $S = 4,000$
  $Y = C + I + G + NX \Rightarrow Y = 8,000 + 2,000 + 2,000 + 1,000 = 13,000$

정답 ④

IV 물가와 인플레이션

1. GDP 디플레이터

24 다음 표는 A국의 명목 GDP와 GDP디플레이터를 나타낸 것이다. 실질GDP가 가장 큰 연도와 가장 작은 연도가 옳게 짝지어진 것은? [9급 17]

연도	명목GDP (단위 : 억 원)	GDP디플레이터
2010	5,000	100
2011	5,200	105
2012	5,600	110

	실질 GDP가 가장 큰 연도	실질 GDP가 가장 작은 연도
①	2012년도	2011년도
②	2012년도	2010년도
③	2011년도	2010년도
④	2010년도	2011년도

해설 ▶

연도	명목 GDP	GDP디플레이터 (물가)	실질 GDP = 명목 GDP / 물가
2010	5,000	100 (1.00)	5,000
2011	5,200	105 (1.05)	4,952
2012	5,600	110 (1.10)	5091

정답 ▶ ①

25 물가지수에 관한 설명으로 옳지 않은 것은? [노무 22]

① 우리나라의 소비자물가지수는 농촌지역의 물가 동향을 파악하는 지표로는 적합하지 않다.
② 우리나라의 소비자물가지수는 소비자가 소비하는 모든 상품과 서비스를 대상으로 측정되기 때문에 정부 물가관리의 주요 대상지표가 된다.
③ GDP 디플레이터는 국내에서 생산된 상품만을 조사 대상으로 하기 때문에 수입상품의 가격동향을 반영하지 못한다.
④ GDP 디플레이터는 명목국내총생산을 실질국내총생산으로 나눈 값으로 측정한다.
⑤ 우리나라의 생산자물가지수는 기업 간에 거래되는 일정 비율 이상의 비중을 갖는 원 자재 및 자본재의 가격 변화를 반영한다.

해설 ▶ ① 소비자물가지수는 도시가계를 중심으로 측정
② 소비자물가지수는 기준년도에 소비자가 소비했던 중요 상품과 서비스만을 대상(약 500개 품목만)으로 측정
③ GDP 디플레이터에는 국내생산물만을 대상으로 하므로 수입상품의 가격동향은 반영되지 않음
④ GDP 디플레이터는 명목국내총생산을 실질국내총생산으로 나눈 값(물가)에 100을 곱하여 측정
⑤ 생산자물가지수는 기준년도에 기업 간 거래된 중요 원자재 및 자본재만을 대상으로 측정

정답 ▶ ②

26 2020년의 명목GDP는 2,000조원, 2021년의 명목GDP는 2,200조원이고, 2020년을 기준으로 하는 GDP 디플레이터는 2021년에 105였다. 2021년의 실질경제성장률은 약 얼마인가? [노무 22]

① 1.2 % ② 2.4 % ③ 4.8 %
④ 9.6 % ⑤ 14.4 %

해설 ▶ • 실질경제성장률(실질GDP 증가율) : 기준년도 대비 실질GDP 증가율

▶ 2020년 명목GDP = 실질GDP = 2,000

▶ 2021년 명목GDP = 2,200, 2021년 실질GDP = $\frac{명목 GDP}{물가} = \frac{2,200}{1.05} \approx 2,095$

▶ 경제성장률 = $\frac{2021년 실질 GDP - 2020년 실질 GDP}{2021년 실질 GDP} = \frac{2,095 - 2,000}{2,000} = 0.0475$ (4.8%)

정답 ▶ ③

27 다음 표는 빵과 옷만을 생산하는 경제의 연도별 생산 현황이다. 2011년을 기준 연도로 할 때, 2013년의 GDP 디플레이터(㉠)와 물가상승률(㉡)은? (단, 물가상승률은 GDP 디플레이터) [국가 14]

연도 \ 재화	빵		옷	
	가격(원)	생산량(개)	가격(원)	생산량(벌)
2011	30	100	100	50
2012	40	100	110	70
2013	40	150	150	80

	㉠	㉡		㉠	㉡
①	144	18.2%	②	144	23.1%
③	157	18.2%	④	157	23.1%

해설 ▶ • 2012년 GDP 디플레이터 $= \dfrac{\text{명목}GDP}{\text{실질}GDP} \times 100 = \dfrac{\Sigma P_{it} \cdot Q_{it}}{\Sigma P_{i0} \cdot Q_{it}} \times 100 = \dfrac{(40 \cdot 100)+(110 \cdot 70)}{(30 \cdot 100)+(100 \cdot 70)} \times 100$

$= \dfrac{11,700}{10,000} \times 100 = 117$

(단, 명목 GDP $= \Sigma P_{it} \cdot Q_{it}$, 실질 GDP $= \Sigma P_{i0} \cdot Q_{it}$, t : 2012년, 0 : 2011년)

• 2013년 GDP 디플레이터 $= \dfrac{\text{명목}GDP}{\text{실질}GDP} \times 100 = \dfrac{\Sigma P_{it} \cdot Q_{it}}{\Sigma P_{i0} \cdot Q_{it}} \times 100 = \dfrac{(40 \cdot 150)+(150 \cdot 80)}{(30 \cdot 150)+(100 \cdot 80)} \times 100$

$= \dfrac{18,000}{12,500} \times 100 = 144$

(단, 명목 GDP $= \Sigma P_{it} \cdot Q_{it}$, 실질 GDP $= \Sigma P_{i0} \cdot Q_{it}$, t : 2013년, 0 : 2011년)

• 2013년 물가상승률 $= \dfrac{2013\text{년 }GDP\text{디플레이터}(144) - 2012\text{년 }GDP\text{디플레이터}(117)}{2012\text{년 }GDP\text{디플레이터}(117)} \times 100 = 23.1$

정답 ▶ ②

28 작년에 쌀 4가마니와 옷 2벌을 소비한 영희는 올해는 쌀 3가마니와 옷 6벌을 소비하였다. 작년에 쌀 1가마니의 가격은 10만 원, 옷 1벌의 가격은 5만 원이었는데 올해는 쌀 가격이 15만 원, 옷 가격이 10만 원으로 각각 상승하였다. 우리나라의 소비자물가지수 산정방식을 적용할 때, 작년을 기준으로 한 올해의 물가지수는? [지방 19]

① 120　　② 160　　③ 175　　④ 210

해설 ▶ • 소비자물가지수 : 기준년도 품목과 수량을 중심으로 측정(라스파이레스 지수)

소비자물가지수 : $P = \dfrac{P_1 Q_0}{P_0 Q_0} \times 100$　　(단, 0 : 기준년도, 1 : 계산년도)

• 문제에서, 소비자물가지수 : $P = \dfrac{P_1 Q_0}{P_0 Q_0} \times 100 = \dfrac{(15 \times 4)+(10 \times 2)}{(10 \times 4)+(5 \times 2)} \times 100 = 160$

정답 ▶ ②

29 어느 경제가 오렌지와 카메라만을 생산한다. 2006년과 2007년의 가격과 생산량은 아래 표와 같다. 기준연도가 2006년일 때, 2007년의 GDP 디플레이터는 얼마인가?　　　　　　　　　　　　　　　　　　[노무 08]

	가 격(2006)	생산량(2006)	가격(2007)	생산량(2007)
오렌지	2달러	5,000개	3달러	4,000개
카메라	400달러	1,000대	300달러	2,000대

① 75.7　　　　　　② 67.4　　　　　　③ 51.5
④ 132　　　　　　　⑤ 126

해설 ▶ GDP 디플레이터 $= \dfrac{명목 GDP}{실질 GDP} \times 100 = \dfrac{\Sigma P_{it} \cdot Q_{it}}{\Sigma P_{i0} \cdot Q_{it}} \times 100 = \dfrac{(3 \cdot 4,000)+(300 \cdot 2,000)}{(2 \cdot 4,000)+(400 \cdot 2,000)} \times 100$

$\qquad\qquad\qquad\qquad\qquad\qquad\qquad\qquad\qquad\qquad = \dfrac{612,000}{808,000} \times 100 = 75.7$

(단, 명목 GDP $= \Sigma P_{it} \cdot Q_{it}$, 실질 GDP $= \Sigma P_{i0} \cdot Q_{it}$, t : 계산년도, 0 : 기준년도)

정답 ▶ ①

30 A는 직장 근무를 시작한 1985년에 연봉 2,000만원을 받았고, 임원으로 승진한 2010년에는 연봉 1억원을 받았다. 1985년의 물가지수가 50이고, 2010년의 물가지수가 125라면 2010년 물가로 환산한 A의 1985년 연봉은?　　　　　　　　　　　　　　　　　　　　　　　　　[노무 14]

① 2,500만원　　　　② 4,000만원　　　　③ 5,000만원
④ 1억원　　　　　　⑤ 1억 2,500만원

해설 ▶ • 문제에서,

▶ 1885년 대비 2010의 물가 $= \dfrac{125}{50} = 2.5$

▶ 모든 최종생산물 가격이 1985년에 비하여 평균 2.5배 인상되었다는 것을 의미

▶ 2010년에 평가한 1985년의 연봉 $= 20,000,000 \times 2.5 = 50,000,000$ (원).
　1985년에 비하여 2010년 명목임금 높음

▶ 1985년에 평가한 2010년의 연봉 $= 100,000,000 \div 2.5 = 40,000,000$ (원).
　2010년에 비하여 1985년 실질임금 낮음

정답 ▶ ③

31 K 씨의 07년도 명목소득은 100만이다. 파셰지수로 평가한 07년도 실질화폐의 구매력은? (100원에서 반올림) (단, 단위가격 : 10억, 산출량 : 10억 개)

[서울 07]

종류	06년도		07년도	
	가격	산출량	가격	산출량
X	30	40	30	50
Y	50	20	60	30

① 52만 9천원 ② 66만 7천원 ③ 90만 9천원
④ 91만 2천원 ⑤ 97만 2천원

해설 ● 문제에서, 파셰지수(P) : 계산연도 수량을 기준으로 계산.

$$P = \frac{P_1 Q_1}{P_0 Q_1} = \frac{(30 \times 50) + (60 \times 30)}{(30 \times 50) + (50 \times 30)} = \frac{3,300}{3,000} = 1.1$$

● 실질소득(실질구매력) = $\frac{명목지수}{물가지수} = \frac{1,000,000}{1.1} \approx 909,090$

정답 ▶ ③

보충 ● 파셰지수 : 계산년도 수량을 기준으로 계산한 물가지수. $P = \dfrac{P_1 Q_1}{P_0 Q_1}$

● 실질소득(실질구매력) : 계산년도 명목소득($P \times Q$)을 물가지수(P)로 나누어 도출

$$실질소득(실질구매력) = \frac{P_t \cdot Q_t}{P}$$

2. 소비자물가지수와 생산자물가지수

32 거시경제지표의 문제점에 관한 설명으로 옳지 않은 것은? [노무 24]

① 전년에 비하여 범죄율이 높아져 경찰 장비 구매가 증가했다면 전년보다 GDP는 증가하지만 삶의 질은 저하된 것이다.
② 소비자들이 가격이 오른 제품을 상대적으로 저렴해진 제품으로 대체하는 경우 소비자물가상승률은 실제 생활비 상승률을 과대평가한다.
③ 취업이 어려워 구직활동을 중단한 실망노동자는 잠재적 실업자이지만 비경제활동인구로 분류된다.
④ 자원봉사활동은 가치를 창출하지만 GDP에 포함되지 않는다.
⑤ 소비자물가지수에는 환율변화로 인한 수입재 가격 변화가 반영되지 않는다.

해설 ① 범죄율 증가에 따른 경찰 장비 구매 증가는 GDP를 증가시키지만 삶의 질은 저하
② 소비자물가는 기준년도 품목과 수량을 기준으로 물가지수를 측정(라스파이레스 물가지수). 따라서 가격이 오른 제품을 저렴해진 제품으로 대체하는 경우 소비자물가상승률은 실제 상승률을 과대평가
③ 취업이 어려워 구직활동을 중단한 실망노동자는 경제활동인구에서 제외. 그러나 경제활동의사가 있으므로 잠재적 실업자
④ 자원봉사활동은 사회적 가치를 창출하지만 시장거래된 것이 아니므로 GDP에 불포함
⑤ 소비자물가지수에는 환율변화 등에 의한 수입재 가격 변화 반영   **정답** ⑤

33 물가지수에 대한 설명으로 옳지 않은 것은? [노무 20]

① 소비자물가지수는 재화의 품질 변화를 반영하는 데 한계가 있다.
② GDP 디플레이터는 실질GDP를 명목GDP로 나눈 수치이다.
③ 소비자물가지수는 재화의 상대가격 변화에 따른 생계비의 변화를 과대평가한다.
④ 소비자물가지수는 재화 선택의 폭이 증가함에 따른 화폐가치의 상승효과를 측정할 수 없다.
⑤ 소비자물가지수는 GDP 디플레이터와 달리 해외에서 수입되는 재화의 가격 변화도 반영할 수 있다.

해설 ① 각종 물가지수는 재화의 가격변화만을 반영한 지수. 따라서 품질 변화는 반영되지 않음
② GDP 디플레이터 = $\dfrac{\text{명목 } GDP}{\text{실질 } GDP} \times 100$
③ 소비자물가지수는 기준년도 수량으로 측정하는 라스파이레스지수. 따라서 기준년도에 비해 가격이 대폭 하락하고 거래량이 대폭 증가한 품목이 많으면 생계비 변화를 과대평가
④ 소비자물가지수는 기준년도의 품목과 수량을 기준으로 측정하므로 기준년도 이후의 소비재화 품목 변화는 고려되지 않음. 따라서 재화 품목 증가에 따른 화폐가치 변화는 측정할 수 없음
⑤ GDP 디플레이터 측정에는 수입품을 제외되지만 소비자물가지수 측정에는 수입품 포함   **정답** ②

34 물가지수에 관한 설명으로 옳지 않은 것은? [노무 18]

① 소비자물가지수는 소비재를 기준으로 측정하고, 생산자물가지수는 원자재 혹은 자본재 등을 기준으로 측정하기 때문에 두 물가지수는 일치하지 않을 수 있다.
② 소비자물가지수는 상품가격 변화에 대한 소비자의 반응을 고려하지 않는다.
③ GDP 디플레이터는 국내에서 생산된 상품만을 조사 대상으로 하기 때문에 수입상품의 가격동향을 반영하지 못한다.
④ 물가수준 그 자체가 높다는 것과 물가상승률이 높다는 것은 다른 의미를 가진다.
⑤ 물가지수를 구할 때 모든 상품의 가중치를 동일하게 반영한다.

해설 ① 소비자물가지수는 소비재, 생산자물가지수는 원자재 혹은 자본재 등을 중심으로 측정
② 소비자물가지수는 기준년도에 선정된 품목과 수량을 기준으로 측정. 따라서 상품가격 변화 등에 따른 소비자의 반응(소비품목과 거래량 변동)을 고려하지 않음
③ GDP 디플레이터는 국내생산된 상품만을 대상으로 측정하므로 수입상품 가격변동은 포함되지 않음
④ 물가상승률은 물가지수 상승률. 따라서, 물가가 높다는 것과 물가상승률이 높다는 것은 다른 의미
⑤ 물가지수는 개별상품 거래액을 가중치로 하여 측정하므로 거래액 비중에 따라 가중치가 다름

정답 ▶ ⑤

35 물가지수에 대한 설명으로 가장 옳은 것은? [서울 18(1회)]

① GDP 디플레이터(deflator)는 파셰지수(Paasche index)의 일종이다.
② 파셰지수(Paasche index)는 고정된 가중치를 적용해 가격의 평균적 동향을 파악하는 방식으로 구한 물가지수이다.
③ GDP 디플레이터(deflator)는 어떤 한해 실질국내총생산을 명목국내총생산으로 나누어 얻은 값에 100을 곱하여 구한다.
④ 라스파이레스지수(Laspeyres index)는 해마다 다른 가중치를 적용해 가격의 평균적 동향을 파악하는 방식으로 구한 물가지수이다.

해설 ① GDP 디플레이터(deflator)는 계산년도 수량을 기준으로 계산하므로 파셰지수(Paasche index)
② 파셰지수(Paasche index)는 계산년도 수량으로 계산하므로 가중치가 변화하는 물가지수
③ GDP 디플레이터(deflator)는 명목국내총생산을 실질국내총생산으로 나누고 100을 곱하여 도출
④ 라스파이레스지수(Laspeyres index)는 기준년도 수량을 기준으로 계산하므로 정해진 가중치로 계산하는 물가지수

정답 ▶ ①

36 쌀과 옷 두 재화만 생산하는 한 나라의 경제 데이터가 아래 표와 같다고 하자. 이 표와 관련된 설명 중 옳지 않은 것은?

[회계 07]

구 분	쌀		옷	
	가격(원)	생산량(가마)	가격(원)	생산량(벌)
2006년 (기준연도)	10	150	12	50
2007년	12	200	15	100

① 2006년의 명목 GDP는 2,100원이다.
② 2007년의 실질 GDP는 3,200원이다.
③ 2006년의 GDP 디플레이터는 65.6이다.
④ 2007년의 라스파이레스물가지수는 121.4이다.
⑤ 실질경제성장률은 52.4%이다.

해설▶ ① 2006명목GDP=당해년도(t) 가격×당해년도(t) 생산량= $\Sigma P_{it} \cdot Q_{it}$ =(10·150)+(12·50)=2,100
2006실질GDP=기준년도(0) 가격×당해년도(t) 생산량= $\Sigma P_{it} \cdot Q_{it}$ =(10·150)+(12·50)=2,100
(기준년도 2006년 가격으로 계산) ■ 기준년도에는 명목GDP=실질GDP

② 2007명목GDP=당해년도(t) 가격×당해년도(t) 생산량= $\Sigma P_{it} \cdot Q_{it}$ =(12·200)+(15·100)=3,900
2007실질GDP=기준년도(0) 가격×당해년도(t) 생산량= $\Sigma P_{it} \cdot Q_{it}$ =(10·200)+(12·100)=3,200
(기준년도 2006년 가격으로 계산)

③ 2006년 GDP 디플레이터= $\dfrac{명목GDP(2,100)}{실질GDP(2,100)}$ ×100=100.00 ■ 기준년도: 명목GDP=실질GDP

2007년 GDP 디플레이터= $\dfrac{명목GDP(3,900)}{실질GDP(3,200)}$ ×100=121.88

④ 2007년 라스파이레스 물가지수: 기준년도(2006년) 품목과 수량으로 계산

$$LPI = \dfrac{\Sigma P_{it} \cdot Q_{i0}}{\Sigma P_{i0} \cdot Q_{i0}} = \dfrac{(12 \cdot 150)+(15 \cdot 50)}{(10 \cdot 150)+(12 \cdot 50)} = \dfrac{2,550}{2,100} = 1.2143$$

2007년 파쉐 물가지수: 계산년도(2007년) 품목과 수량으로 계산

$$PPI = \dfrac{\Sigma P_{it} \cdot Q_{it}}{\Sigma P_{i0} \cdot Q_{it}} = \dfrac{(12 \cdot 200)+(15 \cdot 100)}{(10 \cdot 200)+(12 \cdot 100)} = \dfrac{3,900}{2,400} = 1.6250$$

⑤ 경제성장률= $\dfrac{2007년실질GDP - 2006년실질GDP}{2006년실질GDP}$ $\dfrac{3,200-2,100}{2,100}$ =0.5238

정답 ▶ ③

제2장 실질국민소득의 결정 : 단순모형

I 고전학파모형

1. 고전학파

01 다음 중 케인즈 이전의 경제학자들이 완전고용을 정상적인 것으로 간주한 이유를 모두 고르면?

> ㄱ. 세이의 법칙에 따라 공급은 자체의 수요를 창출한다.
> ㄴ. 임금과 가격은 비신축적이다.
> ㄷ. 시장에서 이자율은 저축과 투자를 일치시키는 경향이 있다.
> ㄹ. 투자의 이자율탄력성이 매우 작다.

① ㄱ, ㄹ   ② ㄱ, ㄴ   ③ ㄴ, ㄹ
④ ㄴ, ㄷ   ⑤ ㄱ, ㄷ

해설 ㄱ, ㄷ, ㄹ. 세이의 법칙에 따르면 총수요가 부족할 경우 실물적 이자율이 하락하여 투자가 증가하고 저축이 감소(소비는 증가)하여 총수요 부족이 해소됨. 따라서 투자와 저축 및 소비의 이자율탄력도가 큼.
ㄴ. 임금과 가격은 완전신축적

보충 • 고전학파
  ▶ 생산물시장, 노동시장 등 모든 시장의 불균형은 완전신축적 가격조정에 의해 즉시 해소
  ▶ 명목임금(W)의 완전신축적 조정에 의해 완전고용되며 완전고용 수준으로 생산됨.
  ▶ 완전고용 수준으로 생산된 생산물은 실물적 이자율의 완전신축적 조정에 의해 모두 수요(판매)되며 이를 세이의 법칙(Say's law)이라고 함.

정답 ⑤

2. 세이의 법칙

02 다음 괄호 안에 들어갈 용어를 순서대로 나열한 것은? [노무 16]

> 기업들에 대한 투자세액공제가 확대되면, 대부자금에 대한 수요가 (   )한다. 이렇게 되면 실질이자율이 (   )하고 저축이 늘어난다. 그 결과, 대부자금의 균형거래량은 (   )한다. (단, 실질이자율에 대하여 대부자금 수요곡선은 우하향하고, 대부자금 공급곡선은 우상향한다.)

① 증가, 상승, 증가
② 감소, 하락, 증가
③ 증가, 하락, 증가
④ 감소, 하락, 감소
⑤ 증가, 상승, 감소

해설 ▶ "기업들에 대한 투자세액공제가 확대되면, 기업의 투자수요가 증가하여 대부자금에 대한 수요가 (증가)한다. 이렇게 되면 실질이자율이 (상승)하고 저축이 늘어난다. 그 결과, 대부자금의 균형거래량은 (증가)한다."

정답 ▶ ①

03 고전학파의 거시경제모형에서 일시적으로 소득이 잠재 GDP에 못 미친다고 가정한다. 이 경제가 잠재GDP 수준으로 복귀하기까지의 조정과정을 잘 나타낸 것은? [감평 05]

① 이자율이 상승하여 총수요가 증가한다.
② 이자율이 하락하여 총수요가 증가한다.
③ 이자율이 하락하여 총공급이 증가한다.
④ 물가가 하락하여 총수요가 증가한다.
⑤ 물가가 상승하여 총수요가 증가한다.

해설 ▶ • 고전학파 대부자금설 : 세이법칙의 증명

총수요		총공급(완전고용 GDP)
$Y^D \equiv C + I^D + G + (X - IM)$	<	$C + S + T \equiv Y_F^S$
$I^D + G + (X - IM)$	<	$S + T$
I^D	<	$S + (T - G) + (IM - X)$
국내총투자(대부자금수요)	<	국내총저축(대부자금공급)

⇒ 대부자금시장이 초과공급 상태가 되면 이자율 하락
⇒ 이자율이 내리면, 민간저축이 감소하여 민간소비수요와 투자수요 증가
⇒ 따라서, 총수요 부족 해소

정답 ▶ ②

II. 케인즈단순모형(I) : 3부문 정액세모형

1. 유효수요이론

04 1930년대 대공황에 대한 설명으로 적절치 않은 것은?

① 케인즈는 총수요가 감소한 것이 원인이라고 하였다.
② 고전학파적 견해로는 공급능력 증대를 통해 대량실업을 해소할 수 있다.
③ 가격의 완전신축적 조정메커니즘에 결함이 나타났다.
④ "총공급은 스스로 수요를 창조한다"는 명제가 성립하지 않게 되었다.

해설 ① 케인즈는 총수요가 감소한 것이 원인이라고 함.
②, ④ 고전학파에 따르면 대공황(총수요 부족)은 이자율이 하락에 의한 총수요 증가(세이의 법칙)에 의해 해소
③ 대공황이 발생한 것은 명목임금과 실물적 이자율에 의한 가격조정 기능에 결함이 나타났다는 것을 의미

정답 ②

보충 • 케인즈 : 30년대 대공황의 원인과 대책

▶ 공황의 원인 : 총수요 부족
▶ 공황의 대책 : 정부부문을 통한 총수요확대 ■ 美, 뉴딜 정책(TVA Plan)

• 고전학파 : 명목임금과 이자율의 완전신축적 조정에 의해 완전고용국민소득

▶ 노동시장의 명목임금의 완전신축적 조정에 따라 언제나 완전고용
▶ 주어진 단기생산함수 하에서, 완전고용생산(잠재 GDP)
▶ 완전고용 생산된 생산물은 실물적 이자율의 완전신축적 조정에 따라(세이의 법칙)에 따라 모두 수요

2. 총수요(유효수요)

(1) 소비수요함수 : 절대소득가설

05 전통적인 케인즈 소비함수의 특징이 아닌 것은? [지방 13]

① 한계소비성향이 0과 1 사이이다.　　② 평균소비성향은 소득증가시 감소한다.
③ 현재의 소비는 현재의 소득에 의존한다.　　④ 이자율은 소비 결정에 중요한 역할을 한다.

해설 ▶ ④ 소비는 주로 가처분소득에 따라 결정. 소비수요의 이자율탄력도는 크지 않음.　　**정답** ▶ ④

보충
- 케인즈의 민간소비수요함수 : $C = C(Y_d, r, W, \cdots)$
  (단, Y_d : 가처분소득, r : 이자율, W : 자산(부, 재산))
  ▶ 가처분소득(Y_d)과 자산(W :부, 재산)이 증가하면 민간소비수요 증가
  ▶ 이자율(i)이 오르면 저축이 증가하고, 민간소비수요 감소. 단, 그 영향은 크지 않음.
  　따라서 저축의 이자율탄력도($\varepsilon_{S,r}$)와 민간소비수요의 이자율탄력도($\varepsilon_{C,r}$)는 작음.

- 케인즈 단순모형의 민간소비수요함수 : $C = C(Y_d) = C_0 + cY_d$. 절대소득가설(3부문 정액세 모형일 때)
  ▶ 민간소비수요는 가처분소득의 증가함수. 현재 소비는 현재 가처분소득에 따라 결정
  ▶ 이자율은 민간소비에 영향을 주지 않음. 따라서 민간소비수요의 이자율탄력도($\varepsilon_{C,r}$)는 0
  ▶ 한계소비성향(c) : $0 < c = \dfrac{dC}{dY} < 1$. 소득이 변화해도 변하지 않으며, 한계소비성향+한계저축성향=1
  ▶ 평균소비성향(APC) $= \dfrac{C}{Y}$. 소득이 증가할 때 평균소비성향 감소. 평균소비성향+평균저축성향=1
  ▶ 한계저축성향 > 평균저축성향

06 A 국의 2016년 처분가능소득(disposable income)과 소비가 각각 100만 달러와 70만 달러였다. 2017년에 A 국의 처분가능소득과 소비가 각각 101만 달러와 70만 7천 달러로 증가하였다면 A 국의 한계저축성향은 얼마인가? [9급 18]

① 0.3　　　　　　　　　　　　　② 0.5
③ 0.7　　　　　　　　　　　　　④ 0.8

해설 ▶
- 한계소비성향 $= \dfrac{\text{소비증가분}}{\text{소득증가분}} = \dfrac{7천 \text{ 달러}}{1만 \text{ 달러}} = 0.7$
- 한계저축성향 $= \dfrac{\text{저축증가분}}{\text{소득증가분}} = \dfrac{3천 \text{ 달러}}{1만 \text{ 달러}} = 0.3$

(단, 처분가능소득 100만 달러일 때, 저축($=100-70$) $=30$ (만 달러)
처분가능소득 101만 달러일 때, 저축($=101-70.7$) $=30.3$ (만 달러))　**정답** ▶ ①

07 소비를 증가시킬 수 있는 경우가 아닌 것은? [국가 04]

① 물가하락이 예상되는 경우
② 근로소득세율이 인하되는 경우
③ 이자율이 하락하는 경우
④ 주가가 상승하는 경우

해설 ▶ ① 물가하락이 예상되면 민간소비수요 감소
② 근로소득세율이 인하되면 가처분소득이 증가하여 민간소비수요 증가
③ 이자율이 하락하면 저축이 감소하므로 민간소비수요 증가
④ 주가 상승 시 금융자산(부)이 증가하므로 민간소비수요 증가. 이를 자산효과라고 함

정답 ▶ ①

(2) 투자수요함수 : 독립투자수요함수

08 국민소득 중 민간부분이 차지하는 비중이 증가하여 왔다. 민간투자에 대한 설명으로 가장 알맞지 않은 것은? [서울 07]

① 생산에 필요한 장비, 설비 및 건물, 토지를 설비투자라 한다.
② 거주하기 위하여 구매한 신규주택은 주택투자에 포함한다.
③ 원자재 및 중간재, 최종재로 창고에 보관중인 재화를 재고투자라 한다.
④ 소득과 이자율의 영향을 받지 않는 투자를 독립투자라 한다.
⑤ 소득수준에 영향을 받는 투자를 유발투자라 한다.

해설 ▶ ①, ② 설비투자 : 생산에 필요한 장비, 설비
　　　　건설투자 : 주거용(주택) 및 비주거용 건물, 각종 시설물. 토지 구입은 투자 아님.
③ 재고투자 : 기간 중 판매되지 않은 재화는 그 속성(원자재, 중간재, 최종재 등)에 관계없이 모두 재고투자
④ 독립투자 : 소득, 이자율 등에 의해 영향을 받지 않는 투자
⑤ 유발투자 : 소득에 영향을 받는 투자. 소득 증가분이 클 때 유발투자 증가

정답 ▶ ①

3. 3부문 정액세모형

(1) 국민소득결정(Ⅰ) : 유효수요모형

09 A국의 완전고용국민소득은 2,000이고, 소비함수는 $c=100+0.8Y_d$, 투자는 300, 정부지출과 조세는 각각 200이다. 이에 관한 설명으로 옳은 것을 모두 고른 것은? (단, C는 소비, Y_d는 가처분소득이다.) [노무 24]

> ㄱ. 정부지출승수는 5이다.
> ㄴ. 조세승수는 −2이다.
> ㄷ. 경기침체갭(recessionary gap)이 존재한다.
> ㄹ. 총생산갭(output gap)의 절댓값은 200이다.

① ㄱ, ㄴ   ② ㄱ, ㄹ   ③ ㄴ, ㄷ
④ ㄴ, ㄹ   ⑤ ㄷ, ㄹ

해설▶ • 문제는 3부문 정액세 모형 : $Y_E = \dfrac{1}{1-c}(C_0 - cT_0 + I_0 + G_0)$

▶ $Y_E = \dfrac{1}{1-c}(C_0 - cT_0 + I_0 + G_0) = \dfrac{1}{1-0.8}(100 - 0.8 \cdot 200 + 300 + 200) = 2,200$

▶ 정부지출승수 $= \dfrac{1}{1-c} = \dfrac{1}{1-0.8} = 5$

▶ 조세승수(정액세승수) $= \dfrac{-c}{1-c} = \dfrac{-0.8}{1-0.8} = -4$

▶ 총산출갭 = 완전고용 국민소득(2,000) − 실제 국민소득(2,200) = −200 (경기과열)

▶ 완전고용 국민소득보다 실제 국민소득이 많으므로 경기과열갭 존재
경기침체갭은 완전고용 국민소득 달성에 필요한 총수요보다 부족할 때 발생

정답 ▶ ②

10 소비지출 $C=100+0.8Y$, 투자지출 $I=500$, 정부지출 $G=200$일 때 균형국민소득은? [서울 13]

① 1,000   ② 4,000   ③ 5,000
④ 7,000   ⑤ 10,000

해설▶ • (문제는 조세가 없는 3부문모형)

▶ 균형국민소득 : $Y_E = \dfrac{1}{1-c}(C_0 + I_0 + G_0)$

▶ 문제에서, $Y_E = \dfrac{1}{1-c}(C_0 + I_0 + G_0) = \dfrac{1}{1-0.8}(100+500+200) = 5 \cdot (100+500+200) = 4,000$

정답 ▶ ②

11 균형국민소득 결정식과 소비함수가 다음과 같을 때, 동일한 크기의 정부지출 증가, 투자액 증가 또는 감세에 의한 승수효과에 대한 설명으로 옳은 것은?

[지방 13]

> ○ 균형국민소득결정식 : $Y = C + I + G$
> ○ 소비함수 : $C = B + a(Y - T)$
> (단, Y는 소득, C는 소비, I는 투자, G는 정부지출, T는 조세이고, I, G, T는 외생변수이며, $B > 0, 0 < a < 1$이다)

① 정부지출 증가에 의한 승수효과는 감세에 의한 승수효과와 같다.
② 투자액 증가에 의한 승수효과는 감세에 의한 승수효과보다 작다.
③ 정부지출 증가에 의한 승수효과는 감세에 의한 승수효과보다 크다.
④ 투자액 증가에 의한 승수효과는 정부지출의 증가에 의한 승수효과보다 크다.

해설 ①, ③ 정부지출승수 $\left(\dfrac{1}{1-c}\right)$ > 감세승수 $\left(\dfrac{c}{1-c}\right)$

② 투자지출승수 $\left(\dfrac{1}{1-c}\right)$ > 감세승수 $\left(\dfrac{c}{1-c}\right)$

④ 정부지출승수 $\left(\dfrac{1}{1-c}\right)$ = 투자지출승수 $\left(\dfrac{1}{1-c}\right)$

정답 ③

보충 • 3부문 정액세모형

▶ 균형국민소득 : $Y_E = \dfrac{1}{1-c}(C_0 - cT_0 + I_0 + G_0)$

▶ 정부지출(G_0)승수 : $\dfrac{1}{1-c}$

▶ 투자지출(I_0)승수 : $\dfrac{1}{1-c}$

▶ 정액세(T_0) 승수 : $\dfrac{-c}{1-c}$ (정액세 감면 시, 감세 승수는 $\dfrac{c}{1-c}$)

(2) 국민소득결정(Ⅱ) : 주입 – 누출모형

12 다음 중 어느 것이 국민소득순환과정에서 누출인가?

① 저축　　　　　　　　② 투자
③ 정부구매　　　　　　④ 소비
⑤ 수출

해설 ▶ • 주입 : 총수요를 늘려 국민소득을 증대시키는 요인. 주입 = 투자(I)+정부소비지출(G)+수출(X)
　　　• 누출 : 총수요를 줄여 국민소득을 감소시키는 요인. 누출 = 저축(S)+조세(T)+수입(IM)　　**정답** ▶ ①

13 어떤 국민경제의 개별함수가 다음과 같다. 다음 설명 중 옳지 않은 것은?

$$\text{저축함수} : S = -200 + 0.25Y \qquad \text{투자수요함수} : I^D = 100$$

① 주입과 누출이 각각 100이다.
② 소비수요함수는 $C = 200 + 0.75Y$이다.
③ 소비는 1,000이다.
④ 균형국민소득은 1,200이다.

해설 ▶ (문제는 2부문모형)

• 주입-누출모형에 의한 균형국민소득 도출
　▶ 균형조건 : 누출 = 주입 ⇒ $S = I^D$ ⇒ $-200 + 0.25Y = 100$ ⇒ $0.25Y = 200 + 100$
　　　　　　　　　　　　　　　　　　　　　　　　　　　　　　　　∴) $Y_E = 1,200$
　▶ 소비수요함수 : $C = Y - S = Y - (-200 + 0.25Y) = 200 + 0.75Y$　∴) $C = 200 + 0.75Y$.
　　　소득이 1,200일 때, $C = 200 + 0.75Y = 200 + 0.75 \cdot 1,200 = 1,100$

정답 ▶ ③

(3) 케인즈단순모형의 균형과 불균형 조정

14 그림은 단순케인지안모형에서 균형국민소득 결정을 나타내고 있다. 어떤 기간 중의 국민소득이 Y_1에서 결정되었다면 균형국민소득(Y^*)을 달성하는 과정에서 어떠한 현상이 일어나겠는가?

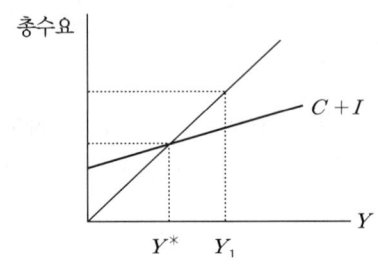

① 의도했던 것보다 재고투자가 증가했기 때문에 재고투자가 감소한다.
② 의도했던 것보다 재고투자가 감소했기 때문에 재고투자가 증가한다.
③ 의도했던 것보다 설비투자가 증가했기 때문에 설비투자가 감소한다.
④ 균형국민소득 달성과정에서 투자의 변화는 발생하지 않는다.

보충 • 국민소득 불균형 조정

균형국민소득(Y_E)<실제국민소득(Y)	균형국민소득(Y_E)>실제국민소득(Y)
총수요(Y^D)<총공급(Y^S) : 초과공급	총수요(Y^D)>총공급(Y^S) : 초과공급
주입<누출 투자수요(I^D)<저축($S=I$. 투자지출) 계획한 재고<실제 재고(재고증가)	주입>누출 투자수요(I^D)>저축($S=I$. 투자지출) 계획한 재고>실제 재고(재고 감소)
재고조정을 위해, 총생산(국민소득) 감소	재고조정을 위해, 총생산(국민소득) 증가

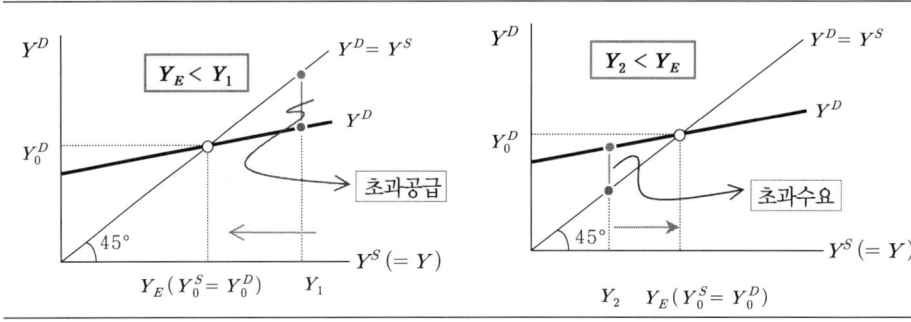

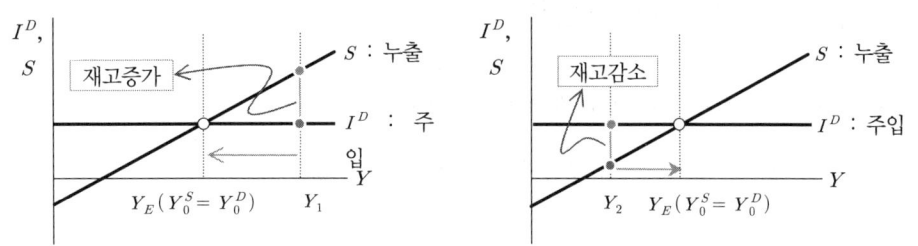

해설 • 문제의 경우, 균형국민소득(Y^*) < 실제국민소득(Y_1)
  ▶ 생산물시장 초과공급 : $Y^D < Y^S$
  ▶ 주입 < 누출 : $I^D < S$ ⇒ 의도한 투자(적정투자) < 실제 투자 ∴) 재고투자 증가
• 생산물시장은 초과공급 상태이고, 실제 재고투자가 적정 수준보다 증가.
  따라서 공급자들은 총생산을 줄이게 되며, 이 과정에서 실제 재고투자가 감소하게 됨

정답 ▶ ①

15 다음의 기술에서 ( )에 들어갈 용어를 옳게 고른 것은?

> 고전학파는 생산물시장의 불균형이 (ⓐ)의 조정에 의하여 해소되는 반면, 케인즈학파는 (ⓑ)의 조정에 의하여 조정되는 것으로 보고 있다

	ⓐ	ⓑ		ⓐ	ⓑ
①	이자율	물가	②	물가	이자율
③	국민소득	물가	④	이자율	국민소득

해설 • 고전학파 : 완전고용균형 모형
  ▶ 명목임금의 완전신축적 조정에 의해 항상 완전고용 GDP(잠재 GDP) 수준을 생산
  ▶ 완전고용 수준으로 생산된 생산물은 실물적 이자율 조정에 모두 수요됨(세이의 법칙).
• 케인즈 : 불완전고용균형 모형. 불황모형(총수요가 부족한 경기침체 하에서의 국민소득 결정)
  ▶ 경기침체(총수요 부족) 하에서는 총수요량에 따라 총공급량 결정($Y_F^S > Y^D = Y^S$)
  ▶ 경기침체 하의 불균형은 재고조정(총생산 조정)에 따른 국민소득 변화에 따라 조정

정답 ▶ ④

4. 디플레이션 갭과 인플레이션 갭

16 다음 중 inflation gap에 대한 올바른 설명은?

① 공급여력이 과다하기 때문에 발생한다.
② 절약은 미덕이다.
③ 물가가 하락하려는 경향이 있다.
④ 선진국에서 보통 보이는 현상이다.
⑤ 실업이 증가하려 한다.

해설 ▶ ② 절약은 소비를 줄이므로 인플레이션 갭(총수요 과잉) 해소   **정답** ▶ ②

보충 ▶ • 인플레이션 갭 : 생산능력을 초과하는 유효수요(총수요) 과잉분
  ▶ 초과수요가 존재하므로 인플레이션이 발생하며, 총수요가 감소하면 인플레이션 압력이 해소
  ▶ 생산능력이 부족한 후진국에서 일어나기 쉬운 현상
  ▶ 총공급 능력보다 총수요가 많으므로 완전고용국민소득과 완전고용 수준의 요소고용이 이루어짐

5. 절약의 역설

17 절약의 역설이란 다음 중 어떤 현상을 말하는 것인가?

① 누출을 의미하는 저축이 정(+)일 경우에는 항상 실업이 발생한다.
② 저축을 증가시키려 해도 결국 원래의 투자수준과 동일하게 된다.
③ 경제가 완전고용을 이루고 있을 때 저축이 증가하면 인플레이션 갭이 생긴다.
④ 인플레이션 하에서 저축은 투자지출을 자극하여 인플레이션을 더욱 악화시킨다.
⑤ 경기침체 하에서는 저축성향이 높아지더라도 저축이 증가하지 않거나 오히려 감소할 수 있다.

해설 ▶ ⑤ 경기침체 하에서 저축성향이 높아지면 총수요가 감소하여 국민소득 감소. 국민소득이 감소하면 저축은 증가하지 않거나 오히려 감소할 수도 있음   **정답** ▶ ⑤

보충 ▶ • 절약의 역설
  ▶ 경기침체(유효수요 부족) 하에서 저축을 늘리고자 할 경우(저축성향 증가), 총수요 감소
  ▶ 총수요가 감소하면 국민소득이 감소하므로 저축액은 증가하지 않음. 유발투자를 고려할 경우에는 국민소득이 대폭 감소하므로 저축은 오히려 감소

18 케인즈가 말한 절약의 역설을 우리 경제에 그대로 적용하는 것은 적합하지 않다는 주장이 있다. 그 이유는 무엇인가?

① 우리 경제는 생산과잉에 시달리고 있기 때문이다.
② 저축의 증가가 모두 투자로 흡수될 수는 없기 때문이다.
③ 우리 경제의 경우 더 많은 사회간접자본 및 산업투자가 필요하기 때문이다.
④ 우리 경제는 초과수요로 인한 물가불안이 크기 때문이다.
⑤ 저축의 증가는 총수요 감소를 통해 국민소득을 낮출 것이기 때문이다.

해설 • 우리나라의 경우,
▶ 사회간접자본 등 자본축적이 부족한 상태
▶ 따라서 절약을 통해 증가한 저축이 신투자될 경우, 총수요는 감소하지 않고 자본스톡을 증대시킬 수 있음

정답 ▶ ③

III. 케인즈단순모형(II) : 기타 모형

1. 2부문모형

19 정부부문 및 대외부문이 존재하지 않는 경제의 소비함수와 투자함수가 다음과 같을 때, ㈎ 현재의 균형국민소득과 ㈏ 독립투자가 400조원 증가할 경우의 균형국민소득의 증감분을 올바르게 짝지은 것은? (단, C, I, Y는 각각 소비, 투자, 국민소득을 의미한다.) [서울 16]

> ○ 소비함수 $C = 600 + 0.6Y$ ○ 투자함수 $I = 2,400$

	㈎	㈏		㈎	㈏
①	7,000조원	1,000조원	②	7,000조원	1,200조원
③	7,500조원	1,000조원	④	7,500조원	1,200조원

[해설]
- 2부문모형의 균형국민소득 : $Y_E = \dfrac{1}{1-c}(C_0 + I_0)$

- $Y_E = \dfrac{1}{1-c}(C_0 + I_0) = \dfrac{1}{1-0.6}(600 + 2,400) = 7,500$ (단, 독립지출승수= $\dfrac{1}{1-c} = \dfrac{1}{1-0.6} = 2.5$)

- 독립투자가 400 증가할 때, $\triangle Y_E = \dfrac{1}{1-c} \cdot I_0 = 2.5 \cdot 400 = 1,000$

정답 ③

---

20 소비 및 저축을 하는 가계부문과 생산 및 투자를 하는 기업부문만 존재하는 단순한 거시경제에서 소비함수와 투자함수가 다음과 같을 때, 이 경제의 균형 국민소득은? (단, C는 소비지출, I는 투자지출, Y는 국민소득을 나타낸다) [지방 13]

> ○소비함수 : $C = 30 + 0.8Y$ ○투자함수 : $I = 10 + 0.1Y$

① 100   ② 200   ③ 300   ④ 400

[해설] (문제는 2부문모형에 유발투자(dY)가 포함된 모형)

- 균형국민소득식 : $Y_E = \dfrac{1}{1-c-d}(C_0 + I_0)$

- 문제에서, $Y_E = \dfrac{1}{1-c-d}(C_0 + I_0) = \dfrac{1}{1-0.8-0.1}(30+10) = \dfrac{1}{1-0.9} \cdot 40 = 10 \cdot 40 = 400$

정답 ④

2. 개방모형

21 어느 경제의 국민소득균형모형이 아래와 같다면 (ㄱ) ~ (ㄷ)의 값은 각각 얼마인가? [국회 14]

$$C = 50 + 0.85 Y_d \qquad T = 0.2Y \qquad I = 110$$
$$G = 208 \qquad X = 82 \qquad M = 10 + 0.08Y$$

(Y: 소득, Y_d: 가처분소득, C: 소비, T: 조세, I: 투자, G: 정부지출, X: 수출, M: 수입)

(ㄱ) 균형국민소득은 얼마인가?
(ㄴ) 균형국민소득에서 경상수지적자의 규모는 얼마인가?
(ㄷ) 균형국민소득에서 평균소비성향은 얼마인가? (단, 소수점 넷째자리에서 반올림하시오.)

	ㄱ	ㄴ	ㄷ		ㄱ	ㄴ	ㄷ
①	1,023	10	0.729	②	1,100	16	0.725
③	1,100	10	0.725	④	1,200	24	0.722
⑤	1,100	10	0.729				

해설▶ (문제는 비례소득세, 개방모형. 정액세는 없음)

ㄱ. 균형국민소득: $Y_E = \dfrac{1}{1-c(1-t)+m}(C_0 + I_0 + G_0 + X_0 - IM_0)$

$\qquad\qquad\qquad = \dfrac{1}{1-0.85(1-0.2)+0.08}(50+110+208+82-10) = 1,100$

ㄴ. 경상수지 $= X - IM = 82 - (10 + 0.08 \cdot 1,100) = -16$

ㄷ. 평균소비성향 $= \dfrac{C}{Y} = \dfrac{50+0.85Y_d}{1,100} = \dfrac{50+0.85 \cdot 880}{1,100} = 0.7255$

$\qquad$ (단, $Y_d = Y - tY = 1,100 - 0.2 \cdot 1,100 = 880$)

정답 ▶ ②

22 다음 모형에서 균형국민소득은 얼마인가?

$$Y = C + I + X - IM \qquad C = 50 + 0.8Y \qquad I = 50$$
$$IM = 0.2Y \qquad X = 50$$
(단, Y : 국민소득, C : 소비지출, I : 투자지출, X : 수출, IM : 수입)

① 25 ② 37.5
③ 250 ④ 375

해설 ▶ (문제는 2부문모형에 수출(X)과 수입(mY)이 포함된 모형)

- 문제의 균형국민소득식 : $Y_E = \dfrac{1}{1-c+m}(C_0 + I_0 + X_0)$

- 문제에서, $Y_E = \dfrac{1}{1-c+m}(C_0 + I_0 + X_0) = \dfrac{1}{1-0.8+0.2}(50+50+50) = 375$

정답 ▶ ④

23 국민경제가 다음과 같이 구성되어 있을 때 균형 GDP는 얼마인가?

- 소비 : $C = 300 + 0.75DI$ (단, DI는 가처분소득) • 투자 : $I = 900$
- 정부지출 : $G = 1,300$ • 조세 : $T = 1,200$
- 순수출 : $NX = 100$

① 4,000 ② 6,800
③ 7,600 ④ 9,600

해설 ▶ (문제는 3부문 정액세모형에 순수출(NX)이 포함된 모형)

- 문제의 균형국민소득식 : $Y_E = \dfrac{1}{1-c}(C_0 - cT_0 + I_0 + G_0 + NX)$ (단, $NX = X - IM$: 순수출)

- 문제에서, $Y_E = \dfrac{1}{1-c}(C_0 - cT_0 + I_0 + G_0 + NX)$ (단, $NX = X - IM$: 순수출)
$= \dfrac{1}{1-0.75}(300 - 0.75 \cdot 1,200 + 900 + 1,300 + 100) = 6,800$

정답 ▶ ②

제3장 단순모형과 재정정책

I 케인즈단순모형과 재정정책

1. 3부문 정액세모형

(1) 확대재정정책

01 재정정책과 관련이 없는 것은? [9급 15]

① 공개시장조작 금액 결정
② 비례세 도입 여부 결정
③ 소득세율 과표구간 결정
④ 재정적자를 메우기 위한 국채 발행

해설 • 재정정책
  ▶ 정부의 세입(조세)과 세출(정부지출)을 조정하여 총수요를 관리하는 단기정책
  ▶ 확대재정정책에 따른 재정적자는 국고채를 발행하여 조달

  ① 공개시장조작 금액 결정은 통화정책
  ②, ③ 비례세 도입 여부와 소득세율 과표 구간 결정 문제는 정부의 세입(조세)에 관한 문제
  ④ 확대재정정책에 따른 재정적자는 국채를 발행하여 조달   **정답** ▶ ①

02 케인즈(J. M. Keynes)의 단순 국민소득 결정모형(소득-지출모형)에 대한 설명으로 가장 옳지 않은 것은? [서울 17]

① 한계저축성향이 클수록 투자의 승수효과는 작아진다.
② 디플레이션 갭(deflation gap)이 존재하면 일반적으로 실업이 유발된다.
③ 임의의 국민소득 수준에서 총수요가 총공급에 미치지 못할 때, 그 국민소득 수준에서 디플레이션 갭이 존재한다고 한다.
④ 정부지출 증가액과 조세감면액이 동일하다면 정부지출 증가가 조세감면보다 국민소득 증가에 미치는 영향이 더 크다.

해설 ① 투자 승수 $= \dfrac{1}{1-\text{한계소비성향}} = \dfrac{1}{\text{한계저축성향}}$. 따라서 한계저축성향이 클수록 승수효과는 작아짐

② 디플레이션 갭(deflation gap) = 완전고용수준에 필요한 총수요 − 실제 총수요. 따라서 경기침체 상태이므로 비자발적 실업 존재

③ 임의의 국민소득 수준에서 총수요가 총공급에 미치지 못한다는 것은 재고가 증가하고 있다는 것을 의미하며, 이를 디플레이션 갭이라고 하지 않음

④ 정부지출승수 $= \dfrac{1}{1-\text{한계소비성향}}$ · 조세감면승수 $= \dfrac{-\text{한계소비성향}}{1-\text{한계소비성향}}$

따라서 정부지출승수가 조세감면승수보다 큼. 따라서 정부지출 증가가 조세감면보다 국민소득 증가에 미치는 효과가 더 큼

정답 ③

03 다음은 재화시장만을 고려한 케인지안 폐쇄경제 거시모형이다. 이에 대한 설명으로 옳지 않은 것은?

[국가 17]

> 총지출은 $E = C + I + G$이며, 여기서 E는 총지출, C는 소비, I는 투자, G는 정부지출이다. 생산물 시장의 균형은 총소득(Y)과 총지출(E)이 같아지는 것을 의미한다. 투자와 정부지출은 외생적으로 고정되어 있다고 가정한다. 즉, $I = \overline{I}$, $G = \overline{G}$ 이다. 소비함수는 $C = 0.8(Y - \overline{T})$이고 $\overline{T}$는 세금이며, 고정되어 있다고 가정한다.

① $\overline{I} = 100$, $\overline{G} = 50$, $\overline{T} = 50$이면 총소득은 550이다.
② 정부지출을 1 단위 증가시키면 발생하는 총소득 증가분은 5이다.
③ 세금을 1 단위 감소시키면 발생하는 총소득 증가분은 4이다.
④ 투자를 1 단위 증가시키면 발생하는 총소득 증가분은 4이다.

해설 문제의 모형은 기초소비(C_0)가 없는 3부문 정액세 모형.

균형국민소득식 $Y = \dfrac{1}{1-c}(C_0(0) - cT_0 + I_0 + G_0)$

① $Y = \dfrac{1}{1-0.8}(0 - 0.8 \cdot 50 + 100 + 50) = 5 \cdot 110 = 550$

② 정부지출승수 $\left(\dfrac{1}{1-c}\right)$가 5이므로 정부지출 1 단위 증가하면 총소득 증가분은 5

③ 정액세승수 $\left(\dfrac{-c}{1-c}\right)$가 −4이므로 세금을 1 단위 감소하면 총소득 증가분은 4

④ 투자승수 $\left(\dfrac{1}{1-c}\right)$가 5이므로 투자가 1 단위 증가하면 총소득 증가분은 5이다.

정답 ④

04 균형국민소득은 $Y = C(Y-T) + G$ 이다. 정부가 민간분야에 대해 5,000억 원의 조세삭감과 5,000억 원의 지출증가를 별도로 실시할 경우, 조재삭감과 정부지출로 인한 균형국민소득의 변화(절댓값)를 옳게 설명한 것은? (단, Y: 균형국민소득, $C(Y-T)$: 소비함수, T: 조세, G: 정부지출, 0<한계소비성향(MPC) < 1 이다.)   [노무 21]

① 조세삭감 효과가 정부지출 효과보다 크다.
② 조세삭감 효과와 정부지출 효과는 동일하다.
③ 조세삭감 효과가 정부지출 효과보다 작다.
④ 조세승수는 $-1/(1-MPC)$ 이다
⑤ 정부지출승수는 $MPC/(1-MPC)$ 이다.

해설 • 재정승수: 3부문 정액세 모형

▶ 정부지출 승수: $\dfrac{1}{1-c}$ (단, $c = MPC$)

▶ 정액세 승수: $\dfrac{-c}{1-c}$

▶ 균형재정승수: $\dfrac{1}{1-c}$

▶ 정부지출 승수 > 정액세 승수   **정답** ▶ ③

05 다음은 A국의 경제를 나타낸다. 완전고용의 GDP를 회복하기 위한 정부지출은? (단, Y는 GDP, C는 민간소비, I는 투자, G는 정부지출, T는 조세, Y_f는 완전고용하에서 GDP이다.)   [노무 22]

○ $Y = C + I + G$	○ $C = 100 + 0.5(Y-T)$
○ $I = 300$	○ $G = 100$
○ $T = 100$	○ $Y_f = 1,200$

① 100   ② 150   ③ 300
④ 350   ⑤ 400

해설 • 문제의 모형은 3부문 정액세 모형: $Y = \dfrac{1}{1-c}(C_0 - cT_0 + I_0 + G_0)$

▶ 현재, 국민소득: $Y = \dfrac{1}{1-c}(C_0 - cT_0 + I_0 + G_0) = \dfrac{1}{1-0.5}(100 - 0.5 \cdot 100 + 300 + 100) = 900$

▶ GDP 갭 $= Y_f$(완전고용 GDP) $-$ 현재 국민소득 $\Rightarrow$ GDP 갭 $= 1,200 - 900 = 300$

▶ 재정정책: GDP 갭 $= \triangle G \times$ 정부지출 승수$\left(\dfrac{1}{1-c}\right) \Rightarrow 300 = \triangle G \times 2$ ∴) $\triangle G = 150$ **정답** ▶ ②

06 해외부문을 무시하면서 생산물시장만 고려하는 부분균형모형에서 정부지출의 증가분과 조세의 증가분이 모두 100억원이라고 할 때, 균형국민소득의 증가분은? (다만, 조세는 정액세만 존재한다.)

[국가 04]

① 0원 ② 50억원
③ 100억원 ④ 200억원

해설 ▶ (문제에서 정확한 모형이 제시되어 있지 않을 경우, 3부문 정액세모형으로 분석)

- 3부문 정액세모형의 균형국민소득 : $Y_E = \dfrac{1}{1-c}(C_0 - cT_0 + I_0 + G_0)$

  ▶ 균형재정승수 : 정부지출승수$\left(\dfrac{1}{1-c}\right)$ + 정액세승수$\left(\dfrac{-c}{1-c}\right) = 1$

  ▶ 문제에서, (정부지출 증가분 = 조세 증가분 : 100) × 균형재정승수(1) = 100

정답 ▶ ③

(2) 긴축재정정책

07 Inflationary Gap을 제거할 수 있는 가장 효과적인 정책은?

① 조세 증가, 정부지출 감소
② 조세 감소, 정부지출 증가
③ 조세 증가, 정부지출 증가
④ 조세 감소, 정부지출 감소
⑤ 조세, 정부지출과는 무관하다.

해설 ▶ • 인플레이션 갭

  ▶ 인플레이션 갭은 총생산 능력에 비하여 유효수요가 과잉인 상태
  ▶ 유효수요를 줄이려면 정부지출을 줄이고 조세징수를 늘려서 민간소비를 줄여야 함

정답 ▶ ①

08 재정적자를 감소시키기 위한 가장 효과적인 정책 조합은?

[지방(원) 12]

① 조세 감소와 재정지출 축소
② 조세 증가와 재정지출 축소
③ 조세 감소와 재정지출 확대
④ 조세 증가와 재정지출 확대

해설 ▶ • 재정적자 : 조세수입 < 정부지출. 조세수입을 늘리고 정부지출을 줄이면 재정적자 감소

정답 ▶ ②

09 소비(C) 함수, 투자지출(I), 정부지출(G), 조세징수액(T)이 다음과 같다. 여기서 I가 120으로 증가하고 동시에 G가 40으로 감소할 때 균형국민소득의 변화는? (단, I, G, T는 Y의 변화에 영향을 받지 않으며 화폐부문, 총공급 부문 및 해외부문은 고려하지 않는다.) [9급 11]

$$C = 700 + 0.8(Y-T), \quad I=100, \quad G=50, \quad T=50$$

① 10만큼 증가　　② 10만큼 감소
③ 50만큼 증가　　④ 50만큼 감소

해설 ● 문제는 3부문 정액세모형

▶ 균형국민소득 : $Y_E = \dfrac{1}{1-c}(C_0 - cT_0 + I_0 + G_0)$

▶ 최초 : $Y_E = \dfrac{1}{1-c}(C_0 - cT_0 + I_0 + G_0) = \dfrac{1}{1-0.8}(700 - 0.8 \cdot 50 + 100 + 50) = 4,050$

▶ 변화 후 : $Y_E = \dfrac{1}{1-c}(C_0 - cT_0 + I_0 + G_0) = \dfrac{1}{1-0.8}(700 - 0.8 \cdot 50 + 120 + 40) = 4,100$　　**정답** ▶ ③

2. 기타 모형

(1) 3부문 정액세 및 비례소득세 모형

10 가계, 기업, 정부만 존재하는 케인즈모형에서 투자와 정부지출은 소득과 무관하며, $C = 80 + 0.8(Y-T)$, $T = 0.25Y$일 때, 정부지출승수는? (단, C는 소비, Y는 소득, T는 조세이다.)

[국가 09]

① 2　　② 2.5
③ 3.5　　④ 5

해설 ▶ (문제는 3부문 정액세모형에 비례소득세(tY)가 포함된 모형)

● 균형국민소득 : $Y_E = \dfrac{1}{1-c(1-t)}(C_0 + I_0 + G_0)$

▶ 정부지출승수 : $\dfrac{1}{1-c(1-t)}$

▶ 문제에서, $\dfrac{1}{1-c(1-t)} = \dfrac{1}{1-0.8(1-0.25)} = \dfrac{1}{1-0.6} = 2.5$　　**정답** ▶ ②

(2) 3부문 정액세 및 유발투자모형

11 케인즈단순모형에서 소비함수가 $C = 0.6Y + 80$, 투자함수가 $I = 0.2Y + 50$, 정부지출이 $G = 100$ 으로 주어진 경우, 독립투자가 100만큼 증가하면 국민소득은 얼마나 증가하겠는가? [노무 04]

① 80 ② 100 ③ 250
④ 500 ⑤ 750

해설 ▶ • 확대모형에서의 균형국민소득

$$Y_E = \frac{1}{1-c(1-t)-d+m}(C_0 - cT_0 + cTR_0 + I_0 + G_0 + X_0 - IM_0)$$

(단, c: 한계소비성향, t: 비례소득세율, d: 유발투자성향, m: 한계수입성향
C_0: 기초소비, T_0: 정액세, TR_0: 이전지출, I_0: 독립투자, G_0: 정부소비지출,
X_0: 수출, IM_0: 기초수입)

• 3부문 유발투자모형에서의 균형국민소득

▶ $Y_E = \frac{1}{1-c-d}(C_0 - cT_0 + I_0 + G_0)$

▶ 독립투자승수: $\frac{1}{1-c-d}$

독립투자가 100증가할 때, $\triangle Y_E = \frac{1}{1-c-d}\triangle I_0 = \frac{1}{1-0.6-0.2}\triangle 100 = 500$

정답 ▶ ④

12 가계, 기업, 정부만 존재하는 경제에서 조세가 소득과 무관하게 부과될 때, $C = 80 + 0.6(Y-T)$, $I^D = 1,000 + 0.2Y$일 때, 정부지출 승수는? (단, C는 소비, Y는 소득, T는 조세이다.)

① 2 ② 2.5
③ 3.5 ④ 5

해설 ▶ (문제는 3부문정액모형에 유발투자(dY)가 포함된 모형. 정부소비지출은 없음)

• 균형국민소득식: $Y_E = \frac{1}{1-c-d}(C_0 - cT_0 + I_0)$

▶ 정부지출승수: $\frac{1}{1-c-d}$

▶ 문제에서, $\frac{1}{1-c-d} = \frac{1}{1-0.6-0.2} = \frac{1}{0.2} = 5$

정답 ▶ ④

13 어느 경제의 소비, 조세 및 투자함수가 $C = 80 + 0.7(Y-T)$, $T = 100$, $I^D = 100 + 0.1Y$ 라고 한다. 균형재정승수는? (단, C는 소비, Y는 소득, T는 조세, I^D는 투자수요이다.

① 1
② 1.5
③ 2
④ 2.5

해설 ▶ (문제는 3부문정액모형에 유발투자(dY)가 포함된 모형. 정부소비지출은 없음)

- 균형국민소득식 : $Y_E = \dfrac{1}{1-c-d}(C_0 - cT_0 + I_0)$

  ▶ 균형재정승수 = 정부지출승수$\left(\dfrac{1}{1-c-d}\right)$ + 정액세승수$\left(\dfrac{-c}{1-c-d}\right) = \dfrac{1-c}{1-c-d}$

  ▶ 문제에서, $\dfrac{1-c}{1-c-d} = \dfrac{0.3}{1-0.7-0.1} = \dfrac{0.3}{0.2} = 1.5$ **정답** ▶ ②

(3) 개방모형

14 정부지출승수의 크기는 어떤 경우에 감소하는가?

① 한계수입성향의 감소
② 한계소득세율의 증가
③ 한계소비성향의 증가
④ 한계저축성향의 감소
⑤ 한계소득세율의 감소

해설 ▶ • 확대모형의 균형국민소득식 : $Y_E = \dfrac{1}{1-c(1-t)-d+m}(C_0 + I_0 + G_0 - cT_0 + cTR_0 + X_0 - IM_0)$

  ▶ 확대모형에서의 독립지출투자승수 = $\dfrac{1}{1-c(1-t)-d+m}$

  (단, c : 한계소비성향, d : 유발투자성향, t : 소득세율, m : 한계수입성향)

  ▶ 한계소비성향(c), 유발투자성향(d) 증가, 소득세율(t), 한계수입성향(m) 감소 : 승수 증가 **정답** ▶ ②

15 다음은 국민소득결정 모형이다. 정부지출이 100에서 200으로 증가할 경우, 국민소득 변화량은? (단, Y, C, I, G, X, M은 각각 국민소득, 소비, 투자, 정부지출, 수출, 수입이다.) [지방 17]

$$Y = C + I + G + (X - M) \quad C = 200 + 0.5Y \quad I = 200 \quad G = 100$$
$$X = 100 \quad M = 50 + 0.3Y$$

① 100   ② 125   ③ 150   ④ 500

해설 ● 문제는 조세가 제외된 개방모형

▶ 균형국민소득식: $Y = \dfrac{1}{1-c+m} \cdot (C_0 + I_0 + G_0 + X_0 - M_0)$ (단, 승수 $= \dfrac{1}{1-c+m}$)

▶ 정부지출이 100에서 200으로 증가할 경우, $\triangle Y = \dfrac{1}{1-c+m} \cdot \triangle G_0 = \dfrac{1}{0.8} \cdot 100 = 125$

(단, 승수 $= \dfrac{1}{1-c+m} = \dfrac{1}{0.8}$)   **정답** ▶ ②

16 다음 모형에서 정부지출(G)을 1만큼 증가시키면 균형소비지출(C)의 증가량은? (단, Y는 국민소득, I는 투자, X는 수출, M은 수입이며 수출은 외생적임) [노무 13]

$$\circ\ Y = C + I + G + X - M \qquad \circ\ C = 0.5Y + 10$$
$$\circ\ I = 0.4Y + 10 \qquad \circ\ M = 0.1Y + 20$$

① 0.1   ② 0.2   ③ 1.5
④ 2.5   ⑤ 5

해설 ● 문제의 모형은 정부부문은 없으며 유발투자와 수출입 중에서 수입만 포함된 모형

균형국민소득식: $Y_E = \dfrac{1}{1-c-d+m}(C_0 + I_0 + G_0 - IM_0)$. 정부지출승수: $\dfrac{1}{1-c-d+m}$

● 문제에서,

▶ 정부지출 증가할 때 균형국민소득 증가분

$\triangle Y_E = \dfrac{1}{1-c-d+m} \cdot \triangle G = \dfrac{1}{1-0.5-0.4+0.1} \cdot 1 = 5$

▶ 소비지출 변동분: $\triangle C = 0.5 \cdot \triangle Y_E = 0.5 \cdot 5 = 2.5$ **정답** ▶ ④

제3장 단순모형과 재정정책

17 A국의 소비지출(C), 투자지출(I), 순수출(X_n), 조세징수액(T)이 다음과 같을 때, 이에 관한 설명으로 옳은 것은? (단, Y는 국민소득이고, 물가, 금리 등 가격변수는 고정되어 있으며, 수요가 존재하면 공급은 언제나 이루어진다고 가정한다.)

[노무 20]

- $C = 300 + 0.8(Y-T)$
- $I : 300$
- $G : 500$
- $X_n : 400$
- $T : 500$

① 균형국민소득은 4,000이다.
② 정부지출이 10 증가하는 경우 균형국민소득은 30 증가한다.
③ 조세징수액이 10 감소하는 경우 균형국민소득은 30 증가한다.
④ 정부지출과 조세징수액을 각각 100씩 증가시키면 균형국민소득은 100 증가한다.
⑤ 정부지출승수는 투자승수보다 크다.

해설
- 확대모형의 균형국민소득식 : $Y_E = \dfrac{1}{1-c(1-t)-d+m}(C_0 + I_0 + G_0 - cT_0 + cTR_0 + X_0 - IM_0)$

- 문제의 모형 균형국민소득식 : $Y_E = \dfrac{1}{1-c}(C_0 + I_0 + G_0 - cT_0 + X_n)$

  (단, c : 한계소비성향, $X_n = X_0 - IM_0$)

  ▶ 정부지출승수, 투자승수 $= \dfrac{1}{1-c} = 5$

  ▶ 정액세승수 $= \dfrac{-c}{1-c} = -4$

  ▶ 균형재정승수 $=$ 정부지출승수 $+$ 정액세승수 $= \dfrac{1}{1-c} + \dfrac{-c}{1-c} = 1$

① $Y_E = \dfrac{1}{1-c}(C_0 + I_0 + G_0 - cT_0 + X_n) = \dfrac{1}{1-0.8}(300+300+500-0.8 \cdot 500+400) = 5,500$

② $\triangle Y_E = \dfrac{1}{1-c} \triangle G_0 = \dfrac{1}{1-0.8} \cdot 10 = 50$

③ $\triangle Y_E = \dfrac{-c}{1-c} \cdot -c\triangle T_0 = \dfrac{-8}{1-0.8} \cdot -(0.8 \cdot 10) = 32$

④ $\triangle Y_E = 1 \cdot 100 = 100$

⑤ 문제 모형에서 정부지출승수와 투자승수 동일

정답 ④

II 고전학파모형과 케인즈단순모형

1. 구축효과(驅逐效果, crowding-out effect, 잠식효과)

(1) 구축효과

18 다음 ( ) 안에 알맞은 것은? [감평 09]

> 정부의 재정적자는 정부차입으로 인한 민간투자의 감소를 초래하는데, 이러한 현상을 ( )(이)라고 한다. 이는 정부차입이 이자율을 ( )시키기 때문이다.

① 분산투자, 상승 ② 금융중개, 하락 ③ 승수효과, 하락
④ 위험분산, 하락 ⑤ 구축효과, 상승

해설 • 구축효과
  ▶ 확대재정정책(정부지출 증가, 조세감면)을 시행하면 재정적자 발생
  ▶ 재정적자는 국민차입(국고채 발행)을 통해 조달하며, 이 과정에서 이자율 상승
  ▶ 이자율이 상승하면 민간소비와 투자가 감소

정답 ▶ ⑤

19 다음 설명 중 옳은 것을 모두 고르면? [지방(상) 08]

> ㄱ. 한계저축성향을 알면 정부지출승수를 알 수 있다.
> ㄴ. 밀어내기효과(crowding-out effect)는 확대재정정책이 이자율을 하락시켜 투자를 증가시키는 현상이다.
> ㄷ. 승수효과란 정부구입이 1원 증가하면 총수요는 1원보다 큰 폭으로 증가하는 현상이다.
> ㄹ. 정부가 세금을 인하하여 소비지출을 촉진하면 승수효과가 발생할 수 있다.

① ㄱ, ㄴ ② ㄱ, ㄷ, ㄹ
③ ㄴ, ㄷ, ㄹ ④ ㄷ, ㄹ

해설 ㄱ, ㄷ. (3부문정액 모형) 정부지출승수 = $\frac{1}{1-c}$ (>1) (단, c : 한계소비성향)
  ㄴ. **구축효과(밀어내기효과)** : 확대재정정책 시 이자율이 상승하여 민간의 투자와 소비가 감소하는 현상
  ㄹ. 조세 감면 ⇒ 가처분소득 증가 ⇒ 민간소비 증가
    이때 민간소비 증가분의 승수배 만큼 국민소득 증가

정답 ▶ ②

20 구축효과(Crowding-Out Effect)에 대한 설명으로 옳지 않은 것은? [9급 11]

① 정부의 재정지출 증가
② 가계의 소비지출 감소
③ 기업의 투자지출 감소
④ 중앙은행의 통화량 감소

해설 ▶ 구축효과는 재정정책을 시행할 때 나타나는 현상. 중앙은행 통화량 조정(통화정책)과는 무관한 현상

정답 ▶ ④

(2) 대부자금시장과 구축효과

21 대부자금(loanable fund) 공급이 실질이자율의 증가함수이고 대부자금 수요는 실질이자율의 감소함수인 대부자금시장모형에서 정부가 조세삭감을 시행할 경우 다음 중 옳은 것은?

① 자금수요가 증가하고 균형이자율이 상승한다.
② 자금수요가 감소하고 균형이자율이 하락한다.
③ 자금공급이 증가하고 균형이자율은 하락한다.
④ 자금공급이 감소하고 균형이자율은 상승한다.
⑤ 균형이자율은 변하지 않는다.

해설 ▶ • 조세감면 시,
 ▶ 정부저축이 감소하여 총저축(대부자금공급) 감소
 ▶ 대부자금시장에서 대부자금의 공급이 감소하므로 이자율 상승

정답 ▶ ④

보충 ▶ 고전학파 : 대부자금시장과 구축효과

• 확대재정정책 : 정부지출 확대 또는 조세감면을 통하여 총수요 증가
 ⇒ 정부저축($T-G$) 감소하여 총저축($S+(T-G)+(IM-X)$. 대부자금공급) 감소
 ⇒ 실물적 이자율 상승
 ⇒ 민간저축 증가(민간소비 감소), 민간투자 감소
 ⇒ 총수요 다시 원래 수준으로 감소. 따라서 총수요 불변(완전구축효과), 국민소득 불변

• 긴축재정정책 : 정부지출 축소 또는 조세증액. 총수요 감소
 ⇒ 정부저축($T-G$) 증가하여 총저축($S+(T-G)+(IM-X)$. 대부자금공급) 증가
 ⇒ 실물적 이자율 하락
 ⇒ 민간저축 감소(민간소비 증가), 민간투자 증가
 ⇒ 총수요 다시 원래 수준으로 증가. 따라서 총수요 불변(완전구축효과), 국민소득 불변

22 폐쇄경제 균형국민소득은 $Y = C + I + G$이고 다른 조건이 일정할 때, 재정적자가 대부자금시장에 미치는 효과로 옳은 것은? (단, 총투자곡선은 우하향, 총저축곡선은 우상향, Y: 균형국민소득, C: 소비: I: 투자, G: 정부지출이다.) [노무 21]

① 대부자금공급량은 감소한다.
② 이자율은 하락한다.
③ 공공저축은 증가한다.
④ 저축곡선은 오른쪽 방향으로 이동한다.
⑤ 투자곡선은 왼쪽 방향으로 이동한다.

해설 ● 대부자금시장 이론: 재정적자 시, 정부저축(공공저축) 감소
▶ 정부저축이 감소하면 총저축이 감소하여 대부자금공급 감소(대부자금공급곡선 왼쪽 이동)
▶ 대부자금공급이 감소하면 이자율 상승
▶ 재정적자가 발생할 때 대부자금수요(투자수요)는 불변

정답 ▶ ①

23 어떤 경제의 국내저축(S), 투자(I), 그리고 순자본유입(KI)이 다음과 같다고 한다. 아래 조건에서 대부자금시장의 균형이자율(r)은 얼마인가? [노무 15]

○ $S = 1,400 + 2,000r$
○ $I = 1,800 - 4,000r$
○ $KI = -200 + 6,000r$

① 2.0%
② 4.25%
③ 5.0%
④ 6.5%
⑤ 8.25%

해설 ● 대부자금시장이론: 고전학파의 이자율 결정 이론
▶ 대부자금시장의 대부자금수요와 대부자금공급에 의해 이자율 결정되며, 대부자금수요와 대부자금공급은 국민소득항등식에 의해 결정
▶ 대부자금수요: 국내총투자(I). 이자율의 감소함수
▶ 대부자금공급: 국내총저축. 국내총저축 = 민간저축(S) + 정부저축($T-G$) + 국외저축($IM-X$)
　(단, 국외저축($IM-X$): 자본수지이며 부($-$)의 경상수지($X-IM$)
　문제에서는 순자본유입(KI)이라고 표현.
　■ 국내총투자보다 국민저축(민간저축 + 정부저축)이 적을 경우 국외저축이 정($+$). 이는 외국으로부터 자본이 순유입(자본수지 흑자)된 것을 의미.

- 문제에서,
  - ▶ 대부자금시장 균형조건 : 대부자금수요(국내총투자) = 대부자금공급(국내총저축)
    $$\Rightarrow I = S + (T-G) + (IM - X)$$
    $$\Rightarrow I = S + (T-G) + KI \quad (단, 순자본유입(KI) = (IM-X),$$
    $(T-G) = 0)$
    $$\Rightarrow 1,800 - 4,000r = (1,400 + 2,000r) + (-200 + 6,000r)$$
    $$\Rightarrow 12,000r = 600 \quad \therefore) \ r = 0.05 \ (5\%)$$

  ☺ 국민소득항등식과 대부자금시장이론의 관계

  국외저축$(IM-X)$의 의미 : 자본수지를 나타내며, 부(−)의 경상수지$(X-IM)$.
  문제에서 자본수지를 순자본유입으로 표현.
  자본수지가 개선(흑자)되면 순자본유입

  정답 ▶ ③

(3) 채권시장과 구축효과

24 재정지출의 장기적 효과에 대한 설명으로 옳지 않은 것은? [국가 05]

① 구축효과가 클수록 민간기업의 자본축적이 커진다.
② 정부의 투자성 지출이 커지면 사회간접자본이 확충된다.
③ 중앙은행으로부터의 차입에 의존하여 재원을 조달하면 재정 인플레이션이 발생한다.
④ 공채잔고의 증가에 따라 화폐수요가 증가하면 재정정책의 장기효과는 줄어든다.

해설 ▶ ① 구축효과가 클수록 민간기업의 투자가 감소하므로 자본축적 감소
② 사회간접자본은 정부의 투자에 의해 축적
③ 재정정책의 재원을 중앙은행 차입(통화증발)으로 충당할 경우, 정부지출과 통화공급이 동시에 증가하므로 재정 인플레이션 발생
④ 확대 재정정책의 재원을 조달하기 위하여 국고채를 발행할 경우, 국고채 시장에 초과공급이 발생하므로 통화수요 증가. 통화수요가 증가하면 이자율이 상승하여 구축효과 발생. 따라서 재정정책 효과 감소

정답 ▶ ①

보충 ▶ • 채권시장 : 채권가격에 따라 채권수익률(이자율) 결정되며 채권가격과 채권수익률(이자율)은 역의 관계
  ▶ 채권수요 증가 : 채권가격 상승, 이자율 하락
  ▶ 채권공급 증가 : 채권가격 하락, 이자율 상승

• 채권시장과 구축효과
  ▶ 확대재정정책(정부지출확대, 조세감면) : 총수요 증가. 재정적자는 국고채 발행(차입)하여 보전
    ⇒ 국고채 매각. 국고채 공급 증가(국고채 공급곡선 우측이동)
    ⇒ 국고채가격 하락, 국고채 수익률(이자율) 상승
    ⇒ 민간투자 감소, 민간저축 증가(민간소비 감소)
    ⇒ 총수요 다시 감소. 따라서 총수요와 국민소득 불변

▶ 긴축재정정책(정부지출축소, 조세증액) : 총수요 감소, 재정흑자는 국고채 매입(상환)에 사용

⇒ 국고채 매입. 국고채 수요 증가(국고채 수요곡선 우측이동)
⇒ 국고채가격 상승, 국고채 수익률(이자율) 하락
⇒ 민간투자 증가, 민간저축 감소(민간소비 증가)
⇒ 총수요 다시 증가. 따라서 총수요와 국민소득 불변

25 다음 중 구축효과를 올바르게 설명한 것은? [노무 07]

① 국공채 발행을 통한 정부지출 증가는 화폐시장에서 이자율을 상승시키고 결국 투자와 소비를 위축시킨다는 주장이다.
② 통화량의 증가는 이자율을 하락시키고 결국 투자를 활성화시킨다는 주장이다.
③ 공개시장조작을 통한 통화량 조절을 통해 경제를 활성화시킬 수 있다는 주장이다.
④ 외환시장에서 환율을 안정적으로 관리하면 국제무역수지를 안정시킬 수 있다는 주장이다.
⑤ 재정정책이나 통화정책은 결국 경제를 활성화시킬 수 있다.

[해설] ① 구축효과 : 확대재정정책 시 국공채 발행에 따라 이자율이 상승하여 민간 투자와 소비가 감소하는 현상
②, ③ 확대통화정책
④ 환율정책

정답 ▶ ①

26 시중금리가 연 5%에서 연 6%로 상승하는 경우, 매년 300만 원씩 영원히 지급받을 수 있는 영구채의 현재가치의 변화는? [지방 16]

① 30만 원 감소 ② 60만 원 감소
③ 300만 원 감소 ④ 1,000만 원 감소

[해설]
• 영구채(永久債. 무한히 이자 지급되는 채권) 현재가치 $= \dfrac{R}{r}$ (단, R : 매기당 이자, r : 수익률(이자율))

• 문제에서,
▶ 시중 금리가 5%일 때 영구채의 현재가치 $= \dfrac{3,00,000}{0.05} = 60,000,000$
▶ 시중 금리가 6%일 때 영구채의 현재가치 $= \dfrac{3,00,000}{0.06} = 50,000,000$ 따라서, 10,000,000원 감소

정답 ▶ ④

27 만기일이 정해지지 않은 채권 A의 가격이 10,000원이고, 해마다 1,000원씩 고정적인 이자가 지급된다. 만약 이 채권의 가격이 8,000원으로 변한다면, 이 채권의 연수익률의 변화는? [국가 09]

① 2.5%p 상승 ② 5%p 상승
③ 2.5%p 하락 ④ 5%p 하락

해설 • 영구채(永久債. 이자가 무한히 지급되는 채권)의 가격(P_B) $= \dfrac{R}{r}$ (단, R : 매기당 이자, r : 수익률(이자율))
• 문제에서,
▶ 최초 : $P_B = \dfrac{R}{r} \Rightarrow P_B = \dfrac{1,000}{r} = 10,000$ ∴) $r = 0.1$ (10%)
▶ 변화 후 : $P_B = \dfrac{R}{r} \Rightarrow P_B = \dfrac{1,000}{r} = 8,000$ ∴) $r = 0.125$ (12.5%)

정답 ① ①

2. 리카도의 상등성정리(RET : Ricardian equivalence theorem)

28 리카도 대등정리(Ricardian equivalence theorem)에 관한 설명으로 옳은 것은? [노무 14]

① 국채 발행을 통해 재원이 조달된 조세삭감은 소비에 영향을 미치지 않는다.
② 국채 발행이 증가하면 이자율이 하락한다.
③ 경기침체 시에는 조세 대신 국채 발행을 통한 확대재정정책이 더 효과적이다.
④ 소비이론 중 절대소득가설에 기초를 두고 있다.
⑤ 소비자들이 유동성제약에 직면해 있는 경우 이 이론의 설명력이 더 커진다.

해설 ①,③ 국채 발행을 통해 조세삭감(확대재정정책)이 이루어지는 경우 민간은 저축을 늘려(민간소비 감소) 미래 조세에 대비하게 되므로 정책효과 없음
② 국채 발행이 증가(국채공급 증가)하면 국채 가격이 하락하여 이자율은 상승
④ 절대소득가설은 현재 소득에 따라 소비한다는 것이므로 리카도 대등정리와는 상반되는 개념. 리카도 대등정리는 미래 예상소득에 따라 소비가 결정되는 항상소득가설과 부합
⑤ 유동성제약은 저축하여 미래 소비하거나 미래소득을 차입하여 현재시점에서 소비하는 것이 어렵다는 것을 의미함. 따라서 유동성제약이 존재하면 리카도 대등정리는 성립할 수 없음

정답 ① ①

보충 • 리카도 상등성(대등성)정리
▶ 소비자는 정부가 정부지출 재원을 마련하기 위하여 조세를 징수하는 대신 국채를 발행할 경우, 국채상환을 위해 미래의 조세징수가 증가할 것으로 예상하므로 소비를 줄이고 저축을 늘리게 됨
▶ 따라서 정부의 정부지출을 위한 재원조달 방식(조세징수 또는 국채발행)은 민간 소비를 동일하게 줄임. 즉, 재원조달 방식(조세징수 또는 국채발행)에 관계없이 민간 소비에 미치는 효과는 동일

• 리카도 상등성정리가 성립하기 위한 조건
▶ 저축과 차입이 자유롭고 이자율이 서로 동일(완전자본시장)하여 유동성제약이 없을 것
▶ 경제활동인구증가율이 0일 것, 소비자가 근시안적 소비하지 않고 합리적이고 미래전망적일 것
▶ 정부는 장기적으로 균형예산(현재와 미래의 정부지출액=현재와 미래의 조세수입)을 유지할 것

29 리카르도 대등정리(Ricardian equivalence theorem)에 대한 설명으로 옳지 않은 것은? [서울 15]

① 정부지출이 소비에 미치는 효과는 조세와 국채발행 간 차이가 없다.
② 유동성 제약이 있으면 이 정리는 성립하지 않는다.
③ 소비자들이 근시안적인 소비행태를 보이면 이 정리는 성립하지 않는다.
④ 프리드만(M. Friedman)의 항상소득이론이 성립하면 이 정리는 성립하지 않는다.

해설 ① 정부지출이 소비에 미치는 효과는 조세와 국채발행 간 차이가 없음
② 유동성 제약이 있으면 이 정리는 성립하지 않음
③ 소비자들이 근시안적인 소비행태를 보이면 이 정리는 성립하지 않음
④ 프리드만(M. Friedman)의 항상소득이론에 따르면 정부지출을 위한 조세감면은 임시소득을 증가시키는 것이므로 민간소비는 증가하지 않고 민간저축이 증가함. 따라서 리카르도 대등정리 성립

정답 ④

30 리카도 대등정리(Ricardian Equivalence Theorem)에 대한 설명으로 옳지 않은 것은? [지방 15]

① 정부지출이 경제에 미치는 효과는 정액세로 조달되는 경우와 국채발행으로 조달되는 경우가 서로 다르다는 주장이다.
② 리카도 대등정리가 성립하기 위해서는 저축과 차입이 자유롭고 저축이자율과 차입이자율이 동일하다는 가정이 충족되어야 한다.
③ 정부지출의 변화 없이 조세감면이 이루어진다면 경제주체들은 증가된 가처분소득을 모두 저축하여 미래의 조세증가를 대비한다고 주장한다.
④ 현재의 조세감면에 따른 부담이 미래세대에게 전가될 경우 후손들의 후생에 관심 없는 경제주체들에게는 리카도 대등정리가 성립하지 않게 된다.

해설 ① 리카도 대등정리는 정부지출을 정액세로 조달하거나 국채발행으로 조달하거나 같은 효과를 가진다는 것
② 리카도 대등정리가 성립하기 위해서는 저축과 차입이 자유롭고 저축이자율과 차입이자율이 동일한 완전자본시장이어야 함
③ 정부지출 변화 없이 조세감면(가처분소득 증가)이 이루어지면 재정적자가 발생하며, 재정적자는 미래 조세부과에 의해 상환됨. 따라서 경제주체들은 증가된 가처분소득을 저축하여 미래 조세부과에 대비
④ 현재의 조세감면이 미래세대에게 전가된다는 사실에 관심 없는 경제주체들은 조세가 감면되어 가처분소득이 증가할 때 저축을 늘리지 않고 모두 소비함. 따라서 리카도 대등정리가 성립하지 않음

정답 ①

31 리카도의 대등정리(Ricardian equivalence theorem)에 대한 설명으로 가장 옳지 않은 것은?

[서울 18(2회)]

① 정부지출의 규모가 동일하게 유지되면서 조세감면이 이루어지면 합리적 경제주체들은 가처분소득의 증가분을 모두 저축하여 미래에 납부할 조세의 증가를 대비한다는 이론이다.
② 현실적으로 대부분의 소비자들이 유동성제약(liquidity constraint)에 직면하기 때문에 리카도의 대등정리는 현실 설명력이 매우 큰 이론으로 평가된다.
③ 리카도의 대등정리에 따르면 재정적자는 장기뿐만 아니라 단기에서조차 아무런 경기팽창 효과를 내지 못한다.
④ 정부지출의 재원조달 방식이 조세든 국채든 상관없이 경제에 미치는 영향에 아무런 차이가 없다는 이론이다.

해설 ② 소비자에 유동성제약(liquidity constraint)이 존재하면 리카도 대등정리의 현실 설명력은 감소

정답 ②

3. 재정의 자동안정화장치

32 재정의 자동안정화장치가 효과를 잘 발휘할 수 있는 조건으로 가장 거리가 먼 것은? [지방 12]

① 중앙정부의 지방정부에 대한 교부세제도가 잘 확립되어 있다.
② 누진세 등이 발달되어 세수수입의 소득탄력성이 높다.
③ 정부예산의 조세의존도가 높고 국민경제에서 차지하는 비중이 크다.
④ 실업수당 등 사회보장제도가 잘 되어 있다.

해설 ① 중앙정부의 교부제도(지방정부에 대한 보조)는 자동안정화장치와 관계없음.
② 누진세의 세수수입의 소득탄력성은 한계세율을 의미하며, 한계세율이 높을수록 자동안정화기능이 큼
③ 정부지출의 국민경제 비중이 높고, 정부지출이 주로 조세수입에 의해 이루어지고 질 경우 자동안정화기능이 큼.
④ 실업수당 등 사회보장제도가 잘 되어있으면 경기침체시 사회보장 보조금이 증가하므로 자동안정화기능이 큼.

정답 ①

보충 • 자동안정화장치(automatic stabilizer, built-in stabilizer) : 고전학파
  ▶ 국민소득이 완전고용 수준일 때 일시적인 경기변동(경기침체와 경기과열)은 재정부문에서 자동적으로 나타나는 안정화 기능에 의해 스스로 조정
  ▶ 국민소득이 완전고용 수준 이상으로 증가할 때는 조세수입이 증가하여 경기과열 억제
  ▶ 국민소득이 완전고용 국민소득 이하로 감소할 경우에는 조세수입이 감소하고 사회보장제도에 의한 정부이전지출이 증가하여 경기침체를 억제함.

- 자동안정화기능의 정도 : 한계세율과 사회안전망
  ▶ 한계세율(한계소득세율, 법인세율 등)이 높을수록 자동안정화 기능이 크게 나타남.
  ▶ 실업보험·기초생활보장제 등 사회안전망이 잘 갖추어져 있을 경우 자동안정화 기능이 크게 나타남.

33 재정의 자동안정화장치라고 볼 수 없는 것은?   [서울 03]

① 누진세
② 실업수당지급
③ 사회보장지급금
④ 저소득층에 대한 생계비 지원
⑤ 간접세

해설▶ ⑤ 간접세(물품세)는 소비량을 기준으로 하거나(종량세) 또는 재화의 가격을 기준으로 부과(종가세). 따라서 간접세는 소득과 무관하게 부과되므로 자동안정화 기능은 없음

정답 ▶ ⑤

이패스 객관식 경제학 거시 및 국제경제학

제2편 개별함수이론

제4장 소비수요함수
제5장 투자수요함수

제4장 소비수요함수

I 절대소득가설과 소비함수논쟁

01 케인즈 소비함수에 관한 설명으로 옳지 않은 것은? [노무 17]

① 한계소비성향은 0보다 크고 1보다 작다.
② 소비는 현재 소득의 함수이다.
③ 소득이 없어도 기본적인 소비는 있다.
④ 소득이 증가할수록 평균소비성향은 증가한다.
⑤ 소득과 소비의 장기적 관계를 설명할 수 없다.

해설
- 케인즈 소비수요함수: 절대소득가설. $C_t = C(Y_{dt}) = C_0 + cY_{dt}$ (단, t: 현재 소득에 따라 현재 소비)
  - ▶ 소비수요선은 절편(C_0)을 가지고 우상향하는 직선. 기초소비(C_0)는 소득 0일 때의 소비
  - ▶ 1 < 한계소비성향(c) < 1 (일반적 소비심리)
  - ▶ 소득증가시, 한계소비성향(MPC)은 일정하지만 평균소비성향(APC)은 감소
  - ▶ 장단기 구분없이 항상, 평균소비성향($APC = \tan \alpha$) > 한계소비성향($MPC = \tan \beta$)
- 쿠즈네츠 시계열 분석
  - ▶ 단기: 평균소비성향($APC = \tan \alpha$) > 한계소비성향($MPC = \tan \beta$)
  - ▶ 장기: 평균소비성향($APC = \tan \alpha$) = 한계소비성향($MPC = \tan \beta$)
  - ▶ 케인즈모형은 시계열 분석에서 나타나는 단기와 장기 현상을 설명할 수 없음

정답 ④

02 절대소득가설의 장기소비곡선과 단기소비곡선에 대한 설명으로 옳은 것은? [국가 09]

① 단기소비곡선에서 평균소비성향은 일정하다.
② 단기소비곡선에서 한계소비성향은 평균소비성향보다 크다.
③ 장기소비곡선에서 한계소비성향은 감소한다.
④ 장기소비곡선에서 평균소비성향과 한계소비성향은 같다.

해설 ▶ • 단기소비곡선 : 절편점을 가지며 우상향하는 직선
    ▶ 소득일 증가할 때, 평균소비성향 감소, 한계소비성향 불변
    ▶ 단기 평균소비성향 > 단기 한계소비성향 동일
• 장기소비곡선 : 원점에서 우상향하는 직선
    ▶ 소득이 증가할 때, 평균소비성향, 한계소비성향 모두 불변
    ▶ 장기 평균소비성향 = 장기 한계소비성향

정답 ▶ ④

II 프리드먼(M. Friedman)의 항상소득가설

03 항상소득이론에 근거한 설명으로 옳은 것을 모두 고른 것은? [9급 13]

> ㄱ. 직장에서 승진하여 소득이 증가하였으나 이로 인한 소비는 증가하지 않는다.
> ㄴ. 경기 호황기에는 일시소득이 증가하여 저축률이 상승한다.
> ㄷ. 항상소득에 대한 한계소비성향이 일시소득에 대한 한계소비성향보다 더 크다.

① ㄱ   ② ㄴ   ③ ㄱ, ㄷ   ④ ㄴ, ㄷ

해설 ▶ ㄱ. 승진에 따른 소득증가는 항상소득의 증가이므로 소비가 증가함.
ㄴ. 경기호황기의 일시적 소득증가분은 임시소득. 임시소득은 소비하지 않고 저축하므로 저축률 상승
ㄷ. 항상소득으로 소비하고, 임시소득은 소비하지 않음. 따라서 항상소득의 한계소비성향은 크고, 임시소득의 한계소비성향은 작음.

정답 ▶ ④

보충 ▶ 항상소득가설 : 현재 시점의 소비는 미래 예상소득에 따라 소비
• 미래예상소득
    ▶ 미래 예상소득(Y)은 항상소득(Y_P)과 임시소득(Y_T)의 합
    ▶ 항상소득은 평생 벌 수 있을 것으로 예상되는 안정적 평균소득
    ▶ 임시소득은 예상치 못한 일시적 소득이며, 임시소득의 기대치($E(Y_T)$)는 0으로 보는 것이 합리적
• 현재소비
    ▶ 소비는 미래 예상소득(Y)에 따라 결정
    ▶ 임시소득(Y_T)의 기대치가 0이므로 임시소득은 소비하지 않으며, 항상소득(Y_P)에 의해 소비
    ▶ 따라서 임시소득은 소비하지 않고 모두 저축

제4장 소비수요함수

04 프리드먼(M. Friedman)의 항상소득이론에 대한 설명으로 가장 옳지 않은 것은? [서울 18(2회)]

① 소비는 미래소득의 영향을 받는다.
② 소비자들은 소비를 일정한 수준에서 유지하고자 한다.
③ 일시적 소득세 감면이 지속적인 감면보다 소비지출 증대효과가 작다.
④ 불황기의 평균소비성향은 호황기에 비해 감소한다.

해설 ③ 일시적 소득세 감면은 임시소득 증가. 임시소득은 소비에 영향을 미치지 못함
④ 불황기 평균소비성향 $\left(APC=\dfrac{C}{Y}\right)$ > 호황기 평균소비성향 $\left(APC=\dfrac{C}{Y}\right)$

정답 ④

Ⅲ 안도(A. Ando), 모딜리아니(F. Modigliani)의 생애주기가설

05 소비 이론에 대한 설명으로 옳지 않은 것은? [국가 16]

① 레입슨(D. Laibson)에 따르면 소비자는 시간 비일관성(time inconsistency)을 보인다.
② 항상소득 가설에 의하면 평균소비성향은 현재소득 대비 항상소득의 비율에 의존한다.
③ 생애주기 가설에 의하면 전 생애에 걸쳐 소비흐름은 평탄하지만, 소득흐름은 위로 볼록한 모양을 갖는다.
④ 가계에 유동성제약이 존재하면 현재소득에 대한 현재소비의 의존도는 약화된다.

해설 ① 레입슨(D. Laibson) : 전통 경제학에서는 소비자가 자신의 소득과 시장가격에 따라 합리적으로 소비. 그러나 행태경제학에 따르면 소비자는 충동적 소비 등과 같이 시간 비일관성(time inconsistency)을 보일 수 있음
② 항상소득 가설에 의하면 임시소득은 소비하고 항상소득에 따라 소비. 따라서 항상소득의 비율이 높으면 평균소비성향도 높음
③ 생애주기 가설에 의하면 소비자는 전 생애에 걸쳐 일정하게 소비하고자 함. 그러나 소득은 취업 전에는 작고, 취업 후 재직기에 높다가 은퇴 후에는 감소하므로 전 생애에 걸친 소득흐름선은 위로 볼록한 형태를 가지게 됨
④ 유동성제약이 존재한다는 것은 쉽게 차입하기 어렵다는 것이므로 현재소비는 주로 현재소득에 의해 이루어짐. 따라서 현재소득에 대한 현재소비의 의존도는 큼

정답 ④

보충 ▶ 생애주기가설

- 횡단면 소비함수
  - ▶ 청소년기와 노년기에는 소득은 적고 소비가 많으므로 평균소비성향(APC) 높음
  - ▶ 장년기(재직, 취업)에는 저축을 많이 하므로 평균소비성향(APC)이 낮음
- 장·단기 소비함수 : 현재 소비는 미래예상소득에 따라 결정
  - ▶ 미래예상소득은 예상근로소득(W)과 예상자산소득(A)으로 구성되며, 장기적으로 예상근로소득 (W)과 예상자산소득(A)은 동일
  - ▶ 현재 소비는 미래예상소득에 따라 결정 : $C = aA + bW$ (단, a, b : 상수. 장기적으로 $A = W$)

06 소비이론에 관한 설명으로 옳지 않은 것은?

[노무 24]

① 케인즈의 소비함수는 평균소비성향이 장기적으로 일정하다는 현상을 설명하지 못한다.
② 기간 간 최적 소비선택모형에서 이자율이 상승하면 현재소비는 감소한다.
③ 생애주기가설에 따르면 강제적 공적연금저축은 민간의 연금저축을 감소시킨다.
④ 항상소득가설에 따르면 일시적 소득이 증가하는 호경기에는 평균소비성향이 감소한다.
⑤ 리카도 대등정리는 항상소득가설에 따른 소비결정이론과 부합한다.

해설 ▶ ① 케인즈의 소비함수(절대소득가설)에서는 소득이 증가할 때 평균소비성향 감소. 장기적으로 평균소비성향이 일정한 현상을 설명하지 못함

② 기간 간 최적 소비선택모형(2시점 모형) : 이자율(현재소비의 가격)이 상승하면 대체효과와 소득효과 발생

• 이자율 상승	▶ 대체효과 : 현재소비 상대가격 상승	⇒	현재소비 감소, 저축 증가
	▶ 소득효과 : 실질소득 증가	⇒	현재소비 증가, 저축 감소
	○ 대체효과 > 소득효과 : 현재소비 감소, 저축 증가		
	○ 대체효과 < 소득효과 : 현재소비 증가, 저축 감소		

③ 생애주기가설에 따르면 생애전체 저축이 주어져 있으므로 공적인 강제적 저축이 증가하면 민간 저축 감소
④ 항상소득가설에 따르면 일시적 소득은 소비하지 않음. 따라서 호황기에 일시적 소득이 증가하면 평균소비성향 감소
⑤ 리카도 대등정리 : 감세를 통해 정부지출을 늘릴 때 미래전망적 소비자는 미래조세에 대비하여 저축
  항상소득가설 : 감세를 통한 소득증가는 임시소득이므로 소비하지 않고 저축

정답 ▶ ②

07 사람들의 소비행태 이론들에 대한 설명으로 옳지 않은 것은? [9급 15]

① 항상소득이론에 따르면 사람들은 복권 당첨으로 얻은 소득과 안정된 직장에서 발생하는 소득에 대하여 다른 소비성향을 보인다.
② 항상소득이론에 따르면 사람들은 비교적 일정한 수준에서 소비를 유지하고 싶어 한다.
③ 생애주기이론에 따르면 사람들은 일생에 걸친 소득의 변화 양상을 염두에 두고 적절한 소비수준을 결정한다.
④ 생애주기이론에 따르면 개인의 저축은 나이에 따라 U자형으로 나타날 가능성이 크다.

해설 ① 항상소득이론 : 복권 당첨 소득은 임시소득이므로 소비하지 않고 저축하므로 소비성향이 낮음.
안정된 직장에서 발생하는 소득은 항상소득이므로 소비성향이 높음
② 항상소득이론, 생애주기이론 : 사람들은 일정한 수준에서 소비를 유지하고 싶어함
③ 생애주기이론, 항상소득이론 : 사람들은 미래 예상소득을 고려하여 소비 결정
④ 생애주기이론에 따르면 청소년기에는 저축이 적고 장년기에는 저축이 많다가 노년기에는 저축 감소.
따라서, 나이에 따른 저축곡선은 역 U자형태가 됨 정답 ④

08 소비이론에 관한 설명으로 옳지 않은 것은? [노무 20]

① 항상소득이론에서 일시소득의 한계소비성향은 항소득의 한계소비성향보다 크다.
② 생애주기이론에서 소비는 미래소득의 영향을 받는다.
③ 절대소득가설에서는 현재 처분가능소득의 절대적 크기가 소비의 가장 중요한 결정요인이다.
④ 처분가능소득의 한계소비성향과 한계저축성향의 합은 1이다.
⑤ 절대소득가설이 항상소득이론보다 한시적 소득세 감면의 소비 진작 효과를 더 크게 평가한다.

해설 ① 항상소득이론에서 일시소득은 소비하지 않고 항상소득만 소비. 따라서 일시소득의 한계소비성향은 0이고 항상소득의 한계소비성향은 0보다 크고 1보다 작음
② 생애주기이론에서 소비는 미래예상소득(미래예상근로소득과 미래예상자산소득)에 따라 결정
③ 케인즈의 절대소득가설에서는 소비는 현재 처분가능소득에 따라 결정
④ 처분가능소득으로 소비하거나 저축하므로 한계소비성향과 한계저축성향의 합은 1
⑤ 절대소득가설 : 한시적으로 소득세가 감면되면 가처분소득이 증가하므로 소비 증가
항상소득이론 : 한시적 소득세 감면은 임시소득이 증가한 것이므로 소비가 증가하지 않음 정답 ①

09 소비함수에 관한 설명으로 옳지 않은 것은?

[노무 23]

① 케인즈에 따르면 현재소득이 소비를 결정하는 가장 중요한 결정요소이다.
② 항상소득가설에 의하면 야간작업에 의한 일시적 소득증가보다 승진에 의한 소득증가가 더 큰 소비의 변화를 초래한다.
③ 평생소득가설에 의하면 연령계층에 따라 소비성향이 다를 수 있다.
④ 확률보행가설은 소비자들이 장래소득에 관해 적응적 기대를 한다고 가정한다.
⑤ 케인즈는 평균소비성향이 소득 증가에 따라 감소한다고 가정한다.

해설 ①, ⑤ 케인즈의 절대소득가설 : 현재 소비는 현재 가처분소득에 따라 결정(소비는 가처분소득의 증가함수)하며 소득이 증가할 때 한계소비성향은 변화하지 않으나, 평균소비성향 감소
② 항상소득가설 : 현재 소비는 미래 예상소득에 따라 결정되며 미래 예상소득은 항상소득과 임시소득으로 구성. 항상소득이 증가하면 소비가 증가하지만 임시소득이 증가하면 소비하지 않고 저축. 따라서 일시적 소득증가(야간작업)는 소비를 변화시키지 않고, 승진에 의한 소득(항상소득) 증가는 소비를 증가시킴
③ 평생소득가설에 따르면 생애 소비를 일정하게 유지하려 함. 청소년층이나 고령층은 소득에 비해 상대적으로 소비가 많으므로 평균소비성향이 크고, 중년계층은 소득에 비해 상대적으로 소비를 적게하고 저축을 많이 하려하므로 평균소비성향 작음
④ 확률보행가설(불규칙보행가설) : 항상소득가설에서 미래 항상소득을 합리적기대 가정에 따라 예측. 이 경우 미래소비는 예측할 수 없음

정답 ④

10 소비이론에 관한 설명으로 옳은 것은?

[노무 18]

① 항상소득가설에 따르면, 호황기에 일시적으로 소득이 증가할 때 소비가 늘지 않지만 불황기에 일시적으로 소득이 감소할 때 종전보다 소비가 줄어든다.
② 생애주기가설에 따르면, 소비는 일생동안의 소득을 염두에 두고 결정되는 것은 아니다.
③ 한계저축성향과 평균저축성향의 합은 언제나 1이다.
④ 케인즈의 소비함수에서는 소비가 미래에 예상되는 소득에 영향을 받는다.
⑤ 절대소득가설에 따르면, 소비는 현재의 처분가능소득으로 결정된다.

해설 ① 항상소득가설에 따르면, 일시적 소득(임시소득)이 변화할 때 소비 불변
② 생애주기가설에 따르면, 소비는 일생동안의 미래소득에 따라 결정
③ 한계저축성향과 평균저축성향의 합은 1이 될 수 없음
④ 케인즈의 소비함수(절대소득가설)에서는 현재소비가 현재소득에 따라 결정
⑤ 절대소득가설에 따르면, 현재 소비는 현재의 처분가능소득에 따라 결정

정답 ⑤

Ⅳ 듀젠베리(J. Duesenberry)의 상대소득가설

11 소비이론에 대한 설명으로 옳은 것을 〈보기〉에서 모두 고르면?   [국회 15]

<보 기>

ㄱ. 절대소득가설에 따르면, 가처분소득이 증가할 때 소비지출이 증가하므로 소비함수 곡선이 상방으로 이동한다.
ㄴ. 쿠즈네츠(Kuznets)의 실증분석에 따르면, 장기에는 평균소비성향이 한계소비성향보다 크다.
ㄷ. 상대소득가설은 소비의 가역성과 소비의 상호의존성을 가정한다.
ㄹ. 항상소득가설에 따르면, 현재소득이 일시적으로 항상소득 이상으로 증가할 때, 평균소비성향은 일시적으로 상승한다.

① ㄱ ② ㄷ ③ ㄱ, ㄹ
④ ㄴ, ㄷ ⑤ 모두 옳지 않다.

보충 ㄱ. 절대소득가설 : 현재 소비(C_t)는 현재 가처분소득(Y_{dt})에 따라 결정. $C_t = C_0 + cY_{dt}$
가처분소득이 증가할 때 현재 소비 증가(소비함수 곡선 상에서 우상방이동)
기초소비(C_0)가 증가할 때 소비함수 곡선 절편이 증가하므로 소비함수 곡선 상방 이동

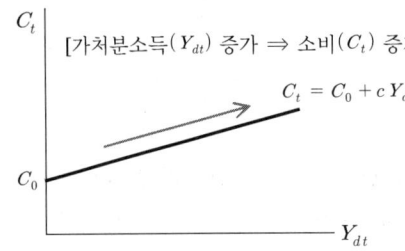
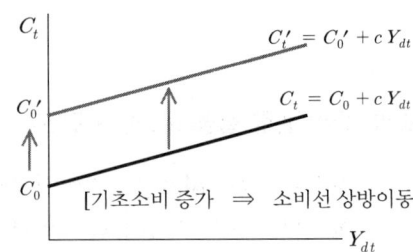

ㄴ. 소비함수논쟁 : 쿠즈네츠(Kuznets)의 시계열 실증분석. 단기에는 평균소비성향 > 한계소비성향
장기에는 평균소비성향 = 한계소비성향
ㄷ. 상대소득가설 : 소비의 비가역성. 소득이 감소할 때는 소비가 시차를 가지고 감소
소득이 증가할 때는 소비가 직접 비례적으로 증가
상대소득가설 : 전시효과. 자신의 소비가 다른 사람의 소득 수준에 의해 영향을 받음
ㄹ. 항상소득가설 : 현재소득이 일시적으로 항상소득 이상으로 증가(임시소득 증가)할 때 임시소득은 소비하지 않음. 임시소득 증가시 소비가 증가하지 않으므로 평균소비성향(소비 / 항상소득 + 임시소득) 감소
따라서, 보기는 모두 옳지 않은 서술

정답 ▶ ⑤

12 저축과 소비에 관한 이론 중 틀린 것은? [서울 03]

① 케인즈의 절대가격소득가설에 따르면 단기의 평균소비성향과 장기의 평균소비성향은 동일하게 결정된다.
② 절대소득가설에 의하면 당기의 소비는 당기의 가처분소득에 의해서 결정된다.
③ 평생소득가설에 의하면 평생에 걸쳐 소비를 균등하게 하는 것이 효용을 극대화시킬 수 있다고 가정했다.
④ 항상소득가설에 의하면 복권당첨이나 보너스소득과 일시적인 소득이 많은 사람들은 보다 높은 저축률을 지니게 될 것이다.
⑤ 상대소득가설에 의하면 사람들은 과거 자신들의 소비행태를 유지하려는 속성을 가정한다.

해설 ①, ② 케인즈 절대가격소득가설 : 당기의 소비는 당기의 가처분소득에 의해서 결정.
　　　　　　　　　　　　　단기와 장기의 구분이 없음.
　　　　　　　　　　　　　따라서 장단기 평균소비성향은 같다고 볼 수 있음
③, ④ 항상(평생)소득가설 : 장기소비는 항상소득의 일정 비율로 소비하므로 소득이 증가하면 소비증가.
　　　　　　　　　　　따라서 소비가 평생에 걸쳐 균등할 때 효용극대화되는 것이 아님
　　　　　　　　　　　복권당첨이나 보너스 소득은 임시소득이며 소비하지 않음. 따라서 저축률이 높음
⑤ 상대소득가설의 톱니효과 : 현재 소비는 자신의 과거 최고소득 수준에 따라 결정

정답 ③

제4장 소비수요함수

제5장 투자수요함수

I 기대수익에 의한 투자이론

1. 고전학파의 현재가치법(I. Fisher)

01 A기업은 투자를 통해 1년 후에 110원, 2년 후에 121원의 수익을 얻을 수 있다. 이 투자로 인한 수익의 현재가치는? (단, A기업의 할인율은 연 10%로 일정하다.) [지방(학) 12]

① 200원
② 209원
③ 220원
④ 231원

[해설] • 수익자산의 가격

▶ 수익흐름의 현재가치 $= \dfrac{R_1}{(1+r)} + \dfrac{R_2}{(1+r)^2}$

▶ 문제에서, 수익흐름의 현재가치 $= \dfrac{110}{(1+0.1)} + \dfrac{121}{(1+0.1)^2} = \dfrac{110}{1.10} + \dfrac{121}{1.21} = 100 + 100 = 200$

[보충] • 수익자산의 가격 : 수익흐름의 현재가치

▶ n기에 걸쳐 수익을 발생하는 자산의 가격

$$(P) = \frac{R_1}{(1+r)} + \frac{R_2}{(1+r)^2} + \cdots + \frac{R_n}{(1+r)^n} \quad (\text{단}, 1+r : \text{시간할인율})$$

▶ 영구자산의 가격 $(P) = \dfrac{R}{r}$ (단, 영구자산 : 매기당 영구히 일정한 수익(R)을 발생하는 자산)

[정답] ①

02 투자액은 1억원이고 영원히 매년 1천만원의 수익이 예상되는 투자계획의 수익률은?

① 0.05 ② 0.10 ③ 0.15
④ 0.20 ⑤ 0.25

해설 ● 투자균형 : 투자지출액과 영구투자 수익흐름의 현재가치가 같을 때 균형

▶ 문제에서, 투자지출액$(I) = 100,000,000$

영구투자수익흐름의 현재가치$(PV) = \dfrac{R}{r} = \dfrac{10,000,000}{r}$

▶ 균형투자수익률 : 투자지출액과 영구투자 수익흐름의 현재가치가 같아지는 수익률

$100,000,000 = \dfrac{10,000,000}{r}$ ∴) $r = \dfrac{10,000,000}{100,000,000} = 0.1$

정답 ▶ ②

03 어떤 기계가 200,000원이라고 하자. 이 기계를 구입하면 1년에 50,000원의 수입을 벌어들일 수 있다. 이 기계를 1년 동안 사용한 후에 170,000원에 팔 수 있다. 이 기계를 구입하기 위해 은행에서 돈을 빌리는 경우 이자율을 최대 얼마까지 지급할 용의가 있는가? [감평 03]

① 25% ② 50% ③ 10%
④ 5% ⑤ 15%

해설 ● 문제에서,

▶ 기계 구입 시 수입 = 50,000원

▶ 기계 구입 시 비용 = 기계 구입비(200,000원) − 1년 후 기계 판매가격(170,000원) = 30,000원

▶ 기계 구입 시 순수입 = 기계 구입 시 수입(50,000원) − 기계 구입 시 비용(30,000원) = 20,000원

▶ 기계 구입 시 수익률 = 지불용의 최대 이자율 = $\dfrac{20,000}{200,000} = 0.1$

정답 ▶ ③

2. 케인즈(J.M. Keynes)의 내부수익률법

04 두 개의 사업 A와 B에 대한 투자 여부를 결정하려고 한다. A의 내부수익률(IRR)은 10%, B의 내부수익률은 8%로 계산되었다. 이에 대한 설명으로 옳지 않은 것은?　　　　　　　　　[지방 13]

① 비용과 편익을 현재가치화할 때 적용하는 할인율이 6%라면, 두 사업의 순현재가치(NPV)는 양(+)이다.
② 내부수익률 기준에 의해 선택된 사업은 순현재가치 기준에 의해 선택된 사업과 항상 일치한다.
③ 비용과 편익을 현재가치화할 때 적용하는 할인율이 10%라면, 사업 A의 편익의 현재가치는 비용의 현재가치와 같다.
④ 비용과 편익을 현재가치화할 때 적용하는 할인율이 9%라면, 사업 B의 경제적 타당성은 없다고 판정할 수 있다.

[해설] ① A사업 : 내부수익률(m) 10% > 현재가치 할인율(r) 6%. 순현재가치(NPV) > 0
　　　　　B사업 : 내부수익률(m) 8% > 현재가치 할인율(r) 6%. 순현재가치(NPV) > 0
③ A사업 : 내부수익률(m) 10% = 현재가치 할인율(r) 10%. 순현재가치(NPV) = 0
④ B사업 : 내부수익률(m) 8% < 현재가치 할인율(r) 9%. 순현재가치(NPV) < 0 (투자순손실 발생)
② 내부수익률 기준은 내부수익률과 현재가치할인율을 비교하여 투자를 선택하고, 순현재가치 기준은 현재가치할인율만으로 투자를 선택하므로 두 기준에 의한 투자선택은 다를 수 있음.　　　　**정답 ▶ ②**

[보충] ● 내부수익률(투자의 한계효율, 예상수익률)
　▶ 내부수익률 : 투자재 예상수익(R) 흐름의 현재가치(PV)와 투자재 가격(I)을 일치시키는 할인율(m)
　▶ 투자재의 수명이 n 기일 때, $PV = \dfrac{R_1}{(1+m)} + \dfrac{R_2}{(1+m)^2} + \cdots + \dfrac{R_n}{(1+m)^n} = I$

● 투자수익흐름의 현재가치 $(PV) = \dfrac{R_1}{(1+r)} + \dfrac{R_2}{(1+r)^2} + \cdots + \dfrac{R_n}{(1+r)^n}$　(단, r : 할인율)

● 투자의 순현재가치(NPV : net present value) : NPV = 투자수익흐름의 현재가치(PV) $- I$
　　　　　　　　　　　　　　　　　　　　(단, I : 투자지출액)

　▶ $NPV > 0$ ⇔ 투자수익흐름의 현재가치(PV) > I
　　　　　　 ⇔ $r < m$: 투자 순수익이 존재하므로 투자함.

　▶ $NPV < 0$ ⇔ 투자수익흐름의 현재가치(PV) < I
　　　　　　 ⇔ $r > m$: 투자순손실이 발생하므로 투자하지 않음

05 수명 1년인 자본재 가격이 5,000만원이고 예상수익이 6,000만원일 때 투자의 한계효율(MEI)은?

① 50%　　　　　　　　　② 10%
③ 2%　　　　　　　　　　④ 20%

해설 • 투자의 한계효율(내부수익률, 예상수익률)

▶ 자본재 수명이 n 기일 때,

$$PV = \frac{R_1}{(1+m)} + \frac{R_2}{(1+m)^2} + \cdots + \frac{R_n}{(1+m)^n} = I \quad (단, I : 자본재 가격)$$

▶ 자본재 수명이 1기일 때 : $PV = \frac{R}{1+m} = I \Rightarrow 1+m = \frac{R}{I} \Rightarrow m = \frac{R}{I} - 1$

▶ 문제에서, $m = \frac{R}{I} - 1 = \frac{60,000,000}{50,000,000} - 1 = 0.2$

정답 ④

Ⅱ 가속도이론

06 다음 중 투자의 가속도 모형에 관한 설명으로 가장 옳은 것은?

① 투자는 소득수준에 의존한다.
② 투자는 이자율에 의존한다.
③ 투자는 투자의 한계효율에 의존한다.
④ 투자는 소득수준의 변화에 의존한다.
⑤ 투자는 자금여력에 의존한다.

해설 가속도이론에 따르면 유발투자는 소득증가분이 클수록 증가

정답 ④

보충 • 가속도이론 : 유발투자이론

▶ $I_t = \beta(C_t - C_{t-1}) = \beta(c \cdot Y_{t-1} - c \cdot Y_{t-2}) = c \cdot \beta(Y_{t-1} - Y_{t-2})$

(단, $C_t = c \cdot Y_{t-1}$, $C_{t-1} = c \cdot Y_{t-2}$, c : 한계소비성향(MPC), β (>1): 고전적 가속도계수)

▶ 유발투자는 소득변동분(소비변동분)에 따라 결정.
즉, 소득증가분(소비증가분)이 클수록 유발투자 대폭 증가

Ⅲ 자본스톡조정모형

07 투자에 대한 다음 설명 중 옳지 않은 설명은?

① 현재가치법에 따르면 투자는 이자율의 감소함수이고, 내부수익률법에 따르면 투자는 이자율에 큰 영향을 받지 않는다.
② 가속도이론에 따르면 투자는 국민소득의 증가함수이다.
③ 자본스톡조정모형에 따르면 투자는 명목이자율과 감가상각률의 감소함수이며 물가와 국민소득의 증가함수이다.
④ 자본의 한계생산성이 감소하면 실질이자율이 내린다.

해설 ① 현재가치법에 따르면 투자는 이자율에 따라 결정되고, 내부수익률법에 따르면 투자는 이자율보다는 내부수익률(예상수익률)에 따라 결정
② 가속도이론에 따르면 유발투자는 국민소득 증가분이 클수록 증가. 따라서 소득증가분의 증가함수
③ 자본스톡조정모형에 따르면 투자는 명목이자율과 감가상각률의 감소함수이고, 물가와 국민소득의 증가함수
④ 자본고용 이윤극대화조건 : $MFC_K = VMP_K \Leftrightarrow r = P \cdot MP_K$, 또는 $\frac{r}{P} = MP_K$

따라서, 자본의 한계생산성(MP_K)이 감소할 때 실질이자율 $\left(\frac{r}{P}\right)$ 하락

정답 ②

보충 • 현재가치(PV)법 : 투자는 투자수익흐름의 현재가치에 따라 결정. 따라서 투자수요 이자율탄력도가 큼.
  ▶ 이자율 하락 ⇒ 현재가치 증가 ⇒ 투자 증가
  ▶ 이자율 상승 ⇒ 현재가치 감소 ⇒ 투자 감소
• 내부수익률법 : 투자는 이자율보다 내부수익률에 따라 결정. 따라서 투자수요의 이자율탄력도가 작음.
  ▶ 이자율 < 내부수익률(투자의 한계효율, 예상수익률) ⇒ 투자 증가
  ▶ 이자율 > 내부수익률(투자의 한계효율, 예상수익률) ⇒ 투자 감소
• 가속도원리 : 유발투자 결정이론
  ▶ 국민소득 증가분의 크기에 따라 유발투자 결정
  ▶ 국민소득 증가분이 크고, 한계소비성향이 높을수록 유발투자 증가
• 자본스톡조정모형

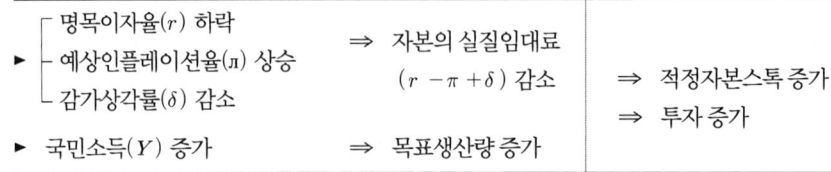

Ⅳ 토빈(J. Tobin)의 q 이론

08 기업의 투자이론에 대한 설명으로 옳은 것은? [9급 13]

① 신고전파(neoclassical)의 투자이론에 의하면 자본의 한계생산성이 자본비용을 초과하는 경우 기업은 자본을 감소시킨다.
② 토빈 q의 값은 기업의 실물자본의 대체비용(replacement cost)을 주식시장에서 평가된 기업의 시장가치로 나누어서 계산한다.
③ 토빈 q 이론은 이자율의 변화가 주요 투자요인이라고 설명한다.
④ 토빈은 q가 1보다 크면 기업이 투자를 확대한다고 주장한다.

해설▶ ① 자본스톡조정모형(신고전학파 투자이론)
- ▶ 자본고용 이윤극대화 조건 : 자본의 한계생산성(MP_K)=자본비용(자본의 실질임대료. $r-\pi+\delta$)
- ▶ 자본의 한계생산성(MP_K) > 자본비용(자본의 실질임대료. $r-\pi+\delta$) 일 경우, 투자 순수익이 존재하므로 투자가 증가하여 자본 증가

② 토빈의 q는 주식시장에서 평가된 기업의 시장가치(주가총액)를 기업보유 자본의 시장가치(실물자본 대체비용)로 나눈 값
③ 토빈의 q 이론에 따르면 자본의 순한계생산성($MP_K-\delta$)과 실질이자율($r-\pi$)에 따라 결정
④ 토빈의 q가 1보다 클 때 투자

보충▶ • 토빈의 q 이론
- ▶ 토빈의 $q = \dfrac{MP_K-\delta}{r-\pi}$ $\begin{bmatrix} \text{토빈의 } q>1 : \text{투자순수익}>0 \\ \text{토빈의 } q<1 : \text{투자순수익}<0 \end{bmatrix}$

  (단, $MP_K-\delta$: 감가상각을 고려한 자본의 한계생산성, $r-\pi$: 실질이자율)

- ▶ 투자수요함수 : $I^D = I(q)$ $(I'>0)$. 토빈의 q가 1보다 크며 증가할 때 투자 증가
- ▶ 토빈의 q의 경제적 의미 : $\dfrac{\text{증권시장에 평가한 기업가치(주가총액)}}{\text{생산물시장에서 평가한 기업보유 자본가치(자본재 대체비용)}}$

정답▶ ④

09 투자에 대한 설명으로 옳지 않은 것은? [9급 11]

① 경기변동에 따른 투자의 변동성이 소비의 변동성보다 크다.
② 경기가 활성화되어 기업의 목표생산량이 높아지면 투자가 증가한다.
③ 이자율이 상승하면 투자로 인한 미래기대수익의 현재가치가 감소한다.
④ 기업이 보유한 자본의 대체비용보다 기업발행 주식의 시가총액이 더 크다면 실물투자는 감소한다.

해설▶ ① 경기가 변동할 때 투자는 민감하게 반응하지만 소비는 안정적
② 자본스톡조정모형 : 기업의 목표생산량이 증가하면 투자 증가
③ 현재가치법 : 이자율이 상승하면 투자수익흐름의 현재가치 감소
④ 기업이 보유한 자본대체 비용보다 기업발행 주식 시가총액이 더 크면
토빈의 $q\left(=\dfrac{\text{기업발생 주식의 시가총액}}{\text{기업보유 자본의 대체비용}}\right)$ 가 1보다 커서 실물투자 증가

정답▶ ④

03

제3편 통화금융이론

제6장 통화공급과 통화정책
제7장 통화수요와 이자율 결정

제6장 통화공급과 통화정책

I. 화폐와 금융

1. 화폐의 기능과 역사

01 다음 화폐의 기능에 대한 설명이 옳게 짝지어진 것은? [9급 17]

> (가) 욕망의 상호일치(double coincidence of wants)를 위해 아까운 시간과 노력을 써야 할 필요가 없어진다.
> (나) 한 시점에서 다른 시점까지 구매력을 보관해 준다.

	(가)	(나)		(가)	(나)
①	교환의 매개수단	가치의 저장수단	②	교환의 매개수단	회계의 단위
③	가치의 저장수단	교환의 매개수단	④	가치의 저장수단	회계의 단위

해설 ▶ • 통화의 기능
(가) 교환의 매개수단. 서술 내용은 소득과 소비의 시점 불일치를 해소하기 위하여 통화를 보유한다는 의미
(나) 가치의 저장수단. 구매력(부. 자산) 보관을 의미   **정답** ▶ ①

02 국제통화제도에 대한 설명으로 옳지 않은 것은? [국가 10]

① 금본위제도는 전형적인 고정환율제도이다.
② 킹스턴체제에서는 회원국들이 독자적인 환율제도를 선택할 수 있는 재량권을 부여하고 있다.
③ 브레튼우드체제는 달러화를 기축통화로 하는 변동환율제도 도입을 골자로 한다.
④ 1985년 플라자협정의 결과로 달러화의 가치가 하락하였다.

해설 ▶ ① 금본위제도 하에서는 고정환율제도
② 킹스턴체제는 기본적으로는 변동환율제도이지만 각국이 독자적으로 환율을 관리하는 제도
③ 브레튼우드체제는 달러화를 기축통화로 하는 (조정 가능한) 고정환율제도
④ 1985년 플라자협정에 따라 달러가치 하락(엔화가치 상승 – 달러당 엔화 환율 하락)

보충
- 1차세계대전 이전(1870~1914) : 금본위(금태환)시대. 조정 불가능 고정환율제
  - 예) 1913년, 1달러당 금 0.053온스, 1파운드당 금 0.257온스
- 2차세계대전 이후 : IMF 브레튼우드체제(1944~1971) : 조정 가능한 고정환율제도.
  미 달러만 금 태환하고 나머지 통화는 달러화와 환율 고정
- 미 달러화 불태환 선언(1971)
  ▶ 스미스니언체제 : 미국의 달러화도 금태환되지 않으나 기축통화로 사용
  ▶ IMF 킹스턴체제(1976년 이후) : 관리변동환율제. 90년대 이후 자유변동환율제
- 플라자협정(1985)
  ▶ 전후, 일본의 경상수지 흑자 대규모 지속
  ▶ 이에 따라 미국 등 국제 압력에 의해 일본의 엔화가치 급격히 절상(달러당 엔화환율 인하)
  ▶ 이를 계기로 일본의 경상수지가 급격히 악화되어 소위 "잃어버린 20년" 시작

정답 ③

2. 통화지표

03 다음 중 광의의 통화(M_2)에 포함되는 항목을 모두 고른 것은?   [지방(원) 12]

| ㄱ. 현금통화 | ㄴ. 요구불예금 |
| ㄷ. MMDA(money market deposit account) | ㄹ. 양도성 예금증서(CD) |

① ㄱ, ㄴ, ㄷ   ② ㄱ, ㄷ, ㄹ   ③ ㄴ, ㄷ, ㄹ   ④ ㄱ, ㄴ, ㄷ, ㄹ

해설
- 협의의 통화(M_1) : M_1 = 현금통화(C) + 요구불예금 + 수시입출식 저축성예금
  (단, 현금통화 : 금융기관 이외의 경제주체가 보유하는 돈,
  지급준비금 : 금융기관이 보유하는 돈. 통화에 포함되지 않음)
  ▶ 통화의 지불수단으로서 가능을 중시한 통화지표. 현금통화와 예금취급기관의 결제성예금
  ▶ 결제성예금 : 수표발행 등을 통해 지급결제수단으로 사용되거나 즉각 현금으로 교환 가능한 예금.
  요구불예금(당좌예금, 보통예금 등), 시장금리부 수시입출식 저축성예금(MMDA),
  투자신탁회사의 단기금융펀드(MMF) 등
- 광의의 통화(M_2) : M_2 = M_1 (현금통화(C) + 요구불예금 + 수시입출식 저축성예금)
  + 저축성예금 + 거주자외화예금 + 양도성예금증서(CD) + 환매채(RP) 등
  = 현금통화(C) + 예금통화(D)
  ▶ 협의의 통화(M_1)에 대체성이 높은 금융상품을 더한 통화지표
  ▶ M_2 포함되는 금융상품(준통화) : 저축성예금, 거주자외화예금, 양도성예금증서(CD), 환매채(RP) 등
- 준(예금)통화 : M_2에 포함되는 금융상품. 요구불예금(M_1), 만기 2년 이상 장기저축성예금 및 각종 채권
  (국고채, 회사채 및 금융채 등)은 제외

정답 ④

04 어떤 사람이 자신의 거주자외화예금에서 1,000만원을 원화로 인출하여 500만원은 현금으로 보유하고 나머지 500만원은 정기예금으로 은행에 예금한다고 하자. 이 경우에 협의통화(M_1)와 광의통화(M_2)의 변화는?   [지방(하) 08]

① 협의통화는 500만원 증가하고 광의통화는 변화가 없다.
② 협의통화는 500만원 증가하고 광의통화도 500만원 증가한다.
③ 협의통화와 광의통화 모두 변화가 없다.
④ 협의통화는 변화가 없고 광의통화는 500만원 증가한다.

해설 ● 문제에서,

| 거주자외화예금 1,000만원 감소 (M_2 감소) | ⇒ | 현금보유 500만원 증가 (M_1, M_2 증가)
정기예금 500만원 증가 (M_2 증가) | ∴) M_1 증가, M_2 불변 |

정답 ①

05 다음 중 총통화에 포함되지 않는 것은?   [국가 06]

① 민간이 소지한 한국은행권
② 민간이 예치한 요구불예금
③ 민간은행이 보유한 한국은행권
④ 민간이 예치한 정기예금

해설 ● 통화(M_2) : 현금통화 + 예금통화(요구불예금, 저축성예금, 거주자외회예금, 양도성예금증서, 환매채 등)
③ 민간은행이 보유한 한국은행권은 지급준비금이며 통화에 포함되지 않음.

정답 ③

II. 화폐의 공급

1. 중앙은행의 본원통화공급

06 다음 중 본원통화량이 증가하는 경우는?

① 중앙은행의 국채매각
② 재정흑자를 통한 정부예금의 증가
③ 외국인 주식투자 자금유출
④ 민간은행의 중앙은행차입

해설 ① 중앙은행 국채매각 : 본원통화 감소
② 정부예금 증가 : 본원통화 감소 ■ 재정적자시, 중앙은행이 정부에 대출하면 본원통화 증가
③ 주식투자자금 유출 : 자본수지악화, 외환매각. 본원통화 감소
④ 중앙은행의 민간은행에 대한 대출 : 본원통화 증가

정답 ④

보충 본원통화 : 중앙은행 창구를 통해 시중에 나온 통화

- 본원통화 공급경로

  ▶ 정부에 대한 대출
  ▶ 금융기관에 대한 대출(어음재할인율 인하)
  ▶ 중앙은행 기타 자산 증가(공개시장에서 국고채 매입)
  ▶ 국제수지 흑자 : 경상수지 개선(흑자) - 수출 증가, 수입 감소
  　　　　　　　　자본수지 개선(흑자) - 자본유입 증가, 자본유출 감소

  　　　　　■ 자본유출입 경로 : 직접투자, 증권투자, 기타투자(차입, 상환)

- 본원통화 존재(보유) 형태 : 현금과 지급준비금

  ▶ 금융기관 이외의 경제주체 보유 : 현금통화
  ▶ 금융기관 보유 : 지급준비금(법정지급준비금 + 초과지급준비금)

  　　　　　■ 금융기관 시재금 = 지급준비금 - 중앙은행 예치금

  ▶ 중앙은행 보유 : 중앙은행 예치금(법정지급준비금의 일부)

  　　　　　■ 화폐발행액 = 본원통화량 - 중앙은행 예치금

07 철수는 장롱 안에서 현금 100만원을 발견하고 이를 A 은행의 보통예금 계좌에 입금하였다. 이로 인한 본원통화와 협의통화(M_1)의 즉각적인 변화는? [서울 17]

① 본원통화는 100만원 증가하고, 협의통화는 100만원 증가한다.
② 본원통화는 100만원 감소하고, 협의통화는 100만원 감소한다.
③ 본원통화는 변화가 없고, 협의통화는 100만원 증가한다.
④ 본원통화와 협의통화 모두 변화가 없다.

해설 ▶ 본원통화는 현금과 지급준비금을 더한 것이며, 현금과 보통예금은 모두 협의 통화(M_1)
따라서 본원통화와 협의통화(M_1) 모두 불변   **정답** ▶ ④

08 다음 중 본원통화에 포함되는 것이 아닌 것은?

① 민간의 요구불예금   ② 지급준비예치금
③ 은행시재금   ④ 민간보유현금

해설 ▶ 본원통화 : 민간보유현금+지급준비금(은행시재금+중앙은행 지급준비예치금)   **정답** ▶ ①

2. 예금통화

09 법정지불준비율이 0.2이고, 은행시스템 전체의 지불준비금은 300만원이다. 은행시스템 전체로 볼 때 요구불예금의 크기는? (단, 초과지불준비금은 없고, 현금통화비율은 0이다.) [노무 16]

① 1,000만원   ② 1,200만원   ③ 1,500만원
④ 2,000만원   ⑤ 2,500만원

해설 ▶ • 요구불예금×법정지불준비율 = 지불준비금 ⇒ 요구불예금 = 지불준비금(300)÷법정지불준비율(0.2)
= 1,500만원   **정답** ▶ ③

10 갑을은행이 300억원의 예금과 255억원의 대출을 가지고 있다. 만약 지불준비율이 10%라면, 동 은행의 초과지불준비금은 얼마인가? [서울 14]

① 35억원   ② 30억원   ③ 25.5억원
④ 19.5억원   ⑤ 15억원

해설 ▶ • 문제에서,
  ▶ 법정 지불준비금 = 예금(300억원) × (법정)지불준비율(10%) = 30억원
  ▶ 실제 지불준비금 = 예금(300억원) − 대출금(255억원) = 45억원
    ∴) 초과지불준비금 = 실제 지불준비금(45억원) − 법정 지불준비금(30억원) = 15억원

정답 ▶ ⑤

11 A은행의 지급준비 부과대상 예금이 20조원, 실제 지급준비금(actual rexerves)이 5조원, 초과 지급준비금(excess reserves)이 1조원이라면 A은행의 법정지급준비율은? [지방(원) 12]

① 15%   ② $16\frac{2}{3}$%   ③ 20%   ④ 25%

해설 ▶ • 문제에서,
  ▶ 법정지급준비금 = 실제 지급준비금(5조원) − 초과지급준비금(1조원) = 4조원
  ▶ 법정지급준비율 = 법정지급준비금(4조원) / 예금(20조원) = 0.2

정답 ▶ ③

3. 통화공급함수

12 통화량 증가의 요인이 아닌 것은? [노무 22]

① 본원통화량 증가   ② 은행의 지급준비율 인하
③ 통화승수 증가   ④ 은행의 초과지급준비금 감소
⑤ 중앙은행의 재할인율 인상 ⑥ 중앙은행의 외환매입

해설 ▶ ① 본원통화량 증가 ⇒ 통화공급 증가
② 은행의 지급준비율 인하 ⇒ 통화승수 증가 : 통화공급 증가
③ 통화승수 증가 : 통화공급 증가
④ 은행의 초과지급준비금 감소 ⇒ 지급준비율 감소 : 통화공급 증가
⑤ 중앙은행의 재할인율 인상 ⇒ 본원통화 감소 : 통화공급 감소
⑥ 중앙은행의 외환매입 ⇒ 본원통화 증가 : 통화공급 증가 (환율정책)

정답 ▶ ⑤

보충 • 통화공급함수

▶ $D^G = \frac{1}{z} \cdot S$ (단, S : 본원통화, z : 지급준비율(법정지준율 + 초과지준율. R/D), $\frac{1}{z}$: 신용승수)

▶ $M^S = \frac{1}{c + z(1-c)} \cdot H$ (단, C : 현금통화, M : 통화량, R : 지급준비금, D : 예금통화,

c : 현금통화비율(C/M), z : 지급준비율(R/D),

$\frac{1}{c + z(1-c)}$: 통화승수, H : 본원통화)

▶ $M^S = \frac{k+1}{k+z} \cdot H$ (단, k : 현금예금비율(C/D), z : 지급준비율(R/D),

$\frac{1}{k+z}$: 통화승수, H : 본원통화)

• 통화공급량 변화

▶ 현금통화비율(c), 현금예금비율(k), 지급준비율(z) 인하 ⇒ 통화승수 증가
▶ 정부대출 증가 : (재정적자)
▶ 은행대출 증가 : 어음재할인율 인하 ⇒ 본원통화 증가 ⇒ 통화공급 증가
▶ 국제수지 흑자 : 경상수지 개선, 자본수지 개선
▶ 기타자산 매입 : 통화안정증권 매입

13 다른 조건이 일정할 때, 통화승수의 증가를 가져오는 요인으로 옳은 것을 모두 고른 것은?

[노무 15]

> ㄱ. 법정지급준비금 증가   ㄴ. 초과지급준비율 증가   ㄷ. 현금통화비율 하락

① ㄱ   ② ㄴ   ③ ㄷ
④ ㄱ, ㄴ   ⑤ ㄴ, ㄷ

해설 • 문제에서,

ㄱ. 법정지급준비금 증가하는 것은 법정지급준비율이 높아지거나 총예금액이 증가할 경우임.
   이때 법정지급준비율이 높아질 경우는 통화승수 감소. 예금액이 증가할 경우는 통화승수와 관계없음
ㄴ. (초과)지급준비율이 증가하면 통화승수 감소
ㄷ. 현금통화비율이 하락하면 통화승수 증가

정답 ③

14 본원통화 및 통화량에 관한 설명으로 옳은 것을 모두 고른 것은? [노무 14]

> ㄱ. 본원통화가 증가할수록 통화량은 증가한다.
> ㄴ. 지급준비율이 높을수록 통화승수는 증가한다.
> ㄷ. 본원통화는 민간보유현금과 은행의 지급준비금을 합한 것이다.
> ㄹ. 중앙은행이 민간은행에 대출을 하는 경우 본원통화가 증가한다.

① ㄱ, ㄴ   ② ㄱ, ㄹ   ③ ㄴ, ㄷ
④ ㄱ, ㄷ, ㄹ   ⑤ ㄴ, ㄷ, ㄹ

해설 ㄱ. 본원통화가 증가하면 통화승수배 만큼 통화(공급)량 증가
ㄴ. 지급준비율이 높을수록 통화승수 감소
ㄷ. 본원통화는 민간보유현금과 은행의 지급준비금을 합한 액수
ㄹ. 중앙은행이 민간은행에 대출(어음재할인)을 하는 경우 본원통화 증가

정답 ④

15 중앙은행이 통화정책을 통해 경기를 활성화하고자 한다. 중앙은행의 통화량 확대를 위한 정책에 대한 설명으로 옳지 않은 것은? [9급 18]

① 재할인율을 인하한다.
② 시중은행으로부터 국공채를 매입한다.
③ 지급준비율 정책은 통화승수에, 공개시장 조작은 본원통화 규모에 영향을 미친다.
④ 지급준비율 인하에 따른 통화량 확대 효과는 개인과 기업이 더 많은 현금을 보유하고자 할수록 더 커진다.

해설 ④ 개인과 기업이 더 많은 현금을 보유하고자 할수록(현금통화비율, 현금예금비율 증가) 통화승수가 작아져서 통화량 확대 효과 감소

정답 ④

16 통화공급에 대한 설명으로 옳은 것은? [9급 12]

① 은행이 보유하고 있는 지급준비금은 예금의 일부분이다.
② 본원통화에는 은행이 보유하고 있는 지급준비금은 포함되지만 민간이 보유하고 있는 현금은 포함되지 않는다.
③ 중앙은행이 채권을 매입할 경우 통화공급은 감소한다.
④ 재할인율을 인상하면 통화공급이 증가한다.

해설 ② 본원통화는 민간보유 현금과 은행보유 지급준비금의 합
③ 중앙은행이 공개시장에서 국고채(통화안정 증권)를 매입할 경우, 본원통화가 증가하여 통화공급 증가
④ 재할인율이 인상되면 은행대출이 감소하여 본원통화가 감소하므로 통화공급 감소

정답 ①

17 A국에서 중앙은행이 최초로 100 단위의 본원통화를 공급하였다. 민간현금보유비율이 0.1이고, 은행의 지급준비율이 0.2일 때, A국의 통화량은? (단, 소수점 첫째 자리에서 반올림하여 정수 단위까지 구한다.) [노무 17]

① 333   ② 357   ③ 500
④ 833   ⑤ 1,000

해설 • 통화공급함수

▶ $M^S = \dfrac{1}{c+z(1-c)} \cdot H$ (단, C: 현금통화, M: 통화량, R: 지급준비금, D: 예금통화,

c: 현금통화비율(C/M), z: 지급준비율(R/D),

$\dfrac{1}{c+z(1-c)}$: 통화승수, H: 본원통화)

▶ $M^S = \dfrac{k+1}{k+z} \cdot H$ (단, k: 현금예금비율(C/D), z: 지급준비율(R/D),

$\dfrac{1}{k+z}$: 통화승수, H: 본원통화)

• 문제에서, $M^S = \dfrac{1}{c+z(1-c)} \cdot H = \dfrac{1}{0.1+0.2(1-0.1)} \cdot 100 = 357$

(단, 통화승수: $\dfrac{1}{c+z(1-c)} = \dfrac{1}{0.1+0.2(1-0.1)} = 3.57$)

정답 ②

18 A국 시중은행의 지급준비율이 0.2이며 본원통화는 100억 달러이다. A국의 통화승수와 통화량은 얼마인가? (단, 현금통화비율은 0이다.)

[지방 17]

	통화승수	통화량		통화승수	통화량
①	0.2	500억 달러	②	5	500억 달러
③	0.2	100억 달러	④	5	100억 달러

해설▶ • 문제에서, $M^S = \dfrac{1}{c+z(1-c)} \cdot H = \dfrac{1}{0+0.2(1-0)} \cdot 100 = \dfrac{1}{0.2} \cdot 100 = 500$

∴) 통화승수 $\dfrac{1}{c+z(1-c)} = 5$, 통화량 $M^S = 500$ (억)

정답▶ ②

---

19 지급준비율(reserve-deposit ratio)은 0.1, 현금예금비율(currency-deposit ratio)은 0.2일 때의 통화승수는?

[국가 15]

① 2   ② 3   ③ 4   ④ 5

해설▶ • 문제에서, 지급준비율(z) = 0.1, 현금예금비율(k) = 0.2

통화승수 $= \dfrac{k+1}{k+z} = \dfrac{0.2+1}{0.2+0.1} = 4$

정답▶ ③

---

20 중앙은행이 정한 법정지급준비율이 12%이고, 시중은행의 초과지급준비율이 3%이다. 또한 민간은 통화의 일부를 현금으로 보유하며, 그 비율은 일정하다. 만약 중앙은행이 60억원 상당의 공채를 매입한다면, 시중의 통화량은 얼마나 증가하겠는가?

[국회 15]

① 60억원
③ 500억원
⑤ 400억원 초과 500억원 미만
② 400억원
④ 60억원 초과 400억원 미만

해설▶ • 문제의 통화공급함수 : 현금통화비율이 제시되어 있지 않음

▶ 현금통화비율(c) 0일 경우 : $M^S = \dfrac{1}{c+z(1-c)} \cdot H = \dfrac{1}{z} \cdot H$ (단, $\dfrac{1}{z}$: 통화승수)

$\triangle M^S = \dfrac{1}{0.15} \cdot 60 = 400$. 통화량 400 증가

▶ 현금통화비율(c) 1일 경우 : $M^S = \dfrac{1}{c+z(1-c)} \cdot H = \dfrac{1}{1+z(1-1)} \cdot H = 1 \cdot H$ (단, 통화승수 1)

$\triangle M^S = 1 \cdot 60 = 60$. 통화량 60 증가

▶ 현금통화비율(c)에 따라 통화량은 60억 ~ 400억 사이 값만큼 증가

정답▶ ④

제6장 통화공급과 통화정책

21 A국의 모든 은행들은 법정지급준비금 외에 추가로 지급준비금을 마련하지 않고, 국민들은 돈이 생기면 모두 은행에 예금한다. 법정지급준비율이 5%인 A국의 중앙은행이 통화량을 200억 달러 증가시키기 위한 방법으로 옳은 것은? [9급 14]

① 국채를 10억 달러어치 판다.
② 국채를 10억 달러어치 산다.
③ 국채를 40억 달러어치 판다.
④ 국채를 40억 달러어치 산다.

해설 ▶ • 문제의 통화공급함수 : $M^S = \dfrac{1}{z} \cdot H$ (문제에는 현금통화비율이 없음)

▶ $M^S = \dfrac{1}{z} \cdot H = \dfrac{1}{0.05} \cdot H = 20 \cdot H$

▶ $\triangle M^S = 20 \cdot H = 200(억)$ ∴) $H = 10$

▶ 국채를 10억 달러 매입하면 본원통화(H)가 10억 달러 증가

정답 ▶ ②

Ⅲ 통화정책

1. 통화정책

22 중앙은행의 통화금융정책의 대표적인 세 가지 수단에 대한 설명 중 옳지 않은 것은? [(고)행 04]

① 공개시장조작정책은 중앙은행이 금융시장에서 채권의 매매를 통하여 본원통화를 직접 변화시키는 방법이다.
② 재할인율의 변화는 금융기관이 중앙은행으로부터 대출을 받을 때 재할인대출의 양에 영향을 줌으로써 본원통화를 변동시키게 된다.
③ 지급준비율의 변화는 통화승수를 변화시킴으로써 통화량을 변동시키는데, 단기적인 정책수단으로는 잘 이용되지 않는다.
④ 재할인율정책은 유동성부족을 겪는 금융기관에 대한 중앙은행의 최종대부자기능과 밀접한 관련이 있다.
⑤ 공개시장매입은 통화량을 감소시키고 공개시장매도는 통화량을 증가시킨다.

해설 ▶ ①, ⑤ 공개시장조작(open market operation) : 공개시장(증권시장)에서 국공채를 매입·매각하여 통화량 조절
국고채 매입(매각) → 본원통화 증가(감소) → 통화량 증가(감소)
②, ④ 재할인율정책 : 예금은행에 대한 어음할인(대출)시, 재할인율 조절
재할인율 인하(인상) → 은행대출 증가(감소) → 본원통화 증가(감소) → 통화량 증가(감소)
③ 지급준비율정책 : 법정지급준비율 변경을 통해 예금은행의 신용창조 조정
지불준비율 인하(인상) → 통화승수 증가(감소) → 통화량 증가(감소)

정답 ▶ ⑤

23 중앙은행이 통화량을 증가시키고자 한다. ( )에 들어갈 내용을 순서대로 나열한 것은?

[노무 19]

- 공개시장조작을 통하여 국채를 ( )한다.
- 법정지급준비율을 ( )한다.
- 재할인율을 ( )한다.

① 매입 - 인하 - 인하
② 매입 - 인하 - 인상
③ 매입 - 인상 - 인하
④ 매각 - 인상 - 인상
⑤ 매각 - 인상 - 인하

해설 • 확대 통화정책

▶ 국채를 (매입)하면 본원통화가 증가하여 통화량 증가
▶ 법정지급준비율을 (인하)하면 통화승수가 증가하여 통화량 증가
▶ 재할인율을 (인하)하면 본원통화가 증가하여 통화량 증가

정답 ▶ ①

24 통화량 공급을 늘리기 위한 중앙은행의 공개시장조작(open market operation) 정책으로 옳은 것은?

[국가 15]

① 정부채권을 매입한다.
② 재할인율을 인하한다.
③ 중앙은행의 지급준비율을 인하한다.
④ 시중 민간은행 대출한도 확대를 유도한다.

해설 • 공개시장조작 : 중앙은행이 공개시장(증권시장)에서 국고채(정부채권)를 매입·매각하여 통화량을 조정

▶ 공개시장 국고채 매입 ⇒ 본원통화 증가 ⇒ (통화승수배만큼) 통화량 증가
▶ 공개시장 국고채 매각 ⇒ 본원통화 감소 ⇒ (통화승수배만큼) 통화량 감소

정답 ▶ ①

25 중앙은행이 국공채를 매입하는 공개시장조작 정책을 수행하기로 결정하였다. 이 정책이 통화량, 국공채 가격 및 국공채 수익률에 미치는 영향으로 가장 옳은 것은?

[서울 18(2회)]

① 통화량 증가, 국공채 가격 상승, 국공채 수익률 상승
② 통화량 증가, 국공채 가격 상승, 국공채 수익률 하락
③ 통화량 증가, 국공채 가격 하락, 국공채 수익률 상승
④ 통화량 감소, 국공채 가격 상승, 국공채 수익률 상승

해설 • 공개시장조작 정책 : 국공채 매입

▶ 중앙은행이 국공채를 매입하면 통화량이 증가하고, 국공채 수요가 증가하여 국공채 가격 상승
▶ 국공채 가격이 상승하면 이자율(국공채 수익률) 하락

정답 ▶ ②

26 통화 공급을 확대시키는 정책으로 옳지 않은 것은? [9급 13]

① 법정지급준비율 인하
② 재할인율 인하
③ 공개시장에서 중앙은행의 국채 매입
④ 은행 여신 한도 축소

해설
① 법정지급준비율이 인하되면 통화승수가 증가하여 통화공급 증가
② 재할인율이 인하되면 본원통화가 증가하여 통화공급 증가
③ 중앙은행이 국채를 매입하면 본원통화가 증가하여 통화공급 증가
④ 중앙은행이 은행의 여신 한도를 축소하면 은행 대출이 감소하여 통화공급 감소

정답 ④

27 중앙은행의 통화량 조절 정책수단에 대한 설명으로 옳지 않은 것은? [지방 14]

① 중앙은행이 민간으로부터 국채를 매입할 경우 통화공급은 증가한다.
② 법정지급준비율을 변경하여 통화량을 조절하는 것은 중앙은행이 가장 자주 사용하는 수단이다.
③ 민간은행들은 법정지급준비율 이상의 준비금을 보유할 수 있다.
④ 민간은행들이 중앙은행으로부터 적게 차입할수록 통화공급은 감소한다.

해설
① 중앙은행이 민간으로부터 국채를 매입하면 본원통화가 증가하여 통화공급 증가
② 법정지급준비율을 인하하면 통화승수가 증가하여 통화공급 증가.
 법정지급준비율은 은행의 건전성과 직접 연관된 변수이므로 쉽게 많이 조절할 수 없음.
 우리나라는 공개시장조작(국고채 매입·매각) 정책을 가장 많이 사용
③ 민간은행은 초과지급준비금을 보유하는 것이 일반적
④ 민간은행의 중앙은행 차입이 감소할 경우 본원통화가 감소하여 통화공급 감소

정답 ②

28 통화승수에 관한 설명으로 옳지 않은 것은? [노무 18]

① 통화승수는 법정지급준비율을 낮추면 커진다.
② 통화승수는 이자율 상승으로 요구불예금이 증가하면 작아진다.
③ 통화승수는 대출을 받은 개인과 기업들이 더 많은 현금을 보유할수록 작아진다.
④ 통화승수는 은행들이 지급준비금을 더 많이 보유할수록 작아진다.
⑤ 화폐공급에 내생성이 없다면 화폐공급곡선은 수직선의 모양을 갖는다.

해설 ① 법정지급준비율을 낮추면 통화승수 증가
② 요구불예금이 증가(현금예금비율 감소, 현금통화비율 감소)하면 통화승수 증가
③ 개인과 기업들이 더 많은 현금을 보유(현금예금비율 감소)할수록 통화승수 증가
④ 은행들이 지급준비금을 더 많이 보유(지급준비율 증가)할수록 통화승수 감소
⑤ 화폐공급에 내생성이 없으면 화폐공급이 이자율과 관계없이 결정되므로 화폐공급곡선은 수직선

정답 ②

29 중앙은행의 화폐공급에 관한 설명으로 옳은 것은? [노무 20]

① 예금창조기능은 중앙은행의 독점적 기능이다.
② 본원통화는 현금과 은행의 예금을 합친 것이다.
③ 중앙은행이 민간에 국채를 매각하면 통화량이 증가한다.
④ 중앙은행이 재할인율을 인하한다고 발표하면 기업은 경기과열을 억제하겠다는 신호로 받아들인다.
⑤ 법정지급준비율은 통화승수에 영향을 미친다.

해설 ① 예금창조기능은 일반 시중은행, 본원통화 창조기능은 중앙은행
② 본원통화 = 민간보유 현금 + 은행의 지급준비금
③ 중앙은행이 민간에 국채를 매각하면 본원통화가 감소하여 통화량 감소
④ 중앙은행이 재할인율을 인하하면 통화승수가 증가하여 통화량 증가.
따라서 재할인율 인하 발표는 경기침체를 막기 위한 신호
⑤ 법정지급준비율이 인하(인상)되면 통화승수가 증가(감소)하여 통화량 증가(감소)

정답 ⑤

제7장 통화수요와 이자율 결정

Economics
거/시/및/국/제/경/제/학

I 화폐수요함수

1. 고전학파의 화폐수요함수 : 화폐수량설

(1) 교환방정식(equation of exchange)

01 다음의 교환방정식에 대한 설명으로 옳지 않은 것은? [국가 16]

$$MV = PY$$
(단, M은 통화량, V는 화폐의 유통속도, P는 물가, Y는 실질 GDP이다.)

① 통화량이 증가하면, 물가나 실질 GDP가 증가하거나 화폐유통속도가 하락해야 한다.
② V와 Y가 일정하다는 가정을 추가하면 화폐수량설이 도출된다.
③ V와 M이 일정할 때, 실질 GDP가 커지면 물가가 상승해야 한다.
④ V와 Y가 일정할 때, 인플레이션율과 통화증가율은 비례 관계에 있다.

[해설] • 피셔의 교환방정식

▶ 교환방정식 : $MV \equiv PY$ (단, MV : 통화유통액. M : 통화량, V : 유통속도
PY : 실물거래액, 명목GDP. P : 물가, Y : 실질GDP)

▶ 경제적 의미 : 통화유통액(MV)과 실물거래액(PY, 명목국민소득(GDP))은 항상 동일

▶ 방정식으로부터, $\dot{M} + \dot{V} = \dot{P} + \dot{Y}$ (단, • : 변화율)

• 문제에서,

① $MV \equiv PY$에서, 통화량(M) 증가할 때 : 유통속도(V)가 불변이면 물가(P)나 실질 GDP(Y) 증가
물가(P)나 실질 GDP(Y)가 불변이면, 유통속도(P) 감소
② 고전학파 화폐수량설 : 유통소득(V) 일정, 실질GDP(Y)는 완전고용 수준에서 불변
③ 실질GDP(Y)가 증가할 때 유통속도(V)와 통화량(M)이 변하지 않으면 물가(P) 하락
④ 유통속도(V)와 실질 GDP(Y)가 일정하면, 인플레이션율과 통화증가율은 정비례

정답 ▶ ③

02 화폐수량설에 따르면, 화폐수량방정식은 $M \cdot V = P \cdot Y$ 와 같다. 이에 대한 설명으로 옳은 것은? (단, M은 통화량, V는 화폐유통속도, P는 산출물의 가격, Y는 산출량이다.) [지방 16]

① 화폐유통속도(V)는 오랜 기간에 걸쳐 일반적으로 불안정적이라고 전제하고 있다.
② 중앙은행이 통화량(M)을 증대시키면, 산출량의 명목가치($P \cdot Y$)는 통화량과는 독립적으로 변화한다.
③ 산출량(Y)은 통화량(M)이 아니라, 생산요소의 공급량과 생산기술에 의해 결정된다.
④ 중앙은행이 통화량(M)을 급격히 감소시키면, 인플레이션이 발생한다.

해설 ▶ ● 고전학파의 화폐수량설

▶ 산출량은 요소부존량, 기술수준 등 총공급 측면에 의해서 결정
▶ 통화유통속도는 상수(안정적)

① 화폐유통속도(V)는 안정적
② 통화량(M)이 증가하면 산출량의 명목가치($P \cdot Y$)가 정비례 증가
③ 산출량(Y)은 총공급 측면에 의해 결정
④ 화폐유통속도(V)와 산출량(Y)이 주어져 있을 때 통화량(M)이 감소하면 물가하락(디플레이션)

정답 ▶ ③

03 화폐수량방정식은 $M \times V = P \times Y$ 이다(M은 통화량, V는 화폐유통속도, P는 산출물의 가격, Y는 산출량이고, 화폐유통속도는 일정함). 甲국의 화폐유통속도가 乙국의 화폐유통속도보다 크고 양국의 중앙은행이 각각 통화량을 5% 증가시켰다. 이때 화폐수량설에 따른 추론으로 옳은 것은? (단, 甲국과 乙국에서 화폐수량설이 독립적으로 성립함) [노무 13]

① 물가상승률은 甲국이 乙국보다 높다.
② 물가상승률은 乙국이 甲국보다 높다.
③ 산출량증가율은 甲국이 乙국보다 높다.
④ 산출량증가율은 乙국이 甲국보다 높다.
⑤ 甲국과 乙국의 명목산출량은 각각 5% 증가한다.

해설 ▶ ●교환방정식: $MV = PY \Rightarrow \dot{M} + \dot{V} = \dot{PY}$ (단, $\cdot$: 변화율)

$$\Rightarrow \dot{M} + \dot{V} = \dot{P} + \dot{Y}$$

● 문제에서, 두 나라 모두 통화량만 5% 증가하고 유통속도는 변화하지 않고 있음.

▶ 따라서 화폐유통속도 변화율 $\left(\dot{V}\right) = 0$ ∴ $\dot{M} = \dot{PY} = 5\%$
▶ 유통속도의 변화율에 따라 물가상승률과 산출량 증가율이 결정되므로 두 나라 유통속도의 크기 자체는 문제가 되지 않음

정답 ▶ ⑤

04 통화함수 $\dfrac{M}{P} = 0.4\left(\dfrac{Y}{i^{1/2}}\right)$ 이다. 화폐수량방정식을 이용하여 명목이자율(i)이 4일 때, 화폐의 유통속도는 (단, Y는 균형소득, M은 통화량, P는 물가이다.) [노무 23]

① 2 ② 4 ③ 5
④ 6 ⑤ 8

해설 ▶ • 피셔의 교환방정식: $MV = PY \Rightarrow \dfrac{M}{P} = \dfrac{Y}{V}$

• 문제에서, $\dfrac{M}{P} = \dfrac{Y}{V} \Rightarrow \Rightarrow \dfrac{M}{P} = 0.4\left(\dfrac{Y}{2}\right) = 0.2Y = \dfrac{Y}{5}$ ∴) $V = 5$

정답 ▶ ③

05 A국의 경제에서 화폐유통속도가 일정하고 실질 GDP가 매년 3% 증가한다. 수량방정식(quantity equation)이 성립한다고 가정할 때 옳지 않은 것은? [지방 11]

① 통화량을 3% 증가시키면 물가는 현재 수준으로 유지된다.
② 통화량을 현재 수준으로 고정시킨다면 물가는 3% 하락하게 된다.
③ 통화량을 현재 수준으로 고정시킨다면 명목 GDP 증가율은 3%가 될 것이다.
④ 통화량을 6% 증가시키면 명목 GDP 증가율은 실질 GDP 증가율의 2배가 된다.

해설 ▶ • 교환방정식: $MV = PY \Rightarrow \dot{M} + \dot{V} = \dot{P} + \dot{Y}$ (단, · : 변화율)

• 문제에서, $\dot{M} + \dot{V}(0) = \dot{P} + \dot{Y}(3\%)$

① $\dot{M}(3\%) + \dot{V}(0) = \dot{P} + \dot{Y}(3\%)$ ∴) $\dot{P} = 0$
② $\dot{M}(0) + \dot{V}(0) = \dot{P} + \dot{Y}(3\%)$ ∴) $\dot{P} = -3\%$
③ $\dot{M}(0) + \dot{V}(0) = \dot{P}(-3\%) + \dot{Y}(3\%)$ ∴) 명목 GDP(PY) 증가율
  = 물가상승률(-3%) + 실질 GDP(Y) 증가율(3%) = 0
④ $\dot{M}(6\%) + \dot{V}(0) = \dot{P} + \dot{Y}(3\%)$ ∴) $\dot{P} = 3\%$
  실질 GDP(Y) 증가율 = 3%,
  명목 GDP(PY) 증가율 = 물가상승률(3%) + 실질 GDP(Y) 증가율(3%) = 6%

정답 ▶ ③

06 한 국가의 명목 GDP는 1,650조원이고, 통화량은 2,500조원이라고 하자. 이 국가의 물가수준은 2% 상승하고, 실질 GDP는 3% 증가할 경우에 적정 통화공급 증가율은 얼마인가? (단, 유통속도 변화 $\triangle V = 0.0033$ 이다.) [국회 18]

① 2.5% ② 3.0% ③ 3.5%
④ 4.0% ⑤ 4.5%

해설 ▶
- 교환방정식: $MV = PY \Rightarrow \dot{M} + \dot{V} = \dot{P} + \dot{Y} \Rightarrow \dot{M} = \dot{P} + \dot{Y} - \dot{V}$ (단, • : 변화율)
- $MV = PY \Rightarrow V = \dfrac{PY}{M} = \dfrac{1,650}{2,500} = 0.64$
- 통화공급목표 설정: $\dot{M} = \dot{P} + \dot{Y} - \dot{V} \Rightarrow \dot{M} = 2 + 3 - 0.5 = 4.5\,(\%)$

(단, 유통속도(V) 변화율 $= \dfrac{0.0033}{0.64} \times 100 = 0.0052$)

정답 ▶ ⑤

---

07 2008년 한 해 A국의 화폐유통속도 증가율이 2%, 인플레이션율이 3%, 통화증가율이 6%이다. 화폐수량설이 성립할 때, 같은 해에 이 국가의 실질국민소득 증가율은? [노무 09]

① −1% ② 0% ③ 1%
④ 5% ⑤ 7%

해설 ▶
- 교환방정식: $MV = PY \Rightarrow \dot{M} + \dot{V} = \dot{P} + \dot{Y}$ (단, • : 변화율)

$\Rightarrow \dot{Y} = \dot{M} + \dot{V} - \dot{P}$

- 문제에서, 통화증가율 $\left(\dot{M}\right) = 6$, 유통속도 변화율 $\left(\dot{V}\right) = 2$, 물가상승률 $\left(\dot{P}\right) = 3$

$\therefore\ \dot{Y} = \dot{M}(6) + \dot{V}(2) - \dot{P}(3) = 5(\%)$

정답 ▶ ④

08 다음은 전통적 화폐수량설에 관한 문제이다. A국은 우유와 빵만을 생산하며 그 생산량과 가격은 아래 표와 같다. 2010년도의 통화량이 20억원이면 2011년도의 통화량은? (단, 통화의 유통속도는 2010년도와 2011년도에 동일하다.)

[국가 12]

연도	우유		빵	
	가격(원/병)	생산량(백만병)	가격(원/개)	생산량(백만 개)
2010년	250	40	200	10
2011년	300	40	400	15

① 20억원　　　　　　　　　　② 25억원
③ 30억원　　　　　　　　　　④ 35억원

해설 ● 전통적 화폐수량설 : 교환방정식

$$MV = PY \quad (단, MV : 실물거래에 의한 화폐유통액. M: 통화량, V: 유통속도, PY: 실물거래액, P: 물가, Y: 생산물 거래량)$$

● 문제에서,
▶ 2010년 : $MV = PY = (250 \times 40) + (200 \times 10) = 12,000(억)$.
　통화량(M)이 20억이므로 유통속도(V)는 600
▶ 2011년 : $MV = PY = (300 \times 40) + (400 \times 15) = 18,000(억)$.
　유통속도(V)가 600이므로 통화량(M)이 30억

정답 ③

(2) 현금잔고방정식(cash balance equation, Cambridge 방정식)

09 다음은 마샬의 현금잔고방정식 $M^D = kPY$에서 k를 설명한 것이다. 옳지 않은 것은?

① 단기적으로 상수값을 가지며 변하지 않는다.
② 소득유통속도의 역수이다.
③ 장기적으로는 이자율의 감소함수이다.
④ 경제주체들의 화폐보유성향이다.

해설 ③ 현금잔고방정식에서 통화수요는 이자율과 관계없으므로 통화수요 이자율탄력도는 영(0) **정답** ③

보충 ● 마샬의 현금잔고방정식 : $M^D = kPY$
　　　　(단, k : 마샬의 k, 화폐보유성향, 소득유통속도(V)의 역수이며 상수, PY : 명목국민소득)
▶ k : 마샬의 k라고 하며, 통화보유성향을 의미. 소득유통속도(V)의 역수
▶ 고전학파의 화폐수량설에 따르면 마샬의 k는 상수값을 가짐. 따라서 소득유통속도도 상수

(3) 고전학파 화폐수량설과 화폐시장

10 A 국에서는 고전학파의 이론인 화폐수량설이 성립한다. 현재 A 국의 실질 GDP는 20,000, 물가수준은 30, 그리고 통화량은 600,000일 때, 옳지 않은 것은? [국가 17]

① A 국에서 화폐의 유통속도는 1이다.
② A 국 중앙은행이 통화량을 10% 증가시켰을 때, 물가는 10% 상승한다.
③ A 국 중앙은행이 통화량을 10% 증가시켰을 때, 명목 GDP는 10% 증가한다.
④ A 국 중앙은행이 통화량을 4% 증가시켰을 때, 실질 GDP는 4% 증가한다.

[해설] • 문제에서,

① A 국에서 화폐의 유통속도는 1이다.
② 통화시장 균형조건에 따르면, 통화량이 10% 증가하면 물가만 10% 상승. 실질국민소득(Y)은 불변
③ 통화량이 10% 증가할 때 물가가 10% 상승했으므로 명목국민소득(PY)도 10% 증가
④ 통화량이 4% 증가하면 물가와 명목국민소득만 4% 상승. 실질국민소득(Y)은 불변   **정답** ▶ ④

[보충] • 고전학파 화폐수량설

▶ 통화공급함수 : $M^S = \dfrac{1}{c+z(1-c)} \cdot H = M_0$

▶ 통화수요함수 : $M^D = kPY$

▶ 통화시장 균형조건 : $M^S = M^D \Rightarrow M_0 = kPY$

(단, k (통화보유성향) : 화폐수량설에 따르면 상수,
Y (국민소득) : 임금과 이자율의 완전신축적 조정에 따라 완전고용 수준 결정)

• 화폐중립성(고전학파의 2분법)

▶ 위 모형에 따르면, 통화시장의 역할은 통화량에 따라 물가만 결정(고전학파 2분법. 화폐중립성)
▶ 고용, 국민소득 등 실물변수는 실물시장(노동시장, 생산물시장 등)에서 결정.

11 "화폐는 중립적이다"라는 명제에 대한 설명으로 옳은 것은? [9급 17]

① 화폐공급량을 증가시키면 명목소득의 변화가 없다.
② 화폐공급량을 증가시키면 물가가 상승한다.
③ 화폐공급량을 증가시키면 실질소득의 변화가 생긴다.
④ 화폐공급량을 증가시켜도 실질소득과 명목소득 모두 변화가 없다.

[해설] ▶ 고전학파 : 화폐중립성. 통화량이 증가하면 물가만 상승   **정답** ▶ ②

12 고전학파의 이자율에 관한 내용으로 옳은 것은? [노무 17]

① 피셔효과로 인해 화폐의 중립성이 성립된다.
② $IS-LM$ 곡선에 의해 균형이자율이 결정된다.
③ 유동성선호가 이자율 결정에 중요한 역할을 한다.
④ 화폐부문과 실물부문의 연결 고리 역할을 한다.
⑤ 화폐시장에서 화폐에 대한 수요와 화폐의 공급에 의해 결정된다.

해설▶ ① 피셔의 교환방정식과 고전학파 화폐수량설에 따라 "고전학파의 통화중립성" 성립
　　　나머지는 케인즈(케인즈학파)의 이자율 관련 이론

정답▶ ①

13 고전적 화폐수량설이 의미하는 피셔의 교환방정식에 관한 설명 중 틀린 것은? [서울 03]

① 항등식이다.
② 물가수준은 화폐유통속도에 비례한다.
③ 화폐수요가 이자율이 민감하게 반응한다.
④ 물가는 거래량에 반비례한다.
⑤ 통화량이 증가하면 물가가 상승한다.

해설▶ ① 피셔의 교환방정식은 통화유통액과 (MV)과 실물거래액(PY)이 관계를 보여주는 항등식
　　　② 방정식에서 통화량(M)과 실질국민소득(Y)이 일정할 때 유통속도가 증가하면 물가 상승
　　　③ 통화수요는 이자율과 관계 없음. 따라서 통화수요의 이자율탄력도는 영(0)
　　　④ 방정식에서 통화량(M)과 유통속도(V)가 일정할 때 거래량(Y)이 증가하면 물가(P) 하락
　　　⑤ 고전학파모형에서, 통화량이 증가하면 물가만 정비례 상승

정답▶ ③

2. 케인즈의 통화수요함수 : 유동성선호설

(1) 유동성선호 동기

14 ㉠~㉢에 들어갈 말로 알맞은 것은? [지방 14]

> 케인즈는 화폐수요를 거래적 동기, 예비적 동기 그리고 투기적 동기로 분류하면서 거래적 동기 및 예비적 동기는 (㉠)에 의존하고, 투기적 동기는 (㉡)에 의존한다고 주장했다. 특히 (㉡)이 낮을 때 채권가격이 (㉢), 투자자의 채권 투자 의욕이 낮은 상황에서 투기적 동기에 따른 화폐 수요가 (㉣)고 하였다.

	㉠	㉡	㉢	㉣		㉠	㉡	㉢	㉣
①	소득	이자율	높고	작다	②	소득	이자율	높고	크다
③	이자율	소득	높고	크다	④	이자율	소득	낮고	작다

해설 "케인즈는 화폐수요를 거래적 동기, 예비적 동기 그리고 투기적 동기로 분류하면서 거래적 동기 및 예비적 동기는 (㉠ : 소득)에 의존하고, 투기적 동기는 (㉡ : 이자율)에 의존한다고 주장했다. 특히 (㉡ : 이자율)이 낮을 때 채권가격이 (㉢ : 높고), 투자자의 채권 투자 의욕이 낮은 상황에서 투기적 동기에 따른 화폐 수요가 (㉣ : 크다)고 하였다."

정답 ▶ ②

보충 ▶ 케인즈 유동성선호설

- 거래·예비적 통화수요함수 : 일상 거래와 예비 목적으로 통화보유
  - ▶ 명목 거래·예비적 통화수요함수 : $L_T = L(P, k, Y) = P \cdot L(k, Y) = PkY$
    (단, P : 물가, k : 통화보유성향, Y : 실질국민소득)
  - ▶ 실질 거래·예비적 통화수요함수 : $\dfrac{L_T}{P} = L(k, Y) = kY$

- 투기적 통화수요함수 : $L_S = L(r) = -hr$ (단, $L' < 0$. h : 상수, r : 이자율). 채권 투기 목적으로 보유
  - ▶ 이자율(채권수익률) 상승 : 채권가격 하락 ⇒ 채권 매입 ⇒ 투기적 통화수요량 감소
  - ▶ 이자율(채권수익률) 하락 : 채권가격 상승 ⇒ 채권 매각 ⇒ 투기적 통화수요량 증가
  - ▶ 이자율과 투기적 통화수요량은 역의 관계이므로 통화수요곡선은 우하향

- 통화수요함수
  - ▶ 명목통화수요함수 : $M^D = P \cdot L(k, Y, r) = \alpha + PkY - hr$
    (단, P : 물가, k : 통화보유성향, Y : 실질국민소득)
  - ▶ 실질통화수요함수 : $\dfrac{M^D}{P} = L(k, Y, r) = \alpha + kY - hr$

• 통화수요의 변화

▶ 국민소득 증가 ▶ 통화수요의 소득탄력도 증가 (통화보유성향(k) 증가) 　(단, 통화보유성향(k) 증가는 유통속도(V) 감소를 의미함)	명목 및 실질 거래적 통화 수요 증가 (통화수요곡선 우측이동)
▶ 물가 상승　　⇒　명목 거래·예비적 통화수요 증가(실질 거래·예비적 통화수요는 불변) ▶ 물가 상승 예상 ⇒　명목 거래·예비적 통화수요 증가	

15 다음 중 자산의 유동성(liquidity)을 가장 잘 설명하고 있는 것은?

① 자산가격의 변동성
② 자산의 현금화 용이성
③ 자산가격의 예측 가능성
④ 자산취득의 용이성

해설 ▶ 유동성 : 어떤 자산이 교환의 매개수단으로 사용될 수 있는 정도(자산의 현금화 가능성)　　**정답** ▶ ②

(2) 화폐수요함수

16 화폐수요에 대한 설명으로 옳은 것은?　　　　　　　　　　　　　　　　　　　[지방 15]

① 신용카드가 널리 보급되면 화폐수요가 감소한다.
② 경기가 좋아지면 화폐수요가 감소한다.
③ 이자율이 증가하면 화폐수요가 증가한다.
④ 경제 내의 불확실성이 커지면 화폐수요가 감소한다.

해설 ▶ ① 신용카드가 널리 보급되면 통화보유성향(k)이 감소하므로 화폐수요($M^D = kPY$) 감소
② 경기가 좋아지면 국민소득이 증가하여 화폐수요 증가
③ 이자율이 오르면 화폐수요량 감소(화폐수요곡선 상에서 좌상방 이동)
④ 경제 내의 불확실성이 커지면 통화보유성향(k)이 증가하여 화폐수요($M^D = kPY$) 증가　　**정답** ▶ ①

17 자산을 채권과 화폐만으로 보유할 때, 보몰-토빈(Baumol-Tobin) 화폐수요모형에 관한 설명으로 옳은 것은? (단, 채권을 화폐로 전환할 때마다 매번 b만큼의 고정비용이 발생한다.) [노무 24]

① b가 클수록 평균화폐보유액이 감소한다.
② 이자율이 높을수록 평균화폐보유액이 증가한다.
③ 소득수준이 높을수록 평균화폐보유액이 감소한다.
④ b가 클수록 전환횟수는 증가한다.
⑤ b가 클수록 1회당 전환금액은 증가한다.

해설 ▶ • 보몰-토빈 통화수요함수 : $M^D = P\sqrt{\dfrac{bY}{2r}}$

▶ 국민소득(Y) 증가
▶ 채권거래비용(b) 증가 : 전환 횟수(예금인출 횟수) 감소 ⇒ 거래적 통화수요(평균화폐보유액) 증가
(1회당 전환 금액 증가)
▶ 이자율(r) 하락

정답 ▶ ⑤

18 〈보기〉 중 화폐수요를 증가시키는 요인은? [서울 19(2회)]

<보 기>

ㄱ. 국민소득의 증가 ㄴ. 이자율의 상승
ㄷ. 물가수준의 상승 ㄹ. 기대물가상승률의 증가

① ㄱ
② ㄱ, ㄷ
③ ㄱ, ㄴ, ㄷ
④ ㄱ, ㄷ, ㄹ

해설 ▶ • 보기에서,

ㄱ. 국민소득이 증가하면 거래·예비적 통화수요 증가(수요곡선 우측이동)
ㄴ. 이자율이 상승하면 투기적동기 통화수요량 감소(통화수요곡선 상에서 좌상방 이동)
ㄷ. 물가가 증가하면 명목 거래·예비적 통화수요 증가(수요곡선 우측이동). 단, 실질 통화수요는 불변
ㄹ. 기대물가상승률이 증가하면 통화 실질가치가 감소할 것으로 예상되므로 통화수요 감소(수요곡선 좌측이동)

정답 ▶ ②

(3) 유동성함정(liquidity trap)

19 케인즈의 화폐수요 이론에 대한 설명으로 옳지 않은 것은? [국가 16]

① 개인은 수익성 자산에 투자하는 과정에서 일시적으로 화폐를 보유하기도 한다.
② 화폐수요의 이자율 탄력성이 0 이 되는 것을 유동성 함정이라고 한다.
③ 소득수준이 높아질수록 예비적 동기의 화폐수요는 증가한다.
④ 거래적 동기의 화폐수요는 소득수준과 관련이 있다.

해설 ① 개인이 수익성 자산(채권)에 투자하기 위해서 보유하는 화폐 : 케인즈의 투기적 동기 화폐수요
② 유동성함정 : 통화수요의 이자율 탄력성이 무한대가 되어 통화수요곡선이 수평선이 되는 상태
③, ④ 통화보유성향, 물가, 소득이 증가하면 거래적·예비적 동기 화폐수요 증가

정답 ② ②

보충 유동성함정

- 이자율이 최저수준(채권가격이 최고수준)에서 변화하지 않는 상태. 따라서 통화수요곡선은 최저이자율 수준에서 수평이며 통화수요의 이자율탄력도가 무한대
- 채권가격이 최고수준이므로 채권가격이 내릴 것으로 예상하여 채권을 전혀 구입하지 않고 모두 화폐로 보유
- 통화공급과 통화수요가 변화해도 이자율은 최저수준에서 변화하지 않음.
  ▶ 통화공급증가 : 채권을 구입하지 않으므로 투기목적의 화폐보유량만 증가
  ▶ 거래적·예비적 통화수요 증가 : 투기목적으로 보유하고 있던 화폐로 사용

II 이자율

1. 이자율 결정

20 통화공급은 외생적으로 결정되며, 실질화폐수요는 명목이자율의 감소함수이고 실질국민소득의 증가함수일 때, 화폐시장만의 균형에 관한 설명으로 옳은 것을 모두 고른 것은? [노무 24]

> ㄱ. 중앙은행이 통화량을 증가시키면 명목이자율은 하락한다.
> ㄴ. 물가수준이 상승하면 명목이자율은 하락한다.
> ㄷ. 실질국민소득이 증가하면 이자율은 상승한다.

① ㄱ ② ㄴ ③ ㄱ, ㄴ ④ ㄱ, ㄷ ⑤ ㄴ, ㄷ

해설 ㄱ. 중앙은행이 통화량을 증가시키면(실질통화공급 증가) 명목이자율 하락
ㄴ. 물가수준이 상승하면 실질통화공급이 감소하여 명목이자율 상승
ㄷ. 실질국민소득이 증가하면 실질통화수요가 증가하여 이자율 상승

정답 ④

21 중앙은행이 화폐공급을 증가시키기 위해 국채를 이용하여 공개시장조작을 하는 경우 국채가격은 ( )하고 이자율은 ( )한다. 빈칸에 들어갈 말은 각각 무엇인가? [감평 07]

① 하락, 상승 ② 하락, 하락 ③ 상승, 상승
④ 상승, 하락 ⑤ 불변, 상승

해설 • 확대통화정책(공개시장조작) : 중앙은행 국고채 매입(국고채 수요 증가, 수요곡선 우측이동). 국고채 가격이 상승하여 국고채 수익률(이자율) 하락

정답 ④

22 ㉠~㉢에 들어갈 내용을 바르게 나열한 것은? [9급 16]

> 시장이자율이 (㉠)하면, 채권수익률이 (㉡)하며, 채권가격이 (㉢)하게 된다.

	㉠	㉡	㉢		㉠	㉡	㉢
①	하락	상승	상승	②	하락	하락	상승
③	상승	하락	하락	④	상승	상승	상승

해설 • 시장이자율은 채권수익률이며, 채권수익률과 채권의 가격은 부(−)의 관계. 따라서,
▶ 시장이자율이 (㉠ : 하락)하면, 채권수익률이 (㉡ : 하락)하며, 채권가격이 (㉢ : 상승)
▶ 시장이자율이 (㉠ : 상승)하면, 채권수익률이 (㉡ : 상승)하며, 채권가격이 (㉢ : 하락)

정답 ②

23 다음 중 채권수익률을 상승시키는 요인이 아닌 것은? [노무 08]

① 정부가 국채를 발행하여 자금을 조달하는 경우
② 금융위기로 인하여 국가신용등급이 하락하는 경우
③ 기업이 회사채를 발행하여 투자재원을 마련하는 경우
④ 외국인의 국내채권에 대한 수요가 증가하는 경우
⑤ 내국인의 국내채권에 대한 수요가 감소하는 경우

해설 ① 국채 발행 : 채권공급이 증가(국채공급곡선 우측이동)하여 채권가격 하락. 따라서 채권수익률 상승
② 신용등급 하락 시, 외국자본이 국내채권을 매각한 후 외국으로 자본유출
　　　　　　　국내채권 매각(채권공급 증가)에 따라 채권가격 하락. 따라서 채권수익률 상승
③ 회사채 발행(채권공급 증가) : 채권가격 하락. 따라서 채권수익률 상승
④ 국내채권 수요증가(채권수요곡선 우측이동) : 채권가격 상승. 채권수익률 하락
⑤ 국내채권 수요감소(채권수요곡선 좌측이동) : 채권가격 하락. 채권수익률 상승

정답 ④

2. 유동성함정(liquidity trap)과 이자율

24 케인즈의 화폐수요이론에 대한 설명 중 옳지 않은 것은?

① 유동성함정의 경우 중앙은행이 통화량을 증가시켜도 이자율이 변하지 않는다.
② 이자율이 높은 수준에서는 증권가격 역시 높기 때문에 증권에 대한 수요가 크고 따라서 화폐수요가 낮게 된다.
③ 거래적 동기와 예비적 동기에 의한 화폐수요는 소득 수준의 함수이다.
④ 유동성 함정의 경우는 이자율이 매우 낮은 수준이다.
⑤ 화폐에 대한 수요와 공급의 일치점에서 이자율이 결정된다.

해설 ①, ④ 유동성 함정 : 최저이자율 수준에서 화폐수요곡선 수평선. 중앙은행이 통화량을 증가시켜도 이자율 불변
② 이자율과 채권수익률은 역의 관계. 따라서 이자율이 높으면 채권가격은 낮음.
③ 거래적 동기와 예비적 동기에 의한 통화수요는 소득의 증가함수

보충 • 유동성함정
  ▶ 이자율이 최저수준에서 변화하지 않는 상태(채권가격은 최고수준)
  ▶ 경제주체들은 이자율이 상승(채권가격하락)할 것으로 예상하여 채권은 전혀 구입하지 않고 모두 화폐로 보유. 따라서, 통화수요곡선은 최저이자율 수준에서 수평이며 화폐수요는 무한대
  ▶ 확대 통화정책 : 통화량이 증가해도 이자율이 내리지 않으므로 국민소득 증대효과 없음
  ▶ 확대 재정정책 : 이자율이 오르지 않으므로 구축효과가 나타나지 않음. 따라서 국민소득은 승수배 증가

정답 ②

25 유동성함정에 관한 설명으로 옳지 않은 것은 어느 것인가?

① 모든 사람들이 채권가격이 오를 것으로 기대한다.
② 통화량이 변화해도 이자율이 변화하지 않는다.
③ 투기적 동기에 의한 화폐수요곡선이 수평선이다.
④ 화폐수요의 이자율탄력도가 무한대이다.

해설 ① 유동성함정에서 이자율은 최저, 채권가격은 최고이므로 이자율은 오르고 채권가격은 내릴 것으로 예상
②, ③, ④ 최저이자율 수준에서 이자율이 변하지 않으므로 통화수요곡선은 수평선. 따라서 통화수요의 이자율탄력도는 무한대. 이 경우 통화공급이 변화해도 이자율 불변
정답 ① ①

III 재무관리이론

26 효율적 시장가설(efficient market hypothesis)에 관한 설명으로 옳은 것을 모두 고른 것은?

[노무 20]

> ㄱ. 주식가격은 매 시점마다 모든 관련 정보를 반영한다.
> ㄴ. 주식가격은 랜덤워크(random walk)를 따른다.
> ㄷ. 미래 주식가격의 변화에 대한 체계적인 예측이 가능하다.
> ㄹ. 주식가격의 예측이 가능해도 가격조정은 이루어지지 않는다.

① ㄱ, ㄴ   ② ㄱ, ㄷ   ③ ㄴ, ㄷ
④ ㄴ, ㄹ   ⑤ ㄷ, ㄹ

해설 ㄱ. 주식시장이 효율적이면 주식가격은 매 시점의 모든 관련 정보를 반영하고 있음
ㄴ. 주식시장이 효율적이면 주식가격은 랜덤워크(random walk)를 따르게 됨
ㄷ, ㄹ. 주식시장이 효율적이면 미래 주식가격의 체계적인 예측 불가능

보충 • 효율적 시장가설(Efficient Market Hypothesis)

▶ 증권시장의 모든 참가자들에게 정보가 공개되어 있는 시장을 효율적 시장이라고 하며, 모든 참가자들은 주어진 모든 정보를 왜곡없이 이용하여 합리적으로 투자
▶ 내부정보를 포함한 모든 정보가 공개되어 있으므로 현재 증권가격에 모든 정보가 반영이 되어 있음
▶ 따라서 개별투자자의 증권가격 예측과 이를 통한 투자수익은 기대할 수 없음
▶ 효율적 시장과 랜덤워크(random walk. 임의보행) : 주식시장이나 외환시장이 효율적이면 주식가격이나 환율의 변화를 예측할 수 없다는 것. 어떤 변수가 임의보행한다는 것은 이전의 어떤 추세로 회귀하는 경향이 없다는 것을 의미하며 변수의 변화는 추세로부터의 이탈이 아니라 추세자체의 변화임

정답 ① ①

04

제4편 총수요 – 총공급이론

제8장 $IS - LM$ 모형
제9장 총수요 – 총공급모형
제10장 거시경제이론의 두 흐름
제11장 인플레이션과 실업

제8장 IS-LM 모형

I 생산물시장과 IS곡선

01 금융위기로 인해 주택가격이 크게 하락함에 따라 가계의 소비지출이 감소하고 한계소비성향도 감소하였다. IS-LM 모형 상에서 이에 따른 효과로 적절한 것은? [서울 09]

① IS곡선이 좌측 이동하고 기울기가 가팔라짐
② IS곡선이 좌측 이동하고 기울기가 완만해짐
③ IS곡선이 우측 이동하고 기울기가 가팔라짐
④ IS곡선이 우측 이동하고 기울기가 완만해짐
⑤ LM곡선이 우측 이동하고 기울기가 가팔라짐

[해설] • 문제에서,
▶ 가계 소비가 감소하면 총수요가 감소하여 IS곡선 좌측이동
▶ 한계소비성향이 감소하면 소비(총수요)감소에 따라 IS곡선이 좌측이동하며 기울기도 가파르게 변화

정답 ▶ ①

[보충] • 생산물시장 여건변화와 IS곡선 변화

• 투자수요 이자율탄력도($\varepsilon_{I^D:r}$) 증가		IS곡선 기울기 감소(완만) : 통화주의학파
• c, d 증가. t, m 감소	생산물시장 총수요 증가	IS곡선 우측이동하며, 기울기 감소(완만)
• $C_0, I_0(MEI), G_0, X_0, TR_0$ 증가 T_0, IM_0 감소 ■ 확대재정정책: $G_0\uparrow, T_0\downarrow, [T_0 = G_0]\uparrow$		IS곡선 승수배 우측 평행이동

(단, C_0 : 기초소비, $I_0(MEI)$: 독립투자(투자의 한계효율), G_0 : 정부소비, T_0 : 정액세, IM_0 : 기초수입, c : 한계소비성향, d : 한계투자성향, t : 비례소득세율, m : 한계수입성향)

02 투자의 이자율 탄력성을 c, 그리고 한계소비성향을 b라고 할 때, IS곡선이 가장 가파른 모양을 나타내는 것은?

[지방 08]

① b가 클수록, c가 작을수록
② b가 작을수록, c가 클수록
③ b와 c가 모두 작을수록
④ b와 c가 모두 클수록

해설 ③ 투자의 이자율탄력성(c)이 작을수록 IS곡선의 기울기 큼(가파른 기울기).
한계소비성향(b)이 작을수록 IS곡선의 기울기 큼(가파른 기울기).

정답 ③

03 IS곡선의 기울기에 대하여 옳게 설명한 것은?

[(고)행 04]

① 투자가 이자율 변화에 탄력적일수록 완만하고, 한계소비성향이 클수록 완만하다.
② 투자가 이자율 변화에 탄력적일수록 완만하고, 한계소비성향이 클수록 가파르다.
③ 투자가 이자율 변화에 탄력적일수록 가파르고, 한계소비성향이 클수록 완만하다.
④ 투자가 이자율 변화에 탄력적일수록 가파르고, 한계소비성향이 클수록 가파르다.
⑤ 투자의 이자율 탄력성이나 한계소비성향과는 무관하다.

해설 ① 투자수요 이자율탄력도($\varepsilon_{I^D;r}$)가 크고, 한계소비성향(c)이 클수록 완만한 IS곡선

정답 ①

04 다음 중 상품시장의 균형을 나타내는 IS곡선 자체를 이동시키는 요인으로 옳지 못한 것은?

① 이자율의 하락
② 정부지출의 증가
③ 독립적 투자지출의 감소
④ 수출의 증가

해설 ① 이자율이 하락하면 투자수요가 증가하여 국민소득 증가. 따라서 우하향하는 IS곡선 도출
②, ③, ④ 정부지출, 투자지출 및 수출 증가시 총수요가 증가하여 국민소득 증가.
따라서 IS곡선 승수배 우측 이동

정답 ①

II 통화시장과 LM곡선

05 IS곡선이나 LM곡선의 기울기를 가파르게 하는 것만을 모두 고른 것은? [지방 13]

> ㄱ. 화폐수요의 소득에 대한 탄력성이 커졌다.
> ㄴ. 화폐수요의 이자율에 대한 탄력성이 작아졌다.
> ㄷ. 투자의 이자율에 대한 탄력성이 커졌다.

① ㄱ, ㄴ   ② ㄱ, ㄷ   ③ ㄴ, ㄷ   ④ ㄱ, ㄴ, ㄷ

해설▶ ㄱ. 통화수요의 소득탄력성이 커지면 LM곡선의 기울기 증가. 가파른 기울기
ㄴ. 통화수요의 이자율탄력성이 작아지면 LM곡선의 기울기 증가. 가파른 기울기
ㄷ. 투자수요의 이자율탄력도는 IS곡선 기울기 변화 요인. LM곡선과는 관계없음.

정답▶ ①

보충▶ • 통화시장 여건변화와 LM곡선 변화

• 통화수요 이자율탄력도($\varepsilon_{M^D:r}$) 증가		LM곡선 기울기 감소(완만) : 케인즈학파
• 통화수요 소득탄력도($\varepsilon_{M^D:Y}$: 마샬의 k) 감소	통화수요 감소	LM곡선 하방이동, 기울기 완만 (이자율 하락)
• $\dfrac{M^S}{P}$ 증가 : 통화공급(M^S) 증가, 물가(P)하락 ■ 확대통화정책	통화공급 증가	LM곡선 하방 평행이동 (이자율 하락)

(단, 통화공급 증가 요인 : 본원통화 증가(정부·은행대출 증가, 재할인율 인하, 국고채 매입, 국제수지흑자)
통화승수 증가(지급준비율, 현금통화비율 및 현금예금비율 감소)
■ 확대통화정책 : 어음재할인율 인하, 국고채 매입, 지급준비율 인하

06 정부가 재정지출을 $\triangle G$만큼 늘리는 동시에 조세를 $\triangle G$만큼 증가시키고, 화폐공급량을 $\triangle G$만큼 줄인 경우 (ㄱ) IS곡선의 이동과 (ㄴ) LM곡선의 이동에 대한 설명 중 옳은 것은? (단, 한계소비성향은 0.75이다.) [국회 17]

	(ㄱ)	(ㄴ)		(ㄱ)	(ㄴ)
①	이동하지 않음	좌측이동	②	우측이동	우측이동
③	우측이동	좌측이동	④	좌측이동	좌측이동
⑤	좌측이동	우측이동			

해설▶ • 재정지출과 조세가 같은 액수로 증가할 경우 균형재정승수(1) 만큼 총수요 증가. 따라서 IS곡선 우측이동
• 통화공급이 감소하면 LM곡선 좌측이동

정답▶ ③

07 폐쇄경제 하에서 $IS-LM$ 곡선에 대한 설명으로 옳지 않은 것은? [국가 14]

① 유동성함정에서 LM곡선은 수직이 된다.
② 민간수요가 줄어들면 IS곡선은 좌측으로 이동한다.
③ 정부가 재정지출을 늘리면 IS곡선은 우측으로 이동한다.
④ LM곡선의 이동은 거래적 화폐수요에 의하여 영향을 받는다.

해설 ① 유동성함정에서는 통화수요의 이자율탄력도가 무한대(통화수요곡선 수평선)이므로 소득이 변화해도 이자율이 변하지 않는다. 따라서 LM곡선은 수평선이다.
② 민간수요가 줄면 총수요가 감소하므로 IS곡선은 좌측으로 이동한다.
③ 재정지출이 증가하면 총수요가 증가하므로 IS곡선은 우측으로 이동한다.
④ 국민소득이 주어져 있을 때 거래적 통화수요가 증가하면 이자율이 오른다. 따라서 LM곡선이 상방(좌측)으로 이동한다.

정답 ①

08 화폐시장의 균형을 나타내는 LM곡선의 이동을 초래하는 요인과 이동의 방향을 올바르게 짝지은 것은? [서울 03]

① 물가 상승 – LM의 우측이동
② 통화량 증대 – LM의 좌측이동
③ 국채의 매도 – LM의 좌측이동
④ 중앙은행의 달러 매도 – LM의 우측이동
⑤ 법정지불준비율의 인상 – LM의 우측이동

해설 ① 물가 상승 : 실질통화공급이 감소하여 LM곡선 상방(좌측) 이동
② 통화량 증가 : LM곡선 하방(우측) 이동
③,④ 중앙은행 국채 및 달러 매도 : 통화공급이 감소하여 LM곡선 상방(좌측) 이동
⑤ 법정지불준비율 인상 : 통화승수가 감소하여 통화공급 감소.
통화공급이 감소하면 LM곡선 상방(좌측) 이동

정답 ③

Ⅲ IS-LM 균형과 재정·금융정책

1. IS-LM 균형

(1) 균형

09 다음 거시경제모형에서 잠재GDP가 1,500이라면, 잠재GDP를 달성하기 위해 정부지출을 얼마나 변화시켜야 하는가? (단, C는 소비, Y는 GDP, T는 조세, I는 투자, r은 이자율, G는 정부지출, M_S는 화폐공급, M_D는 화폐수요이다.)

[노무 24]

- $C = 500 + 0.8(Y - T)$
- $T = 200$
- $Y = C + I + G$
- $M_S = 1,000$
- $I = 100 - 20r$
- $G = 300$
- $M_D = 500 + 0.4Y - 10r$

① 80 % 감소 ② 50 % 감소 ③ 20 % 감소
④ 20 % 증가 ⑤ 40 % 증가

[해설] • 문제에서,

▶ LM 곡선식 : 통화시장을 균형($M^D = M^S$ 또는 $\dfrac{M^S}{P} = \dfrac{M^D}{P}$)시키는 국민소득과 이자율의 관계

$$\dfrac{M^S}{P} = \dfrac{M^D}{P}$$

$\Rightarrow\ 1,000 = 500 + 0.4Y - 10r$

$\Rightarrow\ Y = 1,250 + 25r$ (LM곡선식을 소득(Y)으로 정리)

잠재 GDP가 1,500일 때 $r = 10$

▶ IS 곡선 : 생산물시장을 균형($Y^D = Y^S(Y)$)시키는 이자율과 국민소득의 관계

$Y^D = C + I^D + G = Y$ (단, 잠재 GDP=1,500, $r = 10$)

$\Rightarrow\ (500 + 0.8(Y - 200)) + (100 - 20 \cdot r) + G = Y$

$\Rightarrow\ 440 - 20r + G = 0.2Y$

$\Rightarrow\ Y = 2,200 - 100r + 5G$

$\Rightarrow\ 1,500 = 2,200 - 1,000 + 5G$ ∴) $G = 60$

▶ 현재 정부지출(G)이 300이므로 80% 감소해야 60이 됨

[정답] ▶ ①

10 아래와 같이 주어진 폐쇄경제를 가정할 경우, (ㄱ) 균형국민소득과 (ㄴ) 균형이자율은? (단, Y는 GDP, C는 소비, I는 투자, G는 정부지출, r은 이자율, T는 조세, $(M/P)^d$는 실질화폐수요, M은 통화량, P는 물가이다.)

[노무 23]

- $Y = C + I + G$
- $I = 100 - 5r$
- $G = 100$
- $M = 400$
- $C = 50 + 0.5(Y - T)$
- $(M/P)^d = Y - 20r$
- $T = 100$
- $P = 4$

① ㄱ : 200, ㄴ : 5 ② ㄱ : 300, ㄴ : 5 ③ ㄱ : 300, ㄴ : 10
④ ㄱ : 400, ㄴ : 15 ⑤ ㄱ : 400, ㄴ : 20

해설 ▶ • IS 곡선식 : 생산물시장을 균형($Y^D = Y^S(Y)$)시키는 이자율과 국민소득의 관계

$$Y = C + I + G \Rightarrow (50 + 0.5(Y - T)) + (100 - 5r) + 100 = Y$$
$$\Rightarrow (50 + 0.5(Y - 100)) + (100 - 5r) + 100 = Y$$
$$\Rightarrow 200 - 5r = 0.5Y$$
$$\Rightarrow Y = 400 - 10r \quad (\text{소득}(Y)\text{으로 정리한 } IS \text{ 곡선식})$$

• LM 곡선식 : 통화시장을 균형$\left(\dfrac{M^S}{P} = \dfrac{M^D}{P}\right)$시키는 국민소득과 이자율의 관계

$$\frac{M^S}{P} = \frac{M^D}{P} \Rightarrow 100 = Y - 20r$$
$$\Rightarrow Y = 100 + 20r \quad (\text{소득}(Y)\text{으로 정리한 } LM \text{ 곡선식})$$

• $IS - LM$ 균형 : IS 곡선식과 LM 곡선식을 연립으로 풀어 균형이자율과 균형국민소득 도출

$$400 - 10r = 100 + 20r \Rightarrow 30r = 300 \quad \therefore) \ r = 10, \ Y = 300$$

정답 ▶ ③

(2) 불균형과 조정

11 다음 그림에서 점 A의 상태는? (단, S는 저축이고, I는 투자수요이다.) [감평 06]

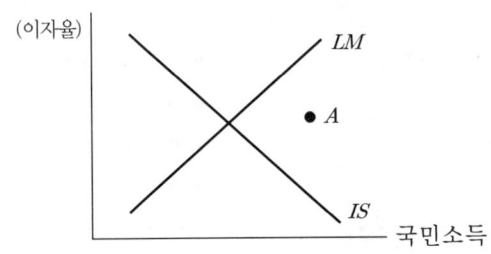

① $S > I$, 화폐수요 > 화폐공급 ② $S < I$, 화폐수요 > 화폐공급
③ $S > I$, 화폐수요 < 화폐공급 ④ $S < I$, 화폐수요 < 화폐공급

해설 • A점
▶ IS곡선 상방 : 생산물시장 초과공급. 총수요 < 총공급, 주입(I^D)<누출(S)
▶ LM곡선 하방 : 통화시장 초과수요. 통화수요> 통화공급

정답 ▶ ①

12 다음 그림에서 IS곡선은 생산물시장의 균형을, LM곡선은 화폐시장의 균형을 나타내는 곡선이다. A점에서의 생산물시장과 화폐시장에 대한 설명으로 옳은 것은? [지방 14]

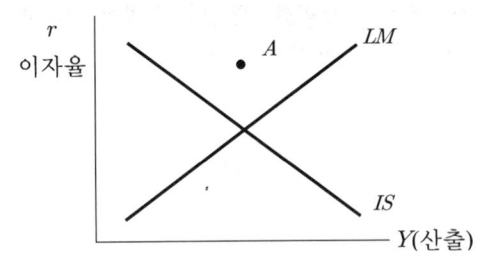

	생산물시장	화폐시장		생산물시장	화폐시장
①	초과공급	초과공급	②	초과수요	초과공급
③	초과공급	초과수요	④	초과수요	초과수요

해설 • A점
▶ IS곡선 상방 : 생산물시장 초과공급. 총수요 < 총공급, 주입(I^D)<누출(S)
▶ LM곡선 상방 : 통화시장 초과공급. 통화수요 < 통화공급

정답 ▶ ①

2. IS-LM 균형 변화(Ⅰ) : 재정정책(생산물시장 여건변화)

13 아래 두 그래프는 케인즈모형에서 정부지출의 증가($\triangle G$)로 인한 효과를 나타내고 있다. 이에 관한 설명으로 옳은 것을 모두 고른 것은? (단, 그림에서 C는 소비, I는 투자, G는 정부지출이다.)

[노무 17]

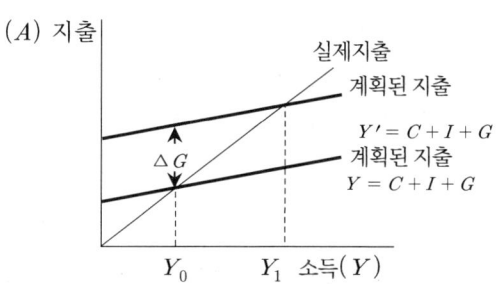
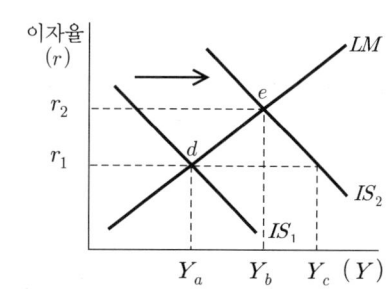

ㄱ. (A)에서 $Y_0 \to Y_1$의 크기는 한계소비성향의 크기에 따라 달라진다.
ㄴ. (A)의 $Y_0 \to Y_1$의 크기는 (B)의 $Y_a \to Y_b$의 크기와 같다.
ㄷ. (B)의 새로운 균형점 e는 구축효과를 반영하고 있다.
ㄹ. (A)에서 정부지출의 증가는 재고의 예기치 않은 증가를 가져온다.

① ㄱ, ㄴ   ② ㄱ, ㄷ   ③ ㄴ, ㄷ
④ ㄴ, ㄹ   ⑤ ㄷ, ㄹ

해설 (문제는 확대재정정책(정부지출 증가)이 시행될 때 케인즈단순모형과 $IS-LM$모형에서의 효과 비교)

- (A) : 케인즈단순모형
  ▶ 정부지출이 증가하면 단순모형의 승수배$\left(\dfrac{1}{c}\right)$만큼 국민소득 증가($Y_0 \to Y_1$)
  ▶ 승수는 한계소비성향(c)의 크기에 따라 결정. 한계소비성향이 커지면 승수 증가

- (B) : $IS-LM$모형
  ▶ 정부지출이 증가하면 단순모형 승수배$\left(\dfrac{1}{c}\right)$만큼 IS곡선 우측이동하여 국민소득 증가
  $$(Y_a \to Y_c = Y_0 \to Y_1).$$
  ▶ 국민소득이 증가하면 이자율이 상승하여 투자수요 감소하므로 국민소득은 다시 감소($Y_c \to Y_b$)
  ▶ 따라서 국민소득은 $Y_a \to Y_b$까지만 증가하므로 케인즈단순모형에 비하여 국민소득 증가폭 감소

ㄱ. (A)에서 한계소비성향(c)이 커지면 승수가 증가하여 국민소득 증가폭($Y_0 \to Y_1$) 증가
ㄴ. (A)에서 국민소득증가폭($Y_0 \to Y_1$)은 (B)에서의 국민소득 증가폭($Y_a \to Y_b$)보다 큼
ㄷ. (B)의 새로운 균형점 e는 구축효과 반영
ㄹ. (A)에서 정부지출이 증가하면 재고가 감소하여 총공급 증가

정답 ▶ ②

14 경기침체에 대한 대응책으로 재정정책을 택했을 때, 이자율에 대한 투자수요와 화폐수요의 조합 중 재정정책의 효과가 가장 큰 경우는? [서울 18(1회)]

① 투자수요는 비탄력적이고, 화폐수요는 탄력적인 경우
② 투자수요는 탄력적이고, 화폐수요는 비탄력적인 경우
③ 투자수요는 비탄력적이고, 화폐수요도 비탄력적인 경우
④ 투자수요는 탄력적이고, 화폐수요도 탄력적인 경우

해설 ● 확대재정정책 : 투자수요 이자율탄력도는 작고, 화폐수요이자율탄력도가 클 때 정책효과 큼
● 확대통화정책 : 투자수요 이자율탄력도는 크고, 화폐수요이자율탄력도가 작을 때 정책효과 큼

정답 ① ①

15 단순 케인지안모형에서 승수(multiplier)는 $\dfrac{1}{1-b}$ 이다. 그러나 현실 경제에서 승수는 이렇게 크지 않다. 그 이유로 가장 옳지 않은 것은? (단, b 는 한계소비성향이다.) [서울 18(1회)]

① 조세가 소득의 증가함수이기 때문이다.
② 수입(import)이 소득의 증가함수이기 때문이다.
③ 화폐수요가 이자율의 감소함수이기 때문이다.
④ 투자가 소득의 증가함수이기 때문이다.

해설 ① 단순모형에서 비례소득세를 고려하면 승수 감소
② 단순모형에서 수입을 포함하면 승수 감소
③ 단순모형에 이자율을 고려하면 승수 감소($IS-LM$ 모형)
④ 단순모형에서 유발투자를 고려하면 승수 증가

정답 ④ ④

16 폐쇄 경제하에서의 $IS-LM$ 모형에서 LM 곡선은 수평이며 소비함수는 $C=300+0.75\,Y$ 이다. 투자와 정부지출은 외생적으로 주어진다. 이때 정부지출을 1조원 증가시키면 국민소득은 얼마나 증가하는가? (단, Y 는 국민소득이다.) [9급 18]

① 1조
② 2조
③ 3조
④ 4조

해설 ● 문제에서, LM 곡선이 수평선이므로 유동성함정 상태이며, 3부문 모형

▶ 유동성함정에서는 확대재정정책 등에 따라 총수요가 증가하면 국민소득은 승수배 증가

▶ 승수 $=\dfrac{1}{1-c}=\dfrac{1}{1-0.75}=4$ (단, $c=0.75$. 한계소비성향)

▶ 국민소득 증가분($\triangle Y$) : $\triangle Y = \triangle G \times \dfrac{1}{1-c}=1\cdot 4 = 4$ (조)

정답 ④ ④

3. IS-LM 균형 변화(Ⅱ) : 통화정책(통화시장 여건변화)

17 폐쇄경제에서 투자의 이자율 탄력성이 0일 때, IS-LM모형을 이용한 중앙은행의 긴축통화정책 효과로 옳은 것은? (단, LM곡선은 우상향한다.) [노무 23]

① 소득 불변 ② 이자율 하락 ③ LM곡선 우측 이동
④ 이자율 불변 ⑤ 소득 감소

해설
- 일반적 긴축통화정책(LM곡선 좌측 이동) : 이자율 상승, 투자수요 감소하여 국민소득 감소
- 투자 이자율 탄력성이 0일 때 : 긴축통화정책에 따라 이자율이 상승해도 투자수요 불변, 국민소득 불변

정답 ▶ ①

보충
- 통화정책효과

▶ 투자수요의 이자율탄력도 大 : 통화주의학파	완만한 IS곡선(기울기 小)	총수요 대폭 증가
▶ 한계소비성향, 유발투자성향(가속도계수) 大 ▶ 비례소득세율, 한계수입성향 小	승수 $\left(\dfrac{1}{1-c(1-t)-d+m}\right)$ 大	
▶ 통화수요 이자율탄력도 小 : 통화주의학파 ▶ 통화수요 소득탄력도(화폐보유성향 마샬k) 小	가파른 LM곡선(기울기 大)	⇒ 국민소득 대폭 증가
▶ (물가 변동 등 여건 변화시) 명목임금 신축적 조정	완만한 총공급곡선	총수요가 증가할 때 ⇒ 국민소득 대폭 증가

18 통화정책의 단기적 효과를 높이는 요인으로 옳은 것을 모두 고른 것은? [노무 16]

> ㄱ. 화폐수요의 이자율 탄력성이 높은 경우
> ㄴ. 투자의 이자율탄력성이 높은 경우
> ㄷ. 한계소비성향이 높은 경우

① ㄱ ② ㄴ ③ ㄱ, ㄴ
④ ㄴ, ㄷ ⑤ ㄱ, ㄴ, ㄷ

해설 ▶ • 통화정책 효과
ㄱ. 통화수요의 이자율탄력도 작을 때 국민소득 대폭 증가
ㄴ. 투자수요의 이자율탄력도 클 때 국민소득 대폭 증가
ㄷ. 한계소비성향이 높으면 승수가 커져서 국민소득 대폭 증가
  (통화수요의 소득탄력도가 작으면 국민소득 증대효과 큼)

정답 ▶ ④

19 폐쇄경제 하 중앙은행이 통화량을 감소시킬 때 나타나는 변화를 $IS-LM$ 모형을 이용하여 설명한 것으로 옳은 것을 모두 고른 것은? (단, IS곡선은 우하향, LM곡선은 우상향한다.) [노무 21]

> ㄱ. LM곡선은 오른쪽 방향으로 이동한다.
> ㄴ. 이자율은 상승한다.
> ㄷ. IS곡선은 왼쪽 방향으로 이동한다.
> ㄹ. 구축효과로 소득은 감소한다.

① ㄱ, ㄴ   ② ㄱ, ㄷ   ③ ㄱ, ㄹ
④ ㄴ, ㄹ   ⑤ ㄴ, ㄷ, ㄹ

해설▶ ㄱ. 통화량이 감소하면 LM곡선 왼쪽 이동
ㄴ. 통화량 감소하므로 이자율 상승
ㄷ. 통화량이 변화하면 IS곡선은 이동하지 않음
ㄹ. 이자율이 상승할 때 민간의 소비와 투자가 감소하여 국민소득 감소(구축효과) **정답**▶ ④

20 물가가 고정되어 있고 국민경제의 생산능력에 여유가 있다고 가정하자. 다음 중 화폐공급의 증가가 이자율을 하락시키고, 투자와 국민소득을 가장 많이 증가시키는 경우는? [서울 06]

① 화폐수요가 이자율에 대해 탄력적이고, 투자수요가 이자율에 대해 탄력적이며, 승수의 크기가 클 경우
② 화폐수요가 이자율에 대해 비탄력적이고, 투자수요가 이자율에 대해 비탄력적이며, 승수의 크기가 클 경우
③ 화폐수요가 이자율에 대해 비탄력적이고, 투자수요가 이자율에 대해 탄력적이며, 승수의 크기가 작을 경우
④ 화폐수요가 이자율에 대해 비탄력적이고, 투자수요가 이자율에 대해 탄력적이며, 승수의 크기가 클 경우
⑤ 화폐수요가 이자율에 대해 탄력적이고, 투자수요가 이자율에 대해 비탄력적이며, 승수의 크기가 클 경우

해설▶ ④ 통화수요의 이자율탄력도가 작고, 투자수요의 이자율탄력도가 크고,
유효수요승수 $\left(\dfrac{1}{1-c(1-t)-d+m}\right)$가 클수록 통화정책의 효과 큼 **정답**▶ ④

21 다음 글의 밑줄 친 ㉠~㉢에 들어갈 알맞은 말은? [국가 06]

> $IS-LM$ 모형에서 통화당국이 통화공급을 줄이게 되면 사람들은 채권을 (㉠)하므로 이자율이 (㉡)하고, 투자와 소득이 (㉢)한다.

	㉠	㉡	㉢		㉠	㉡	㉢
①	매각,	상승,	감소	②	매입,	상승,	감소
③	매각,	하락,	증가	④	매입,	하락,	증가

해설
- 확대통화정책 효과 : 케인즈의 이자율효과
  - ▶ 통화공급이 증가하면 통화시장에 초과공급이 발생하므로 채권 매입(채권수요 증가)
  - ▶ 채권수요가 증가하면 채권가격이 상승하여 이자율 하락
  - ▶ 이자율이 하락하면 민간의 투자와 소비가 증가(총수요 증가)하여 국민소득 증가
- 문제의 경우는, 긴축통화정책
  - ▶ 통화공급이 감소하면 통화시장에 초과수요가 발생하므로 채권 매각(채권공급 증가)
  - ▶ 채권공급이 증가하면 채권가격이 하락하여 이자율 상승
  - ▶ 이자율이 상승하면 민간의 투자와 소비가 감소(총수요 감소)하여 국민소득 감소

정답 ▶ ①

4. $IS-LM$ 균형의 동시 변화(Ⅲ) : 생산물시장과 통화시장의 동시 변화

22 통화공급이 감소하고 정부지출이 증가하는 경우, $IS-LM$ 분석에 관한 설명으로 옳은 것은? (단, 물가가 고정된 폐쇄경제이고, IS 곡선은 우하향, LM 곡선은 우상향한다.) [노무 16]

① 이자율은 불변이고, 소득은 감소한다. ② 이자율은 상승하고, 소득은 증가한다.
③ 이자율은 하락하고, 소득은 감소한다. ④ 이자율은 하락하고, 소득은 증가한다.
⑤ 이자율은 상승하고, 소득의 증감은 불확실하다.

해설
- 통화공급이 감소하면 LM 좌측이동, 정부지출이 증가하면 IS 곡선이 우측이동.
  따라서 이자율은 상승하고 국민소득 변화는 불분명

정답 ▶ ⑤

23 정부가 세금을 증가시켰을 때, 중앙은행의 정책효과를 분석하려고 한다. $IS-LM$ 분석에서 중앙은행이 통화공급을 증가시켜 소득을 일정하게 유지하는 경우에는 이자율이 (㉠)하고, 중앙은행이 통화공급을 감소시켜 이자율을 일정하게 유지하는 경우에는 소득이 (㉡)한다. ㉠과 ㉡에 들어갈 말은? (단, IS 곡선은 우하향하고, LM 곡선은 우상향하며, 폐쇄경제를 가정한다.) [지방(학) 12]

	㉠	㉡		㉠	㉡
①	상승	증가	②	상승	감소
③	하락	증가	④	하락	감소

해설
- 문제에서, 세금증액 시(긴축재정정책. IS곡선 좌측이동) : 국민소득 감소, 이자율 하락
- 이때,
  ▶ 통화공급을 늘릴 경우(LM곡선 우측이동) : 국민소득 증가, 이자율 하락
    국민소득은 다시 증가하므로 원래 수준과 같아지고, 이자율은 하락
  ▶ 통화공급을 줄일 경우(LM곡선 좌측이동) : 국민소득 감소, 이자율 상승
    이자율은 다시 상승하므로 원래 수준과 같아지고, 국민소득은 감소

정답 ④

5. 유동성함정모형

24 유동성함정에서 발생할 수 있는 일반적인 상황으로 옳지 않은 것은? [국가 15]

① 재정지출 확대가 국민소득에 미치는 영향은 거의 없다.
② 통화량 공급을 늘려도 더 이상 이자율이 하락하지 않는다.
③ 재정지출 확대에 따른 구축효과가 발생하지 않는다.
④ 경제주체들은 채권가격 하락을 예상하여 채권에 대한 수요대신 화폐에 대한 수요를 늘린다.

해설
- 문제에서,
  ①, ③ 확대재정정책을 시행해도 이자율이 오르지 않으므로 구축효과가 나타나지 않음. 따라서 국민소득 대폭(승수배) 증가
  ② 통화수요의 이자율탄력도가 무한대(통화수요곡선 수평선)이므로 통화공급을 늘려도 이자율이 내리지 않음
  ④ 채권가격이 최고(이자율 최저) 수준이므로 모든 경제주체들이 채권가격 하락(이자율 상승)을 예상하므로 채권 대신에 통화를 보유하고자 함. 따라서 채권수요 감소, 통화수요 증가

보충
- 유동성함정
  ▶ 이자율이 최저수준에서 변화하지 않는 상태(채권가격은 최고수준)
  ▶ 따라서, 통화수요곡선과 LM 곡선이 최저이자율 수준에서 수평

• 유동성함정하의 재정·통화정책
  ▶ 확대통화정책 : 통화량이 증가해도 이자율이 내리지 않으므로 국민소득 증대효과 없음
  ▶ 확대재정정책 : 이자율이 오르지 않으므로 구축효과가 나타 않음. 따라서 국민소득은 승수배 증가

정답 ①

25 $IS-LM$ 모형에서 유동성함정에 빠져 있을 때 통화량 공급 증가와 재정지출 확대에 따른 각각의 정책 효과를 옳게 설명한 것은? [9급 13]

① 통화량 공급 증가는 이자율을 낮추고, 재정지출 확대는 소득을 증가시킨다.
② 통화량 공급 증가와 재정지출 확대는 모두 소득을 증가시킨다.
③ 통화량 공급 증가와 재정지출 확대는 모두 이자율 변동에 영향을 주지 않는다.
④ 통화량 공급 증가는 소득을 증가시키고, 재정지출 확대는 이자율에 영향을 주지 않는다.

해설 ①, ②, ④ 확대통화정책 : 이자율 불변. 따라서 수요가 증가하지 않으므로 국민소득 불변
확대재정정책 : 이자율이 오르지 않으므로 구축효과 영(0). 따라서 국민소득 승수배 증가
③ 확대재정·통화정책 모두 이자율 불변

정답 ③

26 폐쇄경제 $IS-LM$모형에 관한 설명으로 옳은 것은? [노무 24]

① 유동성 함정은 화폐수요의 이자율 탄력성이 0인 경우에 발생한다.
② LM곡선이 수직선이고 IS곡선이 우하향할 때, 완전한 구축효과가 나타난다.
③ 피구효과는 소비가 이자율의 함수일 때 발생한다.
④ IS곡선이 수평선이고 LM곡선이 우상향할 때, 통화정책은 국민소득을 변화시킬 수 없다.
⑤ 투자의 이자율 탄력성이 0이면 IS곡선은 수평선이다.

해설 ① 유동성함정에서는 화폐수요의 이자율 탄력성 무한대
② 화폐수요 이자율탄력도가 크고(완만한 LM곡선), 투자수요 이자율탄력도 작을 때(가파른 IS곡선) 재정정책 효과 큼(승수효과 크고, 구축효과 작음). 따라서 화폐수요 이자율탄력도가 0(LM곡선 수직선)이면 국민소득 증가할 수 없음(완전구축효과, 승수효과 0). 화폐수요 이자율탄력도가 0인 경우는 고전학파모형이며 재정정책시 완전구축효과 발생
③ 피구효과(실질 부(금융자산) 효과) : 물가가 상승할 때 실질 부(금융자산)가 감소하여 소비 감소
④ 투자수요 이자율탄력도가 크고(완만한 IS곡선), 화폐수요 이자율탄력도 작을 때(가파른 LM곡선) 통화정책 효과 큼. 따라서 IS곡선이 수평선(투자수요 이자율탄력도 무한대)이면 통화정책 효과 매우 큼.
⑤ 투자의 이자율 탄력성이 0이면 IS곡선의 기울기는 무한대(수직선)

정답 ②

제9장 총수요 - 총공급모형

I. 총수요-총공급모형(I) : 케인즈학파·통화주의학파 단기모형

1. 총수요

(1) 총수요곡선의 도출

01 물가수준과 국내총생산(GDP)의 관계를 보여주는 총수요곡선이 우하향하는 이유로 옳지 않은 것은?

[지방 12]

① 물가수준이 낮아지면 실질임금이 상승하여 노동공급이 증가한다.
② 물가수준이 낮아지면 이자율이 하락하여 투자가 증가한다.
③ 물가수준이 낮아지면 자국 통화의 가치가 하락하여 순수출이 증가한다.
④ 물가수준이 낮아지면 화폐의 실질가치가 상승하여 소비가 증가한다.

해설 • 총수요곡선의 도출

물가하락 ⇒	명목화폐수요 감소 실질통화공급 증가 (실질화폐잔고증가) ⇒ LM곡선 우측이동	⇒ 이자율 하락 ⇒ 소비, 투자 증가 ■ 케인즈 이자율효과	⇒ 총수요량 증가 (경기회복) (총수요곡선 우하향)
	실질잔고(부) 증가	⇒ 소비 증가 ■ 피구효과	
	수출증가, 수입감소	⇒ 순수출 증가 ■ 경상수지효과	

정답 ▶ ①

02 다음 중 총수요곡선이 우하향하는 이유로 옳은 것을 모두 고른 것은? [노무 19]

> ㄱ. 자산효과 : 물가수준이 하락하면 자산의 실질가치가 상승하여 소비지출이 증가한다.
> ㄴ. 이자율효과 : 물가수준이 하락하면 이자율이 하락하여 투자지출이 증가한다.
> ㄷ. 환율효과 : 물가수준이 하락하면 자국 화폐의 상대가치가 하락하여 순수출이 증가한다.

① ㄱ   ② ㄴ   ③ ㄱ, ㄴ
④ ㄴ, ㄷ   ⑤ ㄱ, ㄴ, ㄷ

해설 ▶ • 총수요곡선 도출 : 다음 세 가지 효과에 의해 총수요곡선 우하향

▶ 자산효과(피구효과) : 물가하락시, 자산의 실질가치가 증가하여 소비지출 증가(총수요량 증가)
▶ (케인즈) 이자율효과 : 물가하락시, 이자율이 하락하여 투자수요 증가(총수요량 증가)
▶ 환율효과 : 물가가 하락하면 외화표시 수출가격이 하락하여 수출증가(외환공급증가)하고, 자국통화표시 수입품 상대가격이 상승하여 수입감소(외환수요 감소). 이에 따라 환율이 하락(자국통화가치 하락)하여 수출이 증가하고 수입이 감소하여 순수출 증가(총수요량 증가)

정답 ▶ ⑤

03 다음은 피구효과에 대한 설명이다. ㉠~㉣에 들어갈 내용을 바르게 나열한 것은? [9급 16]

> 물가수준이 하락하면 실질화폐잔고가 (㉠)하고 이로 인해 (㉡)곡선이 (㉢)으로 이동하면서 경기의 (㉣)(으)로 이어진다.

	㉠	㉡	㉢	㉣
①	증가	IS	오른쪽	회복
②	증가	LM	왼쪽	회복
③	감소	IS	왼쪽	침체
④	감소	LM	오른쪽	침체

해설 ▶ • 문제에서,
"물가수준이 하락하면 실질화폐잔고가 (㉠ 증가)하고, 이에 따라 소비와 투자가 증가. 이로 인해 (㉡ IS)곡선이 (㉢ 오른쪽)으로 이동하면서 경기의 (㉣ 회복)으로 이어진다."

정답 ▶ ①

제9장 총수요-총공급모형

04 총수요(AD)곡선이 우하향하는 이유에 대한 설명으로 옳지 않은 것은? [국가 16]

① 물가가 하락하는 경우 실질임금이 상승하여 노동공급이 증가하기 때문이다.
② 물가가 하락하는 경우 실질통화량이 증가하여 이자율이 하락하고 투자가 증가하기 때문이다.
③ 물가가 하락하는 경우 실질환율 상승, 즉 절하가 생겨나 순수출이 증가하기 때문이다.
④ 물가가 하락하는 경우 가계의 실질자산가치가 증가하여 소비가 증가하기 때문이다.

해설 ▶ • 총수요곡선 도출 : 물가가 내릴 때 총수요량 증가. 따라서 총수요곡선 우하향

① 물가가 내릴 때 일반적으로 한계생산물가치($VMP_L = P \cdot MP_L$)가 감소하여 노동수요 감소. 노동수요가 감소하면 고용량이 감소하여 총공급량 감소. 따라서 총공급곡선 좌하향(또는 우상향)
② 이자율효과 : 물가하락시, 실질통화량이 증가하여 이자율 하락.
  이자율이 내리면 투자가 증가하여 총수요량 증가
③ 경상수지효과 : 물가하락시, 순수출이 증가(경상수지 개선)하여 총수요량 증가
④ 실질잔고효과 : 물가하락시, 실질자산가치(실질 부)가 증가하여 소비가 증가하므로 총수요량 증가

정답 ▶ ①

(2) 총수요의 변화

05 다음 중 총수요곡선을 우측으로 이동시키는 요인으로 옳은 것을 모두 고른 것은? [노무 17]

> ㄱ. 주택담보대출의 이자율 인하
> ㄴ. 종합소득세율 인상
> ㄷ. 기업에 대한 투자세액공제 확대
> ㄹ. 물가수준 하락으로 가계의 실질자산가치 증대
> ㅁ. 해외경기 호조로 순수출 증대

① ㄱ, ㄴ, ㄹ   ② ㄱ, ㄷ, ㅁ   ③ ㄱ, ㄹ, ㅁ
④ ㄴ, ㄷ, ㄹ   ⑤ ㄴ, ㄷ, ㅁ

해설 ▶ ㄱ. 이자율이 인하하면 소비수요·투자수요(총수요) 증가(총수요곡선 우측이동)
ㄴ. 소득세율이 인상되면 가처분소득이 감소하여 소비수요(총수요) 증가(총수요곡선 좌측이동)
ㄷ. 기업에 대한 투자세액공제가 확대되면 투자수요(총수요) 증가(총수요곡선 우측이동)
ㄹ. 물가가 하락하면 실질자산가치가 증가하여 소비수요량(총수요량)이 증가(피구효과)하므로 총수요곡선 우하향. 따라서 총수요곡선 이동 요인이 아님
ㅁ. 순수출이 증가하면 총수요 증가(총수요곡선 우측이동)

보충 • 생산물시장 여건변화(IS곡선 변화 요인)

	총수요 증가	IS곡선 우측이동
• c, d 증가. t, m 감소		
• $C_0, I_0(MEI), G_0, X_0, TR_0$ 증가 T_0, IM_0 감소	총수요 증가	AD곡선 우측이동
■ 확대재정정책: $G_0\uparrow, T_0\downarrow, [T_0 = G_0]\uparrow$		

(단, C_0: 기초소비, $I_0(MEI)$: 독립투자(투자의 한계효율), G_0: 정부소비, T_0: 정액세, IM_0: 기초수입,
c: 한계소비성향, d: 한계투자성향, t: 비례소득세율, m: 한계수입성향)

• 통화시장 여건변화와 LM곡선 변화

• 통화수요 소득탄력도($\varepsilon_{M^D:Y}$: 마샬의 k) 감소	통화수요 감소	이자율 하락, 총수요 증가	LM곡선 하방(우측) 이동
• $\dfrac{M^S}{P}$ 증가: 통화공급(M^S) 증가, 물가(P) 하락	통화공급 증가		AD곡선 우측이동

(단, 통화공급 증가 요인: 본원통화 증가(정부은행대출 증가, 재할인율 인하, 국고채 매입, 국제수지흑자)
통화승수 증가(지급준비율, 현금통화비율 및 현금예금비율 감소)
■ 확대통화정책: 어음재할인율 인하, 국고채 매입, 지급준비율 인하

정답 ▶ ②

---

06 폐쇄경제 하에서 총수요(AD)를 진작시키기 위한 정책만을 모두 고른 것은? [9급 16]

ㄱ. 정부지출 증대	ㄴ. 공개시장조작을 통한 채권 매각
ㄷ. 지불준비율 인하	ㄹ. 재할인율 인상

① ㄱ, ㄷ   ② ㄱ, ㄹ   ③ ㄴ, ㄷ   ④ ㄴ, ㄹ

해설 ㄱ. 정부지출이 증대되면 총수요 증가
ㄴ. 공개시장조작을 통해 채권을 매각하면 통화공급이 감소하여 이자율 상승. 이에 따라 소비·투자(총수요) 감소
ㄷ. 지불준비율이 인하되면 통화공급이 증가하여 이자율 하락. 이자율이 내리면 소비·투자(총수요) 증가
ㄹ. 재할인율이 인상되면 본원통화가 감소하여 통화공급 감소. 이 경우 이자율이 올라서 소비·투자(총수요) 감소

정답 ▶ ①

07 총수요곡선을 우측으로 이동시키는 요인으로 옳지 않은 것은? [9급 15]

① 물가수준의 상승   ② 조세 감면
③ 통화량 증대   ④ 정부지출 증대

해설 ① 물가 상승 : 총수요량 감소. 총수요곡선 상 이동(총수요곡선 상 좌상방 이동)
② 조세 감면 : 가처분소득 증가 ⇒ 소비 증가 ⇒ 총수요 증가(총수요곡선 우측이동)
③ 통화량 증대 : 이자율 하락 ⇒ 소비와 투자 증가 ⇒ 총수요 증가(총수요곡선 우측이동)
④ 정부지출 증대 : 총수요 증가(총수요곡선 우측이동) **정답** ①

08 주어진 물가수준에서, 총수요곡선을 오른쪽으로 이동시키는 원인으로 옳은 것을 모두 고른 것은? [노무 16]

| ㄱ. 개별소득세 인하 | ㄴ. 장래 경기에 대한 낙관적인 전망 |
| ㄷ. 통화량 감소에 따른 이자율 상승 | ㄹ. 해외경기 침체에 따른 순수출의 감소 |

① ㄱ, ㄴ   ② ㄴ, ㄷ   ③ ㄷ, ㄹ
④ ㄱ, ㄴ, ㄷ   ⑤ ㄴ, ㄷ, ㄹ

해설 ㄱ. 개별소득세 인하 : 가처분소득이 증가하여 민간 소비수요 증가
ㄴ. 장래 경기에 대한 낙관적인 전망 : 민간 소비와 투자수요 증가
ㄷ. 통화량 감소에 따른 이자율 상승 : 민간 소비와 투자수요 감소
ㄹ. 해외경기 침체에 따른 순수출의 감소 : 총수요 감소 **정답** ①

2. 총공급(AS)

(1) 총공급곡선의 도출

09 총공급곡선이 단기에 우상향하는 이유가 아닌 것은?

① 임금의 경직성   ② 노동공급자의 화폐환상
③ 물가의 경직성   ④ 합리적기대

해설 ①,③ 케인즈케인즈학파와 통화주의학파의 단기모형, 새케인즈학파의 경우, 임금과 물가는 경직적이며 총공급곡선은 우상향
② 노동공급자 화폐환상은 케인즈이론이며, 물가상승시 총공급곡선 우상향
④ 합리적기대는 신고전학파의 개념이며, 물가변화시 명목임금이 완전신축적으로 조정되며 수직의 총공급곡선 **정답** ④

10 단기총공급곡선이 우상향하는 이유로 옳지 않은 것은? [노무 20]

① 명목임금이 일반적인 물가 상승에 따라 변동하지 못한 경우
② 수요의 변화에 따라 수시로 가격을 변동하는 것이 어려운 경우
③ 화폐의 중립성이 성립하여, 통화량 증가에 따라 물가가 상승하는 경우
④ 일반적인 물가 상승을 자신이 생산하는 재화의 상대가격 상승으로 착각하는 경우
⑤ 메뉴비용이 발생하는 것과 같이 즉각적인 가격 조정을 저해하는 요인이 있는 경우

해설 ▶ 단기총공급곡선 : 물가와 임금이 비신축적일 때 단기총공급곡선 우상향. 완전신축적이면 수직선
① 적응적기대모형 : 명목임금이 일반적인 물가 상승에 따라 변동하지 못한 경우
②, ⑤ 가격경직성모형 : 수요변화에 따라 가격을 변동하는 것이 어려운 경우 (예 메뉴비용가설)
③ 화폐중립성 : 통화량이 증가하면 물가가 정비례 상승(고전학파).
　　　　　　　총공급은 완전고용 수준에서 변화하지 않으며 총공급곡선은 수직선
④ 루카스 물가예상착오모형 : 전반적으로 물가가 상승할 때 자신이 생산하는 재화만 상승한 것으로 착각

정답 ▶ ③

(2) 총공급의 변화

11 단기 총공급곡선에 대한 설명으로 옳은 것은? [국가 17추]

① 단기에 있어서 물가와 총생산물 공급량 간의 음(−)의 관계를 나타낸다.
② 소매상점들의 바코드 스캐너 도입에 따른 재고관리의 효율성 상승은 단기 총공급곡선을 오른쪽으로 이동시킨다.
③ 원유가격의 상승으로 인한 생산비용의 상승은 단기 총공급곡선을 오른쪽으로 이동시킨다.
④ 명목임금의 상승은 단기 총공급곡선을 이동시키지 못한다.

해설 ▶ ① 단기에 물가가 오르면 총공급량이 증가하므로 양(+)의 관계
② 재고관리 효율성이 상승하면 재고관리 비용감소. 비용이 감소하면 단기 총공급곡선 하방(우측) 이동
③, ④ 원유가격 상승, 명목임금 상승 등으로 생산비용이 증가하면 단기 총공급곡선 상방(좌측) 이동

보충 • 총공급곡선 변화

• 예상물가 하락　• 이자율 상승 • 근로의욕증가　• 인구증가	⇒ 노동공급 증가	⇒ 고용 증가	총공급 증가 ⇒ (총공급곡선 우측이동)
• 기술진보·자본-노동비율 증가 　[총생산함수 상방이동]	⇒ 노동한계생산성 증가 　[노동수요 증가]	⇒ 고용 증가	
■ 공급충격 : 유리한 공급충격(풍작, 국제 원자재가격 하락 등)　　　　⇒ 총공급 증가 　　　　　　 불리한 공급충격(흉작, 천재지변, 원자재가격 폭등, 예상물가 상승 등) ⇒ 총공급 감소			

정답 ▶ ②

12 총수요-총공급($AD-AS$) 모형에 대한 설명으로 옳은 것은? [국가 16]

① 정부가 이전지출 규모를 축소하면 총수요곡선이 우측으로 이동한다.
② 기대물가의 상승은 총공급곡선을 상방으로 이동시킨다.
③ 팽창적 통화정책의 시행은 총수요곡선의 기울기를 가파르게 한다.
④ 균형국민소득이 완전고용소득보다 작다면 인플레이션갭이 발생하여 물가압력이 커진다.

해설▶ ① 이전지출이 감소하면 가처분소득이 감소하여 민간소비수요 감소.
따라서 총수감소(총수요곡선 좌측 이동)
② 기대물가가 상승하면 명목임금이 인상되므로 비용이 증가하여 총공급곡선 상방 이동(총공급 감소)
③ 확대 통화정책을 시행하면 총수요가 증가하여 총수요곡선 우측이동. 기울기와는 직접적 관계없음
④ 균형국민소득이 완전고용소득보다 작다는 것은 디플레이션갭이 존재한다는 것을 의미   **정답**▶ ②

13 총공급곡선에 관한 설명으로 옳지 않은 것은? [노무 19]

① 유가 상승 시 단기 총공급곡선은 좌측으로 이동한다.
② 인적자본이 증가하여도 장기 총공급곡선은 이동하지 않는다.
③ 생산성이 증가하면 단기 총공급곡선은 우측으로 이동한다.
④ 모든 가격이 신축적이면 물가가 하락하여도 장기에는 총산출량이 불변이다.
⑤ 고용주가 부담하는 의료보험료가 상승하면 단기 총공급곡선은 좌측으로 이동한다.

해설▶ ① 유가가 상승하면 생산비가 증가하여 단기 총공급곡선이 좌측(상방)으로 이동
② 인적자본이 증가하면 노동생산성이 증가하여 총생산이 증가하므로 장기 총공급곡선 우측 이동
③ 생산성이 증가하면 총생산이 증가하므로 단기와 장기 총공급곡선 모두 우측 이동
④ 임금을 포함한 모든 가격이 신축적이면 물가가 변화해도 장기 총산출량 불변
⑤ 의료보험료가 상승하면 생산비가 증가하여 단기 총공급곡선 좌측(상방) 이동   **정답**▶ ②

3. 총수요-총공급($AD-AS$)균형과 균형 변화

(1) 총수요-총공급 균형

14 총수요와 총공급이 $Y_d = -P+5$, $Y_s = (P-P^e)+6$ 이다. 여기서 P^e 가 5일 때 (ㄱ) 국민소득과 (ㄴ) 물가는? (단, Y_d는 총수요, Y_s는 총공급, P는 실제 물가, P^e는 예상물가) [노무 21]

① ㄱ:1, ㄴ:0   ② ㄱ:2, ㄴ:1   ③ ㄱ:3, ㄴ:2
④ ㄱ:4, ㄴ:2   ⑤ ㄱ:5, ㄴ:3

해설▶ • 각 곡선식에 예상물가 5를 대입하여 균형조건(총수요=총공급)에 따라 도출
$Y_d = Y_s \Rightarrow -P+5 = (P-5)+6$ $\therefore P=2$, $Y=3$ **정답**▶ ③

15 가격이 신축적인 폐쇄경제에서 조세와 재정지출을 각각 10 증가시킬 때, 국민소득 증가분은? (단, Y는 국민소득, C는 소비, I는 투자, G는 정부지출, T는 조세, r은 이자율, L은 노동, W는 임금, M은 통화량, V는 유통속도, P는 물가, L^S는 노동공급, L^D는 노동수요) [노무 23]

- $C = 10 + 0.8(Y-T)$
- $T = 50$
- $M = 100$
- $L^S = 50 + 10(W/P)$
- $I = 10 - 200r$
- $MV = PY$
- $Y = L$
- $L^D = 150 - 10(W/P)$
- $G = 50$
- $V = 1$
- $L = L^S = L^D$

① 0 ② 10 ③ 50
④ 100 ⑤ 200

해설 ▶ • 문제의 모형 : 노동투입량에 따라 국민소득이 결정($Y = L$)되는 고전학파 모형

▶ 노동투입량은 노동시장 균형($L^D = L^S$)에 따라 결정

$L^D = L^S \Rightarrow 150 - 10\left(\dfrac{W}{P}\right) = 50 + 10\left(\dfrac{W}{P}\right)$ ∴ $\dfrac{W}{P} = 5$, $L = 100$

▶ 피셔교환방정식 : $MV = PY \Rightarrow 100 \cdot 1 = P \cdot 100$ ∴ $P = 1$

▶ 모형에서, $Y = L = 100$, $\dfrac{W}{P} = 5$이고 물가가 1이므로 $W = 5$

• 국민소득이 노동투입량에 따라 결정되므로 총수요 변화는 국민소득에 영향을 줄 수 없음. 따라서, 조세와 재정지출을 동시에 늘리는 균형재정정책은 국민소득을 증가시킬 수 없음 **정답 ①**

(2) 총수요 변화

1) 재정정책 : 생산물시장 여건변화

16 총수요-총공급($AD-AS$) 모형에서 명목임금이 경직적인 경우에 기업들의 사업환경에 대한 비관적 평가에 따라 설비투자가 감소할 경우 경제에 미치는 영향은 무엇인가?

① 이자율과 소득을 모두 증가시킨다.
② 이자율을 상승시키고 소득을 감소시킨다.
③ 이자율은 변하지 않고 소득을 증가시킨다.
④ 이자율과 물가를 하락시킨다.
⑤ 이자율과 소득 모두 변하지 않는다.

해설 ▶ • 명목임금이 경직이라는 것은 총공급곡선이 우상향한다는 것을 의미
• 문제에서, 설비투자가 감소할 경우 : IS곡선과 AD곡선 좌측이동

▶ IS곡선 좌측이동 : 총수요 감소, 이자율 하락
▶ AD곡선 좌측이동 : 물가 하락, 국민소득 감소 **정답 ④**

17 정부지출이 증가할 때 나타나는 현상은?

① IS곡선 우측이동
② LM곡선 우측이동
③ AS곡선 우측이동
④ AD곡선 좌측이동

해설 ▶ • 정부지출 증가 : 총수요 증가에 따라 IS 및 AD곡선 우측이동

정답 ▶ ①

2) 통화정책 : 통화시장 여건 변화

18 잠재생산량을 초과하는 경기과열이 발생하여 인플레이션이 지속되고 있을 때, 정부가 경제안정을 위해 채택하는 정책으로 옳은 것은?   [국가 13]

① 통화공급량 축소
② 투자에 대한 세액공제 확대
③ 정부지출 확대
④ 세율 인하

해설 ▶ • 경기과열 시, 긴축 재정·통화정책
　　　① 통화공급량 축소 : 긴축통화정책
　　　②, ③, ④ 확대재정정책

정답 ▶ ①

19 ㉠~㉢에 들어갈 내용으로 옳은 것은?   [지방 13]

> 정부가 경기침체 상황에 대응하여 확장적인 통화정책을 실시하려고 한다. 폐쇄경제에서 우하향하는 IS곡선을 갖는 경제를 가정할 때, 다른 조건이 일정하다면 단기적으로 총생산은 (㉠)하며, 물가는 (㉡)하고, 금리는 (㉢)할 것이라는 예측이 가능하다.

	㉠	㉡	㉢		㉠	㉡	㉢
①	증가	하락	상승	②	증가	상승	하락
③	감소	상승	하락	④	감소	하락	상승

해설 ▶ • 확대통화정책 : 이자율 하락, 국민소득(총생산) 증가, 물가 상승

정답 ▶ ②

20 통화량 증가의 결과가 아닌 것은?

① 이자율하락과 투자 증가
② 물가상승과 소비 증가
③ 조세수입의 증대와 실업 증가
④ 저축과 국민소득의 증대

해설 ● 확대통화정책 : 이자율 하락, 국민소득(총생산) 증가, 물가 상승

① 이자율이 하락하여 투자 증가
②, ④ 국민소득이 증가하여 소비와 저축 증가
③ 총생산이 증가하므로 실업 감소. 국민소득이 증가하므로 비례소득세(조세)수입 증가
④ 국민소득이 증가하여 저축 증가

정답 ③

3) 유동성함정 하에서의 총수요·총공급 변화

21 일본은 지난 1990년대 이래로 장기불황에 시달리자 90년대 후반, 제로금리 정책을 실시하였다. 이러한 상황에서 아래의 정책들 중 어떤 정책이 가장 효과적일 것으로 예상되는가?

① 통화공급량을 증가시킨다.
② 이자율을 인하시키는 정책을 실시한다.
③ 물가를 낮추기 위해 엔화를 평가절상 시킨다.
④ 소비세율을 인하시킨다.
⑤ 저축을 장려한다.

해설 ● 제로금리 상태라는 것은 일본경제가 유동성함정 상태라는 것을 의미. 유동성함정 하에서는 확대금융정책은 효과가 없으며 확대재정정책(정부지출증대, 조세감면 등)만이 국민소득을 증대시킬 수 있음

● 유동성함정하의 재정·금융정책효과

▶ 확대금융정책
통상, 통화량증가 ⇒ 이자율하락 ⇒ 소비 및 투자증가, 국민소득증가
유동성함정 하에서는 통화량이 증가해도 이자율이 더 이상 내릴 수 없으므로 소비와 투자가 증가할 수 없음. 따라서, 국민소득불변

▶ 확대재정정책 : 정부지출증가, 세율인하 등 조세감면
통상, 정부지출증가조세감면 ⇒ 유효수요증가 ⇒ 국민소득증가, 이자율상승
유동성함정 하에서는 확대재정정책에 따라 국민소득이 증가해도 이자율이 오르지 않으므로 구축효과가 발생하지 않음. 따라서, 국민소득 대폭 증가(승수효과)

정답 ④

(3) 총공급 변화(변화요인 : 노동공급, 노동수요 및 총생산함수)

22 원자재 가격 상승 충격이 발생할 경우 거시경제의 단기 균형과 관련한 다음 분석 중 옳은 것은?

[서울 15]

① 물가가 상승하고 실업률이 하락한다.
② 정부가 산출량 안정을 도모하려면 총수요 축소 정책을 실시하여야 한다.
③ 정부가 재정 정책을 통하여 물가 안정과 산출량 안정을 동시에 달성할 수 있다.
④ 중앙은행이 물가 안정을 위하여 통화정책을 사용할 경우 실업률이 추가적으로 상승한다.

해설 ▶ • 문제에서,

① 원자재 가격이 상승하면 총공급이 감소(총공급곡선 좌측이동)하여 물가상승, 산출량(총공급량, 국민소득) 감소. 산출량이 감소하면 실업률 증가
② 산출량을 다시 증대시키려면 총수요 확대 정책(확대 재정·통화정책. 총수요곡선 우측이동)을 실시해야 함
③ 재정정책 등 총수요 관리정책을 통해서는 물가 안정과 산출량 안정을 동시에 달성할 수 없음.
  확대재정정책을 시행하면 총수요가 증가(총수요곡선 우측이동)하여 물가상승, 산출량 증가
  긴축재정정책을 시행하면 총수요가 감소(총수요곡선 좌측이동)하여 물가하락, 산출량 감소
④ 물가안정을 위해서는 긴축 통화정책(총수요 감소)을 사용해야 하며 이 경우 산출량이 추가적으로 감소하여 실업율이 추가적으로 증가

정답 ▶ ④

보충 ▶ • 총공급 증가 : 노동공급 및 노동수요 증가, 생산함수 상방이동, 유리한 공급충격
• 총공급 감소 : 총공급곡선 좌측이동(원자재 가격 상승, 흉작, 천재지변 등). 불리한 공급충격

  ▶ 물가상승, 국민소득 감소(실업률 증가). 스태그플레이션(비용인상 인플레이션) 발생
  ▶ 케인즈적인 총수요 관리정책으로는 두 문제를 동시에 해결할 수 없음
    물가를 안정시키기 위해서는 긴축 재정·통화정책을 시행해야 하지만 이 경우 국민소득 대폭 감소
    국민소득을 늘리기 위해서는 확대 재정·통화정책을 시행해야 하지만 이 경우 물가 대폭 상승
  ▶ 근본 해결책 : 총공급 증가(총공급곡선 우측이동)

23 다음 설명 중 옳지 않은 것은? [국회 13]

① 확장적 통화정책을 쓰게 되면 이자율이 하락하고 투자가 증가하여 총수요곡선은 우측으로 이동하므로 경기침체의 해결 방안으로 고려될 수 있다.
② 물가가 하락하게 되면 자국화폐로 표시된 실질환율이 상승하여 총수요곡선이 우측으로 이동하므로 경기침체의 해결 방안으로 고려될 수 있다.
③ 투자세액공제를 확대하게 되면 총수요를 증가시키게 되므로 경기침체의 해결 방안으로 고려될 수 있다.
④ 향후 물가가 상승할 것이라고 예상하게 되면 총수요 증가가 나타나므로 경기침체의 해결 방안으로 고려될 수 있다.
⑤ 기술진보는 장기총공급곡선을 우측으로 이동시키므로 경제성장에 도움이 되는 방안이라 할 수 있다.

해설 ① 확대통화정책 : 이자율 하락 ⇒ 투자 증가 ⇒ 총수요 증가(총수요곡선 우측이동) ⇒ 국민소득 증가
② 물가 하락 ⇒ 자국화폐 표시 실질환율 상승 ⇒ 순수출 증가 ⇒ 총수요곡선 상 하방이동
③ 투자세액공제 ⇒ 투자수요 증가 ⇒ 총수요증가 (총수요곡선 우측이동)
 (단, 투자세액공제 제도 : 설비투자액의 일정률을 법인세 혹은 사업소득세에서 공제해 주는 제도)
④ 물가가 상승 예상 ⇒ 소비수요 증가 ⇒ 총수요 증가 (총수요곡선 우측이동)
⑤ 기술진보 ⇒ 노동생산성 증가 : 총생산함수와 노동수요 증가
 ⇒ 총생산 증가 (장단기 총공급곡선 우측이동)   **정답** ▶ ②

24 폭설로 교통이 두절되고 비닐하우스가 무너져 농작물피해가 발생하였다. 우하향하는 총수요곡선과 우상향하는 총공급곡선을 이용하여 이러한 자연재해가 단기 경제에 미치는 영향은? [감평 10]

① 물가수준은 상승하고 실질 GDP는 감소한다.
② 물가수준은 하락하고 실질 GDP는 감소한다.
③ 물가수준은 상승하고 실질 GDP는 증가한다.
④ 물가수준은 상승하고 실질 GDP는 불변이다.
⑤ 물가수준은 하락하고 실질 GDP는 증가한다.

해설 • 불리한 공급충격 : 총공급 감소(총공급곡선 좌측이동). 물가 상승, 실질 GDP 감소   **정답** ▶ ①

(4) 총수요와 총공급의 동시 변화

25 원자재가격 상승으로 물가수준이 상승하여 중앙은행이 기준금리를 인상하기로 결정하였다. 이러한 경제적 효과를 단기 총수요-총공급모형을 이용하여 분석한 것으로 옳은 것? [지방(원) 12]

> ㄱ. 총수요곡선은 좌측 이동한다.
> ㄴ. 총공급곡선은 좌측 이동한다.
> ㄷ. 총생산은 대폭 감소한다.

① ㄱ, ㄴ ② ㄱ, ㄷ
③ ㄴ, ㄷ ④ ㄱ, ㄴ, ㄷ

해설 ㄱ. 중앙은행이 기준금리를 인상하면 투자가 감소하므로 총수요 감소(총수요곡선 좌측이동)
ㄴ. 원자재 가격이 상승하면 생산비가 증가하므로 총공급 감소(총공급곡선 좌측이동)
ㄷ. 총수요와 총공급이 동시에 감소하므로 총생산 대폭 감소, 물가변화는 불분명

정답 ④

26 총수요곡선과 총공급곡선에 대한 다음 설명 중 옳은 것을 모두 고르면? [회계 09]

> 가. 소비심리의 호전은 총수요곡선을 오른쪽으로 이동시킨다.
> 나. 수입 원유가격의 상승은 총공급곡선을 왼쪽으로 이동시킨다.
> 다. 예상물가수준의 상승은 총공급곡선을 왼쪽으로 이동시킨다.
> 라. 물가수준이 상승하면 총공급량이 증가하여 총공급곡선이 오른쪽으로 이동한다.

① 가, 나 ② 나, 라 ③ 다, 라
④ 가, 나, 다 ⑤ 가, 나, 다, 라

해설 나. 원자재가격 상승(생산비 증가) ⇒ 총공급 감소(총공급곡선 왼쪽 이동)
다. 예상물가수준 상승 ⇒ 노동공급 감소 ⇒ 총공급 감소(총공급곡선 왼쪽 이동)
라. 물가상승 ⇒ 총공급량 증가 ⇒ 총공급곡선 우상향. 물가변동은 총공급 변화요인이 아님

정답 ④

27 총수요-총공급 모형에서 통화정책과 재정정책에 관한 설명으로 옳은 것은? (단, 폐쇄경제를 가정한다.) [노무 20]

① 통화정책은 이자율의 변화를 통해 국민소득에 영향을 미친다.
② 유동성함정에 빠진 경우 확장적 통화정책은 총수요를 증가시킨다.
③ 화폐의 중립성에 따르면, 통화량을 늘려도 명목임금은 변하지 않는다.
④ 구축효과란 정부지출 증가가 소비지출 감소를 초래한다는 것을 의미한다.
⑤ 확장적 재정정책 및 통화정책은 모두 경기팽창효과가 있으며, 국민소득의 각 구성요소에 동일한 영향을 미친다.

해설 ① 통화정책 전달경로(이자율경로 : 이자율이 변화하면 총수요(투자, 소비)가 변화하여 국민소득 변화
② 유동성함정에 빠진 경우 확장적 통화정책은 이자율이 변하지 않으므로 총수요가 변화시킬 수 없음
③ 고전학파의 화폐의 중립성 : 통화량이 증가하면 물가상승. 이때 명목임금이 신축적으로 변화하여 실질임금 불변
④ 구축효과 : 정부지출이 증가하면 이자율 상승. 이자율 상승에 따라 소비와 투자 감소. 따라서 총수요 불변
⑤ • 확장적 재정정책 및 통화정책은 총수요를 증가시키는 경기팽창 효과를 가짐
　　• 확대 재정정책은 정부부문의 총수요는 증가하지만 구축효과에 따라 민간부문의 총수요는 감소
　　확대 통화정책은 이자율을 하락시켜 민간부문의 총수요(소비, 투자)가 증가. 정부부문에는 영향 없음

정답 ①

II 총수요 – 총공급모형(II) : 장기모형

28 거시경제의 총수요-총공급 모형에서 총공급곡선에 대한 설명으로 옳지 않은 것은? [서울 09]

① 장기 총공급곡선은 수직이다.
② 최저임금이 인상되면 장기총공급곡선은 우측으로 이동한다.
③ 기술지식의 진보는 장기총공급곡선을 우측으로 이동시킨다.
④ 전반적인 물가수준의 상승을 상대가격의 상승으로 착각하는 것이 단기총공급곡선이 우상향하도록 하는 한 요인이다.
⑤ 임금경직성은 단기총공급곡선이 우상향하도록 하는 한 요인이다.

해설 ① 통화주의학파 장기총공급곡선은 수직선
② 최저임금이 인상되면 노동고용(노동투입)이 감소하여 총공급 감소. 따라서 장단기 총공급곡선 좌측 이동
③ 기술진보가 발생하면 총공급이 증가하여 장단기 총공급곡선 우측 이동
④ 기업이 전반적 물가 상승을 상대가격 상승으로 착각(물가예상착오모형)할 경우 단기총공급곡선 우상향
⑤ 물가가 변화할 때 임금이 경직적이면 단기총공급곡선 우상향

정답 ②

보충 • 장기모형의 총공급곡선 도출
  ▶ 장기모형에서는 단기의 체계적 오류가 수정되어 실제물가를 정확히 예상. 따라서, 물가가 상승하면 명목임금만 실제물가상승률(= 예상물가상승률)만큼 상승하고 고용량은 자연실업률 수준에서 불변
  ▶ 노동투입량이 변화하지 않으므로 총공급량 불변. 따라서 총공급곡선은 자연산출량 수준에서 수직
• 장기모형의 총공급(곡선) 변화 : 단기 총공급변화 요인과 모두 동일. 단, 장기에는 실제물가와 예상물가가 같으므로 예상물가 변동은 총공급 변화 요인이 아님

29 장기 총공급곡선이 이동하는 이유가 아닌 것은? [서울 16]

① 노동인구의 변동 ② 자본량의 변동
③ 기술지식의 변동 ④ 예상 물가수준의 변동

해설 ① 노동인구 증가 : 노동공급 증가 ⇒ 고용 증가(임금상승) ⇒ 장단기 총공급 증가
② 자본량 증가 : 자본노동비율(K/L, 1인당 자본)이 증가하여 노동의 한계생산성(MP_L) 증가
  ⇒ 노동수요 증가, 총생산함수 상방이동 ⇒ 고용 증가, 임금상승
    ⇒ 장단기 총공급 증가(장단기 총공급곡선 우측이동)
③ 기술진보 : 노동의 한계생산성(MP_L) 증가
  ⇒ 노동수요 증가, 총생산함수 상방이동 ⇒ 고용 증가, 임금상승
    ⇒ 장단기 총공급 증가(장단기 총공급곡선 우측이동)
④ 예상물가 상승 : 근로자의 임금인상 요구폭이 증가하여 노동공급곡선 상방이동(노동공급 감소)
  ⇒ 고용 감소, 임금상승 ⇒ 단기 총공급 감소(단기 총공급곡선 좌측이동) **정답** ④

30 폐쇄경제 하 총수요(AD) - 총공급(AS)모형을 이용하여 정부지출 증가로 인한 변화에 관한 설명으로 옳지 않은 것을 모두 고른 것은? (단, AD곡선은 우하향, 단기 AS곡선은 우상향, 장기 AS곡선은 수직선이다.) [노무 21]

> ㄱ. 단기에 균형소득수준은 증가한다.
> ㄴ. 장기에 균형소득수준은 증가한다.
> ㄷ. 장기에 고전파의 이분법이 적용되지 않는다.
> ㄹ. 장기 균형소득수준은 잠재산출량 수준에서 결정된다.

① ㄱ, ㄴ ② ㄱ, ㄷ ③ ㄴ, ㄷ ④ ㄴ, ㄹ ⑤ ㄱ, ㄴ, ㄹ

해설 • 정부지출이 증가하면 총수요 증가(총수요곡선 우측이동)
  ㄱ. 단기 총공급곡선이 우상향하므로 국민소득 증가
  ㄴ. 장기 총공급곡선이 수직선이므로 국민소득 불변, 물가 상승
  ㄷ. 장기 총공급곡선이 수직선이므로 통화량이 변화할 때 국민소득 불변, 물가만 변동(고전학파 이분법)
  ㄹ. 장기에는 물가가 변화할 때 명목임금이 신축적으로 조정되어 완전고용이 이루어지므로 국민소득은 잠재산출량 수준으로 결정 **정답** ③

31 A점에서 장기 균형을 이루고 있는 AD-AS 모형이 있다. 오일쇼크와 같은 음(-)의 공급충격이 발생하여 단기 AS 곡선이 이동한 경우에 대한 설명으로 옳지 않은 것은? [지방 18]

① 단기균형점에서 물가수준은 A점보다 높다.
② A점으로 되돌아오는 방법 중 하나는 임금의 하락이다.
③ 통화량을 증가시키는 정책을 실시하면, A점의 총생산량 수준으로 되돌아올 수 있다.
④ 정부지출을 늘리면 A점의 물가수준으로 되돌아올 수 있다.

해설 • AD-AS 균형이동 : 음(-)의 공급충격(불리한 충격)이 발생하면 총공급 감소(총공급곡선 좌측이동)
① 총공급감소에 따라 A점보다 물가 상승, 국민소득 감소. 스태플레이션 발생
② 총생산이 감소하면 생산요소시장(노동시장) 요소수요가 감소하여 임금하락. 임금이 하락하면 생산비가 감소하여 총공급 다시 증가(총공급곡선 다시 우측이동). 따라서 다시 A점으로 복귀
③ 통화량을 증가시키는 정책(확대통화정책)을 실시하면 총수요가 증가(총수요곡선 우측이동)하여 A점 수준으로 총생산량 수준으로 복귀 가능
④ 정부지출을 늘리면(확대재정정책) 총수요가 증가(총수요곡선 우측이동)하여 물가 더욱 상승 **정답** ④

32 통화정책과 재정정책에 관한 설명으로 옳지 않은 것은? [노무 15]

① 경제가 유동성함정에 빠져 있을 경우에는 통화정책보다는 재정정책이 효과적이다.
② 전통적인 케인즈 경제학자들은 통화정책이 재정정책보다 더 효과적이라고 주장했다.
③ 재정정책과 통화정책을 적절히 혼합하여 사용하는 것을 정책혼합(policy mix)이라고 한다.
④ 화폐공급의 증가가 장기에서 물가만을 상승시킬 뿐 실물변수에는 아무런 영향을 미치지 못하는 현상을 화폐의 장기중립성이라고 한다.
⑤ 구축효과란 정부지출이 증가할 때 이자율이 상승하여 민간 투자가 감소하는 것을 말한다.

해설 ① 경제가 유동성함정에 빠져 있을 경우에는 경제여건이 변화해도 이자율이 최저 수준에서 변화하지 않음
▶ 확대통화정책 : 통화공급이 증가해도 이자율이 내리지 않음.
따라서 총수요가 증가할 수 없으며 국민소득 불변
▶ 확대재정정책 : 확대재정정책시 이자율이 오르지 않으므로 구축효과가 나타나지 않음.
따라서 국민소득 대폭(승수배) 증가
② 전통적인 케인즈 경제학자들은 투자수요의 이자율탄력도가 작고 통화수요의 이자율탄력도는 크다고 보며, 이에 따라 통화정책의 효과는 작고 재정정책의 효과는 크다고 주장
③ 정책혼합(policy mix)은 재정정책과 통화정책을 혼합하여(동시에) 사용하는 것. 예를 들어 확대재정정책에 필요한 재원을 통화증발로 조달하는 경우
④ 화폐의 장기중립성 : 통화주의학파 장기모형에서 장기총공급곡선은 자연산출량 수준에서 수직선. 이 경우 확대통화정책(통화공급 증가)에 따라 총수요가 증가(총수요곡선 우측이동)하더라도 물가만 오르고 총소득은 자연산출량 수준 이상으로 증가할 수 없음. 이를 화폐의 장기중립성이라고 함
⑤ 구축효과 : 정부지출이 증가하여 총수요가 증가할 때 이자율 상승. 이자율이 상승하면 민간부문의 소비와 투자가 감소하게 되며 이를 구축효과라고 함 **정답** ②

33 장기 총공급곡선을 오른쪽으로 이동시키는 요인이 아닌 것은? [노무 22]

① 이민자의 증가로 노동인구 증가 ② 물적 및 인적 자본의 증대
③ 기술 진보로 인한 생산성 증대 ④ 새로운 광물자원의 발견
⑤ 자연실업률의 상승

해설 ▶ ⑤ 자연실업률의 상승은 완전고용 실업률이 높아진 것이므로 자연산출량 감소

보충 ▶ • 장기 총공급곡선(자연산출량 수준에서 수직) 우측이동 요인 : 자연산출량 증가
▶ 노동수요 증가 : 기술진보 등에 의한 노동한계생산성(MP_L) 증가
▶ 노동공급 증가 : 인구 증가
▶ 물적 자원 증가 : 자본 및 자연자원(석유, 광물 등) 증가

정답 ▶ ⑤

Ⅲ 총수요-총공급모형(Ⅲ) : 새고전학파와 새케인즈학파

1. 새고전학파

34 단기의 재정정책이 가장 큰 효과를 발휘하는 경우는 다음 중 어느 것인가? [감평 06]

① 소비과정에서 항상소득가설이 적용된다.
② 화폐수요가 이자율에 민감하게 영향을 받는다.
③ 사람들이 합리적으로 미래에 대한 기대를 형성한다.
④ 투자가 이자율에 민감하게 영향을 받는다.
⑤ 소비가 이자율에 민감하게 영향을 받는다.

해설 ▶ ① 항상소득가설이 적용될 경우, 조세감면을 통한 재정정책은 효과 없음
② 통화수요의 이자율탄력도가 클 경우 재정정책효과 큼
③ 근로자들이 합리적으로 미래물가를 예상할 경우에는 단기총공급곡선이 수직선이므로 재정정책 효과 없음
④ 투자수요의 이자율탄력도가 클 경우 재정정책효과 작음

정답 ▶ ②

보충 ▶ • 새고전학파의 총공급곡선 도출 : 장기모형과 동일
▶ 새고전학파모형에서는 근로자들이 단기에도 미래 정부정책을 감안하여 합리적으로 기대하므로 물가 상승을 정확히 예상
▶ 따라서, 물가가 오를 때 명목임금만 실제물가상승률만큼 상승하고 고용량은 자연실업률 수준에서 변하지 않으므로 단기총공급곡선도 자연산출량 수준에서 수직선이 됨
• 새고전학파의 총공급(곡선) 변화 : 통화주의학파 장기모형과 동일

35 중앙은행이 화폐공급을 증가시킬 때 경제주체들이 이를 미리 예견하고 있었다면, 가장 가능성이 높은 결말은 무엇인가?

① 실질총생산의 증가
② 실질총생산의 하락
③ 명목총생산의 증가
④ 명목총생산의 하락
⑤ 물가의 하락

해설 ▶ • 문제의 경우는 새고전학파모형 : 확대 재정·통화정책 시
▶ 물가(P)만 오르고 실질국민소득(Y) 불변
▶ 따라서 명목국민소득(PY)은 증가

정답 ▶ ③

2. 새케인즈학파

36 경제학파별 이론에 관한 설명으로 옳은 것을 모두 고른 것은? [노무 21]

> ㄱ. 고전학파는 화폐의 중립성을 주장한다.
> ㄴ. 실물경기변동이론은 임금과 가격의 신축성을 전제한다.
> ㄷ. 케인즈학파는 경기침체의 원인이 총공급의 부족에 있다고 주장한다.
> ㄹ. 가격의 경직성을 설명하는 메뉴비용(menu cost) 이론은 새케인즈학파(new Keynesian)의 주장이다.

① ㄱ, ㄴ
② ㄱ, ㄹ
③ ㄴ, ㄷ
④ ㄴ, ㄹ
⑤ ㄱ, ㄴ, ㄹ

해설 ▶ ㄱ. 고전학파는 화폐의 중립성 주장. 통화량이 변화할 때 물가만 변동
ㄴ. 실물경기변동이론은 새고전학파의 경기변동이론이며, 임금과 가격은 완전신축적 조정
ㄷ. 케인즈학파가 보는 경기침체 원인은 총수요 부족
ㄹ. 가격의 경직성을 설명하는 메뉴비용(menu cost) 이론은 새케인즈학파 주장

정답 ▶ ⑤

보충 ▶ • 새케인즈학파의 총공급곡선 도출 : 케인즈학파·통화주의학파 단기모형과 동일
▶ 새케인즈학파모형에서는 새고전학파와 마찬가지로 근로자들이 미래 정부정책을 감안하여 합리적으로 기대하여 단기에도 실제물가를 정확히 예상. 그러나 실제 임금결정 과정에서 명목임금은 비신축적 조정
▶ 따라서, 물가가 오를 때 명목임금은 실제 물가상승률보다 적게 상승하고 고용량이 증가하므로 총공급량 증가. 따라서 합리적기대하에서도 단기총공급곡선 우상향
• 새케인즈학파의 총공급(곡선) 변화 : 케인즈학파·통화주의학파 단기모형과 동일

제10장 거시경제이론의 두 흐름

I 고전학파모형과 케인즈모형

01 케인즈의 이론에 관한 설명으로 옳지 않은 것은? [노무 14]

① 노동시장에서 명목임금은 하방경직성을 갖는다.
② 투자는 기업가의 심리에 큰 영향을 받는다.
③ 경기침체 시에는 확대재정정책이 필요하다.
④ 공급은 스스로의 수요를 창조하므로 만성적인 수요부족은 존재하지 않는다.
⑤ 저축의 역설이라는 관점에서 '소비는 미덕, 저축은 악덕'이라고 주장한다.

해설 ④ 공급은 스스로의 수요를 창조하므로 만성적인 수요부족은 존재하지 않는다는 것은 고전학파의 "세이의 법칙"

정답 ④

02 고전학파와 케인즈학파의 거시경제관에 대한 설명으로 옳지 않은 것은? [지방 11]

① 고전학파는 공급이 수요를 창출하고 보는 반면 케인즈학파는 수요가 공급을 창출한다고 본다.
② 고전학파는 화폐가 베일(veil)에 불과하다고 보는 반면 케인즈학파는 화폐가 실물경제에 영향을 미친다고 본다.
③ 고전학파는 저축과 투자가 같아지는 과정에서 이자율이 중심적인 역할을 한다고 본 반면 케인즈학파는 국민소득이 중심적인 역할을 한다고 본다.
④ 고전학파는 실업문제 해소에 대해 케인즈학파와 동일하게 재정정책이 금융정책보다 더 효과적이라고 본다.

해설 ① 고전학파모형 : 시장의 자율적 조정에 의해 공급이 수요를 창출(세이의 법칙)하여 항상 완전고용
　　케인즈학파모형 : 대공황 등 경기침체 하에서는 수요가 공급을 창출(유효수요이론)
② 고전학파 : 통화시장에서는 통화량에 따라 물가만 변화하고 실물부문에는 영향을 미치지 않음.
　　케인즈학파모형 : 통화시장에서 이자율이 결정되며, 이자율이 변화하면 실물시장의 소비와 투자에 영향
③ 고전학파 : 세이의 법칙. 대부자금시장에서 이자율의 신축적 조정에 의해 총저축과 총투자 일치
　　케인즈학파모형 : 경기침체 하에서, 생산물시장 불균형이 발생하면 총생산(국민소득)이 변화하여 조정

④ 고전학파 : 재정정책과 통화정책 모두 효과 없음.
　통화주의학파 : 통화정책이 재정정책보다 효과적
　케인즈학파모형 : 재정정책이 금융정책보다 효과적

정답 ▶ ④

Ⅱ 케인즈학파와 통화주의학파 단기모형

03 정부의 거시경제정책 중 재량적 정책과 준칙에 따른 정책에 대한 설명으로 옳은 것은?

[국가 17추]

① 준칙에 따른 정책은 소극적 경제정책의 범주에 속한다.
② 매기의 통화증가율을 $k\%$로 일정하게 정하는 것은 통화공급량이 매기 증가한다는 점에서 재량적 정책에 해당한다.
③ 동태적 비일관성(dynamic inconsistency)은 재량적 정책 때문이 아니라 준칙에 따른 정책 때문에 발생한다.
④ 케인즈 경제학자들의 미세조정 정책은 준칙에 따른 정책보다는 재량적 정책의 성격을 띤다.

해설 ▶ ① 준칙에 따른 정책은 원칙을 지키는 정책이므로 소극적 경제정책(비개입)이라고 볼 수 없음
② $k\%$ 준칙은 실질국민소득 증가율과 통화량 증가율이 같아야 한다는 것이므로 재량적 정책이 아님
③ 동태적 비일관성은 당국이 재량적으로 정책을 바꾸는 것이므로 준칙에 따른 정책 변화가 아님
④ 케인즈 경제의 미세조정 정책은 재량적으로 정부재정을 미세하게 조정하는 정책

정답 ▶ ④

04 케인즈학파의 일반적 경제정책관에 관한 설명으로 옳지 않은 것은?

[국가 07]

① 정부의 적극적 정책개입을 주장한다.
② 외적 충격에 대한 비수용적(nonaccommodative) 정책을 주장한다.
③ 재량에 의한 경제정책운용을 주장한다.
④ 재정정책의 상대적 유효성을 주장한다.

해설 ▶ • 케인즈학파 : 재량, 적극적 개입, 수용적 정책(외부충격이 발생할 때 당국이 개입하여 해결)
• 통화주의학파 : 준칙, 비개입, 비수용적 정책(외부충격이 발생할 때 당국은 개입하지 않고 시장기능에 맡겨야 함)

정답 ▶ ②

05 통화정책 및 재정정책에 관한 케인즈경제학자와 통화주의자의 견해로 옳지 않은 것은? [노무 14]

① 케인즈경제학자는 투자의 이자율탄력성이 매우 크다고 주장한다.
② 케인즈경제학자는 통화정책의 외부시차가 길다는 점을 강조한다.
③ 통화주의자는 $k\%$ 준칙에 따른 통화정책을 주장한다.
④ 케인즈경제학자에 따르면 이자율이 매우 낮을 때 화폐시장에 유동성함정이 존재할 수 있다.
⑤ 동일한 재정정책에 대해서 통화주의자가 예상하는 구축효과는 케인즈경제학자가 예상하는 구축효과보다 크다.

해설 ① 케인즈(케인즈경제학자)에 따르면 기업의 투자수요는 주로 기업의 직관적 판단에 따라 결정. 따라서 투자수요의 이자율탄력성은 매우 작다고 주장
정답 ①

06 통화정책에서 신용중시 견해(credit view)에 대한 설명으로 옳지 않은 것은? [국가 13]

① 신용중시 견해는 금융중개가 물가와 생산활동에 중요한 영향을 미친다는 점을 강조하는 견해이다.
② 은행과 차입자 사이에 정보의 비대칭성이 존재한다.
③ 은행은 높은 이자율을 지불할 의향이 있는 자보다 신용이 높은 자에게 대출을 한다.
④ 은행의 대출과 채권은 완전대체재이다.

해설 • 통화정책의 신용경로 : 중앙은행 통화공급 증가
  ⇒ 금융기관 대출 여력이 증가하여 대출 증가
  ⇒ 가계소비 증가, 기업투자 증가 : 총수요 증가

① 금융중개 : 시중은행 예금과 대출
②, ③ 은행과 차입자 사이에 정보비대칭 존재
④ 은행대출과 그에 따른 은행의 채권은 완전보완 관계
정답 ④

보충 통화정책 파급경로

(확대) 통화정책 파급경로(효과 전달경로)			
금리경로	자산가격경로	환율경로	신용경로
⇓	⇓	⇓	⇓
• 단기금리→장기금리 • 은행 여수신 금리 하락	• 주가 상승 • 부동산 가격 상승	• 금리 하락 → 환율 상승	• 은행 예금 증가 • 대출 증가
⇓	⇓	⇓	⇓
소비·투자 증가	소비·투자 증가	수출 증가, 수입 감소	소비·투자 증가
⇓	⇓	⇓	⇓
총수요 증가			

07 화폐금융정책이 실물경제에 영향을 미치는 전달경로에 관한 다음 설명 중 가장 적절하지 못한 것은?

[노무 08]

① 화폐공급량이 증가하면 채권에 대한 수요가 증가하고 이에 따라 이자율이 하락한다.
② 화폐공급량이 증가하면 주식가격이 상승하고 투자가 촉진된다.
③ 화폐공급량이 증가하면 민간의 자산 증가로 소비재에 대한 수요가 증가한다.
④ 화폐공급량이 감소하면 부동산에 대한 수요가 증가한다.
⑤ 화폐공급량이 감소하면 기업은 유동성을 적정수준으로 유지하기 위해 신규투자를 축소한다.

해설 ① 통화량이 증가하면 채권요가 증가하여 채권가격 상승, 이자율 하락
② 통화량이 증가하면 주식가격이 상승하여 투자 촉진
③ 통화량이 증가하면 실질금융자산이 증가하여 소비증가(피구의 실질잔고효과)
④ 통화량이 증가하면 부동산에 대한 투기수요 증가
⑤ 통화량이 감소하면 기업이 거래적동기 통화보유(유동성)를 적정수준으로 유지하기 위해 신규투자 축소

보충 통화량 증가 효과 : 투기자산(채권, 주식, 부동산 등)에 대한 수요가 증가하여 투기자산의 가격이 상승함

정답 ④

Ⅲ 통화주의학파 장기모형

08 다음 중 통화주의자들이 주장하는 내용이 아닌 것은? [보험 06]

① 인플레이션은 항상 그리고 어디에서나 화폐적 현상이다.
② 통화정책은 이자율의 변동을 통하여 실물경제에 영향을 미친다.
③ 통화공급의 증가는 장기에는 물가만 올릴 뿐 소득을 증대시키지 못한다.
④ 경제는 내재적으로 안정적이다.

해설 ① 통화주의학파의 경우 인플레이션은 기본적으로 과도한 통화공급에서 비롯되는 현상으로 인식
② 통화주의학파는 통화량이 증가하면 직접 유효수요가 증가하여 국민소득이 증가하는 것으로 인식
③ 통화주의학파 장기모형에서 확대통화정책을 시행하면 물가만 상승하고 국민소득은 자연산출량 수준에서 불변
④ 통화주의학파는 시장의 자율적 조정기능에 의해 안정적으로 운용 가능한 것으로 인식(장기모형, 새고전학파)

정답 ②

09 장기총공급곡선에 관한 설명으로 옳지 않은 것은? [국회 08]

① 장기적으로 한 나라 경제의 재화와 서비스 공급량은 그 경제가 가지고 있는 노동과 자본, 그리고 생산기술에 의해 좌우된다.
② 장기총공급곡선은 고전학파의 이분성을 뒷받침해 준다.
③ 확장적 통화정책으로 통화량이 증가하더라도 장기총공급곡선은 이동하지 않는다.
④ 장기총공급량은 명목임금이 경직적이고 자유롭게 변동하지 않기 때문에 물가수준이 얼마가 되든 변하지 않는다.
⑤ 장기총공급곡선은 수직이다.

해설 ① 장기적으로 총생산량은 요소부존량과 생산기술에 의해 자연산출량 수준으로 결정
④, ⑤ 장기에는 물가가 변화할 때 명목임금이 완전신축적으로 변화하여 고용량이 변화하지 않음. 따라서 물가가 변화해도 총생산량이 자연산출량 수준에서 불변이므로 장기총공급곡선은 수직선
②, ③ 장기에는 총공급곡선이 수직선이므로 통화량이 변화해도 물가만 변화하고 총공급(국민소득 불변)은 변화하지 않음. 따라서 장기에는 고전학의 이분법 성립

정답 ④

Ⅳ 새고전학파모형과 새케인즈학파모형

1. 새고전학파모형

10 합리적 기대이론에 관한 내용으로 옳지 않은 것은? [지방(상) 08]

① 가격과 임금이 완전하게 신축적이라고 전제한다.
② 불규칙적인 정책변동이 경제교란의 원천이라고 주장한다.
③ 금융정책이 단기에는 효율적이나 장기에는 효율적이지 못하다고 본다.
④ 재정정책은 단기와 장기에서 일반적으로 효율적이지 못하다고 본다.

해설 ▶ ① 물가변화 시 명목임금이 완전신축적으로 조정
② 비체계적 안정화정책(예고된 것과 다르게 시행된 정책. 불규칙적인 정책변동)의 경우는 일시적으로 국민소득을 자연산출량 이상의 수준으로 증가시킬 수 있음
③, ④ 재정·통화정책은 장기는 물론 단기에도 정책효과 없음

정답 ▶ ③

보충 ▶ • 새고전학파(합리적기대이론)

▶ 근로자는 미래 정부정책을 포함한 모든 정보를 이용하여 합리적으로 기대하고, 정부는 체계적 안정화정책(예고된대로 시행된 정책)을 시행할 경우, 물가가 변화할 때 명목임금이 완전신축적으로 조정(시장청산)되어 산출량 불변
▶ 따라서 단기총공급곡선이 자연산출량 수준에서 수직이며 재정·통화정책을 시행할 경우 물가만 변화하고 총생산과 국민소득은 변화할 수 없음.
▶ 근로자들이 합리적기대할 경우, 완전한 정보에 의한 예측은 아니므로 예측 오차는 존재

• 비체계적 안정화정책과 물가예상착오

▶ 비체계적 안정화정책 : 비체계적 안정화정책은 예고된 것과 다르게 시행되는 정책("깜짝 정책"). 이 경우 경제주체가 예상한 물가와 실제물가는 달라지며, 자연산출량 수준 이상으로 국민소득을 증대시킬 수 있음. 따라서 실제 실업률은 자연실업률 이하 수준으로 하락. 상대가격과 물가수준에 대한 착각이 있는 경우
▶ 루카스의 물가예상착오 : 기업들이 자기 상품과 다른 기업 상품의 상대가격과 물가 수준에 대한 착오를 일으킬 경우 실제물가와 예상물가가 달라지게 되며, 단기총공급곡선은 우상향할 수 있음
▶ 비체계적 안정화정책이 시행되거나 물가예상착오가 존재할 경우 합리적기대 하에서도 우상향하는 총공급곡선이 도출됨

11 경제주체의 기대형성에 관한 설명으로 옳은 것은? [노무 15]

① 합리적 기대이론에서는 과거의 정보만을 이용하여 미래에 대한 기대를 형성한다.
② 적응적 기대이론에서는 예측된 값과 미래의 실제 실현된 값이 같아진다고 주장한다.
③ 새고전학파(New Classical School)는 적응적 기대를 토대로 정책무력성 정리(policy ineffectiveness proposition)를 주장했다.
④ 경제주체가 이용가능한 모든 정보를 이용하여 미래에 대한 기대를 형성하는 것을 합리적 기대이론이라고 한다.
⑤ 케인즈(J. M. Keynes)는 합리적 기대이론을 제시하였다.

해설 ① 합리적 기대이론에서는 과거의 정보 및 현재와 미래의 모든 정보를 이용하여 기대(예상)함
② 적응적 기대이론에서는 과거 정보만으로 미래를 기대(예상)하며, 이 경우 예측된 값과 미래 실현된 값은 같지 않은 것이 일반적. 예를 들어 단기모형에서는 적응적 기대에 따라 물가를 예상할 때 체계적 오차가 발생함
③ 새고전학파(New Classical School)는 합리적 기대를 토대로 정책무력성 정리(policy ineffectiveness proposition)를 주장. 경제주체들이 합리적으로 기대하면 정부정책에 따른 미래 물가 변화를 정확히 예상함에 따라 정책효과는 나타나지 않음
④ 합리적 기대 : 경제주체가 현재와 미래의 이용 가능한 모든 정보를 이용하여 미래를 기대(예상)
⑤ 합리적 기대이론은 새고전학파의 기대이론. 케인즈(J. M. Keynes)는 노동공급함수에 있어 근로자가 물가가 변화할 때 이를 고려하지 않는 화폐환상 이론을 제시하였음

정답 ④

2. 새케인즈학파모형

12 효율임금이론에 관한 설명으로 옳은 것은? [노무 22]

① 효율임금이 노동시장의 균형임금과 동일하여 비자발적 실업이 발생하지 않는다.
② 동일한 업무를 수행하지만 서로 다른 기업의 노동자 임금수준이 지속적으로 다른 경우는 효율임금이론으로 설명된다.
③ 효율임금이론은 노동자의 이동이 단기적으로 활발하여 균형임금이 효율적으로 결정되는 경우를 가정한다.
④ 효율임금을 지급하는 경우 소득효과로 인하여 노동의 태만이 증가한다.
⑤ 효율임금을 지급하는 경우 생산성이 낮은 노동자만 남는 역선택 문제가 야기된다.

해설 ① 효율임금은 노동시장의 균형 실질임금보다 높아서 비자발적 실업 발생
② 노동자가 동일한 업무를 수행(동일한 한계생산성(MP_L))하는 여러 기업 중에서 일부 기업이 지속적으로 높은 실질임금을 지급하는 경우가 효율임금이론
③ 노동이동이 활발하게 이루어져 노동시장 균형임금이 같은 수준으로 결정될 때 효율적. 그러나 효율임금이론에서는 일부 기업이 시장균형임금보다 높은 임금을 지급
④ 효율임금을 지급하는 경우 소득효과로 인하여 노동의 태만이 감소
⑤ 효율임금을 지급하는 경우 생산성이 높은 노동자가 취업하므로 역선택 문제는 나타나지 않음

정답 ② ②

보충 • 효율성임금

▶ 노동의 한계생산성(MP_L)은 실질임금(W/P)의 증가함수: $MP_L = f\left(\dfrac{W}{P}\right)$

▶ 노동시장 균형일 때, 명목임금(W) = 한계생산물가치($P \cdot MP_L$)
  ⇒ 실질임금(W/P) = 노동의 한계생산성(MP_L)

▶ 일부 기업이 노동의 한계생산성(MP_L)보다 높은 수준으로 실질임금(W/P) 지급. 따라서 노동시장에 초과공급(비자발적 실업) 발생하지만 실질임금이 내릴 수 없음

▶ 실질임금(W/P)이 증가하면 근로자의 도덕적 해이(태만 등)가 감소하여 노동자의 노동한계생산성(MP_L)이 증가하고, 낮은 노동생산성의 근로자가 취업하는 역선택이 방지됨에 따라 기업은 손실을 보지 않음

보충 새케인즈학파의 물가 – 임금 경직성 가설

• 명목임금경직성 가설

  ▶ 임금계약이론 : 명목임금은 노사협상을 통해 결정되므로 경직적
  ▶ 장기임금계약이론 : 근로자와 기업은 장기임금계약을 통해 서로 안정적인 고용을 유지하고자 함
  ▶ 중첩임금계약이론 : 현실적으로 모든 기업이 동시에 명목임금을 조정할 수 없음

• 실질임금경직성 가설

  ▶ 내부자-외부자이론 : 노조가입자(내부자)는 실질임금 인상을 요구하고, 노조비가입자(외부자)는 해고
  ▶ 효율성임금가설 : 일부 기업이 한계생산성보다 높은 수준의 실질임금(효율성임금) 지급
              우수한 근로자를 유치하고, 기존 근로자의 근로의욕을 높여서 노동생산성이 증가함
  ▶ 묵시적 계약이론 : 근로자와 기업은 암묵적 합의에 의해 일정한 수준의 실질임금 유지
              근로자는 안정적 실질임금을 보장받고, 기업은 신규고용에 따른 비용 절약

• 가격경직성 가설

  ▶ 메뉴비용(menu cost)가설 : 메뉴비용이란 현재의 가격을 변화시킬 때 들어가는 각종 비용
                      메뉴비용이 클 경우에는 기업들이 현재 가격을 유지하려고 하므로 물가는 경직적
  ▶ 엇갈리는 가격설정모형(중첩가격설정모형) : 모든 기업이 동시에 가격을 조정하지 않음

13. 효율성임금(efficiency wage)이론에서 기업이 시장균형임금보다 높은 임금을 지급하는 이유로 옳지 않은 것은? [노무 24]

① 이직률이 낮아져 채용비용 및 교육훈련 비용이 절감되고 노동자의 생산성을 높게 유지할 수 있다.
② 생산성이 높은 노동자를 고용할 수 있어 평균적인 생산성을 높일 수 있다.
③ 노동자가 근무태만으로 해고될 경우 손실이 크기 때문에 근무태만을 줄여준다.
④ 노동자의 체력과 건강이 향상되어 생산성이 높아진다.
⑤ 기업의 브랜드 이미지가 제고되어 매출이 증대되고 이윤이 증가한다.

해설 ● 효율성임금
- 노동의 한계생산성은 실질임금의 증가함수. $MP_L = f\left(\dfrac{W}{P}\right)$
- 이에 따라 일부 기업이 노동시장의 균형실질임금보다 높은 수준의 실질임금 지불

● 실질임금이 증가할 때 노동의 한계생산성이 증가하는 이유
① 이직률이 낮아져 채용비용 및 교육훈련 비용이 절감되고 노동자의 생산성이 높게 유지
② 생산성이 높은 노동자를 채용할 수 있어 평균적인 생산성을 높일 수 있음
③ 노동자의 근무태만 감소
④ 노동자의 체력과 건강이 향상되어 생산성 증가
⑤ 효율성임금은 기업의 브랜드와 무관한 개념

정답 ▶ ⑤

14. 경제학파에 관한 설명으로 옳은 것을 모두 고른 것은? [노무 24]

ㄱ. 정책무력성정리(policy ineffectiveness proposition)는 새고전학파 이론에 속한다.
ㄴ. 총수요 외부성(aggregate demand externalities)이론은 실물경기변동 이론에 속한다.
ㄷ. 케인즈 학파는 경기침체의 원인이 총수요의 부족에 있다고 주장한다.
ㄹ. 비동조적 가격 설정(staggered price setting)모형은 새케인즈 학파 이론에 속한다.

① ㄱ, ㄴ   ② ㄱ, ㄹ   ③ ㄴ, ㄷ
④ ㄴ, ㄹ   ⑤ ㄱ, ㄷ, ㄹ

해설 ㄱ. 정책무력성정리(policy ineffectiveness proposition) : 예고된대로 시행되는 '체계적 안정화정책'은 효과를 가질 수 없음. 새고전학파 이론
ㄴ. 총수요 외부성(aggregate demand externalities)이론 : 새케인즈학파 이론. 경기변동은 총수요 충격에 의해 발생. 실물적경기변동 이론은 새고전학파 이론
ㄷ. 케인즈학파에 따르면 경기침체의 원인은 총수요 부족
ㄹ. 비동조적 가격 설정(staggered price setting)모형 : 현실적으로 가격은 시차를 가지고 조정. 새케인즈 학파 이론

정답 ▶ ⑤

Ⅴ 안정화정책과 불확실성

1. 시차

15 재정정책에 대한 설명으로 옳지 않은 것은? [국가 08]

① 일반적으로 금융정책에 비하여 내부시차(inside lag)가 짧다.
② 정부지출 수요가 증가하여 민간투자가 늘어나는 효과는 투자가속도(investment accelerator) 효과이다.
③ 정부지출의 승수효과는 한계소비성향이 커지면 증가한다.
④ 재정 확대는 이자율을 상승시켜 총수요 증가의 일부를 상쇄시킨다.

해설 ① 금융정책은 당국이 직접 결정하므로 내부시차 짧지만, 재정정책은 국회의 동의를 얻어야 하므로 내부시차가 길어짐.
① 재정정책 내부시차는 길고, 통화정책 내부시차는 짧음
② 정부지출이 증가하면 총수요 증가하여 국민소득 증가
   국민소득이 증가하면 가속도효과에 따라 민간투자 증가
③ 한계소비성향이 크면 정부지출승수 증가
④ 확대재정정책을 시행하면 총수요가 증가하여 국민소득이 증가하며 이자율 상승. 이자율이 상승하면 민간 소비와 투자 감소(구축효과). 따라서 확대재정정책에 따른 총수요 증가가 일부 상쇄

보충 • 시차
▶ 내부시차 : 정책 필요성을 인식(인식시차)하고 정책수단을 마련할 때 까지(실행시차)의 시차
▶ 외부시차 : 정책시행 후, 실제로 효과가 발생할 때까지의 시차

• 재정 · 통화정책의 시차
▶ 재정정책 : 내부시차 길고, 외부시차 짧다.
▶ 통화정책 : 내부시차 짧고, 외부시차 길다.

정답 ①

2. 루카스(R. Lucas)의 거시계량경제학 정책평가관행 비판

16 다음을 읽고 물음에 답하시오. 이와 같이 거시적 행태방정식을 사전에 설명하고 이에 따라 거시경제효과를 분석하는 것은 잘못이라는 주장을 무엇이라 하는가? [보험 06]

> 거시계량모형에 의한 경제예측이 타당성을 갖기 위해서는 소비함수, 투자함수 등 거시모형을 구성하는 행태방정식의 안정성이 보장되어야 한다. 즉 행태방정식의 추정된 계수가 정책시행 이전과 이후에 변화가 없어야 한다. 그러나 경제주체들이 정부지출 증가라는 경제정책을 예상했다면 이러한 기대를 자신의 최적화행위에 반영시키므로 기존의 소비함수에서 설정한 계수는 변화하게 된다. 즉 경제정책의 변화에 따라 경제주체들의 최적화행동이 변화하면 종전에 설정하였던 거시모형의 함수들도 모두 변화해야만 한다.

① 레온티에프역설 ② J-curve효과
③ 루카스비판 ④ 신용가용성이론

해설 ▶ • 루카스 거시계량경제학 정책평가관행 비판
  ▶ 케인즈적 안정화정책은 통계분석(계량경제학)을 통해 계수를 추정한 다음 이를 기초로 정책을 시행
    예 확대재정정책의 경우 한계소비성향(c)을 추정하여 승수$\left(\dfrac{1}{1-c}\right)$의 크기를 예측
  ▶ 그러나 정책을 시행한 이후에 경제주체의 행태가 변화할 경우는 계수가 변화하여 오류를 범할 수 있음.
    예 정책시행 후 한계소비성향(c)이 변화할 경우 승수$\left(\dfrac{1}{1-c}\right)$가 변화하게 됨

정답 ▶ ③

3. 최적정책의 동태적 비일관성

17 적극적인 경기 안정화 정책의 사용이 바람직한지에 대한 논쟁에서 정책의 동태적인 비일관성(또는 시간 비일관성)의 의미에 대한 서술로 가장 옳은 것은? [서울 19(1회)]

① 정책의 집행과 효과 발생 과정에 시차가 존재하기 때문에 정책 효과가 의도한 대로 나타나지 않을 수 있다.
② 정책 당국은 시장의 암묵적 신뢰를 깨고 단기적인 정책목표를 추구할 인센티브를 가진다.
③ 정권마다 다른 정책의 방향을 가지므로 거시 경제 정책은 장기적으로 일관성을 가지기 어렵다.
④ 시장의 상황은 지속적으로 변화하므로 정책의 방향을 시의적절하게 선택하는 것이 바람직하다.

[해설] • 동태적 비일관성(시간 비일관성)
▶ 동태적(장기적)으로 예고된 것과 달리 단기적 상황 변화에 따라 당국이 정책을 변경하는 현상
▶ 과거 시점에서 최적이라고 판단하여 결정한 경제경책이 경제여건이 변화하면 당국은 정책을 수정
▶ 이 경우 특정 시점에서 시행된 최적정책이 동태적으로는 비일관성을 가지게 됨 **정답** ▶ ②

18 경제안정화정책에 대한 설명으로 옳은 것은? [국가 19]

① 준칙에 따른 정책은 미리 정해진 규칙에 따라 정책을 운용하므로 적극적 정책으로 평가될 수 없다.
② 정책의 내부시차는 대체로 재정정책이 통화정책에 비해 짧다.
③ 시간불일치(time inconsistency) 문제는 주로 준칙에 따른 정책에서 나타난다.
④ 루카스 비판(Lucas critique)은 정책 변화에 따라 경제 주체의 기대가 변화할 수 있음을 강조한다.

[해설] ① 준칙에 따른 정책이라는 것은 통화주의학파의 정부 비개입을 주장하는 내용
② 재정정책은 국회 동의가 필요하므로 내부시차가 길고, 외부시차는 짧음
③ 시간불일치(time inconsistency) 문제 : 최적정책의 비일관성 문제. 정책이 시행될 때 동태적으로 나타나는 문제
④ 루카스 비판(Lucas critique) : 정책이 시행될 때 경제 주체의 기대 변화에 따라 경제행태가 변화할 수 있음
  예 확대정책 발표시, 한계소비성향 변화(증가) **정답** ▶ ④

제11장 인플레이션과 실업

I 인플레이션

1. 수요견인 인플레이션

01 다음 중 수요견인(demand-pull) 인플레이션에 관한 설명으로 옳지 않은 것은? [보험 09]

① 다른 조건이 일정불변일 때, 수출이 증가하면 수요견인 인플레이션이 발생한다.
② 다른 조건이 일정불변일 때, 통화량이 증가하면 수요견인 인플레이션이 발생한다.
③ 다른 조건이 일정불변일 때, 원자재 가격이 상승하면 수요견인 인플레이션이 발생한다.
④ 다른 조건이 일정불변일 때, 정부지출이 증가하게 되면 수요견인 인플레이션이 발생한다.

해설 ● 수요견인 인플레이션 : 총수요 증가(총수요곡선 우측이동)에 따라 발생하는 인플레이션
①, ④ 수출과 정부지출이 증가하면 총수요 증가. 수요견인 인플레이션 발생
② 통화량이 증가하면 이자율이 하락하여 총수요(민간 소비와 투자) 증가. 수요견인 인플레이션 발생
③ 원자재 가격이 상승하면 총공급이 감소(총공급곡선 좌측이동)하여 비용인상 인플레이션 발생

정답 ▶ ③

02 다음 중 수요견인(demand pull) 인플레이션은 어느 경우에 발생하는가? [노무 07]

① 생산비의 증가 ② 임금의 삭감
③ 정부지출의 증가 ④ 수요독점적 노동시장의 존재
⑤ 국제유가의 인상

해설 ①, ⑤ 생산비 증가, 국제유가 상승은 생산비를 증대시켜 총공급 감소. 따라서 비용인상 인플레이션 발생
② 임금 삭감은 비용이 감소하므로 총공급이 증가(총공급곡선 우측이동)하여 물가 하락
③ 정부지출이 증가하면 총수요가 증가(총수요곡선 우측이동)하여 수요견인 인플레이션 발생
④ 수요독점 노동시장은 완전경쟁노동시장에 비하여 고용량 감소. 고용량이 감소하면 총공급이 감소(총공급곡선 좌측이동)하여 비용인상 인플레이션 발생

정답 ▶ ③

2. 비용인상 인플레이션

03 갑작스러운 국제 유가 상승으로 A국에서 총생산이 줄어들고 물가가 높아지는 스태그플레이션 (stagflation)이 발생하였다. <보기>는 이에 대한 대책으로 중앙은행 총재와 재무부 장관이 나눈 대화이다. 본 대화에 대한 논평으로 가장 옳지 않은 것은?
[서울 17]

───── <보 기> ─────

- 중앙은행 총재 : 무엇보다도 서민 생활안정을 위해 이자율을 올려 물가를 안정시키는 일이 급선 무입니다.
- 재무부 장관 : 물가안정도 중요하지만 경기침체 완화를 위해 재정을 확대하는 정책이 절실합니다.

① 이자율을 높이는 정책은 총수요를 감소시키는 결과를 가져오기 때문에 실업률을 보다 높일 수 있다.
② 재정확대 정책은 자연산출량(natural rate of output)을 증대할 수 있는 방안이다.
③ 재정확대 정책을 실시할 경우 현재보다 물가 수준이 더욱 높아질 것을 각오해야 한다.
④ 만약 아무 조치도 취하지 않는다면, 침체가 장기화될 수 있다.

해설 ▶
- 스태그플레이션 : 총공급 감소(총공급곡선 좌측이동). 물가 상승, 국민소득 감소(실업률 증가)
  ① 스태그플레이션이 발생할 때, 이자율 상승 정책은 총수요 감소(총수요곡선 좌측이동)시켜 물가를 안정시킬 수는 있으나 국민소득 대폭 감소, 실업률 대폭 증가
  ②, ③ 스태그플레이션이 발생할 때, 확대 재정정책을 시행하면 총수요가 증가(총수요곡선 우측이동)하여 국민소득이 원래 수준으로 증가. 따라서 자연산출량을 증대시킬 수는 없으며 물가만 대폭 상승
  ④ 케인즈학파적 입장에서 보면 아무 조치도 취하지 않을 경우 침체가 장기화될 수 있음
  정답 ▶ ②

보충 ▶ 비용인상 인플레이션과 총수요관리 정책

- 비용인상 인플레이션(스태그플레이션) : 물가 상승, 국민소득 감소(실업 증가)
  ▶ 총공급이 감소(총공급곡선 좌측이동)하여 발생한 인플레이션. 물가는 오르고 총생산 감소(실업 증가)
  ▶ 발생 원인 : 예상물가상승에 따른 근로자 임금인상 요구, 불리한 공급충격(흉작, 원자재가격 상승) 등
  ▶ 대책 :   예상물가하락   ⇒ 노동공급 증가
                                          ⇒ 고용증가
            노동한계생산성 증가 ⇒ 노동수요 증가   ⇒ 총공급 증가(총공급곡선 우측이동)
            기술진보, 자본노동비율 증가 ⇒ 총생산함수 상방이동

- 비용인상 인플레이션과 총수요관리정책 : "정책의 딜레마"
  ▶ 물가 상승을 억제하기 위해 긴축 재정·통화정책(총수요 감소. 총수요곡선 좌측이동)을 시행할 경우, 물가 상승은 막을 수 있으나 국민소득 대폭 감소(실업 대폭 증가)
  ▶ 경기침체를 막기 위해서 확대 재정·통화정책(총수요 증가. 총수요곡선 우측이동) 시행할 경우, 경기침체를 막을 수 있으나 물가 대폭 상승
  ▶ 따라서, 비용인상 인플레이션은 총수요관리정책으로 해결할 수 없음

04 아래 그림은 SAS_0가 SAS_1으로 이동된 상황을 보여 주고 있다. 이에 대한 설명으로 옳지 않은 것은?

[지방(상) 08]

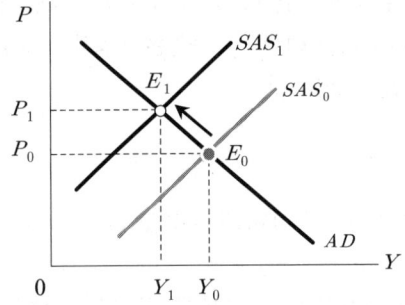

P : 물가
Y : 국내총생산
SAS : 단기총공급곡선
AD : 총수요곡선

① 물가상승과 실업률이 함께 높아진 스태그플레이션 현상을 보여주고 있다.
② 물가를 잡기 위한 정책으로 총수요관리정책을 사용하는 것이 바람직하다.
③ 장기적으로 생산성 향상을 위한 기술개발, 교육훈련, 투자촉진정책들이 필요하다.
④ 법인세 인하와 같은 조세 인하 정책을 사용할 수 있다.

해설 ▶ • 문제에서, 단기총공급곡선 좌측이동
① 스태그플레이션이 발생하여 물가가 상승하고 국민소득이 감소하여 실업률도 상승
② 물가를 잡기 위해 총수요 관리정책(긴축 재정·금융정책)을 시행하면 소득이 대폭 감소하므로 바람직하지 않음.
③ 스태그플레이션을 근본적으로 해결하기 위해서는 총공급이 증가(총공급곡선 우측이동)해야 함. 기술개발, 교육훈련, 투자촉진정책 등을 사용하여 노동생산성이 증가하면 총공급 증가
④ 법인세 인하와 같은 조세인하 정책은 투자를 촉진시켜 총공급을 늘릴 수 있음

정답 ▶ ②

3. 인플레이션의 영향

(1) 예상된 인플레이션

05 디플레이션(deflation)이 경제에 미치는 효과로 볼 수 없는 것은? [9급 16]

① 고정금리의 경우, 채무자의 실질 채무부담이 증가한다.
② 명목이자율이 일정할 때 실질이자율이 내려간다.
③ 명목연금액이 일정할 때 실질연금액은 증가한다.
④ 디플레이션이 가속화될 것이라는 예상은 화폐수요를 증가시킨다.

해설 ● 디플레이션 : 총수요가 감소(총수요곡선 좌측이동)하여 물가가 내리고 국민소득이 감소하는 현상

① 고정금리(명목이자율 일정)의 경우, 물가가 내리면 실질이자율이 상승하므로 채무자의 실질 이자부담 증가
② 명목이자율(r)이 일정할 때, 물가가 내리면 실질이자율 $\left(\dfrac{r}{P}\right)$ 상승
③ 명목연금액이 일정할 때 물가가 내리면 실질연금액(명목연금액 / 물가) 증가
④ 물가가 내리면 실질잔고(실질금융자산 실질 부) 증가. 따라서 물가가 내릴 것으로 예상되면 실질잔고(실질금융자산 실질부)가 증가할 것으로 예상되므로 명목통화수요(보유) 증가 **정답** ▶ ②

06 인플레이션 비용과 관련이 없는 것은? [노무 22]

① 메뉴비용
② 누진소득세제하의 조세부담 증가
③ 상대가격 변화에 따른 자원배분 왜곡
④ 자산 가치 평가 기준의 안정화
⑤ 구두창비용

해설 ① 메뉴비용, ⑤ 구두창비용 : 예상된 인플레이션 하에서 발생하는 사회적 비용
② 소득세는 명목소득에 과세. 인플레이션에 따라 명목소득이 증가하면 누진소득세 하에서 부담 증가.
③ 상품의 가격이 동시에 같은 비율로 상승하는 것이 아니므로 상대가격 변화. 자원배분 왜곡 발생
④ 실물자산과 금융자신의 실질가치와 명목가치가 변화하므로 자산가치 평가가 불안정 **정답** ▶ ④

보충 ● 예상치 못한 인플레이션 효과
▶ 소득재분배 효과 : 실질임금과 실질이자율이 감소하여 요소공급자(소비자) 실질소득 감소, 요소수요자(기업) 실질비용 감소.
▶ 부의 재분배 효과 : 실물자산(부동산 등) 실질가치 불변, 명목가치 증가. 금융자산(통화, 증권 등) 실질가치 감소, 명목가치 불변. 따라서, 실물자산 보유자는 유리하고 금융자산 보유자는 불리
▶ 실질이자율 감소에 따라 채권자(저축자)의 실질소득 감소, 채무자(차입자)의 실질부담 감소. 따라서, 채권자는 불리, 채무자는 유리.
● 예상된 인플레이션 효과 : 물가상승에 따른 메뉴비용 증가, 물가상승에 대비하기 위한 구두창비용 증가

07 물가변동에 관한 설명으로 옳지 않은 것은? [노무 19]

① 경기침체와 인플레이션이 동시에 발생하는 현상을 스태그플레이션이라고 한다.
② 디플레이션은 명목임금의 하방경직성이 있는 경우, 실질임금을 상승시킨다.
③ 총수요의 증가로 인한 인플레이션은 수요견인 인플레이션이다.
④ 예상한 인플레이션(expected inflation)의 경우에는 메뉴비용(menu cost)이 발생하지 않는다.
⑤ 디플레이션은 기업 명목부채의 실질 상환부담을 증가시킨다.

해설 ① 스태그플레이션은 총공급이 감소하여 경기침체(소득감소)와 인플레이션(물가상승)이 발생하는 현상
② 디플레이션(총수요 감소)이 발생하면 물가하락. 명목임금이 하방경직적이면 실질임금(명목임금 / 물가) 상승
③ 총수요 증가에 따른 인플레이션은 수요견인 인플레이션
④ 예상한 인플레이션(expected inflation)이 발생할 경우 메뉴비용(menu cost)과 구두창비용 발생
⑤ 디플레이션(총수요 감소)이 발생하면 물가가 하락하여 기업의 실질 상환부담(명목부채 원리금 / 물가) 증가

정답 ④

08 은행에 100만 원을 예금하고 1년 후 105만 원을 받으며, 같은 기간 중 소비자 물가지수가 100에서 102로 상승할 경우 명목이자율과 실질이자율은? [국가 15]

	명목이자율	실질이자율		명목이자율	실질이자율
①	2%	5%	②	3%	5%
③	5%	2%	④	5%	3%

해설 • 문제에서,
▶ 명목이자율 = (이자 / 원금) × 100 = (5만원 / 100만원) × 100 = 5%
▶ 물가변동률 = ((비교시점 물가 − 기준시점 물가) / 기준시점 물가) × 100
= ((102 − 100) / 100) × 100 = 2% (상승)
▶ 실질이자율 = 명목이자율(5%) − 물가변동률(2%) = 3%

정답 ④

09 1년간 정기예금의 실질이자율이 5%, 인플레이션율이 3%이고, 이자소득세율이 20%일 때 세후 명목이자율은? [노무 22]

① 1.6 %
② 4.8 %
③ 5.0 %
④ 6.4 %
⑤ 8.0 %

해설 • 이자소득세율
  ▶ 피셔 가설 : 실질이자율 = 명목이자율 − 인플레이션율
        명목이자율 = 실질이자율 + 인플레이션율
  ▶ 이자소득세 납부 후 명목이자율 = 명목이자율 − 이자소득세율
  ▶ 이자소득세 납부 후 실질이자율 = 이자소득세 납부 후 명목이자율 − 인플레이션율

• 문제에서,
  ▶ 명목이자율 = 실질이자율(5%) + 인플레이션율(3%) = 8%
  ▶ 소득세 납부 후 명목이자율 = 명목이자율(8%) − (명목이자율(8%) × 이자소득세율(0.2)) = 6.4%
    (단, 이자소득세율 20% = 명목이자소득의 0.2)   **정답** ▶ ④

10 금융기관 세전 명목이자율이 연 2.0%이고 이에 대한 이자소득세율이 25.0%이다. 예상 물가상승률이 연 1.8%일 때, 피셔방정식(Fisher equation)에 의한 연간 세후 예상실질이자율은? [노무 15]

① 0.3% ② 0.2% ③ 0.0% ④ −0.2% ⑤ −0.3%

해설 • 피셔가설
  ▶ (사후적) 피셔가설 : 실질이자율 = 명목이자율 − 실제 인플레이션율
  ▶ (사전적) 피셔가설 : 예상 실질이자율 = 명목이자율 − 예상 인플레이션율

• 세후 명목이자율
  ▶ (사전적) 피셔가설 : 예상 실질이자율 = 명목이자율 − 예상 인플레이션율
  ▶ (사후적) 피셔가설 : 실질이자율 = 명목이자율 − 실제 인플레이션율

• 문제에서,
  ▶ 세후 명목이자율 = 세전 명목이자율(2%) − (세전 명목이자율(2%) × 이자소득세율(25%))
           = 세전 명목이자율(2%) − (세전 명목이자율(2%) × 이자소득세율(25%)) = 1.5%
  ▶ 세후 예상 실질이자율 = 세후 명목이자율(1.5%) − 예상 인플레이션율(1.8%) = −0.3%   **정답** ▶ ⑤

11 근로자의 연봉이 올해 1,500만원에서 1,650만원으로 150만원 인상되었다. 이 기간에 인플레이션율이 12%일 때, A 근로자의 임금변동에 관한 설명으로 옳은 것은? [노무 16]

① 2% 명목임금 증가 ② 2% 명목임금 감소
③ 2% 실질임금 증가 ④ 2% 실질임금 감소
⑤ 15% 명목임금 증가

해설 • 명목임금 : 1,500만원 ⇒ 1,650만원. 10% 증가
• 실질임금 : 실질임금 변동률 = 명목임금 인상률(10%) − 인플레이션율(12%) = −2%   **정답** ▶ ④

12 다음 중 채무자에게 가장 유리한 상황은?

① 실질이자율 3%, 인플레이션율 3%
② 명목이자율 2%, 인플레이션율 0%
③ 실질이자율 1%, 인플레이션율 2%
④ 명목이자율 20%, 인플레이션율 25%

해설 ▶ • 피셔가설 : 실질이자율 = 명목이자율 − 인플레이션율,
　　　　　　　명목이자율 = 실질이자율 + 인플레이션율

• 채권자의 실질수익과 채무자의 실질부담은 실질이자율에 따라 결정
　▶ 실질이자율이 낮을수록 채무자의 실질부담(채권자의 실질수익) 감소
　▶ 실질이자율이 높을수록 채무자의 실질부담(채권자의 실질수익) 증가

① 실질이자율 = 3%
② 실질이자율 = 명목이자율(2%) − 인플레이션율(0%) = 2%
③ 실질이자율 = 1%
④ 실질이자율 = 명목이자율(20%) − 인플레이션율(25%) = −5%

정답 ▶ ④

13 인플레이션에 관한 설명으로 옳은 것은? [노무 20]

① 예상치 못한 인플레이션이 발생하면 채권자가 이득을 보고 채무자가 손해를 보게 된다.
② 피셔(I. Fisher)가설에 따르면 예상된 인플레이션의 사회적 비용은 미미하다.
③ 예상치 못한 인플레이션은 금전거래에서 장기계약보다 단기계약을 더 회피하도록 만든다.
④ 경기호황 속에 물가가 상승하는 현상을 스태그플레이션이라고 한다.
⑤ 인플레이션 조세는 정부가 화폐공급량을 줄여 재정수입을 얻는 것을 의미한다.

해설 ▶ ① 예상치 못한 인플레이션 : 소득재분배 효과. 실질이자가 감소하므로 채권자는 손해, 채무자는 이익
② 피셔(I. Fisher)가설 : 명목이자율 = 실질이자율 + 예상인플레이션율.
　예상인플레이션율만큼 명목이자율이 변화하고 실질이자율은 변하지 않으므로 사회적비용은 발생하지 않음
③ 예상치 못한 인플레이션이 발생하면 예상치 못하게 실질이자율이 하락하므로 장기계약을 회피하게 됨
④ 경기호황 속에 물가가 상승하는 현상은 총수요가 증가하여 발생하는 수요견인 인플레이션.
　스태그플레이션은 총공급이 감소하여 경기침체(국민소득 감소)와 인플레이션이 동시 발생하는 현상
⑤ 인플레이션 조세는 정부가 화폐공급량을 늘릴 때 인플레이션이 발생하고 그에 따라 재정수입을 얻는 현상

정답 ▶ ②

14 화폐발행이득(seigniorage)에 관한 설명으로 옳은 것을 모두 고른 것은? [노무 18]

> ㄱ. 정부가 화폐공급량 증가를 통해 연계되는 추가적 재정수입을 가리킨다.
> ㄴ. 화폐라는 세원에 대해 부과하는 조세와 같다는 뜻에서 인플레이션 조세라 부른다.
> ㄷ. 화폐공급량 증가로 인해 생긴 인플레이션이 민간이 보유하는 화폐자산의 실질가치를 떨어뜨리는 데서 나온다.

① ㄱ ② ㄴ ③ ㄱ, ㄷ
④ ㄴ, ㄷ ⑤ ㄱ, ㄴ, ㄷ

해설 ● 화폐발행 이득(seigniorage)
ㄱ. 화폐공급량 증가를 통한 추가적 재정수입
ㄴ. 화폐라는 세원에 대해 부과하는 조세와 같다는 뜻에서 인플레이션 조세
ㄷ. 화폐공급량 증가에 따른 인플레이션은 민간보유 화폐자산의 실질가치를 감소시킴 **정답** ▶ ⑤

보충 ● 인플레이션 조세(inflation tax)
▶ 인플레이션 조세(inflation tax) : 인플레이션이 발생하면 국가의 명목부채는 불변이지만 실질부채는 감소. 따라서 인플레이션율만큼 정부의 실질채무가 감소했다는 의미에서 인플레이션 조세라고 함
▶ 또한, 정부는 화폐를 새로 발행(화폐주조)하여 재원(재정수입)을 충당할 수 있으며, 이 경우 통화 공급이 증가하여 인플레이션 발생하고 화폐 실질가치 감소. 이에 따라 민간급여의 실질가치 감소
▶ 이때, 정부 통화 발행에 따라 발생한 인플레이션은 화폐를 보유한 모든 사람들에게 부과하는 세금과 같은 의미가 되므로 인플레이션 조세라고 함(소리 없는 세금(silent tax))
▶ 일반적인 조세는 조세저항이 발생할 수 있으나 인플레이션 조세는 인식하기 어려우므로 조세저항 없음
● 화폐발행 이득 : 화폐발행에 따른 인플레이션 조세를 화폐주조차익(seigniorage)이라고 함

(2) 예상치 못한 인플레이션

15 인플레이션율 상승에 따른 파급효과에 대한 설명으로 옳지 않은 것은? [9급 15]

① 기대하지 못한 인플레이션율은 개인의 능력이나 필요에 무관하게 부의 재분배를 야기한다.
② 가격조정비용 또는 메뉴비용을 증가시킨다.
③ 상대가격의 변동성은 증가하지만 자원배분의 효율성은 유지된다.
④ 구두창비용(shoeleather costs)이 증가한다.

해설 ▶ ① 피셔가설(실질이자율 = 명목이자율 − 예상인플레이션율)에 따르면 예상치 못한 인플레이션이 발생하면 실질이자율 감소. 따라서, 채권자(저축자)의 실질소득은 감소하고, 채무자의 실질소득은 증가
②, ④ 인플레이션이 발생하거나 예상되면 메뉴비용과 구두창비용 발생
③ 인플레이션이 발생할 때 모든 재화의 가격이 동시에 같은 비율로 상승하는 것은 아니므로 상대가격 변화. 상대가격 변동성이 증가하면 합리적 선택에 교란이 발생하여 자원배분의 비효율성 발생 **정답** ▶ ③

16 인플레이션에 관한 설명으로 옳지 않은 것은? [노무 16]

① 수요견인 인플레이션은 총수요의 증가가 인플레이션의 주요한 원인이 되는 경우이다.
② 정부가 화폐공급량 증가를 통해 얻게 되는 추가적인 재정수입을 화폐발행이득(seigniorage)이라고 한다.
③ 물가상승과 불황이 동시에 나타나는 현상을 스태그플레이션이라고 한다.
④ 예상하지 못한 인플레이션은 채권자에게서 채무자에게로 소득재분배를 야기한다.
⑤ 예상한 인플레이션의 경우에는 메뉴비용(menu cost)이 발생하지 않는다.

해설 ① 수요견인 인플레이션은 총수요의 증가에 따라 발생하는 인플레이션
② 화폐공급량이 증가하면 그 액수만큼 구매력 증가. 이를 화폐발행이득(seigniorage)이라고 함
③ 스태그플레이션 : 총공급이 감소(총공급곡선 좌측이동)할 때 물가가 오르고 국민소득 감소하는 현상
④ 예상하지 못한 인플레이션은 실질이자율이 감소하므로 채권자 불리, 채무자 유리. 따라서 소득재분배
⑤ 메뉴비용(menu cost)은 물가변동에 따라 발생하는 비용. 예상된 인플레이션 경우에도 발생

정답 ▶ ⑤

보충 ▶ 예상치 못한 인플레이션 효과
- 실질이자율 변화에 따른 소득(부)의 재분배
  ▶ 실질이자율이 감소하여 채권자의 실질수익과 채무자의 실질부담 감소
  ▶ 따라서, 예상치 못하게 물가가 상승하면 예상치 못하게 실질이자율 감소
  ▶ 이 경우, 채권자의 소득이 채무자에게 이전되므로 채무자는 유리, 채권자는 불리해 짐
- 물가변화에 따른 재산가치 변화
  ▶ 물가가 상승하면, 실물자산의 실질가치 불변, 명목가치 증가
  　　　　　　　 금융자산의 실질가치 감소, 명목가치 불변　(단, 금융자산 : 통화와 증권)
  ▶ 따라서, 예상치 못하게 물가가 상승하면 실물자산 보유자는 유리하고, 금융자산 보유자는 불리

17 인플레이션의 비용에 관한 설명으로 옳지 않은 것은? [노무 24]

① 가격을 변경하는데 따른 메뉴비용이 발생한다.
② 누진세제에서 세율등급 상승이 발생하여 세후 실질 소득이 감소할 수 있다.
③ 현금 보유를 줄이기 위한 비용이 발생한다.
④ 예상치 못한 인플레이션은 채권자에게 이익을 주고 채무자에게 손해를 준다.
⑤ 높고 변동성이 큰 인플레이션은 장기 계획의 수립을 어렵게 만든다.

해설 ① 메뉴비용은 가격변동 자체에 따라 발생하는 비용. 예상된 인플레이션 하에서도 발생
② 인플레이션에 따라 명목소득이 증가할 때 누진세제 하에서 소득세액 증가. 따라서 세후 실질소득 감소
③ 인플레이션이 발생하면 현금자산의 실질가치가 감소하므로 현금보유를 줄이고자 하며 이때 비용 발생
④ 예상치 못한 인플레이션은 실질 채무부담을 감소시키므로 채무자(차입자)에게 이익, 채권자(저축자)에게 손실
⑤ 변동성이 큰 인플레이션 하에서는 장기 계획 수립 곤란

정답 ▶ ④

18 인플레이션의 비용이 아닌 것은?

[노무 23]

① 화폐 보유액을 줄이는데 따르는 비용
② 가격을 자주 바꾸는 과정에서 발생하는 비용
③ 경직적인 조세제도로 인한 세금 부담 비용
④ 기대하지 못한 인플레이션에 의한 부(wealth)의 재분배
⑤ 상대가격이 유지되어 발생하는 자원배분 왜곡

해설 ▶ ① 구두창비용
② 메뉴비용
③ 세금은 명목소득(PY)에 부과. 물가가 오르면 명목소득이 증가하므로 조세부담 증가
④ 예상치 못한 인플레이션이 발생하면 부의 재분배. 즉, 금융자산 보유자 불리, 실물자산 보유자 유리
⑤ 인플레이션이 발생할 때 모든 재화의 가격이 인플레이션율과 같은 비율로 상승하지 않으므로 상대가격 변화. 상대가격이 변화하면 대체효과가 발생하여 소비와 생산이 변화하므로 자원배분 왜곡

정답 ▶ ⑤

19 인플레이션에 관한 설명으로 옳은 것은?

[노무 18]

① 피셔가설은 '명목이자율 = 실질이자율 + 물가상승률'이라는 명제로서 예상된 인플레이션이 금융거래에 미리 반영됨을 의미한다.
② 새케인즈학파에 의하면 예상된 인플레이션의 경우에는 어떤 형태의 사회적 비용도 발생하지 않는다.
③ 실제 물가상승률이 예상된 물가상승률보다 큰 경우 채권자는 이득, 채무자는 손해를 본다.
④ 실제 물가상승률이 예상된 물가상승률보다 큰 경우, 고정된 명목임금을 받는 노동자와 기업 사이의 관계에서 노동자는 이득을 보고 기업은 손해를 보게 된다.
⑤ 예상하지 못한 인플레이션 발생의 불확실성이 커지면 장기계약이 활성화되고 단기계약이 위축된다.

해설 ▶ ① 피셔가설
▶ 사후적 피셔가설 : 실질이자율 = 명목이자율 − 물가상승률 (물가상승에 따라 실질이자율 감소)
▶ 사전적 피셔가설 : 명목이자율 = 실질이자율 + 예상물가상승률 (물가상승 예상하여 명목이자율 조정)
② 예상된 인플레이션의 경우에도 메뉴비용, 구두창비용과 같은 사회적 비용 발생
③ 실제 물가상승률이 예상된 물가상승률보다 더 큰 경우,
▶ 채권자 실질 채권가치가 감소하여 손해
▶ 채무자 실질 채무부담이 감소하여 이익
④ 실제 물가상승률이 예상된 물가상승률보다 더 큰 경우,
▶ 노동자 : 고정된 명목임금의 실질가치(수입) 감소하므로 손해
▶ 기 업 : 고정된 명목임금의 실질가치(비용) 감소하므로 이익
⑤ 예상하지 못한 인플레이션에 따라 불확실성이 커지면 단기계약을 중심으로 거래하고 장기계약은 위축

정답 ▶ ①

Ⅱ 실업

1. 실업의 정의와 측정

20 실업률과 고용률에 대한 설명으로 옳지 않은 것은? [지방 17]

① 18시간 이상 일한 무급가족종사자는 실업자에 포함된다.
② 실망실업자는 실업자에 포함되지 않는다.
③ 경제활동참가율과 실업률이 주어지면 고용률을 알 수 있다.
④ 경제활동참가율이 일정할 때 실업률이 높아지면 고용률이 낮아진다.

해설 ▶ • 문제에서,

① 취업자는 자기 수입을 목적으로 주 1시간 이상 근로하거나, 가구 단위의 농장사업체에서 주 18시간 이상 일한 무급가족종사자는 취업자
② 최근 1주일 이상 구직활동을 하지 않은 자(구직활동 포기자. 실망실업자)는 경제활동인구에 포함되지 않으므로 실업자에도 포함되지 않음
③ 경제활동인구를 알면 경제활동참가율을 이용하여 경제활동인구를 측정할 수 있고, 경제활동인구와 실업률을 알면 취업자 숫자를 측정할 수 있으므로 고용률을 측정할 수 있음
④ 경제활동참가율이 일정할 때 실업률이 높아지면 고용률 감소

정답 ▶ ①

보충 ▶ • 실업 관련 통계

▶ 경제활동인구 : 15세 이상 인구 중에서 일할 의사와 능력이 없는 자.
경제활동인구 = 생산가능인구(15세 이상 인구) − 비경제활동인구(일할 의사와 능력이 없는 인구)
(단, 비경제활동인구 : 학생, 주부, 군인, 구직활동포기자 등,
구직활동포기자 : 최근 1주일동안 구직활동을 하지 않은 자)

▶ 경제활동참가율 = $\dfrac{경제활동인구}{생산가능인구(15세 이상 인구)} \times 100$

▶ 실업률 = $\dfrac{경제활동인구 - 취업자}{경제활동인구} \times 100 = \dfrac{실업자}{경제활동인구} \times 100$

(취업자 : 자기 소득을 위해 주 1시간 이상 근로한 자 및 가구단위 농장과 사업체에서 주 18시간 이상 근로한 자)

▶ 고용률 = $\dfrac{취업자}{생산가능인구(15세 이상 인구)} \times 100$

21 실업에 관한 설명으로 옳은 것은? [노무 22]

① 구직단념자의 증가는 비경제활동인구의 감소를 초래하여 실업률을 상승시킨다.
② 비자발적 실업이 존재한다는 것은 노동시장에서 실제 임금수준이 균형임금보다 낮다 는 것을 의미한다.
③ COVID-19 팬데믹 문제로 산업 활동이 둔화하여 발생하는 실업은 마찰적 실업에 해 당한다.
④ 전기차 등 친환경차 생산 증대로 기존 내연기관 자동차 생산에 종사하는 노동자가 일자리를 잃는 경우 구조적 실업에 해당한다.
⑤ 해외 유아의 국내 유입이 증가하는 경우 실업률이 하락한다.

해설 ① 구직단념자 증가 : 경제활동인구 감소, 실업률 감소
② 비자발적 실업은 노동시장 초과공급 상태. 따라서 실제 임금수준이 균형임금보다 높음
③ 산업 활동 둔화(경기침체)에 따른 실업은 경기적 실업
④ 산업구조 변화에 따른 실업은 구조적 실업
⑤ 해외 유아 국내 유입은 경제활동인구와 실업자 수에 영향을 미치지 않으므로 실업률 불변   **정답** ④

22 A 국에서 실업률이 6%일 때 실업자가 60만 명이라면, 취업자 수는 얼마인가? [노무19]

① 60만 명   ② 940만 명   ③ 1,000만 명
④ 1,060만 명   ⑤ 1,100만 명

해설 • 문제에서, 실업률 $= \dfrac{\text{실업자}(60만)}{\text{경제활동인구}} = 0.06$ ∴ 경제활동인구 $= 1{,}000$만, 취업자 $= 940$만   **정답** ②

23 총인구 200명, 15세 이상 인구 100명, 비경제활동인구 20명, 실업자 40명인 A 국이 있다. A 국의 경제활동참가율(%), 고용률(%), 실업률(%)을 순서대로 옳게 나열한 것은? [노무 20]

① 40, 20, 40   ② 40, 50, 20   ③ 80, 20, 20
④ 80, 40, 50   ⑤ 80, 50, 20

해설 • 경제활동참가율 $= \dfrac{\text{경제활동인구}}{\text{생산가능인구}(15세 \text{ 이상 인구})} \times 100 = \dfrac{80}{100} \times 100 = 80\,(\%)$

(단, 경제활동인구=15세 이상 인구(100) − 비경제활동인구(20)=80

• 고용률 $= \dfrac{\text{취업자}}{\text{생산가능인구}(15세 \text{ 이상 인구})} \times 100 = \dfrac{40}{100} \times 100 = 40\,(\%)$

(단, 취업자=경제활동인구(80) − 실업자(40)=40

• 실업률 $= \dfrac{\text{경제활동인구} - \text{취업자}}{\text{경제활동인구}} \times 100 = \dfrac{\text{실업자}}{\text{경제활동인구}} \times 100 = \dfrac{40}{80} \times 100 = 50\,(\%)$ **정답** ④

24 A국의 15세 이상 생산가능인구는 200이다. 실업률이 10%, 경제활동참가율이 60%일 때, 취업자수는?
[노무 23]

① 54명 ② 100명
③ 108명 ④ 120명
⑤ 180명

해설 ▶ • 문제에서,
▶ 경제활동참가율 = $\dfrac{경제활동인구}{생산가능인구(200)} = 0.6$ ∴) 경제활동인구=120

▶ 실업률 = $\dfrac{실업자}{경제활동인구(120)} = 0.1$ ∴) 실업자=12

▶ 취업자=경제활동인구(120)−실업자(12)=108

정답 ▶ ③

25 우리나라 고용통계에 관한 설명으로 옳은 것은?
[노무 18]

① 부모가 경영하는 가계에서 무급으로 하루 5시간씩 주 5일 배달 일을 도와주는 아들은 취업자이다.
② 학생은 유급 파트타임 노동을 하더라도 주로 하는 활동이 취업이 아니므로 취업자가 될 수 없다.
③ 다른 조건이 모두 동일한 상태에서 고교 졸업생 중 취업자는 줄고 대학진학자가 증가하였다면, 취업률은 감소하지만 고용률은 변화가 없다.
④ 실업률은 '(100% −고용률)'이다.
⑤ 실업자 수는 취업률 계산에 영향을 미치지 못한다.

해설 ▶ ① 하루 5시간씩 주 5일(주 25 시간) 도와준 가족종사자는 취업자
② 학생이더라도 유급 파트타임 노동을 하면 취업자
③ 고교 졸업생 중 취업자 감소, 대학진학자 증가

▶ 취업률 감소 예 취업률 = $\dfrac{취업자(8)}{경제활동인구(10)} = 0.8$ ⇒ $\dfrac{취업자(7)}{경제활동인구(9)} = 0.78$

▶ 고용률 감소 예 고용률 = $\dfrac{취업자(8)}{15세\ 이상\ 인구(12)} = 0.67$ ⇒ $\dfrac{취업자(7)}{15세\ 이상\ 인구(12)} = 0.58$

④ 실업률 =100% −취업률
⑤ 실업자 숫자가 변화하면 취업자 숫자가 변화하므로 취업률도 변화

정답 ▶ ①

26 고용과 관련된 지표에 관한 설명으로 옳지 않은 것은? [노무 24]

① 경제활동인구란 15세 이상의 인구 중에서 취업자와 실업자를 합한 것이다.
② 15세 이상의 인구 중에서 취업할 의사가 없거나 일할 능력이 없는 사람은 비경제활동인구에 포함된다.
③ 군대 의무 복무자와 교도소 수감자는 경제활동 조사대상에서 제외된다.
④ 조사대상 기간 1주일 중 수입을 목적으로 1시간 이상 일을 한 사람은 취업자에 해당된다.
⑤ 일정한 직장을 가지고 있으나 일시적인 질병 등으로 조사대상 기간에 일을 하지 못한 사람은 실업자로 분류된다.

해설 ⑤ 직장을 가지고 있는 휴직자는 취업자

정답 ⑤

27 실업에 관한 주장으로 옳은 것은? [노무 15]

① 정부는 경기적 실업을 줄이기 위하여 기업의 설비투자를 억제시켜야 한다.
② 취업자가 존재하는 상황에서 구직포기자의 증가는 실업률을 감소시킨다.
③ 전업주부가 직장을 가지면 경제활동참가율과 실업률은 모두 낮아진다.
④ 실업급여의 확대는 탐색적 실업을 감소시킨다.
⑤ 정부는 구조적 실업을 줄이기 위하여 취업정보의 제공을 축소해야 한다.

해설 ① 경기적 실업은 경기침체(총수요 감소)에 따라 발생하는 실업. 따라서 기업의 설비투자가 감소하면 총수요가 감소하므로 경기적 실업 증가
② 구직포기자가 증가하면 경제활동인구가 감소하므로 실업률(실업자 숫자 / 경제활동인구) 감소
③ 전업주부는 경제활동인구가 아님. 따라서 전업주부가 직장을 가지면 경제활동인구와 취업자 숫자 증가.
따라서, 경제활동참가율(경제활동인구 / 15세 이상 인구) 증가
실업률(경제활동인구 − 취업자 숫자 / 경제활동인구) 감소
④ 실업급여가 확대되면 탐색적 실업자 숫자 증가
⑤ 탐색적(구조적) 실업을 줄이기 위해서는 정확한 취업정보를 제공해야 함

정답 ②

28 우리나라의 실업통계에서 실업률이 높아지는 경우는? [노무 16]

① 취업자가 퇴직하여 전업주부가 되는 경우
② 취업을 알아보던 해직자가 구직을 단념하는 경우
③ 직장인이 교통사고를 당해 2주간 휴가 중인 경우
④ 대학생이 군 복무 후 복학한 경우
⑤ 공부만 하던 대학생이 편의점에서 주당 10시간 아르바이트를 시작하는 경우

해설 ▶ ① 취업자가 퇴직하여 전업주부가 되면 경제활동인구 1명 감소, 실업자 수 불변. 따라서 실업률 증가

예) 실업률 : $\dfrac{실업자(2)}{경제활동인구(10)} = 0.2 \Rightarrow \dfrac{실업자(2)}{경제활동인구(10-1)} = 0.222 \cdots$

② 취업을 알아보던 해직자가 구직을 단념하면, 경제활동인구와 실업자 1명씩 감소. 따라서 실업률 감소

예) 실업률 : $\dfrac{실업자(2)}{경제활동인구(10)} = 0.2 \Rightarrow \dfrac{실업자(2-1)}{경제활동인구(10-1)} = 0.111 \cdots$

⑤ 대학생이 아르바이트를 시작하면, 경제활동인구 1명 증가, 실업자 불변. 따라서 실업률 감소

예) 실업률 : $\dfrac{실업자(2)}{경제활동인구(10)} = 0.2 \Rightarrow \dfrac{실업자(2)}{경제활동인구(10+1)} \approx 0.18$

③ 휴가 중인 직장인은 계속 취업자이므로 실업률 불변
④ 군인과 대학생은 모두 경제활동인구가 아니므로 실업률 불변

정답 ▶ ①

29 2021년 현재 우리나라 통계청의 고용통계 작성기준에 관한 설명으로 옳지 않은 것은? (단, 만 15세 이상 인구를 대상으로 한다.) [노무 21]

① 아버지가 수입을 위해 운영하는 편의점에서 조사대상 주간에 무상으로 주당 20시간 근로한 자녀는 비경제활동인구로 분류된다.
② 다른 조건이 같을 때, 실업자가 구직활동을 포기하면 경제활동참가율은 하락한다.
③ 질병으로 입원하여 근로가 불가능한 상태에서 구직활동을 하는 경우에는 실업자로 분류되지 않는다.
④ 대학생이 수입을 목적으로 조사대상 주간에 주당 1시간 이상 아르바이트를 하는 경우 취업자로 분류된다.
⑤ 실업률은 경제활동인구대비 실업자 수의 비율이다.

해설 ▶ ①, ④ 자기 수입을 목적으로 주 1시간 이상 근로하거나, 가구 단위의 농장 또는 사업체에서 주 18시간 이상 무상 근로한 경우 경제활동인구에 포함
② 구직활동을 포기자는 비경제활동인구. 따라서 경제활동참가율 하락
③ 실업자는 15세 이상, 일할 의사와 능력이 있는 근로자 중에서 근로하지 않는 자. 근로가 불가능한 상태의 근로자는 비경제활동인구이므로 실업자 아님

정답 ▶ ①

30 다음 표는 A국의 노동시장 현황을 나타내고 있다. 생산가능인구가 4,000명으로 일정할 때 2020년 대비 2021년의 노동시장 변화에 관한 설명으로 옳지 않은 것은? [노무 22]

	2020년	2021년
취업자 수	1,100명	1,000명
비경제활동인구	2,000명	2,100명

① 경제활동참가율 감소
② 실업률 증가
③ 고용률 감소
④ 실업자 수 변화 없음
⑤ 취업률 변화 없음

[해설]
• 2020년
▶ 경제활동참가율 $= \dfrac{경제활동인구(2,000)}{생산가능인구(4,000)} \times 100 = 0.5$ (50%)
　　(단, 경제활동인구＝생산가능인구(4,000)−비경제활동인구(2,000)＝2,000)
▶ 실업률 $= \dfrac{경제활동인구(2,000) - 취업자(1,100)}{경제활동인구(2,000)} \times 100 = 0.45$ (45%)
▶ 고용률 $= \dfrac{취업자(1,100)}{생산가능인구(4,000)} \times 100 = 0.28$ (28%)
▶ 취업률 $= \dfrac{취업자(1,100)}{경제활동인구(2,000)} = 0.55$ (55%)
▶ 실업자 수 ＝ 경제활동인구(4,000) − 취업자(1,100) ＝ 2,900

• 2021년
▶ 경제활동참가율 $= \dfrac{경제활동인구(1,900)}{생산가능인구(4,000)} \times 100 = 0.48$ (48%)
　　(단, 경제활동인구＝생산가능인구(4,000)−비경제활동인구(2,100)＝1,900)
▶ 실업률 $= \dfrac{경제활동인구(1,900) - 취업자(1,000)}{경제활동인구(1,900)} \times 100 = 0.47$ (47%)
▶ 고용률 $= \dfrac{취업자(1,000)}{생산가능인구(4,000)} \times 100 = 0.25$ (25%)
▶ 취업률 $= \dfrac{취업자(1,000)}{경제활동인구(1,900)} = 0.53$ (53%)
▶ 실업자 수 ＝ 경제활동인구(4,000) − 취업자(1,100) ＝ 2,900

정답 ▶ ⑤

31 기혼여성의 경제활동참가율을 결정하는 요인이 될 수 있는 것을 모두 고른 것은? [노무 13]

ㄱ. 배우자의 실질임금　　ㄴ. 취학 이전 자녀의 수　　ㄷ. 기혼여성의 교육수준

① ㄱ
② ㄱ, ㄴ, ㄷ
③ ㄱ, ㄷ
④ ㄴ
⑤ ㄴ, ㄷ

해설 ▶ • 기혼여성 경제활동참가 결정 요인
ㄱ. 배우자 실질임금이 증가(감소)하면 경제활동참가율 감소(증가)
ㄴ. 취학 이전 자녀의 수가 증가하면 자녀 양육을 위하여 경제활동참가율 감소
ㄷ. 기혼여성의 교육수준이 높으면 경제활동참가율 증가

정답 ▶ ②

32 실업률을 하락시키는 변화로 옳은 것을 모두 고른 것은? [노무 13]

ㄱ. 취업자가 비경제활동인구로 전환
ㄴ. 실업자가 비경제활동인구로 전환
ㄷ. 비경제활동인구가 취업자로 전환
ㄹ. 비경제활동인구가 실업자로 전환

① ㄱ, ㄴ ② ㄱ, ㄷ
③ ㄴ, ㄷ ④ ㄴ, ㄹ
⑤ ㄷ, ㄹ

해설 ▶ ㄱ. 취업자가 비경제활동인구로 전환 : 실업자 불변, 경제활동인구 감소. 실업률 증가
ㄴ. 실업자가 비경제활동인구로 전환 : 실업자 감소, 경제활동인구 감소. 실업률 감소
ㄷ. 비경제활동인구가 취업자로 전환 : 실업자 불변, 경제활동인구 증가. 실업률 감소
ㄹ. 비경제활동인구가 실업자로 전환 : 실업자 증가, 경제활동인구 증가. 실업률 증가

정답 ▶ ③

33 다음은 A국의 15세 이상 인구 구성이다. 이 경우 경제활동참가율과 실업률은? [국가 17]

○ 임금근로자 : 60명
○ 무급가족종사자 : 10명
○ 직장은 있으나 질병으로 인해 일시적으로 일을 하고 있지 않은 사람 : 10명
○ 주부 : 50명
○ 학생 : 50명
○ 실업자 : 20명 (단, 주부와 학생은 모두 부업을 하지 않는 전업 주부와 순수 학생을 나타낸다.)

	경제활동참가율	실업률		경제활동참가율	실업률
①	40%	20%	②	50%	25%
③	40%	25%	④	50%	20%

해설 ▶ • 문제에서,
  ○ 임금근로자 : 60명. 경제활동인구이며 취업자
  ○ 무급가족종사자 : 10명, 경제활동인구이며 취업자
  ○ 직장은 있으나 질병으로 인해 일시적으로 일을 하고 있지 않은 사람 : 10명. 경제활동인구이며 취업자
  ○ 주부 : 50명. 비경제활동인구
  ○ 학생 : 50명. 비경제활동인구
  ○ 실업자 : 20명. 경제활동인구이며 실업자

▶ 경제활동참가율 $= \dfrac{\text{경제활동인구}}{15\text{세 이상 인구}} = \dfrac{100}{200} = 0.5 \ (50\%)$

▶ 실업률 $= \dfrac{\text{실업자}}{\text{경제활동인구}} = \dfrac{20}{100} = 0.2 \ (20\%)$

정답 ▶ ④

34 현재 우리나라 15세 이상 인구는 4,000만명, 비경제활동인구는 1,500만명, 실업률이 4%라고 할 때, 이에 대한 설명으로 옳은 것은? [국가 14]

① 현재 상태에서 실업자는 60만명이다.
② 현재 상태에서 경제활동참가율은 61.5%이다.
③ 현재 상태에서 고용률은 최대 2.5%포인트 증가할 수 있다.
④ 현재 상태에서 최대한 달성할 수 있는 고용률은 61.5%이다.

해설 ▶ • 문제에서,

▶ 경제활동인구 = 생산가능인구(15세 이상 인구. 4,000만명) − 비경제활동인구(1,500만명) = 2,500만

▶ 경제활동참가율 $= \dfrac{\text{경제활동인구}(2,500\text{만})}{15\text{세이상인구}(4,000\text{만})} = 0.625 \ (62.5\%)$

▶ 실업자 = 경제활동인구(2,500만) × 실업률(0.04) = 100만

▶ 취업자 = 경제활동인구(2,500만) − 실업자(100만) = 2,400만

▶ 현재, 고용률 $= \dfrac{\text{취업자}}{15\text{세이상인구}} = \dfrac{2,400\text{만}}{4,000\text{만}} = 0.600 \ (60\%)$

▶ 완전고용 시, 고용률 $= \dfrac{\text{완전고용취업자}}{15\text{세이상인구}} = \dfrac{2,500\text{만}}{4,000\text{만}} = 0.625$

③ 현재 고용률이 60%이고, 완전고용 시 고용률이 62.5%이므로 고용률은 최대 2.5% 포인트 증가할 수 있음

정답 ▶ ③

2. 실업의 형태

35 다음 실업 유형에 대한 설명으로 옳지 않은 것은? [9급 17]

> 근로자들이 마음에 드는 일자리를 얻기 위해 옮겨 다니는 과정에서 발생하는 실업

① 완전 고용 상태에서도 이러한 실업은 나타난다.
② 산업구조 재편 등 경제구조의 변화가 이러한 실업을 늘린다.
③ 일반적으로 실업 보험 급여는 이러한 실업을 늘린다.
④ 정부의 실직자 재훈련 및 직장 알선 노력 등으로 이러한 실업은 줄어들 수 있다.

해설 "마음에 드는 일자리를 얻기 위해 옮겨 다니는 과정에서 발생하는 실업" : 마찰적 실업(자발적 실업)
① 자발적 실업은 완전 고용 상태에서도 존재
② 산업구조 재편 등 경제구조 변화에 따른 실업은 비자발적 실업(구조적 실업)
③, ④ 자발적 실업(탐색적 실업)은 실업 보험 급여를 줄이고, 실직자 재훈련 및 직장 알선 노력 등을 할 경우에 감소.

정답 ② ②

36 실업에 관한 설명으로 옳지 않은 것은? [노무 20]

① 실업보험은 마찰적 실업을 감소시켜 자연실업률을 하락시키는 경향이 있다.
② 경기변동 때문에 발생하는 실업을 경기적 실업이라 한다.
③ 효율성임금이론(efficiency wage theory)에 따르면 높은 임금 책정으로 생산성을 높이려는 사용자의 시도가 실업을 야기할 수 있다.
④ 내부자-외부자가설(insider-outsider hypothesis)에 따르면 내부자가 임금을 높게 유지하려는 경우 실업이 발생할 수 있다.
⑤ 최저임금제도는 구조적 실업을 야기할 수 있다.

해설 ① 실업보험은 탐색적실업(구조적실업)을 증가시켜 자연실업률을 상승시키는 역할
③ 효율성임금이론(efficiency wage theory) : 기업이 시장균형 실질임금보다 높은 수준으로 실질임금(효율성임금)을 지급할 수 있다는 이론. 이 경우 전체 노동시장에는 실업(초과공급) 발생하지만 근로자의 노동생산성은 실질임금의 함수이므로 실질임금이 상승하면 근로자의 노동생산성이 증가하여 손실이 발생하지 않음
④ 내부자-외부자가설(insider-outsider hypothesis) : 내부자(노조가입 근로자)가 시장임금보다 높은 수준으로 임금인상을 요구할 때 노동시장에 초과공급(실업)이 발생. 이때 임금상승에 따라 외부자(비노조가입 근로자)는 해고되어 고용이 감소하게 됨
⑤ 최저임금제도과 노조에 의한 임금인상은 구조적 실업의 원인

정답 ① ①

37 효율임금(efficiency wages)에 관한 설명으로 옳은 것을 모두 고른 것은? [노무 19]

> ㄱ. 구조적 실업의 한 원인이다.
> ㄴ. 노동자의 태업을 줄일 수 있다.
> ㄷ. 노동자의 이직을 줄일 수 있다.

① ㄱ ② ㄴ ③ ㄱ, ㄷ
④ ㄴ, ㄷ ⑤ ㄱ, ㄴ, ㄷ

해설 ● 효율성임금
- 노동시장 균형일 때, 명목임금(W) = 한계생산물가치($P \cdot MP_L$)
  ⇒ 실질임금(W/P) = 노동의 한계생산성(MP_L)
- 효율성임금은 노동의 한계생산성(MP_L)보다 높은 수준으로 실질임금(W/P) 지급. 따라서 노동시장에 초과공급(비자발적 실업, 구조적실업) 발생
- 효율성임금이론에 따르면 노동한계생산성(MP_L)은 실질임금의 함수. 즉, 실질임금이 상승하면 노동자의 태업과 이직이 감소하여 노동생산성 증가

● 구조적 실업
- 산업의 구조변화(사양산업)에 따라 발생하는 실업
- 효율성임금, 최저임금제 및 노동조합 등 제도적 요인에 의해 발생하는 실업

정답 ▶ ⑤

---

38 실업에 대한 설명으로 옳은 것은? [9급 18]

① 구직 단념자를 실업자로 분류하면 실업률이 더 낮아진다.
② 완전고용실업률하에서 실업률은 항상 0%이다.
③ 경기적 실업과 구조적 실업은 비자발적 실업이고, 마찰적 실업은 자발적 실업에 해당한다.
④ 자연실업률에는 구조적 실업과 경기적 실업이 포함되지 않는다.

해설 ▶ ① 구직 단념자는 경제활동인구가 아니므로 실업자도 아님. 그러나 실업자로 분류하면 경제활동인구와 실업자가 증가하므로 실업률은 증가

예) 실업률 = $\dfrac{\text{실업자}(2)}{\text{경제활동인구}(10)}$ = 0.2 ⇒ $\dfrac{\text{실업자}(2+1)}{\text{경제활동인구}(10+1)}$ ≈ 0.27

② 완전고용하에서도 자발적실업자가 존재하므로 실업률은 0%이 아님
③ 경기적 실업과 구조적 실업은 비자발적 실업. 마찰적 실업은 자발적 실업
④ 자연실업률(완전고용 실업률)은 경기변동과 관계없이 발생하는 마찰적 실업과 구조적 실업만 존재할 때의 실업률. 따라서 자연실업률에 구조적 실업은 포함되고, 경기적 실업은 포함되지 않음

정답 ▶ ③

3. 실업의 원인과 대책

(1) 자연실업률가설

39 실업에 대한 설명으로 옳은 것을 모두 고르면? [서울 16]

> ㄱ. 마찰적 실업이란 직업을 바꾸는 과정에서 발생하는 일시적인 실업이다.
> ㄴ. 구조적 실업은 기술의 변화 등으로 직장에서 요구하는 기술이 부족한 노동자들이 경험할 수 있다.
> ㄷ. 경기적 실업은 경기가 침체되면서 이윤감소 혹은 매출감소 등으로 노동자를 고용할 수 없을 경우 발생한다.
> ㄹ. 자연실업률은 마찰적, 구조적, 경기적 실업률의 합으로 정의된다.
> ㅁ. 자연실업률은 완전고용상태에서의 실업률이라고도 한다.

① ㄱ, ㄴ, ㄷ
② ㄱ, ㄷ, ㅁ
③ ㄱ, ㄴ, ㄷ, ㅁ
④ ㄱ, ㄷ, ㄹ, ㅁ

해설 ㄱ. 마찰적 실업 : 직업 전환 과정에서 나타나는 일시적 실업. 자발적 실업
ㄴ. 구조적 실업 : 필요한 기술을 제공할 수 없거나, 노동시장의 임금경직성(최저임금제, 효율성임금, 노조에 의한 임금 인상 등)에 따라 발생하는 실업. 비자발적 실업
ㄷ. 경기적 실업 : 경기침체에 따라 노동수요가 감소하여 발생한 실업. 비자발적 실업
ㄹ. 자연실업률 : 완전고용실업율. 따라서 마찰적 실업 및 탐색적 실업 등 자발적 실업률의 합.
  구조적 실업과 경기적 실업은 비자발적 실업
ㅁ. 자연실업률은 구직자 수와 구인자 수가 같은 때의 실업률. 따라서 자발적 실업률이며 완전고용실업률

정답 ③

40 다음 중 자연실업에 관한 설명으로 맞지 않은 것은? [보험 08]

① 경제의 구조적 요인에 의해 결정되는 장기실업이다.
② 정상실업 또는 평균실업이라고도 한다.
③ 인플레이션이 가속화되지 않는 실업률이다.
④ 장기적으로는 사라진다.

해설 ①, ④ 경제의 구조적 요인에 의해 결정되는 장기 실업률. 완전고용 실업율을 의미

정답 ④

보충 • 자연실업률가설 　■ 프리드먼(Friedman), 펠프스(Phelps)
　▶ 각 개별 노동시장에서 구직자수와 구인자수가 같을 때의 실업률
　▶ 자연실업률 하에서는 실제물가와 근로자의 예상물가 동일(통화주의학파 장기모형)
　▶ 현재 인플레이션율을 가속 또는 감속시키지 않는 실업율이며 완전고용실업율을 의미

- ▶ 자연실업률 수준은 시장경쟁 정도, 직업탐색비용, 노동의 이동가능성, 최저임금제실시여부 등에 따라 결정
- ▶ 소득수준이 높아지면 탐색인구가 증가하여 자연실업률 상승
- ▶ 또는 경제침체가 장기화될 경우 자연실업률 상승

41 경기침체 장기화는 자연실업률 자체를 상승시킨다. 그 이유로 적합하지 않은 것은? [국가04]

① 실업이 장기화되면, 실업상태를 오래 겪은 자의 생산성이 크게 하락한다.
② 경기침체가 지속되면, 근로자의 임금교섭력이 약해져서 실질임금이 충분히 하락한다.
③ 경기침체가 지속되면, 노동조합에 속해 있는 기존 근로자들이 보다 강경한 노선을 취한다.
④ 경기침체가 오래 지속되면 비정규직 노동자의 지위가 더욱 약화되어 해고율이 높아진다.

해설 ① 노동생산성이 감소하면 기업의 노동수요가 감소하여 자연실업률 수준 상승
②, ③ 경기침체가 지속되면 근로자의 임금인상 요구가 강해져서 실질임금 상승. 따라서 자연실업률 상승
④ 경기침체가 지속되면 교섭력이 약한 비정규직 노동자는 쉽게 해고 될 수 있음.

정답 ②

42 A국의 균제상태(steady state)에서의 실업률이 12 %이고, 매 기간 실직률(취업자 중 실직하는 사람의 비율)이 3 %일 때, 균제상태를 유지시키는 구직률(실업자 중 취업하는 사람의 비율)은? [노무 24]

① 5%   ② 10%   ③ 12%   ④ 15%   ⑤ 22%

해설 • 자연실업률(u_N)의 계산
▶ $u_N = \dfrac{s}{s+f}$ (단, s : 실직률(취업자의 실직 비율), f : 구직률(실업자의 구직 비율))
▶ 문제에서, $u_N = 0.12$, 실직률(s) = 3. $u_N = \dfrac{s}{s+f} = \dfrac{0.03}{0.03+f} = 0.12$ ∴) 구직률(f) = 0.22 (22%)

정답 ⑤

43 A국의 매 기간 동안 실직률(취업자 중 실직하는 사람의 비율)은 2%, 구직률(실직자 중 취업하는 사람의 비율)은 8%일 때, 균제상태(steady state)의 실업률은? [노무 23]

① 10%   ② 12%   ③ 16%   ④ 20%   ⑤ 25%

해설 • 자연실업률(u_N)
▶ $u_N = \dfrac{s}{s+f}$ (단, s : 실직률(취업자의 실직 비율), f : 구직률(실업자의 구직 비율))
▶ 문제에서, 실직률(s) 2%이고 구직률(f) 8%   ∴) $u_N = \dfrac{s}{s+f} = \dfrac{2}{2+10} = 0.166$

정답 ④

44 A국가는 경제활동인구가 1,000만 명이고, 매 기간 동안 실직률(취업자 중 실직하는 사람의 비율)과 구직률(실직자 중 취업하는 사람의 비율)은 각각 2%와 18%이다. 균제상태(steady state)의 실업자 수는?　　　　　　　　　　　　　　　　　　　　　　　　　　　　　　　　　　　　　　　[노무 21]

① 25만명　　② 40만명　　③ 50만명　　④ 75만명　　⑤ 100만명

해설▶ • 자연실업률(u_N)의 계산

▶ $u_N = \dfrac{s}{s+f}$　(단, s : 실직률(취업자의 실직 비율), f : 구직률(실업자의 구직 비율))

▶ 문제에서, 실직률(s) 2%이고 구직률(f) 18%.　∴) $u_N = \dfrac{s}{s+f} = \dfrac{2}{2+18} = 0.1$

따라서 실업자 수(경제활동인구×실업률)는 100만명　　　　　　　　　　　　　　**정답 ▶ ⑤**

(2) 탐색적실업이론과 이력현상

45 노동시장과 실업에 관한 설명으로 옳은 것은?　　　　　　　　　　　　　　　　　　　　　　[노무 17]

① 실망노동자(discouraged worker)는 실업자로 분류되지 않는다.
② 완전고용은 자발적 실업이 없는 상태이다.
③ 최저임금제도의 도입은 실업 발생과 무관하다.
④ 실업보험이 확대되면 자연실업률이 낮아진다.
⑤ 비자발적 실업은 경기적 실업과 구조적 실업 그리고 마찰적 실업을 말한다.

해설▶ ① 실망노동자는 스스로 구직활동을 포기한 근로자. 경제활동인구에 포함되지 않으므로 실업자 아님
② 완전고용 하에서도 자발적 실업 존재
③ 최저임금제도가 도입되면, 노동수요량이 감소(해고)하고 노동공급량이 증가(신규근로자 진입)하므로 실업 발생
④ 실업보험이 확대되면 탐색적실업이 증가하므로 자연실업률 증가
⑤ 비자발적 실업은 경기적 실업과 구조적 실업. 마찰적 실업은 자발적 실업　　**정답 ▶ ①**

46 통화량, 인플레이션과 고용에 대한 설명으로 옳은 것은?　　　　　　　　　　　　　　　　[국가 12]

① 구직을 포기한 자의 수가 증가하면 실업률은 증가한다.
② 총수요관리를 통한 경기안정화정책은 자연실업률을 낮추기 위한 것이다.
③ 통화의 중립성(the neutrality of money)은 통화량의 증가가 주요 명목변수에 영향을 미치지 못함을 말한다.
④ 이력현상이론(hysteresis theory)에 따르면 장기불황이 지속되는 경우 자연실업률이 증가한다.

해설 ① 구직포기자가 증가하면 경제활동인구와 실업자가 동시에 감소하므로 실업률 감소
② 단기총수요관리정책은 장기 자연실업률 수준에 영향을 줄 수 없음.
③ 통화의 중립성(고전학파의 이분법) : 통화량이 변화하면 물가만 변화하므로 실질변수(실질 GDP)에는 영향 없음. 그러나 물가가 오르면 명목변수(명목 GDP)는 증가
④ 케인즈학파의 이력현상 : 경기침체가 지속될 경우 자연실업률 수준이 높아지며, 다시 내리기 어려움.

정답 ④

47 실업에 대한 설명으로 옳지 않은 것은? [9급 12]

① 임금의 경직성과 일자리 제한으로 인해 발생한 실업을 마찰적 실업(frictional unemployment)이라 한다.
② 실업보험은 마찰적 실업에 영향을 미친다.
③ 이미 취업하고 있는 노동자인 내부노동자(insider)가 높은 임금을 요구할 경우 외부노동자(outsider)의 실업 상태가 지속될 수 있다.
④ 효율적 임금(efficiency wage) 이론에 의하면 임금이 높을수록 노동자의 생산성이 높아진다.

해설 ① 임금경직성과 일자리 제한으로 인해 발생한 실업은 구조적 실업
② 탐색적 실업이론 : 실업보험은 자발적 실업(탐색적 실업, 마찰적 실업)을 증가시킴
③ 내부자 - 외부자이론 : 노조가입 근로자(내부자)가 높은 임금을 요구할 경우 외부자가 해고되거나 실업 상태 지속
④ 효율성임금가설 : 실질임금이 높을수록 노동자의 생산성 증가

정답 ①

48 정부가 마찰적 실업을 감소시키기 위해 실시할 수 있는 대책으로 가장 적절한 것은? [국가 08]

① 노동시장에 대한 정보 제공 활동을 강화한다.
② 기업의 투자를 촉진시킨다.
③ 정부의 연구개발비를 확대한다.
④ 임금 상승을 노동생산성 향상 수준 이하로 억제한다.

해설 ① 탐색적실업이론 : 근로자에게 정확한 정보를 제공하고 실업보험을 축소하면 탐색적(마찰적)실업 감소
② 기업투자 촉진정책은 경기적 실업을 해소하기 위한 정책
③ 정부의 연구개발비가 확대되면 기술진보가 촉진되어 장기총공급 증가. 따라서 자연실업률 감소
④ 임금이 노동생산성 이하로 억제되면 노동공급량이 감소하여 실업 증가

정답 ①

III 필립스곡선과 스태그플레이션

1. 필립스곡선

49 필립스곡선(Phillips curve)에 대한 설명으로 옳지 않은 것은? [국가 16]

① 1950년대 말 필립스(A. W. Phillips)는 영국의 실업률과 명목임금 상승률 사이에서 양(+)의 상관관계를 찾아냈다.
② 총공급곡선은 물가와 산출 분석에, 필립스곡선은 인플레이션과 실업 분석에 적절하다.
③ 이력현상(hysteresis)이 존재하면 거시정책은 장기적으로도 실업률에 영향을 미칠 수 있다.
④ 디스인플레이션 정책에 따른 희생률은 적응적 기대보다 합리적 기대에서 작게 나타난다.

해설 ① 필립스는 영국의 실제 자료를 이용하여 실업률과 명목임금 변동률 사이에 음(−)의 상관관계 발견
② 총공급곡선은 물가와 총생산량의 관계, 필립스곡선은 인플레이션과 실업률의 관계를 보여주는 곡선
③ 이력현상(hysteresis) : 케인즈학파의 견해. 자연실업률 수준은 고정되어 있는 것이 아니라 경제여건 변화에 따라 변화할 수 있음. 따라서 정부의 확대재정 및 통화정책은 장기 자연실업률 수준을 낮출 수 있음. 통화주의학파의 경우는 자연실업률은 총수요관리정책에 의해 변화할 수 없음
④ 희생률 : 인플레이션율이 1% 감소할 때 실질GDP 감소율
   디스인플레이션 정책 : 물가(상승) 억제 정책. 긴축 재정·통화정책
   총공급곡선의 형태 : 적응적기대모형(케인즈학파와 통화주의학파 단기모형)에서 총공급곡선 우상향
                    합리적기대모형(새고전학파모형)에서 총공급곡선 수직선
   문제에서, 디스인플레이션 정책을 시행하면 총수요 감소(총수요곡선 좌측이동)
   ▶ 총공급곡선이 수직선일 경우 : 총수요가 감소할 때 물가 하락, 실질국민소득 불변.
     따라서 희생률=0
   ▶ 총공급곡선이 우상향할 경우 : 총수요가 감소할 때 물가 하락, 실질국민소득 감소.
     따라서 희생율>0

정답 ①

50 적응적 기대가설 하에서 필립스곡선에 관한 설명으로 옳지 않은 것은? [노무 19]

① 단기 필립스곡선은 총수요 확장정책이 효과적임을 의미한다.
② 단기 필립스곡선은 희생률(sacrifice ratio) 개념이 성립함을 의미한다.
③ 단기 필립스곡선은 본래 임금 상승률과 실업률 사이의 관계에 기초한 것이다.
④ 밀턴 프리드만(M. Friedman)에 의하면 필립스곡선은 장기에 우하향한다.
⑤ 예상 인플레이션율이 상승하면 단기 필립스곡선은 오른쪽으로 이동한다.

해설 ▶ • 희생률 : 인플레이션율이 1% 감소할 때 실질GDP 감소율

▶ 총공급곡선이 수직선일 경우(장기) : 총수요가 감소할 때 물가 하락, 실질국민소득 불변.
따라서, 희생률 = 0
▶ 총공급곡선이 우상향할 경우(단기) : 총수요가 감소할 때 물가 하락, 실질국민소득 감소.
따라서, 희생율 > 0

① 단기 필립스곡선은 우하향하며, 이는 단기 총공급곡선이 우상향하는 것을 의미. 이 경우, 확장정책(총수요 증가)이 시행되면 국민소득 증가
② 단기 필립스곡선이 우하향하므로 총수요가 감소(총수요곡선 좌측이동)하면 물가가 내리고 국민소득 감소. 따라서 희생률 개념 성립
③ 원래 필립스곡선은 임금 상승률과 실업률 사이의 관계를 분석한 것
④ 프리드만에 의하면 장기 총공급곡선은 수직이므로 총수요가 변화해도 물가만 변화하고 총생산과 실업률은 불변. 따라서 장기필립스곡선은 자연실업률 수준에서 수직선
⑤ 예상 인플레이션율이 상승하면 단기 총공급곡선은 좌측(상방)으로 이동하고 단기 필립스곡선은 우측(상방) 이동

정답 ▶ ④

51 아래 조건을 만족하는 경제에 관한 설명으로 옳지 않은 것은? (단, M은 통화량, V는 유통속도, P는 물가수준, Y는 총생산이다.)

[노무 23]

- 인플레이션율과 총생산성장률 간 양(+)의 관계가 성립한다.
- 총생산성장률과 실업률 간 음(-)의 관계가 성립한다.
- $MV = PY$가 성립한다.
- 화폐유통속도는 일정하다.
- 현재 통화증가율은 10%이고, 인플레이션율은 6%이다.

① 오쿤의 법칙(Okun's law)이 성립한다.　　② 필립스곡선은 우하향한다.
③ 명목 총생산성장률은 10%이다.　　　　　④ 총생산성장률은 4%이다.
⑤ 통화증가율을 6%로 낮추어 인플레이션율이 4%로 인하되면 총생산은 감소한다.

해설 ▶ ① 오쿤의 법칙 : $P = A[1+0.032(u-4)]$. 총생산(성장률)과 실업률은 음(-)의 관계
(단, P : 잠재GDP, A : 실제GDP, u : 실제실업률, 4 : 완전고용실업률)
② 필립스곡선 우하향 : 인플레이션율과 실업률은 음(-)의 관계.
따라서 인플레이션율과 총생산증가율은 양(+)의 관계
③, ④ 교환방정식 : $MV = PY \Rightarrow \dot{M} + \dot{V} = \dot{P} + \dot{Y}$　(단, · : 변화율)
$\Rightarrow 10\% + 0 = 6\% + 4\%$
명목총생산성장률(물가상승률+실질국민소득증가율)은 10%, (실질)총생산증가율은 4%
⑤ $\dot{M} + \dot{V} = \dot{P} + \dot{Y} \Rightarrow 6\% + 0 = 4\% + 6\%$. (실질)총생산 증가율이 증가했으므로 총생산 증가

정답 ▶ ⑤

제11장 인플레이션과 실업

2. 새로운 필립스곡선

(1) 스태그플레이션(stagflation)과 새로운 필립스곡선

52 실업률과 인플레이션율 간의 관계에 대한 설명으로 가장 적절한 것은? [서울 13]

① 단기적으로는 정(+)의 상관관계를 가진다.
② 장기적으로는 부(-)의 상관관계를 가진다.
③ 양자 간의 관계는 장기적으로도 안정적으로 유지된다.
④ 재정적자 확대로 실업률과 인플레이션율이 모두 하락하면서 양자 간의 관계가 발생한다.
⑤ 장기적으로 실업률은 자연실업률 수준에 머물지만 인플레이션율은 통화량증가율에 따라 높거나 낮을 수 있다.

해설 ① 단기필립스곡선은 안정적으로 우하향. 따라서 안정적인 부(-)의 상관관계
②, ③ 장기필립스곡선은 수직선. 따라서 자연실업률은 변화하지 않고 인플레이션율만 변화
④ 재정적자 확대(확대재정정책 시행)되면 물가가 오르고 국민소득이 증가하므로 실업률은 감소하고 물가 상승
⑤ 장기적으로 실업률은 자연실업률 수준에서 불변. 통화량 증가율이 높아지면 인플레이션율 상승

보충 • (단기)필립스곡선 : 1960년대 말(또는 1970년대 초반)까지의 필립스곡선
▶ 안정적으로 우하향. 따라서 인플레이션율과 실업률은 안정적 상충관계(부(-))의 상관관계
▶ 이는 총공급곡선이 안정적으로 우상향한다는 것을 의미
• 새로운 필립스곡선 : 1970년대 초반, 스태그플레이션이 발생했을 때의 필립스곡선
▶ 총공급이 감소(총공급곡선 상방(좌측)이동)하여 스태그플레이션 발생
▶ 따라서 안정적으로 우하향하던 (단기)필립스곡선이 상방(좌측이동)
• 장기필립스곡선
▶ 장기에는 총공급곡선이 자연산출량 수준에서 수직선
▶ 따라서 필립스곡선도 자연실업률 수준에서 수직

정답 ▶ ⑤

53 실업률과 인플레이션율 사이에 명확한 상충관계가 존재하지 않는다고 할 때, 그 원인에 관한 설명으로 가장 옳지 않은 것은? [국회 08]

① 원자재가격 등 공급 요인의 변화로 필립스곡선이 이동하였기 때문이다.
② 사람들의 인플레이션에 대한 기대가 변했기 때문이다.
③ 인구 구성의 변화에 따라 자연실업률이 변했기 때문이다.
④ 통화량 증가로 자연실업률이 변했기 때문이다.
⑤ 장기간 경기침체로 이력현상(hysteresis)이 발생했기 때문이다.

해설 ▶ • 실업률과 인플레이션율 사이에 상충관계가 존재하지 않는다는 것은 필립스곡선이 이동한다는 의미임.

① ② 원자재 가격이 상승하거나 인플레이션에 대한 기대가 상승(예상인플레이션율 상승)하면 총공급곡선이 상방이동(스태그플레이션)하므로 필립스곡선 상방이동
③ 고령화 등에 따라 인구 구성이 변화하면 자연실업률 상승(장기필립스곡선 우측이동)
④ 통화량이 증가하면 물가가 오르고 실업률이 감소하므로 단기필립스곡선 상에서 좌상방이동
⑤ 장기간 경기침체로 이력현상(hysteresis)이 발생하면 자연실업률 상승(장기필립스곡선 우측이동)

정답 ▶ ④

(2) 통화주의학파 : 기대부가 필립스곡선

54 기대인플레이션과 자연실업률이 부가된 필립스(Phillips) 곡선에 대한 설명으로 옳지 않은 것은?

[국가 18]

① 실제 실업률이 자연실업률과 같은 경우, 실제 인플레이션은 기대인플레이션과 같다.
② 실제 실업률이 자연실업률보다 높은 경우, 실제 인플레이션은 기대인플레이션보다 낮다.
③ 실제 실업률이 자연실업률과 같은 경우, 기대인플레이션율은 0과 같다.
④ 사람들이 인플레이션을 완전히 예상할 수 있는 경우, 실제 실업률은 자연실업률과 일치한다.

해설 ▶ • 기대부가 필립스곡선 : $\pi - \pi^e = -\alpha(u - u_N)$ ⇔ $\pi = -\alpha(u - u_N) + \pi^e$

(단, π : 실제 인플레이션율, π^e : 예상 인플레이션율, u : 실제 실업률, u_N : 자연실업률)

① 실제 실업률이 자연실업률과 같은 경우($u = u_N$), 실제 인플레이션율과 기대인플레이션율과 동일 ($\pi = \pi^e$)
② 실제 실업률이 자연실업률보다 높은 경우($u > u_N$), 실제 인플레이션은 기대인플레이션보다 낮음 ($\pi < \pi^e$)
③ 실제 실업률이 자연실업률과 같은 경우($u = u_N$), 기대 인플레이션율은 실제 인플레이션율과 동일 ($\pi = \pi^e$)
④ 사람들이 인플레이션을 완전히 예상할 수 있는 경우($\pi = \pi^e$), 실제 실업률은 자연실업률과 동일 ($u = u_N$)

정답 ▶ ③

55 어느 한 국가의 기대를 반영한 필립스곡선이 <보기>와 같을 때 가장 옳은 것은? (단, π는 실제인플레이션율, π^e는 기대인플레이션율, u는 실업률이다.) [서울 18(1회)]

<보 기>

$$\pi = \pi^e - 0.5u + 2.2$$

① 기대인플레이션율의 변화 없이 실제인플레이션율이 전기에 비하여 1%p 감소하면 실업률이 7.2%가 된다.
② 기대인플레이션율이 상승하면 장기 필립스곡선이 오른쪽으로 이동한다.
③ 잠재GDP에 해당하는 실업률은 4.4%이다.
④ 실제 실업률이 5%이면 실제인플레이션율은 기대인플레이션율보다 높다.

해설 ① 기대인플레이션율 변화 없이 실제 인플레이션율(π)이 $1\%p$ 감소
$\pi - \pi^e = -0.5u + 2.2 \Rightarrow -1 = -0.5u + 2.2 \Rightarrow 0.5u = 1 + 2.2$ ∴) $u = 6.4$ (%)
② 기대인플레이션율이 상승하면 단기 필립스곡선이 상방(오른쪽)으로 이동.
단, 장기 필립스곡선은 자연실업률 수준에서 수직이며 불변
③ 잠재GDP 실업률(자연실업률) 4.4%
④ 실제 실업률(u)이 5%이면 $\pi - \pi^e = -0.5 \cdot 5 + 2.2$ 식에서, $\pi - \pi^e = -0.3$
∴) 실제 인플레이션율(π) < 기대 인플레이션율(π^e)

정답 ③

보충 • 기대부가 필립스곡선 : 70년대 초반 스태그플레이션에 대한 통화주의학파 분석(통화주의학파 장기모형)
▶ 이 시기 스태그플레이션 발생원인은 인플레이션 기대에 따른 예상인플레이션율의 상승으로 보았음.
▶ 즉, 예상물가상승률만큼 총공급곡선이 상방이동하여 스태그플레이션 발생
▶ 따라서 안정적으로 우하향하는 단기필립스곡선이 예상물가상승률만큼 상방이동
▶ 장기에는 실제물가상승률과 예상물가상승률이 같아서 총공급곡선이 자연산출량 수준에서 수직
▶ 따라서 장기필립스곡선은 자연실업율 수준에서 수직

• 기대부가필립스곡선
▶ $\pi - \pi^e = -\alpha(u - u_N)$ 또는, $\pi = -\alpha(u - u_N) + \pi^e = \alpha(u_N - u) + \pi^e$
(단, π : 인플레인션율(%), α : 반응계수, u : 실제실업율(%), u_N : 자연실업율
π^e : 예상물가상승률, $\pi - \pi^e$: 예상치 못한 인플레이션율)
▶ 문제에서, $\pi = \pi^e - 0.5u + 2.2 \Rightarrow \pi = -(0.5u - 2.2) + \pi^e$
$\Rightarrow \pi = -0.5(u - 4.4) + \pi^e$
$\Rightarrow \pi - \pi^e = -0.5u + 2.2$ (장기에, $\pi = \pi^e$)
$\Rightarrow 0 = -0.5u + 2.2$
$\Rightarrow 0.5u = 2.2$ ∴) 자연실업율(u_N) = 4.4(%)

56 다음의 단기 필립스곡선에 관한 설명으로 옳은 것을 모두 고른 것은? (단, π_t, π_t^e, u_t 는 각각 t 기의 인플레이션율, 기대인플레이션율, 실업률이고 u_n 은 자연실업률, β 는 양(+)의 상수, ν_t 는 t 기의 공급충격이다.)

[노무 24]

- $\pi_t = \pi_t^e - \beta(u_t - u_n) + \nu_t$

ㄱ. β 가 클수록 희생비율이 커진다.
ㄴ. 유가상승충격은 $\nu_t > 0$을 의미하며 단기 필립스곡선을 상방 이동시킨다.
ㄷ. 오쿤의 법칙과 결합하면 인플레이션율과 총생산 사이에 양(+)의 관계가 도출된다.
ㄹ. 단기적으로 기대인플레이션율이 고정되어 있을 때, 인플레이션 감축 정책은 실업률을 높인다.

① ㄱ, ㄴ, ㄷ　　② ㄱ, ㄴ, ㄹ　　③ ㄱ, ㄷ, ㄹ
④ ㄴ, ㄷ, ㄹ　　⑤ ㄱ, ㄴ, ㄷ, ㄹ

해설 ● 필립스곡선 : $\pi_t = \pi_t^e - \beta(u_t - u_n) + \nu_t$

▶ $\pi_t = \pi_t^e - \beta(u_t - u_n) + \nu_t \Rightarrow \pi_t = (\beta u_n + \pi_t^e + \nu_t) - \beta u_t$

(단, $(\beta u_n + \pi_t^e + \nu_t)$: 필립스곡선 절편, β : 필립스곡선 기울기(-))

▶ 자연실업률(u_n), 기대인플레이션율(π_t^e), 공급충격(ν_t)이 높아지면 필립스곡선 절편 증가, 상방이동

● 보기에서,

ㄱ. 희생비율 = $\dfrac{GDP \text{ 감소율}(\%)}{\text{인플레이션 하락률}(\%)}$ · 인플레이션율이 1%p 감소할 때 GDP 감소율.
　　총공급곡선의 기울기가 클수록 필립스곡선의 기울기(β)도 크며, 희생비율이 작음
ㄴ. 유가상승 충격이 발생하면 ($\nu_t > 0$) 단기 필립스곡선 상방 이동. 단기 총공급곡선도 상방이동
ㄷ. 필립스곡선 : 인플레이션율과 실업률은 부(-)의 관계.
　　오쿤의 법칙 : 실업률과 총생산(GDP)은 부(-)의 관계.
　　따라서, 인플레이션율과 총생산은 정(+)의 관계.
　　즉, 인플레이션율이 감소할 때 실업률은 증가하고, 실업율이 증가하면 총생산 감소
ㄹ. 기대인플레이션율이 고정되어 있을 때, 필립스곡선은 안정적으로 우하향하며 인플레이션율과 실업률은 부(-)의 관계

정답 ▶ ④

57 그림은 필립스곡선이다. 균형점이 A인 경우, (가)와 (나)로 인한 새로운 균형점은? [국가 17]

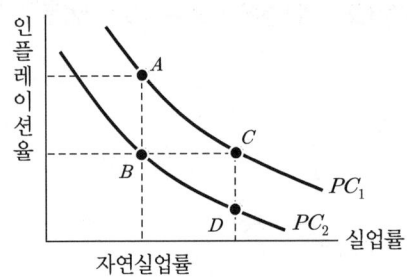

(가) 경제주체들의 기대형성이 적응적 기대를 따르고 예상하지 못한 화폐공급의 감소가 일어났다.
(나) 경제주체들의 기대형성이 합리적 기대를 따르고 화폐공급의 감소가 일어났다. (단, 경제주체들은 정부를 신뢰하며, 정부 정책을 미리 알 수 있다)

	(가)	(나)		(가)	(나)
①	B	C	②	B	D
③	C	B	④	C	D

해설 ▶ (가) 경제주체들이 적응적 기대할 경우(케인즈학파와 통화주의학파 단기모형), (단기) 총공급곡선은 우하향하며, (단기) 필립스곡선은 우하향. 이때 통화공급이 감소하면 총수요가 감소(총수요곡선 좌측이동)하여 물가하락, 실질국민소득 감소
  ▶ 총수요가 감소(총수요곡선 좌측이동)하므로 우상향하는 단기 총공급곡선 상에서 좌하방 이동
  ▶ 물가가 내리고 소득이 감소(실업률 증가)하므로 우하향하는 단기 필립스곡선 상에서 우하방 이동 ($A \to C$)

(나) 경제주체가 합리적 기대하고 정부가 체계적 안정화정책을 시행할 경우(새고전학파), (단기) 총공급곡선은 자연산출량 수준에서 수직이며, (단기) 필립스곡선도 자연실업률 수준에서 수직. 이때 통화공급이 감소하면 총수요가 감소(총수요곡선 좌측이동)하여 물가만 하락, 국민소득 불변. 따라서 실업률도 불변
  ▶ 총수요가 감소(총수요곡선 좌측이동)할 때 물가만 내리므로 수직의 단기 총공급곡선 상에서 하방이동
  ▶ 물가하락율 만큼 기대물가가 하락하여 단기 필립스곡선 하방이동($A \to B$). 실업률은 불변

정답 ▶ ③

58 단기 필립스곡선에 대한 설명으로 옳은 것은? [국가 17추]

① 기대 인플레이션이 적응적 기대에 의해 이루어질 때, 실업률 증가라는 고통 없이 디스인플레이션(disinflation)이 가능하다.
② 단기 필립스곡선은 인플레이션과 실업률 사이의 양(+)의 관계를 나타낸다.
③ 기대 인플레이션이 높아지면 단기 필립스곡선은 위쪽으로 이동한다.
④ 실제 인플레이션이 기대 인플레이션보다 낮은 경우 단기적으로 실제 실업률은 자연실업률보다 낮다.

해설 ① 기대 인플레이션이 적응적 기대에 의해 이루어질 때(단기모형), 총공급곡선은 우상향하며 필립스곡선은 우상향. 따라서 디스인플레이션(disinflation. 물가하락)시 실업률은 반드시 상승
② 단기 필립스곡선은 우하향. 따라서 인플레이션과 실업률 사이에는 부(−)의 관계
③ 기대 인플레이션이 높아지면 단기 총공급곡선과 단기 필립스곡선이 기대 인플레이션율만큼 상방 이동
④ 기대부가 필립스곡선 : $\pi - \pi^e = -\alpha(u - u_N) \Leftrightarrow \pi = -\alpha(u - u_N) + \pi^e$
실제 인플레이션(π)이 기대 인플레이션(π^e)보다 낮으면 $(\pi - \pi^e) < 0$이며, 이 경우 $-\alpha(u - u_N) < 0$. 따라서 실제 실업률(u)이 자연실업률(u_N)보다 높음

정답 ③

05

제5편 동태거시경제이론

제12장 경기변동이론
제13장 경제성장이론
제14장 경제발전이론

제12장 경기변동이론

I 경기변동의 예측 : 경기지표

01 경기선행지표(leading indicators)가 아닌 것은? [9급 12], [서울 09], [국가 07], [서울 06]

① 서비스업생산지수　② 구인구직비율　③ 수출입물가지수　④ 소비자기대지수

해설 경기종합지수

선행종합지수(8)	동행종합지수(7)	후행종합지수(5)
1. 구인구직비율	1. 비농림어업취업자수	1. 상용근로자 수
2. 재고순환지표(제조업)	2. 광공업(산업) 생산지수	2. 생산자제품재고지수
3. 소비자기대지수	3. 서비스업생산지수	3. 도시가계소비지출
4. 기계류내수출하지수	4. 소매판매액지수	4. 소비재수입액
5. 건설수주액	5. 내수출하지수	5. 회사채유통수익률
6. 수출입물가지수	6. 건설기성액	
7. 코스피지수	7. 수입액	
8. 장단기금리차		

(2016년 기준)　**정답** ▶ ①

02 경기동향을 나타내는 기업경기실사지수(BSI : Business Survey Index)와 소비자동향지수(CSI : Consumer Survey Index)에 대한 설명으로 옳지 않은 것은? [지방 10]

① BSI는 기업활동의 실적, 계획, 경기동향 등에 대한 기업가들의 의견을 직접 조사하여 이를 지수화 한 지표이다.
② BSI는 다른 경기지표와는 달리 기업가의 주관적이고 심리적인 요소까지 조사가 가능하고, 정부정책의 파급효과를 분석하는데 활용되기도 한다.
③ CSI는 50을 기준치로 하며, 50을 초과할 경우는 앞으로 생활형편이 좋아질 것이라고 응답한 가구가 나빠질 것으로 응답한 가구보다 많다는 것을 의미한다.
④ BSI는 비교적 쉽게 조사되고 작성될 수 있지만 조사 응답자의 주관적인 판단이 개입될 가능성이 있다.

해설 • 기업경기실사지수(BSI)와 소비자심리지수(CSI)
　　▶ 기업과 소비자에게 경기전망에 대한 설문조사를 시행한 후 지수화한 지표
　　▶ 100보다 낮으면 앞으로의 경제상황이 나빠질 것으로 전망, 100이상이면 나아질 것으로 예상　**정답** ▶ ③

II 경기변동이론

1. 경기변동에 관한 고전학파와 케인즈 계열의 기본인식

03 다음은 경기변동에 관한 새고전학파의 견해이다. 옳지 않은 것은?

① 경기변동은 동태적 시장실패 현상이다.
② 시장청산이 전제되는 균형경기순환이론이다.
③ 동태적으로 경제주체는 합리적으로 기대한다.
④ 경기변동에 대응하는 경제정책은 경기변동을 오히려 확대시킨다.

해설 ①,④ 경기변동은 동태적 시장실패 현상이 아니며, 경기변동에 대응하는 경제정책은 오히려 경제교란 요인이 됨

보충
- 새고전학파 : 경기변동은 시장경제의 자연스러운 흐름의 과정. 인위적인 경기대책은 불필요
  ▶ 기본가정 : 경제주체는 합리적으로 행동. 기업은 이윤극대화, 소비자는 효용극대화 추구
    모든 시장은 균형(시장청산)
    불확실성이 존재하며 경제주체는 완전한 정보를 가지지 못하지만 합리적 기대
  ▶ 균형경기순환이론 : 경기변동은 불균형현상이 아니라 균형상태가 변동하는 현상
    경제의 불확실성, 불완전한 정보 등이 경기변동의 원인
  ▶ 실물적경기변동이론 : 생산성, 기술혁신, 생산자원 등 총공급요인의 변동에 따라 경기변동 발생
- 새케인즈학파 : 경기변동은 시장실패 현상. 따라서 경기대책을 위한 정부정책이 필요
  ▶ 새고전학파와 달리 일부시장(특히 노동시장)에 불균형이 지속되어 비자발적 실업이 존재
  ▶ 이 경우, 정부의 안정화정책은 효과를 가지게 됨   **정답** ①

04 케인즈학파와 통화주의학파에 대한 설명 중 틀린 것은?

① 케인즈학파는 시장경제는 내재적으로 여러 가지 불안정한 요소들을 안고 있다고 생각한다.
② 통화주의학파는 경기변동은 자연스런 경제의 흐름이어서 정부의 반(反) 경기변동 경제정책은 불필요하다고 생각한다.
③ 케인즈학파는 금융정책에 비해 재정정책의 중요성을 강조한다.
④ 통화주의학파는 장기적으로는 화폐의 중립성을 믿지 않는다.

해설 ① 케인즈학파(새케인즈학파) : 시장경제는 동태적으로도 시장실패 가능. 경기변동에 대응하기 위한 정부 개입 필요
② 통화주의학파(새고전학파) : 경기변동은 자연스런 시장경제의 흐름. 정부의 경기변동 대책은 불필요
③ 케인즈학파모형에서는 재정정책 효과가 더 큼
④ 화폐의 중립성(고전학파의 2분법. 화폐베일관), 통화주의학파 장기모형에서 화폐중립성   **정답** ④

2. 경기변동에 대한 학파별 이론

(1) 새고전학파 : 실물적 경기변동이론

05 1990년대 후반 지속된 미국 경제의 호황은 정보기술발전에 따른 생산성 증대의 결과라는 주장이 있다. 이 주장을 뒷받침하는 이론으로 옳은 것은? [국가 15]

① 케인지언(Keynesian) 이론
② 통화주의(Monetarism) 이론
③ 합리적 기대가설(Rational Expectations Hypothesis) 이론
④ 실물경기변동(Real Business Cycle) 이론

해설 ▶ • 실물경기변동(Real Business Cycle) 이론   ■ 프레스콧(E. Prescott), 킹(R. King), 프로셔(C. Plosser)

▶ 기술진보·노동생산성 증가·이자율 상승 등 유리한 공급충격(총공급 증가) 또는 원자재 가격 파동·노사분규에 따른 임금상승·천재지변 등 불리한 공급충격(총공급 감소)이 경기변동의 원인
▶ 특히, 노동의 한계생산성이 증가하면 노동수요가 증가(노동수요곡선 우측이동)하여 고용이 증가하여 총공급이 증가(총공급곡선 우측이동)
▶ 이에 따라 국민소득이 증가하여 소비·저축·투자가 증가하는 경기순응적 변화 시작
▶ 이때 노동공급곡선의 기울기가 완만할수록 고용 증가 효과가 커서 경기변동의 크기가 더욱 커짐.
▶ 새고전학파모형에서는 총공급곡선이 수직이므로 총수요 측면의 변화는 경기변동 원인이 될 수 없음
▶ 1990년대 후반 미국의 호황은 정보기술 발전(IT 혁명)에 따른 생산성 증대의 결과   **정답** ▶ ④

06 RBC이론(실물적 경기변동이론)에 대한 설명 중 옳지 않은 것은? [국가 05]

① RBC이론은 프리드먼-루카스의 화폐적 경기변동이론과 함께 새고전학파의 경기변동이론으로 분류된다.
② RBC이론은 일회적인 실물충격에 의해 균형수준 자체가 내생적으로 변화하게 되므로 경기순환이 지속성을 보인다고 설명한다.
③ RBC이론이 말하는 실물충격이란 기술변화 뿐만 아니라 흉작, 유가충격, 공해 관련 정부 규제 등을 포괄하는 개념이다.
④ RBC이론은 1920년대 말 대공황시기에 산출이 줄면서 물가가 하락한 현상과 1970년대 에너지 위기 때 산출이 줄면서 물가가 상승한 현상을 모두 설득력 있게 설명한다.

해설 ▶ ① RBC이론과 화폐적 경기변동이론은 새고전학파의 경기변동이론
② RBC이론은 일회적인 실물충격에 의해 균형이 내생적으로 변화하여 경기순환이 지속성을 보이게 됨.
③ RBC이론에서 실물적 충격은 기술변화 뿐만 아니라 흉작, 유가충격, 정부 규제 등을 포괄하는 개념
④ 1920년대 말 대공황은 총수요 변화에 의한 경기변동, 1970년대 에너지 파동(불황)은 불리한 공급충격에 따른 경기변동   **정답** ▶ ④

(2) 새케인즈학파

07 다음 중 괄호 안에 들어갈 적합한 내용으로 짝지어진 것은?

> 산출량의 변동은 실물경기변동이론에 의하면 (　)의 변화 때문이고, 신케인즈학파이론에 의하면 (　)의 변화 때문이다.

① 정부정책, 총공급
② 총공급, 정부정책
③ 노동생산성, 신투자
④ 신투자, 노동생산성

해설 ● 경기변동의 원인
▶ 실물적 경기변동이론 : 노동생산성 변화
▶ 새케인즈학파 이론 : 소비, 투자 등 총수요 변화

정답 ▶ ③

보충 ● 새케인즈학파 경기변동이론
▶ 소비와 투자, 순수출, 화폐수요 등 총수요 측면의 변화가 경기변동의 주원인
▶ 총공급 측면의 변화도 경기변동의 원인이 될 수 있음

---

08 실질임금의 경기순환성에 관한 설명으로 옳은 것은? [노무 24]

① 명목임금경직성 모형에서는 경기변동 요인이 총수요 충격일 때 실질임금이 경기순행적(pro-cyclical)이다.
② 중첩임금계약(staggered wage contracts) 모형에서는 경기변동 요인이 총수요 충격일 때 실질임금이 경기순행적이다.
③ 효율성임금이론은 실질임금의 경기순행성을 설명한다.
④ 실물경기변동이론에 따르면 양(+)의 기술충격은 실질임금을 상승시킨다.
⑤ 실물경기변동이론에 따르면 노동공급곡선이 수평선인 경우 기술충격이 발생할 때 실질임금이 경기순행적이다.

해설 ①, ② 명목임금경직성 모형 : 경기호황에 따라 총수요가 증가할 때 물가상승. 명목임금이 경직적이면 실질임금이 감소하므로 경기역행적. 중첩임금계약(staggered wage contracts) 모형은 명목임금 경직성이론
③ 효율성임금이론 : 경기에 상관없이 시장 실질임금보다 높은 수준으로 실질임금 지급
④, ⑤ 실물경기변동이론 : 양(+)의 기술충격(기술진보)이 발생하면 노동이 한계생산성이 증가(노동수요 증가)하여 실질임금 상승. 이때 노동공급곡선이 수평선이면 실질임금 불변

정답 ▶ ④

제13장 경제성장이론

Economics
거/시/및/국/제/경/제/학

I 경제성장과 정형화된 사실

1. 경제성장의 의의와 정형화된 사실

01 경제발전에 대한 설명으로 적절하지 않은 것은? [지방(하) 08]

① 1인당 국민소득 수준이 높아질수록 국민소득에서 농업이 차지하는 비중이 낮아진다.
② 1인당 국민소득 수준이 높아질수록 필수품에 대한 지출비중이 커진다.
③ 1인당 국민소득 수준이 높아질수록 고용에서 서비스업이 차지하는 비중이 높아진다.
④ 1인당 국민소득 수준이 높아질수록 도시인구의 비중이 커진다.

해설 ② 필수재는 소득탄력성이 1보다 작은 재화. 따라서 국민소득의 수준이 높아질수록 필수품 소비량 감소

정답 ②

2. 경제성장요인과 성장회계

02 한 국가의 총생산(Y) 함수가 $Y = AK^{0.4}L^{0.6}$ 이고, 총생산 증가율이 0.02, 솔로우 잔차(Solow residual)가 0.05, 노동투입 증가율이 −0.08이라면, 성장회계식으로 계산한 자본투입 증가율은? (단, K는 자본투입, L은 노동투입이며, $A > 0$ 이다.) [노무 24]

① 0.02 ② 0.025 ③ 0.03
④ 0.04 ⑤ 0.045

해설 • 콥–더글러스 생산함수의 성장회계
▶ $Y = AK^{\alpha}L^{\beta} \Rightarrow \dot{Y} = \dot{A} + \alpha \dot{K} + \beta \dot{L}$ (단, $\dot{A}$: 솔로우잔차. 총요소생산성, $\dot{A}$: 기술진보율)
▶ 문제에서, $\dot{Y}(0.02) = \dot{A}(0.05) + 0.4\dot{K}(?) + 0.6\dot{L}(-0.08) \Rightarrow 0.4\dot{K} = 0.018 \therefore \dot{K} = 0.045$

정답 ⑤

03 어떤 국가의 총생산함수는 $Y = AK^{0.3}L^{0.5}H^{0.2}$ 이다. 여기서 A, K, L, H 는 각각 총요소생산성, 자본, 노동, 인적자본을 의미한다. 총요소생산성 증가율이 1%, 자본 증가율이 3%, 노동 증가율이 4%, 인적자본 증가율이 5%인 경우 이 국가의 경제성장률은? [지방 16]

① 3.2% ② 4.9%
③ 5.5% ④ 6.8%

해설 ● 성장회계 : 콥-더글러스 생산함수 하에서의 경제성장 요인 분석

▶ 문제의 콥-더글러스 생산함수 : $Y = AK^{\alpha}L^{\beta}H^{\gamma}$

▶ 성장회계 : $Y = AK^{\alpha}L^{\beta}H^{\gamma} \Rightarrow \dot{Y} = \dot{A} + \alpha\dot{K} + \beta\dot{L} + \gamma\dot{H}$

▶ 문제에서 : $\dot{Y} = \dot{A} + \alpha\dot{K} + \beta\dot{L} + \gamma\dot{H}$

$\Rightarrow \dot{Y} = \dot{A}(1\%) + 0.3\dot{K}(3\%) + 0.5\dot{L}(4\%) + 0.2\dot{H}(5\%) = 4.9\%$ **정답** ▶ ②

보충 ● 성장회계 : 경제성장요인 분석

▶ $Y = AL^{\alpha}K^{\beta} \Rightarrow \log Y = \log A + \alpha \log L + \beta \log K \Rightarrow \dot{Y} = \dot{A} + \alpha\dot{L} + \beta\dot{K}$

(단, $\dot{A}$: 총요소생산성 증가율, $\dot{L}$: 노동투입 증가율, $\dot{K}$: 자본투입 증가율)

▶ 경제성장률 = 총생산성 증가율(기술진보율) + (α ×노동증가율) + (β ×자본증가율)

04 어느 경제의 총생산함수는 $Y = AL^{1/3}K^{2/3}$ 이다. 실질 GDP 증가율이 5%, 노동증가율이 3%, 자본증가율이 3%라면 솔로우 잔차(Solow residual)는? (단, Y는 실질 GDP, A는 기술수준, L은 노동, K는 자본이다.) [지방 18]

① 2% ② 5%
③ 6% ④ 12%

해설 ● 성장회계 : 콥-더글러스 생산함수 하에서의 경제성장 요인 분석

▶ 성장회계 : $Y = AK^{\alpha}L^{\beta} \Rightarrow \dot{Y} = \dot{A} + \alpha\dot{K} + \beta\dot{L}$

▶ 문제에서 : $\dot{Y} = \dot{A} + \alpha\dot{K} + \beta\dot{L} \Rightarrow \dot{Y} = \dot{A} + (2/3)\dot{K}(3\%) + (1/3)\dot{L}(3\%) = 5\%$

∴) $\dot{A} = 2\%$ (솔로우 잔차. 총요소생산성 증가율, 기술진보율) **정답** ▶ ①

Ⅱ 경제성장이론

1. 해로드 – 도마모형

05 다음 중 해로드 – 도마모형의 기본 가정이 아닌 것은?

① 생산요소 간 대체가 가능하다.
② 사전적 저축과 사후적 저축은 일치한다.
③ 노동증가율은 자연성장률로서 일정하다.
④ 자본산출비율인 자본계수는 기술적으로 일정하다.
⑤ 생산함수는 규모에 대한 수익불변이다.

해설 ①, ④ 요소대체가 불가능한 레온티에프생산함수 가정. 따라서 자본계수(생산물 단위당 자본투입량) 일정
② 사전적 저축(투자수요)과 사후적 저축은 일치
③ 노동증가율은 자연성장률로서 일정
⑤ 레온티에프 생산함수는 1차동차생산함수(규모에 대한 수익 불변)

정답 ①

06 해로드에 의하면 한 나라의 자본계수가 2.5일 때 연평균 12% 정도의 성장률을 기록하려면 어느 정도의 저축률이 전제되어야 하는가?

① 14.5% 정도　　② 30% 정도　　③ 70% 정도
④ 4.8% 정도　　⑤ 7% 정도

해설 • 균형성장조건 : $n = \dfrac{s}{v}$ (=경제성장률) (단, n : 인구증가율, v : 자본계수)

• 문제에서, $n = \dfrac{s}{v}$ (=경제성장률) ⇒ $n = \dfrac{s}{2.5}$ (=12%)　∴ $s = 0.3$

정답 ②

07 도마(Domar)의 성장이론에서 투자의 이중성이란? [국가 06]

① 투자에는 독립투자와 유발투자의 이중성이 있음을 의미한다.
② 투자는 사전적 투자와 사후적 투자로 이분되어 있음을 의미한다.
③ 투자는 설비투자와 재고투자의 두 부분으로 나눌 수 있음을 의미한다.
④ 투자는 생산물의 공급능력을 증가시키는 한편 총수요를 증가시키는 두 가지 역할을 수행함을 의미한다.

해설 • 투자의 이중성 : 투자는 총수요를 증대시키는 동시에, 생산능력을 증대시키는 효과도 가짐

정답 ④

2. 솔로우모형

(1) 성장모형의 가정

08 솔로우(R. Solow) 경제성장모형의 가정에 해당하지 않는 것은? [9급 13]

① 생산요소의 한계생산이 체감한다.
② 저축률은 일정하다.
③ 효용의 극대화를 추구한다.
④ 총생산함수는 규모에 대한 수익불변이다.

해설 ● 솔로우성장모형의 가정
▶ 콥-더글러스 생산함수(1차동차생산함수. 규모에 대한 수익 불변) 가정. 따라서 요소대체 가능
▶ 생산요소의 한계생산성 체감(수확 체감)
▶ 인구증가율과 저축률(s)은 일정

정답 ▶ ③

(2) 솔로우모형의 균형성장조건과 안정성

09 솔로우의 경제성장모형에 대한 설명으로 가장 옳지 않은 것은? [서울 16]

① 균제상태에서 자본량과 국민소득은 같은 속도로 증가한다.
② 기술수준이 높을수록 균제상태에서 일인당 국민소득의 증가율이 높다.
③ 균제상태에서 자본의 한계생산물은 일정하다.
④ 인구증가율이 낮아지면 균제상태에서 일인당 국민소득은 높아진다.

해설 ① 균제상태에서 인구증가율 =1인당 자본 증가율 =1인당 국민소득 증가율
② 기술수준이 높을수록 균제상태에서 일인당 국민소득 수준이 높음. 균제상태에서 국민소득은 불변이므로 소득증대율은 0
③ 균제상태에서 자본의 한계생산물 일정
④ 인구증가율이 낮아지면 1인당 자본이 증가하므로 균제상태에서 1인당 국민소득 증가

정답 ▶ ②

10 총 생산함수가 $Y=2K^{0.5}L^{0.5}E^{0.5}$ 인 솔로우(Solow) 경제성장모형에서, 인구 증가율과 노동자의 효율성(E) 증가율이 각각 -3%와 5%이다. 균제상태(steadystate)에서 도출된 각 변수의 성장률로 옳지 않은 것은? (단, Y는 총생산량, K는 총자본량, L은 총노동량, $L \times E$는 유효 노동 투입량이다.)

[노무 24]

① 유효 노동 1단위당 자본량 : 0%
② 총생산량 : 2%
③ 노동자 1인당 생산량 : 5%
④ 유효 노동 1단위당 생산량 : 0%
⑤ 노동자 1인당 자본량 : 3%

해설
• 유효노동(EL) 콥-더글러스 총생산함수 : $Y=2K^{0.5}L^{0.5}E^{0.5}=2K^{0.5}(EL)^{0.5}$

▶ 유효노동(EL) 1인당 생산함수 : 총생산함수를 유효노동(EL)으로 나누어 도출

$$\frac{Y}{EL}=\frac{2K^{0.5}(EL)^{0.5}}{EL}=2\left(\frac{K}{EL}\right)^{0.5} \Rightarrow y=2k^{0.5} \quad (단, y=\frac{Y}{EL}, k=\frac{K}{EL})$$

▶ 노동효율(E)을 고려하지 않는 균제상태 : 1인당 자본(k) 증가율 및 1인당 소득(y) 증가율=0,
총생산(Y)증가율=n (인구증가율)

▶ 노동효율(E)을 고려한 균제상태 : 유효노동 1인당 자본(k) 증가율 및 1인당 소득(y) 증가율=0,
노동 1인당 자본(k) 증가율 및 1인당 소득(y) 증가율=E증가율,
총생산(Y)증가율=n (인구증가율)+E증가율

• 문제에서,
①, ④ 유효노동 1인당 자본량(k) 증가율, 유효노동 1인당 생산량(y) 증가율=0,
② 총생산(Y)증가율=n (인구증가율)+E증가율 = 2%
③ 1인당 생산량 증가율=E증가율(5%)
⑤ 1인당 자본량 증가율=E증가율(5%)

정답 ▶ ⑤

11 어솔로우(R. Solow) 경제성장모형에서 1인당 생산함수는 $y = f(k) = 4k^{1/2}$이고, 저축률은 5%, 감가상각률은 2%, 그리고 인구증가율은 2%이다. 균제상태(steady state)에서 1인당 자본량은? (단, y는 1인당 산출량, k는 1인당 자본량이다.)   [노무 21]

① 21 ② 22 ③ 23
④ 24 ⑤ 25

해설 ● 솔로우모형
- 1인당 국민소득 : $y = f(k)$ (단, k : 1인당 자본(K/L))
- 균형성장조건 : $n + \delta = \dfrac{s \cdot f(k)}{k}$ (단, n : 인구증가율, δ : 감가상각률, s : 저축률)

● 문제에서,
- 1인당 국민소득 : $y = f(k) = 4k^{0.5}$
- 균형성장조건 : $n + \delta = \dfrac{s \cdot f(k)}{k} \Rightarrow 2 + 2 = \dfrac{5 \cdot 4k^{0.5}}{k} \Rightarrow 4k = 20k^{0.5}$
  $\Rightarrow \dfrac{k}{k^{0.5}} = \dfrac{20}{4} \Rightarrow k^{0.5} = 5 \quad \therefore k = 25$

정답 ▶ ⑤

12 어떤 국가의 인구가 매년 1%씩 증가하고 있고, 국민들의 연평균 저축률은 20%로 유지되고 있으며, 자본의 감가상각률은 10%로 일정할 경우, 솔로우(Solow) 모형에 따른 이 경제의 장기균형의 변화에 대한 설명으로 옳은 것은?   [국회 18]

① 기술이 매년 진보하는 상황에서 이 국가의 1인당 자본량은 일정하게 유지된다.
② 이 국가의 기술이 매년 2%씩 진보한다면, 이 국가의 전체 자본량은 매년 2%씩 증가한다.
③ 인구증가율의 상승은 1인당 산출량의 증가율에 영향을 미치지 못한다.
④ 저축률이 높아지면 1인당 자본량의 증가율이 상승한다.
⑤ 감가상각률이 높아지면 1인당 자본량의 증가율이 상승한다.

해설 ▶ ① 기술진보시 1인당 자본량 증가
② 균형에서, 인구증가율 + 기술진보율 = 자본증가율. 따라서 3%씩 증가
③ 인구증가율 상승은 단기적으로는 1인당 산출량 감소. 1인당 산출량에는 영향을 미치지 않음
④ 저축률이 높아지면 1인당 자본량 증가. 자본량 증가율에는 영향을 미치지 않음
⑤ 감가상각률이 높아지면 1인당 자본량 감소. 자본량 증가율에는 영향을 미치지 않음

정답 ▶ ③

(3) 경제성장요인

13 솔로우(R. Solow) 경제성장모형에서 균제상태(steady state)의 1인당 산출량을 증가시키는 요인으로 옳은 것을 모두 고른 것은? (단, 다른 조건이 일정하다고 가정함) [노무 15]

| ㄱ. 저축률의 증가 | ㄴ. 인구증가율의 증가 | ㄷ. 감가상각률의 하락 |

① ㄱ ② ㄱ, ㄴ ③ ㄱ, ㄷ
④ ㄴ, ㄷ ⑤ ㄱ, ㄴ, ㄷ

해설 ● 문제에서,

ㄱ. 저축률이 증가하면 1인당 자본이 증가하여 (일시적) 1인당 산출량(국민소득) 증가
ㄴ. 인구증가율이 증가하면 1인당 자본이 감소하여 (일시적) 1인당 산출량(국민소득) 감소
  그러나, 인구증가율이 증가하면 인구가 증가하므로 총산출(총생산, 국민총소득)은 증가
ㄷ. 감가상각률이 하락하면 1인당 자본이 증가하여 (일시적) 1인당 산출량(국민소득) 증가

● 솔로우모형의 경제성장요인 : 저축률 증가, 노동증가율 감소, 기술진보
  ▶ 저축률(s)이 증가하거나 노동증가율(n) 감소하거나 감가상각률(δ)이 감소하면 1인당 자본스톡(k)이 증가하여 1인당 국민소득 증가. 기술진보가 발생하면 1인당 국민소득 증가
  ▶ 그러나 이러한 변화는 불균형 조정과정에서 일시적으로만 발생하며, 조정이 끝나고 새로운 균제상태에 도달하면 1인당 자본과 1인당 국민소득은 더 이상 증가하지 않음

저축률(s) 증가, 노동증가율(n) 감소 감가상각률(δ) 감소	⇒	1인당 자본스톡(k) (일시적) 증가		1인당 국민소득(y) (일시적) 증가
(일시적) 기술진보	⇒	1인당 생산함수($y = f(k)$)와 1인당 저축선($sf(k)$) 상방이동	⇒	

  ▶ 이때, 인구증가율이 감소하면 1인당 국민소득은 증가하지만 총소득 증가율은 감소
  ▶ 지속적 경제성장요인 : 지속적 기술진보

정답 ▶ ③

14 솔로우(Solow)의 성장모형에 대한 설명으로 옳은 것만을 모두 고른 것은?   [국가 14]

> ㄱ. 생산요소 간의 비대체성을 전제로 한다.
> ㄴ. 기술진보는 균형성장경로의 변화 요인이다.
> ㄷ. 저축률 변화는 1인당 자본량의 변화 요인이다.
> ㄹ. 인구증가율이 상승할 경우 새로운 정상상태(steadystate)의 1인당 산출량은 증가한다.

① ㄱ, ㄴ   ② ㄴ, ㄷ   ③ ㄷ, ㄹ   ④ ㄱ, ㄹ

해설
ㄱ. 솔로우모형에서는 노동과 자본을 대체할 수 있음.
ㄴ. 지속적 기술진보가 발생하면 지속적 균형성장 가능
ㄷ. 저축률이 증가하면 1인당 자본과 1인당 국민소득이 일시적으로 증가
ㄹ. 인구증가율이 상승하면 1인당 자본이 감소하여 1인당 산출량 감소   **정답** ②

15 다음 글의 밑줄 친 ㉠, ㉡에 들어갈 말로 적절한 것은?   [지방(하) 08]

> 솔로우(Solow) 성장모형에서 인구증가율이 상승하는 경우 새로운 정상상태(steady - state)에서 총산출량의 증가율은 (㉠), 1인당 산출량의 증가율은 (㉡).

	㉠	㉡		㉠	㉡
①	상승하며	상승한다.	②	상승하며	변하지 않는다.
③	하락하며	하락한다.	④	하락하며	변하지 않는다.

해설
• 솔로우모형에서 인구증가율이 상승할 경우
  ▶ 인구가 증가하면 GDP(총산출량) 증가
  ▶ 그러나 인구가 증가할 때 새로운 균제상태에 도달하면 1인당 국민소득(산출량)은 불변   **정답** ②

16 Solow가 제시한 신고전학파 성장모형의 균제상태(steady state)에 관한 설명으로 옳은 것은?   [국가 07]

① 감가상각률이 높으면 1인당 소득수준이 높다.
② 저축률이 높으면 1인당 소득수준이 높다.
③ 기술수준이 높으면 1인당 소득수준이 낮다.
④ 인구증가율이 높으면 1인당 소득수준이 높다.

해설 ① 감가상각률이 높으면 1인당 자본이 작아지므로 1인당 소득도 낮음
② 저축률이 높으면 1인당 자본이 많으므로 1인당 소득도 높음
③ 기술수준이 높으면 1인당 소득이 높음
④ 인구증가율이 높으면 1인당 소득은 낮음   **정답** ②

(4) 솔로우모형의 특징과 한계

17 솔로우(Solow) 성장모형에 대한 설명으로 옳지 않은 것은? [지방 17]

① 기술진보 없이 지속적인 성장을 할 수 없다.
② 정상상태(steady state)에서 인구증가율의 변화는 1인당 경제성장률에 영향을 미치지 않는다.
③ 한계생산이 체감하는 생산함수와 외생적인 기술진보를 가정한다.
④ 자본축적만으로도 지속적인 성장이 가능하다.

해설 ▶ • 문제에서,

①, ③ 지속적 성장요인은 오로지 기술진보. 그러나 솔로우 모형에서 기술진보는 외생변수
② 정상상태(steady state)에서 인구증가율의 변화는 조정을 통해 다시 균제상태로 수렴하므로 경제성장률 불변
④ 수확체감하므로 자본축적이 이루어져 1인당 자본이 증가하더라도 지속적 성장 불가능

보충 ▶ • 솔로우모형의 특징(Ⅰ) : 경제성장의 외생성

▶ 자본축적에 따른 1인당 자본증가(k)는 수확체감(한계생산체감)에 따라 지속적 경제성장(1인당 소득 증가) 요인이 될 수 없음
▶ 지속적인 경제성장은 오로지 지속적인 기술진보에 의해서만 가능. 그런데 지속적 기술진보 요인에 대한 구체적 설명이 없음. 따라서 기술진보는 외생변수
▶ 따라서 솔로우 경제성장이론은 외생적(시장방임형) 성장이론

• 솔로우모형의 특징(Ⅱ) : 수렴론(convergence hypothesis)과 따라잡기 효과(catch-up effect)

▶ 후진국이 다른 조건은 동일하고 1인당 자본량만 다를 경우, 균제상태로의 조정과정을 통하여 1인당 자본스톡과 1인당 소득이 선진국 수준으로 수렴 가능
▶ 그 이유는 후진국은 자본축적이 적고 자본의 한계생산물은 체감(수확체감 법칙)하므로 후진국에서 자본축적이 일어날 경우 선진국을 따라잡을 수 있음

• 따라잡기효과(catch-up effect)

▶ 수확체감법칙에 따라 자본스톡이 증가하면 자본의 한계생산성 체감
▶ 후진국은 자본축적이 적고 선진국은 많음
▶ 자본스톡이 증가할 때 후진국은 자본의 한계생산성이 높으므로 총생산이 빠른 속도로 증가
▶ 따라서, 자본축적이 증가할 때 후진국의 성장률이 선진국보다 높으므로 소득격차가 감소

정답 ▶ ④

18 물적자본의 축적을 통한 경제성장을 설명하는 솔로우(R. Solow)모형에서 수렴현상이 발생하는 원인은? [노무 14]

① 자본의 한계생산체감
② 경제성장과 환경오염
③ 내생적 기술진보
④ 기업가 정신
⑤ 인적자본

해설 ▶ (위 문제 해설 참조)   **정답** ▶ ①

19 세계 각국의 경제성장 패턴을 비교하였을 때 경험적으로 관찰 할 수 있는 현상으로 옳지 않은 것은? [국가 05]

① 1인당 자본장비율이 높은 국가일수록 1인당 소득이 높은 경향이 있다.
② 각국의 1인당 국민소득이 시간이 지남에 따라 비슷한 수준이 되는 경향이 있다.
③ 인구증가율이 낮은 국가일수록 1인당 소득수준은 높은 경향이 있다.
④ 각국의 1인당 소득수준과 경제성장률 간에는 역 U자형 상관관계가 있다.

해설 ▶ ① 1인당 자본이 높으면 1인당 소득이 많음
② 솔로우의 수렴론에 따르면 각국의 1인당 국민소득은 비슷하게 됨. 그러나 국별 소득격차가 확대되고 있음
③ 인구증가율이 낮으면 1인당 자본이 높아져서 1인당 소득수준은 높은 경향을 가짐
④ 1인당 소득이 낮은 수준일 때는 경제성장률이 높지만 소득수준이 높아지면 경제성장률은 낮아지게 됨

정답 ▶ ②

(5) 최적성장모형(optimum growth model) : 자본축적의 황금률 ■ 펠프스(E. S. Phelp)

20 기술진보가 없는 솔로우 성장모형의 황금률(Golden Rule)에 대한 설명으로 옳은 것은? [국가 17추]

① 황금률하에서 정상상태(steady state)의 1인당 투자는 극대화된다.
② 정상상태(steady state)의 1인당 자본량이 황금률 수준보다 많은 경우 소비 극대화를 위해 저축률을 높이는 것이 바람직하다.
③ 솔로우성장모형에서는 저축률이 내생적으로 주어져 있기 때문에 황금률의 자본축적이 항상 달성된다.
④ 황금률하에서 자본의 한계생산물은 인구증가율과 감가상각률의 합과 같다.

해설 ▶ ① 황금률하에서 정상상태(steady state)의 1인당 소비 극대화
② 1인당 자본량이 황금률 수준보다 많은 경우 소비 극대화를 위해 저축률을 낮아져야 함
③ 솔로우 성장모형에서는 저축률은 외생변수. 따라서 저축률 조정에 의해 황금률이 달성되지 않음
④ 황금률하에서 자본한계생산물은 인구증가율과 감가상각률 합과 같음 (단, 기술진보율은 무시)

보충 • 자본축적의 황금률
  ▶ 1인당 소비가 극대화되는 자본축적 조건. 자본의 한계생산성(MP_K)이 인구증가율(n)과 기술진보율(g) 및 감가상각률(δ)의 합과 같을 때($MP_K = n + g + \delta$) 1인당 소비가 극대화됨
  ▶ 황금률조건을 만족할 경우 노동소득은 모두 소비하고, 자본소득은 모두 저축하며 저축은 투자와 일치
  ▶ 1인당 자본(k) < 황금률 자본량(k^*) 일 때, 저축증가시 1인당 자본, 소득, 소비 모두 증가
  ▶ 1인당 자본(k) > 황금률 자본량(k^*) 일 때, 저축증가시 1인당 자본, 소득 증가, 소비는 감소   **정답** ▶ ④

21 솔로우 성장 모형에 대한 설명으로 옳지 않은 것은? [국가 13]

① 인구증가를 고려할 경우, 국가별 1인당 GDP가 다름을 설명할 수 있다.
② 지속적인 기술진보는 1인당 GDP의 지속적인 성장을 설명할 수 있다.
③ 저축률은 1인당 자본량을 증가시키므로 항상 저축률이 높을수록 좋다.
④ 자본량이 황금률 안정상태보다 큰 경우 저축을 감소시키면 소비가 증가한다.

해설 ▶ ①, ② 솔로우 모형 : 인구증가율이 높을수록 1인당 GDP 감소
           지속적 기술진보에 의해서만 지속적 경제성장(1인당 GDP 증가) 가능
     ③ 1인당 자본(k) > 황금률 자본량(k^*) 일 경우는 저축이 증가하면 1인당 자본과 소득은 증가하지만 1인당 소비는 감소
     ④ 1인당 자본(k) > 황금률 자본량(k^*) 일 경우는 저축이 감소(증가)하면 1인당 자본과 소득은 감소(증가)하지만 1인당 소비 증가(감소)   **정답** ▶ ③

3. 내생적 성장이론

22 솔로우모형과 내생적 성장이론에 대한 설명으로 옳지 않은 것은? [9급 16]

① 솔로우모형에서는 기술진보율이 균제상태에서의 1인당 소득의 증가율을 결정한다.
② 내생적 성장이론에서는 수확체감을 극복하면서 1인당 소득의 지속적인 증가가 가능하다.
③ 솔로우모형에서는 경제성장의 요인인 기술진보율과 인구증가율이 외생적으로 결정된다.
④ 내생적 성장이론에서는 국가 간 소득 격차가 시간이 흐름에 따라 감소한다.

해설 ① 솔로우모형 : $y = f(k)$ (단, y : 1인당 소득, k : 1인당 자본). 1인당 소득은 1인당 자본과 기술수준에 따라 결정. 따라서 1인당 소득증가율은 1인당 자본변화율과 기술진보율에 따라 결정
③ 솔로우모형에서 기술진보와 인구증가율은 외생변수. 따라서 솔로우성장모형은 외생적 성장이론
② Ak 모형(내생적 성장이론) : 1인당 자본이 증가할 때 1인당 자본의 한계생산성이 체감하지 않으므로 1인당 국민소득이 지속적 성장할 수 있음
④ 솔로우모형의 수렴이론에서는 시간 흐름에 따라 국가 간 소득 격차가 감소. 그러나 내생적성장이론에서는 경제성장이 내생변수이며 국별 경제성장률이 다르므로 소득격차가 커질 수 있음 **정답** ④

보충 • Ak 모형
▶ 1인당 생산함수 : $y = Ak$ (단, $y = \dfrac{Y}{L}$: 1인당 소득, $k = \dfrac{K}{L}$: 1인당 자본, A : 상수. 1인당 자본 한계생산성)
▶ 생산요소를 노동과 자본으로 구분하지 않고 광의의 자본으로 통합하여 분석
▶ 노동은 인적자본(human capital). 교육·훈련·건강 등에 따라 결정되는 노동생산성, 근로자 지식 등을 의미
▶ 이 경우, 1인당 자본(k) 증가할 때 수확체감현상이 나타나지 않으며 생산함수에서 A가 상수가 됨
▶ 1인당 자본(k)이 증가할 때 일정률(A)로 지속적 경제성장 가능
▶ 루카스의 인적자본모형, 학습효과 모형도 Ak 모형과 같은 속성을 갖는 성장모형

23 내생적 성장이론은 신고전학파의 경제성장이론의 대안으로 제시된 이론이다. 내생적 성장이론에서 고려되는 경제성장 요인으로 가장 적합한 것은? [국가 15]

① 이자율 상승에 따른 저축률의 증가
② 새로운 지식과 기술에 대한 연구투자 증가
③ 자본 감가상각률의 상승
④ 인구 증가

해설 ② 내생적성장이론 중에서 $R\&D$ 모형. 지식 및 기술에 대한 연구투자가 증가하면 지속적인 기술진보가 가능하며 그에 따라 지속적인 경제성장 가능 **정답** ②

보충 • R&D 모형
▶ 경제는 재화를 생산하는 부문과 기술을 개발하는 연구 및 개발(research and development)부문으로 구성
▶ 연구 및 개발부문에 투입되는 노동과 자본이 지속적으로 증가하면 지속적인 기술진보 가능
▶ 따라서 솔로우모형과 달리 기술진보가 내생변수가 됨

24 갑국의 생산함수는 $y=Ak$이고 저축률(s), 감가상각률(δ), 인구증가율(n)이 상수일 때, 이 경제의 성장경로에 관한 설명으로 옳은 것을 모두 고른 것은? (단, y, k는 각각 1인당 총생산, 1인당 자본, A는 양(+)의 상수이고, $sA > n+\delta$이다.) [노무 24]

> ㄱ. 저축률이 높아지면 1인당 총생산 증가율이 높아진다.
> ㄴ. 인구증가율이 높을수록 1인당 총생산 증가율이 높아진다.
> ㄷ. 균형성장경로에서는 1인당 자본의 증가율과 1인당 총생산의 증가율이 동일하다.
> ㄹ. 이 경제는 항상 균형성장경로에 있다.

① ㄱ, ㄴ ② ㄱ, ㄷ ③ ㄴ, ㄹ
④ ㄱ, ㄷ, ㄹ ⑤ ㄴ, ㄷ, ㄹ

해설 ● Ak 모형
▶ 총생산함수: $Y=AK$ (단, A: 상수)

자본축적: $\Delta K = sY - \delta K$, 자본축적률: $\dfrac{\Delta K}{K} = \dfrac{sY-\delta K}{K} = sA-\delta$ (단, $Y=AK$)

총생산(Y) 증가율 = K증가율 = $sA-\delta$

▶ 1인당 생산함수: $\dfrac{Y}{L} = \dfrac{AK}{L} = A\dfrac{K}{L} \Rightarrow y = Ak$

1인당 생산증가율 = 총생산증가율 − 인구증가율 = $sA-\delta-n$
1인당 자본축적률 = 총자본축적률 − 인구증가율 = $sA-\delta-n$

● Ak 모형의 특징
▶ 1인당 생산증가율과 1인당 자본축적률이 동일. 따라서 항상 균형성장 가능
▶ 저축률(s)이 높아지면 1인당 생산증가율과 1인당 자본축적률 증가
▶ 인구증가율(n)과 감가상각률(δ)이 높아지면 1인당 생산증가율과 1인당 자본축적률 감소
▶ $sA > (\delta+n)$이면 1인당 자본이 지속적으로 증가하므로 지속적 경제성장 가능

정답 ④

제14장 경제발전이론

I. 균형성장전략과 불균형성장전략

01 개발도상국의 경제발전 전략에서 수출주도(export-led)발전 전략에 대한 설명으로 옳은 것을 모두 고른 것은?

[지방 11]

> ㄱ. 해외시장의 개발에 역점을 둔다.
> ㄴ. 내수시장의 발전에 주안점을 둔다.
> ㄷ. 경제자립도를 한층 더 떨어뜨리는 부작용을 초래할 수 있다.
> ㄹ. 단기적 수출성과에 치중함으로써 장기적 성장 가능성을 경시할 가능성이 있다.

① ㄱ
② ㄱ, ㄷ
③ ㄱ, ㄷ, ㄹ
④ ㄱ, ㄴ, ㄷ, ㄹ

해설 ▸ • 수출주도형 발전 전략
▸ 해외시장 개발을 중시하며 자유무역정책 채택
▸ 국내산업의 해외의존도가 높아져 경제자립 저해 위험 존재
▸ 수출 증대를 위한 단기적 성과에 집착하여 장기적 성장가능성을 경시할 위험성

정답 ▸ ③

02 다음 중 연결이 올바르지 않은 것은?

[국가 05]

① 넉시 – 균형성장론
② 허쉬만 – 불균형성장론
③ 로스토우 – 경제발전 5단계설
④ 해로드와 도마 – 자본주의 경제의 안정성

해설 ▸ • 해로드와 도마의 성장이론에서는 균형성장 조건을 만족하지 않을 경우, 내생적 조정을 통해서 균형을 회복할 수 없음. 따라서 자본주의 경제성장은 불안정

정답 ▸ ④

03 정부는 향후 철강수요에 대비하여 포항제철의 설비확장을 발표하였다. 철강산업은 소재산업으로 전후방효과가 매우 크다. 이 산업의 후방효과를 바르게 설명한 것은?

① 철강산업이 수출에 미치는 효과
② 철강산업이 수입에 미치는 효과
③ 철강산업과 관련된 모든 산업에 미치는 효과
④ 철강이 생산된 후, 그것을 이용하는 산업에 미치는 효과
⑤ 철강산업에 투입되는 중간재 및 원자재산업에 미치는 효과

해설 ▶ • 후방연관효과
  ▶ 산업발전에 따라 그 산업의 중간원자재를 공급하는 산업이 발전하게 되는 효과
  ▶ 후방연관효과 = $\dfrac{\text{어떤 산업의 중간재 투입액}}{\text{그 산업의 총투입액}}$

• 전방연관효과
  ▶ 산업발전에 따라 그 산업의 생산물을 중간재로 사용하는 산업이 발전하는 효과
  ▶ 전방연관효과 = $\dfrac{\text{어떤 산업의 중간재 수요액}}{\text{그 산업의 총수요액}}$

정답 ▶ ⑤

04 어떤 산업의 후방연관효과는?

① 이 산업의 부가가치를 총산출액으로 나눈 비율이다.
② 이 산업에 대한 최종수요를 총수요로 나눈 비율이다.
③ 이 산업에 대한 중간재수요를 총수요로 나눈 비율이다.
④ 타(他) 산업부문으로부터의 투입물 구입액을 이 산업의 총산출액으로 나눈 비율이다.
⑤ 이 산업에 대한 최종수요와 중간수요를 합한 것을 이 산업에 대한 총수요로 나눈 비율이다.

해설 ▶ (위 문제 [3] 해설 참조)

정답 ▶ ④

05 전방연관효과와 후방연관효과가 동시에 가장 큰 산업은?

① 중간재 1차산업   ② 최종재 제조업
③ 사회서비스업   ④ 중간재 제조업
⑤ 최종재 1차산업

해설 ▶ 전후방연관효과가 가장 큰 산업은 중간재(생산원자재) 제조업

정답 ▶ ④

Ⅱ 경제발전과 외자도입

06 후진국에서 외국자본도입 시 일어날 수 있는 현상이 아닌 것은?

① 노동생산성이 증가한다.
② 고용이 증진된다.
③ 기술발전이 촉진된다.
④ 자본투자율이 높아진다.
⑤ 자본생산성이 증가한다.

해설 외자도입효과

- 긍정적 효과 : 소득·고용효과, 개발효과, 국제수지효과
  ▶ 투자가 증가하여 소득과 고용이 증가
  ▶ 개발효과 : 외자가 도입되어 사회간접자본투자가 이루어지면 경제·사회개발촉진
  ▶ 자본재 형태의 차관 또는 직접투자시 기술이 같이 도입. 따라서, 생산 및 경영기술이 향상되어 노동생산성 증가
  ▶ 자본의 수확체감법칙에 따라 자본의 한계생산성은 감소
  ▶ 외자가 도입되면 자본수지가 개선되어 국제수지 개선
- 부정적 효과 : 대외의존 심화. 원리금상환 부담. 단기적으로 국민저축 위축

정답 ⑤

07 외자도입의 효과에 대해 잘못 설명한 것은?

① 국내투자가 증가하여 소득과 고용이 증가한다.
② 자본수입국에 대한 경제적 의존도가 커진다.
③ 국내저축을 위축시킨다.
④ 자본의 한계생산성을 높인다.

해설 자본축적이 증가하면 자본의 수확체감의 법칙에 따라 자본의 한계생산성은 체감

정답 ④

이패스 객관식 경제학 거시 및 국제경제학

제6편 국제경제이론

제15장 국제무역이론
제16장 국제수지이론

제15장 국제무역이론

I 국제무역의 이익

1. 절대생산비설(절대우위론)

01 중상주의의 정책내용과 거리가 먼 것은? [지방(원) 12]

① 자유무역　　　　　　　② 수출 증진
③ 수입 억제　　　　　　　④ 식민지 개척

[해설] • 중상주의 : 국부 증대를 위한 강력한 보호무역주의(수출증대, 수입억제)　　　**정답 ▶ ①**

2. 비교생산비설(비교우위론)

02 자유무역에서 부분특화 또는 불완전특화 현상이 일어나는 이유는? [국가 09]

① 생산가능성곡선이 직선이기 때문이다.
② 생산을 늘릴수록 생산의 기회비용이 체증하기 때문이다
③ 노동생산성이 생산의 규모와 상관없이 일정하기 때문이다.
④ 생산가능곡선이 원점에 대하여 볼록(convex)하기 때문이다.

[해설] ①, ③ 노동생산성이 일정하면 생산가능성곡선이 우하향하는 직선이 되며, 완전 특화함(고전적 무역이론)
②, ④ 생산을 늘릴 때 생산의 기회비용이 체증하면 생산가능성곡선이 원점에 오목. 이 경우, 부분 특화

[보충] • 부분특화
▶ 자유무역 시 비교열위품(수입품) 국내생산량은 감소하고 비교우위품(수출품) 국내생산량은 증가. 비교열위품 국내생산량이 0이 되는 경우를 완전특화, 국내에서 일부가 생산되는 경우를 부분특화라고 함
▶ 생산가능가능곡선이 오목하여 한계변환율(MRT)이 체증할 때 부분 특화

• 완전특화 : 고전학파 무역이론(절대우위이론, 비교우위이론)
▶ 고전학파 무역이론에서는 자유무역 시 비교열위품의 국내생산량은 영(0). 비교우위품만 생산
▶ 이는 생산가능가능곡선이 우하향 직선이며, 한계변환율(MRT)이 일정하기 때문　　**정답 ▶ ②**

03 A국과 B국에서 X재와 Y재 각 1단위를 생산하는 데 필요한 노동량이 아래표와 같다. A국의 총노동량이 20, B국의 총노동량이 60이라고 할 때, 이에 관한 설명으로 옳지 않은 것은?

[노무 24]

	X재	Y재
A국	2	4
B국	4	6

① A국은 X재와 Y재 각각의 생산에서 B국보다 절대우위가 있다.
② A국에서 X재 1단위 생산의 기회비용은 Y재 1/2 단위이다.
③ A국에서는 X재 6단위와 Y재 2단위를 생산할 수 있다.
④ B국에서 Y재 1단위에 대한 X재의 상대가격은 3/2이다.
⑤ 완전특화가 이루어지면, B국은 비교우위를 가지고 있는 재화를 10단위 생산한다.

해설

	X	Y	교역 전 교역조건 $\left(\dfrac{P_X}{P_Y}\right)$
A국 (총 노동량 20)	2 (생산가능량 10개)	4 (생산가능량 5개)	$\left(\dfrac{P_X}{P_Y}\right)^{A국} = \dfrac{2}{4} = 0.5$ (X재 생산 기회비용 Y재 0.5개)
B국 (총 노동량 60)	4 (생산가능량 15개)	6 (생산가능량 10개)	$\left(\dfrac{P_X}{P_Y}\right)^{B국} = \dfrac{4}{6} = \dfrac{2}{3}$ (X재 생산 기회비용 Y재 2/3개)

• 절대우위: A국이 두 재화 모두에 절대우위(적은 노동투입량으로 생산 가능)

• 비교우위: $\left(\dfrac{P_X}{P_Y}\right)^{A국} = 0.5 < \dfrac{2}{3} = \left(\dfrac{P_X}{P_Y}\right)^{B국}$ (단, $\dfrac{P_X}{P_Y}$: X재 상대가격. Y재 수량으로 표시한 X재 생산 기회비용.

  ▶ A국 : X재 생산 기회비용 소. 상대적으로 적은 노동투입량으로 X재 생산 가능. X재에 비교우위(수출)
  ▶ B국 : Y재 생산 기회비용 소. 상대적으로 적은 노동투입량으로 Y재 생산 가능. Y재에 비교우위(수출)

$\left(\dfrac{P_Y}{P_X}\right)^{A국} = 2 > 1.5 = \left(\dfrac{P_Y}{P_X}\right)^{B국}$ (단, $\dfrac{P_Y}{P_X}$: X재 수량으로 표시한 Y재 생산의 기회비용 (Y재 상대가격)

• 균형 교역조건 $\left(\dfrac{P_X}{P_Y}\right)^*$: $\left(\dfrac{P_X}{P_Y}\right)^{A국} = 0.5 < \left(\dfrac{P_X}{P_Y}\right)^* < \dfrac{2}{3} = \left(\dfrac{P_X}{P_Y}\right)^{B국}$

④ B국의 X재의 상대가격은 2/3
③ A국 노동량 20 = (X재 6개×2)+(Y재 2개×4)
⑤ B국은 Y재에 비교우위. 무역이 이루어지면 Y재만 10개 생산(완전특화)

정답 ▶ ④

04 A국과 B국이 자동차 1대와 옷 1벌을 생산하는 데 소요되는 노동의 양이 아래 표와 같다고 한다. 리카도의 비교 우위에 관한 설명으로 옳지 않은 것은?

[노무 22]

구 분	A국	B국
자동차	10	6
옷	5	2

① A국은 자동차 생산에 비교 우위가 있다.
② B국은 옷 생산에 비교 우위가 있다.
③ B국의 자동차 생산의 기회비용은 옷 2벌이다.
④ B국은 옷 생산에 있어 A국에 비해 절대 우위에 있다.
⑤ A국은 자동차 생산에 특화하고, B국은 옷 생산에 특화하여 교역을 하는 것이 상호 이익이다.

해설 ▶ • 문제에서,

	자동차(P_X)	옷(P_Y)	P_X/P_Y	교역 전 교역조건
A국	10	5	$(P_X/P_Y)^A = 2$	$(P_X/P_Y)^A < (P_X/P_Y)^B$
B국	6	2	$(P_X/P_Y)^B = 3$	

▶ A국의 교역 전 교역조건 $(P_X/P_Y)^A = 2$ (P_X/P_Y : 자동차 생산의 기회비용은 옷 2벌)
　A국의 자동차 생산 기회비용이 B국보다 적으므로 자동차에 비교우위. 자동차만 생산(완전특화)
▶ B국의 교역 전 교역조건 $(P_X/P_Y)^B = 3$ (P_X/P_Y : 자동차 생산의 기회비용은 옷 3벌)
　B국의 자동차 생산 기회비용이 A국보다 많으므로 옷에 비교우위. 옷만 생산(완전특화)
▶ 두 재화 생산에 있어 A국은 모두 절대열위(많은 노동 투입), B국은 모두 절대우위(적은 노동 투입)

정답 ▶ ③

05 국제무역의 효과로 옳지 않은 것은?

[노무 20]

① 사회적 후생의 증가
② 보다 다양한 소비 기회의 제공
③ 규모의 경제를 누릴 수 있는 기회 발생
④ 수입으로 인한 동일제품 국내 생산자의 후생 증가
⑤ 경쟁의 촉진으로 국내 독과점 시장의 시장실패 교정 가능

해설 ① 자유무역이 이루어지면 사회적후생 증가.
▶ 수출 측면 : 가격 상승. 국내 생산량 증가, 국내 소비량 감소
따라서, 국내 생산자잉여 증가, 국내 소비자잉여 감소
▶ 수입 측면 : 가격 하락. 국내 생산량 감소, 국내 소비량 증가
따라서, 국내 생산자잉여 감소, 국내 소비자잉여 증가
② 자유무역에 따라 외국 상품의 수입이 이루어지면 다양한 소비 가능
③ 수출산업의 경우 생산량이 증가하므로 규모의 경제 가능
⑤ 수입 측면에서 외국제품이 수입되므로 국내 독과점 시장에 경쟁에 따른 시장실패가 교정될 수 있음

정답 ④

06 갑국과 을국으로 이루어진 세계경제가 있다. 생산요소는 노동과 자본이 있는데, 갑국은 노동 200단위와 자본 60단위, 을국은 노동 800단위와 자본 140단위를 보유하고 있다. 양국은 두 재화 X와 Y를 생산할 수 있는데, X는 노동집약적 재화이고 Y는 자본집약적 재화이다. 헥셔-올린 모형에 따를 때 예상되는 무역패턴은? (단, 노동과 자본은 양국에서 모두 동질적이다.) [국가 18]

① 갑국은 Y를 수출하고 을국은 X를 수출한다.
② 갑국은 X를 수출하고 을국은 Y를 수출한다.
③ 갑국과 을국은 X와 Y를 모두 생산하며, 그중 일부를 무역으로 교환한다.
④ 갑국과 을국은 X와 Y를 모두 생산하며, 각자 자급자족한다.

해설 ● 문제에서,

	L	K	자본노동비율 $\left(\dfrac{K}{L}\right)$	두 나라 자본노동비율	요소집약도와 비교우위
갑국	200	60	$\left(\dfrac{K}{L}\right)^{갑} = \dfrac{60}{200} = 0.3$	$\left(\dfrac{K}{L}\right)^{갑} = 0.3 >$	갑국 : 자본풍부국, 자본집약재(Y)
을국	800	140	$\left(\dfrac{K}{L}\right)^{을} = \dfrac{140}{800} = 0.175$	$0.175 = \left(\dfrac{K}{L}\right)^{을}$	을국 : 노동풍부국, 노동집약재(X)

▶ 갑국의 자본노동비율 > 을국의 자본노동비율. 따라서, 갑국은 자본풍부국, 을국은 노동풍부국
▶ 갑국은 자본집약재(Y)에 비교우위. 따라서, Y재 수출, X재 수입
을국은 노동집약재(X)에 비교우위. 따라서, X재 수출, Y재 수입

정답 ①

07 A는 하루에 6시간, B는 하루에 10시간 일해서 물고기와 커피를 생산할 수 있다. 다음 표는 각 사람이 하루에 생산할 수 있는 물고기와 커피의 양이다. 다음 설명 중 가장 옳은 것은? (단, 생산가능곡선은 가로축에 물고기, 세로축에 커피를 표시한다.)   [서울 18(1회)]

구분	물고기 (kg)	커피 (kg)
A	12	12
B	15	30

① B가 물고기와 커피 모두 절대우위를 가지고 있다.
② A의 생산가능곡선의 기울기가 B의 생산가능곡선의 기울기보다 더 가파르다.
③ A와 B가 같이 생산할 때의 생산가능곡선은 원점에 대해서 볼록하다.
④ 물고기 1kg당 커피 1.5kg과 교환하면 A, B 모두에게 이익이다.

해설 (문제의 경우, 노동 10단위당 생산량 자료. 생산비(생산물 단위당 노동투입량)을 중심으로 분석해야 하므로 제시된 자료의 역수를 취하여 분석)

	물고기(X)	커피(Y)	교역 전 교역조건 $\left(\dfrac{P_X}{P_Y}\right)$
A	$P_X = \dfrac{1}{12}$	$P_Y = \dfrac{1}{12}$	$\left(\dfrac{P_X}{P_Y}\right)^A = 1$
B	$P_X = \dfrac{1}{15}$	$P_Y = \dfrac{1}{30}$	$\left(\dfrac{P_X}{P_Y}\right)^B = 2$

A국: 물고기에 비교우위. 생산가능곡선 기울기 1 (우하향 직선)
B국: 커피에 비교우위. 생산가능곡선 기울기 2 (우하향 직선)

교역 후 균형 교역조건 $\left(\dfrac{P_X}{P_Y}\right)^*$: $\left(\dfrac{P_X}{P_Y} = 1\right)^A < \left(\dfrac{P_X}{P_Y}\right)^* < \left(2 = \dfrac{P_X}{P_Y}\right)^B$

즉, 물고기 1kg 당 커피는 1~2(kg) 사이값으로 결정

정답 ④

08 2국 2재화의 경제에서, 한국과 말레이시아는 비교우위를 갖는 상품을 생산하여 교역을 한다. 한국은 쌀 1섬을 얻기 위해 옷 1벌의 대가를 치러야 하고 말레이시아는 옷 1벌을 얻기 위해 쌀 2섬의 대가를 치러야 한다. 다음 설명 중 옳은 것은?   [노무 16]

① 한국이 쌀 생산에 특화하여 수출하는 경우, 양국 모두 이득을 얻을 수 있다.
② 한국이 옷을 수출하면서 옷 1벌에 대해 쌀 2섬 이상을 요구하면, 말레이시아는 스스로 옷을 생산하기로 결정할 것이다.
③ 쌀 1섬의 국제가격이 옷 1/2벌보다 더 낮아야 교역이 이루어진다.
④ 말레이시아가 옷과 쌀 모두를 생산하여 수출하는 경우, 양국 모두 이득을 얻을 수 있다.
⑤ 두 나라에 교역이 이루어지기 위해서는 쌀 1섬의 국제가격이 옷 1벌보다 더 높아야 한다.

해설 ● 문제에서,

▶ 한국 : 옷(Y) 수량으로 표시한 쌀(X) 생산의 기회비용 $\left(\dfrac{P_X}{P_Y}\right)^K = 1$

쌀(X) 수량으로 표시한 옷(Y) 생산의 기회비용 $\left(\dfrac{P_Y}{P_X}\right)^K = 1$

▶ 말레이시아 : 옷(Y) 수량으로 표시한 쌀(X) 생산의 기회비용 $\left(\dfrac{P_X}{P_Y}\right)^M = 0.5$

쌀(X) 수량으로 표시한 옷(Y) 생산의 기회비용 $\left(\dfrac{P_Y}{P_X}\right)^M = 2$

▶ 비교우위 판별 : $\left(\dfrac{P_X}{P_Y}\right)^K = 1 \ > \ 0.5 = \left(\dfrac{P_X}{P_Y}\right)^M$

옷(Y)으로 표시한 쌀(X) 생산 기회비용이 말레이시아가 작으므로 쌀(X)에 비교우위

$\left(\dfrac{P_Y}{P_X}\right)^K = 1 \ < \ 2 = \left(\dfrac{P_Y}{P_X}\right)^M$

쌀(X)로 표시한 옷(Y) 생산 기회비용이 한국이 작으므로 옷(Y)에 비교우위

▶ 균형조건(TT^*) : $\left(\dfrac{P_X}{P_Y}\right)^K = 1 > TT^* > 0.5 = \left(\dfrac{P_X}{P_Y}\right)^M$ (옷(Y)으로 표시한 쌀(X) 상대가격)

$\left(\dfrac{P_Y}{P_X}\right)^K = 1 < TT^* < 2 = \left(\dfrac{P_Y}{P_X}\right)^M$ (쌀(X)로 표시한 옷(Y) 상대가격)

① 한국은 옷 생산에 비교우위, 옷만 생산(수출) 쌀 수입. 말레이시아는 쌀만 생산(수출), 옷 수입
② 말레이시아는 옷 1벌 생산의 기회비용이 쌀 2섬(옷 1벌 생산할 때 쌀 2섬 포기). 따라서 한국이 옷 1벌에 대해 쌀 2섬 이상을 요구하면 옷을 수입하지 않고 스스로 생산
③, ⑤ 균형 무역상태에서, 옷(Y) 수량으로 표시한 쌀(X)의 (상대)가격은 1과 0.5 사이에서 결정.
   따라서, 쌀 1섬의 국제가격은 옷 1벌보다 낮고 옷 1/2벌보다 높아야 함
④ 비교우위이론에 따르면 비교우위에 따라 무역하므로 한 나라가 두 상품 모두를 생산하여 수출할 수 없음

정답 ▶ ②

제15장 국제무역이론 473

09 甲국과 乙국 두 나라만 존재하며 재화는 TV와 쇠고기, 생산요소는 노동뿐이며, 두 나라에서 재화 1단위 생산에 필요한 노동량은 다음과 같다. 이때 리카도(D. Ricardo)의 비교우위론에 입각한 설명으로 옳은 것은?   [노무 13]

구분	甲국	乙국
TV	3	2
쇠고기	10	4

① 乙국이 두 재화 모두 甲국에 수출한다.
② 甲국은 쇠고기를 乙국은 TV를 상대국에 수출한다.
③ 국제거래가격이 TV 1단위당 쇠고기 0.2단위이면, 甲국은 TV를 수출한다.
④ 국제거래가격은 쇠고기 1단위당 TV 0.3단위와 0.5단위 사이에서 결정된다.
⑤ 자유무역이 이루어질 경우, 甲국은 TV만 생산할 때 이익이 가장 크다.

해설

	甲국	乙국		교역 전 교역조건 $\left(\dfrac{P_X}{P_Y}\right)$	
$TV(X)$	3	2	$\left(\dfrac{P_X}{P_Y}\right)^{甲} = \dfrac{3}{10} = 0.3$	쇠고기 수량으로 표시한 TV의 상대가격 (TV생산의 기회비용)	TV 단위당 쇠고기 0.3 쇠고기 단위당 TV3.3
쇠고기(Y)	10	4	$\left(\dfrac{P_X}{P_Y}\right)^{乙} = \dfrac{2}{4} = 0.5$		TV 단위당 쇠고기 0.5 쇠고기 단위당 TV2

균형교역조건 $\left(\dfrac{P_X}{P_Y}\right)^*$: $\left(\dfrac{P_X}{P_Y} = 0.3\right)^{甲} < \left(\dfrac{P_X}{P_Y}\right)^* < \left(0.5 = \dfrac{P_X}{P_Y}\right)^{乙}$
(TV 생산의 기회비용. TV 단위당 쇠고기)

- 甲국의 TV 생산의 기회비용(0.3)이 乙국의 TV 생산의 기회비용(0.5)보다 작으므로 TV에 비교우위
- 乙국은 반대로 쇠고기에 비교우위
- 균형 교역조건 $\left(\dfrac{P_X}{P_Y}\right)^*$ 은 0.3과 0.5 사이에서 결정 (TV 생산의 기회비용, TV 단위당 쇠고기)
- TV 생산의 기회비용(TV 단위당 쇠고기)로 표시한 균형 교역조건 $\left(\dfrac{P_Y}{P_X}\right)^*$ 은 3.3과 2 사이에서 결정

①, ② 乙국은 쇠고기 수출, 甲국은 TV 수출
③ 국제가격이 TV 1단위당 쇠고기 0.2단위(TV 생산 기회비용 0.2)이면, 甲국의 TV 1단위당 쇠고기 3.3 단위(TV 생산 기회비용 3.3)이므로 甲국은 국제시장에서 TV에 비교열위. 따라서 TV 수입
④ 국제거래가격은 쇠고기 1단위당 TV 2단위와 3.3단위 사이에서 결정
⑤ 甲국은 TV에 비교우위를 가지므로 甲국의 TV만 생산(완전특화)할 때 최대 이익

정답 ▶ ⑤

3. 비교우위 발생 원인 : 헥셔-오린 정리와 레온티에프역설

(1) 헥셔-오린 정리

10 다음 중 국가 간의 비교우위가 무역의 원인이 된다는 헥셔-오린(Heckscher-Ohlin) 정리의 내용을 모두 고르면?

[지방(하) 08]

> ㄱ. 두 나라의 생산함수는 동일하다.
> ㄴ. 두 나라의 선호체계를 반영하는 사회후생함수는 동일하다.
> ㄷ. 두 나라의 요소부존도는 동일하다.
> ㄹ. 두 나라의 생산요소는 노동 한 가지이고, 한 국가내의 노동의 이동은 자유롭다.

① ㄱ, ㄴ
② ㄷ, ㄹ
③ ㄱ, ㄴ, ㄷ
④ ㄱ, ㄴ, ㄹ

해설 ▶ ● 헥셔-오린 정리의 가정
  ▶ 2국-2재화-2요소 모형. 두 나라의 생산함수가 동일
  ▶ 생산함수는 규모수익불변이고 수확체감의 법칙이 적용
  ▶ 두 나라의 부존자원비율이 서로 다름.
  ▶ 국가 간 생산요소이동은 불가능
  ▶ 두 재화의 요소집약도가 서로 다름.
  ▶ 생산물시장과 생산요소시장은 모두 완전경쟁시장
  ▶ 두 나라의 사회무차별 곡선이 동일(선호 동일)
  ▶ 수송비와 무역장벽이 존재하지 않음.

정답 ▶ ①

(2) 헥셔-오린-사무엘슨 정리 : 요소가격균등화정리

11 숙련노동자가 비숙련노동자에 비해 풍부한 A국과 비숙련노동자가 숙련노동자에 비해 풍부한 B국이 있다. 두 나라가 무역을 개시하여 A국은 B국에 숙련노동집약적인 재화를 수출하고, B국으로부터 비숙련노동집약적인 재화를 수입한다고 가정하자. 헥셔-올린 모형의 예측에 따라 이러한 무역 형태가 A국과 B국의 노동시장에 미칠 영향에 대한 설명으로 옳은 것은? (단, 두 나라 모두 숙련노동자의 임금이 비숙련노동자의 임금에 비해 높다.) [국가 16]

① A국의 숙련노동자와 비숙련노동자의 임금격차가 확대될 것이다.
② B국의 숙련노동자와 비숙련노동자의 임금격차가 확대될 것이다.
③ A국 비숙련노동자의 교육 투자를 통한 숙련노동자로의 전환 인센티브가 감소한다.
④ B국 비숙련노동자의 교육 투자를 통한 숙련노동자로의 전환 인센티브가 증가한다.

해설 ① A국 : 원래부터 숙련노동자 임금은 높고, 비숙련노동자 임금은 낮은 상태에서, 자유무역이 이루어지게 되면 숙련노동자 임금 상승, 비숙련 노동자 임금 하락. 따라서 임금격차 확대
② B국 : 원래부터 숙련노동자 임금은 높고, 비숙련노동자 임금은 낮은 상태에서, 자유무역이 이루어지게 되면 비숙련노동자 임금 상승, 숙련 노동자 임금 하락. 따라서 임금격차 축소
③ A국 : 임금격차가 확대되므로 투자를 통한 숙련노동자로의 전환 인센티브 증가
④ B국 : 임금격차가 축소되므로 투자를 통한 숙련노동자로의 전환 인센티브 감소 **정답** ①

보충 • 헥셔-오린 정리, 헥셔-오란-사무엘슨 정리, 스톨퍼-사무엘슨 정리

▶ 헥셔-오린 정리 : 상대적으로 풍부한 요소를 많이 사용하는 생산물에 비교우위
  비교우위에 따라 자유무역이 이루어지게 되면 상품가격 균등화
▶ 헥셔-오란-사무엘슨 정리 : 비교우위에 따라 자유무역이 이루어지게 되면 요소가격 절대적 균등화
  상대적 풍부한 요소가격 상승, 상대적 빈약한 요소가격 하락
▶ 스톨퍼-사무엘슨 정리 : 위 정리에 따르면 상대적 풍부 요소 소득 증가, 상대적 빈약 요소 소득 감소

12 헥셔-올린(Heckscher-Ohlin) 모형과 관련한 설명으로 옳지 않은 것은? [지방 19]

① 자본이 노동에 비해 상대적으로 풍부한 국가는 자본집약적인 상품을 수출한다.
② 생산요소들은 국내에서는 자유롭게 이동할 수 있지만 국가 간 이동은 불가능하다고 가정한다.
③ 생산요소의 국가 간 이동이 불가능한 경우 상품의 국제무역이 발생해도 생산요소의 가격은 불변이다.
④ 교역 대상 상품들의 국가 간 생산기술의 차이는 없다고 가정한다.

해설 ③ 자유무역이 이루어지면 각 나라의 생산요소 가격은 동일하게 됨(헥셔-올란-사무엘슨 정리) **정답** ③

13 A국은 노동과 자본만을 사용하여 노동집약재와 자본집약재를 생산하며 자본에 비해 상대적으로 노동이 풍부한 나라다. 스톨퍼-사무엘슨 정리를 따를 때, A국의 자유무역이 장기적으로 A국의 소득분배에 미치는 영향은?   [지방 14]

① 자본과 노동의 실질보수가 모두 상승한다.
② 자본과 노동의 실질보수가 모두 하락한다.
③ 자본의 실질보수가 상승하고 노동의 실질보수가 하락한다.
④ 자본의 실질보수가 하락하고 노동의 실질보수가 상승한다.

해설 • 스톨퍼-사무엘슨 정리에 따르면 상대적으로 풍부한 요소의 실질보수 증가.
따라서 A국 노동의 실질보수는 증가하고, 자본의 실질보수는 감소   **정답** ④

보충 • 스톨퍼-사무엘슨 정리
▶ 상대적으로 풍부한 요소를 많이 사용하는 생산물 수출
▶ 이때, 상대적으로 풍부한 요소의 가격이 상승하여 실질구매력 증가
   예 상대적 노동풍부국 : 노동집약재 수출, 임금 상승, 노동의 실질소득 증가

14 다음의 국제무역의 발생 원인 및 영향에 관한 서술에서 빈칸에 들어갈 말을 옳은 것은?   [보험 08]

> 헥셔-오린의 근대적 무역이론에 따르면 노동이 풍부한 국가는 [가] 재화를 수출하고, 무역 후 [나] 의 실질소득 또는 구매력이 증가한다.

	가	나		가	나
①	노동집약적	노동	②	노동집약적	자본
③	자본집약적	노동	④	자본집약적	자본

해설 • 근대적 무역이론 : 헥셔-오린 정리 및 헥셔-오린-사무엘슨 정리
▶ 요소의 상대적 부존도 차이에 따라 비교우위 발생. 상대적 노동풍부국은 노동집약재에 비교우위
▶ 자유무역이 이루어지면 교역국의 상품가격이 같아짐
▶ 자유무역이 이루어지면 교역국의 요소가격이 같아짐. 따라서 상대적으로 풍부한 생산요소의 요소가격이 상승하므로 상대적으로 풍부한 생산요소의 소득이 증가   **정답** ①

(3) 레온티에프(Leontief)의 역설

15 레온티에프 역설(Leontief paradox)에 대한 설명으로 옳지 않은 것은? [지방 17]

① 제품의 성숙단계, 인적자본, 천연자원 등을 고려하면 역설을 설명할 수 있다.
② 2차세계대전 직후 미국의 노동자 일인당 자본장비율은 다른 어느 국가보다 낮았다.
③ 미국에서 수출재의 자본집약도는 수입재의 자본집약도보다 낮은 것으로 나타났다.
④ 헥셔-올린 정리에 따르면 미국은 상대적으로 자본집약적 재화를 수출할 것으로 예측되었다.

해설 ▶ • 문제에서,

① 제품의 성숙단계, 인적자본, 천연자원 등이 비교우위에 영향을 미칠 수 있음

②, ④ 2차세계대전 직후, 양적으로 평가한 미국의 노동자 일인당 자본장비율 $\left(\frac{K}{L}\right)$ 은 다른 국가보다 높았음. 따라서 헥셔-올린 정리에 따르면 미국은 상대적으로 자본집약적 재화를 수출할 것으로 예측

③ 당시 미국은 노동집약재를 수출하고 자본집약재를 수입. 따라 미국 수출재의 자본집약도 $\left(\frac{K}{L}\right)$ 는 낮고, 수입재의 자본집약도 $\left(\frac{K}{L}\right)$ 는 높았음

정답 ▶ ②

보충 ▶ • 레온티에프 역설

▶ 레온티에프가 미국의 1947년 투입-산출표를 이용하여 분석한 결과
▶ 당시 미국은 다른 나라에 비하여 상대적 자본풍부국임에도 불구하고 자본집약재를 수입하고 노동집약재를 수출하는 것으로 분석됨. 이는 헥셔-오린정리와 다른 결과이며 레온티에프 역설이라고 함

• 레온티에프 역설의 해명

▶ 레온티에프 자신 : 양적으로 보면 당시 미국은 자본집약국이나 미국근로자의 생산성이 다른 나라에 비하여 높았기 때문에 생산성을 기준(유효노동)으로 평가하면 미국은 노동풍부국. 따라서 헥셔-올린정리와 부합
▶ 존스(R. E. Jones) : 헥셔와 오린은 요소의 상대가격을 기준으로 상대적 요소부존도를 평가하였으나 레온티에프는 실제 요소부존량을 기준으로 하였기 때문에 이러한 역설이 나타났음
▶ 민하스(B.S. Minhas) : 요소집약도의 역전(반전). 요소대체가 용이할 때 한 요소의 가격이 상승하면 다른 요소로 대체하며 이 경우 생산의 요소집약도가 역전될 수 있음
▶ 정부의 보호무역 정책, 제품 생산의 성숙단계, 인적자본 축적 정도, 천연자원 부존량 차이 등도 비교우위에 영향을 줄 수 있음

4. 기타 무역이론(산업 내 무역과 산업 간 무역)

16 다음 중 산업 내 무역(intra-industry trade)이론과 관련된 내용만을 모두 고른 것은? [지방 15]

| ㄱ. 규모의 경제 | ㄴ. 불완전 경쟁 |
| ㄷ. 레온티에프 역설 | ㄹ. 생산요소집약도 |

① ㄱ, ㄴ
② ㄱ, ㄹ
③ ㄴ, ㄷ
④ ㄷ, ㄹ

해설 ▶ • 산업 내 무역과 산업간 무역

산업 내 무역 : 동일 산업 생산물 수출입	산업 간 무역 : 다른 산업 생산물 수출입
규모경제 및 제품차별화 정도에 따라 무역	비교우위(상대적 요소부존 차이)에 따라 무역
경제 여건(발전)이 유사한 국가간 무역(선진국간)	경제 여건(발전)이 상이한 국가간 무역
모든 요소의 소득증가 (무역에 따른 소득재분배효과 작음)	상대적으로 풍부한 요소의 소득증가 상대적으로 빈약한 요소의 소득감소 (무역에 따른 재분배효과 큼)
무역분쟁 가능성 작음	무역분쟁 가능성 큼

ㄱ. 산업 내 무역은 규모의 경제에 따라 발생
ㄴ. 한 산업에 규모의 경제가 존재하면 평균비용이 감소하여 자연독점이 되므로 불완전경쟁시장이 됨
ㄷ. 레온티에프 역설은 산업간 무역에서 발생
ㄹ. 생산요소집약도는 산업간 무역의 발생 원인

정답 ▶ ①

17 산업 내 무역에 관한 설명으로 옳은 것은? [국가 14]

① 산업 내 무역은 규모의 경제와 관계없이 발생한다.
② 산업 내 무역은 부존자원의 상대적인 차이 때문에 발생한다.
③ 산업 내 무역은 경제여건이 다른 국가 사이에서 이루어진다.
④ 산업 내 무역은 유럽연합 국가들 사이의 활발한 무역을 설명할 수 있다.

해설 ▶ ① 산업 내 무역은 규모의 경제에 의해 발생
② 부존자원의 상대적인 차이 때문에 발생하는 것은 산업 간 무역
③ 산업 내 무역은 경제 여건이 비슷한 국가(선진국) 사이에서 이루어짐
④ 경제 여건이 비슷한 유럽연합 국가들 사이의 무역은 산업 내 무역

정답 ▶ ④

II 무역정책 : 보호무역

1. 폐쇄경제와 자유무역 : 자유무역의 이익

18 A국은 자동차 수입을 금하고 있다. 이 나라에서 자동차 한 대의 가격은 2억원이고 판매량은 40만대에 불과하다. 어느 날 새로 선출된 대통령이 자동차 시장을 전격 개방하기로 결정했다. 개방 이후 자동차 가격은 국제시세인 1억원으로 하락하였고, 국내 시장에서의 자동차 판매량도 60만대로 증가하였다. 이에 대한 설명으로 가장 옳은 것은? (단, 수요곡선과 공급곡선은 직선이며, 공급곡선은 원점을 지난다.)

[서울 17]

① 국내 소비자 잉여 증가분은 국내 생산자 잉여 감소분의 2배 이상이다.
② 국내 사회적 잉여 증가분은 국내 생산자 잉여 감소분보다 크다.
③ 국내 소비자 잉여는 예전보다 2배 이상 증가하였다.
④ 국내 사회적 잉여 증가분은 국내 소비자 잉여 증가분의 절반 이상이다.

해설 ● 제시된 자료에 의해 수요곡선 기울기($-1/20$)와 공급곡선 기울기($1/20$)를 구한 후 그림을 이용하여 도출

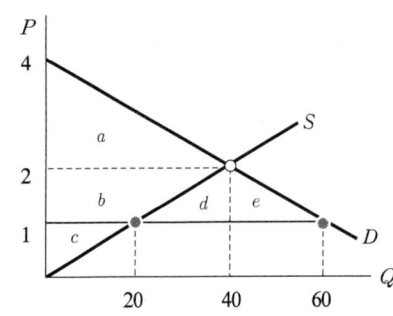

● 수입 전
▶ 소비자잉여 : 면적 $a = 40$
▶ 생산자잉여 : 면적 $b+c = 40$
▶ 사회적잉여 : 소비자잉여 + 생산자잉여 $= 80$

● 수입 후
▶ 소비자잉여 : 면적 $a+b+d+e = 90$. 증가분 $= 50$
▶ 생산자잉여 : 면적 $c = 10$. 감소분 $= 30$
▶ 사회적잉여 : 소비자잉여 + 생산자잉여 $= 100$. 증가분 $= 20$

① 국내 소비자 잉여 증가분(50)은 국내 생산자 잉여 감소분(30)의 2배 이하
② 국내 사회적 잉여 증가분(20)은 국내 생산자 잉여 감소분(30)보다 작음.
③ 국내 소비자 잉여는 40에서 90으로 2배 이상 증가
④ 국내 사회적 잉여 증가분(20)은 국내 소비자 잉여 증가분(50)의 절반 이하

정답 ▶ ③

보충 ▶ ● 자유무역과 후생변화

	폐쇄경제 ⇒ 자유무역					
	국내가격	국내생산량	국내소비량	생산자잉여	소비자잉여	경제적잉여
수출품	상승	증가	감소	증가	감소	증가
수입품	하락	감소	증가	감소	증가	증가

19 표는 A국 노동자와 B국 노동자가 각각 동일한 기간에 생산할 수 있는 쌀과 옷의 양을 나타낸 양을 나타낸 것이다. 리카도의 비교우위에 관한 설명으로 옳지 않은 것은? (단, 노동이 유일한 생산요소이다.)

[노무 18]

구분	A국	B국
쌀 (섬)	5	4
옷 (벌)	5	2

① 쌀과 옷 생산 모두 A국의 노동생산성이 B국보다 더 크다.
② A국은 쌀을 수출하고 옷을 수입한다.
③ A국의 쌀 1섬 생산의 기회비용은 옷 1벌이다.
④ B국의 옷 1벌 생산의 기회비용은 쌀 2섬이다.
⑤ B국의 쌀 생산의 기회비용은 A국보다 작다.

해설 ▶ (문제의 경우, 노동 1단위당 생산량을 자료로 제시하였음. 비교우위를 분석하기 위해서는 생산비용(생산물 단위당 노동투입량)을 중심으로 분석해야 하므로 제시된 자료의 역수를 취하여 분석해야 함)
• 문제에서,

구분	A국	B국	P_X/P_Y	
쌀(X)	$\frac{1}{5}$	$\frac{1}{4}$	$(P_X/P_Y)^A = 1$	P_X/P_Y : 옷으로 표시한 쌀 생산의 기회비용
옷(Y)	$\frac{1}{5}$	$\frac{1}{2}$	$(P_X/P_Y)^B = 0.5$	P_Y/P_X : 쌀로 표시한 옷 생산의 기회비용

▶ A국 교역전 교역조건 $(P_X/P_Y)^A = 1$ (단, P_X/P_Y : 쌀 생산 기회비용 옷1, 옷생산 기회비용 쌀1)
▶ B국 교역전 교역조건 $(P_X/P_Y)^B = 0.5$ (단, P_X/P_Y : 쌀 생산 기회비용 옷0.5, 옷 생산 기회비용 쌀2)
▶ $(P_X/P_Y)^A > (P_X/P_Y)^B$. A국의 옷 수량으로 표시한 쌀 생산의 기회비용이 B국보다 적음
　A국은 쌀 생산에 비교열위, 옷 생산에 비교우위. 쌀 수입, 옷 수출
　B국은 쌀 생산에 비교우위, 옷 생산에 비교우위. 쌀 수출, 옷 수입
① A국의 노동자 1인당 생산량이 쌀과 옷 모두 많음. 따라서 B국의 생산성보다 높음

정답 ▶ ②

20 A국은 세계 철강시장에서 무역을 시작하였다. 무역 이전과 비교하여 무역 이후에 A국 철강시장에서 발생하는 현상으로 옳은 것을 모두 고른 것은? (단, 세계 철강시장에서 A국은 가격수용자이며 세계 철강 가격은 무역 이전 A국의 국내 가격보다 높다. 또한 무역 관련 거래비용은 없다.)

[노무 18]

> ㄱ. A국의 국내 철강 가격은 세계 가격보다 높아진다.
> ㄴ. A국의 국내 철강 거래량은 감소한다.
> ㄷ. 소비자잉여는 감소한다.
> ㄹ. 생산자잉여는 증가한다.
> ㅁ. 총잉여는 감소한다.

① ㄱ, ㄴ, ㄷ   ② ㄱ, ㄴ, ㄹ   ③ ㄱ, ㄷ, ㅁ
④ ㄴ, ㄷ, ㄹ   ⑤ ㄷ, ㄹ, ㅁ

해설 ● 자유무역 : 수출

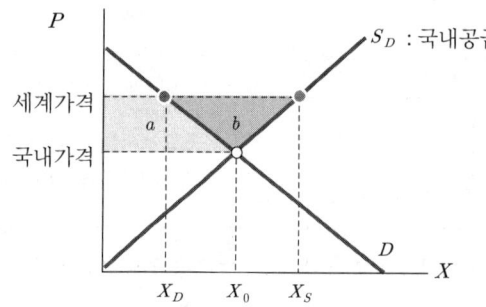

[수출]
- 세계가격 수준으로 국내가격 상승 (국내가격 < 세계가격)
- 국내소비량 감소($X_0 \to X_D$) 국내생산량 증가($X_0 \to X_S$) 수출량 : ($X_S - X_D$)
- 소비자잉여 감소 : (a)
- 생산자잉여 증가 : ($a+b$)
- 경제적잉여 증가 : (b)

정답 ▶ ④

2. 관세(tariff)

(1) 관세 부과

21 관세부과에 따른 경제적 효과에 해당하지 않는 것은? [9급 17]

① 국내생산 증가 효과 ② 재정수입 증가 효과
③ 사회후생 증가 효과 ④ 국제수지 개선 효과

해설 ▶ • 관세부과 효과

▶ 산출량 증대 : 국내생산량 증가. 고용증대 및 국내산업보호효과
▶ 소비량 감소 : 국내소비량 감소
▶ 경상수지 개선 : 수입 감소에 따라 경상수지 개선
▶ 교역조건 개선 : 상대방 수출국의 국내가격이 하락하므로 수입가격 하락.

따라서 교역조건 $\left(\dfrac{P_{수출품}}{P_{수입품}}\right)$ 개선

▶ 재정수입 증가 : 관세수입(단위당 관세 × 수입량)만큼 재정수입증가
▶ 소득재분배 효과 : 소비자 지출액 증가. 국내생산자와 정부관세수입으로 이전
▶ 후생변화 : 관세부과시, 소비자잉여 감소, 생산자잉여 증가, 정부 관세수입 증가.
이때, (생산자잉여 증가분 + 정부 관세수입) < 소비자잉여 감소분. 따라서 경제적잉여 감소

정답 ▶ ③

22 수입품에 관세를 부과할 때의 영향에 대한 설명으로 옳은 것은? [서울 12]

① 관세 부과 이전에 비해 총잉여가 증가한다.
② 관세 부과 이전에 비해 생산자잉여가 증가한다.
③ 관세 부과 이전에 비해 소비자잉여가 증가한다.
④ 정부의 관세수입은 총잉여 변화에 포함되지 않는다.
⑤ 관세 부과로 총잉여는 변화하지 않는다.

해설 ▶ ①, ⑤ 관세 부과 이전에 비해 경제적잉여 감소
② 관세 부과 이전에 비해 생산자잉여 증가
③ 관세 부과 이전에 비해 소비자잉여 감소
④ 정부의 관세수입은 총잉여 변화 포함

정답 ▶ ②

23 K국에서 농산물의 국내 수요곡선은 $Q_d = 100 - P$, 국내 공급공선은 $Q_s = P$ 이고, 농산물의 국제가격은 20이다. 만약 K국 정부가 국내 생산자를 보호하기 위해 단위당 10의 관세를 부과한다면, 국내생산자잉여의 변화량과 사회적 후생손실은?

[국회 17]

	국내생산자잉여 변화량	사회적 후생손실
①	250 증가	500
②	250 증가	100
③	250 감소	500
④	250 감소	100
⑤	450 증가	100

해설 ● 폐쇄경제 균형

▶ 수요곡선: $Q_d = 100 - P$ ⇒ $P = 100 - Q$
▶ 공급곡선: $Q_s = P$ ⇒ $P = Q$
▶ 시장균형 조건: 수요량 = 공급량 ⇒ $100 - P = P$ ∴) $P = 50, Q = 50$

● 자유무역시 균형: 국제가격 20 달러일 때,

▶ 국내 소비량 = 80
▶ 국내 공급량 = 20
▶ 수입량: 국내 소비량 - 국내 공급량 = 60

● 관세부과시 균형: 단위당 관세 10달러일 때, 국내가격 30 달러

▶ 국내 소비량 = 70
▶ 국내 공급량 = 30
▶ 수입량: 국내 소비량 - 국내공급량 = 40

● 관세부과시,

▶ 국내 생산자잉여 증가(면적 C) = 250
▶ 경제적잉여 감소(면적 $A+B$) = 100 (자중손실)

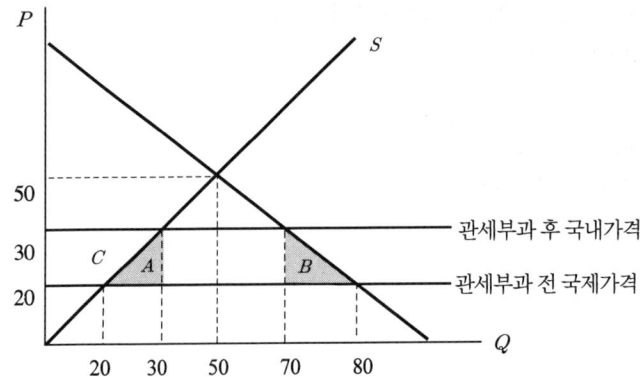

정답 ② ②

24 개방경제체제 하에 있는 소국 A는 세계시장에서 의류 한 벌을 10달러에 수입할 수 있다고 한다. A국 내 의류의 공급곡선(S)은 $S=50+5P$이고, 수요곡선(D)은 $D=450-15P$이다. 의류 한 벌당 5달러의 관세를 부과할 때, A국에 미치는 사회적 후생 순손실(deadweight loss)은? [국가 14]

① 125달러
② 250달러
③ 350달러
④ 375달러

해설 ▶ • 폐쇄경제 균형

▶ 수요곡선 : $P=30-\dfrac{1}{15}Q^D$　　▶ 공급곡선 : $P=-10+0.2Q^S$

▶ 시장균형 조건 : 수요가격=공급가격 ⇒ $30-\dfrac{1}{15}Q^D=-10+0.2Q^S$ ∴) $Q=150, P=20$

• 자유무역시 균형 : 국제가격 10달러일 때,

▶ 국내소비량=300
▶ 국내공급량=100　　▶ 수입량 : 국내소비량-국내공급량=200

• 관세부과 시 균형 : 단위당 관세 5달러일 때

▶ 국내소비량=225
▶ 국내공급량=125　　▶ 수입량 : 국내소비량-국내공급량=100

• 관세부과 시 경제적잉여(자중손실) : 면적 $A+B=250$

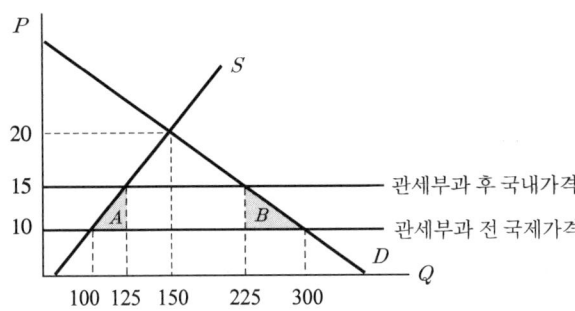

정답 ▶ ②

25 아래 재화는 국내가격이 국제가격보다 상대적으로 높아 국제가격으로 거래가 이루어질 경우 자국의 생산량의 감소로 인한 경제적 손실을 막기 위하여 관세를 부과하고 있다. 그렇지만 현재 관세부과로 인하여 총잉여의 일부가 감소하였다. 관세를 철폐하고 자유무역을 할 경우 관세부과 후 가격수준에서 발생했던 총잉여 감소분이 다시 증가하게 되는데 그 크기는? (단, 유통비용 및 추가적인 부대비용은 없다고 가정)

[서울 07]

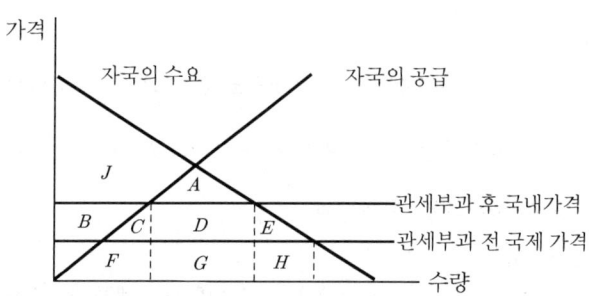

① $B+C+D+E$ ② $C+D+E$ ③ $B+E$
④ $C+E$ ⑤ $F+H$

해설 • 관세부과 시 잉여 변화

▶ 소비자잉여 : $B+C+D+E$ 만큼 감소
▶ 생산자잉여 : B 만큼 증가
▶ 정부의 관세수입 : D 만큼 감소
▶ 경제적잉여 : $C+E$ 만큼 증가

• 관세철폐 시 잉여 변화 : 관세부과 경우와 반대. 따라서, 경제적잉여 $C+E$ 만큼 증가

정답 ④

26 두 나라 간의 자유무역협정(FTA)이 체결되어 농산물 수입관세가 철폐되었다. 이 자유무역협정으로부터 이득을 보기 어려운 계층을 모두 묶은 것은?

[지방(상) 08]

> ㄱ. 농산물 수입국의 농가　　　ㄴ. 농산물 수입국의 소비자
> ㄷ. 농산물 수입국의 정부　　　ㄹ. 농산물 수출국의 농가
> ㅁ. 농산물 수출국의 소비자

① ㄱ, ㄷ　　　② ㄴ, ㄹ　　　③ ㄴ, ㄹ, ㅁ　　　④ ㄱ, ㄷ, ㅁ

해설 ▶ • 관세부과 시(가격 상승)

　　ㄱ. 농산물 수입국의 공급자 : 가격 상승, 생산량 증가에 따라 생산자잉여 증가
　　ㄴ. 농산물 수입국의 소비자 : 가격 상승, 소비량 감소에 따라 소비자잉여 감소
　　ㄷ. 농산물 수입국의 정부　 : 관세수입 증가
　　ㄹ. 농산물 수출국의 공급자 : 가격 하락, 생산량 감소에 따라 생산자잉여 감소
　　ㅁ. 농산물 수출국의 소비자 : 가격 하락, 소비량 증가에 따라 소비자잉여 증가

• 관세철폐 시(가격 하락)

　　ㄱ. 농산물 수입국의 공급자 : 가격 하락, 생산량 감소에 따라 생산자잉여 감소
　　ㄴ. 농산물 수입국의 소비자 : 가격 하락, 소비량 증가에 따라 소비자잉여 증가
　　ㄷ. 농산물 수입국의 정부　 : 관세수입 감소
　　ㄹ. 농산물 수출국의 공급자 : 가격 상승, 생산량 증가에 따라 생산자잉여 증가
　　ㅁ. 농산물 수출국의 소비자 : 가격 상승, 소비량 감소에 따라 소비자잉여 감소

정답 ▶ ④

3. 비관세장벽

(1) 수량할당(quota)

27 현재 A국은 소국 개방경제이며 X재에 대하여 자유무역이 이루어지고 있다. A국이 X재에 대하여 쿼터제도(수입할당제)를 시행할 경우 이에 대한 설명으로 옳은 것은? (단, X재에 대한 국내기업의 공급곡선은 우상향하고 국내 수요곡선은 우하향 한다. 그리고 개방이전의 국내 균형가격은 국제가격보다 높은 상태임을 가정한다.) [국가 09]

① 쿼터제도의 시행 후 정부의 관세수입이 증대될 것이다.
② 쿼터제도 시행 후 X재의 수입이 증가하여 소비자 후생이 증가할 것이다.
③ 국내기업의 X재 공급량은 쿼터제도 시행 전에 비하여 증가할 것이다.
④ 환율(원/달러)은 쿼터제도 시행 전에 비하여 상승할 것이다.

해설 ▸ • 쿼터제(수입할당제)
　　　▸ 자유무역 시 수입량이 과다할 경우 국내산업 보호를 위해 시행
　　　▸ 쿼터제를 시행하면 수입량이 감소하므로 해당 상품 시장에 초과수요가 발생하여 가격상승
　　　▸ 가격 상승에 따라 국내생산자의 공급량은 증가하고 국내수요량은 감소. 따라서 생산자잉여는 증가하고 소비자잉여는 감소
　　　▸ 관세부과와 같은 효과를 가지지만 관세부과 시 수입품으로부터 발생하는 정부의 관세수입이 쿼터배정을 받은 개별업자에게 귀속되므로 관세부과의 경우에 비하여 경제적잉여의 감소분이 더 커짐.
　　　▸ 수입이 감소하면 외환수요가 감소(외환수요곡선 좌측이동)하여 환율은 하락　　　**정답** ▸ ③

28 A국은 무역규제의 일환으로 관세부과나 수입할당제를 고려하고 있다. 옳지 않은 것은? [9급 18]

① 관세부과 시 A국 생산자들은 해당 상품을 더 높은 가격에 판매할 수 있다.
② 수입할당제는 가격에 대한 영향 없이 수입량을 줄일 수 있다.
③ 일부 관세는 무역구제(trade remedies)의 목적으로 시행된다.
④ 관세부과는 정부수입을 증가시키나, 수입할당제는 수입허가서를 보유한 업체의 수입을 증가시킨다.

해설 ▸ ①, ② 관세부과, 수입할당제 : 수입품 가격 상승, 수입량 감소
　　　③ 무역구제는 자국 산업을 보호하기 위한 조치. 반덤핑관세와 상계관세는 관세를 통한 무역구제 조치. 반덤핑관세는 덤핑 수입품에 대한 관세이고 상계관세는 보조금이 지급된 수입품에 대한 관세
　　　④ 관세는 정부수입 증가, 수입할당제는 수입업자 소득 증가　　　**정답** ▸ ②

29 어느 나라가 kg 당 10달러에 땅콩을 수입하며, 세계 가격에는 영향을 미칠 수 없다고 가정한다. 이 나라의 땅콩에 대한 수요곡선과 공급곡선은 각각 $Q_d = 4,000 - 100P$ 및 $Q_s = 500 + 50P$ 로 표현된다. 수입을 500 kg으로 제한하는 수입할당제를 시행할 때, 새로운 시장가격과 이때 발생하는 할당지대는? (단, Q_d는 수요량, Q_s는 공급량, P는 가격이다.) [국가 16]

① 20달러, 4,000달러
② 15달러, 4,000달러
③ 20달러, 5,000달러
④ 15달러, 5,000달러

해설 ▶ • 문제에서,

▶ 자유무역시(국제가격 10달러일 때) 수입량 = 국내수요량(3,000) − 국내공급량(1,000) = 2,000
(단, 10달러를 수요함수와 공급함수에 대입하여 도출)

▶ 수량할당(500)시 국내가격 : 수요함수와 공급함수를 이용하여 도출

수량할당량(수입량) = 국내수요량 − 국내공급량

⇒ $500 = (4,000 - 100P) - (500 + 50P)$
⇒ $150P = 3,000$ ∴ $P = 20$ (달러. 수입할당 가격)

▶ 수량할당시 할당지대 : 관세부과시 관세수입과 동일

할당지대 = 수입량(500) × (수입할당 시장가격(20) − 자유무역 시장가격(10. 국제가격)) = 5,000
= 500 × 10 = 5,000 (달러)

정답 ▶ ③

(2) 수출자율규제(VER. voluntary export restraint)

30 무역장벽과 관련한 다음 설명 중 가장 옳지 않은 것은? [서울 06]

① 수입할당제는 비관세 무역장벽에 속한다.
② 상계관세는 해당제품의 수입국에서 수입가격과 국내가격의 차이만큼 관세를 부과하여 국내산업을 보호하려는 관세이다.
③ 수입할당제와 관세는 후생 측면에서 비슷한 결과를 보이지만 관세에 비해 수입할당제는 정부 수입을 감소시킨다.
④ 수입식품 검사기준의 강화는 일종의 비관세 무역장벽이다.
⑤ 수출자유(자율)규제는 수입할당제와 매우 비슷한 효과를 보이는 무역장벽이다.

해설 ▶ ①, ④ 수입할당제, 수입식품 검사기준의 강화 등은 비관세장벽
② 상계관세는 수출국의 보조금을 상계하기 위해 부과하는 관세
③ 수입할당제와 관세는 후생 측면에서 비슷한 결과를 보이지만 수입할당제는 정부의 관세수입 감소
⑤ 수출자유(자율)규제 : 수출국이 스스로 수출억제. 수입할당제와 같은 효과를 가지지만 수입할당제에서의 수입업자소득(정부의 관세수입)이 수출국 수출업자에게 이전. 따라서 경제적잉여가 가장 많이 감소

정답 ▶ ②

4. 국제경제통합

31 다음은 경제통합 형태에 대한 내용이다. 자유무역지역(free trade area), 관세동맹(customs union), 공동시장(common market)의 개념을 바르게 연결한 것은? [국가 17]

> (가) 가맹국 간에는 상품에 대한 관세를 철폐하고, 역외국가의 수입품에 대해서는 가맹국이 개별적으로 관세를 부과한다.
> (나) 가맹국 간에는 상품뿐만 아니라 노동, 자원과 같은 생산요소의 자유로운 이동이 보장되며, 역외 국가의 수입품에 대해서는 공동관세를 부과한다.
> (다) 가맹국 간에는 상품의 자유로운 이동이 보장되지만, 역외 국가의 수입품에 대해서는 공동관세를 부과한다.

	(가)	(나)	(다)		(가)	(나)	(다)
①	자유무역지역	관세동맹	공동시장	②	자유무역지역	공동시장	관세동맹
③	관세동맹	자유무역지역	공동시장	④	관세동맹	공동시장	자유무역지역

해설 ▶
- 자유무역지역(FTA. free trade area. 자유무역협정)
  - ▶ 회원국 사이의 모든 무역장벽 철폐
  - ▶ 비회원국(역외국가)에 대해서는 개별적(독자적) 관세 부과
- 관세동맹(customs union)
  - ▶ 회원국 사이의 모든 무역장벽은 철폐된다.
  - ▶ 비회원국(역외국가)에 대해서도 공동관세정책(관세철폐 등)
- 공동시장(common market)
  - ▶ 관세동맹에서 더 나아간 형태의 경제블럭
  - ▶ 회원국 사이에 상품뿐 아니라 생산요소까지도 자유로운 이동 허용
- 경제동맹(economic union)
  - ▶ 공동시장에서 더 나아간 형태의 경제블럭
  - ▶ 회원국 사이에 재정·통화정책, 사회복지정책 등 경제정책까지 상호 조정
  - ▶ 경제동맹이 완벽하게 이루어지는 경우를 경제통합(economic integration)

(가) 가맹국 간에 관세 철폐, 역외국가에 대해서는 개별적 관세 부과 : 자유무역지역(자유무역협정)
(나) 가맹국 간에 상품뿐만 아니라 노동, 자원과 같은 생산요소의 자유로운 이동 보장 : 공동시장
역외 국가의 수입품에 대해서 공동관세 : 관세동맹
(다) 가맹국 간에 상품의 자유로운 이동 보장, 역외 국가의 수입품에 대해서 공동관세 : 관세동맹

정답 ▶ ②

제16장 국제수지이론

I 국제수지와 국제수지표

01 국제수지표에서 경상수지 내 서비스수지 항목에 속하지 않는 것은? [지방(상) 08]

① 이자, 배당금
② 여행수지
③ 은행수수료
④ 해운, 보험

해설 ① 이자와 배당금은 소득수지

국제수지

I 경상수지 : (1)+(2)+(3)	재화·용역의 수출입, 소득 및 이전수지
(1) 상품 및 서비스수지 : ①+②	재화와 서비스의 수출입
① 상품수지	일반상품, 가공용재화, 재화수리, 비화폐용금 등
② 서비스수지	운수, 여행(여행, 유학 및 연수), 통신, 보험, 특허권(지적소유권) 사용료 등
(2) 소득수지	급료와 임금, 자본수지(투자수지)에 따른 소득(이윤(배당금), 이자)
(3) 경상이전수지	정부간 무상원조, 대외 경상이전, 기부금 및 구호물자, 교포송금 등
II 자본수지 : (3)+(4)	자본 및 금융거래
(1) 투자수지 : ③+④+⑤	직접투자, 증권투자 및 기타금융거래
③ 직접투자	영속적인 이익을 위한 대외투자
④ 증권투자(포트폴리오)	주식, 채권 및 파생금융상품 거래
⑤ 기타투자	대출과 차입, 무역관련신용, 현금 및 예금 등 기타 금융거래
(2) 자본이전수지	해외이주비, 특허권 등 기타자산거래
III 오차 및 누락 : (I+II)−IV	통계상 불일치
IV 준비자산증감 : −(I+II+III) (단, 국제수지= I+II+III)	외환보유고의 변동. 부(−)이면 외환보유고 증가

정답 ①

02 A국의 2018년 국제수지표의 일부 항목이다. 다음 표에서 경상수지는 얼마인가? [노무 19]

- 상품수지 : 54억 달러
- 본원소득수지: 3억 달러
- 직접투자 : 26억 달러
- 서비스수지 : −17억 달러
- 이전소득수지: −5억 달러
- 증권투자 : 20억 달러

① 35억 달러 흑자 ② 40억 달러 흑자 ③ 60억 달러 흑자
④ 61억 달러 흑자 ⑤ 81억 달러 흑자

해설 • 국제수지표

항목	금액	
경상수지	35억 달러	
1. 상품수지 : 재화 수출입	54억 달러	• 본원소득수지 : 국외순수취요소소득
2. 서비스수지 : 서비스 수출입	−17억 달러	(국외수취요소소득−국외지급요소소득)
3. 본원소득수지	3억 달러	• 이전수지 : 국외순수취 경상이전
4. 이전소득수지	−5억 달러	(국외수취경상이전−국외지급경상이전)
자본수지	—	
금융수지		
1. 직접투자	26억 달러	
2. 증권투자	20억 달러	
3. 파생금융상품	—	
4. 기타자산	—	
5. 준비자산	—	
오차 및 누락	—	

정답 ▶ ①

03 국제수지표 상 경상계정(current accounts)에 속하지 않은 항목은? [노무 16]

① 정부 사이의 무상원조
② 해외교포로부터의 증여성 송금
③ 해외금융자산으로부터 발생하는 이자 등의 투자소득
④ 내국인의 해외여행 경비
⑤ 내국인의 해외주식 및 채권 투자

해설 ▶ ① 정부 사이의 무상 원조 : 경상수지-경상이전수지
② 해외교포의 증여성 송금 : 경상수지-경상이전수지
③ 해외 금융자산 이자소득 : 경상수지-소득수지
④ 내국인의 해외여행 경비 : 경상수지-상품 및 서비스수지
⑤ 해외 주식, 채권투자 : 자본수지-투자수지(직접투자, 증권투자, 기타투자)

정답 ▶ ⑤

04 국제수지표에 외자도입에 따른 이자지급은 어느 항목에 기록되는가? [국가 07]

① 경상거래의 수취 ② 경상거래의 지급
③ 자본거래의 수취 ④ 자본거래의 지급

해설 ▶ 이자지급은 경상수지 중 소득수지에 기록

정답 ▶ ②

Ⅱ 환율 : 명목환율과 실질환율

05 한국과 미국의 실질환율은 불변이나 미국보다 한국의 인플레이션율이 더 높아지는 경우 명목환율에 대한 설명으로 옳은 것은? (단, 다른 조건은 일정하다.) [지방(학) 12]

① 원/달러 명목환율이 하락한다.
② 원/달러 명목환율이 상승한다.
③ 원/달러 명목환율은 변화가 없다.
④ 원/달러 명목환율 변화를 예측할 수 없다.

해설 ▶ • 실질환율 : $\varepsilon = \dfrac{e \cdot P_f}{P}$ (단, ε : 실질환율, e : 명목환율, P_f : 외국물가, P : 국내물가)

• 따라서, 실질환율이 불변일 때 한국의 물가(P)가 더 오를 경우, 명목환율(e) 상승

정답 ▶ ②

06 다음 신문기사의 내용으로부터 유추해 볼 수 있는 대미 실질환율의 변동은? [서울 08]

> 2007년 1/4분기 한국의 물가상승률 평균은 3.3%로서 세계 최고수준이었다. 국가별로는 1/4분기 미국의 물가상승률이 1.8%로 최저 2006년 같은 기간의 2.9% 보다 크게 낮은 수준으로 나타났다. 이때 대미 명목환율 변화는 8% 하락한 것으로 나타났다. — ××일보 —

① 6.5% 상승 ② 13.1% 상승 ③ 9.5% 하락
④ 13.1% 하락 ⑤ 3.9% 하락

해설 ▶ • 실질환율 : $\varepsilon = \dfrac{e \cdot P_f}{P}$ ⇒ $\dot{\varepsilon} = \dot{e} + \dot{P_f} - \dot{P}$ (단, • : 변화율)
(단, ε : 실질환율, e : 명목환율, P_f : 외국물가, P : 국내물가)

• 문제에서, $\dot{\varepsilon} = \dot{e} + \dot{P_f} - \dot{P} = -8\% + 1.8\% - 3.3\% = -9.5\%$

정답 ▶ ③

07 우리나라와 미국의 인플레이션율이 각각 5%와 4%로 예상되고, 미국 달러화 대비 원화 가치가 6% 상승할 것으로 예상된다. 이때 한국 재화로 표시한 미국 재화의 가치인 실질환율의 변동은?

[지방 14]

① 7% 하락
② 5% 상승
③ 6% 하락
④ 6% 상승

해설 ▶ • 문제에서,

▶ $\dot{\varepsilon} = \dot{e} + \dot{P_f} - \dot{P} = -6\% + 4\% - 5\% = -7\%$ (단, 실질환율이 하락한 것은 원화가치 상승 의미)

▶ 의미 : 미국 재화 수량으로 표시한 한국 재화 가격이 7% 상승
      한국 재화 수량으로 표시한 미국 재화 가격은 7% 하락

정답 ▶ ①

Ⅲ 자유변동환율제의 환율

1. 외환시장

08 외환시장에서 달러의 수요와 공급이 변화하는 과정을 설명한 것으로 옳은 것은? (단, 국내외 모든 상품수요의 가격탄력성은 1보다 크다)

[지방 13]

① 원/달러 환율 상승 ⇒ 수입 감소 ⇒ 외환수요 증가
② 원/달러 환율 상승 ⇒ 수출 증가 ⇒ 외환공급 증가
③ 원/달러 환율 하락 ⇒ 수입 감소 ⇒ 외환수요 증가
④ 원/달러 환율 하락 ⇒ 수출 증가 ⇒ 외환공급 감소

해설 ▶ • 원/달러 환율 상승 ⇒ 달러표시 수출상품가격 하락 ⇒ 수출 증가
                                            ⇒ 외환공급량 증가. 외환공급곡선 우상향

• 원/달러 환율 상승 ⇒ 원화표시 수입상품가격 상승 ⇒ 수입 감소
                                            ⇒ 외환수요량 감소. 외환수요곡선 우하향

정답 ▶ ②

2. 명목환율의 결정과 변화

(1) 외환수요와 외환공급의 변화

09 변동환율제도를 채택한 개방경제에서, <보기> 중 이 경제의 통화가치를 하락시키는(환율 상승) 경우를 모두 고른 것은?　　　　　　　　　　　　　　　　　　　　　　　　　　　　[서울 19(1회)]

───────────── <보 기> ─────────────
ㄱ. 원유 수입액의 감소　　　　　ㄴ. 반도체 수출액의 증가
ㄷ. 외국인의 국내주식 투자 위축　ㄹ. 자국 은행의 해외대출 증가

① ㄱ, ㄷ　　　　　　　　　② ㄱ, ㄹ
③ ㄴ, ㄷ　　　　　　　　　④ ㄷ, ㄹ

해설　ㄱ. 원유 수입액의 감소 : 수입감소 ⇒ 외환수요 감소(외환수요곡선 좌측이동) ⇒ 환율하락
　　　ㄴ. 반도체 수출액 증가 : 수출증가 ⇒ 외환공급 증가(외환공급곡선 우측이동) ⇒ 환율하락
　　　ㄷ. 국내주식 투자 위축 : 증권투자 감소 ⇒ 자본유입 감소(외환공급곡선 좌측이동) ⇒ 환율상승
　　　ㄹ. 은행 해외대출 증가 : 기타투자 증가 ⇒ 자본유출 증가(외환수요곡선 좌측이동) ⇒ 환율상승
　　　　　　　　　　　　　　　　　　　　　　　　　　　　　　　　　　　　　　정답 ④

10 환율과 국제수지에 대한 설명으로 옳지 않은 것은?　　　　　　　　　　　　　　　[국가 12]

① 구매력평가설에 따를 때, 다른 조건은 일정하고 우리나라의 통화량만 증가하는 경우 원/달러 환율은 하락한다.
② 원/달러 환율이 하락하는 경우 원화가 평가절상된 것이다.
③ 달러 대비 원화 가치의 하락은 우리나라의 대미 수출 증가 요인으로 작용한다.
④ 자본이동이 자유로운 경우, 다른 조건은 일정하고 우리나라의 이자율만 상대적으로 상승하면 원화의 가치가 상승한다.

해설　① 통화량 증가 시 물가 상승. 구매력평가설에 따르면 물가상승 시 원/달러 환율 상승
　　　② 원/달러 환율 하락은 원화 가치가 절상된 것을 의미
　　　③ 원화가치가 하락(원/달러 환율 상승)하면 수출이 증가하고 수입은 감소
　　　④ 우리나라 이자율이 상승할 경우, 증권투자를 통한 자본유입이 증가하여 외환공급 증가(외환공급곡선 우측이동). 따라서 원/달러 환율 하락(원화 가치 절상)
　　　　　　　　　　　　　　　　　　　　　　　　　　　　　　　　　　　　　　정답 ①

11 A국 경제 성장의 급격한 둔화로 A국으로 유입되었던 자금이 B국으로 이동할 때, B국의 상품수지와 이자율의 변화로 옳은 것은? [국회 19]

① 상품수지 악화, 이자율 하락
② 상품수지 악화, 이자율 상승
③ 상품수지 개선, 이자율 하락
④ 상품수지 개선, 이자율 상승
⑤ 상품수지 변화 없음, 이자율 하락

해설 ▶ • B국으로 자본유입 : 외환공급 증가(외환공급곡선 우측이동)

▶ 외환공급 증가에 따라 환율 하락 ⇒ 외환표시 수출가격 상승, 수출 감소
　　　　　　　　　　　　　　　　　　원화표시 수입가격 하락, 수입 증가
　　　　　　　　　　　　　　　　⇒ 상품수지(경상수지) 악화
▶ 자본유입에 따라 국내채권 수요증가 ⇒ 채권가격 상승, 이자율 하락

정답 ▶ ①

12 환율이 달러 당 1,200원으로부터 1,180원으로 하락하였다. 그 원인에 대한 설명으로 옳지 않은 것은? [국가 04]

① 외국인의 국내 주식투자가 증가하였다.
② 중국의 경기호황으로 수출이 증가하였다.
③ 포드자동차가 국내 채권시장에서 자금을 조달하였다.
④ 미국기업이 부산에 대규모 공장을 신축하였다.

해설 ▶ • 환율이 하락 요인 : 외환수요 감소, 외환공급 증가

① 자본 유입 증가 : 외환공급 증가
② 수출 증가 : 외환공급 증가
③ 자본유출 증가 : 외환수요 증가
④ 직접투자 자본 유입 : 외환공급 증가

정답 ▶ ③

(2) 환율변동 예상

13 환율에 대한 설명으로 <보기>에서 옳은 것을 모두 고르면? [국회 14]

<보 기>
ㄱ. 정부가 외환시장에서 달러를 매각하면 환율이 상승한다.
ㄴ. 세계 주요 외환시장에서 달러화 약세가 계속되면 환율이 하락한다.
ㄷ. 국가 간 자본이동이 어려우면, 예상되는 평가절하는 두 국가 간의 이자율 차이만큼 나타난다.

① ㄱ ② ㄴ ③ ㄱ, ㄴ
④ ㄴ, ㄷ ⑤ ㄱ, ㄴ, ㄷ

해설 ㄱ. 정부가 외환시장에서 달러를 매각(외환공급 증가, 외환공급곡선 우측이동)하면 환율 하락
ㄴ. 세계 주요 외환시장에서 달러화 약세(예 달러당 원화환율) 하락)가 지속되면 환율이 하락할 것으로 예상하므로 수출을 앞당기고 수입을 미루며(경상수지 개선), 대외채무 상환을 줄임(자본수지 개선). 따라서 환율 하락
ㄷ. 국가 간 자본이동이 어려울 경우 환율상승(평가절하)이 예상되더라도 증권투자 거의 불변, 따라서 이자율이 많이 변화하지 않으므로 환율 변동률보다 이자율 변동률이 작음

정답 ②

14 다음 그림은 최근 3개월 간 환율의 추이를 보여주고 있다. 8월 30일 이후의 환율 추이가 지속될 것으로 가정할 경우에 예상되는 것으로 옳지 않은 것은? [지방(원) 12]

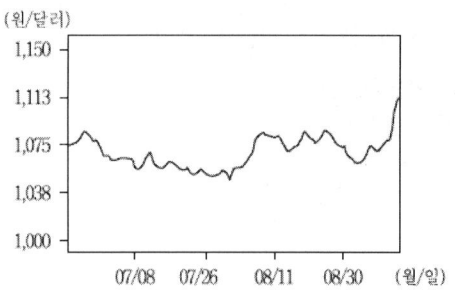

① 미국 여행시기를 앞당기는 것이 유리할 것이다.
② 달러화에 대한 원화의 가치가 하락할 것이다.
③ 미국산 수입 농산물의 국내 가격은 상승할 것이다.
④ 국내 기업의 대미 수출품 가격 경쟁력이 약화될 것이다.

해설 ▶ • 환율상승 예상
  ▶ 달러 표시 수출상품가격이 하락할 것으로 예상되므로 수출을 미룸.
  ▶ 원화 표시 수입상품가격이 상승할 것으로 예상되므로 수입을 앞당김.
  ▶ 대외채무 원화표시 원리금 상환액이 증가할 것으로 예상되므로 조기 상환

① 미국 여행(수입)은 앞당기는 것이 유리
② 환율 상승은 원화가치 하락
③ 미국산 수입 농산물의 국내 가격(원화 표시 수입품가격)은 상승할 것으로 예상
④ 국내 기업의 달러 표시 수출가격 하락(가격 경쟁력 강화) 예상

정답 ▶ ④

3. 환율변동효과

15 환율에 대한 설명으로 옳지 않은 것은? [국가 17추]

① 원화의 평가절상은 원유 등 생산 원자재를 대량으로 수입하는 우리나라의 수입 원가부담을 낮춰 내수 물가안정에 기여한다.
② 미국의 기준금리 인상은 원화의 평가절하를 유도하여 우리나라의 수출 기업에 유리하게 작용한다.
③ 대규모 외국인 직접투자가 우리나라로 유입되면 원화의 평가절하가 발생하고 우리나라의 수출 증대로 이어진다.
④ 실질환율은 한 나라의 재화와 서비스가 다른 나라의 재화와 서비스로 교환되는 비율을 말한다.

해설 ▶ ① 원화의 평가절상(환율 인하) : 원화표시 수입원유 가격이 하락하므로 국내물가 안정
② 미국 기준금리 인상 : 우리나라 증권시장에서 자본유출. 자본이 유출(외화수요 증가)되면 환율이 상승(원화가치 절하)하여 외화표시 수출품 가격 하락. 따라서 수출이 증가하므로 수출기업에 유리
③ 외국인 직접투자 증가 : 우리나라로 자본유입. 자본이 유입(외화공급 증가)되면 환율이 하락(원화가치 절상)하여 외화표시 수출품 가격 상승. 따라서 수출 감소
④ 실질환율(우리나라 기준) = $\dfrac{\text{환율} \times \text{외화표시 수입품가격}}{\text{국산품 가격}}$ = $\dfrac{\text{원화표시 수입품가격}}{\text{원화표시 국산품가격}}$

실질환율은 국산품 수량으로 표시한 수입품 가격이며 수입품 한 단위와 교환되는 우리나라 재화의 수량

정답 ▶ ③

16 그림은 국내 통화의 실질 절하(real depreciation)가 t_0에 발생한 이후의 무역수지 추이를 보여준다. 이에 대한 설명 중 옳지 않은 것은? (단, 초기 무역수지는 균형으로 0이다.) [국회 18]

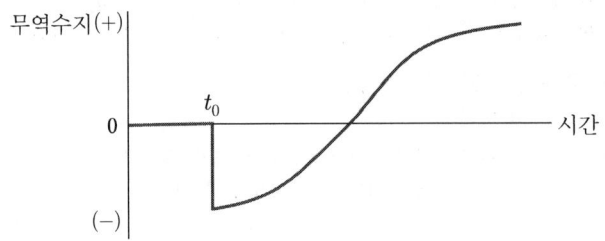

① 그림과 같은 무역수지의 조정과정을 J-곡선(J-곡선)이라 한다.
② 실질 절하 초기에 수출과 수입이 모두 즉각 변화하지 않아 무역수지가 악화된다.
③ 실질 절하 후 시간이 흐름에 따라 수출과 수입이 모두 변화하므로 무역수지가 개선된다.
④ 수출입 탄력성의 합이 1보다 작다면 장기적으로 실질 절하는 무역수지를 개선한다.
⑤ 마샬-러너 조건(Marshall-Lerner condition)이 만족되면 장기적으로 실질 절하는 무역수지를 개선한다.

해설 • ①, ②, ③ J-커브효과: 실질 절하(실질환율 상승) 초기에는 수출량과 수입량 불변. 따라서 무역수지 악화. 시간이 경과한 후 수출액이 증가하고 수입액이 감소하여 무역수지 개선
④, ⑤ 마샬-러너 조건(|수입가격탄력성 + 수출가격탄력성| > 1) 만족될 때 실질 절하(환율 상승)시 무역수지 개선

정답 ④

17 한 나라에서 자본도피가 일어나면 환율과 순수출은 어떻게 변하는가? [서울 14]

① 환율은 평가절상 되고 순수출은 증가한다.
② 환율은 평가절상 되고 순수출은 감소한다.
③ 환율은 평가절하 되고 순수출은 증가한다.
④ 환율은 평가절하 되고 순수출은 감소한다.
⑤ 환율과 순수출 모두 변하지 않는다.

해설 • 자본도피 : 급격한 자본 유출
▶ 자본이 유출되면 외환수요가 증가하여 외환수요가 증가하면 환율 상승(통화가치 절하)
▶ 환율이 상승하면, 외화표시 수출가격이 하락하여 수출 증가, 원화표시 수입가격이 상승하여 수입 감소 따라서 순수출(수출 - 수입) 증가, 경상수지 개선

정답 ③

18 환율(원/미국 달러 환율)에 관한 설명으로 옳지 않은 것은? [노무 14]

① 환율이 올라간다는 것은 원화 가치가 미국달러화의 가치에 비해 상대적으로 하락함을 의미한다.
② 장기에서 우리나라의 물가상승률이 미국의 물가상승률보다 더 높은 경우 환율은 올라간다.
③ 환율이 내려가면 국내 대미 수출기업들의 수출은 증가한다.
④ 환율이 내려가면 미국에 유학생 자녀를 둔 부모들의 학비 송금에 대한 부담이 줄어든다.
⑤ 미국인의 주식투자자금이 국내에 유입되면 환율은 내려간다.

해설 ▶ ① 환율(원/달러)이 상승하면 달러화에 대한 원화가치 하락

② 구매력평가: $\dot{e}_K = \dot{P}_K - \dot{P}_A$ (단, $\dot{e}_K$: 한국 환율변동률, $\dot{P}_K$: 한국 물가상승률, $\dot{P}_A$: 미국 물가상승률)

▶ 한국 물가상승률$(\dot{e}_K)$ > 미국의 물가상승률$(\dot{e}_A)$일 경우 한국 환율변동률$(\dot{e}_A) > 0$
▶ 한국 물가가 미국 물가보다 더 많이 오를 경우 한국 환율 상승

③ 환율(원/달러)이 하락하면 달러표시 수출가격 $\left(P_F(\$)\uparrow = \dfrac{P(\text{₩})}{e_K\downarrow}\right)$이 상승하므로 수출 감소

④ 환율이 하락하면 미국에 유학생 자녀를 둔 부모들의 학비 송금 부담 감소

　　예 미국 유학생 학비가 10달러일 때, 환율이 1,100원이면 원화표시 송금액 11,000원
　　　　　　　　　　　　　　　　　　　환율이 1,000원이면 원화표시 송금액 10,000원

⑤ 미국인 주식투자자금이 국내 유입되면 외환공급 증가(외환공급곡선 우측이동). 외환공급이 증가하면 환율 하락

정답 ▶ ③

4. 기타 환율결정이론

(1) 구매력평가

19 다음 A, B, C 에 들어갈 내용으로 옳은 것은? [9급 18]

> 구매력평가(purchasing power parity)에 의하면 국내가격(P) = 해외가격(P^*) × 환율(E)이 성립한다. 이때 환율은 외환의 구매력(A)과 원화의 구매력(B)의 비율, 즉 $E = (A)/(B)$ 로 표시된다. 한편 실질환율은 (C)로 정의된다.

① $A = 1/P^*$, $B = 1/P$, $C = (E \times P)/P^*$
② $A = 1/P^*$, $B = 1/P$, $C = (E \times P^*)/P$
③ $A = P^*$, $B = P$, $C = (E \times P)/P^*$
④ $A = P^*$, $B = P$, $C = (E \times P^*)/P$

해설
- (절대적) 구매력평가 : $E = \dfrac{\frac{1}{P^*}}{\frac{1}{P}} = \dfrac{P}{P^*}$ (단, $\frac{1}{P^*}$: 외환 구매력(A), $\frac{1}{P}$: 원화 구매력(B))

- 실질환율(C) : $C = \dfrac{E \times P^*}{P}$

정답 ②

20 환율결정이론 중 구매력평가(Purchasing Power Parity)에 대한 설명으로 옳지 않은 것은? [국가 16]

① 경제에서 비교역재의 비중이 큰 나라 간의 환율을 설명하는 데에는 적합하지 않다.
② 두 나라 화폐 간의 명목환율은 두 나라의 물가수준에 의해 결정된다고 설명한다.
③ 장기보다는 단기적인 환율의 움직임을 잘 예측한다는 평가를 받는다.
④ 동질적인 물건의 가격은 어디에서나 같아야 한다는 일물일가의 법칙을 국제시장에 적용한 것이다.

해설 ① 구매력평가 : 장기적으로 모든 재화가 자유무역될 때 성립. 비교역재가 많을 경우 성립할 수 없음
② 구매력평가 : 두 나라 간 명목환율은 두 나라 물가에 의해 결정
  ▶ 절대적 구매력평가 : 대미 한국 명목환율 = 한국물가 / 미국물가
  ▶ 상대적 구매력평가 : 대미 한국 명목환율 변동률 = 한국 물가변동률 − 미국 물가변동률
③ 구매력평가는 단기보다 장기에 성립
④ 완전경쟁시장의 논리를 국제무역에 적용. 완전경쟁 무역일 때 국가 간 일물일가 성립

정답 ③

21 다음 표는 각국의 시장환율과 빅맥가격을 나타낸다. 빅맥가격으로 구한 구매력평가 환율을 사용할 경우, 옳은 것은? (단, 시장환율의 단위는 '1달러 당 각국 화폐'로 표시되며, 빅맥가격의 단위는 '각국 화폐'로 표시된다.)

[국가 17]

국가(화폐 단위)	시장환율	빅맥가격
미국(달러)	1	5
브라질(헤알)	2	12
한국(원)	1,000	4,000
중국(위안)	6	18
러시아(루블)	90	90

① 브라질의 화폐가치는 구매력평가 환율로 평가 시 시장환율 대비 고평가된다.
② 한국의 화폐가치는 구매력평가 환율로 평가 시 시장환율 대비 저평가된다.
③ 중국의 화폐가치는 구매력평가 환율로 평가 시 시장환율 대비 고평가된다.
④ 러시아의 화폐가치는 구매력평가 환율로 평가 시 시장환율 대비 저평가된다.

해설 ● 구매력 평가

▶ 시장환율 < 빅맥지수 : 시장환율 대비 저평가, 빅맥지수(구매력평가 환율) 대비 고평가
▶ 시장환율 > 빅맥지수 : 시장환율 대비 고평가, 빅맥지수(구매력평가 환율) 대비 저평가

● 문제에서,

국가(화폐 단위)	시장환율	빅맥가격	빅맥지수	시장환율과 빅맥지수	시장환율 대비	빅맥지수 대비
미국(달러)	1	5	—	—		
브라질(헤알)	2	12	$\frac{12}{5}=2.4$	시장환율 < 빅맥지수	저평가	고평가
한국(원)	1,000	4,000	$\frac{4,000}{5}=800$	시장환율 > 빅맥지수	고평가	저평가
중국(위안)	6	18	$\frac{18}{5}=3.6$	시장환율 > 빅맥지수	고평가	저평가
러시아(루블)	90	90	$\frac{90}{5}=18$	시장환율 > 빅맥지수	고평가	저평가

■ 빅맥지수 대비 저평가(시장환율 대비 고평가)된 나라에서 구매하는 것이 유리

정답 ③

22 현재 한국과 미국의 햄버거 가격이 각각 4,800원과 4달러이고, 명목환율(원/달러)이 1,300이며, 장기적으로 구매력평가설이 성립할 때, 이에 관한 설명으로 옳은 것은? (단, 햄버거는 대표 상품이며 변동환율제도를 가정한다.)

[노무 24]

① 실질환율은 장기적으로 1보다 크다.
② 양국의 현재 햄버거 가격에서 계산된 구매력평가환율은 1,250이다.
③ 양국의 햄버거 가격이 변하지 않는다면 장기적으로 명목환율은 하락한다.
④ 미국의 햄버거 가격과 명목환율이 변하지 않는다면 장기적으로 한국의 햄버거 가격은 하락한다.
⑤ 한국의 햄버거 가격이 변하지 않는다면 장기적으로 명목환율과 미국의 햄버거 가격은 모두 상승한다.

해설 • 구매력평가

▶ 실질환율: $\varepsilon = \dfrac{e \cdot P_F}{P}$ (국산품 수량으로 표시한 외국상품 가격), $\dot{\varepsilon} = (\dot{e} + \dot{P_F}) - \dot{P}$

▶ 절대적 구매력평가: $e = \dfrac{P}{P_F}$ (단, $e = \dfrac{\frac{1}{P_F}}{\frac{1}{P}} = \dfrac{P}{P_F}$). 절대적 구매력평가가 성립하면 실질환율은 1

▶ 상대적 구매력평가: $\dot{e} = \dot{P} - \dot{P_F}$ (단, ˙ : 변화율). 상대적 구매력평가가 성립하면 실질환율 변동율 0

• 문제에서,
▶ 절대적 구매력평가: $e = \dfrac{4,800원}{4달러} = 1,200원/달러$.

▶ 구매력평가가 성립할 때, 실질환율 $\varepsilon = \dfrac{e \cdot P_F(\text{미국 햄버거 가격})}{P(\text{한국 햄버거 가격})} = \dfrac{e \cdot 4}{4,800} = 1$,
  명목환율$(e) = 1,200$

▶ 시장 명목환율 1,300 > 구매력평가 명목환율(1,200)이면 실질환율 $\varepsilon > 1$. 따라서 원화가치 저평가. 장기적으로는 구매력평가 성립

③ 양국 햄버거 가격이 불변이면 명목환율이 하락하여 실질환율 하락
④ 미국 햄버거 가격과 명목환율이 불변이면 한국 햄버거 가격이 상승하여 실질환율 하락
⑤ 한국 햄버거 가격이 불변이면 명목환율과 미국 햄버거 가격이 하락하여 실질환율 하락

정답 ▶ ③

23 인천공항에 막 도착한 A씨는 미국에서 사먹던 빅맥 1개의 가격인 5달러를 원화로 환전한 5,500원을 들고 햄버거 가게로 갔다. 여기서 A씨는 미국과 똑같은 빅맥 1개를 구입하고도 1,100원이 남았다. 다음 설명 중 옳은 것을 모두 고른 것은?   [노무 17]

> ㄱ. 한국의 빅맥 가격을 달러로 환산하면 4 달러이다.
> ㄴ. 구매력평가설에 의하면 원화의 대미 달러 환율은 1,100 원이다.
> ㄷ. 빅맥 가격을 기준으로 한 대미 실질환율은 880 원이다.
> ㄹ. 빅맥 가격을 기준으로 볼 때, 현재의 명목환율은 원화의 구매력을 과소평가하고 있다.

① ㄱ, ㄴ   ② ㄱ, ㄷ   ③ ㄱ, ㄹ
④ ㄴ, ㄷ   ⑤ ㄴ, ㄹ

해설 ● 미국에서 빅맥 가격은 5달러. 5달러를 5,500에 환전했으므로 환율은 1,100원 / 달러
5,500원으로 빅맥을 사고 1,100원이 남았으므로 빅맥 가격은 4,400원. 달러로는 4달러

ㄱ. 한국 빅맥 가격을 달러로 환산하면 4 달러

ㄴ, ㄷ. 구매력평가 원화 환율(실질환율) = $\dfrac{\text{원화 표시 빅맥 가격}(4{,}400원)}{\text{달러 표시 빅맥 가격}(5달러)}$ = 880원

ㄹ. 빅맥의 구매력평가환율(실질환율 800원)보다 실제 환율(1,100원)이 높으므로 원화가 저평가되어 있음

정답 ▶ ③

24 커피전문 다국적 기업에서 공급하는 A 커피가 동일한 품질과 양으로 우리나라에서는 3,000원에 미국에서는 1.5달러에 판매되고 있을 경우 구매력평가설(purchasing-power parity)에 기초한 1달러당 원화의 환율은?   [9급 11]

① 500원   ② 1,000원   ③ 1,500원   ④ 2,000원

해설 ● 구매력 : 상품가격의 역수

▶ 우리나라 A커피 가격 3,000원일 때 구매력은 1/3,000
▶ 미국 A커피 가격 1.5달러일 때 구매력은 1/1.5

● 구매력평가설 : 환율 = $\dfrac{\text{달러화구매력}}{\text{원화구매력}} = \dfrac{1\!\!\:/\!\!\:1.5}{1\!\!\:/\!\!\:3{,}000} = \dfrac{3{,}000}{1.5} = 2{,}000$

정답 ▶ ④

(2) 이자율평가(interest parity)

25 현재 한국과 미국의 연간 이자율이 각각 4%와 2%이고, 1년 후의 예상 환율이 1,122원/달러이다. 양국 간에 이자율평형조건(interest parity condition)이 성립하기 위한 현재 환율은?

[국가 15]

① 1,090원/달러 ② 1,100원/달러
③ 1,110원/달러 ④ 1,120원/달러

해설 ▶ • 문제에서,
  ▶ 한국의 환율변동률=한국 이자율(4%)−미국 이자율(2%)=2%(상승)
  ▶ 환율이 2% 오르고 1년 후 예상 환율이 1,112원이므로 현재 환율×1.02=1,122
   ∴) 현재 환율 = $\frac{1,122}{1.02}$ = 1,100

정답 ②

---

26 환율결정 이론에 대한 다음 설명 중 옳지 않은 것은?

[국회 13]

① 절대구매력평가설이 성립한다면 실질환율은 1이다.
② 경제통합의 정도가 커질수록 구매력평가설의 설명력은 높아진다.
③ 구매력평가설에 따르면 자국의 물가가 5% 오르고 외국의 물가가 7% 오를 경우, 국내통화는 2% 평가절상된다.
④ 이자율평가설에 따르면 미래의 예상환율 변화는 현재의 환율에 영향을 주지 않는다.
⑤ 구매력평가설은 경상수지에 초점을 맞추는 반면, 이자율평가설은 자본수지에 초점을 맞추어 균형환율을 설명한다.

해설 ▶ ① 실질환율: $\varepsilon = \frac{e \times P_f}{P}$, 절대적 구매력평가설: $e = \frac{P}{P_f}$ ⇒ $\varepsilon = \frac{\frac{P}{P_f} \times P_f}{P} = 1$

② 경제통합의 정도가 커진다는 것은 자유무역에 가까워진다는 의미이며, 이 경우 구매력평가 성립

③ 상대적 구매력평가설: $e = \frac{P}{P_f}$ ⇒ $\dot{e} = \dot{P} - \dot{P_f}$·
   $\dot{e} = \dot{P} - \dot{P_f} = 5\% - 7\% = -2\%$. 국내통화가치 2% 절하(평가절하)

④ 이자율 평가설: 두 나라 채권투자 순수익률이 동일하게 될 조건. $e_A = r_A - r_B$·A국의 환율이 오를 것으로 예상되면 A국 채권순수익률(채권수익률 − 환율상승률) 감소 예상. 따라서 A국 채권을 매각(자본유출)할 것이므로 A국 환율 상승

⑤ 구매력 평가설은 경상수지, 이자율 평가설은 자본수지(증권투자)에 초점을 맞춘 환율결정이론

정답 ④

27 구매력평가설과 이자율평가설이 성립한다고 가정한다. 한국과 미국의 명목이자율이 각각 5%, 6%이며, 한국의 예상 물가상승률이 3%일 경우 옳지 않은 것은? [국가 11]

① 미국의 예상 물가상승률은 4%이다.
② 달러에 대한 원화의 실질환율은 상승한다.
③ 한국과 미국의 실질이자율은 동일하다.
④ 원/달러 환율은 1% 하락할 것으로 예상된다.

해설 ④ 이자율평가 : $\dot{e} = r - r_f$ ∴) $\dot{e} = r(5\%) - r_f(6\%) = -1\%$
(단, e : 원화표시 달러환율, r : 한국이자율, r_f : 미국이자율) 원/달러 환율, • : 변화율)

① 구매력평가 : $\dot{e} = P^e - P_f^e$ ⇒ $\dot{e}(-1\%) = P^e(3\%) - P_f^e$ ∴) $P_f^e = 4\%$
(단, P^e : 한국 예상물가상승률, P_f^e : 미국의 예상물가상승률)

② 실질환율 : $\varepsilon = \dfrac{e \times P_f}{P}$ ⇒ $\dot{\varepsilon} = (\dot{e} + \dot{P_f}) - \dot{P}$
⇒ $\dot{\varepsilon} = (\dot{e}(-1\%) + \dot{P_f}(4\%)) - \dot{P}(3\%) = 0$. 따라서 실질환율 불변

③ 실질환율이 변화하지 않으므로 한국과 미국의 실질이자율은 동일

정답 ▶ ②

---

28 연초에 한 미국인 투자가는 1억 달러를 1,200원/달러에 원화로 환전하여 한국주식에 투자해서 1년 동안 연 10%의 수익률을 올렸다. 연말에 1,000원/달러에 다시 달러로 환전할 수 있었다. 이 미국 투자가의 달러환산 연 수익률은 얼마인가? [국가 07]

① 11% ② 21%
③ 32% ④ 43%

해설 ● 1달러로 1,200원짜리 주식을 매입한 후 수익률이 10%일 때, 1년 후 주식가격 1,320원
▶ 달러당 1,000원으로 환전할 때 1.32달러
▶ 따라서, 수익률은 32%

정답 ▶ ③

제16장 국제수지이론

IV 개방거시경제모형의 재정·금융정책 ■먼델-플레밍모형

1. 개방거시경제모형

29 다음 중 BP(Balance of Payments)곡선 (가로축 : 소득, 세로축 : 이자율)의 우하향 이동에 영향을 주는 외생변수의 변화에 관한 설명 중 가장 옳지 않은 것은? [국회 14]

① 외국소득의 증가
② 외국상품가격의 상승
③ 국내통화의 평가절상 예상
④ 외국이자율의 상승
⑤ 국내기업수익률의 상승예상

해설 • BP곡선이 하방(우측) 이동하기 위해서는 경상수지 또는 자본수지가 개선되어 국제수지가 개선(흑자)되여야 함

① 외국소득 증가 ⇒ 수출증가: 경상수지 개선
② 외국상품 가격 상승 ⇒ 수출증가: 경상수지 개선
③ 국내통화 평가절상(환율하락) 예상 ⇒ 외화표시 수출가격 상승 예상. 따라서 수출 촉진
　　　　　　　　　　　　　　　　⇒ 원화표시 수입가격 하락 예상. 따라서 수입 연기
　따라서 평가절상이 예상되면 경상수지 개선
④ 외국이자율 상승 ⇒ 자본유출 ⇒ 자본수지 악화
⑤ 국내기업 수익률 상승 예상 ⇒ 증권투자 자본유입, 자본수지 개선

보충 • BP곡선 도출 : BP곡선은 외환시장을 균형($E^D = E^S$)시키는 국민소득과 이자율의 관계를 보여주는 곡선
▶ 국민소득이 증가하면 수입이 증가하므로 경상수지가 악화, 국제수지적자(외환시장 초과수요) 발생
▶ 국제수지가 다시 균형이 되기 위해서는 해외자본이 유입되어 자본수지가 개선되어야 함
▶ 해외자본이 유입되기 위해서는 이자율이 상승해야 함(이자율 상승시 증권투자를 통해서 자본유입)
▶ 따라서 BP곡선은 우상향하며, 자본이동성이 완전할 경우(소국개방모형) BP곡선이 수평선이 됨

• BP곡선 이동 : BP곡선의 이동
▶ 주어진 국민소득과 국제수지균형 상태에서 경상수지나 자본수지가 개선되어 국제수지가 흑자(외환시장 초과공급) 상태가 될 경우, 국제수지가 다시 균형이 되기 위해서는 이자율이 내려서 자본이 유출(자본수지 악화)되어야 함
▶ 따라서 국제수지가 흑자가 되면 BP곡선 하방(우측) 이동
▶ 실질환율이 오를(명목환율 상승, 국내물가 하락, 외국물가 상승) 경우 경상수지 개선, 외국이자율이 내릴 경우 자본수지 개선

정답 ▶ ④

2. 재정정책

(1) 변동환율제하의 재정정책

1) 대국개방모형

30 고정환율제와 변동환율제에 관한 설명으로 옳지 않은 것은? [노무 24]

① 고정환율제에서는 독립적인 통화정책을 수행하기 어렵다.
② 고정환율제에서도 과도한 무역수지 불균형이 장기간 지속되면 환율이 조정될 수 있다.
③ 변동환율제에서 유가상승으로 인하여 무역적자가 발생하면 통화가치는 상승한다.
④ 변동환율제에서도 환율의 안정성 제고를 위해 정부가 외환시장에 개입할 수 있다.
⑤ 고정환율제와 변동환율제 모두 환율 변동을 활용하여 이익을 얻으려는 행위가 발생할 수 있다.

해설 ① 고정환율제에서 통화정책에 따라 통화량이 변화하면 국제수지 변동이 발생하여 당국이 외환을 매입 또는 매각하게 됨. 이 과정에서 통화정책에 따른 통화량 변동이 상쇄되어 정책효과를 가질 수 없음

② 2차세계 대전 이후 브레튼우드체제는 '조정가능한 고정환율제도'
③ 유가가 상승하면 수입이 증가(외환수요 증가)하면 환율이 상승하여 통화가치 하락
④, ⑤ 고정환율제와 변동환율제 모두 당국이 외환시장에 개입하여 환율을 조정할 수 있으며 이를 '환율조작'이라고 함

정답 ③

31 자본이동이 불완전하고 변동환율제도를 채택한 소규모 개방경제의 $IS-LM-BP$ 모형에서 균형점이 (Y_0, i_0)으로 나타났다. 이 때, 확장적 재정정책에 따른 새로운 균형점에 대한 설명으로 옳은 것은? (단, Y는 총소득, i는 이자율이다.)

[지방 17]

① 총소득은 Y_0보다 크고, 이자율은 i_0보다 높다.
② 총소득은 Y_0보다 크고, 이자율은 i_0보다 낮다.
③ 총소득은 Y_0보다 작고, 이자율은 i_0보다 높다.
④ 총소득은 Y_0보다 작고, 이자율은 i_0보다 낮다.

해설 ▶ • 자본이동 불완전 소규모 개방경제 하의 재정정책 : BP곡선은 우상향

[폐쇄모형] [개방모형]	정부지출증가조세감면(IS곡선 우측이동) : 국민소득 증가, 이자율 상승 이자율 상승에 따라 간접투자 자본유입. 자본수지개선, 국제수지흑자 ■ 자본유입에 따라 이자율 다시 하락. 소국 완전개방경제 경우는 원래 수준까지 하락
[변동환율제도]	국제수지흑자에 따라 환율하락 ⇒ 수출감소, 수입증가. 경상수지악화 (IS 및 BP곡선(다시) 좌측이동) ⇒ 총수요(순수출) 감소 ⇒ 국민소득 다시 감소
[효과]	(폐쇄모형에 비하여) 국민소득 소폭 증가, 이자율 소폭 상승. 자본수지개선, 경상수지악화. 국제수지는 다시 균형

정답 ▶ ①

2) 소국개방모형

32 변동환율제도를 도입하고 있으며 자본이동이 완전히 자유로운 소규모 개방경제에서, 최근 경기침체에 대응하여 정부가 재정지출을 확대하는 경우 나타날 수 있는 현상으로 옳은 것을 <보기>에서 모두 고르면?

[국회 17]

<보 기>
ㄱ. 균형이자율과 균형국민소득은 변화가 없다.
ㄴ. 국내통화가 평가절상되고 자본수지가 개선된다.
ㄷ. 수출이 감소하고 경상수지가 악화된다.
ㄹ. 균형이자율과 균형국민소득 모두 증가한다.

① ㄱ, ㄴ　　② ㄱ, ㄷ　　③ ㄷ, ㄹ
④ ㄱ, ㄴ, ㄷ　　⑤ ㄴ, ㄷ, ㄹ

해설 ▶ 변동환율제도 소국개방경제 확대 재정정책

[폐쇄모형]	정부지출증가조세감면 : 국민소득 증가, 이자율 상승
[개방모형]	이자율 상승에 따라 간접(증권)투자 자본유입, 자본수지개선(순해외투자 감소) 국제수지흑자(외환시장 초과공급) 발생

- 자본유입에 의해 이자율 다시 하락. 소국개방경제의 경우 원래 수준까지 하락. 그 과정에서 아래의 효과 증폭

변동환율제도 : 대국개방모형	
국제수지흑자에 따라 환율 하락 ⇒ 수출감소, 수입증가. 경상수지악화 ⇒ 순수출(총수요) 감소 ⇒ 국민소득 감소. 국민소득 증가폭 감소	[정책효과] 환율 하락. 이자율 소폭 상승, 국민소득 소폭 증가. 소비 증가 자본수지 개선, 경상수지 악화

변동환율제도 : 소국개방모형	
이자율이 원래 수준으로 다시 하락. (그 과정에서 위 효과 증폭) 따라서 국민소득 불변	[정책효과] 이자율 불변, 국민소득 불변. 소비도 불변 자본수지 개선, 경상수지 악화

정답 ▶ ④

33 자본이동 및 무역거래가 완전히 자유롭고 변동환율제도를 채택하고 있는 소규모 개방경제인 A국에서 확대재정정책이 실시되는 경우, $IS-LM$모형에 의하면 최종 균형에서 국민소득과 환율은 정책 실시 이전의 최초 균형에 비해 어떻게 변하는가? (단, 물가는 고정되어 있다고 가정함) [노무12]

① 국민소득 : 불변,   환율 : A국 통화 강세
② 국민소득 : 증가,   환율 : A국 통화 강세
③ 국민소득 : 감소,   환율 : A국 통화 강세
④ 국민소득 : 증가,   환율 : A국 통화 약세
⑤ 국민소득 : 감소,   환율 : A국 통화 약세

해설 ▶ • 변동환율제인 소국개방경제 모형 : 확대재정정책 효과
  ▶ 폐쇄모형 : 국민소득 증가, 이자율 상승
  ▶ 개방모형 : 이자율 상승에 따라 (증권투자) 자본유입에 따라 환율 하락(통화가치상승. 통화강세)
      환율 하락에 따라 순수출이 감소하여 국민소득 다시 원래 수준으로 감소
      따라서, 국민소득 불변

정답 ▶ ①

(2) 고정환율제하의 재정정책

1) 대국개방모형

34 세계는 A국, B국, C국의 세 국가로 구성되어 있으며, 국가 간 자본이동에는 아무런 제약이 없다. B국은 고정환율제도를 채택하고 있으며, C국은 변동환율제도를 채택하고 있다. A국의 경제불황으로 인하여 B국과 C국의 A국에 대한 수출이 감소하였을 때, B국과 C국의 국내경제에 미칠 영향에 대한 설명으로 옳지 않은 것은? [지방 16]

① B국 중앙은행은 외환을 매각할 것이다.
② C국의 환율(C국 화폐로 표시한 A국 화폐 1단위의 가치)은 상승할 것이다.
③ B국과 C국 모두 이자율 하락에 따른 자본유출을 경험한다.
④ C국이 B국보다 A국 경제불황의 영향을 더 크게 받을 것이다.

해설 ▶ • 문제에서, 수출이 감소할 경우

[폐쇄모형]	수출 감소 : 총수요 감소. 국민소득 감소, 이자율 하락
[개방모형]	이자율 하락에 따라 증권투자 자본유출. 자본수지 악화, 국제수지 적자

[B국 : 고정환율제도]	[C국 : 변동환율제도]
국제수지 적자에 따라 중앙은행 외환매각	국제수지 적자에 따라 환율 상승
⇒ 본원통화 감소, 통화량 감소	⇒ 수출 증가, 수입 감소. 경상수지 개선
⇒ 이자율 다시 상승하여, 민간 소비, 투자 감소	⇒ 순수출(총수요) 증가
⇒ 국민소득 추가 감소. 국민소득 감소폭 확대	⇒ 국민소득 다시 증가. 국민소득 감소폭 축소

① 국제수지가 적자(외환시장 초과수요)가 되므로 B국의 중앙은행은 외환 매각
② 국제수지가 적자(외환시장 초과수요)가 되므로 C국의 환율 상승
③ 두 나라 모두 이자율이 내려서 증권투자를 통하여 자본유출
④ C국 국민소득 소폭 감소, B국 국민소득 대폭 감소

정답 ▶ ④

35 자본이동이 자유로운 경제에서 재정정책의 운용에 관한 다음 설명 중 가장 옳지 않는 것은?

① 고정환율제도 하에서 재정정책은 효과적이다.
② 변동환율제도 하에서 재정정책은 효과가 없다.
③ 고정환율제도 하에서 재정지출의 증가는 자본 유입을 초래하여 통화량을 증가하게 하는 효과가 있다.
④ 변동환율제도 하에서 재정지출의 증가는 자본 유입을 초래하여 환율을 상승시키는 효과가 있다.

해설 ① 고정환율제도하에서 재정정책은 효과적. 소국개방경제의 경우는 승수배 증가
② 변동환율제도하에서 재정정책은 효과 적음. 소국개방경제의 경우는 효과 없음.
③ 고정환율제도하에서 확대재정정책을 시행하면 자본이 유입되어 통화량 증가
④ 변동환율제도하에서 확대재정정책을 시행하면 자본이 유입되어 환율 하락

정답 ④

2) 소국개방모형

36 먼델-플레밍 모형을 이용하여 고정환율제 하에서 정부지출을 감소시킬 경우 나타나는 변화로 옳은 것은? (단, 소규모개방경제 하에서 국가 간 자본의 완전이동과 물가불변을 가정하고, IS곡선은 우하향, LM곡선은 수직선이다.)

[노무 21]

① IS곡선은 오른쪽 방향으로 이동한다.
② LM곡선은 오른쪽 방향으로 이동한다.
③ 통화량은 감소한다.
④ 고정환율수준 대비 자국의 통화가치는 일시적으로 상승한다.
⑤ 균형국민소득은 증가한다.

해설 ① 정부지출 감소(긴축재정정책)시 IS곡선 왼쪽 이동. 국민소득 감소, 이자율 하락.
②,③ 이자율 하락에 따라 자본유출. 자본유출에 따라 국제수지 적자. 당국이 외환을 매각해야 하므로 통화공급 감소. 따라서 LM곡선 왼쪽 이동
④ 고정환율이므로 자국의 통화가치 불변
⑤ ①과 ②에 따라 국민소득 대폭 감소

정답 ③

3. 금융정책

(1) 변동환율제하의 금융정책

1) 대국개방모형

37 확장적 통화정책의 효과에 대한 서술 중 가장 옳은 것은? [서울 16]

① 경기회복을 위해서는 확장적 통화정책을 사용하여 이자율을 높이는 것이 효과적이다.
② 원화가치의 상승을 초래하여 수출에 부정적으로 작용할 수 있다.
③ 확장적 재정정책과 달리 정책의 집행에 긴 시간이 소요된다.
④ 이자율이 하락하여 민간지출이 증가함으로써 경기회복에 기여한다.

해설 ① 확장적 통화정책을 사용할 경우 이자율 하락
② 확장적 통화정책을 사용할 경우 이자율이 하락하여 자본이 유출(외환수요 증가)되어 환율 상승
환율이 오르면 수출이 증가하고 수입이 감소하여 경상수지 개선(흑자)
③ 확장적 통화정책의 경우 내부시차(정책을 결정하고 시행할 때까지의 시차)는 짧고,
외부시차(정책효과가 나타날 때까지의 시차)는 길다.
④ 확대 통화정책 시행시 이자율이 하락하여 민간 소비와 투자가 증가하여 총수요 증가 **정답** ④

보충 • 개방경제 하의 확대통화정책

[폐쇄모형] 통화량 증가 : 이자율 하락, 국민소득 증가
[개방모형] 이자율 하락에 따라 증권투자 자본유출 : 자본수지 악화, 국제수지 적자
■ 자본 유출에 의해 이자율 다시 상승.
소국개방경제의 경우 원래 수준까지 상승하며 그 과정에서 효과 증폭

고정환율제도	변동환율제도
[일반적인 모형 : 대국개방모형]	[일반적인 모형 : 대국개방모형]
국제수지적자에 따라 당국 외환매각	국제수지적자에 따라 환율인상
⇒ 본원통화 감소, 통화량 감소	⇒ 수출증가, 수입감소. 경상수지개선
⇒ 이자율 다시 상승(다시, 자본유입)	⇒ 순수출(총수요) 증가
⇒ 총수요 감소, 국민소득 다시 감소	⇒ 국민소득 추가 증가
[정책효과]	[정책효과]
이자율 불변, 국민소득 불변	이자율 소폭 하락, 국민소득 더욱 증가
자본수지 및 경상수지 불변	자본수지 악화, 경상수지 개선
[소국개방모형]	[소국개방모형]
이자율 원래 수준까지 다시 상승,	이자율 원래 수준까지 다시 상승(위 효과 증폭)
국민소득 불변	국민소득 더욱 대폭 증가

38 변동환율제를 채택하고 있는 어떤 소규모 개방경제에서 현재의 국내 실질이자율이 국제 실질이자율보다 낮다. 국제자본이동성이 완전한 경우의 먼델-플레밍 모형(Mundell-Fleming model)에 의할 때 국내 경제 상황의 변화로 옳은 것을 <보기>에서 모두 고르면? [국회 16]

― <보 기> ―

ㄱ. 순자본유입이 발생할 것이다.　　ㄴ. 순수출이 더 증가할 것이다.
ㄷ. 실질이자율이 더 상승할 것이다.　ㄹ. 외환시장에서 초과공급이 발생할 것이다.

① ㄱ, ㄴ　　　　　　　　　② ㄱ, ㄷ
③ ㄴ, ㄷ　　　　　　　　　④ ㄴ, ㄹ
⑤ ㄷ, ㄹ

해설 ▶ • 소규모 개방경제(A국)의 실질이자율이 국제 실질이자율보다 낮을 때, 실질이자율이 높은 외국증권에 투자하기 위해 증권을 매각 후 외국으로 자본유출(외환유출)

▶ 증권매각(증권공급 증가) ⇒ 증권가격 하락 : 이자율 상승
▶ 자본유출(외환수요 증가) : 외환시장 초과수요 ⇒ 환율 상승
▶ 환율 상승 ⇒ 수출 증가, 수입 증가(순수출 증가)

ㄱ. 실질이자율이 높은 외국으로 증권매각 후 자본유출
ㄴ. 자본유출(외환수요 증가)에 따라 환율이 상승하여 순수출 증가
ㄷ. 증권을 매각하면 증권공급이 증가하여 증권가격 하락, 증권수익률(이자율) 상승
ㄹ. 자본유출 과정에서 외환수요가 증가하므로 외환시장에 초과수요 발생

정답 ▶ ③

2) 소국개방모형

39 세계 대부자금시장에서 대부자금에 대한 수요가 증가하는 경우 단기에 자본이동이 자유롭고 변동환율제를 채택하고 있는 소규모개방경제의 순수출, 투자, 소득에 미치는 효과로서 옳은 것은? (단, 먼델-플레밍(Mundell-Fleming) 모형을 가정함) [국회 14]

	순수출	투자	소득		순수출	투자	소득
①	증가	감소	증가	②	증가	증가	증가
③	증가	감소	감소	④	감소	증가	감소
⑤	감소	감소	감소				

해설 • 문제의 경우, 변동환율제 소국개방경제이며 세계 대부자금시장에서 대부자금수요가 증가할 경우 외국의 이자율이 상승하여 증권투자 부문에서 자본 유출

• 외국 이자율 상승에 따라 증권투자 부문에서 자본유출
  ⇒ 최초 국제수지 균형 하에서, 자본수지 악화, 국제수지적자(외환시장 초과수요) 발생
    ■ 자본유출(채권공급 증가)에 따라 국내채권가격 하락, 이자율 상승. 이자율 상승에 따라 국내투자 감소
    소국개방경제 경우 이자율이 상승하면 다시 (증권투자) 자본유입되어 이자율 다시 원래 수준으로 하락
  ⇒ 환율상승
  ⇒ 수출증가, 수입감소(순수출 증가, 경상수지 개선)
  ⇒ 총수요 증가
  ⇒ 국민소득 더욱 증가
    ■ 소국개방경제 : 이자율이 원래 수준으로 하락할 때까지 위 효과가 증폭되므로 국민소득 더욱 대폭 증가

정답 ▶ ①

40 A국은 변동환율제도를 채택하고 자본이동이 완전히 자유로운 소규모 개방경제국이다. IS-LM-BP 분석에서 A국 중앙은행이 화폐공급량을 증가시킬 때, 최종적 경제효과로 옳지 않은 것은? (단, 국제이자율은 불변이고, IS곡선은 우하향하며, LM곡선은 우상향한다.) [지방(원) 12]

① 소비가 증가한다.   ② 투자가 감소한다.
③ 무역수지가 개선된다.   ④ 소득이 증가한다.

해설 ▶ ①, ④ 국민소득이 증가하여 소비 증가
② 이자율이 하락하여 투자 증가
③ 환율이 상승하여 순수출 증가(경상수지 개선)

정답 ▶ ②

41 국가 간 자본의 자유이동과 자유변동환율제도를 가정할 때, 국민소득을 증가시키기 위한 확장적 재정정책과 확장적 통화정책의 효과에 대한 설명으로 옳은 것은? [지방 10]

① 재정정책이 통화정책보다 효과가 크다.
② 재정정책과 통화정책 모두 효과가 없다.
③ 재정정책과 통화정책 모두 효과가 크다.
④ 통화정책이 재정정책보다 효과가 크다.

해설 ▶ • 변동환율제 : 통화정책 효과 크고, 재정정책 효과 작음
• 고정환율제 : 통화정책 효과 없고, 재정정책 효과 큼   **정답** ▶ ④

(2) 고정환율제하의 금융정책

1) 대국개방모형

42 변동환율제도와 고정환율제도에 대한 설명으로 옳은 것만을 모두 고른 것은? [9급 17]

> ㄱ. 변동환율제도와 고정환율제도 모두에 있어서 외환시장의 수급상황이 국내통화량에 영향을 미치지 못한다.
> ㄴ. 고정환율제도하에서 통화정책보다는 재정정책이 더 효과적이다.
> ㄷ. 변동환율제도하에서 자국의 경기안정화를 위한 독립적인 통화정책이 가능하다.

① ㄱ   ② ㄴ   ③ ㄱ, ㄷ   ④ ㄴ, ㄷ

해설 ▶ ㄱ. 변동환율제도 : 외환시장의 수급상황이 변화하면 환율 변동.
　　　　　　초과수요(국제수지 적자)이면 환율 상승, 초과공급(국제수지 흑자)이면 환율 하락
　　　고정환율제도 : 외환시장의 수급상황이 변화하면 통화량 변동
　　　　　　초과수요(국제수지 적자)이면 당국의 외환매각에 따라 통화량 감소
　　　　　　초과공급(국제수지 흑자)이면 당국의 외환매입에 따라 통화량 증가
ㄴ. 고정환율제도하에서는 재정정책이 효과적, 통화정책이 비효과적
　　변동환율제도하에서는 통화정책이 효과적, 재정정책이 비효과적
ㄷ. 변동환율제도하에서 개별국가가 통화정책을 독립적으로 사용 가능. 고정환율제도 하에서는 개별국가가 독립적으로 통화정책을 사용할 수 없음

정답 ▶ ④

43 자본이동이 완전히 자유롭고 물가수준이 고정되어 있는 먼델-플레밍(Mundell-Fleming) 모형에서 고정환율제를 채택하고 있는 소규모 개방경제에 관한 설명으로 옳은 것을 모두 고른 것은?

[노무 24]

> ㄱ. 정부지출이 증가하면 국민소득이 증가한다.
> ㄴ. 정부지출이 증가하면 정부가 외환을 매입하여 외환보유고가 증가한다.
> ㄷ. 확장적 통화정책은 국민소득을 증가시킨다.
> ㄹ. 통화가치의 평가절상은 순수출을 증가시킨다.

① ㄱ, ㄴ ② ㄷ, ㄹ ③ ㄱ, ㄴ, ㄷ
④ ㄱ, ㄴ, ㄹ ⑤ ㄴ, ㄷ, ㄹ

해설 ▶ **고정환율제도 하의 재정·통화정책**

- 확대 재정정책 : 폐쇄모형에 비하여 국민소득 대폭 증가
    ▶ 총수요가 증가하여 국민소득 증가, 이자율 상승
    ▶ 이자율 상승에 따른 자본유입에 따라 국제수지 흑자(외환시장 초과공급).
      당국이 외환매입(외환보유고 증가)
    ▶ 외환매입에 따라 통화공급이 증가하여 이자율 하락
    ▶ 이자율 하락에 따라 투자수요가 증가하여 국민소득 추가 증가

- 확대 통화정책 : 국민소득 증대효과 없음
    ▶ 이자율이 하락하여 투자수요가 증가하여 국민소득 증가
    ▶ 이자율 하락에 따른 자본유출에 따라 국제수지 적자(외환시장 초과수요).
      당국이 외환매각(외환보유고 감소)
    ▶ 외환매각에 따라 통화공급 다시 감소. 따라서 통화정책 효과 없음

변동환율제도 하의 환율변동과 순수출

- 환율상승(평가절하, 통화가치 상승) : 외화표시 수출가격이 하락하여 수출증가,
                                    원화표시 수입가격이 상승하여 수입감소. 따라서 순수출 증가
- 환율하락(평가절상, 통화가치 하락) : 외화표시 수출가격이 상승하여 수출감소,
                                    원화표시 수입가격이 하락하여 수입증가. 따라서 순수출 감소

정답 ▶ ①

44 자본이동이 완전히 자유로운 소국 개방경제를 가정하자. 먼델-플레밍의 $IS-LM-BP$ 모형에 대한 설명으로 옳지 않은 것은? [국가 16]

① BP 곡선은 (산출, 이자율) 평면에서 수평선으로 나타난다.
② 고정환율제하에서 통화정책은 국민소득에 영향을 미치지 못한다.
③ 변동환율제하에서는 통화정책의 독자성이 보장된다.
④ 재정정책의 국민소득에 대한 효과는 고정환율제보다 변동환율제하에서 더 커진다.

해설 ① 자본이동이 완전히 자유로운 소국 개방경제모형에서 BP 곡선은 수평선
② 고정환율제하에서 통화정책은 국민소득을 변화시킬 수 없음. 따라서 고정환율제하에는 통화정책의 독자성 없음
③ 변동환율제하에서 통화정책은 국민소득을 변화시킬 수 있음. 따라서 변동환율제하에는 통화정책의 독자성 있음
④ 재정정책은 변동환율제보다는 고정환율제에서 효과가 큼   **정답** ④

45 외부로부터 디플레이션 충격이 발생하여 국내 경제에 영향을 미치고 있을 때, 확장적 통화정책을 시행할 경우의 거시경제 균형에 대한 효과로 옳지 않은 것은? [서울 15]

① 폐쇄경제모형에 따르면 이자율이 하락하여 투자가 증가한다.
② 자본시장이 완전히 자유로운 소규모 개방경제모형에서는 고정환율을 유지하려면 다른 충격에 대응하는 통화정책을 독립적으로 사용할 수 없다.
③ 변동환율제를 채택하고 자본시장이 완전히 자유로운 소규모 개방경제모형에서는 수출이 감소한다.
④ 교역상대국에서도 확장적 통화정책을 시행할 경우 자국통화가치를 경쟁적으로 하락시키려는 환율전쟁 국면으로 접어든다.

해설 ① 국내적으로만 보면(폐쇄경제모형) 확대통화정책을 시행하면 이자율이 하락하여 투자 증가
② 고정환율제 하에서는 개별국가의 통화정책은 효과가 없으므로 통화정책을 독립적으로 사용할 수 없음
③ 변동환율제에서 확대통화정책정책을 시행하면 환율이 상승하여 순수출 증가(수출증가, 수입감소)
④ 변동환율제 하에서 한 나라가 확대통화정책을 시행하면 환율이 상승하여 수출이 증가. 교역상대국도 확장적 통화정책을 시행하여 자국통화가치를 하락(환율인상)시키려고 할 때 환율전쟁 발생   **정답** ③

46 A국은 자본이동 및 무역거래가 완전히 자유로운 소규모 개방경제이다. A국의 재정정책과 통화정책에 따른 최종 균형에 관한 설명으로 옳은 것은? (단, 물가는 고정되어 있다고 가정하고 $IS-LM-BP$ 모형에 의한다.) [노무 19]

① 고정환율제에서 확장적 재정정책과 확장적 통화정책 모두 국민소득을 증대시키는 효과가 있다.
② 고정환율제에서 확장적 재정정책은 국민소득을 증대시키는 효과가 없지만, 확장적 통화정책은 효과가 있다.
③ 고정환율제에서 확장적 재정정책은 국민소득을 증대시키는 효과가 있지만, 확장적 통화정책은 효과가 없다.
④ 변동환율제에서 확장적 재정정책은 국민소득을 증대시키는 효과가 있지만, 확장적 통화정책은 효과가 없다.
⑤ 변동환율제에서 확장적 재정정책과 확장적 통화정책 모두 국민소득을 증대시키는 효과가 없다.

해설 ▶ • 변동환율제 : 소국개방모형에서, 확대 재정정책 효과는 없고, 확대 통화정책 효과는 커짐
• 고정환율제 : 소국개방모형에서, 확대 재정정책 효과는 커지고, 확대 통화정책 효과는 없음

정답 ▶ ③

|저|자|소|개|

박 지 훈

약력
- 한국외국어대학교 대학원 졸업, 경제학 석사
- 중앙대학교 대학원 경제학 박사과정 수료
- 前 중앙대학교, 연세대학교 강사
- 前 고려대학교, 한양대학교, 서울시립대학교, 경희대학교, 건국대학교 특강강사
- 前 남부행정고시학원 감정평가사, 7급 공무원 대표강사
- 現 박문각 임용고시학원 교원임용 일반사회 - 경제학 강사
- 現 이패스노무사 공인노무사 1차 경제학, 2차 노동경제학 전임강사
- 現 합격의 법학원 5급공채, 외교관후보자 경제학 전임강사

저서
- 박지훈 미시경제학 (에듀에프앰)
- 박지훈 거시경제학 (에듀에프앰)
- 박지훈 경제학 기출문제집 (에듀에프앰)
- 박지훈 경제학(이패스코리아)
- 박지훈의 객관식 경제학(이패스코리아)
- 한권으로 끝내는 경제학(이패스코리아)
- 이패스 객관식 경제학(이패스코리아)
- 공인노무사 노동경제학(이패스코리아)

이패스 객관식 경제학

개정3판 1쇄 인쇄 | 2024년 12월 27일
개정3판 1쇄 발행 | 2025년 1월 8일

지 은 이 박 지 훈
발 행 인 이 재 남
발 행 처 (주)이패스코리아
　　　　 [본사] 서울시 영등포구 경인로 775 에이스하이테크시티 2동 1004호
　　　　 [학원] 서울시 종로구 청계천로 35 관정빌딩 6층 이패스노무사
전   화 02-722-0533, **팩스** 070-8956-1148
홈 페 이 지 www.ekorbei.com
이 메 일 edu@epasskorea.com
등 록 번 호 제318-2003-000119호(2003년 10월 15일)

> ※ 잘못된 책은 교환해 드립니다.
> ※ 이 책은 저작권법에 의해 보호를 받는 저작물이므로 무단전재와 복제를 금합니다.
> 　본교재의 저작권은 이패스코리아에 있습니다.